Compagnie Coloniale

ÉTABLISSEMENT SPÉCIAL POUR LA FABRICATION DES

CHOCOLATS
DE QUALITÉ SUPÉRIEURE

Tous les CHOCOLATS de la Cie Coloniale, *sans exception*, sont composés de matières premières de choix ; ils sont exempts de tout mélange, de toute addition de substances étrangères, et préparés avec des soins inusités jusqu'à ce jour.

CHOCOLAT DE SANTÉ Le 1/2 kilog.		CHOCOLAT DE POCHE et de voyage en boîtes cachetées	
BON ORDINAIRE	2 50		
FIN	3 »	SUPERFIN...... 250 gr.	2 25
SUPERFIN	3 50	EXTRA......... d°....	2 50
EXTRA	4 »	EXTRA SUPER^{r} d°....	3 »

ENTREPOT général à PARIS
Avenue de l'Opéra, 19
DANS TOUTES LES VILLES
Chez les principaux Commerçants

NOTA. — Les Cacaos en poudre, étant toujours privés du Beurre de Cacao, n'ont absolument aucune valeur nutritive ; les Chocolats seuls, constituant un aliment complet, leur doivent donc être préférés.

DE FRANCE EN ESPAGNE

Marseille, Cette, Bordeaux
Bayonne, etc.

COMPAGNIES MARITIMES

HOTELS ET ÉTABLISSEMENTS DIVERS
EN ESPAGNE
ET EN PORTUGAL

Publicité des **GUIDES JOANNE**
Exercice 1891-1892.

FRAISSINET & Cie
COMPAGNIE MARSEILLAISE DE NAVIGATION A VAPEUR
PAQUEBOTS-POSTE FRANÇAIS
4 et 6, place de la Bourse (FONDÉE EN 1832)

Services réguliers pour le Languedoc, la Corse, l'Italie, l'Espagne, le Levant, le Danube, la mer Noire et l'Archipel; le Brésil, la Plata et la Côte occidentale d'Afrique.

LIGNES DESSERVIES PAR LA COMPAGNIE

LIGNES DU LANGUEDOC. — Départs de MARSEILLE, tous les soirs, pour CETTE ou AGDE.

LIGNES DE CORSE ET D'ITALIE. — Départs de MARSEILLE tous les dimanches à 9 h. précises matin : Bastia — Livourne — Rapide (traversée la plus rapide entre le Continent et Bastia) tous les lundis à 7 heures du soir pour NICE, BASTIA, LIVOURNE.

LIGNES D'ITALIE. — Départs de MARSEILLE, tous les dimanches, à 8 h. matin, pour GÊNES. — Départs de MARSEILLE, tous les dimanches et mercredis, à 8 h. matin, pour NAPLES.

LIGNE DE CANNES, NICE ET GÊNES — Départs de MARSEILLE, tous les mercredis, à 7 heures du soir, et tous les lundis et dimanches pour Nice.

LIGNES D'ESPAGNE. — Départs de MARSEILLE, tous les dimanches, à 10 h. du matin, pour BARCELONE; et tous les samedis, à 5 h. du soir, pour VALENCE.

LIGNES DE CONSTANTINOPLE ET DU DANUBE. — Service d'été, Constantinople. Départs de MARSEILLE tous les mercredis, à 9 h. du matin, pour GÊNES, LE PIRÉE, SYRA, SMYRNE, SALONIQUE, DÉDÉAGACH, DARDANELLES, GALLIPOLI (facultatif), RODOSTO et CONSTANTINOPLE. — Danube (sans transbordement). Départs de MARSEILLE, tous les dimanches, à 9 h. du matin, CONSTANTINOPLE, SULINA, KUSTENDJÉ (facultatif), GALATZ et BRAILA. — Service d'hiver (pendant la fermeture du Danube par les glaces), Constantinople. Départs de MARSEILLE tous les jeudis à 9 h. du matin, pour GÊNES, LE PIRÉE, SYRA, SMYRNE, SALONIQUE, DÉDÉAGACH, DARDANELLES, RODOSTO, GALLIPOLI et CONSTANTINOPLE.

LIGNE DU BRÉSIL ET DE LA PLATA. — Départs de MARSEILLE le 1er de chaque mois et de GÊNES le 10 de chaque mois, faisant escales à SAINT-VINCENT, RIO-DE-JANEIRO (facultativement), MONTEVIDEO, BUENOS-AYRES et ROSARIO DE SANTA-FÉ. — Ce service est momentanément suspendu.

Service maritime postal, subventionné par le Gouvernement français, entre MARSEILLE ET LA COTE OCCIDENTALE D'AFRIQUE avec escales à ORAN, LAS PALMAS, DAKAR, CONAKRY, FREETOWN, SIERRA-LEONE, GRAND BASSA, CAP PALMAS, GRAND BASSAM, LES POPOS, ASSINIE, COTONOU, LAGOS, BONNY, OLD-CALABAR, BATA, LIBREVILLE, LOANGO, BANANE et BOMA et facultativement aux autres ports de la CÔTE OCCIDENTALE D'AFRIQUE.

Retour à MARSEILLE par les ports de la CÔTE D'AFRIQUE dénommés ci-dessus.

Excellents aménagements pour passagers de toutes classes.

Pour tous renseignements, s'adresser : à MM. Fraissinet et Cº, 6, place de la Bourse, à Marseille; — à M. Ach Neton, 9, rue de Rougemont, à Paris; et à MM. F. Puthet et Cº, quai Saint-Clair, 2, à Lyon; — à M. Th. Picharry, 40, quai de Bourgogne, à Bordeaux.

Navigazione Generale Italiana

(SOCIÉTÉS FLORIO ET RUBATTINO RÉUNIES)

Capital . . . . 100.000.000 de francs
» versé . . 55.000.000 »

Services de l'**INDE** et de l'**INDO-CHINE** : Départs réguliers de **Gênes** et **échelles de la Méditerranée** tous les 20 jours pour **Bombay**, et de **Bombay** pour **Colombo, Singapore, Hong-Kong**. Correspondance régulière à Bombay pour et de Hong-Kong.

Service de l'**AMÉRIQUE DU SUD** : Départs de **Gênes**, réguliers, le 1er et le 15 de chaque mois; facultatifs, le 8 et le 22 de chaque mois, pour **Montevideo** et **Buenos-Ayres**, avec échelles éventuelles aux ports du **Brésil**.

Service de l'**AMÉRIQUE DU NORD** : Départs facultatifs chaque mois, directs de **Naples** ou de **Palerme** pour **New-York**; les départs sont annoncés par avance [to]utes les fois qu'ils doivent avoir lieu.

Lignes régulières hebdomadaires de la **Mer Noire**, **Tur**[q]uie d'Europe et Asie, **Grèce**, **Malte**, **Égypte**, [T]unisie et **Tripolitaine**. Départs chaque semaine. Com[m]unications directes entre **Brindisi** et **Patras** deux fois [pa]r semaine, en coïncidence avec les arrivées et départs de la [ma]lle des Indes.

[S]ervices journaliers rapides entre le **Continent** et les [Iles] de **Sicile**, de **Sardaigne** et les **Iles Mineures**.

[S]'adresser pour tous renseignements : à **Rome**, à la Direc[tion] Générale; à **Gênes**, **Palerme**, aux Directions com[p]limentales, à **Naples** et **Venise**, aux sièges succursales [de la] Société. Dans les autres villes et ports, aux Agences et [Cor]respondants de la Société. (Voir les Itinéraires et livrets [d'in]formation de la Compagnie.)

BORDEAUX

Grand Hôtel de France et de Nantes
RÉUNIS

Seule maison de premier ordre, en plein Midi, en face le Grand-Théâtre, le Port, la Préfecture, la Bourse et la Douane.

90 chambres depuis 3 fr. — Voyageurs qui séjournent, 11 fr. par jour. — Salons, Restaurants, Fumoir, Bains. — Splendide table d'hôte.

Caves magnifiques sous l'hôtel, contenant 80,000 bouteilles, pouvant se visiter à toute heure.

L. PETER, propriétaire et négociant en vins, cognacs et liqueurs authentiques et de confiance.

Fournisseur de S. M. la reine d'Angleterre.

Expéditions en barriques et en bouteilles pour tous pays.

GRAND HOTEL DE NICE

L'HOTEL EN VOGUE
DE BORDEAUX

Situation unique au centre des grands quartiers

HOTEL DU PÉRIGORD
Fondé en 1804

Rue Mautrec, 9 et 11, en face du Grand-Théâtre et de l'église Notre-Dame

Hôtel de famille, 8 fr. par jour tout compris : déjeuner, dîner et chambre, ou à la carte. — Chambre, 2 fr. — Cave renommée. Bains dans l'hôtel.

GOUDY, propriétaire.

BORDEAUX (SUITE)

Association syndicale des Hôteliers, Restaurateurs et Cafetiers
DE LA VILLE DE BORDEAUX ET DU SUD-OUEST
Adresse : BONTOU, président, 64 et 66, rue Porte-Dijeaux

HOTEL DES PRINCES & DE LA PAIX
HÉRITIER DE L'HOTEL DE PARIS

MAISON DE PREMIER ORDRE
BUREAU TÉLÉGRAPHIQUE ET DE POSTE
Journaux étrangers.
On parle plusieurs langues.
QUEUILLE ET DARIC, PROPRIÉTAIRES

HOTEL RICHELIEU

Situation magnifique sur la place de la Comédie (Opéra)

Appartements pour familles. — Jardin d'été. — Restaurant. Déjeuner, 4 fr.; dîner, 5 fr. — Chambre depuis 3 fr. — **Table d'hôte.** Déjeuner, 3 fr.; dîner, 3 fr. 50.

ASCENSEUR
QUEUILLE ET DARIC, PROPRIÉTAIRES

HOTEL DES 4 SOEURS
Place de la Comédie

Situation splendide. — Entièrement restauré et agrandi. — **Hôtel de famille.** — *Prix modérés.*

HOTEL & RESTAURANT LANTA & D'ANGLETERRE

Maison de 1er ordre — 6, rue Montesquieu, et 14, rue Franklin
B. AURADÉ, **propriétaire**

A proximité du Théâtre et du centre des affaires. — Jardin d'été. — Jardin d'hiver. — Etablissement meublé à neuf, chambres depuis 2 fr. — Restaurant à la carte. — Cave renommée. — Salons. — *Expéditions de vins de Bordeaux.*

BORDEAUX (Suite)

RESTAURANT BONTOU

64 et 66, rue Porte-Dijeaux (près de la rue Vital-Carles)

A. BONTOU Fils aîné, propriétaire

Cet établissement, fondé en 1840, se recommande par son grand confortable, malgré ses prix modérés. — Grands et petits salons de famille. — Service à la carte et à prix fixe. — Déjeuners à 2 fr. fr. 50; dîners à 3 fr. — *English spoken.* — **Cave renommée.** — Vins de Bordeaux, gros et demi-gros. — Expédition. — Exportation.

GRAND HOTEL MONTRÉ

4, rue Montesquieu, 4

Maison de premier ordre, recommandée aux familles.
Bains à toute heure.

HOTEL DES AMBASSADEURS

HIRTZ, Propriétaire

Restaurant à la carte. — Table d'hôte à 6 heures. — Grands et petits appartements à des prix modérés. — Salons particuliers.

Cet hôtel est situé au centre de la ville, **à proximité des Théâtres, des Promenades et des Gares.**

GRAND HOTEL FRANÇAIS

12, RUE DU TEMPLE, 12

Maurice AUPIN, Propriétaire et Directeur

Récente construction spéciale pour hôtel, réunissant tout le confort moderne et meublée entièrement à neuf. — **Chambre et nourriture de famille depuis 5 fr. 50 c. par jour.** — Service à la carte et à prix fixe. — **Bains** dans l'hôtel. — Salons réservés pour les dames. — A proximité des Théâtres et au centre de la ville et des affaires. — **Cave renommée.** — *English spoken. — Se habla espanol.*

BORDEAUX (SUITE)

RESTAURANT DU TEMPLE

44, Rue Porte-Dijeaux, 44

Veuve MARTIN, propriétaire

SERVICE A LA CARTE. — PRIX MODÉRÉS — RECOMMANDABLE

HOTEL BEELI Frères

10, RUE VOLTAIRE

Restaurant à la carte. — Chambres confortables

PRIX MODÉRÉS
SITUATION LA PLUS CENTRALE

CAFÉ DE BORDEAUX

EN FACE DU GRAND THÉATRE

Restaurant universellement connu comme le plus confortable et le mieux fréquenté de province.

GLACIÈRE DE PREMIER ORDRE

CAVE RENOMMÉE

G^D HOTEL MEUBLÉ L. DELARC

36 rue Porte-Dijeaux, entrée 18, rue de Grassi.

Ancien Local de l'HOTEL des 7 FRÈRES et du MIDI réunis

ENTIÈREMENT RESTAURÉ ET REMIS A NEUF

Ce vaste hôtel, situé près de la poste et des théâtres, au centre de la ville, se recommande aux voyageurs et aux familles. — Grands appartements et chambres très confortables à prix modérés. — Bains dans l'hôtel. — *On parle espagnol.* — Cet hôtel est spécialement recommandé aux familles haïtiennes de passage à Bordeaux.

ARCACHON

HOTEL CONTINENTAL

PREMIER ORDRE

RECOMMANDÉ AUX FAMILLES

LE MIEUX SITUÉ DE LA VILLE

B. FERRAS, Propriétaire-Directeur

POITIERS

GRAND HOTEL DE L'EUROPE

Nouvellement agrandi et meublé à neuf

RECOMMANDÉ AUX FAMILLES ET AU COMMERCE

E. VALLÉE, Propriétaire

Spécialité de Pâtés, Volailles et Gibiers truffés.

BAYONNE

Grand Hôtel Saint-Étienne

DE PREMIER ORDRE

4, RUE THIERS — ARISTOCRATIC-HOTEL — LE PLUS CENTRAL

Vue du Port et de l'Adour. — Appartements pour familles.

Correspondants des grands hôtels. — **JOS. BAY**, propriét.

HOTEL SAINT-MARTIN

14, rue Thiers, 14

A côté du Théâtre et du Port; au centre des affaires. — Salon de Restaurant et Table d'hôte. — Chambres et appartements confortablement meublés. — *Omnibus spéciaux de l'hôtel à tous les trains.* — **BRUNO**, propriétaire.

BAYONNE (Suite)

CHOCOLAT DE BAYONNE
De la Maison FAGALDE

Usine à vapeur à **Cambo**, près de Bayonne. — Magasin central de vente à **Bayonne**, Arceaux du Port-Neuf, 31. — **Maison à Paris**, rue de Sèvres, 35. — **Maison à Bordeaux**, cours du Jardin-Public, 10.

Les produits de cette maison se distinguent par une délicatesse et une pureté remarquables.

CHOCOLAT DOMINIQUE
BAYONNE, rue du Port-Neuf, 2

La renommée des excellents produits de la **Maison Dominique**, fondée en 1851, est acquise, et maintient la **réputation** séculaire du **Chocolat de Bayonne**.

Envoi franco de port dans toute la France, à partir de 5 kilos. Expéditions dans tous pays étrangers, franco, gare frontière.

A titre d'échantillons, la **Maison Dominique** *envoie* **franco de port** *dans toutes les localités desservies par les colis postaux, en France, contre mandat-poste de 8 ou 12 francs, un choix exquis de ses bonbons de chocolat et un assortiment de bâtons de chocolat pour cuire.*

Pour les touristes et voyageurs, chocolat, thé, café à la tasse.

DOMINIQUE FRÈRE ET SŒUR
CONFISEURS, FABRICANTS DE CHOCOLAT
BAYONNE, rue du Port-Neuf, 2

CHOCOLAT CAZENAVE
BAYONNE

Les chocolats de **Bayonne**, on le sait, sont renommés depuis des siècles, et la maison **Cazenave** peut dire sans crainte d'être démentie, qu'elle a puissamment contribué à donner à cette industrie, éminemment bayonnaise, le brillant développement qu'elle a acquis de nos jours.

Les meilleures familles de France et de l'étranger s'adressent à la maison **Cazenave** pour ses chocolats, dont les propriétés hygiéniques sont attestées par toutes les célébrités médicales.

Franco de port pour 4 kilos sur tout le parcours des chemins de fer.

Type 10*

HENDAYE

Gᴅ HOTEL DE FRANCE ET D'ANGLETERRE

LÉGARRALDE, Propriétaire

Établissement de 1ᵉʳ Ordre, nouvellement agrandi, recommandé par son confort et sa bonne cuisine. — Appartements pour familles. — Belle situation. — Vue sur la mer, la Bidassoa, les montagnes et Fontarabie. — *Omnibus à tous les trains.* — Voitures pour excursions.

GRAND HOTEL DU COMMERCE

P. IMATZ, Propriétaire

Fondé en 1830, au centre de la ville

Maison de 1ᵉʳ ordre, recommandée par son confort et son excellente cuisine.

Vue splendide sur la mer, les Pyrénées et Fontarabie. — Chambres et appartements confortables. — *Voitures pour promenades. — Omnibus à tous les trains.* — **Prix modérés.**

Véritable LIQUEUR d'Hendaye

(BLANCHE, JAUNE, VERTE)

Cette liqueur de table, aussi tonique et digestive que délicieuse et agréable au goût, se trouve partout chez les principaux négociants en spiritueux, pâtissiers, etc., et dans les bons cafés.

Se défier des contrefaçons. — Toujours exiger la signature **P. BARBIER.** — Envoi, *franco de port*, dans toute la France continentale, pour 8 litres au *minimum*.

Fabrique à **Hendaye** (Basses-Pyrénées, frontière d'Espagne).
Distillerie Paulin BARBIER

PERPIGNAN

GRAND HOTEL DE PERPIGNAN

JONCA

Ancien hôtel BOSC, entièrement remis à neuf. — Situation exceptionnelle dans le quartier le plus important de la ville, près de la Poste et du Télégraphe. — Vue splendide. — Appartements complets pour familles. — Salon de compagnie. — Service d'omnibus; voitures de promenade. — **Confortable parfait.** — **Prix modérés.**

ESPAGNE & PORTUGAL

HOTELS

ET ÉTABLISSEMENTS DIVERS

CLASSÉS PAR ORDRE ALPHABÉTIQUE

DE LOCALITÉS

BARCELONE

G^D HOTEL DES QUATRE-NATIONS

REMBLA. — PLEIN MIDI

FORTIS et Ce, propriétaires

Etablissement de premier ordre, fréquenté surtout par les Etrangers.

CADIX

GRAND HOTEL DE PARIS

Établissement de premier ordre, situé au centre du plus beau quartier de la ville. Journaux du pays et de l'étranger. — Interprètes pour les principales langues.

Omnibus à la station.

LUIS RAVIZZA, propriétaire.

PAQUEBOTS-POSTE
DE LA
Compañia Trasatlantica
Ci-devant : A. LOPEZ y Cª

SERVICE DES ANTILLES

Quatre départs mensuels, qui ont lieu, les 10 et 30 de Cadix, les 21 de la Corogne et les 12 de Vigo, en faisant auparavant escale, selon le port de départ, à Gênes, Marseille, Barcelone, Malaga, Liverpool, le Havre et Santander. Extension à Colon et Veracruz. Service combiné pour New-York, New-Orléans, Boston, Québec, principaux ports du Golfe du Mexique et ceux de l'Océan Pacifique, depuis San Francisco de Californie jusqu'à Valparaiso.

SERVICE DES ILES PHILIPPINES

Treize départs par an. De Liverpool tous les quatre jeudis à partir du 22 janvier, en faisant escale à la Corogne, Vigo, Lisboa, Cadix, Carthagène, Valence, Barcelone, Port-Saïd, Suez, Aden, Colombo, Singapore et Manille. Extension à Ilo-Ilo et Cebu. Correspondance avec les principaux ports des Iles Philippines et du Japon.

SERVICE DE BUENOS-AIRES

Départs de Cadix le 1er de chaque mois (avec escale auparavant à Marseille, Barcelone et Malaga), pour Santa Cruz de Tenerife, Montevideo et Buenos-Aires.

LIGNES D'AFRIQUE

Service de Tanger : Départs de Cadix tous les mercredis, vendredis et lundis. Départs de Tanger tous les jeudis, mardis et lundis.

Service du Maroc. Un départ par mois de Marseille, en touchant à Barcelone, Malaga, Ceuta, Cadix, Tanger, Larache, Rabat, Casablanca, Mazagran, Saffi et Mogador.

Service de Fernando-Po : Quatre expéditions par an qui ont lieu le 30 mars, le 30 juin, le 30 septembre et le 30 décembre.

Départs de Marseille pour Fernando-Po, en touchant à divers ports d'Espagne, côte Ouest d'Afrique, Iles Canaries et Golfe de Guinée.

CORDOUE

GRAND HOTEL SUISSE

This well Known Hôtel is now under *Entire new Management*, has been enlarged and sastefully refurnished 120 Rooms. — Saloons for families elegantly furnished. — Smoking and Reading-rooms. — English and other news papers, at well assorted, Bodega of the best wines. — Moderate charges. — Carriages in the Hôtel. — Omnibus at the Station to meet, all trains.

ETABLISSEMENT DE PREMIER ORDRE
construit expressément pour Hôtel,
MEUBLÉ AVEC LUXE
Salon de lecture
Salons pour familles.
Cuisine française et anglaise.
Prix modérés.
Omnibus à la Gare.

PUZINI FRÈRES, PROPRIÉTAIRES

GRENADE

G^D HOTEL WASHINGTON-IRVING

A QUELQUES PAS
DU PALAIS DE L'ALHAMBRA
HOTEL DE 1er ORDRE
Repris et réinstallé à neuf par les anciens propriétaires
HIJOS DE ORTIZ

GRAND HOTEL ALAMEDA

ETABLISSEMENT DE PREMIER ORDRE
Situé sur la grande promenade à proximité des Théâtres
VUE SPLENDIDE DE L'ALHAMBRA
Omnibus de l'Hôtel à l'arrivée de tous les trains.
Directeur-Propriétaire **FRANCISCO ZURITA**

LISBONNE

GRAND HOTEL CENTRAL
CAES DO SADRE

Cet établissement possède tout le confort désirable; situation ravissante et vue splendide sur le Tage; au centre des monuments publics, voisin de la Douane, de la Bourse, des Ministères et des Théâtres.
TABLE D'HOTE A 6 HEURES.
BAINS
COIFFEUR DANS L'HOTEL
BUREAU DE POSTE
Salons de lecture et journaux étrangers.
On y parle toutes les langues étrangères

This establishment, beautifully situated in the best part of the town, near the principal monuments, the public boildings, Ministeries, Exchange and Theaters, and with splendid views on the river, offers every desirable comfort to passengers and families.
TABLE D'HOTE AT 6 O'CLOCK.
BAINS
COIFFEUR IN THE HOTEL
POST OFFICE.
Reading room and foreign news papers
All langages spoken.

HOTEL BRAGANZA

Etablissement de premier ordre. — Entièrement meublé et remis à neuf. — Admirablement situé dans le quartier le plus recherché de la ville. — Recommandé par son bon service et tout le confort moderne. — Vue splendide du Tage.

HOTEL DURAND
ENGLISH HOTEL
Rua das Flores, 71. — Largo do Quintella

Cet Hôtel, situé dans la partie la plus centrale de la ville, offre le confortable d'une maison de première classe. — Salon de lecture. — **On parle toutes les langues.**

LISBONNE

G^D HOTEL DE PARIS

ANCIEN HOTEL FRANÇAIS MARIUS

11, rua Nova do Almada, 11

Cet **Hôtel de 1er ordre**, le mieux situé et le plus central de Lisbonne, vient d'être reconstruit et meublé entièrement à neuf. — Malgré la modicité de ses prix on y trouve le confort des meilleurs hôtels en renom.

Table d'hôte 80 couverts

Cuisine française, Bains dans l'Etablissement

On parle les principales langues

MADRID

LE SEUL HOTEL FRANÇAIS DE MADRID

G^D HOTEL DE LA PAIX

Tenu par JEAN CAPDEVIELLE

PUERTA DEL SOL, N°s 11 et 12

Établissement de premier ordre, **situé au centre de Madrid**, 4 façades et 100 balcons sur la voie publique. — Service et cuisine à la française; excellent vin de table. — Salon de lecture; salles à manger particulières — Bains chauds à toute heure. — Interprètes. — Voitures de luxe.

MADRID

GRAND HOTEL DES AMBASSADEURS

Rue Victoria, Nº 1, et Carrera San Geronimo, Nº 4
NEAR PUERTA DEL SOL

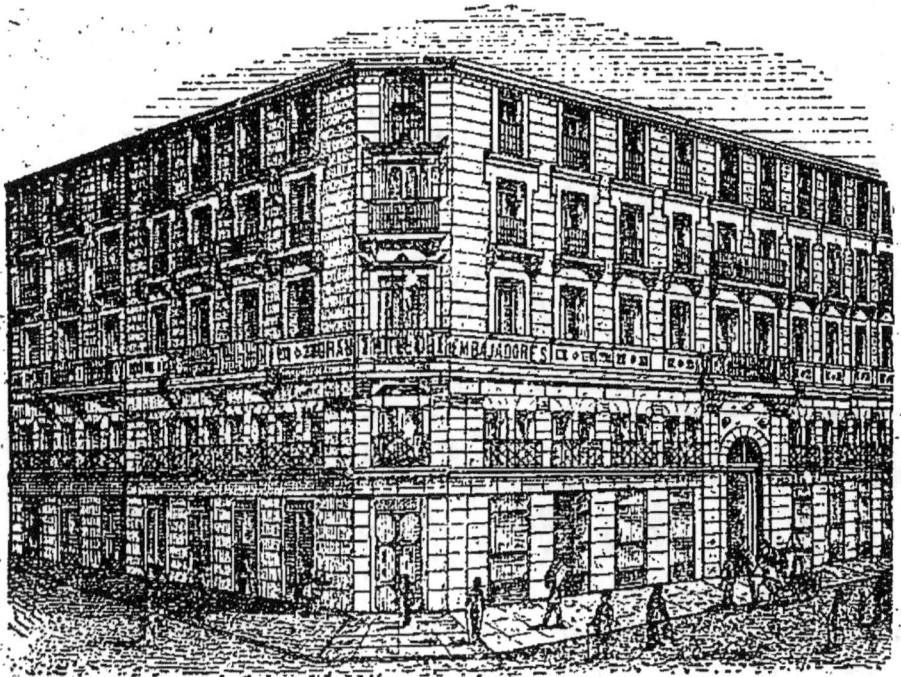

Établissement construit expressément pour hôtel. Hautement recommandé pour son confort et son bon service. Il est situé au centre de Madrid et dans le plus beau quartier. Appartements pour familles. Cuisine française et anglaise.

Des interprètes et omnibus à tous les trains.

Built on purpose for hotel. Highly recommended for its confort and good service. Situated in the central and finest part of the city. Apartments for families. English and French cooking.

Interpreter and omnibus to all trains.

Téléphone nº 1075

Propriétaires : **MODESTO GARCIA de ALBA et Cº**

MADRID

GRAND HOTEL INGLES

Don Agustin de YBARRA, propriétaire

RUE ECHEGARAY, 10 (AUTREFOIS LOBO),
voisine de la Carrera de San Geronimo.

Établissement de premier ordre, à la hauteur des principaux de l'Europe et de l'Amérique. Élégantes et confortables habitations. **Grand salon-restaurant pour 500 personnes.** Salles de bains et douches. Caléfaction à vapeur. *Ascenseur. Téléphone.* Eclairage électrique dans toute la maison.

Les Voyageurs ont la faculté d'y habiter, sans pour cela être tenus d'y prendre leurs repas. — **Prix modérés.**

MM. les Voyageurs sont priés d'aviser de leur arrivée par télégramme, afin d'être reçus aux stations par les employés de la Maison.

ON PARLE FRANÇAIS, ANGLAIS, ITALIEN, ALLEMAND

GRAND HOTEL DE L'ORIENT

Puerta del Sol, y calle Arenal, 4

Ce magnifique Etablissement, situé au centre de la Ville, est, comme installation, à la hauteur des meilleurs hôtels.	This splendid Establishment, situated in the middle of the town, in as for the comfortable, to be compared with the best hotels.
Magnifiques appartements et chambres luxueuses pour familles.	Magnificent apartments and rooms for families.
Salons de lecture. — Billard. — Bains. — Ascenseurs.	Reading-Room. — Billiards-Room. — Bath-Room. — Ascension-case.
PRIX MODÉRÉS DEPUIS 7 FR. 50 PAR JOUR.	MODERATE PRICES FROM 7 Fcs 50 (6 SHG) A DAY.
Voitures aux gares.	*Carriages standing near the Terminus.*

MADRID

BUFFET-RESTAURANT DE LA GARE D'ATOCHA
OU DES CHEMINS DE FER DU MIDI

Les Voyageurs qui doivent prendre le train pour *l'Andalousie* ou les provinces de *Barcelone*, *Valence*, *Murcie*, *Alicante*, *Carthagène* ou *Saragosse*, sont assurés de trouver dans ce Restaurant tout le confort possible, et un service soigné de table d'hôte au départ de chaque train.

DÉJEUNER.. . . . .   3 fr. »
DINER. . . . .   3 fr. 50

On sert aussi à la carte à des *prix modérés*.

Les Voyageurs qui s'arrêtent à *Madrid*, seulement une journée, peuvent se rendre directement de la gare du Nord à la gare d'Atocha, où ils pourront laisser leurs bagages et où l'on s'empressera de leur donner au Buffet les renseignements dont ils auront besoin.

On parle français.

PORTO (PORTUGAL)
HOTEL DE PARIS
MAISON DE PREMIER ORDRE
TENUE A LA FRANÇAISE

Bains. — Salon de lecture et journaux étrangers. — Billards.
On parle toutes les langues

SAINT-SÉBASTIEN

PHARMACIE ORFOIS

19, *rue Hernani*, 19

Pharmacie — Orthopédie. — Dosimétrie

Homœopathie.

SAINT-SÉBASTIEN

GRAND HOTEL DE LONDRES

ÉDOUARD DUPOUY, Propriétaire
PALAIS FESSER
AVENUE DE LA LIBERTÉ

GRAND HOTEL BERDEJO

En face du Casino et de la Plage
VUE SPLENDIDE SUR LA CONCHA

Cuisine française et espagnole. — On parle français. — Bon service de voitures. — Personnel chargé spécialement des services en gare ; billets, bagages, etc. — Appartements meublés avec goût et élégance. — Soins et prévenances. — Prix modérés.

GRAND
HOTEL MARTIN EZCURRA

PASEO DE LA ZURRIOLA
SAN SEBASTIAN

Vues sur la mer. — Cuisine française de premier ordre.
Omnibus à tous les trains.

GRAND
Hôtel et Restaurant du Voyageur

FRANCISCO ARIÑO

Vue sur la mer. — Cuisine française et espagnole.
Prix modérés.

Omnibus à la gare.

SARAGOSSE

Grand Hôtel des Quatre-Nations
ET DE L'UNIVERS

Directeur et Propriétaire : G. FORTIS

Le seul en Espagne construit expressément pour hôtel. — Etablissement confortable, bien situé. — Grands et petits appartements. — Bains. — Journaux étrangers. — Voitures particulières.

Bureau central de tous les chemins de fer, où MM. les Voyageurs peuvent prendre leur billet et faire enregistrer leurs bagages, sans sortir de l'hôtel.

GRAND HOTEL DE L'EUROPE
PLACE DE LA CONSTITUTION
ZOPPETTI, PROPRIÉTAIRE

Hôtel très confortable sous tous les rapports. — Excellente cuisine. — Prix modérés. — Omnibus de l'hôtel à l'arrivée de tous les trains. — French and english cook and service.

SÉVILLE

GRAND HOTEL DE PARIS

Arrangements AVEC LES FAMILLES à des prix modérés

JULIO MEAZZA, Directeur-Propriétaire
ANCIEN DIRECTEUR-GÉRANT DE L'HOTEL DE MADRID
Omnibus meets all trains.

GRAND HOTEL DE MADRID

(Espagne) **SÉVILLE** (Andalousie)

Maison de Bains dans l'Hôtel

Agences des Sleeping-Cars

DIRECTEUR-GÉRANT
PIERRE ALZIEU

VALENCE (Espagne)

GRAND HOTEL D'ESPAGN[E]

Ouvert depuis le 1ᵉʳ Mai 1887

ÉTABLISSEMENT DE PREMIER ORDRE

Nouvelle construction

réunissant tout le confort moderne.

CUISINE FRANÇAISE

CAVE GARNIE

des meilleurs vins d'Espagne et de l'Etranger

Cabinet de lecture. — Salon de réunion.
Salles à manger particulières. — Salles de bains. — Interprètes
Voitures de luxe. — Téléphone.

Lumière électrique.

GRANDS ET PETITS APPARTEMENT[S]

Pour Familles et Personnages

OMNIBUS A TOUS LES TRAINS

ZAMORA

GRAND HOTEL DEL COMERCIO

Établissement de premier ordre, bien situé et nouvellemen[t] construit, avec des appartements confortables pour familles. **Cuisine française.** — Service soigné. — Dans l'hôtel mêm[e] se trouvent un café et le bureau central du chemin de fer. Service spécial de voitures à chaque train.

On parle français.

COMPAGNIE DES MESSAGERIES MARITIMES

PAQUEBOTS-POSTE FRANÇAIS

Ligne de l'Australie et de la Nouvelle-Calédonie, DÉPART DE MARSEILLE le 1er de chaque mois pour Port-Saïd, Suez, Aden, Mahé (Seychelles), King George's Sound, Adélaïde, Melbourne, Sydney et Nouméa, avec un embranchement à Mahé, pour la Réunion, Maurice et Madagascar.

Ligne de la côte orientale d'Afrique. DÉPART DE MARSEILLE le 12 de chaque mois pour Port-Saïd, Suez, Obock, Aden, Zanzibar, Mayotte, Nossi-Bé, Diégo, Suarez, Sainte-Marie, Tamatave, la Réunion et Maurice. Correspondance à Nossi-Bé avec la ligne de la côte ouest de Madagascar.

Lignes de l'Océan Indien. DÉPART DE MARSEILLE toutes les deux semaines, à partir du 10 mars 1889, pour Alexandrie, Port-Saïd, Suez, Aden, Colombo, Singapore, Batavia, Saïgon (correspondance à Saïgon pour Quinhon, Tourane, Haïphong), Hong-Kong, Shanghaï, Kobé et Yokohama, avec embranchement toutes les quatre semaines, à dater du 10 mars 1889 :

1º De Colombo sur Pondichéry, Madras et Calcutta ;
2º De Saïgon sur Manille.

Ligne d'Aden à Kurrachée et Bombay, en correspondance, à l'aller, avec la ligne de la côte orientale d'Afrique, et, au retour, avec la ligne de l'Australie.

Service de l'Océan Atlantique. DÉPARTS DE BORDEAUX :

1º Le 5 de chaque mois pour Lisbonne, Dakar, Rio de Janeiro, Montevideo et Buenos-Ayres ;
2º Le 20 de chaque mois pour La Corogne ou Vigo, Lisbonne, Dakar, Pernambuco, Bahia, Rio de Janeiro, Montevideo et Buenos-Ayres ;
3º Le 12 et le 28 de chaque mois (passagers d'entrepont et marchandises seulement) pour Las Palmas, Montevideo, Buenos-Ayres et Rosario (touchant éventuellement à Passages, Marino, La Corogne et Vigo).

Lignes de la Méditerranée et de la Mer Noire, desservant les principaux ports, savoir :

1º **La ligne de Marseille à Constantinople et Odessa**, tous les 14 jours, le samedi, à partir du 1er mars ;
2º **Ligne de Marseille à Constantinople et Batoum**, tous les 14 jours, le samedi, à partir du 8 mars ;
3º **Lignes circulaires d'Egypte et de Syrie**, toutes les semaines ;
4º **Ligne de Constantinople au Danube** (Galatz et Ibraïla) ;
5º **Ligne hebdomadaire de Marseille à Londres** avec escale au Havre (spéciale au transport des marchandises).

BUREAUX : PARIS, rue Vignon, 1 ; MARSEILLE, rue Cannebière, 16 ; BORDEAUX, allées d'Orléans, 20.

LIBRAIRIE HACHETTE & Cie

BOULEVARD SAINT-GERMAIN, 79, A PARIS

Mise en vente par Livraisons

DE

L'HABITATION HUMAINE

PAR

CHARLES GARNIER

Membre de l'Institut, architecte du nouvel Opéra,

ET

A. AMMANN

Agrégé de l'Université, professeur au lycée Louis-le-Grand.

OUVRAGE ILLUSTRÉ DE 400 GRAVURES

CONDITIONS ET MODE DE PUBLICATION

L'Habitation humaine formera un magnifique volume in-4° qui sera mis en vente en 50 livraisons à 50 centimes.

Chaque livraison sera composée de 16 pages de texte comprenant de nombreuses gravures.

Il paraît une livraison par semaine, le samedi, depuis le 28 février 1891.

Prix 5.00

ESPAGNE
ET
PORTUGAL

22951. — PARIS, IMPRIMERIE LAHURE
9, rue de Fleurus, 9

COLLECTION DES GUIDES-JOANNE

— GUIDES-DIAMANT —

ESPAGNE
ET
PORTUGAL

PAR

A. GERMOND DE LAVIGNE

de l'Académie espagnole
et de l'Académie de l'Histoire

7 PLANS ET 2 CARTES

ÉDITION ENTIÈREMENT REVUE

PARIS

LIBRAIRIE HACHETTE ET Cⁱᵉ

79, BOULEVARD SAINT-GERMAIN, 79

1892

Droits de reproduction et de traduction réservés

Toutes les mentions et recommandations contenues dans le texte des Guides-Joanne sont entièrement gratuites.

TABLE MÉTHODIQUE

Coup d'œil général. XII
Avis et conseils aux voyageurs. — Passeports. — Chemins de fer. — Douanes. — Routes, diligences, voyage en poste. — Bateaux à vapeur. — Hôtelleries. — Monnaies. — Mesures. — Poste aux lettres. — Télégraphie. XVII
Renseignements généraux (hôtels, voitures, etc.), *V.* dans l'index alphabétique, à la fin du volume.
Prononciation; abréviations XVI
Explication de quelques termes. XVI

ESPAGNE

RÉGION NORD-OUEST

Routes.	Pages.
1. De Bayonne à Madrid, par Irun et Avila.	1
2. De Saint-Sébastien à Bilbao	21
A. Par la côte. — B. Par Cestona.	
3. De Zumarraga à Bilbao	27
4. De Zumarraga à Santa Agueda.	27
5. De Vitoria à Bilbao	28
6. De Miranda à Bilbao.	29
7. De Venta de Baños à Santander.	31
8. De Santander à Bilbao	37
9. De Santander à Ontaneda et Alceda	39
10. De Venta de Baños à Leon, Oviedo et Gijon	40
A. Palencia à Leon. — B. Leon à Oviedo. — C. Oviedo à Gijon.	
11. D'Oviedo à Cavadanga	50
12. De Leon à la Corogne.	52
A. Leon à Astorga. — B. Astorga à Lugo. — C. Lugo à la Corogne.	

ESPAGNE DIAMANT. *a*

Routes. Pages.
13. De la Corogne aux bains d'Arteijo. 57
14. De la Corogne au Ferrol 58
15. De Lugo à Santiago 59
16. De Monforte à Vigo et à la frontière de Portugal . . . 60
17. De Orense à Santiago 63
18. De Orense à Pontevedra. 64
19. De Vigo à Pontevedra. 64
20. De Valladolid à Astorga. 65
    A. Valladolid à Benavente. — *B.* Benavente à Astorga.
       C. Benavente à Orense.
21. De Valladolid à Toro. 68
22. De Medina del Campo à Madrid. 69
23. De Medina del Campo à Zamora. 72
24. De Zamora à Braganza (Portugal). 73
25. De Zamora à Orense. 74
26. De Zamora à Salamanca. 74
27. De Medina del campo à Salamanca. 74
28. De Salamanca aux bains de Ledesma. 77
29. De Salamanca à la frontière de Portugal par Barca d'Alba. 78
30. De Salamanca à la frontière de Portugal par Ciudad Rodrigo. 79
    Excursion aux Batuecas. 80
31. De Salamanca à Plasencia 81
32. D'Avila à Salamanca 82
33. D'Avila à Plasencia. 83

RÉGION NORD

34. De Bayonne à Irun par la vallée de Baztan. 84
35. De Irun à Pampelune par Vera. 86
36. De Saint-Sébastien à Pampelune. 90
    A. Par route de terre. — *B.* De Saint-Sébastien à Alsasua. — *C.* D'Alsasua à Pampelune.
37. De Pampelune à Saragosse. 91
38. De Miranda à Castejon. 99
39. De Castejon à Soria. 102
40. De Burgos à Logroño. 103
41. De Castejon aux bains de Fitero. 105
42. De Castejon aux bains de Grabalos. 105
43. De Calahorra aux bains d'Arnedillo. 106
44. Le Canal impérial d'Aragon. 106
45. De Soria à Madrid, par Siguenza. 107

Routes.	Pages.
46. De Saragosse à Samper de Calanda	108
47. De Saragosse à Jaca.	108
48. De Saragosse à Huesca.	110
49. De Saragosse à Barbastro.	111
50. De Saragosse à Barcelone	112

RÉGION NORD-EST

51. De Perpignan à Barcelone	121

I. De Perpignan à Port-Bou. — II. De Port-Bou à l'Empalme. — III. Ligne de l'intérieur. — IV. Ligne du littoral.

52. De Barcelone au Montserrat.	128
53. De Barcelone à San Juan de las Abadesas.	131
54. De Barcelone à Puygcerda.	132
55. De Barcelone à Andorre.	134
56. De Barcelone à Reus.	136
57. De Barcelone à Valls et Picamoïxons	138
58. De Barcelone à Saragosse.	139
59. De Barcelone à Tarragone	143
60. De Tarragone à Lerida	146
61. De Lerida à Fraga.	147
62. De Tarragone à Valence.	147
63. De Saragosse à Teruel.	149
64. De Saragosse à Madrid.	151

RÉGION DU CENTRE

MADRID	158
Les résidences royales.	179
65. De Madrid à Tolède.	185

A. Par la ligne directe. — B. Par Castillejo et Algodor.

66. De Madrid aux eaux de Loèches	192
67. De Madrid aux bains de Sacedon	192
68. De Madrid aux bains de Trillo.	193
69. De Madrid à Teruel.	194

A. Par Molina et Monreal. — B. Par Molina et Albarracin.

70. De Madrid à Valence.	195
71. De Madrid à Cuenca.	203
72. De Cuenca à Valence.	204
73. De Cuenca à Teruel.	206
74. De Valence à Teruel.	207

Routes. Pages.

75. De Madrid à Ciudad Real.................. 207
    A. Ligne directe. — B. Par Alcazar et Manzanarès.
76. De Madrid à Cacerès et à la frontière de Portugal... 209
    Excursion au monastère de Yuste. — Embranchement de Cacerès. — Excursion à Alcantara.
77. De Navalmoral à Merida.................. 216
78. De Cacerès à Merida.................... 218
79. De Madrid à Badajoz, par Ciudad-Real......... 219
    Embranchement de Belmez............... 220

RÉGION DU SUD-EST

80. De Carcagente à Denia................... 225
81. De Madrid à Alicante.................... 226
82. De Valence à Alicante................... 228
    A. Par la Encina. — B. Par Jativa et Alcoy. — C. Par Carcagente et Denia.
83. De Madrid à Murcie et Cartagène............ 231
84. D'Alicante à Murcie.................... 236
    Embranchement de Torrevieja............. 239
85. De Murcie à Almeria................... 240

RÉGION DU SUD

86. De Madrid à Cordoue................... 244
87. De Madrid à Jaen, par Espeluy............. 251
88. De Cordoue à Belmez................... 253
89. De Cordoue à Grenade.................. 254
90. De Cordoue à Malaga................... 270
91. De Grenade à Malaga................... 274
    A. Par chemin de fer. — B. Par Alhama.
92. De Grenade à Motril................... 275
93. De Grenade à Almeria.................. 276
94. De Grenade à Murcie................... 277
95. De Cordoue à Marchena et Utrera........... 278
96. De Cordoue aux bains de Carratraca......... 279
97. De Bobadilla à Ronda et Algeciras........... 280
98. De Malaga à Algeciras.................. 283
    Excursion à Gibraltar.
99. De Cordoue à Séville................... 286
100. De Séville à Alcala et Carmona............ 300
101. De Séville à Mérida................... 301

Routes.	Pages.
102. De Séville à Cadix.	303

    A. Par chemin de fer. — B. Par le Guadalquivir.

103. De Jerez à San Lucar de Barrameda.	310
104. De Jerez à Arcos et à Bornos.	310
105. De Cadix à Algesiras.	311

    A. Par Médina-Sidonia. — B. Par Vejer. — C. Par mer, et à Ceuta.

106. De Séville à Huelva.	313

    Excursion à la Rabida.

107. De Cadix à Huelva, par mer.	315
108. De Huelva aux mines de cuivre	315

    A. A Tharsis. — B. A Buitron et à Rio Tinto.

109. De Huelva à Ayamonte et à San Lucar de Guadiana.	316
110. De Huelva à Zafra.	317
111. De Zafra à Jerez de los Caballeros.	320
112. De Séville à Badajoz.	320
113. De Badajoz à Olivenza	321
114. LES ILES BALÉARES.	322

PORTUGAL

COUP D'ŒIL GÉNÉRAL.	329

RÉGION DU NORD

1. De Madrid à Lisbonne.	339

    A. Par Cacerés et Valencia d'Alcantara. — B. Par Badajoz et Elvas.

LISBONNE.	343
2. De Lisbonne à Cintra.	353
3. De Lisbonne à Figuiera da Foz.	356

    Excursion à Alcobaça et à Batallhaa.

4. De Lisbonne à Badajoz.	366
5. De Lisbonne et Abrantès à Guarda.	367
6. De Figuiera da Foz à la frontière d'Espagne.	369
7. De Lisbonne à Porto.	373
8. De Porto à Barca d'Alva.	387
9. De Foz-Tua à Mirandella.	391
10. De Porto à Povoa et Famalicão.	392
11. De Porto à Braga et Guimarães	394
12. De Porto à Valença do Minho.	397

TABLE MÉTHODIQUE.

Routes. Pages.
13. De Porto à Chaves. 401
    A. Par Regsa. — B. par Guimaraès.
14. De Porto à Bragança. 403

RÉGION DU SUD

15. De Lisbonne à Sétubal. 405
16. De Lisbonne à Estremoz. 407
17. De Lisbonne à Pias, frontière d'Andalousie. 408
18. De Beja à Villaréal de Santo Antonio. 410
    Par Mertola.
19. De Lisbonne à Faro 413
20. De Faro au cap Saint-Vincent et à Sagres 416
21. De Faro à Villa Réal do Santo Antonio. 423
22. Madère 423

PLANS ET CARTES

Barcelone	116	Séville.	288
Cordoue.	247	Tolède.	187
Grenade	256	Lisbonne.	343
Madrid.	158	Porto	582

Carte générale à la fin du volume.

ESPAGNE

COUP D'ŒIL GÉNÉRAL

Le réseau des chemins de fer espagnols comprend actuellement près de 10 000 kil. concédés, dont plus de 8 000 sont en exploitation.

Auprès des deux clefs de la frontière française, Hendaye au S. de Bayonne et Cerbère au S. de Perpignan, les Pyrénées ouvrent passage au réseau européen, qui atteint la Méditerranée, à Malaga, à Cartagène, à Alicante, à Valence, à Barcelone ; l'Océan à Cadix, à Lisbonne, à Vigo, à la Corogne, à Santander.

L'accès de l'Espagne par les Pyrénées centrales se fera avant peu par deux lignes ferrées dont la construction approche de la frontière sur le versant espagnol.

Le parcours d'Irun, première station du Nord-Espagne, à Cartagène, du N. au S. de la Péninsule, compte 1164 kil. et peut se faire en quarante-huit heures. Il emprunte d'abord le chemin de fer du Nord, qui traverse la chaîne cantabrique, touche Burgos, Valladolid, Avila, où il franchit les cimes du Guadarrama ; descend à l'Escorial et aborde Madrid. De Madrid, par le réseau du Midi, le voyageur s'engage au milieu des grandes plaines de la Manche, puis traverse les campagnes de Murcie.

Les ramifications ferrées qui se rattachent à ces deux grandes lignes conduisent à l'E. à Pampelune, à Saragosse, à Barcelone, à Valence, à Alicante ; — à l'O. à Bilbao, à Santander, à Leon, à la Corogne, à Salamanque, à Plasencia, à Cacerès, à Lisbonne.

La ligne de l'Océan, qui se soude sur celle de Cartagène à la station d'Alcazar, au S. de Madrid, traverse la Sierra-Morena, descend à Cordoue, à Séville, à Cadix, à 727 kil. de Madrid, puis à Huelva, et à Zafra, auprès des frontières du Portugal.

A Cordoue, une ramification s'étend jusqu'à Malaga et à Grenade (247 kil.).

Sur cette même voie de Madrid à Cordoue, s'embranche, à la station de Manzanarès, en se dirigeant vers l'O., la ligne qui met l'Espagne en communication avec le Portugal, par Ciudad-Real, Almaden, Merida et Badajoz, où elle rencontre la voie portugaise qui aboutit à Lisbonne. Par cette direction, la distance entre les deux capitales est de 880 kil. Un autre chemin de fer qui suit la vallée du Tage et traverse l'Estrémadure par Talavera, Plasencia et Cacerès, entre en Portugal vers Valencia d'Alcantara, et réduit considérablement (de 880 kil. à 661) la distance entre Madrid et Lisbonne. Une troisième ligne, sans passer par Madrid, quitte le chemin de fer du Nord à Medins del Campo, touche à Salamanque pénètre en Portugal après Ciudad Rodrigo et atteint Lisbonne à 1053 kil. de Irun.

La tête du réseau espagnol, à l'extrémité orientale des Pyrénées, se raccorde, à Port-Bou, avec la ligne française venue de Perpignan. De Girone, la première station importante du réseau, la voie de fer atteint Barcelone par deux directions; puis une ligne longe tout le littoral de la Méditerranée, en desservant Tarragone, l'embouchure de l'Èbre, Castellon, jusqu'à Valence, sur une étendue de 377 kil. A Valence, le voyageur trouve les lignes de l'Est, qui l'amènent à Madrid.

Parallèlement aux Pyrénées, et reliant la Méditerranée à l'Océan, comme le fait, de Cette à Bordeaux, le chemin de fer français du Midi, une ligne part de Barcelone, coupe la chaîne qui sépare la Catalogne de l'Aragon, passe au pied de Lerida, touche à Saragosse, suit, à partir de cette ville, la vallée de l'Èbre, en envoyant un embranchement vers Pampelune; croise, à angle droit, à Miranda, la ligne du Nord, d'Irun à Madrid; franchit, à Lezama, la crête des Pyrénées cantabriques, et descend vers Bilbao, par les pentes d'Orduña. Ce parcours est de 606 kil. Sur cette ligne, à Saragosse, s'embranche une voie de 540 kil., qui relie plus directement ce chef-lieu et Barcelone à Madrid. Cette ligne est appelée à aller rejoindre par Huesca ou par Jaca, la ligne française qui traversera les Pyrénées centrales.

Dans le N.-O., des lignes qui s'embranchent sur la ligne du Nord, à Venta de Baños, conduisent à Palencia, à Santander, à Leon, atteignent Oviedo et Gijon par-dessus les crêtes jusqu'ici inattaquables des monts asturiens. L'une de ces lignes pénètre dans la Galice jusqu'à la Corogne; une autre avant d'atteindre

Vigo, se raccorde avec la ligne du N. du Portugal par le pont international de Tuy.

Dans l'état présent des voies ferrées de la Péninsule, le voyageur peut faire en peu de temps d'intéressantes excursions. Elles lui seront désormais rendues faciles par l'accord qui s'est fait entre les compagnies françaises et les compagnies espagnoles, qui ont organisé des voyages circulaires sur toute l'étendue du réseau qui vient d'être décrit.

Nous avons adopté le plan d'une partie de ces voyages pour cette nouvelle édition du *Guide Diamant*. Nous prenons la direction donnée par les programmes des compagnies, c'est-à-dire que nous entrons de préférence par Bayonne nous dirigeant d'abord sur le centre. Nous visitons, successivement, les villes intéressantes du N.-O., du N. et du N.-E., avant de redescendre vers la capitale et vers Tolède et le Midi. Ceux des itinéraires qui ramènent le visiteur par la frontière orientale, lui ménagent à Barcelone, comme dernier terme du voyage, un attrayant séjour et le spectacle d'un grand centre industriel.

Nos descriptions des voies de fer seront sans doute les plus consultées de ce travail. Le voyageur peut ainsi parcourir rapidement, en quelques semaines, comme il parcourt toute l'Europe, cette partie maintenant vulgarisée de la Péninsule.

Il reste encore quelques routes classées, routes de deuxième ordre, chemins muletiers ou sentiers, qui ne sont pas sans intérêt, sans originalité, et qu'on nous saura gré d'avoir mentionnés, si brièvement que ce soit. Ceux-là réservent encore au touriste, à l'archéologue et à l'artiste, pour peu qu'ils aient conservé les bonnes traditions du voyage pédestre à l'aventure, d'intéressantes recherches, d'utiles études à faire, des impressions neuves à recueillir.

Les voyageurs trouveront à cet égard, s'ils veulent faire une exploration plus sérieuse et de longue haleine, des indications plus complètes dans notre *Itinéraire général*, dont ce volume n'est que le résumé.

A. Germond de Lavigne.

Octobre 1891.

AVIS ET CONSEILS AUX VOYAGEURS

Passeports. — Le passeport n'est pas exigé; mais il constitue partout une précaution utile. Jusque-là il suffit d'être pourvu de papiers constatant l'identité, correspondances, carte d'électeur, etc.

Chemins de fer. — On délivre, à Paris, dans les bureaux de ville des lignes d'Orléans et du Midi, à la gare du chemin de fer d'Orléans, de même qu'aux gares de Paris-Lyon-Méditerranée, des billets directs pour l'Espagne, pour les principales stations de la ligne du Nord, pour les lignes correspondant avec celle-ci sur Bilbao, Tudela, Palencia, la frontière de Portugal, Santander, la Corogne, Pampelune et Saragosse, Madrid à Cacerès et Valencia.

Les lignes du Nord, de Bilbao, de Santander, Barcelone, Tarragone, la Corogne et Vigo sont en correspondance, et des billets sont délivrés de chacune de ces lignes pour les autres.

Les mêmes facilités existent entre les lignes de Pampelune à Saragosse, et de Saragosse à Madrid.

Les lignes d'Andalousie, de Cartagène, d'Alicante, de Malaga et Grenade, de Madrid à Valence, correspondent désormais, avec le Nord-Espagne et les lignes françaises, pour les trains rapides spéciaux.

Une disposition du gouvernement espagnol établit que tout voyageur a droit de continuer à occuper, jusqu'au terme de son voyage, la place qu'il a trouvée libre à son entrée dans le train; mais sans préjudice du droit qu'ont les compagnies de retirer les voitures. Pour faire prévaloir ce droit, il suffit que le voyageur qui quitte momentanément sa place y laisse, pour la marquer, un objet quelconque lui appartenant.

Il est prudent, en Espagne comme partout, de se munir de quelques provisions de bouche, et de prendre connaissance des stations où sont installés des buffets et des cantines. Il y a de bons buffets sur chaque ligne. On peut citer ceux de Miranda, Venta de Baños, Castejon, Calatayud, Avila, Alcazar, Menjibar, etc. Mais ils sont généralement chers pour les ressources qu'ils offrent au voyageur.

Service des Chemins de fer et Horaires. Consulter le *Guia oficial, viagereos, selos ferro-carreles*, dans les principales stations et dans les librairies. (Mensius, 50 c.)

Douanes. — Les bagages sont visités à la première station de la frontière. Si l'on veut éviter cette ennuyeuse exhibition et ne la subir qu'à l'arrivée à Madrid, il faut faire plomber ses colis à la première visite. On paye, à cet effet, un droit de 50 cent. par colis.

Routes, diligences, voyages en poste. — Les tarifs de ces diligences sont peu élevés ; mais les excédents de bagages se payent fort cher. Depuis quelques années, les voies de terre, qui étaient dans un fort mauvais état, se sont considérablement améliorées.

Pour les routes qui ne sont parcourues ni par des malles-poste, ni par des diligences, on trouve encore des voitures de louage, des tartanes, des *carritos* non suspendus, et surtout des chevaux de selle ou des mules. Ce dernier mode de voyager est préférable pour les touristes dans tous les pays.

Bateaux à vapeur. — De nombreux bateaux anglais, français, espagnols ou allemands font un service à peu près régulier, le long du littoral Est entre Barcelone, Valence, Alicante, Cartagène, Almeria, Malaga, Gibraltar, Algésiras et Cadix ; on les rencontre dans ces ports au moins une fois par semaine. Quelques-uns vont jusqu'à Marseille ; d'autres vont jusqu'à Alger et à Oran. D'autres encore remontent par les côtes de Portugal et par les ports du nord de l'Espagne (Vigo, la Corogne, Gijon, Santander), jusqu'en France (Bayonne, Bordeaux, le Havre), et même jusqu'en Angleterre (Liverpool). L'arrivée et le départ de ces bateaux sont régulièrement annoncés dans les ports espagnols par des affiches placardées dans les rues, dans les hôtels, et dans les établissements publics.

Hôtelleries. — Elles se divisent en plusieurs classes : l'*hôtel* (sic), la *Fonda*, où l'on trouve la table et le logement comme dans nos hôtels français. Dans les petites localités les ressources sont moindres, le lit et l'alimentation laissent à désirer. Dans les campagnes, sur les petites routes, subsistent encore le *Parador* et la *Venta*, relais, haltes ou cabarets, où le voyageur peut apprêter les aliments qu'il porte ; mais où il ne trouve souvent que de l'eau, du vin assez mauvais, et de l'eau-de-vie plus mauvaise encore. — Les prix, dans les meilleurs *hôtels* ou *fondas*, ne sont pas excessifs. On a le logement et la table pour 7 pesetas 50 ou 10 et 12 pes., mais il faut toujours faire son prix en arrivant. Dans la plupart des villes, le prix par jour est établi sans distinction, c'est-à-dire qu'il n'est pas loisible d'en défalquer les repas qui n'auraient pas été pris. C'est une condition à débattre.

Monnaies. — Les diverses monnaies sont ramenées aujourd'hui au système décimal, ayant pour unité la *peseta*, qui vaut 1 fr. ;

et pour fractions, la pièce de 50 centièmes de peseta, la petite pièce d'argent valant 50 centimes.

Or. — Pièce de 25 pesetas (25 francs).

Pièce de 10 pesetas (10 francs).

Argent. — Pièce de 5 pesetas, vulgairement *douro* (5 francs).

Pièce de 2 pesetas (2 francs) et aussi la pièce de 2 pesetas et demie ou *medio douro*, valant 2 fr. 50 centimes.

Pièce de 1 peseta, aujourd'hui unité monétaire, comme le franc.

Pièces de 50 et 25 centimes.

Bronze. — 10 centimes, 5 centimes et 1 centime, valeur égale.

Le *réal*, ancienne unité, correspondait à un peu plus de 25 centimes (0 fr. 2631), et la peseta, de 4 réaux, valait plus que le franc. Le traité international a équilibré les deux valeurs. *On ne compte plus en réaux.*

On trouve des bureaux de change, pour les monnaies espagnoles, à Bayonne, à Perpignan, et dans les gares internationales d'Hendaye, Irun, Cerbère et Port-Bou. La pièce d'or française de 20 francs est acceptée dans les villes, dans les hôtels et dans les principales stations de chemins de fer, pour 20 pesetas ; mais elle est quelquefois refusée en province, et il est prudent de se munir de pièces d'or espagnoles.

Le papier de banque, à Madrid, est en coupures de 25 à 30 pesetas. Il est bon de le bien connaître, et de se méfier aussi de la menue monnaie d'argent. L'exemple de cette prudence est donné par les Espagnols eux-mêmes.

Mesures. — Le système métrique est actuellement en vigueur pour la mesure des distances, et indépendamment des chemins de fer, la plupart des routes de terre sont abornées en kilomètres. L'ancienne lieue espagnole équivaut à 5550 mèt. — La *vara* de Castille vaut 83 centimètres (0,83) ; le *pied*, 0,27 cent. ; le *palmo*, 0,20 cent. Mais ces mesures varient encore beaucoup suivant les provinces, qui se soumettent lentement au système métrique.

Poste aux lettres. — Les lettres pour l'intérieur de l'Espagne s'affranchissent au moyen de timbres-poste de 10 centimes pour l'intérieur d'une ville, et de 15 centimes pour 15 grammes, pour la péninsule. L'affranchissement est obligatoire. Les cartes postales, 10 centimes pour le royaume (Portugal compris). Les lettres destinées aux pays faisant partie de l'union postale payent 25 centimes affranchies, pour 15 grammes, et sont taxées 50 centimes lorsqu'elles ne sont pas affranchies. Les timbres se vendent dans tous les *Estancos* (bureaux de tabac). Les lettres poste-restante sont livrées sur le vu d'une autre lettre.

Les postes espagnoles reçoivent les lettres chargées et recommandées, les valeurs déclarées, les paquets postaux, etc., pour l'étranger, suivant tarif affiché dans les bureaux. Les instructions précisent l'espacement des timbres, et interdisent les timbres posés à cheval sur les plis des enveloppes, pour celles qui contiennent des valeurs déclarées.

Télégraphe. — Tarif pour l'intérieur et pour 15 mots, 1 peseta; pour chaque mot en sus, 10 cent. Pour la France on paye 20 centimes par mot.

Les télégrammes se payent par l'apposition de timbres spéciaux, qui sont vendus à un guichet du bureau télégraphique.

EXPLICATION DE QUELQUES TERMES

EMPLOYÉS DANS CE VOLUME.

Abajo, en bas.
Adelante, en avant; pour dire « Entrez » à quelqu'un qui frappe.
A derecha, à droite.
Afuera, dehors.
A izquierda, à gauche.
Anden, quai d'une gare.
Apear se, descendre de cheval ou de voiture (mettre pied à terre).
Arriba, en haut.
Arroyo, ruisseau.
Asiento, siège, place en voiture.
Ayuntamiento, municipalité.
Bajar, descendre.
Baul, malle.
Billete, billet, carte de chemin de fer.
Caballero, s'emploie généralement à l'égard de tout homme à qui l'on dirait « monsieur » en lui demandant un renseignement. *Hombre* en appelant un homme de service; ou bien *amigo*. *Muchacho* ou *chico*, en appelant un enfant.
Calle, rue.
Carta, lettre.
Casas consistoriales, *casas municipales*, maison de ville.
Coche (pr. cotché), voiture.
Coro, chœur dans l'église.
Correo, poste.
Cote, mesure de l'altitude.
Custodia, tabernacle porté dans les processions.

Delante, devant.
Dentro, dedans.
Detras, en arrière.
Equipage, bagage.
Estacion, gare de chemin de fer.
Estanco, bureau de tabac.
Ferro carril, *Camino de hierro* chemin de fer.
Fonda, hôtel ou buffet.
Hospedaje, hôtellerie.
Maleta, valise.
Mirador, balcon fermé entouré de vitrages.
Parada, halte.
Parador, relai.
Patio, cour intérieure entourée de galeries.
Pente, inclinaison descendante sur le chemin de fer.
Plaza de toros, place ou cirque pour les courses de taureaux.
Posada, auberge.
Rampe, inclinaison montante sur le chemin de fer.
Rio, rivière. Tous les noms de rivière se disent au masculin.
Rois Catholiques. Cette expression désigne spécialement la reine Isabelle de Castille et son époux Fernando d'Aragon, qui firent le siège de Grenade.
Saco de noche, sac de nuit.
Sello, timbre-poste.

Sierra, chaîne de montagnes.
Silleria, stalles du chœur dans l'église.
Sombrerera, carton à chapeau.
Subir, monter.
Tarjeta, carte de visite.
Trascoro, arrière-chœur; pan de mur extérieur du fond du chœur.
Venta, cabaret isolé.
Voitures publiques, le coupé se dit en Espagne *berlina*, et l'impériale *cupe* (coupé).

PRONONCIATION

Ch se prononce *tch* : Chiclana, Chinchilla, concha. — *Tchiclana*, *Tchintchilia*, *contcha*.

Ll, ll, se prononce mouillé : Lladoner, caballero, comme *Liadoner, cabaliero*.

Ñ, ñ, se prononce comme *gn* liés : ainsi baños, Santoña, comme baigna, gagna.

U se prononce toujours *ou* : Alsasua, Irun, puerto, — *Alsasoua, Iroun, pouerto*.

Qu se prononce *k* : Tembleque, Azuqueca, Lequeitio, — *Tembleke, Açoukeka, Lekeïtio*.

B à peu près comme *v* : Alcobendas, Bidassoa, — *Alcovendas, Vidasoa*.

V à peu près comme *b* : Avila, Valladolid, Valsain, — *Abila, Baliadolid, Balsaïn*.

Z comme le *ç* : Subiza, Manzanarès, Lizarza, — *Subiça, Mançanarès, Liçarça*.

La prononciation du Z comme *tz* : Madrazo (Madratzo) est une faute. On doit dire cette lettre en zézayant, c'est-à-dire en plaçant mollement la langue entre les dents.

J, X. Pour prononcer ces deux lettres, il faut une bonne oreille et beaucoup de pratique.

ABRÉVIATIONS

alt.,	altitude.	*lat.*,	latitude.
d.,	degré.	*long.*,	longueur, longitude.
dr.,	droite.	*mèt.*,	mètre.
ch.,	chemin.	*min.*,	minute.
env.,	environ.	*p.*,	page.
g.,	gauche.	*r.*,	réal ou réaux (Espagne).
h.,	heure.	*r.*,	rial ou reis (Portugal).
hab.,	habitants.	*R.*,	route.
haut.,	hauteur.	*s.*,	siècle.
kil.,	kilomètre.	*V.*,	ville.
l.,	lieue.	*v.*,	village.
larg.,	largeur.	*V.*,	Voir ou voyez.

ESPAGNE

REGION NORD-OUEST

ROUTE 1.

DE BAYONNE A MADRID

58 kil. de Bayonne à Irun ; — 634 kil. de Irun à Madrid.

V. pour plus de détails, pour la France : le *Guide Joanne* (Pyrénées) ; pour l'Espagne : l'édition in-18 de l'*Itinéraire de l'Espagne et du Portugal*, par A. GERMOND DE LAVIGNE. (Librairie Hachette et C⁰.)

Bayonne*. La gare du chemin de fer est dans le faubourg de *Saint-Esprit*, au pied des rampes de la citadelle. Un grand pont en pierre, de 250 mèt. de long, relie Saint-Esprit à la ville. Bayonne compte 28 000 hab. et occupe le confluent de l'*Adour* et de la *Nive*. La cathédrale en est le monument le plus remarquable. — *Promenades* des *Glacis*, des *Allées marines*. — A la *Citadelle*, belle vue de la mer, de l'embouchure de l'Adour, des côtes d'Espagne, de la chaîne occidentale des Pyrénées et du Pays basque. — *Excursion à Biarritz.*

CHANGE DE MONNAIES pour l'Espagne, rue du Gouvernement et aux stations d'Hendaye et d'Irun.

DE BAYONNE A IRUN

Chemin de fer, 38 kil. (La gare pour la ligne d'Espagne est la même que pour les lignes de Bordeaux, Pau, Toulouse, Saint-Jean-Pied-de-Port.)

Prix : de Bayonne à Irun, 1ʳᵉ cl., 4 fr. 65 ; 2ᵉ cl., 3 fr. 45 ; 3ᵉ cl., 2 fr. 60.

A la sortie de la gare, tunnel de 178 mèt., pratiqué sous une partie de la ville de Saint-Esprit. Pont de 268 mèt., en treillis de fer, sur l'Adour. A dr., panorama de la rade du Boucau et de l'embouchure de l'Adour. Tunnel de 218 mèt., sous le faubourg de Mousserolles. A g. se séparent la ligne de Pau, Tarbes et Toulouse, puis celle de

ESPAGNE DIAMANT.

Saint-Jean-Pied-de-Port. Pont en fer de 134 mèt., sur la Nive; plus loin, route d'Ustaritz. A dr., ruines du château de Marrac. Du même côté, le petit lac de Brindos, avant d'arriver à *la Négresse,* où se trouve la station de

10 kil. **Biarritz**, à 3 kil. sur la dr., station de bains de mer. En quittant la gare, lac de *Mouriscot*, dominé par les plantations du *bois de Boulogne*. Tunnel de la Négresse (275 mèt.). A g., à la sortie, coteaux boisés d'*Alhaitea*; à dr., habitations de *Bidart*, qui descendent jusqu'à la mer. La voie côtoie le rivage à une hauteur moyenne de 20 mèt.

15 kil. *Guethary* (800 hab.); bains de mer.

23 kil. **Saint-Jean-de-Luz***, station à 500 mèt. de la ville, V. de 2800 hab. — On traverse la Nivelle sur un pont de 45 mèt., ayant à dr. la ville. A g., le faubourg de *Ciboure*. Plus loin, *Urtubie*, ancien manoir historique. — Du même côté, *Urrugne*. — Au delà s'élèvent, à l'extrémité du versant français des Pyrénées, les deux montagnes de *la Rhune* et de *la Haya*. — Tunnel de 415 mèt., dit le tunnel des *Redoutes*, à une altitude de 43 mèt. 1/2. Au delà, la voie côtoie l'une des courbes de la *Bidassoa*, formant la baie d'Hendaye. Sur la dr., de l'autre côté de la baie, *Fontarabie*, et plus loin les falaises du *cap Figuier*.

35 kil. **Hendaye**, v. de 1100 hab., dernière station du chemin de fer français. — Le train *allant en Espagne* ne s'arrête que 5 min. et continue vers *Irun*, où se fait le transbordement des voyageurs et des bagages sur le train espagnol. Ce transbordement est nécessité par les dimensions différentes de la voie espagnole, qui mesure, entre rails, 30 centimètres de plus que les voies européennes.

A 500 mèt. d'Hendaye, pont international en pierre, de 150 mèt. de long, sur la Bidassoa, limite entre les deux pays. A dr. du pont, Fontarabie; à g., colline de *San Marcial*, avec un ermitage et un fort; plus loin, montagne de la Haya. Ascension facile en 3 h.

38 kil. **Irun***. Première station espagnole. Arrêt 24 min. pour la douane et le **changement de voitures**. *Buffet : change de monnaies.* L'horloge d'Irun et celles de toute la ligne sont réglées d'après l'heure de Madrid, qui retarde de 25 min. sur l'heure de Paris et des trains français. L'arrêt est par conséquent de près d'une heure.

Irun est à 800 mèt. à g. de la station. V. de 5750 hab., sur la rive g. de la Bidassoa. *Église Nuestra Señora del Juncal* (N.-D. des Joncs), type de l'architecture religieuse du Guipuzcoa pendant la Renaissance. Voir l'autel et deux tombeaux assez bien sculptés. — *Place de la Constitucion; hôtel de ville,* lourde construction du xviie s. Jeu de paume.

A peu de distance d'Irun, fontaine d'eau ferrugineuse ; mine de fer en exploitation dans la montagne de la Haya.

On trouve à Irun, en correspondance avec les trains, des voitures pour *la ville* (10 min., 25 c.) *Behobie* (20 min., 50 c.), *Fontarabie* (20 min., 50 c.). Chemin de fer projeté.

D'Irun à Fontarabie.

Route. — 5 kil.

On suit la rive g. de la Bidassoa. A g., ancien couvent de Capucins.

Fontarabie, en espagnol *Fuenterrabia*, V. de 3200 hab. Ville espagnole très caractérisée ; maisons noircies par le temps, balcons en fer ouvragé, fenêtres grillées, boutiques sombres. Ce qui lui donne un aspect tout particulier, c'est l'état de ruine, de solitude, de désolation, dans lequel elle se trouve. Fortifications et portes à demi écroulées.

Église du style gothique à l'intérieur, et du style de la Renaissance à l'extérieur ; sculptures de l'autel. — Château construit vers 907. Il renferme deux parties bien distinctes : la façade du couchant, située du côté de la place, et des constructions beaucoup plus anciennes qui dominent la Bidassoa. — Cette curieuse ville possède encore un grand nombre de *palacios*, qui témoignent de son ancienne splendeur. Leurs façades, timbrées d'écussons gigantesques, offrent le caractère de lourdeur et de solidité qui constitue le cachet de la Renaissance espagnole.

Au N. de Fontarabie, petit *port* de pêcheurs *de la Magdalena*. Plus loin, le *cap* Figuier ou *cabo de Higuer*.

Belle promenade à pied en gagnant l'ermitage de N.-D. de Guadalupe et la crête du mont *Jaizquibel*, d'où l'on descend au *Passage* (5 h. à pied). Calvaire de 11 mèt. auprès de la chapelle et, sur le même plateau, un fort récemment construit.

D'IRUN A MADRID

Chemin de fer. — 631 kil.

Prix : 1re cl., 72 pesetas 60 ; 2e cl., 54 p. 45 ; 3e cl., 32 p. 70.

Série de tranchées pratiquée à travers les collines qui forment la base du mont *Jaizquibel*, séparant la campagne d'Irun du fond du golfe Cantabrique. Joli pays, riches cultures, coteaux verdoyants. — Tunnel de 466 mèt. sous le col de *Gainchurisqueta* ; vallée boisée.

5 kil. *Gainchurisqueta*, halte.

10 kil. *Renteria*, b. de 2870 hab. Église dans le style de celle d'Irun (xvie ou xviie s.), dans un état parfait de conservation. Maison de ville dont la construction paraît remonter au xve s. ; grand nombre de vieilles maisons, percées de petites fenêtres géminées ogivales. Fabriques de tissus de lin, de coton, et de biscuits. —

Tramvia allant de Renteria et de Pasages à Saint-Sébastien.

Renteria est, à g., séparé de la voie par la rivière *Oyarzun*. A dr., le bourg de *Lezo* (920 hab.). Église, avec un Christ très ancien, en bois, qui attire un grand nombre de pèlerins.

Pont de fer sur l'Oyarzun; tunnel de 200 mèt., à la sortie duquel se développe, à dr., la baie de *Pasages*, formant l'embouchure de l'Oyarzun, et défendue vers la mer par des rochers à pic.

12 kil. *Pasages*. La station est au bord de la baie, ne communiquant avec le bourg que par bateaux. Grand mouvement commercial.

Celui-ci occupe les deux rives d'un goulet entre de grands rochers, et qui ouvre sur le golfe. Le bourg (1000 hab.), pittoresquement situé au milieu de la passe. Ses habitants sont tous pêcheurs. Église de San Juan, lourde construction sans clocher.

Sur le promontoire qui domine l'entrée du côté de l'E., s'élève une tour ronde, Santa Isabel, adossée à un bâtiment construit, dit-on, sous Isabelle la Catholique pour la défense du port.

Projet d'un chemin de fer à voie large vers Pampelune.

Viaduc en pierre, long de 67 mèt.; route au-dessous de la voie, à g.; pays très accidenté; grand nombre de tranchées. — A g., village d'*Alza*; à dr., sur les pentes du mont *Ulia*, nombreuses habitations qui précèdent Saint-Sébastien. — Dunes de la *Zurriola*, cours et embouchure de la rivière *Urumea*, au delà de laquelle se développe la ville au pied du *mont Orgullo*; puis la baie, *la Concha*, dont l'entrée est barrée par l'île de *Santa Clara*; à g. le mont *Igueldo*.

17 kil. **Saint-Sébastien***, V. de 21 786 hab. Chef-lieu de la province de Guipuzcoa. (Hôtels, V. à la table.)

Saint-Sébastien communique avec Pasages par voitures de louage et par tramvia. Excursion très intéressante.

Deux églises paroissiales, un couvent, un arsenal, une caserne sur les pentes du mont Orgullo. Au centre de la ville, l'hôtel de l'ayuntamiento forme un côté de la *plaza Nueva*, belle place régulière, entourée de galeries avec boutiques et de maisons sur un plan uniforme. Le reste de la ville est entièrement occupé par de hautes maisons. Les rues sont étroites, alignées et très propres. La ville nouvelle, construite depuis la suppression de l'enceinte, s'étend jusqu'auprès de la station.

Parmi les édifices publics, *l'église Santa Maria*. Les nefs sont larges et élevées. Le *coro* (chœur) se fait remarquer par son élégance. Belles orgues de Cavaillé-Coll. — Église de *San Vicente*, moins belle que celle de Santa Maria; ses détails intérieurs appartiennent à la

Renaissance; l'extérieur est du style gothique. — Théâtre, 700 places. Place de Taureaux auprès du chemin de fer.

Les étrangers devront gravir le mont Orgullo; le sommet s'élève à 116 mèt. au-dessus de la mer, 45 min. suffisent pour atteindre la forteresse qui le couronne. A mi-côte on remarque, parmi les rochers, les tombeaux des officiers anglais qui périrent, en 1856, en défendant la ville contre les Carlistes.

Le port, dans lequel les navires ne peuvent arriver qu'à marée haute, est au pied du mont Orgullo, très abrité, et couvert, du côté de la baie, par quatre jetées. Le mouillage dans la baie n'est pas très sûr.

Magnifique plage de sable fin; rendez-vous des baigneurs qui viennent à Saint-Sébastien de presque tous les points de l'Espagne. Palais d'Ayete appartenant à la reine régente.

De Saint-Sébastien à Pampelune, V. R. 36; — à Bilbao, R. 2. — Par mer à Bayonne, Santander, Gijon, la Corogne, etc., V. Bayonne (*table, bateaux à vapeur*). — Deux excursions à faire : Pasages et Hernani.

En quittant la station de Saint-Sébastien, on franchit l'Urumea. Tunnel de 300 mèt.; à g., le bourg d'*Astigarraga*.

21 kil. *Hernani*. Station à 4 kil. de la ville. Celle-ci (3215 hab.) occupe une jolie position, à dr., sur le flanc d'une colline nommée Santa Barbara. Élégante habitation moderne, appartenant à don Antonio Murua. Aux environs, plusieurs forges. On vient visiter Hernani, de Saint-Sébastien, en 55 min. (voitures, 8 à 10 fr.). Deux routes : l'une pour venir, l'autre pour retourner. Il y a d'ailleurs un service d'omnibus de la station de Saint-Sébastien à Hernani (50 cent.), et il est question d'un chemin de fer à voie étroite entre ces deux points.

A dr., après la station de Hernani, la route de Madrid; *Urnieta* (2000 hab.). Tunnel de 1000 mèt., sous un contrefort du mont *Burunza*, à dr.

31 kil. *Andoaïn* (2600 hab.), sur les flancs d'une colline que la voie traverse en tunnel. L'église, de l'époque de la Renaissance, s'élève au-dessus du souterrain. Pont-viaduc en pierre, de 85 mèt., sur la rivière *Leizaran*. La voie remonte le cours de l'Oria, dont les eaux rapides font mouvoir un grand nombre de moulins et de fonderies.

A partir de cette station, la voie monte sans cesse (56 mèt. d'alt.). On franchit l'Oria à *Javora*, pont de fer de 50 mèt.

56 kil. *Villabona*, à g. (1680 hab.); *Irura* (464 hab.); à dr., *Anoeta* (400 hab.); au-dessus, *Hernialde* (360 hab.), puis une fonderie de fer et une fabrique de papier.

45 kil. **Tolosa**, V. de 8537 hab., dans une charmante position, près du confluent de l'*Oria* et de l'*Aspiroz*. Les rues sont bien tracées, empierrées, presque toutes avec trottoirs. Jolies

maisons en pierre, avec balcons en fer. La *maison de ville* est sur la place Neuve, où se trouve aussi le jeu de paume. Sur la place Vieille, le casino de la société Tolosane et le *palais Idiaquez*. Église *Santa Maria*. Le portique de la façade est surmonté d'une statue colossale de saint Jean-Baptiste ; l'intérieur est à trois nefs. — Belles promenades, l'une sur les bords de l'Oria ; l'autre, nommée *Paseo de Igarundo*, le long du ruisseau de Berastegui, vers la route de Navarre.

De Tolosa à Pampelune, par Alsasua. De Tolosa à Bilbao, par Azpeita et par la vallée de Loyola. De Tolosa à Saint-Sébastien. Service régulier d'omnibus en 5 h. 30.

Entre Tolosa et la station de Beasaïn, sur 15 kil. (*V.* à g.), la voie traverse les contreforts de la vallée sous quatre tunnels de 280, 520, 474 et 286 mèt., et passe quinze fois l'Oria. — A g., après le premier tunnel, *Alegria* (1350 hab.), forge importante et fabrique de papier ; à dr., *Icasteguieta* (308 hab.). Plus loin, à dr., avant le troisième tunnel :

51 kil. *Legorreta* (882 hab.) ; jolie plaine. — Du même côté, après le quatrième tunnel, *Isasondo* (700 hab.), dominé par la montagne conique de Alalar.

57 kil. **Villafranca**, jolie petite ville de 1200 hab., entourée de murailles, sur la pente d'une colline, avec une fonderie importante.

59 kil. *Beasaïn*, 1450 hab.

[On trouve à Beasaïn des voitures pour *Ormaïstegui* (30 min., 75 c.), *Garirio* (1 h., 2 pes. 1/2), *Larcano* (15 min., 75 c.). *Ataun* (1 h., 2 pes.). Le service est quotidien pour Ormaïstegui, établissement de bains, pendant la belle saison ; quotidien toute l'année pour *Iriazabal* (40 min., 1 pes.), *Segura* (50 min., 1 pes. 1/2), *Cegama* (1 h. 15, 2 pes. 1/2).]

On traverse encore quatre fois la rivière d'Oria, que la voie laisse ensuite à g. — Neuf tunnels, mesurant à la suite 154, 78, 128, 415, 255, 141, 542, 474 et 710 mèt. Après le deuxième, on aperçoit à dr., en avant, au-dessus d'une riche vallée et du village pittoresque d'*Ormaïsteguy*, un beau viaduc de 500 mèt. de long, réunissant deux montagnes. Il est construit sur deux culées et quatre piles colossales en pierre, de 35 mèt. 1/2 de hauteur ; le tablier, en treillis de fer, forme cinq travées ayant chacune 60 mèt. de portée.

Le viaduc est après le troisième tunnel, au-dessus d'une route qui se dirige à g. vers *Oñate*.

Les six tunnels qui suivent Ormaïsteguy laissent entre eux des espaces de 800 à 900 mèt., que la voie franchit sur des remblais considérables. Le dernier de ces tunnels, percé sous le col de *Eizaga*, débouche en face des deux villes jumelles de

73 kil. **Zumarraga** et **Villaréal** (altit. de la voie, 358 mèt.).

— Villes de 1400 et 1000 hab., séparées par l'Urola*. — L'église de Zumarraga a un beau portail. On remarque les deux maisons municipales. — Villaréal est dominé par le mont Iriméo, sur le versant duquel, à g., se trouve le château d'*Ipenarrieta*, dont la masse carrée attire les regards. Services de voitures pour tous les environs. Zumarraga est le centre d'un réseau de chemins de fer à voie étroite desservant une partie de la Bizcaye; Vitoria; Durango, Bilbao, la vallée de Loyola, Cestona, Zumaya.

La voie de fer remonte le cours de l'Urola, ayant à dr. la vallée de *Legazpia* (1520 hab.); plus loin, *Telleriarte*, hameau au milieu duquel on remarque une lourde maison carrée, sans jours, qui a appartenu à l'Inquisition. — Grandes tranchées pratiquées dans la roche, remblais considérables; tunnel de 277 mèt., qui débouche auprès de *Brincola* (altit., 507 mèt.). — Traversée du faîte de la chaîne Cantabrique. Treize souterrains ayant ensemble une longueur de 7351 mèt. Le plus considérable est celui d'Oazurza (2953 mèt. sous 200 mèt. de crête); puis le viaduc et le tunnel d'Otzaurte (1158 mèt.), au milieu duquel la voie atteint son point culminant (614 mèt. 20 c.). Entre ces souterrains, remblais de 12, 17, 19 et jusqu'à 25 mèt. de hauteur. La vue s'étend, par échappées, sur la vallée de *Cegama*, plantée de chênes, de noyers, de châtaigniers, la plus riche de toute la montagne. Fonderies et forges à martinets, mues par l'Oria. On visite la vallée de Cegama, San Adrian et la montagne d'Aizgorry en partant de Beasaïn. Jolie excursion.

A la station de *Brincola*, l'aspect de la montagne change complètement : végétation moins active, montagnes dénudées, sillonnées de cours d'eau; grands rochers en aiguilles, et de place en place quelques bouquets de bois de chênes clairsemés. Grandes tranchées dans la roche, remblais importants.

105 kil. **Alsasua** (b. de 1500 hab.). *Buffet, fonda. Changement de train pour la ligne de Pampelune* (R. 36, C).

La voie laisse à g. la ligne de Pampelune, passe auprès de *Olozagoitia*, 600 hab., et remonte la vallée de *Borunda*, ayant à dr. cette rivière au milieu des prairies. *Ciorda*, à dr., 500 hab.; *Eguino*, à dr., 100 hab.; *Andoin*, à g., 200 hab.; *Harguren*, à dr.; *Albeniz*, à g., 150 hab.

115 kil. *Araya*, 400 hab. — A g., un haut fourneau; sur le sommet d'un rocher escarpé, les ruines d'un vieux château. A g., *Eguilaz*, 200 hab.; jolie plaine cultivée. — *Mezquia*, v. de 20 maisons.

122 kil. *Salvatierra*, petite V. de 1052 hab., entourée de très anciennes murailles, située à dr., sur une hauteur.

A dr., *Gaces*, 100 hab. — Tunnel de *Chinchetru*, 520 mèt. — A g., *Alegria*, très ancienne petite ville d'origine romaine (800 hab.). Dans le fond, sur une colline, ermitage d'*Estivariz*, élevé sur les ruines d'un ancien manoir fortifié. — A dr., à la même hauteur, sur un contrefort de la sierra d'Arlaban, ruines du célèbre *château de Guevara*, construit au xv° s. sur le modèle du château Saint-Ange de Rome.

La voie parcourt les prairies de l'*Alava*, sillonnées de cours d'eau, parsemées de villages avec leurs jolis clochers. Tous ces villages, situés à 2 ou 3 kil. l'un de l'autre, réunissent une population de 2500 à 3000 âmes dont *Elorriaga* est le centre.

146 kil. **Vitoria** *, capitale de la province d'Alava (*cantine*) ; — v. de 26 921 hab., sur une petite hauteur qui domine toute la plaine de l'Alava.

La ville présente trois parties bien distinctes : la *villa suso* (ville haute), entourée de murailles et de boulevards à demi ruinés ; la *vieille ville*, qui se compose de six rues avec de vieilles maisons armoriées, élevées autour de la ville haute, entourées de murs et communiquant par trois portes avec la *ville moderne*. Celle-ci comprend de beaux édifices bien construits, des maisons à balcons élégants, et principalement la *place Neuve* et les *arcades*. Les arcades sont, pendant l'hiver, la promenade favorite des dames de Vitoria. L'hôtel de ville (*casa consistorial*) s'élève au centre, avec façade taillée en bossage, surmontée de deux écus aux armes de la ville.

Églises. La collégiale de *Santa Maria*, dans la ville haute, monument gothique datant de la moitié du xii° s. L'intérieur est divisé en trois nefs. On y signale la chapelle de *Santiago* et plusieurs tombeaux. La sacristie possède un beau tableau de la *Piedad*, attribué à Van Dyck ou à Murillo. L'église de *San Miguel*, enclavée dans les murailles de la haute ville, est de la même époque.

Anciens couvents nombreux. Dans celui de la *Concepcion*, on a conservé un maître-autel et deux retables, regardés comme les œuvres d'art les plus curieuses de Vitoria.

Édifices publics. Le *Palacio de la Diputacion*, avec un beau jardin entouré de grilles. On y a recueilli une quinzaine de tableaux. — *Académie de dessin*; *palacio de la Sociedad Vascongada* ; *théâtre*, joli édifice bien installé.

Promenades. Le *Campo de las Brigidas*, le *Prado*, le *Campo de Arana*, et surtout la *Florida*, hors la ville, vers le chemin de fer ; magnifiques ombrages; bancs de pierre, jardins, statues et une belle fontaine. — Le *Prado* est à g. de la voie de fer, à la sortie de la station. — Les environs sont délicieux pendant l'été : la ville est entourée de jardins sillonnés de ruisseaux. On cite *San Martin*, la *Fuente mineral* (source purgative), *San Cristobal* et *Santa Marina*, parmi les promenades rurales les plus fréquentées.

De Vitoria à Bilbao (R. 5); — à Pampelune, par chemin de fer (Vitoria à Alsasua en rétrogradant, Alsasua à Pampelune (R. 36, C); — à Logroño et Calahorra, par chemin de fer, (Vitoria à Miranda; Miranda à Logroño, R. 38).

159 kil. *Nanclarès de la Oca*, v. de 500 hab. A 1 kil. au N. se trouve une source minérale carbonatée calcique gazeuse, la *Fuente Bolen*. Établissement nouveau. — On suit la pittoresque vallée du Zadorra. A dr., sur une hauteur, les ruines d'une forteresse nommée le *Castillo de Arganzon*. Au pied de cette hauteur, la *Puebla de Arganzon*, ancienne petite ville de 1000 hab., entourée de murailles.

170 kil. *Manzanos* (altit. 570 mèt. 71), v. de 500 hab., avec une belle minoterie, une des plus importantes d'Espagne. — A dr., *Armiñon*, v. de 500 hab. — La voie coupe, sur un haut viaduc, le chemin de fer de Bilbao à Tudela. Les deux lignes se retrouvent au même niveau à la station commune de

179 kil. **Miranda de Ebro**. *Buffet*. — **Embranchement**. — *Changement de train* pour Bilbao d'un côté, et de l'autre pour *Castejon*, et les lignes de Pampelune, Saragosse et Barcelone (*V.* la table). V. de 3250 hab., entourée d'une enceinte fortifiée, dominée par un vieux château. Elle est traversée par l'Èbre.

La voie laisse la ville à g. et coupe, en tranchée, d'énormes masses calcaires taillées à pic. Travaux considérables pour la traversée des gorges de *Pancorbo*. — A g. d'un immense remblai, à l'entrée de la gorge, les ruines du monastère de *Bugedo*, de l'ordre des Prémontrés. A l'extrême horizon, à dr., on aperçoit les montagnes de Santander.

Tunnels en roche, de 200 à 500 mèt.; magnifique viaduc de 6 arches en pierre, ayant chacune 50 mèt. d'ouverture et 53 mèt. de hauteur. Second viaduc en pierre, dominé en avant par un immense rocher à pic, déchiqueté en aiguilles. Ce viaduc, formé de 3 arches et appuyé sur le roc en guise de culée, donne passage, à 57 mèt. de profondeur, à la route de Castille et à l'*Oroncillo*. Deux tunnels de 20 mèt. et de 500 mèt. La gorge se compose de trois entonnoirs successifs; c'est dans le troisième, où débouche le dernier tunnel, que se trouve la petite ville de

198 kil. **Pancorbo**, 2000 hab. La voie, la route de terre, les maisons et le torrent occupent, entre deux murailles de rochers, un espace qui n'a pas 50 mèt. de largeur.

On entre tout aussitôt dans la plaine. — A dr., puis à g. de la voie, la route de Madrid, plantée d'arbres. Grandes cultures limitées par des collines dénudées. — *Cubo*, 600 hab., et *Poza*, 550 hab., à dr.

221 kil. **Briviesca***. — V. de 4000 hab., bien bâtie, entourée de murailles. Dans l'église principale, la Collégiale, un beau *retable* en bois sculpté du xv° s. Dans la chapelle du couvent des *Monges* de Santa Clara, un maître-autel richement sculpté.

On peut, de Briviesca, faire une excursion à Oña, à 25 kil. au N., pour visiter un célèbre couvent de Bénédictins dédié à *San Salvador*. Richesses d'architecture gothique à l'intérieur. Les sépultures que renferme la chapelle se composent de quatre *urnes* d'une grande richesse. Les anciennes peintures et les travaux d'art qui entourent ces mausolées sont remarquables.

Après Briviesca, on laisse à dr. *Pradanos*, 500 hab. Plus loin, à g., *Castil Peones*, 500 hab.

256 kil. *Monasterio de Rodilla*, 800 hab. A g., *Villaecusa*, 200 hab., au pied de collines nues ; à dr., *Piedrahita*, 100 hab. — La voie franchit, par quatre tunnels successifs de 700, 400, 590 et 1100 mèt., le faîte de la *Brujula*, à 954 mèt. d'alt. Le sommet de la montagne de la Brujula atteint 965 mèt.

252 kil. *Quintanapalla*, 200 hab.

268 kil. **Burgos***, capitale de l'ancienne province de la Vieille-Castille. *Buffet.* Stat. à droite. V. de 32570 hab. Climat froid et généralement humide. Les hivers les moins rigoureux y durent au moins huit mois. L'été est court ; il est souvent nécessaire de se couvrir comme au mois de janvier.

RUES ET PLACES. *Plaza Mayor* ou *plaza de la Constitucion* (statue en bronze de Charles III). *Plaza de la Libertad.* Sur l'un des côtés, la célèbre *casa del Cordon*, antique palais couvert de sculptures. Au-dessus de la porte, et en forme de tympan, est sculpté un grand cordon de l'ordre Teutonique. Cour intérieure ou *patio* à double et triple rang de galeries. Curieuse collection de portraits de la maison de Velasco.

L'Hôtel de ville (*Casa consistorial*) occupe un autre côté de la place ; il est de construction moderne et décoré avec peu de goût. On voit dans la grande salle (*sala Capitular*) le siège des juges de Castille Nuño Rasura et Laïn Calvo, trisaïeuls du Cid, et leurs portraits ainsi que ceux du Cid et de Fernan Gonzalès, qu'on dit être des copies de Murillo.

Les rues sont empierrées en cailloux de rivière, et généralement bordées de trottoirs.

PROMENADES. L'*Espolon* (Eperon), situé près de l'Arlanzon. Cette promenade forme l'entrée de la ville du côté de la route de Madrid. Elle présente trois belles allées d'arbres, dallées et sablées ; jardins, fontaines, statues de rois et de personnages illustres. Les *Cubos*, que l'on trouve plus bas, en suivant le cours de l'Arlanzon, à l'abri des anciens bastions de la ville, forment la promenade d'hiver. L'*Isla*, plantée d'arbres et de fleurs, est très fréquentée pendant les belles soirées de mai et de juin. — Hôpitaux, établissements de bienfaisance, maison des Enfants trouvés (*Esposilos*). Cette maison contient environ 680 enfants et en reçoit par année 250.

La Cathédrale. Cette merveille du xiii° s.; son portail et ses deux clochers d'architecture gothique, de 84 mèt. d'élévation, sont malheureusement masqués par de vilaines constructions.

La façade principale, placée vers l'O., est un chef-d'œuvre de dentelle de pierre. Les deux frontons des entrées de côtés représentent la *Conception* et l'*Assomption*. La rose est d'une grande élégance ; à l'étage supérieur, deux doubles fenêtres du plus pur style ogival. La porte du N. est enrichie de sculptures; celle de la *Pellegeria*, construite sous la Renaissance, étale une grande profusion d'ornements entourant quatre grandes statues de saint André, saint Jacques, saint Jean-Baptiste et saint Jean-l'Évangéliste.

L'intérieur de la cathédrale répond à la magnificence de l'extérieur. Il est orné de tableaux, de statues, de tombes, de sculptures, de pendentifs, de bas-reliefs, d'encadrements. Il comprend trois nefs parallèles, interrompues par la croisée au milieu de laquelle s'élève le dôme, à 60 mèt.

Les chapelles de la cathédrale méritent toutes un examen attentif. La plus célèbre, la plus digne d'une longue visite est la *Capilla del Condestable*, construite dans le style ogival fleuri du xv° s. Le tombeau principal est celui du fondateur, le connétable de Castille et de sa femme. Le tombeau est en marbre des environs de Burgos, et les statues en marbre de Carrare. Les sculptures de la chapelle, représentant le Crucifiement de Notre-Seigneur, son Agonie, sa Résurrection et son Ascension, sont attribuées à Jean de Bourgogne. La sacristie de la chapelle renferme aussi des objets précieux, et surtout un tableau représentant une Madeleine à mi-corps, auteur inconnu.

Dans la chapelle *del Cristo*, un Christ en bois sculpté très curieux et une Descente de croix de Ribera. Dans la chapelle de Saint-Jean de Sahagun, de très vieilles peintures de l'école flamande. Dans la nef, l'étendard que portait le roi Alfonse VIII à la bataille de Las Navas de Tolosa, gagnée sur les Maures, en 1212.

Dans la chapelle gothique de *Santa Ana* : tombeau de l'archevêque Luis de Acuna y Osorio. « C'est, dit Bosarte, le plus élégant modèle de la sculpture gothique. » — La *chapelle de Santiago* renferme les sépultures de plusieurs archevêques.

— Dans la *chapelle de San Enrique*, qui est contiguë, beau monument de marbre d'Italie, avec la statue en bronze du prélat fondateur de cette chapelle. — La *capilla de la Visitacion* contient six peintures représentant la Vie de Jésus-Christ, par un artiste allemand, et l'image de Nuestra Señora de Oca, sur un trône, avec l'Enfant Jésus tenant une pomme. — La *capilla de la Presentacion* possède une belle peinture représentant la Vierge avec l'Enfant Jésus donnant la bénédiction. Ce chef-d'œuvre a été attribué à Michel-Ange ; mais on le croit plus sûrement de Sébastien del Piombo.

La porte du cloître, qui est tout auprès, est peut-être la plus ancienne de la basilique. Sur l'imposte de l'arc, à la droite du spectateur, une tête de pierre qu'on dit être le portrait de saint François d'Assise. — L'ancienne *sacristie*, ou chapelle de *Santa Catalina*, contient une série de portraits de tous les archevêques et évêques de Burgos, depuis saint Jacques le Majeur jusqu'à l'avant-dernier titulaire. — La salle du Chapitre (*sala Capitular*) est d'une pauvreté et d'une nudité qui font peine. A la muraille de cette salle, du côté gauche, est suspendu un vieux coffre de moyenne grandeur auquel se rattache une grande curiosité, et qu'on nomme le *coffre du Cid*. C'est, dit le vulgaire, l'un de ceux que l'illustre guerrier remplit de ferraille et de sable, et remit à des marchands israélites, comme gages d'un emprunt de 600 marcs d'argent.

On visite, après la cathédrale, la paroisse de *San Gil*, une autre curiosité artistique très ancienne, et surtout la chapelle de la *Navidad* de cette église. — *Santa Agueda*, jolie nef de style ogival, où le Cid reçut le serment du roi Alfonso VI. — *San Esteban*, avec une assez belle Cène, et *San Nicolas*, avec un retable tout en pierre magnifiquement sculpté.

En montant vers le château, on rencontre l'*arco de Fernan Gonzalez*, élevé par Philippe II. Il est de style dorique et d'un bel effet. Près de là, dans la calle Alta, se trouve la place où fut le *solar del Cid* (maison du Cid). Un monument a été érigé, en 1784, sur les ruines de cette demeure illustre. Les glorieux restes du grand capitaine et ceux de doña Chimène, sa femme, sont à l'*Hôtel de ville* de Burgos, renfermés dans un coffre de bois sculpté portant sur les côtés deux strophes à l'honneur des illustres époux. Ce coffre est déposé dans un petit oratoire auquel est affecté un chapelain.

L'*Arco* ou porte de *Santa Maria* s'élève à l'entrée de la ville, vers les routes de Madrid et de Valladolid. Elle est flanquée de six tourelles et ornée des statues de Nuño Rasura, de Lain Calvo, du comte Diego Porcellos, de Fernan Gonzalès, du

Cid et de Charles-Quint, en l'honneur de qui la porte fut érigée. La partie intérieure, au-dessus de l'arc, est occupée par un *musée provincial* dont la visite est intéressante ; — *casa de Miranda*, à l'extrémité orientale du faubourg de Vega ; — *casa de Angulo*, édifice du xvi° s., voisin du précédent, et dont le portail mérite attention ; — palais du comte de *Villariego*, à l'entrée de la calle de los Avellanos, dont la construction remonte au x° s.

Burgos possède une salle de spectacle, sur l'Espolon ; un lycée artistique et littéraire, des cercles, des cafés, dont le *Café Suisse*, sur l'Espolon.

Le bureau des postes (*Correos*) est sur cette promenade ; le télégraphe, dans la *Casa del Cordon*, plaza de la Libertad.

Deux Casinos, l'un au-dessus du Café Suisse, l'autre sous le nom de *Salon de recreo*, au théâtre. Les étrangers y sont accueillis sur la présentation d'un sociétaire.

Bains, calle de la Puebla.
Plaza de Toros, 7500 places.

Excursions.

La **Cartuja** de **Miraflores** (*Chartreuse*). Ce couvent, situé à 4 kil., fut fondé, en 1441, pour servir de sépulture royale ; il est du plus beau style gothique fleuri. Les tombeaux sont en marbre blanc et d'un travail achevé. Les cellules des Chartreux sont des appartements de quatre pièces, ayant chacun une galerie couverte et un petit jardin, sans communications autres qu'un guichet.

Le couvent de **San Pedro de Cardena**, situé 8 kil. plus loin, au fond d'un vallon aride, est dans un état déplorable de ruine et de délabrement. Il faisait partie des domaines du Cid.

Devant l'autel de l'église repose la reine doña Sancha, la fondatrice du monastère (vi° s.) ; dans une chapelle latérale on voit les sépultures du roi de Navarre Ramire Sanchez et doña Elvira, sa femme, fille du Cid ; de don Sancho, roi d'Aragon, et doña Maria Sol, sa femme, fille du Cid ; de Diego Rodriguez, fils du Cid, tué à Consuegra par les Maures ; de doña Teresa, mère du Cid ; de Diego Laïnez, père du Cid ; de don Alvaro Fanez Minaya, son cousin ; de Fernando Diaz, son frère bâtard ; de Martin Antolinez, son capitaine ; de Lain Calvo ; de don Gomez de Gormas, et tant d'autres. — Çà et là il subsiste encore quelques fines sculptures qui sont des chefs-d'œuvre, et qui font vivement regretter tout ce qui a disparu.

Las Huelgas. — Célèbre monastère, à 1 kil. 1/2 à l'O. de Burgos. Il fut construit vers la fin du xii° s., par le roi Alfonse VIII, sur l'emplacement d'un palais surnommé *las Huelgas del Rey* (les loisirs du roi). Propriété du patrimoine royal, richement doté, destiné à recevoir cent religieuses nobles des premières maisons de l'Espagne, le couvent de las Huelgas est, de plus, un monument artistique des plus remarquables. Le style arabe et le style byzantin dominent dans toutes ses parties. L'église est un précieux modèle archéologique. Dans la partie de la nef réservée aux religieuses, on remarque une grille et plusieurs belles lignes de stalles. Au milieu, le mausolée du fondateur du couvent et les tombeaux de quatre princesses ses filles. Une vingtaine d'autres tombes royales occupent les côtés des nefs latérales. On cite encore la chapelle de Saint-Bernard, ornée d'arabesques; les nervures et les colonnettes du cloître ogival de San Fernando; les chapiteaux byzantins de ce cloître, et ceux qui supportent les arcs du second cloître nommé *las Claustrillas;* la salle capitulaire et le portique (*la porteria*), formé de cinq arcs semi-circulaires richement ornés. Une porte murée, derrière la grille de l'un des arcs, n'est ouverte que lorsqu'un personnage royal fait annoncer sa visite au couvent.

L'*Ospicio del Rey* (20 min. à pied), auprès de *Las Huelgas*, possède une très belle porte et un *patio* du xv° s. très remarquable.

De Burgos à Bilbao, par Miranda (R. 6); — de Burgos à Santander, par chemin de fer: Burgos à la Venta de Baños, Venta de Baños à Santander (R. 7); — de Burgos à Logroño

R. 40 ou par Miranda (R. 6); — Burgos au Somosierra (R. 22).

Diligences: pour Soria, pour Lerma et Aranda, pour Villarcayo et Espinosa de los Monteros.

—

278 kil. *Quintanilleja*, 100 hab.

288 kil. *Estepar*, 180 hab.

299 kil. *Villaquiran*, 150 hab.

A dr., *Celada del Camino*, 500 hab., *Pamplegia*, très ancienne petite ville qui fait un commerce considérable de blés. A g., *Villanueva de las Carretas*.

310 kil. *Villodrigo*. Pont biais au confluent de l'Arlanza et de l'Arlanzon.

321 kil. *Quintana*, 160 hab., à dr.; à g., *Herrera*, et plus loin *Palenzuela*.

332 kil. *Torquemada*, V. de 2800 hab., à dr., sur la rive dr. du Pisuerga.

344 kil. *Magaz*, v. de 78 maisons; ruines d'un vieux château; paysage très pittoresque; la vue s'étend sur un grand nombre de villages entourés de plantations.

355 kil. La **Venta de Baños**, *Buffet*, *hôtel*. **Embranchement** de la ligne du Nord avec la ligne de Santander, et avec celles du N. O., Asturies et Galice; *changement de train* pour ces directions. La Venta de Baños dépend de la petite ville de *Baños de Cerrato*, à 700 mèt. env. à l'E., Baños possède une source minérale saline dont la réputation remonte aux plus anciens temps de l'Espagne.

[ROUTE 1] VALLADOLID.

De la Venta de Baños à Palencia, 11 kil., d'où Santander, Léon, Astorga, Lugo, la Corogne, Oviedo, Santiago, Vigo; le N. du Portugal. (R. 7, 10, 12, 15, 16).

A g. (*vià* Madrid), une montagne en pain de sucre couronnée par les ruines d'un château; en bas, le v. de *Tariego*, habitations dans la roche.

Au delà, pont en pierre de 7 arches sur le *Carrion*. A dr., la *Venta* et le monastère de *San Isidro de Dueñas*. Du même côté, le *canal de Castille*.

359 kil. **Dueñas**, V. de 3855 hab. Beaucoup d'habitations sont pratiquées dans la colline.

373 kil. *Aguilarejo*, pont à écluses du canal. En face, les ruines du couvent de Santa Maria de Palazuelos.

377 kil. *Cabezon*, 465 hab. qui vivent dans des habitations en roche.

— Pont de neuf arches sur le *Pisuerga*; les principales ont 24 mèt. d'ouverture et 16 mèt. de hauteur. Pont sur l'*Esgueva*.

389 kil. **Valladolid** * (alt. 691 mèt. *Buffet*), V. de 55 600 hab., sur la rive g. du Pisuerga. Climat sain, atmosphère généralement pure, beau ciel. Température froide et humide pendant l'hiver et pendant le printemps, très chaude pendant deux mois d'été, et très agréable en automne. — Résidence du capitaine général de la Vieille-Castille, siège d'un évêché; université; académie des beaux-arts; musée; bibliothèque publique; deux beaux théâtres; palais royal; caserne de cavalerie; trois d'infanterie; beaucoup d'institutions savantes et philanthropiques.

Promenades belles et nombreuses. La principale est le *Campo grande*, derrière la station du chemin de fer; le *paseo de Recoletos*; *las Moreras* et l'*Espolon*, sur la rive g. du Pisuerga; le *Prado de la Magdalena*, sur la rive g. de l'Esgueva. Hors la porte de Tudela, la *Fuente de la Salud*. Il faut citer aussi *la Acera*, celle des galeries de la Plaza Mayor qui fait face à l'Ayuntamiento.

Palacio real, sur un des côtés de la *Plazuela de San Pablo*. L'extérieur n'a rien de majestueux. L'intérieur renferme des objets assez curieux : un bel escalier, de vastes galeries, un *patio*, ou cour intérieure, entouré de bustes en demi-relief représentant les empereurs romains. — Tout auprès, le couvent des Dominicains de *San Pablo*; riche façade gothique; portail orné d'une grande quantité de sculptures; la partie supérieure est couronnée des armes du cardinal duc de Lerma; église remarquable et dans de grandes proportions.

Auprès de San Pablo, ancien couvent dominicain de *San Gregorio*, façade gothique encore plus riche que celle de San Pablo, résidence actuelle du gouverneur civil. Église de *Santa Maria de las Angustias*; la façade, d'ordre corinthien, est ornée de belles statues;

dans l'intérieur, une célèbre *Mater Dolorosa*, par Juan de Juni. — Le *Grand-Théâtre*, de construction moderne, fait face à l'église.

Sur la *Plazuela de Cancilleria*, l'ancien palais de l'Inquisition, occupé aujourd'hui par l'*Audiencia* ou cour d'appel. Au centre de la ville, sur la *Plazuela de Santa Maria*, l'Université. Dans la *Sala del Claustro*, à l'étage supérieur, la série des portraits des rois d'Espagne, depuis Philippe V jusqu'à Isabelle II. La *bibliothèque* de l'Université possède 12 000 volumes.

Près de l'Université, le *colegio mayor de Santa Cruz*, où sont aujourd'hui le *musée* et la *bibliothèque provinciale*. La bibliothèque possède 14 000 volumes classés, 200 manuscrits, 600 médailles.

Musée. — Cette intéressante collection compte de beaux originaux et aussi un certain nombre de copies de peintres étrangers, tels que *Vicente Carducci*, *Joanès*, *Arsenio Mascagni*, Florentin ; *Bartholomé Cardénas*, Portugais. Les tableaux originaux qui attirent le plus l'attention sont ceux de *Rubens*, nommés les *Fuensaldañas*. L'un (n° 1) représente la Vierge sur un trône, entourée d'anges et d'enfants ; l'autre (n° 138), saint Antoine de Padoue et l'Enfant-Dieu ; le troisième (n° 140), saint François et un frère lai. Les autres objets dignes d'intérêt sont les bronzes de *Pom-*

peio Leoni, et les sculptures sur bois peint, dont les meilleures sont de *Berruguete*, *Juan de Juni* et *Hernandez*.

Cathédrale. — La façade se compose de deux corps d'ordre dorique. L'intérieur est simple, sans ornements, et d'une véritable grandeur architecturale. On y remarque les stalles du chœur et celles qui appartenaient au couvent de *San Pablo*. Sur le maître-autel, une Assomption par *Zaccarias Velazquez*. — Une belle peinture florentine représentant le Crucifiement, et une Transfiguration par *Luca Giordano*. — On visite la chapelle où se trouve le tombeau du comte Pedro Ansurez, seigneur et bienfaiteur de Valladolid ; l'épée dont il se servait est posée sur la partie supérieure du monument. — V. aussi le *cloître*, d'ordre dorique ; les *archives*, qui remontent à 1517. Le trésor possède une magnifique *custodia* (chasse) en argent, pesant 282 marcs d'argent (63 kilogr. 196 gr.). Le sujet principal représente Adam et Ève dans le paradis terrestre. On la sort processionnellement à la Fête-Dieu.

Au centre de la cité, la *Fuente Dorada* ; *el Ochavo*, petite place d'où une étroite rue conduit à la *Plaza Mayor*. — De l'Ochavo part la *calle de la Plateria*, peuplée d'orfèvres.

Dans la calle Plateria, l'église de la *Cruz*. Dans l'intérieur sont plusieurs groupes remarquables sculptés par Gregorio

Hernandez : un Christ au jardin des Oliviers, un *Ecce Homo*, et une belle Descente de croix.

La *Plaza Mayor* est entourée de beaux édifices à quatre étages, formant au rez-de-chaussée de vastes galeries dallées, soutenues par des colonnes de granit de 3 mèt. de hauteur. C'est l'endroit le plus fréquenté de la ville. Le côté S., *la Acera*, sert de promenade d'hiver.

La *Plaza Campo Grande*, voisine du chemin de fer, est un vaste espace triangulaire dont le sommet est vers la ville, à l'entrée de la calle Santiago. Cette vaste place est entourée de couvents, d'hôpitaux et de palais, dont plusieurs sont dans un état complet de délabrement. Parmi eux, *San Juan de Latran* mérite quelque attention. La place est disposée en trois grandes avenues; celle de g., l'*Alameda de Recoletos*, est la promenade favorite; elle est garnie de bancs et entourée de parterres.

Non loin de là on peut visiter : la *Casa de la Misericordia*, ou *Colegio de niñas huerfanas*; — l'*Hospital de la Resurreccion* ou *el General*; — la jolie chapelle de *Portaceli*; — à côté, la *Mision de Agostinos*.

On visite encore : l'église gothique de *la Magdalena*; — l'église *San Lorenzo*; — l'*Antigua*, église gothique du xie s., fondée par le comte Pedro Ansurez; — l'église *San Miguel*; le retable est orné de sculptures représentant la Nativité et la Circoncision, la sacristie possède de belles peintures; — *las Huelgas*, édifice d'ordre corinthien attribué à Herrera; — le retable de *las Descalzas Reales* est enrichi de plusieurs peintures par Matias Blasco; — l'église de *San Martin* possède une image très ancienne et très vénérée de la Vierge, nommée *Ntra Sra de la Peña de Francia*, qu'on dit être du xiiie s.

Fabionelli, le Mécène de Valladolid, demeurait sur la *plaza* qui porte encore son nom; le *patio* de sa maison, d'ordre corinthien, est orné de médaillons. — La *Casa de Villasante*, dans la rue del Rosario, et le *patio* de la *Casa Revilla*, au coin de la rue de la Ceniza, méritent d'être visités. — La *Diputacion provincial* est logée dans l'ancien palais des amiraux de Castille.

[A 11 kil. de Valladolid, sur la route de *Zamora*, **Simancas**, petite V. dont les archives ont un haut intérêt (*V. R.* 21). — A 25 kil. N., *Fuensaldaña*, très curieux spécimen des anciens châteaux de Castille.]

Communications régulières de Valladolid à Benavente et à la Corogne; à Aranda de Duero, Rio Seco, Salamanca et Ségovie (*V. R.* 20 et 21). Barques diligences, sur le canal de Castille, partant de Valladolid pour Palencia, à raison de 3 pesetas par personne.

[Chemin de fer transversal par la vallée du Duero, en construction de *Valladolid à Ariza*, station de la ligne de Madrid à Saragosse.]

Le chemin de fer de Madrid, en quittant Valladolid, pénètre dans une région d'une monotonie désespérante. — Grandes plaines sablonneuses; quelques bois de pins clairsemés.

403 kil. *Viana*, 500 hab.; pont en treillis de fer de 30 mèt. de portée sur le Duero.

408 kil. *Valdestillas*, 480 hab. On passe l'Adaja sur un pont de pierre. Le canal de Ségovie se croise avec le chemin de fer.

415 kil. *Matapozuelos*, 1000 hab. Grande plaine, à g.; à l'horizon, une ligne de collines crayeuses. *Rueda*, 2600 hab., sur la route de Madrid en Galice.

423 kil. *Posaldez*, 1900 hab.

432 kil. **Medina del Campo** *. *Buffet*. **Embranchement** des lignes de *Zamora* et de *Salamanca et frontière de Portugal* (*V. R.* 25 et 27); *de Madrid par Ségovie* (*V. R.* 22). — V. de 5200 hab., dominée par les ruines considérables de l'ancienne forteresse de *la Mota*, qui fut habitée par la cour de Castille au temps de Jeanne la Folle. — Dans la ville, une grande place carrée, entourée de galeries soutenues par des colonnes en bois. Église collégiale, façade en briques, avec grande nef sans intérêt; retable sculpté et doré, représentant la Vie du Christ. Chapelle de la Vierge, en rotonde, ornée de trois retables dorés, d'une grande ri-

chesse. — On signale encore, dans la ville, un hôpital, avec un beau cloître et un escalier d'élégante construction.

441 kil. *Gomez Narro*, 500 hab., à dr.; au loin, *Madrigal*, 600 hab., et à g., *San Vicente*, v. de 200 hab. — On commence à apercevoir, en avant et à g., les sommets du Guadarrama.

450 kil. *Ataquinès*, v. de 800 hab., à 1 kil., à dr., sur la route de Madrid à la Corogne; on n'en aperçoit que le clocher et quelques toits. Au delà, *San Pablo*. — Longue tranchée; la voie franchit le confluent de l'*Adaja* et de l'*Arevalillo* sur un beau viaduc en pierre, de 4 arches de 30 mèt., à 25 mèt. de hauteur. A dr. on aperçoit la V. d'*Arevalo*, avec son vieux château et ses églises.

467 kil. **Arevalo**, 4200 hab. — Ancienne résidence royale, aujourd'hui à peu près anéantie, où séjournèrent successivement la reine Isabelle la Catholique, Charles-Quint, Philippe II, Philippe III et Philippe IV. Habitants cultivateurs et riches. Les meilleurs blés de la Castille.

A g., *Adanero*, 900 hab., sur la route de Galice, puis *Castro-Nuño* et ensuite *Santa Agueda*, 500 hab. — A l'horizon, à dr., une belle ligne de montagnes appartenant à la Sierra d'Avila.

478 kil. *Adanero*. Station isolée qui prend son nom du chef-lieu de canton, située à 5 kil.; à g., le v. de *San Chidrian*, 500 hab. Du même côté, *Castro Blanco*, 800 hab. Plus loin, les

hautes montagnes de Somosierra, au-dessus de Ségovie.

487 kil. *San Chidrian*, jolie st. (altit. 935 mèt.), à dr., en avant, le *puerto* d'Avila, espèce de coupure dans la chaîne.

493 kil. *Velayos*, 930 hab. D'autres villages fort pauvres. des deux côtés de la voie, à 10 kil. l'un de l'autre. Pays accidenté; sol ingrat; bois de chênes verts, chétifs et clairsemés.

504 kil. *Mingorria*, 1200 hab. — Roches de granit, à g., sur les premières pentes de la montagne; chaos immenses formés de blocs erratiques groupés et entassés. — Grandes tranchées pratiquées à coups de mine; vaste désert boisé de chênes rabougris. — Remblais de 15 mèt. de hauteur, à côté et au-dessus d'*Avila*, qui se présente à dr., entourée de vieilles murailles grises crénelées, flanquées de tours rondes. La cathédrale, gothique du XII° s., domine la ville.

518 kil. **Avila** (altit. 1152 mèt. — *Buffet*), V. de 9243 hab. Contrée froide, l'hiver s'y prolonge, le printemps y existe à peine, l'automne y est généralement agréable. — Montagnes plantées de chênes, de pins, d'érables, de bruyères. — Aspect peu pittoresque. Jolies vallées, celles d'*Amblès* et de *Corneja*, riches en produits du sol, en marbres, en pierres à bâtir, en pâturages et en troupeaux. — Nombreuses excursions; vues sur les deux Castilles et sur les campagnes d'Estrémadure. — Chemins dans la montagne nuls ou dangereux.

Avila est le siège d'un évêché. La ville forme un hexagone irrégulier, percé de neuf portes; les plus belles fortifications du moyen âge.

Sainte Thérèse est née à Avila; la chapelle du couvent, placée sous son invocation, conserve au-dessus de la porte principale un buste de la sainte, et dans l'intérieur un portrait et quelques restes du mobilier de sa cellule. — Couvents nombreux; quelques-uns encore habités : l'*Incarnacion*, où sainte Thérèse prit le voile; *San José*, le premier qu'elle fonda; *San Tomas*, somptueux édifice construit en 1482, dont l'église possède, dans un tombeau de marbre blanc, les restes de l'infant don Juan, mort en 1496.

[Avila à Salamanca, chemin de fer à voie étroite par Péñaranda, en construction.]

Au delà d'Avila, la voie de fer s'élève vers la montagne. — Travaux immenses; les montagnes ont été jetées dans les vallées; remblais considérables, l'un de 45 mèt. d'élévation. — Jusqu'à l'Escorial, sur un parcours de 71 kil., 16 tunnels présentent ensemble une longueur de 4428 mèt.

Un premier remblai se trouve à 6 kil. d'Avila : à dr., *Tornadizos*, 200 hab. Un peu plus loin, vers le milieu d'une grande courbe, le viaduc de *la Garte-*

ra, de 114 mèt., en trois travées, avec tablier métallique, au-dessus d'un ravin de 28 mèt. de profondeur. — Deux tunnels de 116 et de 135 mèt. — Troisième tunnel de 1000 mèt. sous 70 mèt. de crête. *Navalgrande*, à dr., dans une vallée profonde, déserte et inculte. Remblai de 30 mèt. — Viaduc de *Valdespinos*, formé de trois arches en pierre, de 15 mèt. de portée, à 33 mèt. d'élévation. — Tunnels de *Val de Juño* (150 mèt.), et de la *Perdriza* (152 mèt.); à dr., une vallée profonde. — Tunnel de la *Cañada* (943 mèt.), dont l'entrée se trouve au point culminant de la ligne, à l'altitude de 1359 mèt. 88.

541 kil. *La Cañada*. La voie descend maintenant par des pentes rapides. — A dr., un panorama d'une grande étendue. On découvre la Sierra de Tolède, à 120 kil., et sur les bords de l'*Alberche*, dans le fond de la vallée, le v. de *Cebreros*.

550 kil. *Navalperal* (altitude 1270 mèt.), v. de 500 hab. Les habitations sont à dr., l'église à g. — Immense forêt de chênes et de pins, appartenant aux ducs de Medinaceli, et que le chemin de fer traverse sur une étendue de 12 kil. — A dr., une scierie et un chalet de plaisance où l'on jouit d'une vue admirable.

555 kil. *Las Navas del Marquez*, 2500 hab., à g., dans la montagne, très ancien édifice arabe appartenant au duc de Medinaceli. — Tunnels de *Conc-jero* (314 mèt.), de l'*Alijar* (150 mèt.), de la *Fontuana* (60 mèt.), de *Peña-Rubia* (115 mèt.). — Viaduc de 50 mèt. à 30 mèt. de hauteur, sur le ravin de *Zarzalon*. — Tunnel de 60 mèt., sous la *Casilla*; tunnel de 145 mèt., à l'*Encinar*; viaduc courbe de 105 mèt., en 7 arches, à 42 mèt. de hauteur au-dessus du ruisseau de *Molinos*; tunnel de la *Palomera* (100 mèt.); remblai de 40 mèt. jeté dans le ravin du torrent de la *Parra*; tunnels de la *Paradilla* (674 mèt.) et de *Robledo* (76 mèt.).

575 kil. *Robledo* (altit. 1009 mèt.). — A 2 kil., à dr., dans le bas de la vallée, le v. de *Robledo*, 1500 hab. — Tunnel du *Portachuelo* (245 mèt.), débouchant en vue de la campagne et du plateau de Madrid.

581 kil. **El Escorial** (altit. 920 mèt.). Le v. de l'*Escorial de Abajo* (d'en bas), 500 hab., est à dr. de la voie; la célèbre résidence royale, ou *San Lorenzo*, et le v. de l'*Escorial de Arriba* (d'en haut) sont à 1 kil. à g., sur le flanc de la montagne (*V.*, pour la description de l'Escorial, *Madrid et les résidences royales*).

595 kil. *Villalba*. Aspects arides et terres improductives.

Embranchement du chemin de fer venant de Medina-del-Campo et Ségovie par la montagne au N.

Pont sur le rio *Guadarrama*; souterrain de 250 mèt., dans des bancs de granit bleu.

Torre Lodones, v. de 200 hab.

614 kil. *Las Rosas*, v. de 525 hab.; remblai considérable. — A g., le domaine royal du *Pardo*, entouré de murs et planté de chênes d'une médiocre venue (*V. Résidences royales*).

625 kil. *Pozuelo*, 2500 hab.; plaine fertile; village, entouré de jardins, très fréquenté, dans la belle saison, par les habitants de Madrid, qui y ont bâti de jolies maisons.

La voie décrit une grande courbe, dont le centre, à g., est *Aravaca*, v. de 800 hab., sur une colline. — Du même côté, *Chamartin*, 116 hab., où Napoléon établit son quartier général, le 2 décembre 1808, dans le palais des ducs d'Osuna.

Croisement d'une ligne de service de Madrid à Talavera et à Caceres.

Pont sur le *Manzanarès* et sur la route de la Castille; à g., jardins du domaine royal de la *Moncloa* et de la *Florida*. — La gare d'arrivée s'étend au N. E. de Madrid à la base de la *Montaña del Principe Pio*, que couronne une immense caserne. A dr., le Manzanarès, séparé de la station par l'avenue de la *Florida*.

A la sortie de la gare, la porte de *San Vicente*, par laquelle on monte vers la ville. Le *Palais-Royal* et les écuries (*caballerizas reales*) s'élèvent à dr.

631 kil. **Madrid** (alt. 595 mèt. 10, à la gare du Nord).

V. **Madrid**. — *Région du Centre.*

ROUTE 2.

DE SAINT-SÉBASTIEN A BILBAO

A. **Par les ports de la côte.**

Route. — 130 kil.

Ce parcours est peu facile, mais très pittoresque. Il y a un service régulier de voitures partant tous les deux jours des deux villes. Le trajet se fait en douze heures. Il faut traverser les rivières en bateau.

[On projette un chemin de fer à voie large qui irait de Saint-Sébastien à Bilbao, à une petite distance de la route, et qui deviendrait l'amorce d'une voie continuée sur le reste du littoral, jusqu'à la Corogne.]

On suit la plage, à l'O. de Saint-Sébastien, pendant plus d'un kil.; à g., une longue suite d'établissements et d'édifices. La route est neuve et bien construite. A un détour, on pénètre au milieu d'une campagne charmante et bien cultivée, laissant derrière soi le panorama de la baie.

Deux routes : l'une, à g., descend vers Tolosa; celle de dr suit la côte.

On aperçoit à dr. le fort de *Hernani* et une haute montagne qui domine Tolosa.

11 kil. 1/2. *Usurbil* (200 maisons; 1805 hab.), sur une colline qui domine le cours de l'*Oria*. L'église a un bel aspect.

Au delà d'Usurbil, la route est souvent taillée dans le roc.

On suit la rive dr. de l'Oria pour se rapprocher de la mer ; on traverse le village d'*Orio*, habité par des pêcheurs et des constructeurs d'embarcations. Beau pont. — Après 45 min. de marche :

27 kil. *Zarauz*, très jolie V. de 2120 hab., à l'extrémité O. d'une petite plaine de 9 kil. de circonférence. On vient des villes voisines y prendre les bains de mer ; la plage est belle et étendue.

En quittant Zarauz, la route suit à mi-côte les hauteurs qui dominent la mer.

31 kil. 1/2. *Guetaria*, 1277 hab., situé sur une langue de terre escarpée. Le port, protégé par deux môles, a peu de fond. — La nef principale de l'église est, en son genre, un joli modèle d'architecture gothique. On remarque une statue de Juan Sebastian de Elcano, le célèbre navigateur.

A partir de Guetaria, on continue de suivre la côte jusqu'à la rencontre de l'*Urola* ; on traverse cette rivière en bateau.

36 kil. **Zumaya**, 1700 hab., très ancienne cité de l'Espagne romaine. La ville, située sur une espèce de promontoire, est très propre et bien tenue. — Elle est fréquemment visitée par les baigneurs de l'établissement thermal de *Cestona*, situé à 5 kil. au S. (*V.* p. 24). Les baigneurs viennent ordinairement s'établir à Zumaya, après la cure minérale, pour y prendre les bains de mer. — Quelques maisons fort anciennes ; vieille église bien bâtie (*San Pedro*). Une partie des habitants sont agriculteurs ; les autres s'adonnent à la pêche. Fabrique renommée de ciments rivaux de ceux de Portland et de Boulogne. — Un bon chemin, avec chemin de fer à voie étroite, remonte au S. le cours de l'Urola, passe à *Santa Cruz de Cestona*, dessert les bains de ce nom, et traverse *Azpeitia*, *Azcoitia* et la belle vallée de Loyola pour rejoindre à Zumarraga la grande ligne de Madrid à Irun.

Le chemin de la côte suit à l'O. par le village de *Iciar* (1600 âmes). La vue s'étend à g. sur le golfe Cantabrique, et à dr. sur une ligne de montagnes boisées.

47 kil. **Deva**, 3536 hab. La ville, entourée de hauteurs, dominée par le mont *Anduz*, est traversée par la rivière de Deva. — Hôtel de ville, belle construction moderne ; église paroissiale (*la Asuncion de Ntra Sra*). — Port peu commode et peu fréquenté ; les plages sont belles. Deva est devenu l'un des bains de mer préférés des habitants de Madrid, de Valladolid et de Burgos.

Deux chemins conduisent de Deva à Motrico. Par l'un, qui compte 10 kil., on remonte la rive dr. du Deva jusqu'au village de *Sasiola*, où se trouve un pont, et, au delà, un chemin qui redescend vers la mer. — Le chemin qui suit la côte est plus court; mais il n'est praticable que pour les piétons. On traverse en bateau à Deva.

50 kil. *Motrico*, 3400 hab. La ville domine la mer. Quelques belles habitations, entre autres le *palais* Idiaquez, celui du général Castañeta, et le palais neuf de Montalibet, où se trouvent quelques peintures de bon style. Église de construction moderne. Dans la sacristie, un *Christ à l'agonie*, de Murillo. Dans le couvent de religieuses de Santa Catalina, une vaste chapelle dans laquelle deux tableaux de l'école flamande; l'un est attribué à Van Dyck. Motrico est la patrie du célèbre marin Cosme Churruca.

54 kil. *Ondarroa*, 2000 hab., port à l'embouchure de la rivière du même nom, au fond d'un entonnoir formé par de hautes montagnes plantées de chênes et de châtaigniers.

Un mauvais chemin, qu'on croit être une ancienne chaussée romaine, conduit à *Mendeja*, petite commune occupant une hauteur sur le bord de la mer.

64 kil. **Lequeitio**, 5500 hab. Position très forte, épaisses murailles percées de cinq portes. Promenades d'où l'on jouit d'une belle vue sur le golfe et sur les montagnes. L'église (*Ntra Sra de la Asuncion*) est un beau monument de très vieille date. — Pont d'une grande hardiesse, sur le *Lequeitio*. — Le port est petit, à sec à la basse mer.

On passe, en sortant de la ville, au pied d'une haute montagne nommée *Allo de Lequeitio*. Au delà *Bedarona* ou *Bedarna*, qui compte un certain nombre de vieux manoirs nobles. Plus loin, la route s'engage au milieu d'une chaîne de montagnes accidentées et pittoresques.

74 kil. *La Puebla de Ea*, petit port de 760 hab. La route suit la côte, traverse le territoire de *Nachitua*. — On s'éloigne de nouveau de la mer. Sur la g., un détour conduit, par une vallée étroite, au pied du versant S. E. de la montagne de *Gaztiburu*, et facilite au voyageur une intéressante visite au manoir d'*Arteaga* et au chêne célèbre de *Guernica*.

On aperçoit parmi les hauteurs les deux communes de *Ereno* et *Ibarranguela* (600 et 1000 hab.), puis l'église isolée de *Gautiquiz de Arteaga*. L'église et la commune tirent leur nom de deux manoirs nobles (*casas solares*).

On remonte la rive dr. du *Mundaca*; on rencontre *Cortezubi*, et plus loin

88 kil. **Guernica**, 1540 hab., a joué de tout temps un grand rôle dans l'histoire politique des trois provinces basques. Ce fut, pour ainsi dire, la ville sainte, et elle possède le palladium des libertés basques : le vieux chêne sous lequel, de temps immémorial, se prêtait le serment de fidèle observation de ces libertés. L'église, construite au xv° s., est spacieuse. Statue de la Vierge, dans une

chapelle fermée par une grille de fer d'un travail remarquable. — Pont sur le *Mundaca*. — On redescend le long de la rive g., par une route neuve dirigée vers la mer. Sur cette route, on rencontre successivement *Forua* (480 hab.), faisant face à *Cortezubi*, de l'autre côté de la rivière; plus loin *Murueta*, hameau; *Axpe de Busturia*, autre hameau; *Pedernales* (244 hab.).

[Guernica est également desservi par une ramification du réseau à voie étroite de la Bizcaye, et conduisant d'un côté à Bilbao, de l'autre à Durango.]

99 kil. *Mundaca*, 2250 hab., rue unique, sur la g. de l'embouchure de la rivière du même nom. Le port entretient une quinzaine de bateaux de pêche.

102 kil. **Bermeo**, 6300 hab. — Port peu profond. Il renferme quelques caboteurs, et des barques de pêche.

Le chemin s'éloigne de la mer, laissant à dr. une série de hauteurs qui vont former le cap de *Machichaco*. A g., à 1 kil., au pied du mont *Sollabe*, la commune de *Menaca*. — Château de *Jauregui Menaca*, l'un des anciens manoirs de la Bizcaye.

119 kil. *Munguia*, 2500 hab., au milieu d'une vallée très cultivée. Église ancienne; château nommé le *palacio de Abajo*; ancien manoir appelé la *torre de Villela*, datant de 1360.

Pays accidenté, planté de bois de chênes et de tilleuls. A g., sur les pentes boisées du *Laucarizmendi*, la paroisse de *Santiago*; au delà *Derio* (125 hab.), avec deux petites sources d'eau minérale; et un peu plus loin du même côté, *Zanudio* (600 hab.).

133 kil. *Begoña*, 3500 hab. Un pèlerinage y a lieu tous les ans, le 15 août.

Chemin assez mal entretenu et peu fréquenté, praticable seulement pour les cavaliers et pour les piétons, suivant la rive g. du Nervion jusqu'à

136 kil. **Bilbao** (*V.* plus loin, R. 00).

B. Par Cestona.

Route et chemin de fer à voie étroite. — 97 kil.

On sort de Saint-Sébastien par la route précédemment indiquée jusqu'à *Zarauz* (15 kil. 1/2). De ce point, laissant à dr. le chemin qui conduit à Zumaya par la côte, on s'élève sur le flanc de la montagne, dans la direction du S. O. Le chemin descend ensuite vers la riche vallée de l'*Urola*.

26 kil. 1/2. *Santa Cruz de Cestona*, 2400 hab., sur une éminence.

Les sources minérales et l'établissement des *bains* de Cestona se trouvent à 20 min. de la ville, sur la rive g. de l'*Urola*; la route franchit cette rivière en face de l'établissement.

28 kil. 1/2. Les **Bains de Cestona**. (Bel établissement pouvant recevoir 210 personnes.) —

Hôtel, de l'autre côté de la rivière, à 5 et 8 pesetas par jour.

L'eau minérale, saline et sulfatée calcique, est efficace contre les rhumatismes musculaires, articulaires ou nerveux, les catarrhes rhumatismaux, les congestions lymphatiques, les maladies chroniques du tube digestif, la goutte et les affections herpétiques.

La saison la plus favorable est du 15 juin à la fin d'août.

Les environs sont le but d'excursions nombreuses. Jolies promenades en bateau sur l'Urola.

55 kil. 1/2. **Azpeitia**, 5300 hab. Azpeitia est la patrie d'Ignace de Loyola, le fondateur de la Compagnie de Jésus. Sa statue en argent se voit dans l'église de *Ntra Sra de la Soledad.* Dans l'église paroissiale (*San Sebastian*), bel édifice dont la façade est construite en marbre, on conserve les fonts baptismaux sur lesquels saint Ignace a été présenté. — La ville est entourée de murailles percées de quatre portes. — Maisons bien bâties; jolie place entourée d'édifices à arceaux et d'anciens couvents servant, une fois l'an, aux courses de taureaux et de *novillos* par lesquelles on célèbre la fête du saint.

[A 20 min. des murs, au milieu d'une vallée délicieuse et justement renommée, célèbre **sanctuaire de Loyola**, surnommé la merveille du Guipuzcoa. Ce bel édifice a été élevé, en 1683, par ordre de la reine Marie-Anne d'Autriche, veuve de Philippe IV, sur le domaine de la famille de Loyola, et autour du vieux manoir où naquit saint Ignace. Les Jésuites appelèrent de Rome l'architecte Fontana pour diriger la construction. Le portail est construit en marbre, surmonté d'un fronton triangulaire, avec écusson armorié. L'église est une vaste rotonde, au centre de laquelle s'élèvent huit grandes colonnes de marbre qui supportent la coupole.

La *santa casa*, où naquit saint Ignace, est enclavée dans l'édifice; ce n'est plus qu'une tour de l'ancien manoir. Elle a été conservée avec des soins religieux, et les constructions qui l'environnent ont été disposées de façon à la présenter aux visiteurs dans son meilleur aspect. Elle est construite en pierres brutes et en briques formant des dessins, et n'a pas d'autre ornement qu'un écu d'armes sculpté au-dessus de la porte. Elle a trois étages; c'est au troisième qu'est la chambre du saint, transformée en chapelle. Les ornements de toute sorte, et généralement d'assez mauvais goût, sont accumulés dans cette chapelle, décorée de bas-reliefs.

Le monastère de Loyola appartient à la province de Guipuzcoa, qui s'est proposé d'en faire un musée et des archives.

A la fin de juillet a lieu, chaque année, un grand pèlerinage au sanctuaire de Loyola; la foule y accourt de toutes parts, et surtout des trois provinces basques. Les danses, les feux d'artifice, les courses de taureaux, font de ce pèlerinage la plus importante des fêtes de tout le pays. Il existe une hôtellerie tout auprès du monastère, et un peu plus loin, au bord de l'Urola, une source sulfureuse avec maison de bains. En continuant au S. du monastère, et en suivant la rive g. de l'Urola, on traverse *Azcoïtia*, pour atteindre à Zumarraga la grande ligne, qui reconduit à Saint-Sébastien.]

Mais en sortant d'Azpeïtia à l'O., on trouve le *réseau à voie étroite*, par lequel on atteint également au S., Zumarraga, et au N. Durango et Bilbao.

La route monte, pendant plus d'une heure, sur les flancs de la *montagne d'Azcarate* (alt. 290 mèt.). On descend, par le versant opposé, dans la vallée du Deva.

50 kil. *Elgoibar*, station de la voie étroite, 3000 hab. A peu de distance, vers le N., *Alzola*, établissement d'eaux minérales salines thermales recommandées pour le traitement des maladies des voies urinaires. Il y vient environ 200 personnes par an.

Plusieurs sources ferrugineuses froides coulent aux environs d'Alzola.

54 kil. *Eybar* (sur la route et sur le petit chemin de fer), 4000 hab., fabriques d'armes à feu et d'armes blanches pour le compte de la manufacture nationale de *Placencia*, à 5 kil. au S. d'Elgoibar, sur une route conduisant à Vitoria. — Entre Elgoibar et Eybar, au sommet de la montagne d'*Arriate*, ermitage dédié à la *Natividad de Ntra Señora*. Plateau planté de chênes et de hêtres gigantesques, où les habitants d'alentour se réunissent pour la fête de la Vierge, le 8 septembre. La municipalité d'Eybar s'y installe pendant huit jours ainsi que le clergé.

59 kil. 1/2. *Ermua*, 651 hab., succursale industrielle d'Eybar. Presque tous les habitants y sont employés à la fabrication de caisses d'armes. Auprès d'Ermua, la route monte, pendant 1 h., pour atteindre le sommet de la montagne du même nom. On descend de l'autre côté, où l'on retrouve la voie étroite, à

64 kil. *Zaldivar*, v. de 662 hab. qui possède aussi un établissement d'eaux salines et sulfurées froides, signalées comme spécifiques des affections herpétiques.

66 kil. *Olacueta*, 400 hab.

72 kil. **Durango**, 3146 hab., dans une des plus jolies plaines de la Biscaye, d'une fertilité remarquable, arrosée par le *Durango*. Église principale, *San Pedro de Tavira*, une des plus anciennes de la province. Près de l'entrée, deux tombeaux en pierre sculptée, très anciens.

A la sortie de Durango, belle

route parfaitement entretenue, et chemin de fer à voie étroite.

Au delà de la plaine de Zornoza, l'ermitage de *Herleche*, puis *Urgoïti* et *Guadalcano*, hameaux, et d'autres groupes d'habitations, disséminés dans une campagne riche et pittoresque.

105 kil. 1/2 **Bilbao** (*V*. p. 30).

ROUTE 5.

DE ZUMARRAGA A BILBAO

PAR VERGARA.

Voie étroite. — 81 kil.

Zumarraga (*V*. R. 1, p. 6).

En sortant de la station, on s'élève sur les pentes du mont *Irimo*, et on franchit le port de *Descarga*.

10 kil. *Anzuola*, 1200 hab. (bonne posada), vallon entouré de montagnes.

L'église de *San Juan Bautista*, du faubourg d'Uzarraga, l'une des anciennes du pays, appartint aux templiers. La rivière d'*Anzuola* traverse la ville et va se réunir au *Deva*.

16 kil. **Vergara**. V. de 4000 hab., bien bâtie, quoique ses rues soient d'une irrégularité fâcheuse. L'église paroissiale *San Pedro* mérite une visite. Elle possède, dans une petite chapelle étroite, privée de lumière, placée au bas du *coro*, une magnifique statue du *Christ agonisant*, œuvre de Juan Martinez Montañès, le sculpteur le plus estimé de l'ancienne école espagnole. Dans l'autre église, *Santa Marina d'Oxirundo*, est un tableau très précieux de Mateo Cerozo, représentant le *Christ de Burgos*.

A la sortie de Vergara, on laisse à dr. une route qui suit la vallée du Deva pour rejoindre la côte par Elgoibar.

23 kil. *Placencia*, 1860 hab.
27 kil. Malzaga, *empalme*.
29 kil. *Eybar* (*V*. p. 26).
30 kil. *Ermua* (*V*. p. 26).
39 kil. *Zaldivar* (*V*. p. 26).
41 kil. *Olacueta* (*V*. p. 26).
48 kil. **Durango** *V*. p. 26).
55 kil. *Euba*.
59 kil. *Amorevieta*.
64 kil. *Lemona*.
66 kil. *Bedia*.
68 kil. *Usansola*.
69 kil. *Puente la torre*.
77 kil. *Zuazo, dos Caminos*.
81 kil. **Bilbao** (p. 30).

ROUTE 4.

DE ZUMARRAGA AUX BAINS DE SANTA AGUEDA ET D'ARECHAVALETA

23 et 26 kil.

Zumarraga (*V*. R. 1, p. 6).

On suit la route 5 par Anzuola et Vergara (12 kil.).

20 kil. **Mondragon**, 2875 hab., dans une position charmante, au centre d'une jolie vallée.

De Mondragon, un chemin conduit, à 3 kil., au hameau de *Guesilabar*, où se trouvent les célèbres sources nitrogénées-sulfureuses de **Santa Agueda**.

Service de voitures entre Mondragon et cet établissement, pendant la saison des eaux.

Guesilabar est situé à l'extrémité d'une jolie vallée formée par l'*Aramayona*. Le hameau compte 152 hab. Les eaux de *Santa Agueda* sont connues depuis trois siècles; l'établissement a été construit en 1825. Il contient 14 cabinets avec baignoires en marbre ; deux d'entre eux possèdent des douches en colonne et en arrosoir. L'eau est surtout efficace pour le traitement des affections herpétiques, des catarrhes chroniques, des maladies syphilitiques et des paralysies locales. La saison dure du 1er juin à fin de septembre.

L'établissement est construit au pied du *Muragain*, montagne de 560 mèt. d'élévation.

La maison des bains peut loger en même temps 80 personnes (elle en reçoit environ 800 pendant la saison). — Il existe auprès de l'établissement deux hôtels où l'on trouve le logement et une bonne table.

On vient de Madrid et de Burgos à Santa Agueda par Vitoria (*V. R. 1*).

26 kil. **Arechavaleta**, 1812 hab. Les bains, qui ont une vogue aussi grande que celle des bains de Santa Agueda, avec la même composition et des vertus égales, sont à la sortie de Mandragon. L'établissement est bien installé, dans une situation très agréable. Climat très sain, tempéré pendant l'été. —

La saison dure du 1er juin au 30 septembre.

Arechavaleta est à 22 kil. au N. de Vitoria par la route royale de Madrid (*V. R. 1*).

ROUTE 5.

DE VITORIA A BILBAO

A. Par la voie étroite.

76 kil.

Ce chemin suit à peu près le même tracé que la route par Salinas, Mondragon, et Durango.

B. Par la montagne.

On sort de Vitoria en remontant la route de France pendant 1 kil. 1/2; puis on prend à g. Route bien construite et bien servie. Sites riants et variés. — *Gamarra mayor*, 160 hab. Pont de 8 arches sur le Zadorra. A dr., *Gamarra menor*, groupe de 6 maisons avec église.

Une heure de marche, par un chemin qui s'élève sur les rampes des montagnes d'*Albertia*, conduit à

14 kil. *Villareal de Alava*, 890 hab., au milieu des montagnes. Au N., bois considérables, bons pour les constructions navales. Source minérale estimée à *Aramayona*, à 11 kil. sur la droite.

La route longe à mi-côte les hautes montagnes d'*Albertia* et de *Bostibayeta* ; ces montagnes possèdent des mines de fer, quelques filons de cuivre autrefois exploités, et des carrières de marbre noir.

21 kil. *Ochandiano*, 1400 hab. Maisons très anciennes; vieille église paroissiale dont la tour a près de 56 mèt. d'élévation; maison municipale, bel édifice qui porte sculptées sur sa façade les armes de Castille, de Bizcaye et de la ville.

A 5 kil. 1/2 au delà d'Ochandiano, à dr., la belle montagne d'Urquiola, qui domine le sanctuaire de *San Antonio Abad*.

35 kil. *Mañaria*, 529 hab., pays très boisé. Belles carrières de marbre noir. Source du Durango. A 1 h., *Izurza*, 243 hab.

45 kil. **Durango** (p. 26).

De Durango à Bilbao, 55 kil. (76 kil. *V. R. 5*).

ROUTE 6.

DE MIRANDA A BILBAO

Chemin de fer. — 104 kil. — Prix: 1re cl., 12 pes.; 2e cl., 9 pes.; 3e cl., 5 pes. 40.

Les voyageurs qui viennent de *Bayonne* ou de *Madrid*, par le chemin de fer du Nord, à destination de *Bilbao*, descendent à *Miranda*, traversent les bâtiments de la gare, et trouvent, de l'autre côté, la ligne qui dessert Bilbao à l'O., et à l'E. le cours de l'*Èbre*. Le service des trains est combiné avec ceux de la ligne du Nord.

Miranda (*V. R. 1*, p. 9).

[Se placer à droite du train.]

En quittant la station, la voie prend sa direction au N., coupe la ligne du Nord sous un viaduc, et remonte la vallée du Bayas. — A g., le vieux manoir de *San Pelayo*; à dr., *Anucita*, 100 hab.

15 kil. *Pobes*, ham. de 68 hab. — Beau ravin rocheux au delà duquel on aperçoit le v. de *Subijana*. — Défilé de *Techas*; tunnel de 112 mèt.; belles roches à pic. Vaste cirque de collines couronnées par des rochers. — A dr., *Catadiano*, *Anda*, dont les églises ressemblent à des forteresses. Du même côté,

35 kil. *Izarra*, 120 hab. — Remblai conduisant à la montagne de *Gujuli*; tunnel de 283 mèt. Point culminant de la voie (624 mèt.), à la sortie de ce tunnel. — Tranchée dans la roche vive; à dr., vallée profonde de l'*Orozco*, plantée de forêts.

40 kil. *Inoso*, hameau.

La voie descend par le flanc des montagnes, dominant toujours à dr. et de très haut un magnifique paysage. — Trois tunnels de 205, 139 et 56 mèt.

50 kil. *Lezama*, 500 hab. L'Orozco s'éloigne à dr. On débouche tout à coup, à l'issue d'une profonde tranchée, audessus d'une vallée large de 1000 mèt. et profonde de plus de 120 mèt., la vallée d'Orduña. De l'autre côté, et presque en bas de la vallée, on aperçoit la voie qui, pour atteindre cette profondeur, décrit, vers la g., un grand détour de 15 kil., en pente rapide, jusqu'au fond d'un cirque immense formé par

les montagnes. Orduña est au fond de la vallée, à dr. — Deux tunnels, l'un de 64 mèt., l'autre de 75 mèt. — Près de la voie, à dr., le v. de *Delica*; — viaduc de 50 mèt. de long et de 18 mèt. de haut, sur le ruisseau du *Nervion*.

64 kil. **Orduña**, 3240 hab. Vieille ville, autrefois fortifiée. Place spacieuse, entourée de magasins et de galeries; deux églises.

La voie est dominée à g. par des pentes abruptes. On aperçoit à dr., à 120 mèt. de hauteur, la tranchée en roche par laquelle la voie a débouché au-dessus de la vallée d'Orduña, en quittant la station de Lezama. — A dr. s'étend le v. de *Saracho*, traversé par la route et par le Nervion.

70 kil. *Amurrio*, 1215 hab. Riche plaine à dr.; à g., jolie vallée de *Luyando*, 400 hab.; petit établissement de bains, composé de deux bâtiments séparés par le Nervion; la source (ferrugineuse) et les bains sont près de la voie.

85 kil. *Areta*, v. de 410 hab. La vallée de l'Orozco, à dr., présente un riant coup d'œil : riches prairies, métairies, forges mues par les cours d'eau qui sillonnent la vallée. A g., belles montagnes et le v. d'*Arrancudiana*, 350 hab. Le Nervion décrit de nombreuses sinuosités. — 8 ponts de 40 à 80 mèt. de longueur; un tunnel de 82 mèt. et un beau viaduc en pierre de 110 mèt. de long, sur 15 mèt.

1/2 de hauteur. — A dr., *Miravalles*, 515 hab.

94 kil. *Arrigorriaga*, 820 hab., très ancienne localité; église du ix° s. Arrigorriaga possède de très curieuses archives en langue basque.

Au-dessus d'Arrigorriaga, *Zaratamo*, 388 hab., et au delà *Arlunduaga*. A g., l'église de *San Miguel-de-Basauri*.

Un peu au delà, au-dessous de la voie, vallée de *la Peña*, fonderie de *Bolueta*, fabrique de papier et moulins à farine mus par le Nervion. — Tunnel de 986 mèt., à la sortie duquel on s'arrête à la station de Bilbao, construite sur un vaste terre-plein, à 21 mèt. au-dessus du niveau moyen de la mer au port de la ville.

104 kil. **Bilbao**[*]. V. de 19 000 hab. (55 000 avec les faubourgs) et port de commerce, sur la rive dr. du Nervion, ville bien tenue, maisons d'un bel aspect, rues alignées, garnies de rangées de dalles; les voitures de charge n'y circulent pas. — *V.* la *plaza Nueva*, vaste quadrilatère entouré de galeries avec magasins. Sur l'un des côtés, le palais de la Députation provinciale. Quatre églises paroissiales très anciennes; l'une d'elles, *Santiago*, est de style gothique, gâté par des constructions modernes de mauvais goût.

Promenades : *el Arenal*, sur le bord du Nervion, auprès du chemin de fer; le *campo Volantin*, à la suite et au N. de l'Arenal, également sur le bord du fleuve. Une troisième, à l'autre extrémité de la ville.

Une jolie route de 11 kil., se détachant du Campo Volantin et longeant la rive dr. du Nervion, conduit de Bilbao à **Portugalete**. Un chemin de fer suit la même direction. Des tramvias, qui stationnent sur la place de l'Arenal, conduisent, pour 1 peseta, jusqu'aux *Arenas*, à *Algorta* et à *Santurce*. Sur ce trajet on rencontre un long faubourg, des jardins, des propriétés particulières, un magnifique bâtiment servant de dépôt de mendicité, des exploitations agricoles, une belle fonderie de fer et d'acier alimentée par les mines de Somorrostro. Les belles plages sablonneuses qui s'étendent des deux côtés de l'embouchure sont très fréquentées pendant la saison des bains de mer. Les villages de *Santurce*, à g., des *Arenas* et d'*Algorta*, à dr., deviennent, à cette époque, le rendez-vous de toute la société de Bilbao.

Un pont est projeté pour mettre en communication les deux rives, entre les Arenas et Portugalete. Il aurait 160 mèt. de longueur à 45 mèt. de hauteur et les câbles de suspension seraient portés par deux tours du système Eiffel hautes de 65 mèt. Un câble transversal porterait un chariot mobile qui communiquerait aux deux quais.

De Bilbao à Saint-Sébastien, R. 2 en sens inverse. De Bilbao à Zumarraga (chemin de fer du Nord), R. 3. — A Vitoria, R. 5. — A Burgos, par Miranda (chemin de fer), R. 6. — A Pampelune, par Alsasua, R. 36. — A Saragosse et Barcelone, par Miranda et les chemins de fer, R. 6 et 50.

ROUTE 7.

DE VENTA DE BAÑOS A SANTANDER

Chemin de fer, 250 kil. Prix : 1re cl., 29 p. 65 ; 2e cl., 21 p. 05 ; 3e cl., 11 p. 95

La ligne de Santander se détache du chemin de fer du Nord à la station de la *Venta de Baños*, à 353 kil. d'Irun et à 279 de Madrid.

11 kil. **Palencia** (deux gares à 800 mèt. l'une de l'autre, la première pour la ligne de Santander ; la seconde pour celles de Léon, Galice, Asturies, qui se dirigent vers les Asturies par le Pajarès, et vers la Galice par Lugo et la Corogne (R. 10 et 12).

Palencia, V. de 14605 hab. : résidence d'un gouverneur civil, d'un commandant militaire et d'un évêque. Séminaire ; société économique ; vieux palais nommé le palais de don Sancho ; palais épiscopal. — Belles promenades plantées d'arbres, çà et là quelques vestiges des anciennes murailles. La rue principale est bordée de deux galeries formées de colonnes cylindriques en pierre ou en granit de toutes dimensions. — La *Cathédrale*, d'architecture gothique, est l'une des plus grandes et des plus belles de l'Espagne : retable du maître-autel, boiserie du chœur, sculptures très délicates du *trascoro*; sous une niche de verre, le corps momifié, revêtu de riches habits, de la reine de Navarre doña Urraca. Derrière le chœur, caveau de saint Antolin, patron de l'église. — Hôpital sous l'invocation du même saint. Un autre établissement de bienfaisance dans la maison qu'habita le *Cid*.

Établissements industriels; fabriques de couvertures et d'étoffes de laine; teintureries, presses à lustrer, moulins à foulon. — Campagne très étendue et complètement nue, au milieu de laquelle s'élève, à dr. du chemin de fer, un monticule conique, haut d'environ 100 mèt. et couronné par un ermitage nommé le *Cristo del Otero*.

24 kil. *Monzon de Campos*, 852 hab., vaste plaine nommée la *tierra de campos*, dominée par deux collines que surmontent deux forteresses en ruines. Ancienne résidence royale.

A dr., le rio *Ucieza*, un peu canalisé.

35 kil. *Amusco*, 1850 hab., malpropre et mal construit; immense campagne; dans un rayon de 8 à 10 kil., 10 ou 12 villages. Grande fertilité, blés magnifiques. Église gigantesque et lourde, avec un maître-autel colossal représentant les douze apôtres entourant saint Pierre en costume pontifical. Fête patronale très populaire, le dimanche qui suit le 15 août, avec danses, course de *novillos* et feux d'artifice.

38 kil. *Piña de Campos*, 1500 hab. Maisons en terre. Ruines d'un beau château crénelé, couronné de huit tours rondes. — Ponts sur l'*Ucieza* et le *canal de Castille*.

44 kil. *Fromista*, 1600 hab. Ville importante ; quelques habitations entourées de plantations, constructions en pisé.

50 kil. *Marcilla*, 90 maisons en terre.

56 kil. *Las Cabañas*, 220 hab., dans une petite plaine. Vieille tour carrée à quatre étages, entourée d'une forte muraille.

62 kil. *Osorno la Mayor*, 1250 hab., jolie plaine fertile ; rivière d'*Abanades*, bords très riants plantés de peupliers et d'ormes. Beau pont de deux arches de 14 mèt. — Pont de trois arches de 8 mèt. sur le *Buedo*.

72 kil. *Espinosa de Villagonzalo*, 696 hab., ancienne ville murée.

Remblai de près de 2 kil. et d'une hauteur *maxima* de 9 mèt. Massif de San Cristobal, tranchée d'environ 1 kil. et d'une profondeur *maxima* de 18 mèt. Point culminant de la ligne de Baños à *Alar* (alt., 860 mèt.).

85 kil. *Herrera*, 1544 hab., rues propres et bien empierrées; jolie place entourée d'arceaux. Ruines d'un fort beau château dont l'origine paraît

remonter aux Maures; quelques traces de curieuses sculptures. Beaux jardins, nombreuses plantations d'arbres. — Beau pont de quatre arches, de 26 mèt. d'ouverture sur le *Pisuerga*.

91 kil. *Alar San Quirce* : magasins où s'entassent les blés récoltés dans toute la plaine, et les farines des nombreuses minoteries mues par les cours d'eau qui traversent le pays. Le canal de Castille, venant de Valladolid, aboutit à Alar.

[Se placer à g. du train.]

A g., le Pisuerga; au delà, la route de Santander, au pied d'une ligne de hauteurs rocheuses. A dr., collines boisées d'un joli aspect. — A g., le village de *Villela*, avec des moulins à farine. Belle vallée.

101 kil. *Mave*, v. de 100 hab., à dr. A quelques kil. au delà, la voie pénètre avec le Pisuerga dans une gorge étroite (*el congosto*) formée par de belles roches verticales, creusées à jour, qui surplombent sur plusieurs points, et semblent se réunir par le sommet; l'une d'elles présente les découpures les plus curieuses. On traverse trois fois le Pisuerga dans ce court trajet. A la sortie, jolie plaine cultivée; à g., *Aguilar de Campo*, à 2 kil. de la station.

110 kil. *Aguilar*, 1000 hab. Deux collines couronnées de ruines. Les unes, château des seigneurs d'Aguilar. Les autres, ancien manoir du preux Bernardo del Carpio. — Au pied de l'une des collines, dans une jolie vallée, ancien couvent de moines prémontrés, avec un cloître assez curieux, d'architecture arabe. Deux tombes seraient celles de Bernardo del Carpio et de son lieutenant Fernando Gallo.

115 kil. *Quintanilla de las Torres*, 80 hab. — Sur la g. de la voie se détache une petite ligne de fer, de 5 kil., pour l'exploitation des mines de houille de Barruelo. A dr. *Menaza*, 70 hab., et *Cuena*, 90 hab.; prairies arrosées par les affluents du rio *Camesa*.

122 kil. *Mataporquera*, 80 hab. A g., après la station : *Matarrepudio*, 80 hab. A dr., vue sur une belle vallée, et *Hormiguera*, 70 hab.

131 kil. *Pozazal*. Point culminant de la ligne; altit. 984 mèt.

Haut remblai, à g., et, dans le bas, une belle vallée où passe la route de terre. Sur cette route, *Fuenbellida*; au delà, beau viaduc de *Cervatos*, formé de 12 arches en pierre, au-dessus d'une vallée profonde. Sur la g., *Cervatos*, 150 hab., dont l'église, la *colegiata*, mérite l'attention toute particulière de l'artiste et de l'archéologue. C'est l'un des plus rares et des plus curieux spécimens de l'époque romantique secondaire. Le portail principal, des croisées, une frise tout entière, des chapiteaux, des consoles, présentent les groupes, les figures, les gestes les plus extravagants et les plus indécents qu'ait pu inspirer une imagination dévergondée. Ce monument paraît dater du XIe s. L'intérieur, où l'on célèbre le culte religieux, n'offre aucune particularité.

A g., après *Cervatos*, *Malamorosa*, 500 hab., avec une source minérale. Jolie plaine, prairies. — Au loin *Fontibre*, où l'*Èbre* prend sa source, puis *Salces*, 150 hab. — Pont sur le *Hijar*.

142 kil. **Reinosa**, alt. 847 mèt., *Buffet*, 2800 hab., ville fort ancienne; maisons généralement bien bâties, avec écussons armoriés. Commerce considérable de blés et de farine, de vins et d'eaux-de-vie fabriqués dans les Castilles.

Établissements industriels; mine de lignite, de plusieurs kilomètres de galerie; verrerie considérable nommée la *Luciana*.

[Se placer à dr. du train.]

Pont en fer de 5 arches sur l'Èbre. Tunnel de 1276 mèt. sous 50 mèt. de crête, le premier et le plus important de 22 souterrains existant entre Reinosa et Barcena. A g., le ruisseau du *Besaya*. Tunnel de 471 mèt.; à g., la *Cañeda*. Tranchées profondes dans des bancs de gypse et de marne. Troisième tunnel de 87 mèt. A dr., *Aldueso*, à g., au-dessous de la voie, une grande fabrique mue par le torrent. — Plus loin, *Lantueno*, 200 hab.

152 kil. *Santiurde*, 60 maisons. La voie se trouve sur le flanc des montagnes, à une grande hauteur au-dessus du Besaya et de la route, descendant par des pentes de 12 à 15 millim., au milieu de belles roches calcaires qu'elle traverse en tranchées ou en souterrains. Souvent elle est soutenue, comme en corniche, par d'énormes murailles en pierres sèches à 100 mèt. au moins au-dessus du torrent.

Deux tunnels, l'un de 20 mèt., l'autre de 89 mèt.

155 kil. *Pesquera*, 100 hab. (alt. 604 mèt.), située en partie dans la montagne, à g., et dans le fond de la gorge. Série de 8 tunnels d'une étendue totale de 920 mèt.

A la hauteur des trois derniers tunnels, la gorge s'élargit. Le Besaya et la route sont à une grande profondeur; en avant se développe la belle vallée de *Barcena*, parsemée d'habitations. La voie arrive comme au sommet d'une haute muraille, à près de 200 mèt. au-dessus du fond de la vallée. La montagne s'interrompt subitement et semble manquer sous la voie. Celle-ci décrit une courbe rapide, contourne les rochers, retourne en arrière des montagnes, cherchant dans tous les détours de la vallée les moyens de descendre graduellement jusqu'au niveau de la station. Elle parcourt ainsi, par une nouvelle série de tranchées et de souterrains, 16 kil. au lieu de 2500 mèt. qui séparent le dernier tunnel de Barcena, en ligne droite.

163 kil. *Montablis*, station de prise d'eau. Huit tunnels présentant ensemble 1860 mèt., et, dans les intervalles, des ponts et des tranchées. Courbes à court rayon. Après le dernier tunnel, on parcourt encore 2 kil. pour revenir, par un dernier détour, dans la vallée de Barcena, franchir le Besaya à 8 mèt. de hauteur, et arriver, par une dernière courbe, à la station.

175 kil. *Barcena*. Buffet (alt. 287 mèt.), v. de 1500 hab. — Les pentes continuent; à dr., un joli ravin boisé et pittoresque, à l'entrée duquel se trouve une fabrique de farines, mue par une chute d'eau.

178 kil. *Portolin*. A dr., dans une petite plaine, deux hameaux : *Elguera* et la *Ferna*.

180 kil. *Santa Cruz*. Riche vallée, entourée de collines vertes couvertes de prairies. Le Besaya fait mouvoir de nombreuses usines.

185 kil. *Las Fraguas*, 150 hab. A g., une maison de campagne moderne, entourée de jardins clos de murs et appartenant au marquis de Moriano ; en arrière, une tour carrée, vestiges de l'ancien manoir seigneurial.

Quatre tunnels successifs, dans a gorge rocheuse de *Media-Hoz*; à g., le torrent et la route. — Vallée de *Buelda*, très riante, très cultivée, très habitée, et fermée par une enceinte de collines boisées.

191 kil. *Los Corrales*, 600 hab.; à g., les hameaux de *San Mateo* et de *Barros*. Montagnes à g., couvertes de prairies; à dr., abruptes et granitiques.

196 kil. *Las Caldas de Besaya*, station d'eaux thermales, chlorurées sodiques, à 36 degrés centigrades. — Rhumatisants et paralytiques.

V. à g. le village, un monastère et les établissements de bains. Maisons peu nombreuses, mais d'un aspect d'aisance et de propreté qui indique une certaine vogue. La montagne qui s'élève derrière le village est boisée, sillonnée de sentiers et de jolies promenades. A moitié de sa hauteur, un vieux couvent gardé par trois moines, et qui sert aujourd'hui de maison de correction.

Gorge, à la sortie du vallon de las Caldas, le *Besaya* au fond, et la route en corniche à g. — Vaste et riche vallée. A g., un terrain rouge avec un groupe d'habitations : mines de calamine de *Reocin*, la *Real asturiana*, produisant jusqu'à 4000 quintaux de minerai par jour. A g., dans la vallée, les villages de *Riocorbo* et de *Cartes*; à dr., *Viernolès*.

Aspect général riant et animé; belles prairies, champs entourés de haies. Beaucoup d'habitations.

202 kil. *Torrelavega*, 7187 hab. La station domine toute la plaine et offre une vue magnifique. La ville est à 3 kil. à g.

Le pays se rétrécit, la voie pénètre en tranchée à travers des terrains de calcaire rouge qui la conduisent dans la vallée du *Paz*. — Pont de fer de 150 mèt. sur le rio Paz.

210 kil. *Renedo*, 500 hab., pendant la saison d'été, correspondance pour les bains d'Alceda et d'Ontaneda (R. 9). Grande plaine très fertile, nommée la *plana mayor*.

219 kil. *Guarnizo*, 200 hab., la voie côtoie le fond de la baie de Santander, presque au niveau de la haute mer.

222 kil. *Boo*, 400 hab. A dr., dans le fond de la baie, chantiers de construction nommés el *Astillero de Guarnizo*, appartenant à l'État, et sur lesquels on construit des navires de tout tonnage.

Beau panorama de Santander et de la mer; les digues, nommées le *Muelle de Maliano*, ont conquis une étendue considérable de terrain sur laquelle se développent d'importantes exploitations agricoles. Les ateliers, les magasins du chemin de fer, se trouvent à g.

230 kil. **Santander**, V. de 22450 hab., résidence d'un gouverneur militaire, d'un gouverneur civil, d'un commandant de marine, d'un évêque, d'un intendant des finances. Port de 1re classe, sur une baie magnifique et sûre, accessible aux bâtiments de tout tonnage. Le port bordé d'un large quai, *el muelle*, d'où la vue est magnifique : d'un côté la baie, de l'autre de jolies collines couvertes de prairies et de bouquets d'arbres; puis un vaste amphithéâtre de montagnes, émaillées au premier plan de blanches habitations et de métairies entourées de cultures, un peu arides au second plan, et couronnées de neiges au fond de l'horizon.

Santander se divise en ville haute et ville basse : la première renferme : le château de San Felipe, la cathédrale, de beaux édifices. Dans la partie basse sont les principales rues, et sur le port une ligne de constructions qui en font un des plus beaux d'Espagne. — *Théâtre*, édifice élégant, pouvant contenir 1000 spectateurs; — la *prison*; — la *cathédrale*, édifice du style gothique, à trois nefs ; au-dessous est une vaste crypte, dont le maître-autel conserve deux précieuses reliques; les têtes des saints martyrs Emeterio et Celedonio, patrons de la ville. — *Fabrique de tabacs*; il s'emploie annuellement 800 000 kilogr. de tabacs nationaux et étrangers. L'établissement occupe 1000 personnes.

Jolies promenades : la *Alameda primera* dans l'intérieur de la ville, tout auprès du port et de la gare du chemin de fer; la *Alameda segunda*, hors des murs, sur un terrain élevé. Le *Paseo del Alta* fait le tour des murs. Le *Paseo del Sardinero* conduit aux établissements de bains de mer, très fréquentés pendant la saison d'été. La plage du *Sardinero* est jolie, étendue et bien abritée; un tramway la met en communication rapide avec la ville Au delà on va au phare, construit au sommet d'un groupe de rochers ; le feu, à intervalles de minute, se trouve à 93 mèt. de hauteur. V. à une petite distance du phare le *Puente forado*, arche gigantesque naturelle formée par les roches calcaires de la côte ; ouverture 50 mèt. ; hauteur 30 mèt. Le maréographe, le phare de *l'île Mouro*.

Santander est sous un climat délicieux. La température y descend rarement plus bas que 5 degrés au-dessous de zéro, et ne s'y élève pas à plus de 20 degrés. Belles campagnes très productives, jardins, végétation active. Produits abondants.

De Santander à Burgos, V. R. 1. — A Santoña et Bilbao, R. 8. — Aux bains d'Alceda et d'Ontaneda, R. 9.

ROUTE 8.

DE SANTANDER A BILBAO

PAR SANTOÑA.

75 kil.

Il existe, par mer, entre Santander et Bilbao, un service de bateaux à vapeur touchant à Santoña, et l'on trouve facilement des bateaux à voile (traversée en 3 h.).

On peut aussi aborder au *Pontal*, de l'autre côté de la baie, à la naissance d'un chemin muletier qui parcourt le plateau, à une petite distance de la mer, par *Galizano*.

La route de voiture, plus prati-cable, sort de Santander par l'ancien chemin de Valladolid.

2 kil. *Peña Castillo*. On prend à gauche la R. de Burgos, 40 maisons.

6 kil. *Muriedas*, 45 maisons. Belle vue de la baie. On suit à gauche.

8 kil. *Boo*. Chemin de fer.

10 kil. *Astillero de Guarnizo*. On traverse la *ria de Solia*, sur le pont de *San Salvador*. Belle montagne boisée de *Monte Cabarga*.

18 kil. *Solarès*, 50 maisons. Établissement d'eaux minérales chlorurées sodiques.

22 kil. *Hoznayo*. Beau château du comte de Moriano. Tombeaux et statues en marbre des Acevedo.

25 kil. *Anero*, 112 maisons.

30 kil. *Praves*, 44 maisons.

34 kil. *Beranga*, 86 maisons. Belle église moderne.

36 kil. *Ambrosera*, 45 maisons. Anciennes tapisseries dans l'église.

39 kil. *Barcena de Cicero*, 125 maisons.

40 kil. 1/2. *Escalante*. Tombeau de la mère de don Juan d'Autriche.

43 kil. *Argonos*, 60 maisons. Vue magnifique sur la baie et la montagne de *Santoña*.

Cette montagne, presque complètement isolée, se rattache au continent, vers l'O., par une langue de sables. La montagne mesure environ 4 kil. dans un sens, 1 kil. dans l'autre sens ; elle présente, du côté du large, une muraille verticale de rochers, défendus par des récifs inabordables. Du côté du S., elle forme des pentes en amphithéâtre. La baie, dont l'entrée est à la base orientale de la montagne, se développe entre celle-ci et le continent, et pénètre, par trois bras profonds, dans l'intérieur des terres où elle reçoit plusieurs cours d'eau. A l'extrémité E., auprès d'une haute falaise, on aperçoit le joli port de *Laredo*, et un peu en arrière, au fond d'une anse, le bourg de *Colindres*.

28 kil. Santoña, 2700 hab. Le bourg est au pied de la montagne, faisant face au milieu de la baie. Ce fut autrefois une ville importante. Cette montagne isolée, si bien défendue par la nature, cette baie immense qui peut recevoir toute une flotte, ce fond excellent, profond et sûr, toujours calme malgré les plus gros temps, ont fait surnommer Santoña, le Cherbourg, le Cronstadt, le Gibraltar de l'Espagne. Un plan général de fortification s'exécute peu à peu autour de la ville, sur les sommets de la montagne et sur les points principaux de la baie.

On reprend par *Argoños*, *Cicero*, *Colindres*, pour atteindre

49 kil. Laredo. Cette ville (3850 hab.) est abritée au N. par un rocher élevé qui limite la baie et que couronne un fort solidement construit. Laredo est entouré de murs et presque toutes ses maisons ont vue sur la baie et sur une jolie plage.

Ses habitants sont, en grande partie, marins du cabotage ou pêcheurs. Une route, qui part de la porte *de la Villa*, met Laredo en communication avec l'intérieur par Colindres et Ampuero.

La route de Bilbao prend par la vallée du *Liendo*, *Guriezo* où l'on traverse l'*Oriñon*, *Islarès*, *Cerdigo*, dominé par une tour en ruines.

74 kil. *Castro Urdiales*, 3500 hab., port maritime, au pied d'une ligne de collines de l'aspect le plus pittoresque. Pentes couvertes de vignes qui produisent un petit vin aigre, nommé *chacoli*, en grande estime dans le pays. Castro Urdiales occupe une espèce de presqu'île. L'église et un château fortifié en occupent l'extrémité. — Jolie baie bien abritée, avec un bon fond; le port reçoit, année moyenne, 150 bateaux de cabotage. La ville est entourée de murs et bien défendue. Rues propres; quelques habitations élégantes ayant vue sur la mer.

Au delà de Castro Urdiales, la route suit le littoral. A 5 kil., *Onton* (400 hab.), gisements de minerai de fer. Un peu au delà, on pénètre dans la célèbre vallée minière de *Somorrostro*.

Les mines se trouvent à une petite distance, à dr. du chemin, auprès du village d'*Abando*, à 5 kil. d'Onton. Son étendue est considérable, le minerai se trouve de tous côtés, presque à la surface du sol; il forme des montagnes entières, et il est généralement d'une grande richesse. On en exporte, année moyenne, plus de 800 000 quintaux, pour l'alimentation de près de 500 fonderies en activité dans la Bizcaye, dans la province de Santander et dans la Navarre.

Une petite distance sépare les mines de Somorrostro de *Portugalete* (6 kil.), où l'on trouve une route et un tramvia qui remontent la rive g. du Nervion, et relient ce port avec la ville de Bilbao (11 kil.).

Portugalete forme un port où s'arrêtent les navires de fort tonnage qui viennent prendre charge des quantités considérables de minerai amené par plusieurs lignes de chemins de fer.

107 kil. **Bilbao** (*V.*, pour cette ville, la p. 50).

ROUTE 9.

DE SANTANDER AUX BAINS D'ONTANEDA ET D'ALCEDA

Chemin de fer et route de terre.
41 kil.

On prend le chemin de fer au départ de Santander jusqu'à **Renedo** (20 kil.), où se trouvent plusieurs services de diligences faisant, deux fois par jour, le trajet d'Ontaneda et d'Alceda. On paye, par ces voitures, 2 pes. 1/2 de Renedo à Puente Viesgo, et 4 pes. 75 c. pour Alceda. On suit, à la sortie de Renedo, l'ancienne route royale de Burgos, sur laquelle, à une petite distance, on rencontre le *Paz*, que franchit un beau pont suspendu. Au delà se trouvent *Carandia*, v. de 150 hab.; *Vargas*, v. de 60 maisons disséminées au pied du mont *Dobra*.

28 kil. *Puente Viesgo*. Au pied même du pont jaillit, d'une roche calcaire, une source saline thermale à 34° centigrades, claire, transparente et inodore.

Cette eau est efficace pour les rhumatismes. L'établissement, ouvert du 1er juin à la fin de septembre, contient six salles de bains; l'une nommée bain général, pouvant recevoir 28 personnes, et les autres 5 personnes à la fois. Il y vient env. 500 baigneurs par an. La vie y est agréable et facile.

On remonte la jolie vallée de Toranzo, par *Aes*, *Corcera*, *Villigar*, *San Vicente*, pour atteindre

40 kil. **Ontaneda**, v. de 25 maisons. La plus importante est l'établissement des bains, qu'on aperçoit sur la g. de la route, au milieu de jardins bien entretenus. L'eau jaillit en très grande abondance, à la température de 33° centigr., dégageant une forte odeur d'œufs couvis.

Cette eau est employée avec succès contre les maladies de la peau, en boisson, en bains, en douches et en vapeur. L'établissement, qui est ouvert du 10 juin à la fin de septembre, possède dix baignoires en marbre, deux en bois et une piscine en bois pour les pauvres. L'hôtel destiné aux baigneurs peut recevoir en même temps plus de 100 personnes. Il vient à Ontaneda 3 à 4000 personnes, année moyenne.

41 kil. 410 mèt. **Alceda** (70 maisons) est au centre même de la délicieuse vallée de Toranzo, sur la rive g. du Paz, auprès de hauteurs et de collines boisées. Les deux établissements se complètent et sont visités par les mêmes baigneurs. L'installation des bains d'Alceda est bien plus importante que celle d'Ontaneda ; la source, dont le débit est évalué à plus de 4 millions et demi de litres en 24 heures, alimente à eau courante une quarantaine de cabinets de bains avec baignoires de marbre ou de bois, garnies en faïence. Cinq piscines peuvent recevoir chacune 6 personnes ; trois salles de douches, deux salles pour bains de vapeur et une salle d'inhalation placée au-dessus du bassin de la source. L'eau minérale produit des quantités de barégine employée avec un grand succès en fomentations.

La température naturelle est de 26°87 centigrades. L'eau est élevée par un appareil à vapeur, à la chaleur nécessaire pour le bain.

Le mouvement des voyageurs entre Santander et les bains de la vallée de Toranzo a nécessité la mise à l'étude d'une ligne de tramvias.

ROUTE 10.

DE VENTA DE BAÑOS A LÉON, OVIÉDO ET GIJON

A. **Palencia à Léon.**

Chemin de fer (*Asturies-Galice*), 125 kil. — Prix : 1re cl., 14 p. 15 ; 2e cl., 10 p. 65 ; 3e cl., 6 p. 40.

De Venta de Baños à Palencia (*V.* R. 10).

Palencia. La station du chemin de fer Asturies-Galice est auprès de la porte de Monzon. La séparation se fait à Léon : au N. pour les Asturies et Oviédo ; à l'O. pour la Galice et la Corogne. On change de voiture à Léon *pour les Asturies.*

La voie, au sortir de Palencia, est un instant commune à la ligne de Léon et à celle de Santander. — Pont de 75 mèt., sur le *Carrion;* pont oblique en fer, de 50 mèt., sur le canal de Castille.

6 kil. *Grijota* (1200 hab.), au centre d'une plaine immense cultivée en blé.

12 kil. *Villaumbrales*, 800 hab. ; plaines immenses, peu d'habitations. — A dr., *Becerril*, 3500 hab. Pont oblique de 20 mèt., sur le canal.

21 kil. *Paredes de Nava*, 6000 hab., patrie du célèbre peintre et sculpteur Berruguete.

29 kil. *Villaumbroso.*

35 kil. *Mazuecos*, 650 hab., et *Cisneros*, 2200 hab. On franchit le rio *Sequillo.*

47 kil. *Villada*, 2600 hab. A

dr., *Pozuelos*, 200 hab., et à g., *Villacreces*, 100 hab.

56 kil. *Grajal*, 1500 hab. — Jolie église; — ancienne demeure des comtes de Grajal; — vieille forteresse qui passe pour être d'origine arabe. — Pont sur le rio *Valderaduey*.

62 kil. *Sahagun*, 3000 hab., autrefois célèbre par un monastère de moines bénédictins, aujourd'hui en ruines. Tombeau du roi don Alfonso VI de Léon et de plusieurs personnages de race royale ou noble de Castille et de Léon. — Deux rivières, le *Valderaduey* et le *Cea*, arrosent de nombreux jardins et des vergers plantés d'arbres à fruits et surtout de noyers. Terrain gras et argileux.

Pont en fer sur le *Cea*; à dr., cette rivière arrose quelques prairies.

68 kil. *Calzada*, 200 hab.; à g., *Cordonillos*, 200 hab.; plus loin *Berezanos*, 1200 hab.

80 kil. *El Burgo*, station de prise d'eau. — Profonde tranchée.

96 kil. *Santas Martas*, 500 hab. On passe à niveau la route royale de Valladolid à Léon. A 4 kil. à dr., sur la rive g. du rio *Esla*, on aperçoit la petite V. de *Mansilla de las Mulas*, et au loin, à dr., une vaste étendue de pays montant graduellement jusqu'aux montagnes des Asturies. On reconnaît, à une dépression, le *port de Tarna*, dominé par trois énormes rochers nommés les *Frailes de Maraña*.

105 kil. *Palanquinos*, 280 hab., au milieu d'une *huerta* fertile plantée en jardins. *Palanquinos* est le lieu de plaisir des Léonais.

Beau pont de fer de 300 mèt. sur l'Esla. Champs et prairies arrosés par le *Bernezga* et entourés de haies vives.

114 kil. *Torneros*, 100 hab., à dr., *Villecha*, 550 hab., *Trobajo de Abajo*, 150 hab., d'où l'on aperçoit Léon, sur une hauteur, dominée par les flèches de sa cathédrale. Au premier plan, un beau pont sur le Bernezga, et le célèbre monastère de *San Marcos*. La ville est à 1 kil. de la station.

123 kil. **Léon** * (altitude de la voie, 832 mèt.). — V. de 11 866 hab., chef-lieu de province.

Le monument le plus important de Léon est sa *cathédrale*. Les poètes et les historiens n'ont omis, à l'égard de cette église, aucune formule admirative, et l'ont dite sans pareille en Espagne et en Italie. L'état de vétusté où elle se trouve en a nécessité la restauration, et, malgré l'habileté des architectes, ces travaux n'atteindront pas l'élégance et la légèreté qui faisaient la renommée de l'ancien monument.

La façade principale se compose de cinq beaux arcs en ogive, dont les piliers, formant portique, sont ornés e nombreuses sculptures. Au-dessus règne un vaste balcon tout à jour, que dominent deux tourelles de forme hexagone, s'appuyant sur les étriers de la façade, et au-dessus duquel on remarque une *Annonciation*. On compte, autour des piliers du portail et dans les arcs ouverts entre une porte et l'autre, plus de quarante statues représentant des apôtres, des vierges et des moines, des reines et des prélats. Des deux côtés du portail s'élancent à une grande hauteur les deux tours, renfermant les cloches et l'horloge.

Les piliers de l'intérieur, formés de faisceaux de colonnes délicates, sont d'une finesse et d'une légèreté extrêmes. Les murs du contour semblent n'avoir aucune part à la solidité de l'œuvre, et n'avoir à remplir d'autre rôle que d'empêcher l'air extérieur de pénétrer dans le temple. Toute la partie supérieure des croisées, finement découpée, est garnie de riches vitraux. Aux deux extrémités de la croix, et à l'entrée de la grande nef, sont d'immenses rosaces garnies de vitraux de couleur. Autour du sanctuaire, au-dessus du maître-autel, tout est à jour.

Le retable principal, au fond, est dédié à l'*Assomption de Notre-Dame*.

Le sanctuaire et le *coro* sont fermés par une belle grille en fer rehaussée d'ornements en bronze. Le *coro* est entouré de stalles sculptées en bois de noyer, et renferme les orgues et une tribune haute pour les musiciens et les chanteurs. Le *trascoro*, ou mur qui sépare le *coro* de la nef, faisant face à l'entrée principale, est orné de belles figures en demi-relief peintes et dorées.

Le cloître forme un carré régulier, ayant sur chaque côté six arcs gothiques.

La *collégiale de San Isidro* est le Saint-Denis espagnol des premiers siècles. Dans la chapelle de Santa Catalina se trouve la sépulture de onze rois, de douze reines, de vingt et un princes ou grands seigneurs. Parmi les rois sont : Alfonso V, le premier fondateur, et Ferdinand Ier. Parmi les reines : doña Urraca, l'infante qui aimait le Cid, reine de Zamora; Zaïda, fille du roi maure de Séville, qui épousa don Alfonso VI.

L'église a l'aspect d'un couvent plutôt que d'un temple; de lourds piliers, des portes et des fenêtres plein cintre. Le portail latéral, restauré au XVe ou au XVIe s., et à côté duquel se trouve un charmant portique de pur style byzantin, est surmonté d'un fronton portant la statue équestre de San Isidro en costume d'évêque, la mitre en tête et l'épée au poing. L'intérieur offre le caractère gothique primitif.

Léon possède encore un monument semi-religieux remarquable, c'est le *monastère de San Marcos*, dont l'origine paraît dater du commencement du XIIe s. C'est un vaste édifice carré, formé de bâtiments de dates différentes. Le côté le plus apparent est d'un aspect grandiose, mais froid; il est orné de guirlandes, de médaillons sculptés en demi-relief, représentant des personnages des temps anciens et des chevaliers de l'ordre, puis de quelques mascarons grotesques. L'entrée principale, dans le style de la Renaissance, est monumentale, et surmontée d'un fronton avec sculptures, écusson armorié, et une statue de saint Jacques au sommet.

Le monastère de San Marcos de Léon a servi de prison à l'immortel poète don Francisco de Quevedo-Villegas. On montre aux visiteurs le cachot qu'il a occupé.

Il reste à voir à Léon : la *casa capitular*, affectée aux archives de la municipalité; — la *casa de los Guzmanes*, magnifique palais occupé par le gouverneur civil. Il se fait remarquer par une profusion de grilles et de balcons de fer forgé. On y remarque surtout des écussons sculptés d'une finesse extraordinaire; — la maison de la marquise de *Villasinda*, aujourd'hui maison de miséricorde; — la *casa de Luna*, restée inachevée.

Léon possède encore : un théâtre, un bel hôpital, un palais épiscopal, une maison de miséricorde parfaitement organisée, plusieurs établissements d'instruction publique.

La *bibliothèque provinciale* possède environ 4000 volumes.

Les *promenades* sont hors de la ville, elles sont nombreuses et variées. On ne peut se promener dans l'intérieur que sous les galeries de la place et sur le parvis de la cathédrale. Hors des murs est un vaste carré planté d'arbres, nommé le *paseo de San Francisco*; cette promenade est très fréquentée pendant l'été.

De Léon à Astorga, Lugo, La Corogne : Route 12 (lignes de la Galice).

B. De Léon à Oviédo.

LIGNE DES ASTURIES

Chemin de fer : 140 kil.

A la sortie de la gare de Léon se sépare, vers l'O., la ligne d'Astorga, Lugo et La Corogne (Galice). — *Changement de train* pour la ligne d'Oviédo, vers le N. Le chemin de fer remonte la vallée du Bernezga, ayant cette rivière à dr., au pied d'une ligne de collines. La campagne prend un caractère tout différent de celui qu'elle présente avant l'arrivée à Léon; terres bien aménagées; plantations nombreuses; groupes d'arbres, peupliers et frênes : haies vives bien fournies; prairies bien arrosées. A g., le v. de *Torenzana*, jardins entourés de murs.

11 kil., *Santibañes*, 100 hab. Le Bernezga coule à dr. au pied des collines. A g., une vallée avec des villages, des prairies bordées de peupliers, et des troupeaux nombreux. A dr., près de la voie, *Cuadros*, *Cascantès*; à g., *Cabanillas*; des

fermes, des métairies; beaucoup de ruches, produit considérable. A g., un cirque de collines cultivées jusqu'à mi-côte, couronnées de bois de chênes, et nommées *la Hoja de Campo Sagrado*. — Pont sur le Bernezga, qui passe à g. de la voie. A dr. cesse la ligne des collines ; l'extrémité est couronnée par une chapelle fondée par le marquis de Campo Sagrado. Passage à niveau de la route des Asturies.

26 kil. *La Robla*, 150 hab. Aux environs existent plusieurs gîtes carbonifères importants : à dr., *Orzonaga* et *Batallada* ; à g., la *Magdalena* et *Otero de las Dueñas*. En avant et en travers de la voie, on aperçoit la ligne des monts asturiens dont les cimes alternent en dents de scie ; la voie de fer décrit à dr. une courbe considérable.

Au delà de la Robla, la route des Asturies se trouve à g.; auprès de la route coule le Bernezga; de la dr. vient un canal d'irrigation qui passe sous la voie, au-dessus de la route et de la rivière.

On traverse le Bernezga à *Puente de Alba*, 10 maisons. Au delà, *Perodilla*, *Huerga de Gordon*, *el Millar*. A dr., tout auprès de la voie, une chapelle sous le nom de *Buen Suceso*, but d'un important pèlerinage, et du même côté dans la montagne une exploitation houillère dont on aperçoit les galeries.

34 kil. *Pola de Gordon*, à dr.; centre d'une agglomération de 3200 âmes. La rivière coule entre la station et le village. A 7 kil. de Pola, *Ciñera*, station d'arrêt pour le service des mines de charbon. Succession de 14 ponts sur le Bernezga, et 7 tunnels de 74, 64, 70, 45, 205, 320 et 18 mèt., sous les premiers contreforts de la chaîne. Tranchées dans les roches ; ravins profonds et gorges sauvages. On rencontre, à dr. après le 2ᵉ tunnel, *Santa Lucia*, 10 maisons; après le 4ᵉ tunnel, *La Vid*, joli v. de 20 maisons.

Vallée plate dominée par de hautes montagnes, parmi lesquelles on nomme, à g., *La Tercia*, *las Porcas*, *la Mediana* et le *Millaro*; celle-ci est la plus élevée de cette partie de la chaîne.

46 kil. *Villamanin*, 100 hab. La route de terre, un peu au-dessus de ce village, s'engage dans un défilé, pratiqué entre deux énormes roches de quartz et nommé le *Puente Tuero*. Le torrent coule à une grande profondeur au-dessous de la route. La voie de fer rencontre trois tunnels : 115, 41 et 50 mèt.

54 kil. *Busdongo*, 160 hab. La voie atteint ici une altitude de 1246 mèt. Elle s'engage, un peu après, à l'altitude de 1285 mèt., dans le tunnel de la *Peruca*, au-dessus duquel passe la route du *port de Pajarès*, sommet de la chaîne Cantabrique, limite des provinces de Léon et d'Oviédo. Le tunnel mesure 3050 mèt. de longueur. La crête de la chaîne, à 1415 mèt.

d'altitude et à 174 mèt. au-dessus du seuil du tunnel, se nomme la pointe de la *Perruca*.

Le bas de la vallée, vers lequel la voie se dirige à la sortie du tunnel, est à 11 kil. en ligne droite et à une différence de niveau de 767 mèt. Pour éviter cette différence, qui ne peut être rachetée dans une si courte distance, la voie se développe sur les flancs de la montagne par une série de lacets et de courbes, sur une étendue de 42 kil. 600 mèt. comprenant 60 tunnels qui mesurent bout à bout 23 kil. 255 mèt. Toute cette vallée que l'on aperçoit par intervalles, est riante et cultivée, sillonnée de cours d'eau, parsemée de jolies habitations, de métairies, plantée de noyers, de châtaigniers, de cerisiers. On aperçoit à g., en bas de la voie, le v. de *Pajarès* (200 hab.), et les hameaux de *La Romia, la Muela, Llanos de Somera.* On compte, entre Busdongo et Pajarès, sur 10 kil., 10 tunnels ayant un parcours total de 5 kil. 820.

64 kil. *Pajarès* (station). Le v. est à 1 kil. en bas, à g. La voie franchit sur viaducs des ravins profonds et, ayant à g. le v. de *San Andrés*, rencontre 18 tunnels mesurant ensemble 6 kil., jusqu'à

75 kil. *Navidiello*, 150 hab. La voie, sur 9 kil., est occupée par 14 tunnels mesurant 5 kil. 597, et décrit, sur les flancs de la jolie vallée de *Congostinas*, deux boucles en sens opposé, dans l'axe desquelles se développe le village.

85 kil. *Linarès*. Le v. est à dr. 6 tunnels, donnant ensemble 2547 mèt. La voie arrivée à l'extrémité de son parcours vers le N. revient sur elle-même en décrivant un anneau à peu près fermé, de 750 mèt. de diamètre et environ 3 kil. de développement, et descend en sens inverse, du N. au S., le long d'elle-même, à 59 mèt. de différence de niveau.

89 kil. *Malvedo*. Le v. est à 300 mèt. à dr. Après la station, et ayant à g., en haut, le lacet venant de Linarès, on aperçoit à dr., en contre-bas, la ligne qui parcourt le fond de la vallée au delà de la station de *Puente de los Fierros*, à 120 mèt. de différence d'altitude. A partir de Malvedo, 8 tunnels, comptant 3 kil. 716. Les deux derniers, à l'extrémité S., décrivent une circonférence complète, de 300 mèt. de rayon, avec un seul intervalle à découvert de 70 mèt. occupé par un pont sur le rio *Pajarès*.

97 kil. *Puente de los Fierros* (altit. 516 mèt.), v. de 300 hab. La voie est arrivée au fond de la vallée et reprend sa direction normale, ayant à dr. la rivière, et à g. la grande route parvenue en bas du port et bordée d'arbres à fruits et de nombreuses habitations. A partir de ce point, le tracé devient horizontal.

104 kil. *Campomanès*, joli v. de 150 hab. auprès du confluent du Pajarès et du *rio Huerna*,

qui parcourt à g. une vallée fertile.

110 kil. *Pola de Lena*, bourg de 200 maisons rangées en longueur des deux côtés de la route. Pola, chef-lieu d'un district judiciaire, est le centre d'une agglomération de 10 800 habitants.

A la sortie de Pola de Lena, la voie domine à dr. le cours de la rivière qui prend ici le nom de *Lena*. Vallée large et riante. Collines vertes avec de nombreuses habitations. Un viaduc, *el Muñon*, de trois arcs ayant chacun 13 mèt. 40 c. De l'autre côté de la vallée un joli village avec une fonderie d'acier. Une courbe met le train en vue de l'axe de la vallée. Tunnel de *Senriella*, 75 mèt., débouchant en vue d'une mine de houille en exploitation, à dr., vallée du *rio Aller*, affluent du Lena. Autre tunnel, *Ujo*, de 102 mèt., et le v. de ce nom.

117 kil. *Santullano*, 150 hab. Jolie station à g. Un peu en avant à dr. un vieux pont sur la route. En face, *Villariego*. Joli site. Sur le pont, une voie de wagonnets venant à la gare, où se chargent les charbons pour la fonderie de Mierès. Dans la montagne, à dr., une chapelle appartenant au marquis de Campo-Sagrado. Villages ; habitations pauvres le long de la voie.

122 kil. Mierès, 4000 hab. Jolie ville s'étendant au pied des montagnes et le long de la route de terre, de l'autre côté de la rivière ; dans toute la montagne au-dessus, des mines de houille, de fer, de soufre, de cinabre. Un vallon en face, formé par le *Rio San Juan* et perpendiculaire à la rivière ; on y aperçoit une usine pour l'extraction du mercure. 3 kil. après la station de Mierès, une station d'arrêt pour le chargement des charbons. En face, à dr., dans le milieu de la vallée, fonderie de fer importante de *Mierès*, fourneaux, fours à coke, installation considérable. Tunnel de la *Peña Laspra*, 105 mèt. Un pont de fer de 3 arches de 25 mèt. sur la rivière *Caudal*. A g., les monts *del Padron* ; à dr., on aperçoit un pont de pierre, et la route d'Oviédo.

127 kil. Olloniégo, 650 hab. Station à g., à dr. de la route. En bas des moulins à maïs, et au delà de la rivière, belle colline boisée au sommet de laquelle un ermitage. Tunnel d'*Olloniégo*, 704 mèt. Montagne couronnée d'un château maure. Petite vallée à dr., d'où vient le *Rio Nalon*. Tunnel de *los Portales*, 183 mèt. A la suite, étroit défilé, au milieu de grandes roches, puis un pont de fer de 3 arches de 25 mèt. sur le Nalon [se placer à g.]. Vue sur la magnifique vallée du *Barco Soto*, parcourue par le Nalon, formant une vega couverte de riches cultures et de plantations variées, arbres à fruits, noyers, cerisiers, pommiers. Tunnel du *Soto del Rey*, 127 mèt., à l'issue duquel on retrouve la vallée *del Barco* que la voie domine à mi-côte.

133 kil. Las Segadas, jolie station en forme de chalet, au milieu d'un verger. A la sortie, beau viaduc en marbre, de 4 arcs de 12 mèt., au-dessus des vergers, et au delà, à g., la vallée du Nalon. Tunnel de *el Caleya*, de 703 mèt. A la sortie, à dr., vallons, bruyères et bois de chênes. Une fabrique de poudre; belle végétation. Autre tunnel, 427 mèt., *el Fresno*, carrières de gypse et pont de *los Pilares*.

Le chemin de fer atteint Oviédo, en passant sous l'aqueduc qui amène dans cette ville les eaux de la source de *Fitoria*. Cet édifice remarquable présente 382 mèt. de longueur, et compte 41 arcs, dont le plus élevé mesure 10 mèt. de hauteur. L'aqueduc forme la limite de la station vers l'arrivée.

140 kil. Oviédo*, V. de 42 706 hab. à g., à 500 mèt. de la station, sur un terrain un peu en pente, entouré d'une jolie plaine fertile. Construite comme toutes les vieilles cités, sans plan déterminé, et un peu de tous les temps, sans rues alignées, Oviédo n'en est pas moins une jolie ville, propre, avec de belles maisons et quelques édifices.

Les *casas consistoriales* (hôtel de ville), qui datent de 1662, ont un aspect imposant; les galeries du rez-de-chaussée, dallées et spacieuses, servent de promenade pendant les jours de pluie, et sont occupées par les principaux magasins de la ville.

L'*hospice provincial* est richement doté et parfaitement organisé; il reçoit 600 à 700 personnes, donne du travail aux adultes, recueille les pauvres et les filles repenties, élève les enfants trouvés, et dirige leur éducation jusqu'à l'âge où ils peuvent prendre une condition.

La cathédrale. La partie la plus importante de ce monument est la tour, qui s'élève à 80 mèt. au-dessus de l'angle droit de la façade. Elle est l'une des plus belles en ce genre qui soient en Espagne.

Le portail se compose de trois grandes arcades qui correspondent aux trois nefs de l'intérieur. Les trois portes sont richement ornées de fleurons, de guirlandes. Au-dessus de la porte principale sont groupés les six figures de la *Transfiguration* et les bustes de Froïla et d'Alfonse le Chaste.

Quatre gros piliers soutiennent les arcs de la croix; contre l'un de ces piliers, celui qui forme l'angle de la *capilla mayor*, est appuyée une très ancienne statue du Sauveur, contemporaine, dit-on, de l'évêque Pélage, au commencement du xiie s.

Dans le bras méridional de la croisée, un arc gothique donne accès à la *Camara Santa*, ancienne chapelle de San Miguel; dans le bras du nord s'ouvre la chapelle *del Rey Casto*, fermée d'une grille de fer d'un riche travail. Ces deux chapelles conservent l'une les cendres des rois, l'autre les reliques des saints.

Le *panthéon* des rois, dans la *capilla del Rey Casto*, comprend neuf urnes scellées dans l'intérieur d'un cénotaphe couvert de sculptures et d'arabesques; sur chaque urne est gravé un écusson royal, et au-dessus la *croix des anges*, ornement spécial à Oviédo et qui affecte la forme de la croix de Malte. Une belle grille de fer, rehaussée d'ornements et de feuillage, sépare ce panthéon du reste de la chapelle.

La *Camara Santa* est la partie la plus vénérable de la cathédrale, sous le double aspect artistique et religieux. Elle se divise en deux parties : la chapelle et le reliquaire. La chapelle forme une voûte semi-circulaire sans jours sur les côtés, éclairée seulement au fond par une fenêtre. Le long des côtés sont six piédestaux portant chacun deux statues d'apôtres appuyées aux colonnes qui supportent les arcs. Les chapiteaux de ces colonnes représentent des animaux et des oiseaux fantastiques. La partie que le reliquaire occupe est fermée par une grille de fer. On y aperçoit une armoire divisée en compartiments, et au milieu de ce sanctuaire un coffre de bois de chêne couvert de lames d'argent, et sur lequel sont sculptées la figure du Christ, celles des apôtres, de la Vierge et de saint Jean Évangéliste. On dit que ce coffre, construit par les disciples des Apôtres, fut apporté de Jérusalem en Afrique, d'Afrique à Séville, de Séville à Tolède, et enfin dans les Asturies.

La *capilla mayor* occupe l'abside, de forme pentagonale; le retable qui suit cette forme, est à cinq corps, divisés chacun en cinq compartiments. Les figures en relief représentent la Vie et la Passion du Christ; au centre le Sauveur avec les quatre Évangélistes; au-dessus, la Vierge entourée d'anges, et, sur le couronnement, la Scène du Calvaire; des statues occupent le sommet des pilastres. Si la sculpture n'atteint pas la perfection de l'art, on doit du moins admirer le fini et la richesse de cet immense panneau doré, dont le travail a duré *près d'un siècle*, et qui a coûté des sommes énormes.

Le *coro* est digne de l'église; dans les sculptures fort remarquables de la boiserie et des stalles, on remarque quelques sujets un peu profanes. De grandes orgues s'élèvent des deux côtés, au-dessus de la boiserie jusqu'au sommet des arcs.

Le *trascoro*, arrière-chœur, est d'un grand luxe; mais de deux styles malheureusement fort différents. Au centre s'élève l'autel de *Nuestra Señora de la Luz*, surmonté d'un riche retable tout orné de statuettes, de fleurons, d'arabesques, de niches gothiques, portant au sommet la *croix des anges*, et des deux côtés, dans deux niches, deux mauvaises statues de saint Pierre et de saint Paul.

On pénètre dans le cloître par une entrée voisine de celle qui conduit à la *Camara Santa*. Ce cloître n'est pas vaste, mais gracieux et d'une riche architecture; chaque côté se compose de quatre grandes fenêtres d'un gothique pur, à jours différents, divisées en cinq compartiments par de très légères colonnettes. Quelques statues sont entre les piliers, et les chapiteaux offrent une succession de caprices, de feuillages, d'arabesques ou de scènes historiques un peu confuses et fort naïves, parmi lesquelles tient une place très populaire la lutte du roi chasseur Favila, fils de Pélage, contre un ours qui l'étreignit et l'étouffa.

Édifices particuliers, les maisons du comte de Nava, du comte de Toreno, du marquis de Campo-Sagrado et du duc del Parque.

Manufacture d'armes, bien installée, appartenant à l'État.

La ville possède de jolies promenades où l'on jouit d'une vue étendue et pittoresque, et les belles avenues que forment à leur point de départ les différentes routes de Gijon, de Castille, de Pumarin et de Chamberi.

Celle-ci conduit en une heure à *Priorio* (404 hab.), où se trouve un établissement d'eaux thermales nommées *las Caldas de Oviédo*, fort estimées dans la province.

C. D'Oviédo à Gijon

Chemin de fer, 32 kil.

La ligne qui conduit d'Oviédo à Gijon traverse, au N.-O. de la ville, les jolies campagnes de *Lugones* (station 5 kil.), rencontre la rivière de *Nora* et la traverse sur un pont de fer.

150 kil. *Lugo*. Au delà, *Castro*, et plus loin, au haut d'une côte, la *venta de la Campana*. On franchit ici une petite chaîne qui coupe la campagne du S. E. au N. O. (beau viaduc) et va former le *Cap de Peñas*.

160 kil. *Serin*. La voie rencontre ensuite la *venta de Puya*, passe, à la *venta de Veriña* (station, 167 kil.), auprès d'un fort, ancien édifice en ruines, attribué aux Templiers. Plaine fertile, semée de maisons de campagne.

171 kil. **Gijon**, V. de 30 700 hab. sur les pentes d'une colline entourée presque entièrement par la mer. Belle porte, construite sous Charles III et nommée *la puerta del Infante*.

Dans la ville : Palais du marquis de San Esteban; fabrique de tabacs employant 1200 ouvriers; institut fondé par le ministre Jovellanos.

Le port de Gijon est le meilleur de toute la côte. Des services réguliers de bateaux à vapeur, partant des divers ports anglais, français et espagnols, touchent constamment à Gijon.

La rade est vaste ; elle présente, à marée basse, de belles plages où l'on prend les bains de mer.

Un chemin de fer de 34 kil. amène au port les charbons des mines de Langreo. Un appareil, *drop*, installé sur le môle, enlève les wagons, les porte au-dessus des navires, les y déverse et les ramène à quai en 2 minutes.

Pélage a laissé des souvenirs à Gijon. Il fut comte de Gijon avant d'être proclamé roi par les chrétiens, le lendemain de la victoire de *Covadonga*.

ROUTE 11.

D'OVIÉDO A COVADONGA

Chemin muletier, 52 kil.

Oviédo communique par un grand nombre de chemins avec les points principaux de la paovince ; mais un petit nombre sont carrossables : les autres sont seulement praticables aux chevaux et aux bêtes de somme. Celui qui mène à Cangas de Onis et à Covadonga est en grande partie d'un accès difficile.

L'excursion de Covadonga est un pèlerinage historique ; l'art et l'archéologie y trouvent peu d'aliments ; mais au point de vue pittoresque et légendaire, cette course au cœur des montagnes des Asturies est une des plus intéressantes que l'on puisse faire en Espagne, animée qu'elle est par le souvenir du grand événement qui fut le début de la monarchie espagnole.

Le chemin quitte Oviédo dans la direction du N.-O., traversant le territoire de *Colloto*, en laissant à g. *Morena* (1700 hab.) On suit le cours du Nora ; puis on passe à *Aramil* (14 kil. d'Oviédo) et à *Lieres*.

23 kil. *San Bartolomé de Nava* (2200 hab.). Belle vallée, riche, fertile, dont les aspects sont riants et variés. Au S., *la Peña Mayor*, qui s'élève à 1330 mèt. au-dessus du niveau de la mer. Au S. de cette montagne, la jolie vallée de *Fuente Santa*, formée par le rio *Pla*, et où coule, auprès du v. même de *Buyerès*, une source minérale non moins réputée que celle des Caldas d'Oviédo. Elle est chaude à 26° centigr., et sulfureuse.

A 3 kil. au delà de San Bartolomé, *San Antonio de Tresali*, puis *San Miguel de Ceceda* (405 hab.). — Pays accidenté, dominé par de hautes montagnes et arrosé par le rio *Piloña*.

33 kil. *Infiesto* (500 hab.). — Un chemin qui traverse Infiesto, du S. au N., conduit d'un côté au *col de Tarna* (sur les frontières du royaume de Léon), de l'autre au petit port de *Lastres*, sur la côte cantabrique.

Grande plaine au milieu de laquelle *San Pedro de Villamayor* ; à g., *Antrialgo*, avec un pont de bois sur le *Piloña*, et un vieux castel ruiné qu'on croit être de l'époque des Arabes ; à dr., *Sebares* (1 700 hab.). Plus loin on suit le cours de la rivière de *Cella*, en passant par *San Juan de Llamas* et *la Vega de los Caseros*.

53 kil. Cangas de Onis (800 hab.). On traverse la *Sella* sur un pont comparable, par le dessein et par la hardiesse, à celui de Martorell (Catalogne). Il a 3 arches en ogive; les piles de celle du milieu sont assises sur des massifs de roches; elle a 18 mèt. d'ouverture et 21 mèt. de hauteur.

A 200 mèt. au N. du pont, au pied des collines, l'antique ermitage de *Santa Cruz*, qui, dit-on, fut fondé par Pélage; mais il a été plusieurs fois renouvelé.

Cangas fut la résidence des premiers rois de la monarchie asturienne; il n'y reste aucun souvenir de ce temps. Dans le quartier d'en bas, dont les maisons sont assez régulières, on voit une petite maison de ville, mais plus de palais; pas même des ruines.

On suit, pour aller de Cangas à *Covadonga*, un chemin sinueux qui se rétrécit à mesure qu'on avance. Il serpente au milieu de grands châtaigniers. On laisse sur les hauteurs, à dr., la petite paroisse d'*Abamia*, première sépulture de Pélage. Le chemin devient ensuite plus pénible, le site est plus sauvage, la végétation plus puissante; les rochers s'élèvent, les montagnes grandissent. Ce défilé débouche dans une petite vallée que dominent trois grands pics. Celui de l'O., haut de 1 120 mèt. et couronné de hêtres et de chênes, a pour base une roche de 50 mèt. d'élévation au centre de laquelle ouvre la *Cueva*, la caverne de Pélage, objet de la vénération espagnole. Au-dessous de cette caverne le *Diva*, s'élançant de la montagne, tombe en formant une belle cascade de 25 mèt. de hauteur. Pour arriver à ce lieu vénéré, il faut passer par un humble monastère dont la fondation première remonte au roi Alfonso Ier. On parvient à la célèbre *Cueva* par un bel escalier de marbre. Elle a environ 11 m. d'ouverture, 6 à 7 mèt. de profondeur, 3 à 4 mèt. de hauteur. C'est là que Pélage s'était réfugié avec ses trois cents guerriers, et qu'il soutint un siège contre les bandes sarrasines.

Une partie du sol est couverte aujourd'hui par un plancher que soutiennent, au-dessus de la cascade, des poutres scellées d'un bout seulement dans le rocher. Une balustrade, qui règne sur le devant du plancher, conduit à une toute modeste chapelle, éclairée par une étroite fenêtre, et dans laquelle les pèlerins vénèrent une très ancienne image de Santa Maria de Covadonga. Les restes de Pélage, ceux du roi Alphonse le Catholique, d'abord déposés à Abamia, sont placés sous la grotte. Ceux de Pélage sont à dr., dans un renfoncement. Le tombeau de pierre qui les renferme a reçu également ceux de la femme et de la sœur du roi.

C'est là, dans cette espèce d'abandon, que reposent ces nobles restes, et que survit ce grand souvenir. Charles III avait voulu y faire ériger un monument plus digne; les premiers travaux entrepris sont restés inachevés. La nature et un site magnifique, réellement majestueux, font tous les frais de ce lieu célèbre. Le 8 septembre, une fête locale y rassemble les pèlerins d'alentour.

ROUTE 12.

DE LÉON A LA COROGNE

LIGNE DE LA GALICE.

A. Léon à Astorga.

Chemin de fer, 424 kil.

Voir page 31, *Palencia*, point de raccordement, avec le réseau du Nord, et suivre la R. 10, de *Palencia à Léon*. (A Léon, la ligne de la Galice (*on ne change pas de voiture*), se dirige à l'O., de la station, se tenant à une distance moyenne de 3 à 4 kil. au-dessous de l'ancienne route, et traversant une contrée plate et sans arbres.

10 kil. *Quintana*, 250 hab.

20 kil. *Villadangos*, 427 hab. La campagne prend un aspect un peu plus riant aux approches de la rivière d'*Orbigo*, qui fertilise la plaine, et dont les bords sont garnis de plantations. — Beau pont de fer de 104 mèt.

35 kil. *Veguellina*, 250 hab. On passe devant *la Cazalda*, restes d'un hameau. Au delà, *Sad*

Justo (1000 hab.), sur les pentes d'une colline. — Pont de 2 arches et de 55 mèt. de long, sur le *Tuerto*.

52 kil. **Astorga**, * altitude de la voie 859 mèt. 50 c. Vieilles murailles en ruines, mais curieuses et encore flanquées de tours semi-circulaires. 4800 hab.

La *cathédrale* date de 1471; elle est d'un beau style gothique, à trois nefs. Le retable est une œuvre très importante de Gaspar de Herrera; il représente une *Ascension* et un *Couronnement*. On remarque également: les vitraux du chœur, qui représentent la Vie de Notre-Seigneur; *la silleria*, ou boiserie, d'un travail compliqué; la grille de fer, la sacristie et le cloître, d'une grande pureté de style. La tour qui porte les cloches est du xviiie s.

Les rues d'Astorga sont bien tracées, et bien tenues. La *plaza de la Constitucion* est entourée de maisons à deux rangs de balcons et à rez-de-chaussée en galerie. La maison de ville occupe l'un des côtés de la place. C'est un bel édifice de la Renaissance flanqué de deux tours carrées très élégantes. L'horloge représente deux figures de Maragatos, homme et femme, en bois peint, frappant alternativement les heures. L'une des promenades, l'*Alameda*, se trouve hors de la ville; l'autre, le *Paseo Nuevo* ou le *jardin*, s'étend sur une partie des remparts d'où la vue porte à 10 kil. d'étendue; elle

[ROUTE 12] PONFERRADA. 53

est plantée de jolis arbres et distribuée en parterres.

On retrouve à Astorga de nombreux souvenirs de l'époque romaine.

[Les voyageurs à pied suivent, en sortant d'Astorga, un ancien chemin, nommé le *chemin français*, qui traverse la montagne par le *Port de Foncebadon* et la *Croix de fer*, et qui aboutit à *Ponferrada* (51 kil.).]

B. De Astorga à Lugo.

Chemin de fer. — 509 kil.

63 kil. de Léon, *Vega de Magaz*, 150 h., dans une jolie vallée.

79 kil. *Brañuelas*, 200 h., sur le versant E. de la *Sierra de Manzanal*. La voie aborde la montagne au N. du port de ce nom, où passe l'ancienne route. La crête de la Sierra est franchie à 3 kil., de Brañuelas. La voie descend au S.-O. par des pentes et des courbes nombreuses, et une succession de 13 tunnels.

91 kil. *La Granja San Vicente*, 200 h., au sommet d'une colline qui forme la ligne de partage entre les eaux du *Silva*, descendant des hautes montagnes, et les eaux du *Trémor*, qui coule vers Ponferrada. La voie, obligée de racheter une forte différence de niveau, sur une petite distance en ligne droite, après la station, rétrograde en descendant, et décrit un anneau hélicoïdal de 5 kil. 1/2, qui pénètre, à $95^m,47$ au-dessous du tracé, dans un tunnel de 1 kil. Elle débouche ainsi en tranchée en bas des pentes N. de la colline, et dans la vallée du *Trémor*, auprès de

101 kil. *Torre*, 150 h. au confluent du *Silva* et du Trémor. La voie coupe et suit à dr. la route nationale de la Corogne. Passage du *Boesa*.

109 kil. *Bembibre*, petite V. de 1800 h., sur la rive dr. du Boeza. Maisons bien bâties, rues empierrées. La ville est dominée par les ruines d'un vieux château seigneurial.

Plus loin, *San Ramon de Bembibre*.

119 kil. *San Miguel de las Dueñas*, 500 h. Le Boesa coule à g. La voie passe sous les murs de Ponferrada (à g.), franchit le *Sil* qui vient de la dr. La station est au delà de la ville, à l'O.

128 kil. **Ponferrada**, ancienne V. de 5642 h., dans une très forte position, au confluent des deux rivières *Sil* et *Boeza*. Deux ponts rattachent la ville aux faubourgs d'*Otero* à l'E., et de la *Puebla* à l'O. Rues étroites, maisons à deux étages. Principale église, *Santa Maria de la Encina*, tour haute de 52 mèt., sacristie, et quelques curiosités artistiques. — Au point le plus élevé de la ville, ruines encore imposantes d'un vieux château qui a appartenu aux Templiers.

[Au S. de Ponferrada aboutit le chemin de piétons venant d'Astorga (50 kil.) et qu'on nomme le *chemin français*; c'est le chemin de tous les émigrants qui passent de la Galice dans les

Castilles. On l'appelait aussi le *camino antiguo* ; il était suivi autrefois par les pèlerins qui allaient à Santiago].

Au N. de Ponferrada, à 15 kil., on retrouve l'ancienne route qui conduit à Lugo en passant, à *Villafranca*, chef-lieu de la riante et fertile vallée du *Vierzo*. Cette ancienne route mesure 152 kil. La V. compte 3150 hab., Villafranca est dans une gorge formée par plusieurs montagnes ; la ville est traversée par les deux rivières de *Burbia* et de *Valcarce* qui se réunissent sous ses murs. Maisons de bonne apparence, rues bordées de trottoirs. Quelques édifices méritent l'attention. La collégiale a été construite sur le modèle de la basilique de Saint-Jean de Latran. Un chemin de fer s'embranche aujourd'hui à *Toral de los Vados*, au delà de Ponferrada, pour établir la communication avec la riche contrée du Vierzo. La distance de Toral à Villafranca est de 10 kil.

[On trouve aussi, au N. de Ponferrada, une route qui remonte vers les monts Cantabriques, et les franchit pour descendre dans les Asturies et dans la riche vallée de *Cangas de Tineo*. Cette route aboutit au littoral, au joli port de *Luarca*.]

De Ponferrada, le chemin de fer suit constamment la vallée du Sil, encaissé par de belles collines rocheuses et offrant un cours très accidenté.

143 kil. *Toral de los Vados*, v. de 400 hab. (Embranchement vers le Vierzo.) Beaux ponts de fer sur le *Burbia* et le *Sil*, et 12 tunnels successifs,

160 kil. *Quereño*, 150 hab.

168 kil. *Sobradelo*, au sommet d'un rocher sur la dr. A g., pont sur le Sil, 5 arches en pierre plein cintre et une arche en charpente, joignant le petit v. de *Puente Nuevo*, à l'amorce d'une route qui va vers Orense.

175 kil. *El Barco*, V. de 5 200 hab., chef-lieu du riche district de *Valdeorras*.

186 kil. *La Rua*, bourg de 2 000 hab. ; plaine fertile traversée par une route qui franchit le Sil sur le pont de *Petin*, et continue vers Orense à l'O.

197 kil. *Montefurado*, 800 hab.; à 150 mèt. à dr. Le Sil disparaît dans un passage de 400 mèt. sous les rochers de son lit. Plusieurs tunnels et un pont de 75 mèt.

210 kil. *San Clodio*. Deux tunnels et un pont de 150 mèt. sur le Sil. auprès du v. de *Rairos*. Murs considérables sur le flanc des coteaux de *Cobas*. Plusieurs autres tunnels pour passer de la vallée du Sil dans celles du *Lor* et de *Lemus*.

228 kil. *Puebla de Brollon*, pentes à 0,015, conduisant en tranchées jusqu'à

239 kil. *Monforte*, ancienne V. de 11 000 hab., sur une hauteur. Embranchement de la ligne d'*Orense-Vigo* (178 kil.), qui se rattache, à Guillarey, par une petite ligne de 9 kil. et par un pont monumental sur le Miño, au réseau portugais (tête de

ligne à *Valença*). Vallée du rio *Cabe*, que la voie traverse sur un pont de 60 mèt.

250 kil. *San Martin de Boveda*, et, à la suite, fortes rampes tranchées et tunnels, pour atteindre les hauteurs de

263 kil. *La Cruz del Oural*. Descentes par des pentes à 0,02.

275 kil. *Sarria*, petite V. de 1000 hab.

287 kil. *San Julian*. Beau viaduc de 152 mèt. en arrivant à

309 kil. **Lugo**, V. de 19 000 h., capitale de l'une des quatre provinces formées de l'ancien royaume de Galice. Lugo est sur une colline, à 640 mèt. et au centre d'une petite plaine découverte. Au S. passe le *Miño*.

Lugo est une vieille ville. On remarque, en y arrivant, les magnifiques murailles qui forment autour de la ville une enceinte à peu près carrée : elles ont de 10 à 12 mèt. de hauteur, une épaisseur de 5 à 6 mèt., un développement de 2 115 mèt., et sont flanquées de *cubos*, ou tours massives semi-circulaires. Les remparts forment une promenade, d'où l'on découvre au loin un immense horizon.

Lugo montre encore parmi ses édifices dignes de quelque attention : le *palais épiscopal*; l'*hôpital civil*; la *prison*; le quartier d'infanterie de *San Fernando*, etc.

La *cathédrale* est un solide édifice gothique dont les diverses parties sont d'époques différentes. Intérieurement, on remarque la boiserie du chœur, le maître-autel, tout en marbre, orné de bronzes dorés, et la chapelle de San Froïlan, servant de sacristie. Le cloître est une œuvre élégante.

Les promenades sont variées. Les bords du Miño sont agréables et pittoresques; un chemin conduit au faubourg au delà du pont, et un autre au *bain minéral*.

Celui-ci se trouve près de la rive g. du Miño, à environ 1000 pas de la ville, sur la route de Santiago. On y a retrouvé des traces de voûtes et de conduites qui indiquent une fort ancienne appropriation. Au-dessus de ces vestiges anciens on a construit, il y a peu d'années, un établissement avec une vaste piscine, des baignoires de marbre, de cuivre et de pierre. L'eau minérale, à 38° centigr., est limpide et dégage une forte odeur d'hydrogène sulfuré.

Les chemins qui entourent Lugo sont mauvais. Deux seulement sont praticables : la carretera d'Astorga à la Corogne et la route royale de Santiago.

C. De Lugo à la Corogne.

Chemin de fer, 115 kil.

La contrée que la route traverse est parsemée d'une multitude de hameaux, à de courtes distances les uns des autres; les principaux sont : le *venta de Ramil*; *Otero de Rey*, 184 hab., sur un plateau, au-dessus de la rive g du Miño;

16 kil. *Rabade*, 196 hab., sur

la rive dr., avec un pont sur ce fleuve; *Carral*, 109 hab., sur le ruisseau de Ledra; *Baldomar*, 100 hab.;

28 kil. *Bahamonde*, *Roca* et 35 kil. *Parga*.

42 kil. *Guitiriz* (50 maisons); source minérale sulfureuse nommée la fontaine de *San Juan*. La voie contourne et franchit, en quittant ce hameau, une ligne de hauteurs.

56 kil. *Teijeiro*. La voie descend vers *Muniferras*. Là, elle traverse la rivière de *Mandeo*, sur le pont de *Castellana*.

66 kil. *Curtis*.

78 kil. *Cesuras*.

84 kil. *Oza* (*San Pedro*). Au delà, deux grands villages, *Fontelo*, *Coiros*, 1487 hab.

95 kil. *Betanzos*, 4210 hab., sur une colline; au pied, les rivières *Mandeo* et *Mendo*. Route plantée d'arbres à l'arrivée comme à la sortie de la ville. — Jolie position; colline plantée de vignes. — Rues en pente, dallées et très propres. — Sur la place principale un beau et vaste bâtiment, construit vers 1760, pour recevoir les archives de l'ancienne province de Galice. Ce bâtiment est aujourd'hui une caserne.

Entre Betanzos et la Corogne, succession de petites localités qui donnent au chemin l'aspect d'un long village.

106 kil. *Cambre*. — Pont sur le *Mero*, au fond de la baie de Corogne.

109 kil. *El Burgo*. La route, belle et droite, longe la baie.

115 kil. **La Corogne** (Coruña), V. de 30 000 hab.

Deux villes distinctes : la ville haute, sur le penchant d'une montagne, défendue par un fort et par d'anciennes murailles; et la ville basse ou *Pescaderia*, entourée de travaux importants. La Pescaderia, qui forme la ville neuve, est bien bâtie; ses rues sont presque toutes dallées. La calle real est large, très animée; la calle Espoz y Mina a de belles maisons avec de vastes balcons vitrés (miradores). Point d'édifices publics, point de monuments.

Les édifices militaires sont nombreux. — Les églises sont peu remarquables. — L'un des couvents, *Santa Barbara*, possède le seul monument artistique remarquable de la ville, un bas-relief datant du XVe s.

La *fabrique de tabacs* comprend deux vastes bâtiments dans lesquels on emploie 2500 femmes. Cette fabrique manutentionne, année moyenne, 8 à 900 000 livres de tabac.

Promenades : La *Réunion*, très fréquentée pendant l'été, située entre la ville et les remparts. — Le *Jardin de San Carlos* a été planté sur un ancien boulevard; au centre est un monument funèbre en l'honneur du général anglais sir John Moore, tué en 1809. — Le *Paseo de Santa Margarita* est à l'entrée de la route qui conduit aux eaux d'Arteijo et de Carballo; la vue est très belle. Une autre promenade, suivant le bord de la mer, conduit à la *Tour d'Hercule*, le plus ancien édifice de la Corogne.

Le port est vaste et sûr. La baie, très étendue, a un fond excellent. Les navires peuvent entrer par tous les temps.

ROUTE 13.

DE LA COROGNE AUX BAINS DE ARTEIJO ET DE CARBALLO

31 kil.

Route peu praticable, suivant à peu près le littoral de l'Océan.

On peut faire le trajet en voiture. Généralement les baigneurs prennent des ânes; c'est le moyen de transport le plus usité (1 peseta). On s'arrête à mi-chemin pour visiter l'église d'*Oseiro* et le célèbre sanctuaire de *Pastoriza*, en grande vénération dans la contrée.

11 kil. **Arteijo**, 1000 hab. La source est à 170 mèt. env. de la route qui va vers Santiago; elle est reçue dans des bassins de 2 à 3 mèt. carrés, où se baignent à la fois une dizaine de malades, et dont la température, en raison du temps qu'ils mettent à se remplir, varie de 37° centigr. dans le premier, à 34° dans le deuxième et dans le troisième. Le chlorure de sodium y domine.

Le confortable manque. Il y a fort peu d'habitations à Arteijo, et l'on a construit, pour en tenir lieu pendant la saison, qui dure depuis le 1er juillet jusqu'à la fin de septembre, un hôtel qui promet d'arriver peu à peu à présenter aux baigneurs des ressources convenables.

Cet excès de simplicité n'empêche pas qu'on ne s'amuse beaucoup à Arteijo. On se réunit, soit dans les logements les plus spacieux, soit à l'air libre; le soir, on joue, on chante, on fait de la musique et l'on danse. Le budget d'un baigneur aisé peut se trouver grevé, après une cure de 15 ou 20 bains, d'une dépense de 75 à 100 pesetas.

Carballo, 500 hab., se trouve à 20 kil. au delà de Arteijo. Le chemin n'est pas meilleur, mais il parcourt un pays très cultivé et très riche. Le village, composé de 80 habitations, est à une petite distance de l'Océan. Les moyens de transport sont les mêmes.

Les eaux de Carballo sont sulfureuses. Elles coulent en abondance dans quatre bassins ou piscines. Leur température varie de 24° à 27°, 28° et 34° centigr. Ces eaux paraissent souveraines dans beaucoup de cas, surtout pour les rhumatismes.

La source n'est pas abondante, et les piscines ne peuvent pas être renouvelées fréquemment.

[On peut aller de Carballo à Corcubion (env. 50 kil.), chef-lieu d'arrondissement, et de là (8 kil.) à *Finisterre*, v. de pêcheurs. Le *Cap*, avec un phare de 1er ordre, est dans un site des plus imposants].

ROUTE 14.

DE LA COROGNE AU FERROL

55 kil.

Un bateau à vapeur va une fois par jour de la Corogne au Ferrol, et *vice versa;* la distance est courte.

— Par la voie de terre, revenir à *Betanzos* (22 kil., p. 56), prendre un chemin qui traverse le *Mandeo,* et plus loin le rio de *Sada;* côtoyer la baie de ce nom. Beaux points de vue. — Plus loin (20 kil.), la petite V. de *Puentedeume,* 1800 hab. — Très belle église paroissiale avec un portail surmonté de trois tours. Sur un rocher isolé, à 1 kil. 1/2, s'élève l'ancien château d'*Andrade.* Il n'en reste aujourd'hui qu'une tour carrée imposante, entourée de débris. L'*Eume* forme, en avant de la ville, un large bras de mer sur lequel existe un vieux pont de 852 mèt. et de 58 arches, dont la plus élevée a 7 mèt. de haut. La route passe tout à côté, sur un pont de bois.

Chemin très accidenté, par *Cabanas.* On aperçoit à g. le cap *Prior,* qui s'élève au N.-O. du Ferrol, et, plus près, le cap *Priorino,* qui forme l'entrée de ce port. La vue découvre une vaste étendue de l'Océan. — On traverse *Neda,* petite V. sur la rive g. de la rivière de Jubia. — A une petite distance, importante usine de *Jubia,* où se fabriquaient les feuilles de cuivre et les clous nécessaires au doublage des navires. L'usine est devenue aujourd'hui une manufacture de tissus de coton.

On passe le *Jubia* à *Neda,* pour côtoyer le fond de la baie.

55 kil. **Le Ferrol**, V. de 22 700 hab.

Le port du Ferrol, presque uniquement militaire, est un des plus considérables et des plus sûrs de l'Espagne. L'art a ajouté à sa position naturelle des travaux qui peuvent le rendre inexpugnable. Il faut, pour y arriver de la mer, passer par un goulet hérissé de batteries, qui a 6 kil. de longueur.

La ville du Ferrol est divisée en trois parties : le vieux Ferrol, la nouvelle ville, et *Esteiro.* L'ancienne ville est irrégulière et mal bâtie ; la ville nouvelle est bien tracée : les rues sont rigoureusement alignées. On y remarque : l'église paroissiale (*San Julian*), d'une belle architecture, l'ancien couvent de San Francisco, l'hôpital militaire, la caserne des gardes marines, les hôtels de la douane et du capitaine général de la marine.

Les *promenades* sont bien plantées ; la vue y est étendue et pittoresque. La principale, nommée l'*Alameda,* est formée de sept allées de beaux arbres ; au centre se trouve une belle fontaine. Une autre fontaine, sur la place del Carmen, est surmontée d'un obélisque à la mémoire du célèbre marin Churruca.

ROUTE 15.

DE LUGO A SANTIAGO

105 kil.

Lugo (*V.* R. 12, p. 55).

On sort de Lugo par le faubourg du S., et l'on traverse le Miño, pour suivre une route nouvellement construite et en bon état, qui se dirige vers l'O. à travers de grandes plaines cultivées, entourées de collines. — Les seules étapes de ce chemin sont à (21 kil. de Lugo) *Venta de Huttin*; (39 kil.) *Pallas del Rey* (mauvaise venta); (53 kil.) *Mellid* (mauvaise venta); (68 kil.) *Arsua*, sale et sans ressources.

105 kil. **Santiago** ou **Compostela**, V. de 25 700 hab., bâtie sur une colline, et entourée de belles montagnes. La plus haute, à l'O., est le mont *Pedroso*, dont le sommet s'élève à 594 mèt. Au N., une sierra derrière laquelle coule le *Tambre*; à l'E., le mont *del Viso* et la colline de *Santa Marina*; au S., les sommets de *Montouto*, de *Conjo* et de l'*Humilladoïro*, où passe le chemin des pèlerins, qui s'y prosternent dès qu'ils aperçoivent les tours de la cathédrale.

Le principal monument de Santiago est sa cathédrale.

L'ancien sanctuaire forme une église souterraine où l'office divin se célèbre publiquement deux ou trois fois dans l'année.

La façade principale, *el Obradoïro*, présente une profusion de statues, d'ornements et de fleurons qui couvrent depuis le sol jusqu'au sommet des tours, à 67 mèt. de hauteur.

On cite encore la façade de la *Plateria*, dont une partie est soutenue par une console d'une grande hardiesse, figurant une coquille (*la concha*); puis la *puerta Santa*, porte vénérée qui s'ouvre seulement aux années de jubilé, et de la main seule du prélat. Au-dessus de cette porte s'élève l'immense et lourde tour de l'horloge.

L'intérieur de la cathédrale a la figure d'une croix latine. Elle est partagée en 6 nefs, entourée de 25 chapelles. La chapelle souterraine est au-dessous de la *capilla mayor*, elle est fermée par une fort belle grille de bronze. Au milieu s'élève un autel monumental en marbre tout couvert d'incrustations d'argent, et dont la construction a duré vingt ans. Sur cet autel est placée la statue assise de *saint Jacques*, portant sur les épaules une riche pèlerine d'argent, d'or et de pierres précieuses, et tenant à la main le bourdon de pèlerin. En arrière, quatre statues de rois agenouillés soutiennent une autre image du saint, dont l'auréole est faite de rubis et d'émeraudes. Le tout est entouré d'ornements, d'anges tenant des bannières, et quatre d'entre eux, assis sur les chapiteaux des colonnes, supportent sur leurs épaules le cercueil de l'apôtre, surmonté d'une étoile d'or qui touche la voûte. Derrière l'autel est un escalier où les pèlerins montent à la file, les jours solennels, pour baiser la pèlerine de la sainte statue.

La cathédrale occupe l'un des côtés de la *plaza mayor*; à sa dr. s'étend le palais archiépiscopal. Au N. de la place est l'*hospital real*, renfermant une vaste hôtellerie pour les pèlerins; en face de la cathédrale se développe la belle façade de l'hôtel de ville (*casas consistoriales*).

Santiago a peu de belles rues; on cite cependant la *rua Nueva*, la mieux bâtie, la *rua del Villar*, dont les arceaux servent de promenade l'hiver, et où se trouvent les principaux magasins, le café le plus fréquenté; puis encore la calle *Algaria de Arriba*, l'une des plus populeuses et des plus visitées par les étrangers.

L'*Alameda* offre une belle promenade; les environs de la ville sont très variés et très agréables.

On va de Santiago à *la Corogne* en suivant un chemin peu praticable, desservi par une diligence qui fait le trajet tous les jours, en 5 h., sauf le dimanche. Un très bon chemin relie également Santiago à *Pontevedra*, par Padron; le pays est pittoresque et d'une fertilité remarquable.

ROUTE 16.

DE MONFORTE A VIGO ET A LA FRONTIÈRE DE PORTUGAL

Chemin de fer, 178 kil.

Monforte est l'une des stations de la grande ligne, entre Léon et Lugo (*V.* p. 54). Ancienne ville dans une contrée montagneuse. Chemins difficiles. Vieux château sur le sommet d'une colline contournée par la voie.

Le chemin de fer, peu après la sortie de la station de Monforte, s'engage dans un défilé *las gargantas del Cabe*, formé par le courant de cette rivière et par une série de tunnels en roche. A l'issue de cette gorge, où se trouvent les stations de *Canabal* et *San Esteban*, la ligne rencontre le *Sil*, qui forme la belle vallée entre Ponferrada et San Claudio. Les deux rivières se réunissent et accompagnent la voie, en traversant, sous des roches superbes, une nouvelle série de tunnels, jusqu'à la rencontre du *Miño*, venant des montagnes au-dessus de Lugo.

Deux autres stations : *Los Peares*, avec un beau pont à dr. de la voie, et *Barra de Miño*. Le tunnel de *Rivera* sépare cette station de

46 kil. **Orense**, 13 353 hab. On y voit, selon un dicton, trois choses qu'on ne saurait rencontrer nulle part en Espagne : « le saint Christ, le pont, et les

Burgas, d'où jaillit l'eau bouillante ».

La belle image du Christ, que possède la cathédrale, fut apportée à Orense en 1533, et placée dans une chapelle auprès du maître-autel. Elle est en grande vénération dans tout le pays. C'est, du reste, le seul objet remarquable de la cathédrale.

Les *Burgas* jaillissent à l'O., dans le bas de la ville. Ces sources sont au nombre de trois, à 25 mèt. l'une de l'autre. La burga de *Arriba* (d'en haut) et celle de *Abajo* (d'en bas) fournissent chacune, en tout temps, 125 litres par minute. La troisième, nommée le *Surtidero*, jaillit directement, avec une assez forte émission de gaz, dans un plus petit bassin. Leur température est de 66° à 68° centigr. L'eau est parfaitement limpide, d'une saveur peu différente de celle de l'eau potable ordinaire, et sans aucune odeur.

Ces sources, qui ont une grande analogie avec celles de Carlsbad, par leur chaleur, par leur abondance et en partie par leur composition, ont reçu, quant à présent, peu d'applications au point de vue thérapeutique; mais elles servent à tous les usages domestiques, à la cuisson des aliments, aux bains et aux lessives.

Le beau *pont* d'Orense, situé à 500 pas au N. de la ville, franchit le Miño, encaissé par des rochers granitiques. La première partie, du côté de la ville, est jetée sur un ravin et se compose de 3 petites arches de 11 mèt. d'ouverture. L'autre partie, le pont proprement dit, mesure 370 mèt. de longueur sur une largeur de 5. Il compte 7 arches; celle du milieu ayant 44 mèt. d'ouverture et 38 mèt. de hauteur.

Au dehors d'Orense s'étend une agréable vallée avec des jardins, des vignes, des prairies, de beaux arbres et quelques jolies maisons de campagne. Le climat y est variable et peu tolérable en été.

Des chemins rattachent Orense à Santiago et à Pontevedra. Une route au S. descend, par une charmante vallée fertile et très habitée, vers la jolie V. d'*Allariz*, et dessert plus loin *Verin*, en longeant la frontière de Portugal jusqu'à Zamora et Salamanca.

La ligne de Monforte longe la rive dr. du Miño. Le cours du fleuve devient une large vallée, présentant les aspects les plus variés. Le pays, à g., est appelé le *grenier de la Galice*. A dr. la région est partagée en jardins, en vignes. Chemins couverts en treillages, supportés par des colonnades de piliers en granit (*emparrados*).

61 kil. *Barbantes*, 266 hab.

67 kil. *Layas*, 618 h.

74 kil. *Rivadavia*, 4277 hab. Position pittoresque; rivière l'*Avia*, affluent du Miño. Ruines intéressantes d'un vieux château des comtes de Rivadavia. — La voie de fer suit constamment le

cours du Miño. — Localités peu importantes ; aspect très animé. Successivement : (85 kil.) *Filguiera*, municipalité réunissant plusieurs groupes d'habitations. A 4 kil. sur la g. du fleuve, l'établissement d'eaux sulfureuses thermales de *Cortegada*, important et apprécié. Du même côté, une petite rivière, le *Barja*, se jette dans le Miño par un profond ravin nommé les *Passes de San Gregorio*, et forme la séparation N.-S. de l'Espagne et du Portugal, auquel appartient la rive g. du Miño.

101 kil. *Ponsa* (Galice).

109 kil. *Arbo*, municipalité de 5700 âmes, pêche très renommée des saumons venant de l'Océan.

121 kil. *Nieves*, v. berceaux de vignes servant de chemins. En face, en Portugal, *Monção*, petite V. fortifiée, très intéressante, parfaitement administrée ; station d'eaux salines thermales en vogue.

128 kil. *Salvatierra* (Galice) à dr., ancienne place forte encore entourée de remparts.

136 kil. *Caldelas de Tuy*, v. sur la pente à g., entre la voie et le fleuve, station thermale saline, sulfureuse et azotée, fréquentée. Bassin du Miño, entouré de collines. — Promenades en Portugal, traversée en bateau, *tour da Pela*, très pittoresque. La voie s'éloigne du fleuve à droite.

141 kil. *Guillarey*, **embranchement** de 9 kil. reliant la ligne espagnole avec le réseau portugais.

[Pour aller en Portugal, on *quitte le train*, qui continue vers Vigo, et l'on prend un petit train spécial qui parcourt en 12 min., à g., une plaine délicieuse, fertile, fleurie, traversée d'*emparrados*, nommée la *Vega del Oro*. La dernière station espagnole est à 4 kil. de Guillarey (145 kil.) **Tuy**, 12 059 hab., à g. Très ancienne ville. Elle occupe un monticule dont la base S. est baignée par le Miño. En face, à 5 kil., de l'autre côté de ce fleuve, *Valença*, place forte portugaise. Tuy est bien bâti : rues régulières et bien pavées ; jolies promenades, l'une surtout, sur la muraille au N. E. de la ville. La cathédrale offre l'apparence d'un château fort. Le climat de Tuy est délicieux.

On traverse ici le Miño, sur un pont monumental de 500 mèt., voie routière et voie de fer. Sur l'autre rive est la station de **Valença do Minho**, tête de ligne des chemins de fer portugais.]

A Guillarey, la ligne espagnole remonte la rive g. du *Louro* décrivant, de la direction E. O., à la direction S. N. une grande courbe vers Redondela et Vigo.

152 kil. *El Porrino*, 132 hab.

166 kil. *Redondela*, 11 724 hab. Petit port de caboteurs et de bateaux de pêche, au fond de la baie de Vigo. La voie côtoie la rive orientale de la baie, ayant en vue l'estuaire que forme la mer au delà de Redondela, et dans lequel est établi, sur une île, le lazaret de Saint-

Simon. Un goulet, formé par les deux pointes de *Randa* et de *Bestias*, semble fermer cette baie et la séparer de la rade de Vigo, qui se développe au delà dans sa magnifique étendue. Dix villages se succèdent comme un long faubourg.

178 kil. **Vigo**, 22 150 hab. — Un service de bateaux à vapeur, partant de Saint-Nazaire deux fois par mois, fait escale à Vigo, Lisbonne et Cadix. — La rade de Vigo est la plus belle, la plus sûre et la plus imposante du monde ; elle a environ 50 kil. de profondeur en avant de la ville.

Vigo s'élève en amphithéâtre, d'étage en étage, et est surmonté d'un château fort. — Rues étroites et tortueuses, pavées de larges dalles de granit. L'enceinte de la ville est formée de mauvaises murailles, avec six portes ouvrant sur les routes de Tuy, Pontevedra, Orense, le port et la citadelle. — Vieille prison ; caserne propre. — L'église est construite dans le style grec. — La citadelle couronne le sommet d'une colline. On y arrive par une côte longue, difficile et rocheuse. De ce point, un magnifique panorama s'étend autour du spectateur, soit qu'il regarde la rade de Vigo, soit qu'il plonge des yeux dans l'intérieur de la Galice, au milieu des ramifications de la Sierra cantabrique.

La pêche est l'une des principales industries ; elle alimente une trentaine d'établissements de salaison.

ROUTE 17.

DE ORENSE A SANTIAGO

90 kil.

Orense (*V.* R. 16, p. 60).
On sort d'Orense au N. On rencontre à 1 kil. le Miño, qu'on franchit sur le vieux pont. La route parcourt de jolies campagnes, et rencontre à 5 kil. 1/2, *Quintela*; à 8 kil. *Mandras*; plus loin, *Castro*.

19 kil. *Cea*, bourg de 1200 hab. L'église, *San Cristobal*, est fort ancienne. — Petite chapelle, située sur la hauteur de *Cobas*, à côté des ruines encore imposantes d'un vieux château. A dr., et à 4 kil., célèbre monastère d'*Osera*, de l'ordre de Cîteaux, surnommé l'*Escorial de la Galice*.

22 kil. *Pinor*, hameau. Territoire peu cultivé, terres mauvaises, plantations de chênes et de châtaigniers. — En avant, la riche et belle vallée de l'*Ulla*, et, sur la dr. de la route, la haute montagne du *Pico Sagros*.

42 kil. *La Gesta*.

72 kil. *Castrovite*, v. de 50 maisons, où l'on franchit la rivière d'Ulla sur un vieux pont.

90 kil. **Santiago** (*V.* R. 15, p. 59).

ROUTE 18.

DE ORENSE A PONTEVEDRA

85 kil.

On suit, jusqu'à *Quintela*, la première partie de la route

d'Orense à Santiago. Au delà de ce village, on prend à g., par un chemin étroit et mal entretenu. On traverse la petite rivière de *Barbantino*.

25 kil. *Carballino*, bourg de 650 maisons, au milieu d'une contrée très pittoresque. Eaux minérales. Au delà, région montagneuse où le chemin est pénible et peu praticable.

56 kil. *Cerdedo*. — Jolie rivière de Lerez ; — vallée riante et fertile ; — montagnes boisées. Dans cette vallée, *Pedre, Dorna, Villa de Abajo* et

67 kil. *San Jorge de Sacos*, 1100 hab., traversé par la rivière de *Lerez*.

75 kil. *Tenorio*, 1700 hab., avec un vieux couvent de Bénédictins. Sur l'une des montagnes, une tour nommée le *Coto de Abad*. Le chemin se raccorde avec une route venant de Santiago, puis traverse le *Lerez* sur un pont de douze arches.

85 kil. **Pontevedra**,* V. de 20 140 hab. Très vieille cité romaine, au centre d'une belle vallée d'une étendue de 10 à 12 kil., entourée de montagnes. Haute muraille autrefois flanquée de tours crénelées. Quatre portes correspondent aux routes de Santiago, Tuy, Orense et Marin. Maisons vastes, bâties en pierre, avec écussons armoriés sculptés sur les façades. — *Santa Maria la Mayor*, église gothique. Les ornements, le dessin, les sculptures, les colonnes de l'intérieur sont d'une délicatesse et d'un bon goût dignes d'attention. Belle tour crénelée, de 56 mèt. de hauteur, d'un ancien palais épiscopal datant du xii° ou du xiii° s.

Des routes passables conduisent de Pontevedra à Santiago au N. (44 kil.) ; à Vigo au S., en suivant la côte, charmant chemin de piétons (30 kil.) ; et, au delà, à Tuy, sur le Miño, frontière du Portugal (42 kil.).

ROUTE 19.

DE VIGO A PONTEVEDRA

27 kil.

Vigo (*V*. R. 16, p. 63).

On suit en sens inverse la R. 16, en longeant le rivage oriental de la baie jusqu'à la petite ville de *Redondela* (11 kil.). — De ce point, laissant à dr. cette route, on continue à côtoyer la baie jusqu'à ce qu'on rencontre une petite rivière dont l'embouchure, sous le nom de rio *Octaven*, forme le fond de la baie.

19 kil. *Santa Maria de Puente Sampayo*, 1500 hab., position charmante. On aperçoit l'île de Saint-Simon, la petite ville de Redondela et la rive occidentale de la baie. Santa Maria possède un petit môle.

La route traverse de belles campagnes cultivées, plantées d'arbres, sillonnées de cours d'eau.

27 kil. **Pontevedra** (*V*. R. précédente).

ROUTE 20.

DE VALLADOLID A BENAVENTE, ASTORGA ET ORENSE

A. De Valladolid à Benavente.

Route royale, 310 kil.

Valladolid (V. R. 1, p. 15).
On sort de Valladolid par la *puerta del Puente Mayor*; on traverse le *Pisuerga* et le faubourg neuf, dit *Barrio Nuevo*, par une route qui rencontre à 4 kil. *Zaratan*, bourg de 294 hab.; à 7 kil. *Villanubla*, v. de 957 hab.; à 14 kil. la *Mudarra*, 260 hab. On traverse le *Sequillo* sur un pont de pierre, et on entre par une porte monumentale à

40 kil. **Medina de Rio-Seco**, V. de 4500 hab., sur deux collines qui dominent une vaste plaine toute cultivée. La plupart des rues sont bordées d'arcades, ainsi que la place de la Constitution, dont un des côtés, occupé par la Maison de ville, sert de promenade d'hiver. On remarque, à Medina de Rio-Seco: la place de San Francisco, où se trouve le couvent de ce nom; les ruines du vieux palais des *almirantes* de Castille, dont la façade est couverte d'une multitude d'ornements architectoniques de très bon goût. La paroisse principale, *Santa Maria*, est un bel édifice gothique dominant la ville et la campagne, surmonté d'une haute tour construite vers 1758. L'intérieur se compose de trois nefs. — *Santiago*, la seconde paroisse, est une belle église d'ordre toscan. — La paroisse de *Santa Cruz*, jolie basilique d'ordre corinthien, construite par Herrera, n'a pas un moindre mérite; elle possède de précieuses reliques. — Dans la chapelle du couvent de San Francisco, maintenant inhabité, on admire encore les stalles et le lutrin du coro, en bois de noyer, sculptés par un frère lai.

Rio-Seco était entourée de remparts, dont il ne reste aujourd'hui que trois boulevards et six portes encore solides et d'une élégante construction. Hors de la ville sont deux jolies promenades: la *Horquilla* et l'*Arbol grande*.

Un chemin de fer *économique* vient de Valladolid à Medina de Rio-Seco, par la même direction en 2 h. (1re cl., 3 p. 80; 2e cl., 2 p. 85), deux trains par jour.

De Rio-Seco, une route de 1re classe conduit directement à Léon. C'est la route des Asturies. La route de Benavente, plus à l'O., vient de Madrid par le Somosierra et Medina del Campo, et porte le nom de *Carretera de Galicia*, elle se rattache à Rio-Seco par une courte traverse qui passe à *Villafrechos* pour se raccorder à

67 kil. *Villalpando*, 2500 hab.

72 kil. *Los Cerecinos*, deux v. de 820 hab., séparés seulement par un ravin. Chacun a son église.

Au delà, la *venta de San Este-*

ban del Molar, dépendant d'un village de même nom, situé hors de la route.

83 kil. *Castro-Gonzalo*, 742 hab., sur les pentes d'un vallon et dans une position charmante. La vue s'étend à l'O., sur les bois de Benavente, et dans la plaine sur le cours des rivières *Esla* et *Cea*, qui s'unissent avant Castro-Gonzalo, et coulent au pied de ses premières maisons. Le vieux château de Castro-Gonzalo paraît dater des Maures; il faisait partie de la ligne de défenses élevées par eux en avant du royaume de Léon. L'une des églises, *San Miguel*, n'a qu'une moitié de tour.

88 kil. **Benavente**, V. de 4160 hab., sur une hauteur, dans une jolie position. Les collines qui limitent la plaine au S. et à l'E. se présentent en amphithéâtre et sous un très gracieux aspect. Au milieu de la ville existe un monticule sur lequel avait été construit l'ancien palais des comtes-ducs de Benavente, aujourd'hui en ruines. Sur ses pentes s'élèvent de beaux jardins, des vergers, un parc dépendant du palais; de chaque point de cette hauteur la vue règne au loin sur tout le pays.

La maison des comtes de Benavente a été l'une des plus importantes de l'ancienne noblesse espagnole ; elle est représentée aujourd'hui par le duc d'Ossuna.

La ville est assez bien bâtie, les maisons sont commodes et propres, quelques-unes sont peintes; la décoration à la mode est une marbrure bleue avec des guirlandes de rubans. Les trois plus beaux édifices sont : l'évêché, l'habitation de l'ancien ministre M. Pita Pizarro, et la Maison de ville, faisant façade sur la *Plaza Mayor*.

Les environs de Benavente offrent partout une délicieuse promenade; on y remarque un vaste pâturage où les anciens comtes faisaient élever de beaux chevaux des races les plus renommées.

De Benavente, la *carretera* conduit à Astorga, sur le chemin de fer de Palencia-Léon ; d'autres routes de 2e ordre vont à Léon et à Orense.

B. De Benavente à Astorga.

88 kil. **Benavente** (ci-contre). On sort de Benavente par la porte *del Sepulcro*. A 8 kil., *San Roman del Valle*, 160 hab. — A 4 kil., *Pobladura del Valle*, 500 hab., où l'on traverse, sur un très beau pont de pierre, le ruisseau *Ahoga-Borricos*.

106 kil. *Pozuelo del Paramo*, 200 hab. Campagne toute cultivée, sans habitations.

117 kil. *Cebrones del Rio*, 90 maisons. Six villages échelonnés dans une plaine fertilisée par l'Orbigo. On traverse cette rivière à Cebrones, sur un pont de 7 arches. La route en longe la rive droite, passe à *Santa Maria* et à *San Martin de Torres*.

122 kil. 1/2. *La Bañeza*, 2508 hab., à l'entrée de trois vallées qui offrent de belles perspec-

tives. La vue s'étend au N. sur tout le cours de l'Orbigo, bordé de villages entourés de plantations d'arbres, ayant pour dernier plan les hautes montagnes de Léon et des Asturies. — Au N.-O., la vallée du *Tuerto*, que suit la carretera dans la direction d'Astorga. — A l'E., un riche plateau parsemé d'un grand nombre de clochers. — La ville est fermée ; on y entre par quatre arcs de pierre d'une mauvaise architecture. Les rues sont étroites ; la *plaza Mayor*, peu spacieuse et irrégulière, est entourée d'arceaux fort bas, soutenus par des piliers de bois.

On franchit la petite rivière du *Dierna* sur un pont de charpente, en laissant à g. le village de *San Mamès*.

126 kil. 1/2. *Palacios de Valduerna*, 120 maisons. Plus loin, *la venta del Monte*, puis *Toral de Fondo*, 200 h., auprès duquel on traverse le *rio Cerla*.

140 kil. 1/2. **Astorga** (V. R 12, p. 52).

C. De Benavente à Orense.

On parcourt, en sortant de Benavente, une belle campagne qui s'étend sur les deux rives de l'Orbigo, et l'on traverse cette rivière sur un pont de bois. Vaste pays plat s'étendant entre l'*Orbigo* et le *Tera*. — On atteint cette rivière à *Sitrama*, v. de 170 hab., et l'on en remonte la rive g., ayant au N. une série de belles collines vertes et plantées.

On rencontre successivement, à des distances régulières de 5 à 6 kil., *Santa Maria*, 78 maisons, *Camarzana*, 198 hab., *Junquera*, 60 hab.

140 kil. *Mombuey*, 620 hab., montagne couverte de beaux chênes. La route se dirige au milieu d'une grande plaine, à égale distance du rio de *Negro* au N., et du *Tera* au S., et traverse plusieurs villages : *Asturianos*, 144 hab., au pied et au S. de la montagne de Castro, *Palacios*, 240 hab., *Remesal*, 70 hab., *Otero*, 200 hab., dans une contrée montagneuse.

165 kil. *La Puebla de Sanabria*, 600 hab. C'est une place militaire en avant de la frontière de Portugal, à 11 kil. au S. — *Braganza*, qui appartient à ce royaume, est à 28 ou 30 kil. au delà. — Sanabria occupe un monticule dominé par d'imposantes montagnes. Le faubourg contourne la base de ce monticule, le reste est occupé par la place militaire, entourée de murailles avec deux portes.

184 kil. *Canda*, 708 hab., dans une petite plaine entourée de montagnes élevées. Les localités qui suivent : *Villavieja, Cañizo, Gudiña, San Lorenzo, Naballo, Berreira, San Cristobo*, à de très petites distances les unes des autres, sont des hameaux de cinq ou six maisons, au milieu d'un pays très pittoresque. — A Cañizo on peut prendre, à travers la *Sierra de Mamed*, un chemin de piétons plus court de 40 kil., et qui conduit à Orense par le *puerto*

de *Gamba*, en rencontrant *Viana del Bollo*, 800 hab., dans une charmante situation, *Alvergueria*, au milieu d'une vallée délicieuse parcourue par un grand nombre de cours d'eau, et *Pedrada*, où l'on retrouve la plaine.

242 kil. *Verin*, petite ville forte de 800 hab., traversée par le Tamaga. — Beau pont de 6 arches en pierre, et de 70 mèt. de long. Une route, qui s'embranche à Verin, à g., pénètre en Portugal par *Chaves* et descend vers *Lamego*.

A une petite distance de Verin, on franchit le Tamaya à *Pazos*, v. de 50 maisons, près duquel se trouve la vieille ville de *Monterey*, sur un point élevé dominant un panorama très étendu.

La route prend, au delà de Monterey, la direction du N.-O. — Montagnes de *Peñaverde*; — *Villa de Rey*, 200 hab.; *Trasnieras*, 70 maisons; *Abavidès*, 280 hab.

272 kil. *Ginzo de Limia*, ancienne petite ville de 1065 hab., sur la rivière de *Ginzo*. — Vaste plaine très fertile.

Lac d'*Antela* ou de *Ginzo*, formé, dans une vallée encaissée, par quelques sources et par les cours d'eau qui descendent des montagnes. Ce lac occupe une étendue de 7 kil. dans un sens, et de 5 kil. 1/2 dans l'autre. Ses eaux, vertes et croupies, rendent la vallée inhabitable et occasionnent dans le pays des maladies fréquentes. Il faudrait des travaux considérables pour assainir la vallée.

292 kil. *Allariz*, jolie petite ville de 1750 hab., bien bâtie, entourée de murailles; centre d'un riche territoire qui s'étend jusqu'à Orense et que l'on nomme le « Grenier de la Galice ». — Hors de la ville, on passe l'*Arnoya* sur un beau pont de pierre.

Au delà, *Taboadela*, 500 hab.; puis les hameaux de *Calvos* et *Sejalbo*.

310 kil. **Orense** (*V*. R. 16).

ROUTE 21.

DE VALLADOLID A TORO

65 kil.

On sort de Valladolid par le *Puente Mayor*. La route se dirige au S.-O.

11 kil. **Simancas**, petite V. de 1100 à 1200 hab., sur la rive dr. du Pisuerga. — Beau pont de 17 arches. La ville, encore entourée de belles murailles, s'élève sur la pente d'une colline.

Les *archives générales du royaume* sont renfermées dans le château, ancienne et imposante forteresse flanquée de tours. C'est aujourd'hui un vaste édifice comprenant de nombreuses salles bien disposées, où sont rangés avec grand soin une foule de documents des plus précieux.

La route s'éloigne de la vallée du Pisuerga; — grande plaine peu habitée. A g., le *Duero* et les villages de *Villamarciel*, 21 hab., *Villanueva de Duero*, 365 hab., et *San Miguel de Pino*, 115 hab.

28 kil. **Tordesillas**, 3500 hab., au milieu de vastes plaines, sur une hauteur. Autrefois résidence de don Pedro le Cruel, de Fernando le Catholique, et de Jeanne la Folle. Six églises paroissiales, dans l'une desquelles (*San Antolin*) un magnifique tombeau de don Pedro Gonzalès de Alderete, commandeur de l'ordre de Saint-Jean. — Couvents nombreux. La ville conserve encore ses quatre portes, dont l'une conduit à un pont magnifique, en pierre de taille, sur le Duero.

45 kil. *Villalar*, 756 hab., sur une colline au milieu d'une vaste plaine. Monument commémoratif de la défaite des *Comuneros* et de l'exécution de leurs chefs.

59 kil. *Morales de Toro*, 887 hab., dans une plaine.

65 kil. **Toro** (V. R. 23).

De Toro à Zamora, R. 23 ; — à Medina del Campo, R. 23 ; — à Salamanca, par Zamora, R. 27.

ROUTE 22.

DE MEDINA DEL CAMPO A MADRID

PAR SÉGOVIE.

Chemin de fer, 193 kil.

La ligne a été construite dans les sables, au milieu de bois de pins, et à travers un pays d'une monotonie désespérante. Elle conduit le voyageur par *Laguna*, bourg de 406 hab., situé sur le bord d'un lac d'eau salée qui lui a donné son nom. Au delà vient *Mojados*, petite V. de 1082 hab., au pied d'une hauteur, sur la rive g. du *Cega*, puis *Alcazarem*, 779 hab., et *Puente Mediana*, sur l'*Eresma*.

22 kil. **Olmedo**, V. de 2524 hab., ancienne place forte.

On croise, à environ 5 kil., le tracé du canal de Castille, qui de Valladolid, d'après les projets primitifs, devait descendre jusqu'à Ségovie.

La contrée, au delà d'Olmedo, est triste et déserte.— A 11 kil., *Villeguillo*, 150 hab.— Une mauvaise route accompagne la voie; les muletiers seuls la fréquentent.

31 kil. *Coca*, 285 hab., dans une plaine, au confluent du *Voltoya* et de l'*Eresma*. On voit, dans la principale chapelle de l'église, quatre beaux mausolées de marbre de Carrare, dans lesquels sont déposés les restes des membres de la famille de Fonseca, anciens seigneurs de Coca et fondateurs de cette chapelle. Exploitation de la résine et des bois de pins comme dans les Landes françaises.

56 kil. *Santa Maria de Nieva*, petite V. assez bien bâtie, située au milieu d'une plaine. — Filature de laine, fabrique de draps grossiers assez estimés dans la Galice et dans la province de Madrid. — La route monte et

traverse *Garcillan*, v. d'une centaine de maisons presque toutes en terre.

93 kil. Ségovie, V. de 12 000 hab.

La ville est construite sur un immense rocher isolé entre deux vallées profondes. Le rocher a 300 pas d'élévation, 4 000 pas de tour au sommet, et la forme d'un navire, la proue à l'O. La ville est entourée de murailles, à 924 mèt. au-dessus du niveau de la mer. Ces murailles sont intactes, élevées de 9 à 10 mèt., crénelées, flanquées de 83 tours, et percées de cinq portes. Les faubourgs descendent sur les pentes.

L'*Aqueduc* de Ségovie est certainement un des monuments de l'antiquité les plus majestueux et les mieux conservés. Il reçoit, à 17 kil. de la ville, un ruisseau du volume du corps d'un homme. Une rigole, d'abord découverte, conduit ce cours d'eau par une pente douce, pendant 8 kil., à travers les collines, les rochers et la forêt de pins de *Valsain*; passe sous la route qui va de Ségovie à San Ildefonso; coupe la plaine pendant 7 autres kil., jusqu'à la vieille tour du Caseron. Là commence le merveilleux travail qui conduit l'eau jusqu'à la ville. La première partie se compose d'un massif de maçonnerie de 772 mèt. de longueur, portant la conduite, et aboutissant à un réservoir où l'eau dépose les sables qu'elle a entraînés. A partir de ce réservoir commence une série de 153 arches traversant, sur une étendue de 818 mèt., la vallée, les faubourgs et une partie de la ville, pour s'arrêter à l'Alcazar. Ces arcades, dont la hauteur varie suivant les dispositions du terrain, s'élèvent, au point de départ, à 7 mèt., et au point le plus profond, à 28 mèt. 1/2, sur une longueur de 276 mèt. Elles sont distribuées sur deux étages avec une hardiesse et une légèreté remarquables.

Après l'aqueduc, un des monuments les plus remarquables de Ségovie est certainement l'*Alcazar*. Il s'élève à la pointe O. de la ville. — C'est une série de tourelles crénelées, du milieu desquelles s'élève une tour carrée, dont la plate-forme est flanquée également de tourelles, et qui servit longtemps de prison d'État.

Un incendie, survenu le 7 mars 1862, a complètement détruit tous ces précieux souvenirs. On travaille à la reconstruction de la partie ruinée.

La *cathédrale* est à trois nefs, d'une architecture mixte des style gothique et gréco-romain. C'est un des plus beaux monuments de ce genre qui soient en Espagne; la grande nef a 35 mèt. de voûte, et la coupole s'élève à 67 mèt. Les marbres abondent dans la décoration intérieure, et l'on remarque la richesse et la variété de ceux qui ont été employés à la construction du maître-autel, de la *capilla mayor*, du *trascoro* (arrière-chœur), et d'une partie du pavage du temple. Toutes les chapelles contiennent des œuvres dignes d'attention. Elles sont fermées de grilles de fer d'un beau travail.

Il faut surtout signaler, dans la cathédrale, le célèbre tableau nommé la *Piedad de Juni*. Ce tableau date de l'année 1571. « Si cette magnifique toile, dit M. Madoz, était à Paris ou à Rome, ou en meilleur jour, elle y serait autant admirée que le *Spasimo de Sicile*, de Raphaël, ou la *Descente de Croix*, de Mengs. »

Le *Museo provincial* est placé dans le palais épiscopal. Il ne contient que de mauvaises peintures, des copies, des portraits de moines et de religieuses avec leurs légendes. — On visitera plus utilement : le couvent de *Santa Cruz la Real*, fondé par Ferdinand et Isabelle ; — *San Juan*, où se trouvent les tombeaux de plusieurs guerriers ségoviens ; — *San Martin*, avec un portail gothique et une jolie tour moderne ; — la belle et haute tour carrée de *San Esteban* ; — la porte mauresque de Santiago ; — la *casa de Segovia*, la plus ancienne de la ville, et la *casa de los Picos* (des pointes), qui doit son nom à une légende locale. On l'appelait autrefois la maison des Juifs, à cause de ses anciens possesseurs. Le marquis de Quintanar, devenu acquéreur, et voulant la débaptiser, fit reconstruire la façade, et l'architecte ménagea une pointe saillante au milieu de chaque pierre, à l'exemple de la *casa dos Picos* de Lisbonne et de la *Casa de las conchas* de Salamanque.

Hors la ville, on visite la vieille église gothique de la *Vera Cruz* et l'église du xv° s. des hiéronymites *del Parral*. Le vieux couvent n'est plus occupé ; mais la position est charmante, et il reste des jardins parfaitement cultivés, que l'on surnomme le *Paraiso terrenal*.

A la sortie de la station de Ségovie, le chemin de fer laisse à g. le chemin de *La Granja*, où conduit un tramvia en 40 min. — altit., 1156 mèt. (*V. Résidences royales*).

La voie de fer, aussitôt après Ségovie, se dirigeant vers Villalba, de l'autre côté de la montagne de *Guadarrama*, attaque les premiers contreforts, et s'engage, en tranchées et en rampes, dans une série de courbes qui mesurent 62 kil., pour une distance de 55 kil. à vol d'oiseau.

On rencontre successivement 105 kil. *La Losa* (altit., 1121 mèt.), carrières de belle pierre granitique.

112 kil. *Otero* (alt., 1124 mèt.) élève de bestiaux. La voie rencontre des tranchées importantes.

121 kil. (altit., 1198 mèt.) *El Espinar*, 1800 hab. ; chef-lieu de partido, culture de céréales, scieries mécaniques. Tunnel de 100 mèt., et plus loin grand tunnel de 2500 mèt., dans lequel

se trouve le point culminant de la ligne, à l'altit. de 1355 mèt. La route de terre de Valladolid à Madrid et le rio Guadarrama, près de sa source, passent au-dessus de ce tunnel, au milieu de bois de pins chétifs. Le point culminant du *port de Guadarrama* est à 1570 mèt. au-dessus du niveau de la mer. Sur un haut piédestal, un lion de pierre tenant deux globes sous sa patte droite. Une plaque de marbre, scellée sur la face du piédestal qui regarde le chemin, porte une inscription rappelant la construction de la route par Ferdinand VI, en 1749. A la sortie du tunnel, vue magnifique sur les deux Castilles. La voie descend. Tunnel de 100 mèt.

137 kil. *Cercedilla* (altit., 1154 mèt.). Bois de pins, scieries, trois autres tunnels 110, 185, 220.

146 kil. *Collado Mediano* (altit., 805 mèt.), passage de la route et du rio.

155 kil. *Villalba*, 200 hab., raccordement avec la grande ligne (*V.* p. 20).

193 kil. **Madrid.** (*V. Région du Centre.*)

ROUTE 23.

DE MEDINA DEL CAMPO A ZAMORA

Chemin de fer. — 90 kil. Prix : 1re cl., 10 p. 55 ; 2e cl., 7 p. 76 ; 3e cl., 5 p.

Le chemin de fer de Zamora s'embranche à Medina del Campo sur la ligne du Nord (*V.* R. 1, p. 18) ; *carretera real* de Madrid à la Corogne. — Pont en fer sur le Zapardiel.

11 kil. *Villaverde*, 600 hab. ; vignobles.

17 kil. *Nava del Rey*, 5200 hab., belle église romane. — Territoire fertile ; vin blanc.

28 kil. *Venta de Pollos*, 800 hab. — Pont en fer sur le *Trabancos*. — Forêt considérable de chênes-verts (*Cubillejas*), d'une étendue de 55 à 56 kil. carrés. — A dr., sur une colline, château de *la Espeja*.

39 kil. *Castro-Nuño*, 2000 hab. — Plaine très cultivée que parcourt *le Duero*. Pont en fer de 250 mèt. — Grande forêt de chênes. — Le *Duero* à gauche.

49 kil. *San Roman*. On traverse le *Hornija*, puis le *Bajoz*.

58 kil. **Toro**, 7700 hab. Mur en terre percé de six portes. — On signale : la *place de la Constitucion*, où se trouve la maison de ville ; — la place de *San Francisco*. — Sur cette place le cirque des Taureaux ; — la *plaza del Mercado* et la *Tour de l'Horloge* ; — un ancien palais gothique dont la façade est encore fort belle. — Plaine de Toro, renommée par sa fertilité ; vin rouge ; collines célèbres par la qualité des produits qu'on y récolte. On nomme les versants du midi la Côte d'or (*Cuesta de oro*).

A la sortie de la station, le Duero à g. Tranchées considérables. Bords du fleuve plantés de grands arbres. — Bois considérable de pins pignons. Forêt de chênes. — A g., quelques villages; campagne très étendue.

79 kil. *Correses*, 800 hab. Plantations de vignes. Grande campagne et quelques prairies. Pont en fer sur le *Valderaduey*.

90 kil. **Zamora***, V. de 14 200 hab.

Il subsiste encore autour de Zamora une forte muraille en pierre de forme très irrégulière, assise sur le rocher, présentant une multitude d'angles et de renfoncements. A l'extrémité S.-O. de la ville est une citadelle dans l'enceinte de laquelle se trouvent la cathédrale, le palais épiscopal, les ruines d'une maison qu'habita le Cid. — *La cathédrale* est d'une grande simplicité et d'une remarquable pureté architecturale. Le style dominant est le style roman. Le retable, magnifique travail en marbre blanc avec des ornements en bronze, représente la Transfiguration. Le chœur est entouré d'une belle boiserie en noyer où sont sculptés les patriarches, les apôtres, les évangélistes.

On signale encore le vieux palais de doña Urraca; une jolie promenade sur les remparts, avec une vue très étendue sur la campagne et le pont de Duero, belle œuvre de 16 arches, en pierre de taille.

Des routes conduisent de Zamora à Benavente (R. 20), à Salamanca (R. 26), aux bains de Ledesma (R. 28), et à la frontière de Portugal (R. 24), par Braganza. Elles traversent des pays très accidentés et sont généralement peu praticables.

ROUTE 24.

DE ZAMORA A BRAGANZA

Chemins, 91 kil.

On sort de Zamora par la porte Santa Clara au N.-E., traversant de grandes plaines entre le *Duero* et l'*Esla*. La route n'est praticable que pour les chevaux, elle est souvent inabordable pour les piétons. — Elle passe à *La Hiniesta* et à *Andavias*. On traverse l'Esla sur une barque, au lieu dit la *Barca de Manzanal*.

11 kil. *Carbajales*, 940 hab., dans une plaine. *Muga de Alba*, 250 hab. *Losacino*, 105 hab. On traverse l'*Aliste* à gué.

58 kil. *Alcañices*, 574 hab., dans une plaine entourée de collines. — Tour ronde, au centre de la place, et sur laquelle a été ajustée l'horloge de la ville. — Hors des murs, le palais des marquis d'Alcañices.

69 kil. *Sejas de Aliste*, 327 hab.

80 kil. *San Martin del Pedroso*, 25 maisons, sur la rive g. du *Manzanas*, qui forme la limite du Portugal sur une étendue de 28 à 30 kil. On passe cette rivière en bateau pour gagner

91 kil. **Braganza** (*V. Portugal*).

[A Braganza, on trouve une ligne ferrée dirigée vers Mirandella et rejoignant la vallée du Douro. Une bonne route conduit aussi de Braganza à Chaves.]

ROUTE 25.

DE ZAMORA A ORENSE

Chemins, 375 kil.

V. la route précédente, par *Andavias*, *Carbajales*, *Muga de Alba* et *Losacino*. A ce dernier point, au lieu de traverser l'*Aliste*, pour prendre la direction de *Alcañices*, on reste sur la rive g. de la rivière.

35 kil. *Vegalatrave*, 250 hab.

54 kil. *La Torre*, 120 hab.; au pied de la *sierra Culebra*.

68 kil. *Flechas*, 20 hab., dans une vallée profonde entourée de montagnes. Le chemin très accidenté rejoint la R. 20 à

96 kil. *La Puebla de Sanabria*. De ce point à Orense (R. 20), 147 kil.; d'Orense à Vigo (R. 16), 152 kil.

ROUTE 26.

DE ZAMORA A SALAMANCA

Chemins, 67 kil.

Zamora, *V.* R. 23, p. 73.

On sort de Zamora par le pont jeté sur le *Duero*; belle plaine cultivée et très fertile.

5 kil. 5. *Moralès*, 1200 hab., à l'O. et au S. deux lignes de petites collines, les unes boisées, les autres couvertes de vignes.

16 kil. 5. *Corrales*, 1300 hab. — Traces de l'ancienne voie romaine qu'on nommait le chemin de *la Plata*, et qui traversait toute l'Espagne du N. au S. La route gravit les collines qui se présentent au S., et y rencontre le monastère de *Valparaiso*.

27 kil. 5. *El Cubo*, 500 hab., centre d'un territoire qu'on nomme la *Tierra del Vino*, par opposition à un territoire voisin, très productif en blé, nommé la *Tierra del Pan*.

41 kil. *Santivañez*, 20 hab. On traverse la rivière de la *Peña*.

46 kil. 5. *Huelmos*, hameau.

52 kil. *Calzada de Valdunciel*, 600 hab., plaine cultivée en blé.

60 kil. *Aldeaseca*, 150 hab.

67 kil. **Salamanca** (*V.* R. suivante, p. 75).

ROUTE 27.

DE MEDINA DEL CAMPO A SALAMANCA

Chemin de fer. — 77 kil.

Le chemin de fer de Salamanca s'embranche à *Medina del Campo* sur la ligne du Nord (*V.* R. 1, p. 18), et décrit une courbe autour de la ville, en parcourant une grande plaine de terres à blé.

12 kil. *El Campillo*, 250 hab., vignes et troupeaux nombreux, à g., v. de *Braojos*.

22 kil. *El Carpio*, 800 hab. Station à g. Plantations de pins parasol. Le bourg est à 2 kil. dans la plaine. A dr., *Fresno el Viejo*, 1100 hab., avec une belle église. — Pont en treillis de fer sur le *Trabancos*. — Tour car-

rée qui appartient, dit-on, à l'époque arabe; elle entourée de ruines.

35 kil. *Cantalapiedra*, 1800 hab., à 1 kil. à g. sur la route de Salamanca à Peñaranda. Ateliers de la compagnie. — Grande plaine pelée et inculte, au fond de laquelle une gorge montagneuse plantée de chênes et de sapins. Tranchées dans un terrain blanc et poudreux. Pont de fer sur le *Guaraña*. Pont sur le *Cotorillo*.

45 kil. *La Carolina*, halte. Bois de pins et de chênes, gris, chétifs et clairsemés. Mauvaises cultures, pas d'habitation.

53 kil. *Pedroso*, 60 maisons mal bâties, 250 hab. Le v. est un peu avant la station à g., dans un bouquet de peupliers et d'aunes. Pays découvert.

65 kil. *Gomecello*, 150 hab. Le v. est à un kil. avant la station.

70 kil. *Moriscos*, 40 maisons, à 500 mèt. à dr. communiquant à la voie de fer par un chemin de piétons.

77 kil. **Salamanca***, 19 500 hab. Vaste station dans une belle position, et à 800 mèt. en avant de la ville. Services d'omnibus des divers hôtels.

Salamanque a été surnommée *Petite-Rome*, à cause de ses richesses monumentales, et, pour son université célèbre, *Mère des vertus, des sciences et des arts*.

— La ville était entourée de murailles percées de neuf portes à peu près disparues aujourd'hui. Le pont jeté sur le *Tormes* est une des antiquités les plus curieuses de Salamanque. Il se compose de 27 arches et mesure plus de 400 mèt. de long.

Parmi les rues, *la Rua*, avec ses boutiques d'orfèvres et de libraires; la rue de Zamora, qui traverse une partie de la ville.

La *plaza Mayor*, construite sous Philippe V, est un vaste carré entouré d'un portique de 80 arcades, dont les tympans renferment des médaillons représentant la série des rois et des hommes célèbres de l'Espagne. Sur un des côtés est l'hôtel de ville. Le centre forme un square planté, entouré d'une grille et de bancs de marbre.

On remarque encore l'édifice nommé l'*Arzobispo*, monument somptueux, d'un aspect grandiose; les deux galeries du patio principal sont d'une élégance remarquable.

Les monuments de Salamanque sont tous construits en pierres jaunes, d'un grain très fin, se prêtant parfaitement au travail du sculpteur, et reflétant des tons dorés sous les rayons du soleil.

La **cathédrale** est une œuvre majestueuse dans le style gothique moderne. Le portail, d'un magnifique travail, présente trois entrées. La tour qui s'élève au-dessus du portail a été construite par l'architecte Churriguera. Il est difficile d'apprécier le goût du constructeur, car, lors du tremblement de terre de Lisbonne, l'administration de la ville prit, par précaution, l'étrange détermination d'envelopper la tour d'une chemise en maçonnerie. Les proportions intérieures de l'église sont remarquables, les voûtes élancées et hardies. L'ornementation se compose d'un grand nombre de statues, de bas-reliefs, de fleurons d'une grande délicatesse, d'une série de médaillons représentant des saints et des hommes illustres, et d'une belle ligne de balcons sculptés courant au-dessus des arcs de la grande nef. Il existe dans le chœur deux statues, de *Saint Jean* et de *Sainte Anne*, dignes d'attention, et qui sont attribuées à Juan de Juni. On remarque, parmi les richesses du trésor, une *custodia*, œuvre d'orfèvrerie d'un grand mérite.

Ce qui reste de sa *vieille cathédrale*, à côté de la cathédrale moderne, est une merveille du style byzantin. L'abside vue du dehors est d'une élégance inimitable. L'intérieur est aussi d'un grand intérêt.

Le *Colegio Viejo* compte au nombre des beaux monuments de la ville. On y signale le cloître, l'escalier principal, construit dans le même style que l'escalier du palais de Madrid. Les galeries sont occupées aujourd'hui par le musée provincial. L'église possède d'anciennes peintures.

Le couvent de *Santo Domingo* possède une église dans le style gothique moderne, avec un joli portail couvert d'enjolivements et de statues. La nef est libre; le *coro* est placé au-dessus de l'entrée, supportée par une voûte surbaissée qui attire l'attention. Le cloître est orné d'une grande profusion de figures, de médaillons, de bas-reliefs et de gracieuses arabesques. — Les deux paroisses de *San Martin* et du *Sancti Spiritus* ont des portails d'un style très gracieux.

Le *collège des Jésuites*, occupé par un séminaire, mérite une visite. Le portail de l'église, d'ordre corinthien, est surmonté d'un beau médaillon représentant l'Ascension.

Le collège des ordres militaires *de Calatrava* présente une façade grandiose et un magnifique escalier.

L'Université se fait gloire d'une très ancienne origine. Au XIIe s. déjà on professait dans la vieille cathédrale. Alfonso IX, roi de Léon, fonda l'Université, à laquelle Ferdinand III concéda d'importants privilèges. Au XIVe s., elle était citée au second rang parmi les quatre grandes universités de l'Europe; elle atteignit, au XVIe s., la plus haute période de sa célébrité.

L'enseignement de l'Université de Salamanque, bien déchu de ce qu'il était autrefois, comprend aujourd'hui des chaires de philosophie, de littérature générale, de chimie générale, de physique appliquée, d'économie politique, de droit public et administratif, de langue grecque et d'histoire naturelle. Dans un institut annexé à l'Université, on enseigne le latin et l'espagnol, la géographie, l'histoire générale et celle de l'Espagne, la morale et la religion, la psychologie et la logique, les éléments de physique, d'histoire naturelle, les mathématiques élémentaires, la langue française, la rhétorique, la poétique, la mécanique rationnelle.

La faculté de jurisprudence comprend l'histoire et les éléments du droit romain, le droit civil, criminel et commercial de l'Espagne, les institutions du droit canon, les codes espagnols, la discipline ecclésiastique, la pratique du barreau.

L'Université se compose de deux édifices désignés sous le nom de *grandes et petites écoles*. L'entrée principale, construite sous le règne des Rois catholiques, porte l'écu de leurs armes et des médaillons à leur image. C'est une œuvre achevée, chargée d'une infinité de détails, de médaillons, de bas-reliefs, exécutés avec un grand talent et une rare délicatesse. Des peintures de grand mérite ornent quelques-unes des salles. — La bibliothèque possède environ 60 000 volumes.

Les maisons de la ville sont généralement anciennes; on signale parmi elles : la *casa de las Conchas*, en face du collège des Jésuites. Elle est nommée ainsi en raison des coquilles de pèlerins sculptées en relief sur toutes les assises de sa façade. Le patio se distingue par une grande richesse d'ornements; — la *casa de la Sal*, dont le patio est entouré de belles colonnes et orné de riches médaillons dans le style de la Renaissance.

Un chemin de fer (*V. R. 30*) rejoint à la frontière, à *Fuentes de Oñoro*, dernière station, la ligne portugaise. Services réguliers de voitures.

ROUTE 28.

DE SALAMANCA
AUX BAINS DE LEDESMA

30 kil.

Les bains de Ledesma se trouvent à 8 kil. au S.-E. de la ville de ce nom. On peut aller de Salamanca aux bains (30 kil.) par la rive g. du *Tormès*. La route, très fréquentée pendant la saison des eaux, est desservie par une diligence.

3 kil. *Tejares*, 150 hab., au point d'embranchement de la route de Ciudad Rodrigo. On tourne à dr. en passant à (5 kil. 1/2) *Carrascal de Barregas* (20 maisons), et (6 kil.) à *Parada de Arriba*.

30 kil. **Baños de Ledesma** (9 maisons), à environ 60 pas de la rive g. du Tormès, au pied d'une colline aride et rocheuse. La source, qui est sulfureuse, est très riche en barégine, à la température de 58° centig. L'eau est reçue dans un vaste bassin, abrité par une voûte et entouré d'une espèce de galerie divisée en 40 cabinets ayant chacun un lit destiné au repos

ou à la sudation après le bain. Il existe, en outre, quatre petites salles de bains particulières. L'établissement est aménagé pour les pauvres et les militaires.

La vie matérielle est facile, simple et à bon marché.

Ledesma, la ville, 1570 hab., est située sur la rive g. du Tormès, à 8 kil. des bains. Elle est entourée d'une vieille muraille en pierres, qu'on dit être d'origine romaine. — L'église *Santa Maria la Mayor* est bien bâtie : on y remarque la voûte de la *capilla Mayor*, faite en forme de coquille. La petite place de la *Fortaleza*, un des endroits les plus fréquentés de la ville, est plantée d'arbres. Une autre promenade a été tracée sur la muraille même, au-dessus de la route de Salamanca et du cours pittoresque et rocheux du Tormès.

On peut faire une excursion, par des chemins muletiers, jusqu'à la frontière de Portugal, en suivant le cours du Tormès jusqu'auprès de sa réunion avec le Duero, qui forme cette frontière sur une assez grande étendue. On rencontre là, à 6 ou 7 h. de Ledesma, sur un rocher, dans l'angle formé par le Duero et le Tormès, la ville de *Fermoselle*, 4500 hab., située à 2 ou 3 kil. de la frontière et du vieux château ruiné de *Mucena*, habité par le batelier de la barque qui forme l'unique communication avec la rive portugaise.

L'aspect de Fermoselle est très pittoresque. Cette ville est entourée de collines.

Le cours du Duero, sur une étendue de 20 à 23 kil. au-dessus de Fermoselle, entre cette ville et *Miranda* de Portugal, est resserré dans une gorge excessivement étroite et profonde, un chaos de rochers et de cavernes, sous lesquels le fleuve disparaît. Cette déchirure est hantée par des contrebandiers.

ROUTE 29.

DE SALAMANCA A LA FRONTIÈRE DU PORTUGAL

PAR FREGENEDA ET BARCA D'ALBA.

Chemin de fer. — 75 kil.

On sort de Salamanca par le pont de Tormès et par la route de Ledesma.

On suit cette route jusque un peu au delà du v. de *Tejares* (5 kil. V. R. 28). Au *Ventorillo de Pescante*, on prend à dr. On rencontre le hameau de *Pericalvo*, le v. de *Rollan*, 800 hab., les ham. de *Cabeza* et *Ciperès*; puis la petite V. de *Vitigudino*, 1010 hab., dans une jolie contrée très cultivée et très productive où règne une certaine aisance. Quelques gisements argentifères.

Un chemin partant de Vitigudino, aboutit à **la Fregeneda**, 1006 hab. (75 kil.), au milieu d'une espèce de delta formé par le Duero et par l'*Agueda*, son affluent.

Barca d'Alba est sur l'autre rive du fleuve.

Le Duero est navigable à partir de ce point, lorsque les eaux sont grosses. On peut alors trouver des barques sur lesquelles on descend en une journée jusqu'à *Porto*.

Le chemin de fer venant de Salamanca aboutit à Fregeneda ayant le Duero à dr. descendant de Miranda. En avant coule l'Agueda qui forme la frontière depuis Fuentes de Onoro, à 60 kil. au N.

L'Agueda vient s'unir au Duero à dr., après avoir passé sous un beau pont international de 225 mèt., en 5 travées à 25 mèt. de hauteur, construit par la Compagnie belge de Braine-le-Comte. Ce pont fait la jonction du chemin de fer espagnol avec la grande ligne du Duero vers Porto.

ROUTE 30.

DE SALAMANCA A LA FRONTIÈRE DU PORTUGAL

PAR CIUDAD RODRIGO.

Chemin de fer, 125 kil.

Le chemin de fer part de la gare de la ligne venant de Medina, contourne toute la ville, pour se trouver auprès du *Tormès*, à 15 mèt. 1/2 plus bas que la gare. La rivière est traversée sur un pont en fer de 456 mèt., à 18 mèt. au-dessus des basses eaux.

5 kil. *Tejares*, v. de 180 hab. La voie suit la direction de la route de la *Fregeneda*.

15 kil. *Doñinos*, 150 hab.

21 kil. *Barbadillo*, 600 hab. à dr. dans une belle plaine. Du même côté, *Calzada de don Diego*, 600 hab.

30 kil. *Quejigal*, 130 hab., à g. *Aldehuela*, 400 hab. Une grande église. Passage du rio *Huebra*, pont de 30 mèt. ; à g., *Sta Olalla*, 250 hab.

37 kil. *Boveda*, 160 hab.

56 kil. *Fuente San Esteban*, 500 hab.

60 kil. *Martin del Rio*, 500 hab. Élève de dindons en quantités considérables. A g. se détache une route allant à *Ledesma* (p. 78). 72 kil. *Santi Spiritus*, 160 hab. La voie coupe un contrefort des montagnes de *Carazo*, décrit une série de courbes en tranchées et remblais. A g., *Val de Carpinteros*, 15 maisons. On aperçoit en avant *Ciudad Rodrigo*, sur une haute colline, au milieu d'une plaine baignée par l'*Agueda*.

91 kil. Ciudad Rodrigo, 4852 hab. à 1500 mèt. de la station. Place forte de 2° cl., à 37 kil. d'*Almeida*, place forte portugaise. Peu d'édifices (V. la cathédrale, la chapelle de Cerralbo, celle de Saint-Augustin). Vieilles murailles fort anciennes. Château du temps de Henri de Trastamarre. Beau pont.

101 kil. *Carpio*.

112 kil. *Espeja*, 600 hab.

123 kil. *Fuentes de Oñoro*, dernière station espagnole, entre deux petits cours d'eau, le *Campo*, en Espagne, le *Turon*, en Portugal.

125 kil. *Villarformoso*, première station portugaise. Bureau de douane.

Excursion aux Batuecas.

Sortir de Ciudad Rodrigo vers l'E., par un mauvais chemin où se trouvent *Pedro Toro* (5 kil. 1/2), *Tenebron* (11 kil.) et *Maillo* (5 kil.). Pays très accidenté ; magnifiques montagnes de la Sierra de Francia.

16 kil. Joli village de *la Alberca*, sur un plateau ombragé de grandes plantations de noyers et de châtaigniers. — Vestiges d'un vieux château ; belle église à trois nefs voûtées, avec une tour. — Les **Batuecas** se trouvent à 8 kil. au S.

Les Batuecas sont un espace de 62 kil. carrés environ, complètement inculte et inhabité. C'est un désordre de rochers, de gorges profondes où le jour luit pendant 4 h. seulement dans les journées d'hiver, où croit en toute liberté un fouillis d'arbustes et de plantes de toute espèce. On y pénètre de la Alberca par le N., et par un chemin naturel, mais sans danger ; les montées sont rudes, les sinuosités nombreuses, et à chaque pas de beaux points de vue se développent devant les yeux du voyageur.

Le chemin qui vient de l'Alberca n'est pas le seul ; un sentier très praticable pour les gens qui ont le pied sûr contourne les Batuecas pour aboutir ensuite au territoire des *Hurdès*.

Les Batuecas ont été habitées. Quand on est au pied de la croix de San José, au haut du chemin venant de la Alberca, on aperçoit, au fond de ce désordre, et de ces profondeurs maintenant désertes, les vestiges d'un couvent de carmes déchaussés complètement abandonné. Ses jardins, ses vergers, une olivaie plantée de 500 pieds, ses bosquets de grands arbres, tout cela, clos d'un mur de 3 mèt., avait 1 lieue de tour. Au milieu s'élève encore l'édifice qu'envahissent les grandes herbes. Au-dessus de la porte, un campanile ayant à sa base une niche avec la statue de San José, à son sommet une cloche. De la porte partent deux longues files de cyprès ; au bout est le couvent avec son hôtellerie, son église, ses cloîtres, ses cellules. Un ruisseau, qui a pris le nom de la vallée, passe au pied de l'église, arrose les jardins et longe une magnifique allée de cèdres ; dans les jardins subsistent quinze humbles ermitages où les religieux se retiraient à certaines époques de pénitence.

Ce couvent abandonné est la propriété du duc d'Albe, et personne ne le garde.

La vallée des **Hurdès** est située plus à l'E. et séparée des

Batuecas par l'une des chaînes qui en forment la muraille, c'est un autre désert non moins curieux. C'est une masse informe et confuse de hautes montagnes occupant un espace de 60 kil. de l'E. à l'O., et de 54 du N. au S., coupé par quelques vallées irrégulières où sourdent une infinité de cours d'eau. La végétation est vigoureuse et variée; des chênes-verts, des lièges ou des châtaigniers, hors de la portée des bûcherons, tombent de vieillesse ; en certains endroits, les rares naturels de cette contrée ont pu, en construisant des murs d'appui, retenir et niveler un peu de terre végétale et se créer des jardins.

Les habitations perdues dans ce désordre sont comme enfouies dans les parties les plus profondes; elles sont pour la plupart privées de soleil depuis novembre jusqu'à février.

Ce sauvage territoire de 2 000 kil. carrés est habité par un millier d'individus d'une race indolente et dégénérée, ne connaissant rien des choses les plus nécessaires à la vie. Presque tous vont mendier dans les provinces voisines ; quelques-uns vendent, jusqu'à Ciudad Rodrigo, les fruits de leurs jardins ; quelques femmes vont aux maisons de miséricorde de cette ville et de Plasencia, demander de malheureux enfants trouvés qu'on n'a pas honte de leur confier, et qu'elles élèvent misérablement, avec l'aide d'une chèvre et sur le fumier de leurs taudis. Ils vivent de patates cuites, de quelques fèves, de racines sauvages. Ils sont de petite taille, d'un aspect répugnant, mais d'une rare agilité. Ils vivent dans un état permanent de sauvagerie, ignorants sur toute chose, sans connaissance du droit commun, sans idées religieuses, dans une licence absolue. Quelques tentatives ont été faites par un évêque de Plasencia pour moraliser cette malheureuse population ; son œuvre n'a pas été continuée.

ROUTE 31.

DE SALAMANCA A PLASENCIA

124 kil.

On sort de Salamanca par le pont du Tormès. — On rencontre *Aldeatejada* (5 kil. 1/2), *Miranda de Azan* (3 kil.), *Aldeanuevita* (5 kil.); — à dr., *Bernoy*, *Navagallega*, *Navarredonda*, au milieu de plaines stériles. — A g., à env. 11 à 12 kil., coule le Tormès.

34 kil. 1/2. *Fuente Santa*, 3 hab.

45 kil. 1/2. *Fuente Roble*, 418 hab., vaste plaine en pâturages.

51 kil. *Val de la Casa*, 200 maisons, dont une partie ne sert qu'à loger les bestiaux.

56 kil. 1/2. *Valverde*, 156 hab.

62 kil. 1/2. *La Calzada*, 565 hab.

66 kil. 1/2. *Bejar*. V. fort ancienne, entourée de murs en

ruines. — Vieux palais ducal, appartenant aux ducs d'Osuna, et digne d'attention. Mouvement ndustriel; toiles de lin et de chanvre, draps fins qui rivalisent avec ceux de Catalogne. — 200 fabriques occupant 5 000 individus et produisant 650 000 mèt. de drap et de flanelle. — Bejar communique par des bons chemins muletiers avec la Calzada ou avec Baños.

Après avoir quitté Bejar, on franchit sur un beau pont, nommé le *puente de la Magdalena*, le ruisseau *Cuerpo de Hombre*. On commence à monter vers le *port de Baños*, au milieu des montagnes. Chemins difficiles, souvent dangereux.

78 kil. 1/2 **Baños**, 1 656 hab. Maisons avec grandes galeries en bois, nommées *corredores*, régnant sur toute la largeur du premier étage. — Église *Santa Maria*, clocher carré.

Un torrent bondit au milieu de roches énormes et traverse Baños.

Établissement thermal autrefois connu des Romains. Vaste édifice renfermant 4 grands bassins généraux ou piscines, 4 bassins plus petits dits particuliers et 9 baignoires. Système excellent de distribution des eaux. La source est sulfureuse (59° centig.).

Les eaux de Baños ont une grande réputation, et malgré le mauvais état des chemins, il y vient annuellement 1 500 malades de toutes les villes environnantes. Saison du 1er juin au 30 septembre. On trouve des logements dans les maisons qui entourent l'établissement, ou dans quatre posadas situées sur l'une des places du bourg.

On retrouve, à la sortie de Baños, l'ancienne voie romaine de la Plata, qui traversait l'Espagne de Santander à Cadix. A g. *Heroras*, à 4 kil. — On descend jusqu'au fond de la vallée de l'*Ambroz*.

89 kil. 1/2 *Aldea Nueva de Camino*, 951 h. Maisons garnies de balcons de bois à l'étage supérieur; rues mal pavées.

124 kil. **Plasencia** (R. 76).

ROUTE 32.

D'AVILA A SALAMANCA

100 kil.

Avila (V. R. 1, p. 19) a été un point important de communication entre la capitale et la plupart des villes de l'O. On trouve des services de voitures à peu près réguliers dans ces directions. — Un chemin de fer a été projeté par Peñaranda; l'exécution en paraît peu prochaine.

On sort d'Avila par la *Puerta del Carmen*, au N.

20 kil. *Aveinte*, 165 hab. Maisons misérables, bâties en terre.

34 kil. *Crespos*, 241 hab. Territoire de moyenne fertilité.

62 kil. *Peñaranda de Bracamonte*, 3 438 hab. Maisons fort anciennes pour la plupart et bien construites; rues larges et

droites; église en pierre de taille et d'un très bon style. — Plusieurs routes se croisent à Peñarada, il s'y fait un mouvement important de voyageurs de commerce et d'industrie. Six bonnes hôtelleries et des posadas.

On prend à l'O. une route en assez mauvais état.

75 kil. *Ventosa del Rio*, 208 hab.

81 kil. *Encinas de Abajos*, v. de 162 hab.

86 kil. 1/2 *Calvarassa*, 478 hab., dans un fond humide; terres argileuses.

94 kil. 1/2 *Santa Maria*, 143 hab. Culture de légumes très appréciés.

100 kil. **Salamanoa** (*V.* R. 26).

ROUTE 55.

D'AVILA A PLASENCIA

102 kil.

On sort d'Avila à l'E. après avoir traversé l'*Adaja*. La route longe à dr. les montagnes de la *Sierra de Avila*, à g. *el Fresno*, 410 hab.; à dr. *la Serrada*, *Muño-Pepe*, *Padiernos* et *Muñochas*.

17 kil. *Muñogalindo*, 816 hab. Jolie position; jardins.

34 kil. *Villatora*, 523 hab. Hautes montagnes; la route contourne les pentes de l'une d'elles pour s'engager dans un défilé de difficile accès, qui porte le nom de *puerto de Villatora*.

Un chemin muletier en descend, dans la direction du N., pour atteindre *Peñaranda*, à 37 kil.

A 2 kil., *Villafranca de la Sierra*, 1 119 hab. On laisse à dr., à 6 kil. sur le versant de la montagne, *Bonilla*, b. de 1050 hab.

56 kil. 1/2 *Piedrahita*, 2415 hab. Position très riante et très pittoresque; rues empierrées et larges, maisons généralement bâties en pierre. Ruines d'un très ancien palais.

La route, en bon état, descend la vallée du *Corneja*, origine du Tormès. A g. *La Casa* et *Palacios*.

62 kil. *San Bartolomé*, 16 maisons.

75 kil. *Puente del Congosto*, 494 hab. Pont en pierre.

On rencontre, au delà, *Santibañes de Bejar*, 168 hab., *Medinilla*, *Vallegera*, 176 hab., au milieu du port, à une altitude de 1 245 mèt. Aspects magnifiques. Descente par *Navacarros* (588 hab.), *Palomares* 200 hab., puis *Bejar*, R. 31.

De Bejar suivre la route 31, par Baños jusqu'à Plasencia.

RÉGION NORD

ROUTE 34.
DE BAYONNE A IRUN
Par la vallée de Batzan.

Route de terre. — 97 kil.

A la sortie de Bayonne, on laisse à dr. la route de Saint-Jean-de-Luz et le chemin de fer d'Espagne[1].

13 kil. *Ustaritz*, V. de 2504 hab.

A 2 kil. environ d'Ustaritz, la route laisse à g. celle qui conduit à Cambo, station thermale fréquentée. Trois montagnes attirent principalement les regards : l'*Ursouia* à g., le *Mondarrain* presque en face, et la *Rhune*, au loin, à dr.

19 kil. *Espelette*, bourg de 1552 hab., dans l'une des parties des plus accidentées et les plus riantes du pays basque.

24 kil. *Ainhoa* 764 hab., le

[1]. Excursion circulaire qui peut ramener à Bayonne par le chemin de fer du Midi de France. — La même route peut être suivie pour aller de Bayonne à Pampelune :
A. De Bayonne à Mugaïri (55 kil.) ci-après ;
B. De Mugaïri à Pampelune (45 kil.) —100 kil. (voir à la R. 55, d'Irun à Pampelune).

dernier village français. A 3 kil plus loin, on franchit la Nivelle sur le pont de *Dancharianea*, qui forme les limites de la France et de l'Espagne (27 kil.).

—

La route remonte la rive g. de la Nivelle et traverse le hameau de *Leordas*.

30 kil. *Urdax*, 600 hab., dans une position délicieuse. Vieux monastère de *San Salvador* aujourd'hui inhabité. La chapelle est devenue l'église paroissiale de la commune. Lourd clocher carré à toiture aplatie.

En quittant Urdax, la route gravit les rampes du *port d'Otsundo* (583 mèt.), auprès du pic Alcarruns. Au delà se trouve le *col de Maya*, théâtre d'un combat acharné entre les Français et les Anglais, en 1813. La vue s'étend, en arrière, sur un vaste panorama, et sur tout le territoire de l'arrondissement de Bayonne. Le col franchi, on descend rapidement, ayant à dr. la montagne, couverte de bruyères et plantée de chênes-verts, à g. le beau vallon de *Maya*.

41 kil. *Maya*, 491 hab. La route laisse cette commune à

g. On traverse le ruisseau de Maya; à g., le bourg d'*Arizcun* (1250 hab.). A dr., le v. d'*Azpilcueta* (525 hab.). Le ruisseau de Maya et un autre ruisseau se réunissent pour former le *Baztanzubi*, ou rivière de Baztan, qui prend plus loin le nom de *Bidassoa*.

44 kil. *Elvetea*, v. de 350 hab. Église carrée précédée d'un porche en bois; maisons solides, peu éclairées. — A dr., un édifice, composé de trois façades à galeries, formant une grande cour carrée; cette maison est le refuge des pauvres de la vallée.

46 kil. **Elizondo**, chef-lieu de la vallée de Baztan.

La **vallée de Baztan** est un des territoires les plus riches de la Navarre. Ses habitants sont hospitaliers, laborieux et très habiles cultivateurs. Sa population est d'environ 8000 hab. Elle a 7 lieues d'étendue (lieues espagnoles, ou 39 kil.) du N. au S., et 4 lieues (22 kil.) de largeur de l'E. à l'O.

Elizondo, bourg de 4300 hab. — La douane, où l'on visite les bagages des voyageurs, est tout à l'entrée du bourg, sur l'un des côtés de la place. Sur l'autre côté se trouve l'église, carrée, massive, construite en pierres rouges, sans ouvertures, et surmontée d'une tour également carrée, avec quatre cloches, et terminée en coupole.

Au fond de la place, on voit un vieil édifice nommé le *Palacio de las Gobernadoras*, au rez-de-chaussée duquel s'étend une galerie ouverte servant de jeu de paume. De ce point, on peut voir la ville sous son aspect le plus pittoresque.

L'hôtel de ville, grand bâtiment carré du XVII° s., surchargé de médaillons de bois, sous la forme d'aigles impériales. L'écu de la vallée est sculpté sur la façade.

49 kil. *Irurita*, v. de 900 hab. Grandes et vastes maisons à l'aspect confortable, avec mâchicoulis trilobés, fenêtres mauresques et écussons armoriés.

Au delà d'Irurita, la route descend en pente rapide. — Vallée bien cultivée, couverte de plantations.

51 kil. *Arrayoz*, 279 hab., sur la rive g. du *Baztan* et sur le penchant d'une montagne. Jolie vallée partagée en jardins et en prairies. — Les collines se rapprochent, la rivière coule au fond d'un ravin, au milieu des rochers. — On traverse *Oronoz* (450 hab.). En avant, une jolie habitation carrée, surmontée d'un belvédère, et entourée de jardins (*palais Reparazea*).

55 kil. *Mugaïri*, 305 hab., le v. est à g. Le Baztan coule à dr., et reçoit le torrent du *Marin*, qui descend de la g. sous un pont que la route traverse pour continuer vers Irun par *Navarte* et *Vera* (*V*. R. 35). La route se bifurque à g., avant le pont de Mugaïri, en remontant le cours du Marin, pour franchir le *Port de Velate* et atteindre *Pampe-*

lune, à 82 kil. de la frontière française (*V. R.* 35).

Le Baztan prend, à son confluent avec le Marin, le nom de *Bidassoa*, et la route d'Irun accompagne le fleuve.

ROUTE 35.

DE IRUN A PAMPELUNE

PAR VERA.

Route, 87 kil.

Service régulier de voitures, 8 pesetas.

On descend de *Irun* en suivant la route royale d'Espagne en France. A g., la plaine et en arrière *Fontarabie*; à dr., les hauteurs que couronne *San Marcial*. On rencontre la *Bidassoa*, dont on remonte la rive espagnole, en passant auprès de *l'île* célèbre de *la Conférence*. La route de France franchit la Bidassoa sur le pont de *Béhobie*; la route de Pampelune longe le fleuve, qui forme, sur 9 kil. encore, la limite entre les deux pays.

La route passe de la rive g. à la rive dr. de la Bidassoa sur le pont de *Endarlaza*. Au delà du pont, à dr. de la route, une forge avec martinets, et un peu plus loin, à g., un poste de carabiniers.

15 kil. **Vera**, petite V. de 1850 hab. Place importante dans l'industrie minière et métallurgique de la province de Navarre.

La route continue à suivre la rive dr. de la Bidassoa. A dr., *Lesaca* (2000 hab.), l'une des « cinq villes de la montagne » : les quatre autres sont *Vera, Yanci, Echalar* et *Aranaz*. — Joli pont hardi et élancé, nommé le pont de *Macharin*, reliant la route à Lesaca. — La rivière décrit de nombreuses sinuosités; la route l'accompagne au milieu des rochers et sur le flanc des montagnes. Sites des plus pittoresques. — A 7 kil. 1/2 de Vera, *Berrizon* à dr.; beau pont et chemin conduisant à Yanci. Au-dessus de Berrizon, à g., montagne de *Anyo*. Un peu plus loin, la gorge se resserre.

31 kil. *Sumbilla*, 1500 hab., jolie plaine très cultivée. Une montagne en cône, le *Mundaur*, dont le sommet est à une altitude de 557 mèt., domine la petite plaine. Sumbilla appartient à la vallée de *Santesteban de Lerin*, très riche en pâturages. Les montagnes produisent des chênes et des hêtres.

A dr., au pied du Mundaur, *Elgorriaga* (400 hab.), où l'on exploite deux mines de sel gemme. A la hauteur de ce village et à 1000 pas sur la dr., de l'autre côté de la Bidassoa, la petite ville de *Santesteban*. — La vallée s'élargit. Sommets boisés, pâturages sur les versants; habitations ombragées de bouquets d'arbres. — A dr., sur la rive g. de la rivière et sur les pentes N. de la montagne d'*Ireperri*, s'étend le joli village de *Legasa*.

40 kil. *Navarte*, 400 hab., métairies, champs, limités par

des murs en pierres sèches. La route franchit la Bidassoa sur un pont de pierre. — *Oyereguy* (100 hab.), au pied d'un contrefort du mont Ireperri. A 300 mèt. plus loin, à g., une jolie habitation carrée surmontée d'un belvédère, et entourée de jardins, au milieu desquels une serre (*palais de Reparazea*). En avant, pont de pierre sur le torrent de *Marin*, qui descend de la jolie vallée d'*Almandoz*. De l'autre côté de ce pont, la route se réunit à celle qui vient de la vallée de Baztan au hameau de

42 kil. *Mugairi*. Le v. est à g. (305 hab.). La route remonte, à dr., le cours du rio Marin, qui coule au fond d'une vallée très profonde. — Belle vue en arrière, sur les hauteurs de la vallée de Bertiz-Arana. — Nombreux travaux d'art. Le plus remarquable est un pont de 3 arches, en marbre, au-dessus d'un ravin de 22 mèt. de profondeur.

48 kil. *Almandoz*, v. de 343 hab., entouré de carrières de marbre et de forêts de hêtres.

La route, laissant à dr. un chemin plus court pour les piétons et les cavaliers, s'élève en lacets sur le flanc des montagnes plantées de chênes et de châtaigniers. Au sommet de cette montée, la culture cesse; sommets arides, à peine plantés de bruyères et d'arbres rabougris. On s'engage entre d'autres montagnes. — Bergeries couvertes en grandes pierres plates; maison blanche entourée de quelques arbres, au bord d'un ravin boisé; cette maison est la *Venta del Baztan*.

Ce passage, qui sépare la vallée de Baztan de la Navarre, se nomme le *Port de Velate* (altitude 828 mèt.). — Route sans parapets; ravin profond bordé de hêtres magnifiques.

Le défilé cesse à la *Venta de Arraiz*, sur un plateau planté d'arbres. La route descend : ravins à g.; à dr., les pentes du mont *Ocolin*. Vallée très boisée et plantée de chênes énormes, arrosée par l'*Ulzama*.

66 kil. *Olagüe*, 285 hab.; plus loin, *Etulain* et *Burutain*.

74 kil. *Ostiz*, v. de 215 hab., situé à dr. sur le penchant du mont Sarroa : montagnes arides et dépourvues de végétation. *Beraiz* à g., *Enderiz* à dr., puis *Olaiz* et *Olabe*.

79 kil. *Sorauren*, 318 hab. Église avec tour carrée, à g. — A Sorauren eut lieu, au mois de juillet 1813, un combat entre les troupes du maréchal Soult et l'armée du général Wellington.

Au delà de Sorauren, la route court en ligne dr.; la vallée s'élargit. Sur la dr., quelques hameaux, *Euza*, *Ascoba*, *Azoz*.

82 kil. *Arre* ou *Vinarrea*, 305 hab. La route traverse l'Ulzama et laisse à g., à 1 kil., *Huarte*.

83 kil. 5. *Villava*, V. de 1275 hab., sur la rive dr. de l'Ulzama. A g., les ruines d'un ancien monastère de Trinitaires. Rue étroite, bordée de maisons bien bâties. Fabrique très importante de papiers peints. — On

pénètre dans la vallée de l'*Arga*, et on franchit cette rivière sur un beau pont en pierres de taille. On aperçoit *Pampelune*, sur un mamelon, au centre d'une plaine formée par un immense cercle de montagnes. Cette plaine, d'une fertilité remarquable, se nomme la *campiña* ou *cuenca* de Pampelune. La route monte doucement et décrit une grande courbe en vue de la ville. — On entre par la porte San Nicolas.

87 kil. **Pampelune*** (*Pamplona*), V. de 22500 hab. Résidence d'un capitaine général, siège d'un évêché suffragant de Burgos, d'une *audiencia* ou cour d'appel.

Pampelune domine tout le pays. Ses fortifications sont en assez mauvais état, notamment celles de la citadelle. Elles forment à peu près un quadrilatère rectangulaire. La citadelle est au S. O. — La ville est d'un joli aspect, bien bâtie et bien administrée. La *place de la Constitucion*, une des plus grandes qui soient dans la Péninsule, présente un grand carré formé au S. par le théâtre et le palais de la Députation provinciale, et sur les autres faces par des édifices à trois ou quatre rangs de balcons. Les rez-de-chaussée forment galeries. Au centre est une fontaine monumentale.

Le *théâtre* a peu d'apparence au dehors; l'intérieur est commode, bien distribué; il peut contenir 800 personnes.

Le palais de la *Députation provinciale* renferme une belle salle richement décorée, garnie de portraits. Ses archives possèdent des documents curieux.

La *place des Taureaux* occupe une circonférence de 252 mèt. et peut contenir 8000 personnes. Les *jeux de paume* sont dans le voisinage du théâtre et de la place des Taureaux.

L'hôtel de ville, ou *casa municipal*, est un ancien édifice en pierre de taille, d'une architecture médiocre; l'intérieur en est spacieux et intéressant à visiter. Deux beaux salons richement ornés sont destinés aux réunions de l'Ayuntamiento; l'un d'eux est décoré de tableaux représentant les douze rois de Navarre.

Le marché principal mérite l'attention toute particulière des étrangers. Les règles qui président à la fixation des prix, les précautions employées pour prévenir la hausse des grains, pour éviter les coalitions et les monopoles, pour empêcher les erreurs volontaires de poids de la part des vendeurs, pour contrôler le bon état des denrées, assurer la bonne et saine fabrication du pain, toutes ces institutions très remarquables sont dignes d'une sérieuse étude. Les étrangers ne doivent pas négliger de visiter la boulangerie municipale, située sur le Paseo de Valencia.

L'hôpital général est un vaste édifice qui peut contenir jusqu'à 800 lits. — La *casa de la*

Misericordia sert de refuge aux pauvres valides. — L'*Inclusa* ou *Maternidad* recueille les enfants trouvés de toute la province et les orphelins de père et de mère.

La **cathédrale** est un des édifices religieux les plus importants, les plus complets et les plus corrects que l'Espagne ait conservés. La façade actuelle date de la fin du siècle dernier; elle contraste peu heureusement avec les richesses du style gothique du reste de la cathédrale. Les deux tours, d'une hauteur de 50 mèt., sont majestueuses. Elles renferment 10 cloches dont la principale, réservée pour les grandes fêtes, pèse, dit-on, 119 quintaux métriques.

La cathédrale a la figure d'une croix latine: elle se compose de cinq nefs. Au milieu est le chœur, qui, comme tous ceux des églises espagnoles, a le tort grave d'intercepter la lumière et d'interrompre la perspective. Il est fermé par une belle grille, chef-d'œuvre de serrurerie de la Renaissance. A l'entrée se trouve le tombeau de Charles III de Navarre et de sa femme Léonor de Castille. Les deux statues royales sont en marbre blanc, couchées sur le couvercle; elles portent le manteau royal et la couronne.

La boiserie du chœur est toute en chêne d'Angleterre. Elle se compose de deux rangs de stalles précieusement travaillées. Les dossiers du premier rang sont occupés par des personnages en demi-relief, de plus d'un mèt. de hauteur, représentant des saints, des prophètes, des patriarches.

On signalera rapidement les autres particularités remarquables de la cathédrale de Pampelune: la *capilla mayor*, fermée, comme le *coro*, par une grille magnifique; — les *nefs latérales*, — les *sacristies*, décorées de peintures dont quelques-unes sont remarquables. On y conserve une image de *N. D. del Pilar*, et une motte de terre sur laquelle la tradition dit que la Mère de Dieu a posé le pied.

Le cloître est magnifique et renferme des trésors de sculpture. Il faut citer: la porte qui communique à l'église; le tombeau en marbre du général Mina; le mausolée du comte de Gages, ancien vice-roi de Navarre; le tombeau de don Lionel de Navarre et de sa femme; une Adoration des Mages; le tombeau de l'évêque don Miguel Sanchez de Asyain; la *Barbazana*, belle chapelle gothique où l'on conserve de précieuses reliques.

La chapelle de la *Santa Cruz* est digne d'attention. La grille qui la ferme est un vénérable souvenir de l'histoire de la Navarre; elle a été forgée avec les chaînes conquises à la célèbre bataille de las Navas de Tolosa et qui entouraient la tente de Mohammed-al-Nasr. — Il existe aussi des fragments de ces chaînes dans la salle de la députation provinciale dans la cathédrale de Tudela et à Roncevaux.

Il faut encore signaler dans Pampelune : la paroisse de *Saint-Saturnin*, premier évêque de la ville. L'église, fort ancienne, renferme de curieuses sculptures ; la paroisse de *San Lorenzo* et la chapelle de Saint-Firmin, spécialement consacrée aux cérémonies de l'Ayuntamiento ; la *basilica* de Saint-Ignace de Loyola.

Parmi les promenades de la ville, la *Taconera* est la plus importante. Elle commence auprès de la grande place, devant la citadelle, et s'étend jusqu'aux remparts, en vue de la vallée et d'un magnifique amphithéâtre de montagnes.

De Pampelune à Saint-Sébastien (*V*. R. 56), en sens inverse ; — à Irun (R. 55, en sens inverse) ; — à Saint-Jean-Pied-de-Port, Saint-Étienne de Baigorry, Tardets, *V. l'Itinéraire des Pyrénées*, par Adolphe Joanne) ; — à Soria (R. 59).

ROUTE 56.

DE SAINT-SÉBASTIEN A PAMPELUNE

A. Par la route de terre.

78 kil. 1/2.

Pour le même trajet par voie de fer, *V*. R. 1 (*Saint-Sébastien-Alsasua*) et ci-après (*Alsasua-Pampelune*).

18 kil. De **Saint-Sébastien** à **Tolosa**. [Voiture à Saint-Sébastien.] Jolie route parallèle au chemin de fer (R. de 1er ordre d'Irun à Madrid, suivant les bords de l'Oria, par Hernani, Andoain, etc. (*V*., jusqu'à Tolosa, la R. 1, p. 5).

En quittant Tolosa pour prendre, vers l'E., la route de Navarre, on traverse l'*Oria* sur un beau pont de 5 arches. La route est variée et pittoresque.

26 kil. *Lizarza*, joli bourg de 610 hab., entre deux collines, traversé par l'*Aspiroz*, affluent de l'Oria. — Église paroissiale avec un retable dont le premier corps est considéré comme une œuvre de mérite.

36 kil. *Atallo* (50 feux). Territoire très fertile et parfaitement cultivé. Collines couvertes de beaux arbres.

37 kil. *Arriba*, 460 hab. L'Aspiroz y reçoit une foule de petits cours d'eau. Au-dessus, le mont *Elosua*.

38 kil. *Betelu*, 675 hab. Les sources de l'Aspiroz sont à peu de distance. Les eaux sont très abondantes dans tout ce pays. — Établissement de bains alimenté par une source sulfureuse efficace, dit-on, pour le traitement des maladies de la peau. A env. 5 kil. de ce village, la route traverse le hameau de *Lezaeta*.

51 kil. *Lecumberri*, 80 maisons, au milieu de la jolie *vallée de Larraun*, dominée par de hautes montagnes toutes boisées. Le ruisseau de *Lecumberri* traverse la vallée et le village. — La route se trouve resserrée entre deux montagnes rocheuses. On appelle ce défilé

le *Paso de las dos Hermanas*. A quelque distance au delà, on rencontre à dr. une route venant de Vitoria.

61 kil. 1/2 *Irursun* (25 feux), situé au pied de la montagne de la *Trinidad*, l'une de celles qui entourent la *cuenca* de Pampelune. A Irursun passe la voie de fer venant d'Alsasua. La route traverse de beaux pâturages.

67 kil. 1/2. *Erice* (20 maisons), à l'entrée de la *cuenca*.

78 kil. 1/2. **Pampelune** (*V.* R. précédente).

B. Par chemin de fer, Saint-Sébastien à Alsasua.

Route 1re, 86 kil.

Prix : 1re cl., 9 pes. 85; 2e cl., 7 pes. 40; 3e cl., 4 pes. 45.

C. Alsasua à Pampelune.

Prix : 1re cl., 6 pes.; 2e cl., 4 pes. 50; 3e cl., 4 pes. 70.

Le chemin de fer pénètre dans la vallée de Borunda. *Urdiain* (800 hab.), village d'agriculteurs et de pasteurs. *Iturmendi* (460 hab.), entouré de forêts riches en bois de construction.

9 kil. *Bacaïcoa*, dans une petite plaine. A dr., les montagnes de la *Sierra de Urbasa*.

10 kil. *Echarri-Aranaz*, petite V. de 1015 hab. — Vallée fertilisée par un grand nombre de ruisseaux. — Haute montagne, la *Peña de Beriain*.

A g., jolis villages éloignés l'un de l'autre de 2 kil. : *Arbizu* (800 hab.), *Lacunza* (1000 hab.), *Arruazu* (360 hab.). Pont sur le Borunda.

19 kil. *Huarte Araquil* (656 hab.). — Belle plaine fertile, peuplée de troupeaux. — Au-dessus de Huarte, la chapelle de *San Miguel de Excelsis*, en grande vénération dans le pays.

A g., *Irañeta* (350 hab.), *Yabar* (380 hab.) et

26 kil. *Villanueva* (260 hab.). — Une gorge étroite, à g., porte le nom de *Paso de las dos Hermanas*.

31 kil. *Irursun*, v. de 25 feux, à l'entrée d'un long défilé par lequel la route de terre pénètre dans la campagne de Pampelune. Tunnel de 98 mèt. — *Osquia*, deux ponts sur l'*Araquil*. Remblais et tranchées considérables, dans un pays très accidenté et des plus pittoresques.

43 kil. *Zuasti*, 80 hab.; *Loza*, 85 hab. De ce point, la voie décrit dans la campagne, une grande courbe qui la conduit à la station.

52 kil. **Pampelune.** *V.* R. 55.

ROUTE 37.

DE PAMPELUNE A SARAGOSSE

182 kil.

Prix : 1re cl., 20 pes. 80; 2e cl., 15 pes. 60; 3e cl., 9 pes. 40.

La station du chemin de fer de Pampelune à Saragosse se trouve à près de 2 kil. de la ville, sur la route de Vitoria et sur la rive dr. de l'Arga. La voie traverse cette rivière, puis l'Elorz, et coupe la route de Pampelune à Estella. — A dr. *Zizur mayor* (160 hab.); un peu plus loin, *Zizur menor* (100 hab.). On traverse de nouveau l'Elorz, puis le village d'*Esquiroz* (200 hab.), peuplé de gitanos.

15 kil. *Noaïn* 150 hab. — A g. se développe le magnifique aqueduc qui alimente la ville de Pampelune, et porte le nom d'*Aqueduc de Subiza*. Sa hauteur, au-dessus de la partie la plus basse de la vallée, est de 18 mèt. Il est divisé en 97 arcades en briques, ayant chacune 8 mèt. d'ouverture, soutenues par de solides piliers en pierre de taille de 2 mèt. d'épaisseur. Le chemin de fer passe sous l'aqueduc.

En quittant la station de Noaïn, la voie court en droite ligne vers la *Sierra de Alaiz*, ayant en avant le mont *Carrascal*. — A g., le v. d'*Oriz*. Plus loin, au sommet d'un monticule, le vieux château de *Tiebas*.

22 kil. *Biurrun*, à l'entrée du défilé de la Sierra d'Alaiz. — La voie monte et pénètre en pleines montagnes; pays triste et coupé de collines. A dr., *Muruarte de Reta*, v. de 160 hab. Au delà, on atteint une altit. de 595 mèt. — A cette hauteur et à g. se trouve la *Venta del Piojo*, et plus loin le village d'*Unsué*. La voie descend, coupant deux fois la route de Tudela, et laissant à g. *Mendivil*

(95 hab.). Du même côté *Barasoaïn* (400 hab.).

34 kil. *Garinoaïn* (300 hab.). Pays accidenté et sans culture. A g. *el Pueyo*, joli village pittoresque. Quelques vignes et des oliviers, les premiers depuis Pampelune. On traverse le *Zidacos*, puis

43 kil. *Tafalla*. Petite V. de 4830 hab., qui fut longtemps la résidence des rois de Navarre. Palais en ruines, entouré de vastes jardins clos de murs. Hôtel de ville moderne. Dans l'église principale, *Santa Maria*, un beau retable gréco-romain. Pont sur le Zidacos.

48 kil. *Olite*. Petite V. de 2000 hab., à dr., dans une jolie plaine fertile. Deux églises : l'une, *San Pedro*, avec une tour gothique très élevée. Dans l'autre, *Santa Maria*, existent un portique avec les statues des douze apôtres, et des fonts baptismaux d'une belle exécution.

Le chemin de fer parcourt une belle plaine cultivée. A g., *Beire* (280 hab.), *Pitillas* (500 hab.), *Murillete* (200 hab.); puis *Traibuenas* (100 hab.).

60 kil. *Caparroso*. Le bourg (1600 hab.) est à g., à 6 kil. de la station, sur l'autre bord de l'Aragon, au confluent du Zidacos et l'Aragon, et dominé par une colline conique. Vieux château féodal de San Martin. — Vaste contrée désolée, formée de maigres pâturages, nommée *las Bardenas reales*, appartenant au patrimoine royal.

68 kil. *Marcilla* (800 hab.).

On aperçoit à g. le cours et les grandes nappes d'eau de l'Aragon. Marcilla est à 2 kil., à dr., dans une plaine fertile. Vieux manoir, encore en bon état, de Mosen Perez de Peralta, connétable de Castille, qui vivait au xv° s. — A 4 kil. en arrière de Marcilla, *Peralta*, petite V. de 4200 hab., entourée d'une plaine très fertile, donnant de beaux fruits et surtout des vins qu'on compare à ceux de Malaga.

La voie rencontre l'Aragon, et le traverse sur un beau pont long de 480 mèt., sur piles tubulaires en fer, et divisé en 16 travées de 20 mèt. chacune.

74 kil. *Villafranca*, V. de 3500 hab. — Territoire productif en blé et aussi en vins qui ne méritent pas une moindre réputation que ceux de Peralta.

A dr., à 5 kil., sur une colline, *Milagro*, V. de 1500 hab., dominée par une tour élégante. Jolie église.

79 kil. *Milagro*, st. La ville, 1260 est à 3 kil. à dr. — Vaste et belle plaine, coupée au milieu par l'Èbre, vers lequel on descend en ligne droite. Au delà du fleuve, on aperçoit *Alfaro*, sur la voie de fer de Castejon à Miranda (R. 58), et, dans le fond, *Corella*. — La voie traverse l'Èbre, sur un pont considérable, de même construction que celui de l'Aragon, long de 700 mèt., en 21 travées de 50 mèt., avec fortes culées en maçonnerie.

88 kil. **Castejon.** — **Embranchement** de la grande ligne de l'Èbre allant de Saragosse à Bilbao. *Changement de train* pour Logroño, Miranda, les lignes du Nord et la ligne de Bilbao. — *Buffet*.

Plaine et grands pâturages ; à g., le *Soto* de Castejon, domaine de chasse. — Remblai au-dessus des beaux jardins et des cultures maraîchères de la *Mejana*. On traverse Tudela dans toute sa longueur, ayant vue à g. sur le vieux pont où passe l'ancienne route.

104 kil. **Tudela** (4000 hab.). Maisons élevées et solidement bâties, rues tristes et étroites. Jolie église (*la Basilica*). Deux jolies promenades, l'une d'hiver, l'autre d'été, le long de la route de Saragosse, auprès de la *plaza de Toros*, vaste édifice moderne, situé derrière la station.

Vastes champs, beaux oliviers, jusqu'à *Fontellas* (180 hab.). — L'Èbre paraît à 100 mèt. à g., au lieu dit le *Bocal*, où se trouvent le point d'attache et la prise d'eau du canal d'Aragon (*V*. R. 44). Au delà de l'Èbre, *Cabanillas* (450 hab.), *Fustiñana* (1000 hab.).

114 kil. *Rivaforada*, v. de 200 hab., situé à 200 mèt. à g. Dans le fond, à dr., on découvre le *Moncayo*, arête centrale de l'Espagne, qui domine l'Aragon, la province de Soria et la Nouvelle-Castille.

126 kil. *Cortès* (1200 hab.). Dernière localité de la Navarre. — Château des comtes de Zaldivar.

On franchit le ravin de la Marga sur un pont de 45 mèt. Remblai de 1 kil., sur 20 mèt. de hauteur. — Tranchée de 2 kil., dans la marne.

136 kil. *Gallur*, petite V. de 1500 hab., dans une position pittoresque. Église très élevée, surmontée d'un joli campanile.

A g., sur la rive opposée de l'Èbre, *Pradilla*, entrepôt des blés du haut Aragon.

144 kil. *Luceni* (500 hab.). — Grandes campagnes à dr. A g., l'Èbre, dominé par un beau groupe de montagnes. — Sur le bord du fleuve, *Alcala de Ebro* (250 hab.). Sur l'autre rive, *Remolino*, v. de 600 hab.; exploitation de salines.

148 kil. *Pedrola* (1800 hab.).

157 kil. *Alagon*, petite ville de 1950 hab., au milieu d'une plaine spacieuse. Église *San Antonio de Padua*, d'une construction élégante; avec dôme en briques de différentes couleurs. — A g., au delà de l'Èbre, et au-dessus de la montagne, les ruines du château de *Castellar*. Pont de fer sur le Jalon.

161 kil. *La Joyosa* (150 hab.), à g. — A dr. *Torrès* (1500 hab.), sur le bord de l'Èbre. Auprès de Torrès, *Sobradiel*. Belles cultures; canaux d'irrigation.

166 kil. *Las Casetas.* **Embranchement de la ligne de Saragosse à Madrid.** — Changement de train pour les voyageurs de Pampelune à Madrid.

Utebo (600 hab.). Tour octogone en briques. Plus loin, *Mohzalbarba*, v. de 500 hab.

Des deux côtés de la voie des maisons de campagne. — Au delà de l'Èbre, *Juslibol* (400 hab.), habitation d'été, avec jardins, appartenant à l'archevêque de Saragosse.

La voie, arrivée sous les murs de Saragosse, passe devant la vieille forteresse maure de l'*Aljaferia*, coupe la route de Madrid, et contourne la partie occidentale de la ville.

181 kil. **Saragosse** (*Zaragoza*). La gare d'arrivée est au sud de Saragosse, hors de la porte del Carmen. Les trains à destination de la ligne de Barcelone sont conduits, sans transbordement, par un embranchement qui passe au N., en avant de la ville, et franchit l'Èbre pour rejoindre la gare de Catalogne au faubourg d'Altabas.

Saragosse, V. de 86 000 hab., située sur la rive g. de l'Èbre, à 274 mèt. au-dessus du niveau de la mer.

Aspect général. Saragosse a conservé la trace bien marquée de ses enceintes successives, et son plan elliptique, coupé dans les deux axes par deux longues rues que terminaient autrefois quatre portes. Le *Coso*, ancien fossé formant un vaste demi-cercle et bordé d'édifices publics et de vieilles maisons seigneuriales, était autrefois la partie animée de la ville, le théâtre des fêtes publiques. Plus loin, on aperçoit l'imposante basilique du *Pilar*, avec tous ses petits dômes d'apparence mauresque, couverts en tuiles vernies jaunes et vertes, et auprès la tour aérienne de la *Seo*, église cathédrale.

Édifices publics. — A quelques pas de la *Puerta del Angel*, par laquelle on entre dans la ville, si l'on vient de la gare de Catalogne et par le pont de pierre, se déploie la belle façade moderne de l'archevêché, surmontée d'un écu aux armes d'Aragon. Sur la droite de cette même porte, se trouvent la *Casa Municipal*, et la *Lonja*, bourse des négociants. On remarque dans celle-ci la vaste salle rectangulaire où se réunit le commerce. Elle est formée par vingt-quatre belles colonnes placées sur quatre rangs. Les deux rangées latérales et les colonnes de chaque extrémité sont appuyées aux murs ; les deux rangées du milieu partagent l'espace en trois nefs. Les chapiteaux doriques qui couronnent les fûts sont surmontés, sur les quatre faces, d'écussons aux armes de Saragosse, avec le lion rampant, soutenus par des anges et par des griffons, et cachant la naissance des nervures, qui s'élancent pour former la voûte et se réunissent sous des rosaces dorées.

La *Torre nuëva*, plus connue sous le nom de *Tour penchée*, a été construite en 1504 ; elle a 84 mèt. de haut sur 12 mèt. 60 de largeur à la base. Elle penche tout d'une pièce vers le S. O., et surplombe sa base de près de 2 mèt. 1/2. On prétend, comme à propos de la tour de Pise, que c'est un tour de force de l'architecte, et que cette inclinaison a été calculée à dessein. La tour est octogone, entièrement construite en briques, mais avec une variété de formes, d'ornements et de dessins rappelant tour à tour le style gothique et le style arabe. L'imagination de l'architecte a donné à chaque étage un aspect différent. Un escalier de 260 marches, tournant autour du noyau intérieur de la tour, conduit au balcon, et il est inutile de dire quel magnifique panorama se développe de cette hauteur.

L'*Aljaferia* est le seul des édifices de Saragosse qui conserve des souvenirs de la royauté. Les rois arabes en avaient fait leur palais de plaisance. Aujourd'hui, c'est un des forts avancés de la ville, occupé par un régiment d'infanterie et par une section d'artillerie. On y remarque encore un bel escalier et des plafonds lambrissés et dorés, surtout celui du *salon de la Alcoba*. On ne retrouve des souvenirs arabes que dans une petite pièce octogone donnant sur la cour, et qu'on dirait transportée tout entière de l'Alhambra de Grenade ; les murs en sont couverts de riches ornements, des arcs d'une grande légèreté forment la voûte, qui a été malheureusement cachée par un plafond moderne.

Il importe de mentionner

encore le pont de pierre sur l'Èbre, qui réunit la ville au faubourg d'Altabas et à la gare de Barcelone. Puis la *plaza de Toros*, au milieu du quartier des gitanos.

Édifices religieux. — *San Salvador* ou *la Seo*. Sa tour, d'un style un peu exagéré, contraste avec le style gréco-romain de la façade. Dès que l'on a franchi le portail, on se trouve au milieu des plus précieuses richesses de l'époque gothique et de la Renaissance. L'intérieur forme, sur un plan presque carré, cinq nefs séparées par quatre rangées de beaux piliers gothiques.

La *capilla mayor* est surmontée d'une vaste coupole gothique, en forme de tiare, ornée de statues, chargée de riches ornements de la Renaissance. Le retable est tout en marbre blanc, d'un gothique pur et d'un richesse extraordinaire de fleurons, de volutes et d'arabesques; des scènes sont encadrées dans ces gracieux ornements. Nous devons surtout signaler dans cette chapelle : des tombeaux; l'urne qui renferme le cœur de l'infant don Baltazar Carlos, fils de Philippe IV, et le fauteuil à deux sièges placé du côté de l'épître, tout orné de sculptures renaissance, où s'asseyaient les rois lors de leur sacre. Il n'y a pas de moindres richesses dans les autres parties de la Seo. Dans le chœur, qui occupe le centre de la nef du milieu, et que domine le siège archiépiscopal chargé de sculptures, les stalles, en chêne de Flandre, sont sobres d'ornements; mais les dossiers sont formés de colonnettes gothiques et d'arcs entourés de feuillages finement fouillés ; le lutrin est une œuvre magistrale qui date de 1413. L'art plateresque (gothique fleuri) a décoré de toutes ses richesses l'enceinte extérieure du chœur, dans laquelle sont ménagées de petites chapelles, avec une grande profusion d'ornements, de figurines et de bas-reliefs. — L'attention doit surtout se porter sur le *trascoro* (arrière-chœur), dont les côtés, formant des portiques soutenus par des colonnes en balustre, présentent deux belles statues de saint Vincent et de saint Laurent, et des bas-reliefs où figurent ces deux martyrs. Le centre du trascoro est occupé par un petit temple formé de six colonnes salomoniques en marbre noir entourant un beau crucifix. — Un excès d'ornements, d'attributs, d'emblèmes, envahissant les piliers, de la base jusqu'à la voûte, charge la plupart des arcs des dernières nefs, sous lesquels se trouvent les chapelles latérales. Celles de *San Vicente* et de *Santiago*, auprès de l'entrée, se signalent à cet égard; mais on doit admirer néanmoins, dans l'une, quatre grandes toiles de Rabiella ; dans l'autre, une statue de saint Vincent, œuvre moderne de don Carlos Salas. Plus loin, les peintures du retable de la chapelle des saintes *Justa et Rufina*; les panneaux peints de la chapelle *del Nacimiento*, des bustes d'anges dans celle de *San Benito*; dans celle de *San Bernardo*, le retable d'albâtre, les tombeaux de Ferdinand d'Aragon et de doña Ana, sa mère. La chapelle de *San Gabriel* est du style plateresque; on signale la grille de bronze, l'arc de marbre blanc, la voûte, et l'autel consacré aux trois archanges. La chapelle de *San Augustin* est une des plus anciennes. La chapelle de *San Pedro Arbuès* conserve quelques ornements de la bonne époque gothique; on y remarque trois grands tableaux de Francisco Ximenès de Tarazona, et une statue du saint porté sur un nuage. Dans la chapelle de *San Miguel*, chapelle paroissiale, existe un autel portatif ou oratoire gothique, couvert de médaillons et de compartiments qui représentent des scènes de la Passion; puis le tombeau de marbre blanc de l'archevêque don Lope de Luna. Toutes ces chapelles sont fermées par des grilles très ouvragées. — Parmi les trésors de l'église, les plus précieux sont une croix gothique en or et en pierrerie, sur laquelle le roi jurait d'observer les fueros d'Aragon; les bustes en argent de saint Valère, saint Laurent et saint Vincent, donnés par le pape Benoît XIII, en 1405; la *custodia* (chasse) faite en 1537; et, parmi les vêtements sacrés, une chasuble couverte de pierreries, une autre brodée en or sur tissu d'argent, et celle de Ferdinand d'Aragon, brodée en soie. On trouve dans la sacristie des peintures de mérite.

Nuestra señora del Pilar. Cette église a pour origine une chapelle élevée par saint Jacques pour recueillir une image miraculeuse de la Vierge. Cette chapelle avait 8 pieds de large et le double en longueur. En 1681, on posa la première pierre de l'immense basilique qui existe aujourd'hui. C'est un long quadrilatère de 135 mèt. de côté, partagé en trois nefs. L'intérieur de l'église du Pilar est nu et froid. L'attention n'y est attirée que par le retable du maître-autel, représentant les principaux actes de la vie de la Vierge; par les sculptures de la *silleria* (stalles du chœur) et par le *Sanctuaire*. Celui-ci forme un petit temple dans le temple. L'image vénérée, sur son pilier de marbre, occupe la place même où saint Jacques l'a déposée il y a dix-neuf siècles. Ouvert de trois côtés et sur un plan elliptique, le sanctuaire est entouré par de belles colonnes de marbre supportant une voûte sculptée en écailles; il est orné de guirlandes dorées, de médaillons, d'où pendent des drapeaux pris aux Maures, et éclairé par une large ouverture circulaire tout entourée d'anges et de figures de saints. L'autel, devant lequel brûlent des lampes suspendues à la voûte au milieu d'*ex-voto* de toute nature, représente au centre la Vierge sur un trône de nuages; à g., saint Jacques et ses disciples agenouillés; à dr., dans l'ombre, on voit la sainte image sculptée dans un bois devenu noir par l'œuvre des siècles, et vêtue d'une riche dalmatique qui ne laisse paraître que la tête de la Vierge et celle de l'Enfant-Dieu. Un dais d'argent la surmonte, et un immense rideau de velours sombre, semé d'étoiles, qui occupe le fond, absorbe la lumière, et permet difficilement de distinguer la statue vénérée et d'en deviner la forme. Une balustrade en argent ferme cette partie du sanctuaire, et tient à distance les fidèles, qui s'y succèdent à toute heure du jour. Dans une crypte souterraine reposent des évêques, et, dans une urne, le cœur du second don Juan d'Autriche, fils naturel de Philippe IV.

Dans la sacristie de l'église, on remarque un bel *Ecce Homo* attribué au Titien. Dans celle de la *Sainte Chapelle* est conservé ce qui survit aujourd'hui des vêtements et des joyaux offerts dans tous les temps à la sainte image par les fidèles, les grands seigneurs, les princes et les rois.

Il est utile de mentionner parmi les autres églises : la paroisse souterraine des *Santas Masas*, crypte sous l'église de *Santa Engracia*, dans laquelle ont été déposés les ossements de nombreux martyrs des premiers siècles chrétiens; — *San Miguel de los Navarros :* curieux bas-reliefs de la passion du Christ; *Santa Cruz*, édifice très ancien; — *San Pedro et San Juan*, surmontée d'une très jolie tour carrée de style arabe; — *Santiago*, dont le retable représente l'apparition de la Vierge remettant à l'apôtre la sainte image. Cette église est entourée de vestiges de l'époque byzantine; — *San Pablo Apostol* renferme un beau tombeau sculpté; — *San Felipe y Santiago* possède un élégant portail.

Les *couvents*, en grand nombre, sont devenus des casernes; mais on y trouverait encore plus d'un détail digne d'attention.

Parmi les hospices, la *Misericordia*, maison de secours pour les hommes, les femmes et les enfants, et dont l'étage supérieur offre une belle vue de l'ensemble de la cité.

Édifices particuliers. — Un assez grand nombre de vieilles maisons patrimoniales se font reconnaître dans l'ancienne ville, à leurs façades noircies, aux entourages sculptés de leurs fenêtres, aux ornements de leurs portraits qui rappellent l vieux style byzantin, et surtout à leurs patios.

On cite, parmi ces maisons, celle du comte de *Sastago*, occupée aujourd'hui par le Casino; — l'édifice occupé par l'*audiencia*; — l'antique maison de *Torellas*, aujourd'hui *Casa del Comercio*; — la casa de *Zaporta* ou de *la Infanta*; — la *Aduana Vieja* (vieille douane), aujourd'hui dans un état déplorable; — la maison du comte d'*Allarès*, dans la calle de Contamina; — celle du comte de *Fuentes*, occupée par l'administration des postes; — la casa de *Torresecas*, occupée par le gouvernement de la province; — le palacio de los *Lunas*, sur le Coso, où habita le pape Benoît XIII; — la casa de *Ayerve*, dans la calle del Pilar; la casa de *Lazan*, sur la place de la Aduana Vieja; — la casa de *Tarazona*, occupée par les services de la capitainerie générale.

Instruction publique. — L'*université littéraire* possède une bibliothèque de 25 000 vol.; des cabinets de physique, de chimie, d'histoire naturelle, et un jardin botanique. — Écoles d'*Escolapios* (frères de la doctrine chrétienne), séminaires; école normale; écoles d'instruction primaire; académie de médecine et de chirurgie; une académie juridico-pratique, et une académie de *nobles y bellas artes*, dont le musée renferme un assez grand nombre de tableaux.

Promenades riantes et variées. La plus importante dans la ville est l'avenue de la *Independencia*, qui s'étend depuis la place de la Constitution jusqu'à la porte monumentale d'*Aragon*. (Statue de Pignatelli.)

Une promenade, qui demande une demi-journée, donne une idée complète de la ville et de son aspect extérieur. — Sortir par la porte d'Aragon, traverser le *Huerba* sur le pont de Santa Engracia. A g., suivre une jolie avenue nommée le *Paseo de las Damas*; à l'extrémité de cette avenue, un petit cours d'eau bordé d'arbres, un chemin ombragé qui conduit au *Monte Torero*. Monter jusqu'au *Salon*, d'où l'on découvre la ville et la campagne de Saragosse. On revient du monte Torero à travers de beaux jardins; on repasse le Huerba auprès du présidio de San José (maison de détention) et on rentre en ville par la porte *del Duque*.

De Saragosse à Huesca, R. 48; — à Barbastro (R. 49), par Selgua; — à Jaca (R. 47); — à Teruel (R. 63).

ROUTE 38.

DE MIRANDA A CASTEJON

Chemin de fer. — 146 kil. — Prix : 1re cl., 16 pes. 80 c.; 2e cl., 12 pes. 60 : 3e cl., 7 pes. 11.

Miranda est le point de croisement de la grande ligne Nord-Espagne avec la ligne transversale de Bilbao à Saragosse et à Barcelone. Castejon est le point d'embranchement de la ligne venant de Pampelune (R. 37). De Castejon descendent, au S., des routes vers Fitero,

Gravalos et Soria (ligne classée, en projet).

Les voyageurs qui viennent de *Bayonne* ou de *Madrid* par le chemin de fer du Nord, à destination de *Castejon*, *Saragosse* et *Barcelone*, descendent à la station de *Miranda*, traversent les bâtiments de la gare, et trouvent, de l'autre côté, la ligne de Castejon. Le départ des trains sur cette ligne est combiné avec l'arrivée de ceux de la ligne du Nord.

[Se placer à g. du train.]

En quittant la station, la voie laisse la ville à dr., traverse l'Èbre sur un pont en fer de 90 mèt. — Grande plaine plantée de peupliers. En avant, *Ircio*, 550 hab., bâti sur un mamelon. A g. l'*Èbre*, encaissé entre de hautes roches grises déchirées, creusées à jour, d'un aspect des plus pittoresques. L'Èbre s'ouvre, entre leurs bases, deux passages profonds qu'on appelle les *Conchas del Ebro*. Les roches, élevées, majestueuses, ne laissent de passage qu'au fleuve et à la vieille route, et la voie de fer y pénètre par un tunnel de 71 mèt.

Au delà, vastes et riches campagnes de la *Rioja*. L'Èbre, à g., décrit dans la plaine de grandes sinuosités. La voie court sur le flanc des collines, à une hauteur de 20 ou 30 mèt. au-dessus du fleuve.

19 kil. **Haro**, V. de 6535 hab. Territoire riche en vignes : vin clairet estimé.

Pont en fer de 163 mèt. sur le rio *Tiron* ; tranchées à travers plusieurs étages de caves ou *bodegas*, dépendant de

28 kil. **Briones**, V. de 3180 hab. Belle plaine cultivée en vignes. Récolte de vin considérable.

De Briones à *Santo Domingo de la Calzada* (23 kil. R. 40).

A g., au delà de l'Èbre, le bourg de *San Vicente*, 2450 hab. L'église occupe le sommet d'un mamelon et domine une vaste campagne. Un peu plus loin, à dr., ancien couvent d'Hiéronymites ; dans la chapelle, une belle statue de *Ntra Sra de los Angeles*, et un tableau de saint Sébastien. — Plus loin, à g., de l'autre côté du fleuve, *Baños de Ebro* (500 hab.).

Beau pont en fer de 186 mèt.

35 kil. *San Asencio*.

45 kil. *Cenicero*, 2088 hab. ; pays planté de vignes. Cultures variées, jardins, taillis entre l'Èbre et la voie de fer. En face, sur la rive g. du fleuve, *el Ciego* (1000 hab.), et plus loin, au pied des montagnes de la *Sierra de Toloño*, *Laguardia* (2800 hab.), entourée de remparts et flanquée de tours. Récolte de la soie et culture du mûrier.

55 kil. *Fuenmayor*, 2030 hab., plaine fertilisée par des irrigations. Au S., à 6 kil., *Navarrete*, petite V. de 2000 âmes, dont le nom a été donné à la célèbre bataille dans laquelle Henri de Trastamarre et Du Guesclin furent battus par don

[ROUTE 58] LOGROÑO — CALAHORRA. 101

Pedro et le prince Noir (*V. R.* 40).

69 kil. **Logroño**, V. de 15 500 hab., entourée d'une plaine fertile. L'intérieur de la ville est régulier. Les rues sont alignées; mais elles ne sont pas d'une propreté exemplaire. On remarque : le séminaire, ancien couvent de Jésuites; la maison de Miséricorde; l'hôpital; la maison des Enfants trouvés (*casa de Expositos*), et de vieux couvents. Église principale très ancienne. Ses cloîtres tombent de vétusté. — La place de taureaux peut recevoir 14 000 spectateurs. — Promenades de *las Delicias* devant la gare du chemin de fer.

Ancien pont sur l'Èbre, de 12 arches plein cintre, long de 200 mèt., qui conserve encore les vestiges des tours qui le défendaient. On en fait remonter la construction à la fin du xi° s.

De bonnes routes conduisent de Logroño : au N. E., vers Pampelune, par Viana et Estella; au S., vers Madrid, par Soria (*V. R.* 45).

A 2 kil. de Logroño, pont en fer de 117 mèt. sur la rivière d'*Iregua*. Plus loin, à g., le hameau de *Varea*, restes de l'ancienne cité de *Varia*, siège autrefois de la puissance romaine, sur les bords de l'Èbre. Au delà du fleuve, *Viana*, ancienne capitale d'une principauté navarraise.

78 kil. *Recajo*; bac pour le passage de l'Èbre. — Pont en fer de 94 mèt. sur le *Leza*.

Agoncillo, 690 hab.; vestiges de la ville d'*Egon*. Vieux château avec tours crénelées. — A g., *Arrubal*, 213 hab.; plus loin, sur un mamelon, *San Martin*, entre le chemin de fer et l'Èbre; de l'autre côté du fleuve, *Mandavia*, 2052 hab. Dans le fond, les cimes des Pyrénées.

98 kil. *Alcanadre*, 1265 hab. — A g., on distingue les vestiges d'un ancien aqueduc romain qui venait de *Lodosa* ou de *Calahorra*. — Campagne soigneusement cultivée, très productive.

105 kil. *Lodosa*, 3079 hab. à g. Pont sur l'Èbre, et route vers *Estella* en Navarre.

118 kil. **Calahorra**. Très ancienne cité romaine.

Calahorra domine une vaste étendue du pays. Elle compte 7725 hab. L'intérieur de la ville est triste, maisons de pauvre apparence; quelques bons édifices : la maison de ville, les arcades de la place, un ancien couvent de Carmélites transformé en prison, des écoles, un théâtre. Cathédrale très ancienne. Évêché.

De Calahorra à *Arnedo* (20 kil.) et aux *bains d'Arnedillo* (50 kil.). Omnibus à tous les trains, R. 43.

En face de Calahorra, de l'autre côté de l'Èbre, *San Adrian*, 562 hab., *Andosilla*, 1260 hab., *Lerin*, 2120 hab., et *Azagra*, 1756 hab. Campagnes très fertiles et productives en blé. — Pont en fer de 117 mèt. sur le

Cidacos. A dr., *Aldea Nueva*, 2231 hab.

141 kil. *Rincon de Soto*, 1100 hab., au milieu d'une immense plaine. — A g., des collines sur la dernière desquelles s'élève *Milagro* (*V*. R. 37). — On aperçoit de ce côté la rivière d'Aragon et la ligne de fer de Pampelune à Castejon. — Pont en fer de 48 mèt. sur l'*Alhama*.

140 kil. *Alfaro*. Très ancienne ville, 5200 hab. Rues larges bien empierrées; la *plaza Mayor* avec l'Ayuntamiento et de larges galeries. Église collégiale, bel édifice en briques du xviie s. et dans lequel on signale le chœur et la *silleria*.

146 kil. **Castejon**, station d'**embranchement** avec la ligne de Pampelune à Saragosse (*V*. R. 37).

De Castejon à Pampelune, Saragosse, Madrid, R. 37 et 64. — A Barcelone, R. 50. — A Soria, R. 39. — Aux bains de Fitero, R. 41. — Aux bains de Grabalos, R. 42. — Des services de voitures organisés par la compagnie du chemin de fer conduisent à Corella, et l'été à Fitero et à Grabalos.

ROUTE 39.

DE CASTEJON A SORIA

Route, 175 kil. 1/2.

On appelait autrefois « chemin de Madrid », la route de Bayonne, par la vallée de Baztan et par Pampelune, c'était la voie la plus courte. Le chemin de fer projeté par les Aldudes, ou par la vallée du Haut Arga et la ligne maintenant classée de Castejon à Soria établiront entre la France et Madrid une communication absolument directe, par laquelle on compterait 150 kil. de moins que par la ligne du Nord.

Voir *Castejon* (R. 37).

En quittant la station de Castejon, où l'on trouve un service de voitures pour Soria, on laisse à dr., à 10 kil., *Alfaro* (*V*. p. 93).

La route longe, à g., le cours de l'*Alhama*.

102 kil. *Corella*, 6200 hab., sur la rive g. de l'Alhama, dans une très jolie plaine, 800 maisons bien bâties; rues alignées, larges, aérées.

106 kil. *Cintruenigo*, 2200 hab. Bon aspect, propreté des maisons, air d'aisance. — La ville est entourée d'oliviers, et il s'y fabrique de l'huile en grande abondance. Un chemin, à dr., conduit aux bains de *Fitero* (*V*. R. 41).

131 kil. *Agreda*, 3847 hab. — Deux belles habitations appartenant aux comtes d'Ayamonte et aux marquis de Velamazan. — Beau pont d'une arche sur la rivière de *Queiles*. — Maison de ville, édifice d'un bel aspect. Vieux couvent où vécut la célèbre *Sœur Maria d'Agreda*. La ville est fort ancienne.

142 kil. *Matalebreras*, 370 hab. Plaine au N. des montagnes de *Madero*. La route traverse ces montagnes.

156 kil. *Aldealpozo*, 144 hab.

167 kil. *Fuensauco*, ham. de

53 hab. Au delà, on descend vers le *Duero*, qu'on traverse sur un beau pont.

175 kil. 1/2. **Soria**, ch.-l. de province, 6400 hab., située sur un sol accidenté et dominée par des hauteurs escarpées. Les rues sont propres, généralement empierrées, et les maisons, à arcades dans les rues principales, ont presque toutes 3 et 4 étages. On remarque la *plaza Mayor* et la place du Comte de Gomara, dont un côté est occupé par le gigantesque palais de ce nom.

L'église principale, *San Pedro*, est un solide édifice dorique à trois nefs. La *silleria* du coro mérite quelque attention, mais surtout un tableau adossé au tráscoro et représentant une *Descente de croix* qu'on attribue au Titien.

Quelques jolies promenades bien plantées d'arbres : l'*Espolon*, à l'O de la ville; la *Dehesa*, le *Camino de Madrid*, à l'entrée de la route qui conduit vers la capitale.

L'ermitage de San Saturio occupe, à une petite distance de Soria, une situation très pittoresque, sur les flancs de la *Sierra de Peñalva*. On se trouve en face d'une porte pratiquée au pied d'un énorme rocher. A cette porte commence une galerie souterraine, à l'extrémité de laquelle est un escalier. On parvient ainsi à plusieurs salles pratiquées dans la roche vive. On monte encore et on arrive à l'église, construite avec hardiesse au sommet des rochers.

Soria a été entourée de murailles flanquées de tours; il en reste quelques vestiges.

Des routes conduisent de Soria vers Madrid, Pampelune, Saragosse, Burgos et Osma, mais sans services spéciaux de voitures publiques; on ne peut prendre qu'au passage des diligences qui traversent la ville dans ces diverses directions.

De Soria à Logroño, en remontant vers Castejon; — Madrid, par Siguenza, R. 64.

ROUTE 40.

DE BURGOS A LOGROÑO

128 kil.

Burgos (*V.* R. 1, p. 10).

La seule voie régulière qu'on puisse prendre aujourd'hui pour aller de Burgos à Logroño est le chemin de fer.

Néanmoins, il est utile d'indiquer l'ancienne route de terre, qui est d'un intérêt historique, et qui mérite l'attention du touriste.

On sort de Burgos par le N. en suivant l'ancienne route de France, jusqu'au village de *Gamonal* (4 kil.).

A Gamonal, on quitte la route, pour prendre, à dr., un chemin qui remonte la vallée de l'*Arlanzon*, par *Ibeas*, 150 hab.

5 kil. 1/2. *Zalduendo*, 150 hab. On commence à gravir les premières rampes de la chaîne de

Oca. Un chemin peu praticable franchit ces hauteurs et descend par le versant N.-E.

26 kil. 1/2. *Villafranca de Montes de Oca*, 500 hab., au milieu des montagnes et dominé par d'énormes rochers. La petite rivière de *Oca* forme, au-dessous de Villafranca, une vallée profonde dont les pentes présentent quelques pâturages. On traverse cette rivière pour gravir les rampes qui dominent la vallée au N. E. On rencontre *Espinosa del Camino*, *Villambistia* et *Tosantos*, au milieu d'un territoire fort accidenté.

58 kil. *Belorado*, 2000 hab., Maisons de chétive apparence. On traverse les montagnes en rencontrant plusieurs pauvres villages à 4 ou 5 kil. l'un de l'autre.

On retrouve la plaine aux approches de *Grañon*, ancienne petite ville, réduite aujourd'hui à 1200 hab. On rencontre, au milieu de ses édifices en ruines, quelques vestiges des murailles qui l'entouraient.

63 kil. *Santo Domingo de la Cazalda*, 4000 hab., position des plus pittoresques, au milieu d'une plaine très cultivée, arrosée par le *rio Oja*. — Ancienne muraille en pierres de taille de 2 mèt. d'épaisseur et de 5 mèt. 1/2 de hauteur, flanquée de tours rondes et percée de 7 portes. Six artères principales, bien pavées et bordées de trottoirs, partagent la ville du N. au S. et de l'E. à l'O.; maisons de bon aspect. Église principale, bel édifice où domine le style gothique, plusieurs tombeaux, notamment celui du patron de la ville, Santo Domingo. Une urne scellée dans le mur et entourée d'ornements en relief, à dr. de la porte qui conduit au cloître, renferme le cœur et les entrailles de don Henri de Trastamarre, qui mourut à Santo Domingo de la Cazalda, en 1779.

82 kil. 1/2. *Najera*, 5000 hab. Les rois de Navarre s'intitulaient rois de Pampelune et de Najera. Najera eut une grande importance, et fut un poste fort apprécié au milieu des agitations politiques et des compétitions du moyen âge.

C'est sous les murs de Najera qu'eut lieu, le 3 avril 1367, une bataille célèbre entre don Pedro II et don Henri de Trastamarre, soutenu par les bandes françaises de Du Guesclin. Cette bataille a reçu des Anglais le nom de *Navarrete*, où se trouvait leur camp.

Najera conserve peu de souvenirs de tous ces événements, si ce n'est le monastère de *Santa Maria la Real*, dont l'église et le cloître renferment les tombeaux des premiers rois de Navarre. Ces tombeaux sont nombreux et ont quelque mérite. — L'aspect intérieur de la ville est fort triste, fort sale et fort pauvre.

98 kil. *Navarrete*, 2500 hab., sur les pentes S. d'une ligne de montagnes qui sépare la plaine

de la Rioja de la vallée de l'Èbre.

Le chemin rejoint, à 2 kil. 1/2 de Navarrete, la petite V. de *Fuenmayor*, et au delà, à 6 kil., la station qui porte le nom de cette ville, sur la ligne de fer de Miranda à Castejon.

104 kil. *Fuenmayor*.
128 kil. **Logroño** (*V.* R. 58).

ROUTE 41.

DE CASTEJON AUX BAINS DE FITERO

23 kil. 1/2.

Castejon. (*V.* R. 58). Un service régulier de voitures, correspondant avec les trains du chemin de fer, conduit, pendant la saison des bains, à Fitero. Ce service a lieu du 15 juin au 15 septembre ; on paye par place 5 pesetas.

On suit la R. 39, de Castejon à *Corella* et à *Cintruenigo*. En quittant cette ville, on laisse, à g., la route de Madrid par Agreda et Soria. On traverse l'*Alhama* et l'on remonte la rive g. de cette rivière.

23 kil. 1/2. *Fitero*, 2490 hab., au milieu d'une jolie plaine formée par l'Alhama ; la ville nouvelle est bien bâtie ; la vieille ville présente un labyrinthe de rues étroites, tortueuses, quelques-unes sans issue et fort mal entretenues. — Il existe à Fitero deux ou trois *fondas* convenables, dans lesquelles on dépense de 5 à 8 pesetas par jour.

Les *bains* sont à 4 kil. environ de la ville.

L'eau, chlorurée sodique, est d'une limpidité parfaite, d'une chaleur constante de 43° cent.

Sa réputation est ancienne ; elle est employée dans les chloroses et les obstructions, dans toutes les maladies nerveuses, dans les maladies de la peau, les rhumatismes chroniques, les maladies procédant d'atonie.

L'établissement, édifice assez considérable, construit au fond du vallon, renferme toutes les distributions nécessaires pour le traitement des malades. Prix : logements, 10 peset. pour neuf jours ; buvette, même prix, pour une égale durée ; table d'hôte, trois tables, 3 p. 1/2, 2 p. 1/2 et 1 p. 1/2 par jour. Du 1er juin au 30 septembre. La saison la plus agréable est l'automne.

ROUTE 42.

DE CASTEJON AUX BAINS DE GRABALOS

34 kil. 1/2.

Le même service régulier de voitures conduit pendant la saison des bains à Grabalos, à 11 kil. au delà de Fitero. On paye par place 7 peset. 1/2.

Il existe à Grabalos (1100 hab.) deux ou trois posadas convenables, dans lesquelles on dépense env. 5 peset. par jour.

L'établissement des bains s'éles magnifiques travaux de canalisation de l'Èbre : le *canal de Tauste* et le *canal Imperial d'Aragon*.

Le *canal Impérial* débute par un solide barrage construit à 5 kil. 1/2 de Tudela, au lieu dit le *Bocal del Rey*, et il rejoint l'Èbre, quant à présent, au village du *Burgo*, au-dessous de Saragosse, après un parcours de 150 kilomètres.

Le canal porte bateau, et l'on y a établi pour les voyageurs un coche qui fait, trois fois par semaine, le service entre Tudela et Saragosse, et *vice versa*. Le trajet, qui est fort agréable avec le beau temps, se fait en 10 à 11 h. Des voitures conduisent de Tudela au *Bocal* (5 kil. 1/2) ; le coche, qui est convenablement installé, est tiré par des mules, à une vitesse de 8 à 9 kil. à l'heure ; le voyage se paye 9 à 10 peset. A bord se trouve un restaurant passable, et l'on stationne d'ordinaire à *Gallur*, à moitié chemin, pour la couchée. Le bateau s'arrête au-dessous de Saragosse, à la *casa Blanca*, l'un des plus jolis sites de tous les environs de la capitale de l'Aragon, où des omnibus conduisent assez promptement.

ROUTE 45.

DE SORIA A MADRID

PAR SIGUENZA.

Route et chemin de fer (222 kil. 1/2). V. Soria, p. 103. On sort de la ville par la porte du Duero, dont on suit le cours.

6 kil. *Los Rabanos*.

10 kil. *Lubia*, 110 hab. Pont très ancien sur le Duero.

33 kil. *Almazan*, V. de 2400 hab., sur un plan incliné, présentant un coup d'œil des plus pittoresques.

On attribue aux Romains l'enceinte, dont une grande partie subsiste encore. Tout le centre de la ville est sillonné de voies souterraines parfaitement voûtées. La *puerta del Mercado*, vers la route de Madrid, est une espèce de forteresse d'un bel aspect et de formes imposantes. Le pont, de la même époque, mesure 163 mèt. de long sur 4 mèt. 1/2 de large. Il se compose de 13 arches. L'arche médiane est à 7 mèt. 1/2 au-dessus des eaux moyennes.

Presque toutes les maisons ont une façade en pierre et brique et trois côtés en terre. La place est un grand carré pavé, dallé, entouré d'arceaux. La maison de ville occupe le milieu de l'un des grands côtés, et, à l'une des extrémités, s'élève le palais des comtes d'Altamira.

L'église *Santa Maria del Campanario*, qui occupe le point culminant de la ville, présente plutôt l'apparence d'une forteresse. Une autre église, *San Andrès et San Pedro*.

38 kil. 1/2. *Bordeje*, 80 hab. La route quitte la vallée du Duero dans la direction du S.

lève à 500 mèt. du v. L'installation en est assez médiocre.

La source minérale est sulfureuse froide.

Il vient, année moyenne, à Grabalos, 900 à 1000 malades, affectés principalement de maladies herpétiques. On se loge dans l'établissement ou dans le village. La buvette se paye 12 peset. 1/2 pour la durée de la cure, et chaque bain 2 peset. Saison du 1er juin au 30 septembre.

ROUTE 43.

DE CALAHORRA AUX BAINS D'ARNEDILLO

27 kil. 1/2.

Calahorra (*V.* R. 38, p. 101). Un service régulier de voitures, correspondant avec les trains du chemin de fer, conduit à *Arnedo* et, pendant la saison des bains, à *Arnedillo*. Ce service a lieu du 15 mai au 15 septembre; on paye par place 6 pesetas.

On suit une route qui remonte la rive g. du *Cidacos*, par *Autol*, 2800 hab.

16 kil. 1/2. **Arnedo**, V. de 3500 hab., sur la rive g. du Cidacos, dominée par de hautes montagnes percées de cavités qui, dit-on, servirent autrefois d'habitations aux Maures.

Une route neuve traverse le *Erce*, ayant, à dr., une ligne de montagnes.

27 kil. 1/2. *Arnedillo*, 1200 hab., situé sur la pente et à la base d'une haute montagne. L'établissement des bains est à 600 mèt. de l'autre côté du Cidacos.

Au pied d'une montagne rocheuse, nommée *la Encineta*, jaillit la source principale, avec une abondance de près de 40 lit. par minute, à la température de 52° cent.

L'eau minérale d'Arnedillo appartient aux chlorurées sodiques fortes.

L'établissement contient 10 salles de bains. Pour les bains de vapeur, deux cabinets ont été pratiqués dans la roche même, au pied de la montagne et au-dessus du griffon de la source.

L'établissement comprend, en outre, 38 ou 40 logements, convenablement meublés, un grand salon de réunion et des dortoirs pour les militaires et les pauvres. On paye, pour le logement, la table, le service et le linge du bain, 6 pes. 1/2 par jour (1re classe) et 4 pes. 1/2 (2e classe).

Hors de l'établissement, en deçà et au delà de la rivière, on trouve des maisons particulières bien installées, où les pensionnaires sont reçus pour 5 à 6 pesetas par jour.

ROUTE 44.

LE CANAL IMPÉRIAL D'ARAGON

C'est au delà de Tudela (*V.* R. 57, p. 93) que commencent

chement (39 kil.), *Gurrea*, 600 hab. On traverse le *Soton* pour arriver à ce village, qui se compose d'une seule rue non empierrée. Au delà, pays presque désert, au milieu de grandes landes et de forêts. — Deux *ventas*, celle de *Turuñana* et celle de *Ayerbe*, au pied de la colline dont cette petite ville, 2770 hab., occupe les pentes.

Un chemin très agréable pour les piétons passe, après Gurrea, un peu plus près du Gallego, et atteint, après 4 h. de marche, le hameau de *Eres* (58 hab.), où l'on peut passer la nuit après cette première journée.

Après Eres, on arrive en 1 h. 1/2 à un pont de 3 arches sur le Gallego, et après 1/4 d'heure on atteint

76 kil. 1/2. *Murillo*, 680 hab., sur les pentes d'une colline. Au delà de Murillo, à 1 h. de chemin (5 kil.), on rencontre la *venta de la Peña*, plus loin (1 h. 1/2., 8 kil.), la *venta d'Anzanigo*.

Au bout de 2 h. on se trouve en face de Bernués, au pied des versants méridionaux des montagnes de Oroel. On gravit les pentes très rudes et très pittoresques de ces montagnes. On atteint le sommet du col en 1 h. 1/2, et de l'autre côté, en 1 h. 20 min., on arrive à la montée de

110 kil. **Jaca**, 3200 hab., place forte, située sur une colline, au-dessus de la rive g. de l'Aragon, à 790 mèt. au-dessus de la mer. D'épaisses murailles, noircies par le temps et flanquées de distance en distance par des tours carrées, l'entourent d'un cercle parfaitement régulier; on y pénètre par six portes gothiques. Les maisons ont un caractère mauresque et un aspect misérable.

La cathédrale, ornée d'un beau portail gothique, se compose de trois nefs ogivales; les autels sont surchargés de décorations et de dorures.

La *casa de Ayuntamiento* date de 1544. — Dans la maison du comte de Beverdel on remarque la façade, des tours du XVI° s., les restes d'un ancien escalier, et surtout une magnifique cheminée dans une des salles de l'étage inférieur. — La *citadelle* couronne une hauteur.

Excursions.

Parmi les ermitages, la *Virgen de Vitoria*, à 3 kil., sur le chemin de la Navarre, où la ville vient fêter chaque année, le premier vendredi de mai, l'anniversaire d'un combat glorieux livré aux Maures, en 795, par la population de Jaca.

La *Peña de Oroel* n'est accessible que du côté de l'O. En une heure de marche depuis Jaca on arrive à l'ermitage; de là il reste à faire une ascension assez pénible pour atteindre le point le plus élevé, dont l'altitude est de près de 1900 mèt

Le panorama que l'on découvre de ce point est immense.

Le **Monastère de San Juan de**

49 kil. 1/2. *Adradas*, 110 hab.

66 kil. 1/2. *Miño*, 150 hab., dans une jolie plaine. Le chemin traverse un pays accidenté et franchit à *Mojarès* (69 hab.), la chaîne de *Mistra*, ligne de partage entre la province de Soria et celle de Ségovie. On descend par la vallée du Henarès.

82 kil. 1/2. *Sigüenza*, station de la ligne de Saragosse à Madrid, R. 64, à 140 kil. de Madrid (222 kil. 1/2).

ROUTE 46.

DE SARAGOSSE A SAMPER DE CALANDA

Chemin de fer, 78 kil.

Cette ligne est l'une des sections du réseau concédé sous le titre de *Chemin de fer direct de Madrid à Barcelone*, et qui est en construction sur plusieurs points.

La station se trouve au S. E. de Saragosse et la voie suit, à quelque distance, la rive dr. de l'Èbre, au milieu de la belle campagne arrosée par le canal d'Aragon.

Les stations sont :

14 kil. *El Burgo*, 785 hab.

25 kil. *Fuentes*, 2255 hab.

32 kil. *Pina*, 2880 hab.

41 kil. *Quinto*, 2529 hab. avec un établissement d'eaux minérales sulfatées calciques.

53 kil. *La Zaida*, 377 hab.

63 kil. *Azaila*, 650 hab.

70 kil. *Puebla de Hijar*, 2360, dans une petite vallée à dr., qui porte le nom de *Val de Zafan*.

78 kil. *Samper de Calanda*, b. de 2670 hab. à g. La ligne ferrée qui viendra de Reus et qui passera l'Èbre à *Marsa*, empruntera ensuite la droite du fleuve pour atteindre Samper, à 152 kil. du point de départ, et ensuite se dirigera au S., vers Madrid, par Brihuega, Calamocha et Alcala de Henarès.

ROUTE 47.

DE SARAGOSSE A JACA

Route 110 kil.

On peut aller de Saragosse à Jaca, en prenant le chemin de fer (R. 50, p. 112) jusqu'à Huesca; on trouve ensuite un service de voitures conduisant à Jaca et correspondant avec les trains.

Si l'on préfère l'ancienne voie de terre, on ne trouvera de route carrossable que jusqu'à Ayerbe.

On traverse la plaine au N. de Saragosse, ayant à dr. le *Gallego*.

1 h. 50 min. (11 kil.), *Villanueva del Gallego*.

1 h. 1/2 (22 kil.), *Zuera*.

En 15 min. on atteint la barque sur laquelle on traverse la rivière, et 15 min. après, l'embranchement de la route de Huesca qu'on laisse à dr. On remonte la rive g. du Gallego en passant à la *venta de la Camarera*.

2 h. 25 min. après l'embran-

la **Peña** est situé du côté opposé de la montagne.

Ce couvent s'abrite presque en entier sous une roche qui le couvre de ses masses énormes. La roche elle-même forme une partie de l'enceinte de l'église, l'autre partie est construite en grosses pierres et sans ouvertures. Le jour parvient dans le sanctuaire par l'espace qui s'étend entre le haut des murs et la voûte naturelle. Au-dessous de cette église principale se trouve une seconde église basse, en forme de crypte; elle renfermait autrefois les sépultures des abbés. Une vaste salle, nommée *Sala del concilio*, qui précède l'église principale, présente deux rangées superposées de tombes de riches-hommes, de guerriers, de barons, de nobles dames. Par une porte pratiquée dans l'église, au côté de l'évangile, on pénètre dans l'ancienne sacristie, dont on fit le Panthéon des premiers souverains d'Aragon.

Les religieux ont construit un nouveau monastère à environ 100 mèt. plus haut, sur un plateau entouré de tous côtés par de vastes forêts. Il forme un grand carré régulier au centre duquel se trouve l'église, d'architecture gréco-romaine.

Cette excursion, pour laquelle on prend un guide et des montures à Jaca, demande une journée, aller et retour.

Des chemins vont de Jaca à Oloron, par Canfranc, 50 kil., à Cauterets, 72 kil., à Panticosa, 56 kil.

ROUTE 48.

DE SARAGOSSE A HUESCA

47 kil.

Par le chemin de fer de Saragosse à Barcelone (R. 50), on s'arrête à *Tardienta* (25 kil.), embranchement de la ligne de Huesca. Cette voie de fer compte 22 kil., avec station intermédiaire à (15 kil.), *Vicien*. Le service comporte deux trains par jour, matin et soir, correspondant avec les trains de Saragosse et de Barcelone.

On paye 2 pes. 60 en 1re cl., 2 pes. en 2e; 1 pes. 15 c. en 3e. Le trajet se fait en 35 min.

Huesca, V. de 11 500 hab., résidence d'un gouverneur civil et d'un commandant militaire, siège d'un diocèse. La ville occupe, au milieu d'une belle plaine de 50 kil. d'étendue, nommée *la Haya* de Huesca, une petite éminence d'environ 60 mèt. d'élévation, sur les pentes de laquelle elle se développe en amphithéâtre. Vieille cité romaine; elle fut, pendant un temps, le siège du pouvoir des rois arabes, et plus tard la capitale des rois d'Aragon. Les rues sont étroites et tortueuses, inégales, mais toutes pavées et proprement tenues. La principale de ces rues, qui porte le nom de *Coso*, est la plus animée. Sur une vaste place rectangulaire, qui occupe la partie la plus élevée de la ville, s'élève la façade gothique de la cathédrale flanquée d'un clocher octogone. En face, l'hôtel de ville.

L'œuvre capitale de la *cathédrale* est le maître-autel. C'est un des travaux les plus importants de cette nature, et l'une des curiosités de l'Aragon. Il est l'œuvre de Damian Florent, et représente la *Passion du Christ*, avec une richesse d'ornements, de figures, de scènes, dont l'exécution a demandé treize années de la vie de l'artiste (1520-1533).

L'ancien palais des rois d'Aragon, devenu l'Université de Huesca, n'a aucun intérêt. On y visite une salle basse voûtée qui fut le théâtre d'une sanglante exécution, du temps du roi Ramire II.

Aux environs de Huesca, deux anciens monastères remarquables : l'un est la *Ermita de San Miguel de Foces*, où l'on trouve encore d'anciens tombeaux et des peintures primitives de l'école byzantine; l'autre, au sommet du *Monte Aragon*, eut le titre de monastère royal. — A 22 kil. au N., on voit une belle retenue des eaux de l'Isuela, formée entre deux montagnes par un mur colossal, et qu'on nomme le *Pantano de Arguis*.

Un chemin conduit de Huesca à Panticosa, 85 kil.

Il y a un service de voitures de Huesca à Jaca, en correspondance avec le chemin de fer, au prix de 22 pes. 1/2 r. en berline (coupé), 17 pes. 1/2 r. intérieur, 12 pes. 1/2 r. banquette.

ROUTE 49.

DE SARAGOSSE A BARBASTRO

132 kil.

On prend le chemin de fer, ligne de Saragosse à Barcelone (R. 50), jusqu'à la station de *Selgua*, à 122 kil. de Saragosse.

Le service entre la station de Selgua et Barbastro (10 kil.) est fait par une voie de fer.

132 kil. **Barbastro** (7200 hab.). La partie la plus importante de la ville, ses maisons les plus anciennes et ses principaux édifices occupent le versant supérieur d'une colline; le reste des habitations descend jusqu'à la rive dr. de la petite rivière *Vero*. Trois ponts réunissent la ville à un faubourg populeux. — Rues étroites, encaissées et en pente; vieilles maisons en briques. Tout au plus deux habitations appellent l'attention du touriste et de l'antiquaire; à l'une, dans la calle del *Rio ancho*, une fenêtre gothique; dans la calle *del Coso*, la façade d'une maison couronnée par une galerie formée de colonnes de la Renaissance, avec un balcon à rosaces et un auvent de la première moitié du xvie s.

La cathédrale s'élève sur l'un des côtés d'une petite place dont le côté opposé est occupé par le palais épiscopal.

La façade principale ne mérite nullement l'attention. A côté s'élève la tour, solide construction hexagone en pierre de taille, surmontée d'une flèche. L'intérieur de l'église est partagé en trois nefs par des colonnes cannelées, très élancées.

L'*altar mayor* est à trois corps, le premier en albâtre richement sculpté, les deux autres en bois d'un travail moins complet. Le *coro* est séparé du maître-autel par une belle grille en fer rehaussée de bronzes; il est entouré d'une série de petites chapelles. Au-dessus de l'une d'elles, on remarque une belle peinture de la *Purification*.

On cite encore, dans Barbastro, la maison de la mission de Saint-Vincent de Paul, bel édifice où se tient un important établissement d'instruction primaire; des couvents déserts; un hôpital et une maison de miséricorde, un petit théâtre; une *plaza de toros*; des jeux de paume, et, hors de la ville, d'agréables promenades. Propriétés entourées de jardins.

Indépendamment de l'ancienne route de Saragosse, une autre qui, comme celle-ci, part de la ville haute, conduit à Huesca; une troisième va à Monzon se rattacher à la route de Catalogne. Quelques chemins non carrossables et en mauvais état desservent les localités environnantes. L'un de ces derniers conduit à la frontière de France, pour atteindre Bagnères de Luchon, Bagnères de Bigorre et la vallée d'Aure. On ne saurait entreprendre ces excursions sans provisions.

ROUTE 50.

DE SARAGOSSE A BARCELONE

366 kil.

Prix : 1re cl., 42 pes. 10 c.; 2e cl., 31 pes., 60 c.; 3e cl., 23 pes., 15 c.

La gare de départ est au N. de la ville, dans le faubourg ou arrabal d'*Altabas*, au delà de l'Èbre, que l'on traverse sur un pont de pierre. Du faubourg d'Altabas partent l'ancienne route de Saragosse à Barcelone et celle de Saragosse à la frontière française par Jaca. — [Se placer à la dr. du train.]

8 kil. *San Juan*.

12 kil. *Villanueva de Gallego*, 600 hab.

26 kil. *Zuera*, 1350 hab. Église paroissiale très ancienne. Pont en fer de 180 mèt. sur le Gallego, avant

45 kil. *Almudevar*, 220 hab. Ruines d'un vieux château, vaste plaine découverte.

52 kil. *Tardienta*, 650 hab. **Embranchement** du chemin de fer de *Huesca* (15 kil. V. R. 48).

68 kil. *Grañen*, 780 hab.

78 kil. *Poleñino*, 280 hab.

90 kil. *Sariñena*, 2680 hab. Ancienne ville forte. Il s'y tient annuellement, « le premier jour de carnaval » et le dimanche des Rameaux, deux foires considérables de bêtes à laine, chevaux et mulets.

Au delà de Sariñena, grand pont en treillis de fer sur l'*Alcanadre*, hauteur de 25 mèt., travée centrale 65 mèt. Tunnel de Lastanosa, sous la ligne de partage entre les vallées de l'*Alcanadre* et du *Tormillo*.

104 kil. *Lastanosa*, 80 hab.

122 kil. *Selgua*, 500 hab. Station desservant la V. de Barbastro. Ch. de fer de 10 kil. (V. R. 49). Pont en treillis de fer de 3 travées de 60 mèt. chacune sur le Cinca. A g., un pont suspendu où passe la route de Barbastro.

127 kil. *Monzon*, ancienne place forte aujourd'hui démantelée, 3816 hab. Château d'aspect formidable.

138 kil. *Binefar*, 300 hab.

159 kil. *Almacellas*, 600 hab., première localité de la Catalogne.

165 kil. *Raymat*.

183 kil. **Lerida**, *Embranchement* de la ligne de Lerida à *Tarragone*, par *Borjas*, *Montblanch* et *Reus*. *Buffet*. — V. de 25 680 hab. Rues étroites, tortueuses et sombres. Du haut de la tour de la vieille cathédrale, vue admirable sur un immense panorama. Riche vallée ayant une étendue de 72 kil. du N. au S. et de 12 kil. de l'E. à l'O., toute plantée d'oliviers, de vignes, de mûriers, d'arbres fruitiers rangés symétriquement. Multitude de villages, de fermes, d'habitations blanches. A l'E. les plaines de l'Urgel ; au N. les montagnes de Monsech et les plus hautes cimes des Pyrénées, la *Maladetta*, les ports de *Viella* et de *Caldas de Bohi*, au S., les montagnes de l'Aragon, au delà de Saragosse et vers Daroca.

La vieille *cathédrale*, depuis longtemps abandonnée, est un magnifique reste de l'architecture byzantine-gothique, avec un mélange de style arabe. Le cloître est tout à la fois original et pittoresque, avec ses grands arcs et leurs chapiteaux de dessins variés, pleins de grâce et de fantaisie. L'intérieur n'a plus forme d'église ; il a été transformé en caserne ; les nefs ont été coupées par des refends, et deux étages de salles ont été pratiqués dans la hauteur.

La cathédrale nouvelle, construite sous Charles III, est un grandiose édifice d'ordre corinthien à trois nefs, entouré d'un grand nombre de chapelles avec de beaux autels et des sculptures modernes d'un certain prix.

On compte à Lérida trois autres paroisses, et parmi elles *San Lorenzo*, d'une très haute antiquité, remarquable par la solidité massive de sa construction intérieure et ses lourds chapiteaux en pierre brute.

Routes au N.-E. vers Balaguer, par la vallée de Sègre ; au S., vers Fraga ; au S.-E., Borjas et Montblanch.

Un peu après la station, passage du Sègre sur un pont en treillis de fer de 5 travées de 40 mèt. chacune, sur 10 mèt. de hauteur. En s'éloignant, on aperçoit à dr., au milieu de la plaine, la colline tronquée complètement isolée que couronnent les remparts et la vieille cathédrale de Lérida. La campagne offre l'aspect d'une suite de beaux jardins.

196 kil. *Bell Loch*, 350 hab. Maisons misérables.

206 kil. *Mollerusa*, 400 hab.

215 kil. *Bellpuig*, 1200 hab., vieux château. Auprès de la ville un curieux couvent de franciscains dont le cloître est remarquable. L'église, du xvie s., renferme un tombeau en marbre de Ramon de Cardona, vice-roi de Naples, cité dans toute la Catalogne comme un « joyau précieux ». On dit que le corps de Ramon de Cardona est resté intact avec le vêtement dont on l'a revêtu en l'ensevelissant.

La voie parcourt une plaine d'un aspect monotone, nommée le *Llano de Urgel*.

226 kil. *Tarrega*, V. de 3200 hab., fort ancienne, sur les bords du rio *Cervera*. Pays raviné et pierreux, tranchées dans des carrières ; remblais considérables.

240 kil. *Cervera*, V. de 4500 hab. Bel hôtel de ville dont la façade est couverte de bas-reliefs et d'ornements sculptés. *Université* autrefois célèbre ; magnifique établissement inoccupé. Collèges, couvent de moines inhabités.

A quelque distance au delà, g. le bourg de *Monfalco Murallat*, 15 maisons entourées d'une haute muraille avec une seule porte. Un peu plus loin du même côté le vieux château maure de Santa-Fé. Beau paysage des deux côtés de la voie, qui s'élève par des rampes constantes jusqu'à

254 kil. *San Guim*, 40 hab. Station desservant *Igualada*, 10 500 hab., à 14 kil. au S.-E.

Un chemin de fer a été récemment ouvert entre Igualada et *Martorell* sur la ligne de Barcelone à Tarragone (R. 59).

Après San Guim, point culminant de la ligne (altit. 737 mèt.), on traverse des ravins sauvages sur d'énormes remblais. Pays pauvre et peu productif. Deux tunnels de 270 et 150 mèt. Pentes successives.

266 kil. *Calaf*, pet. V. de 1500 hab., entourée de murs. Traversée de la *Sierra de Calaf*. — Six tunnels de 150, 400, 190, 100, 350 et 400 mèt., vallons très pittoresques boisés, cultivés en terrasses, et plantés de pins. Pentes et courbes.

289 kil. *Rajadell*, 550 hab. Charmante position, à g., sur un monticule entouré de ravins.

301 kil. **Manresa** (altit. 204 mèt.), V. de 16 450 hab. Maisons bien bâties, ornées de balcons ; rues empierrées et arrosées d'eaux courantes. Église collégiale, au point culminant de la colline qui domine la ville, beau monument semi-gothique, surmonté d'une tour carrée avec dôme. Deux ponts de pierre traversent le *Cardoner* : l'un, dont l'arche centrale est très élevée, est de construction ro-

maine. Population active et industrielle; draps d'une qualité qui approche de celle des draps de Sedan. Diverses filatures de coton, avec machines anglaises ou françaises. Distilleries d'eau-de-vie.

De Manresa à Cardona (la montagne de sel), 39 kil. V. R. 54.

Pont oblique en fer sur le Llobregat.

308 kil. *San Vicente de Castallet*. Série de tunnels et de tranchées dans la roche vive. Les tunnels mesurent 127, 120 et 125 mèt.

315 kil. *Monistrol*, 2229 hab. La ville est à 2 kil. 1/2 sur la dr. dans le fond de la gorge du *Llobregat*. Au delà s'élève l'imposante montagne du *Monserrat*, dominant le lit du fleuve de ses immenses murailles verticales. On aperçoit la déchirure dans laquelle est bâti le monastère, puis ses grands bâtiments en pierre rouge, les jardins et le fameux *balcon des moines*. A la station de Monistrol se trouvent des omnibus qui font le service du monastère, en correspondance avec les trains.

Un chemin de fer à voie étroite est en construction, entre Monistrol et le monastère, sur 7 kil. 1/2, avec pont de 112 mèt. sur le Llobregat, et tunnel à l'arrivée. Les rampes sont gravies par une crémaillère, système Abt.

V. R. 52, l'excursion au Monserrat par Monistrol ou par Martorell.

Série de souterrains mesurant 600, 79, 77, 97 et 83 mèt. Passage du torrent du *Buxadell* au fond d'une vallée profonde et complètement sauvage, sur un beau viaduc d'une hauteur maxima de 42 mèt., long de 280 mèt. et formé de 18 arches d'un seul étage et de 11 mèt. 60 d'ouverture.

325 kil. *Olesa*, pet. V. de 3000 hab., dans une belle plaine limitée par le Llobregat. A 3 kil. d'Olesa, sur la dr., l'établissement des eaux minérales de la **Puda**. Eaux azotiques ou nitrogénées sulfureuses, température 27° centigrades. On les dit efficaces pour le traitement des phtisies et des hémoptysies, des catarrhes chroniques, bronchites, maladies cutanées, etc. L'établissement s'élève sur la rive dr. du Llobregat, avec cabinets de bains. Chambres pour près de 300 personnes. Pays agréable, promenades variées.

[On peut venir également de Barcelone à la Puda par Martorell et Esparraguera.]

329 kil. *Viladecaballs*, 180 hab. Travaux considérables, tranchées et remblais d'une grande hauteur.

335 kil. **Tarrasa**, V, de 11 000 hab. Fabriques de draps. Territoire productif en graines, chanvre et bois de construction.

A dr., après la station, *San Pedro de Tarrasa*; au-dessus la vallée *del Paraiso*, et une masse imposante de ruines appartenant au vieux château des

Caballeros de Egara. Plus loin le village de la *Creu Alta.*

345 kil. **Sabadell**, V. de 18 200 hab., surnommée le Manchester catalan. Mouvement industriel considérable; 100 fabriques de tissus de laine et de coton, qui emploient en temps normal 10 000 ouvriers. — La voie contourne presque entièrement la ville, dont on peut compter du regard tous les établissements industriels. On aperçoit encore un instant, en arrière, les grandes roches dentelées du Montserrat.

351 kil. *Sardanyola.* Cette station dessert à la fois le v. de Sardanyola, 580 hab., situé à 1/4 d'heure de distance, et celui de Ripollet, 1500 hab., qui touche la voie ferrée.

355 kil. *Moncada.* Belle plaine cultivée, plantée de vignes et de pins. Pont de biais, en pierre et en briques, sur la *riera de San Culgat.*

361 kil. *San Andrés de Palomar.* — La voie, depuis Moncada, parcourt la campagne de Barcelone, presque côte à côte avec la ligne de Girone, et vient aboutir au N.-E. de la ville, au delà de l'ancienne porte Neuve, vers l'extrémité du *Paseo de San Juan.*

366 kil. **Barcelone.**

Description.

Barcelone est la résidence du capitaine général et du gouverneur civil de la Catalogne, le siège d'une cour d'appel, d'un tribunal de commerce, d'un évêché, d'une intendance des finances, ch.-l. d'un arrondissement maritime. Sa *population* s'élève à près de 400 000 hab. On vante la douceur de son climat; la moyenne de la température est de 17° centigrades; les plus fortes chaleurs s'élèvent rarement au-dessus de 31°; le froid ne descend jamais plus bas que — 3°. La moyenne en hiver est de + 9°.

Barcelone s'embellit et se transforme. Le démantèlement des remparts a permis à la ville de s'étendre, et la nouvelle enceinte qui s'est emparée de la campagne environnante, en englobant les faubourgs et deux villes suburbaines, occupe dix fois l'espace de la ville ancienne. Les vieilles rues s'élargissent; les rues neuves sont alignées au cordeau, bordées de maisons bien construites, ayant au rez-de-chaussée des magasins élégants. Dans toute la nouvelle enceinte (*ensanche*) les rues se coupent à égales distances, offrant l'aspect d'un damier d'une immense étendue.

On doit citer, parmi les voies les plus importantes de la ville, d'abord la *Rambla*, qui est en même temps la principale promenade. C'est un vaste boulevard, long de 1120 mèt., se dirigeant en ligne droite et perpendiculaire à la mer. Elle commence au port où se développent la *plaza de la Paz* et le *paseo de Colon*, planté de pal-

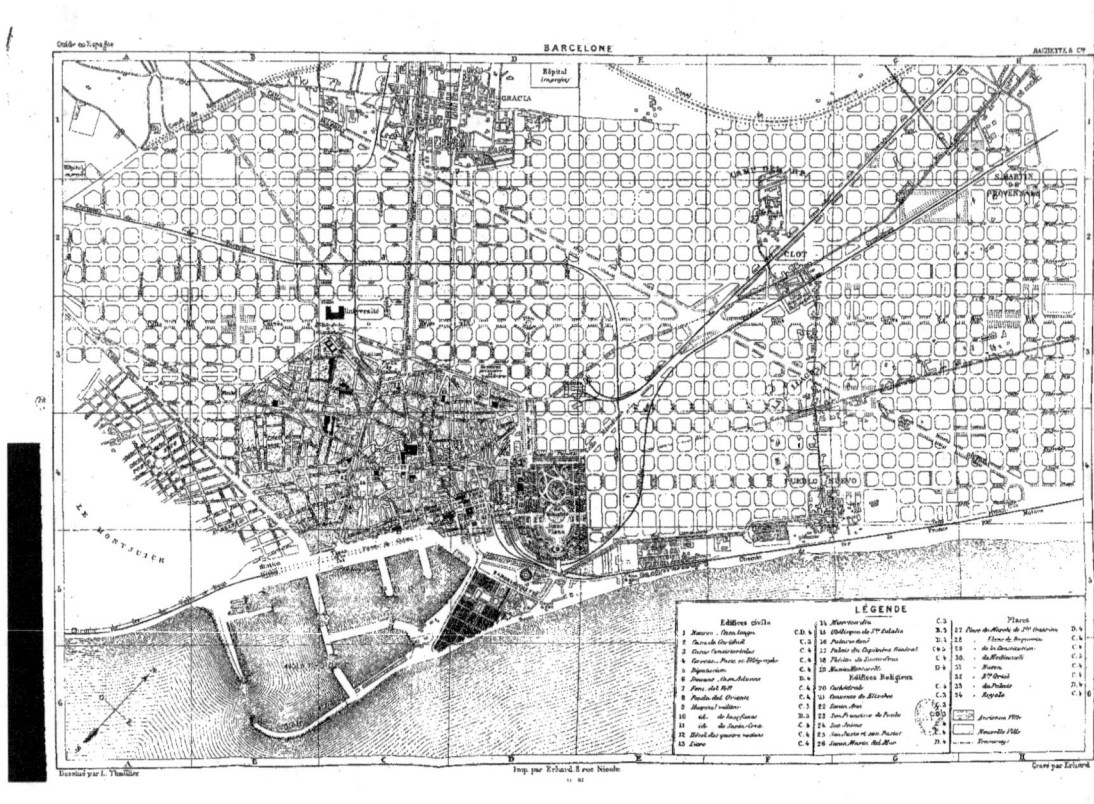

miers et d'orangers, et se termine au N.-O. par la place de Catalogne.

Ce boulevard se compose, au milieu, d'une large allée sablée, entretenue avec un soin parfait, plantée de deux lignes de platanes, et bordée, des deux côtés, de rues pavées longeant les habitations. — La *calle Fernando*, une des plus belles et des plus animées de la ville, bordée des plus riches magasins, part de la Rambla et pénètre au milieu de la vieille ville, en ligne droite, rencontrant la place de la Constitution et l'antique monument des *Casas consistoriales*, puis se continuant sous les noms de *calle Don Jaime* et *calle de la Princesa*. Elle aboutit à l'E. au Nouveau Parc, et vers la gare du Nord de l'Espagne, ligne de Saragosse. — La calle *Plateria* habitée par les orfèvres ; leurs *étalages* de bijoux, et d'ornements des modèles les plus primitifs, attirent l'attention des amateurs.

Le *port*, à l'extrémité E. de la Rambla, se développe avec ses môles et son avant-port, en avant de toute la ville du N. au S.

Le *Parque*, ou jardin public, magnifique square planté de beaux arbres et de plantes rares, et orné de statues (Prim, Lauria, Arribau), occupe l'emplacement de l'ancienne citadelle, entre la gare du chemin de fer de France et le beau marché du *Borne*. Il renferme un *Palais de l'Industrie*, des salons de fêtes, un château d'eau. Il est limité par deux belles promenades. Plus haut se trouve le *Salon de San Juan*, aujourd'hui le rendez-vous favori du beau monde de la ville.

Le *Paseo de Gracia*, immense avenue reliant Barcelone à la jolie ville de Gracia, par suite de l'extension de l'enceinte, se détache de l'extrémité N. de la *Rambla*, et de l'un des angles de la place de Catalogne. Cette avenue est devenue un boulevard intérieur de la ville.

Gracia est le séjour favori et la promenade privilégiée des Barcelonais. On y compte environ 2000 maisons, des hôtels, des restaurants, des cafés et de délicieux jardins remplis de fleurs et plantés d'orangers. Un tramvia parcourt à courts intervalles ce boulevard, bordé de belles habitations et d'établissements industriels.

Parmi les *places*, il faut mentionner le joli square de *Medinaceli*, orné d'une fontaine que surmonte la statue de l'amiral Galceran Marquet ; la place sur laquelle s'élève le monument d'*Antonio Lopez*, marquis du Comillas, fondateur de la Compagnie transatlantique espagnole ; le *paseo* « Isabel II » planté de grands arbres ; la *plaza del Palacio*, ornée d'une fontaine monumentale en marbre de Carrare ; la *plaza Real*, quadrilatère entouré de maisons à arcades et de riches magasins ; la *plaza de Tetuan*, vaste carrefour formé par le croisement de deux des larges avenues qui constituent la précieuse décoration de la nouvelle ville.

Administration municipale. — Son organisation et ses attributions méritent une mention particulière. Elle est dirigée par un *alcade constitucional* que nomme la couronne et que secondent onze lieutenants d'alcade, et vingt-huit regidors élus par la population. La corporation que forment ces magistrats reçoit le titre d'Excellence, et chacun de ses membres en particulier porte celui de Seigneurie.

Les établissements de bienfaisance et d'instruction publique, dont la direction est confiée à la municipalité, sont dignes d'intérêt. Le premier et le plus important est la *casa de Caridad*, destinée à recueillir ou à secourir tous les pauvres de la province. Ensuite viennent — la *casa de Misericordia*, où sont recueillies et élevées des filles pauvres; — l'*hôpital de Santa Cruz*; — l'hôpital des *infantes huerfanos* (enfants orphelins); — la *casa del Retiro* (maison de repenties); — *el hospital de San Severo*, affecté aux ecclésiastiques malades; — une école d'aveugles, etc., etc.

Instruction publique. — Il n'est pas de ville en Espagne qui réunisse autant d'établissements consacrés à l'instruction. Elle possède aussi des collections précieuses. De ce nombre est l'*Archivo general de la Corona de Aragon*. Il est renommé par la richesse, l'importance, la rareté des documents qu'il renferme, et surtout par l'ordre parfait qui préside à la conservation de ces documents. Cette magnifique collection peut fournir, sans interruption, des documents à l'histoire de dix siècles.

La *Bibliothèque publique de San Juan* possède 50 000 vol. d'histoire et de théologie et quelques manuscrits importants.

La *Bibliothèque épiscopale* possède 15 000 volumes, 2000 manuscrits et une intéressante collection de monnaies et d'histoire naturelle.

L'*Archivo del real patrimonio*, la bibliothèque de l'*Ateneo barcelonès*, le *Museo Salvador*, et un certain nombre de collections particulières.

Monuments religieux. — La *cathédrale* date des premiers siècles de l'Église. Les caractères dominants de cette église, du style gothique, sont les tours élancées qui la dominent, la hauteur de ses voûtes soutenues par des piliers d'une grande élégance et d'une grande hardiesse.

L'intérieur forme trois vastes nefs. L'abside est percée de grandes fenêtres garnies de vitraux qui jettent une vive lumière sur cette partie de l'église. Le maître-autel est élevé de plusieurs degrés au-dessus du sol du reste de l'église; une haute grille le ferme, et au-dessous s'étend la chapelle souterraine de Sainte-Eulalie. Le *coro* présente une grande profusion d'ornements, de figures et de filigranes. La *silleria* (les stalles) est d'une grande richesse. On signale encore dans cette belle église la façade de marbre de la chapelle du *Trascoro*; la chapelle de *San Olaguer*, martyr, d'origine française. Cette chapelle est ornée de peintures de Viladomat. Dans les chapelles voisines se trouvent quelques beaux tombeaux.

Le *cloître* se signale par l'aspect grandiose des piliers, par la finesse des colonnettes qui les forment, par le nombre infini de figurines qui en ornent les chapiteaux et qui représentent des scènes de l'Ancien et du Nouveau Testament.

Les *archives* de la cathédrale possèdent des documents curieux et nombreux.

Parmi les autres églises de Barcelone, il faut encore citer la *colegiata de Santa Ana*; — *Santa Maria del Mar*, bel édifice gothique; — *Santa Maria de los Reyes*, dont on remarque le maître-autel et les orgues; — *San Justo* et *San Pastor*, la première église chrétienne de Barcelone; — *La Merced*, etc.

Édifices publics. — La *Casa de la Diputacion*, construite au XVIᵉ s., est située sur un des côtés de la place de la Constitution. Au milieu de sa façade, d'ordre corinthien, s'élève un beau portail. On admire sur l'un des côtés, dans la *calle del Obispo*, la délicieuse façade de la chapelle de *San Jorge*, du style gothique le plus fleuri et le plus élégant. A l'intérieur se trouve le Salon de San Jorge avec de riches tapisseries et broderies anciennes. Le salon de la *Diputacion* possède plusieurs tableaux, entre autres de Fortuny. Dans une partie de l'édifice sont installées les archives générales de la couronne d'Aragon.

La *casa consistorial* occupe le côté opposé de la place. L'édifice, d'ordre gothique, date de 1375. On en admire le *patio*, et l'arrière-façade sur un jardin planté de conifères. Les archives municipales que renferme cet édifice possèdent des documents curieux, malheureusement dans un désordre regrettable.

La *Bourse* (*Casa Lonja*) fait face au palais. Cet édifice, construit avec luxe, est orné de marbres, de peintures, de statues et de fontaines. Le Salon de *Contrataciones*, de style gothique, est très remarquable, ainsi que l'escalier du tribunal de commerce.

La *Douane* (*Casa Aduana*) est à côté de l'ancien palais royal.

Édifices anciens. — Les *colonnes romaines* de la calle de Paradis sont le plus ancien monument de Barcelone. Ces colonnes sont d'énormes fûts cannelés, perdus au milieu de constructions modernes, d'escalier tortueux et de chambres humides.

On cite encore la *casa de Centellas*, près de la bajada de *San Miguel*.

Théâtres. — Le *teatro del Liceo* est le plus vaste, dit-on, qui soit en Europe ; il est en même temps construit avec élégance et luxe. Belle façade sur la Rambla, immense vestibule, escalier somptueux, beau foyer, éclairage splendide. Il peut recevoir 5000 spectateurs.

Barcelone possède encore le *Circo barcelonès*, théâtre de comédie et de ballet ; le *teatro del Odeon*, théâtre populaire ; le *Teatro principal*, sur la Rambla.

La *Plaza de Toros* est située hors de la ville, derrière la station du chemin de fer du littoral ; elle peut contenir 10 000 spectateurs.

Fontaines. — L'abondance des eaux potables n'est pas une des richesses de Barcelone : — *fontaine de la place du Théâtre* (*font del Yelt*), à l'entrée de la Rambla. Pyramide quadrangulaire surmontée d'une statue guerrière représentant Barcelone ; — *Ste-Eulalie*, au milieu de la plaza del Padro. — *Fuente del Anden* (du Quai), monument carré, portant Neptune sur un rocher, armé du trident. — *Fontaine de la place de Medinaceli.* — *Fontaine de la place du Palais*, en marbre de Carrare ; statues représentant les provinces de Barcelone, Lerida, Tarragone et Gérone. Un génie ailé domine le sommet du monument.

Défenses. — Le *château de Monjuich* occupe une haute falaise au S. de la ville. Ses fortifications forment une enceinte irrégulière presque inabordable de tous côtés. Il peut contenir une garnison de 9000 à 10 000 hommes.

Le faubourg de **Barcelonette** est habité par une population de marins, de pêcheurs et d'ouvriers de marine. Il compte plus de 11 000 hab., et renferme de nombreux établissements industriels, des établissements de bains de mer chauds et froids, et plusieurs chantiers de construction.

Les chemins de fer ont trois gares dans l'enceinte même de la ville : à l'extrémité N. du pont et du *Paseo de la Aduana*, devant la principale entrée du parc : Lignes de France, littoral et intérieur ; lignes de Tarragone, Reus, Valence. — En haut du Salon de San Juan : lignes du réseau Nord-Espagne, Saragosse, Castejon, Pampelune, Saragosse à Madrid.

Quai de San Beltran, au pied du Montjuich, ligne de Reus, Valls et Madrid-direct par le Haut-Aragon.

Barcelone est d'ailleurs entourée d'une belle campagne, riante, fertile, bien cultivée, couverte d'arbres de toute espèce.

De Barcelone. *Chemins de fer* : à Tarragone et à Valence (R. 59 et 62) ; Saragosse, Barbastro, Huesca (R. 48, 49) ; — à Madrid (R. 64) ; — à Girone et à la frontière française (R. 51) ; — Granollers, Vich et San Juan de las Abadesas (R. 51 et 53). — *Routes* : à la Seu d'Urgel (R. 54) ; — à Vich, à Puigcerda (R. 54) ; — aux bains de la Puda, par Olesa, ci-dessus, p. 115.

RÉGION NORD-EST

ROUTE 51.

DE PERPIGNAN A BARCELONE

I. — De Perpignan à Port-Bou (première station espagnole).

Chemin de fer. — 43 kil.

Prix : 1re cl., 5 fr. 35 ; 2e cl., 4 fr., 3e cl., 2 fr. 95.

13 kil. *Elne ;* — 17 kil. *Palau del Vidre ;* — 22 kil. *Argelès-sur-Mer ;* — 27 kil. *Collioure ;* — 29 kil. *Port-Vendres ;* — 34 kil. *Banyuls-sur-Mer ;* — 41 kil. *Cerbère,* dernière station française.

Tunnel de 1071 mèt. sous la montagne des *Balitres.* La ligne frontière coupe à peu près le milieu de ce tunnel, à 476 mèt. de l'entrée, et à 594 mèt. de la sortie, vers

43 kil. *Port-Bou,* première station espagnole. Arrêt de 25 min. pour la visite de la douane et le changement de voiture ; plus 25 min. de différence horaire ; soit arrêt de 50 min.

Port-Bou, petit port au fond d'une crique et d'un ravin de 22 mèt. de profondeur, coupé par la voie. La gare occupe un espace de 800 mèt., encaissé entre la sortie du tunnel des Balitres et l'entrée de celui de *la Pineda.*

II. — De Port-Bou à l'Empalme.

Chemin de fer, 98 kil. — Prix : jusqu'à Barcelone, par l'intérieur ou par le littoral : 1re cl., 22 pes. 18 ; 2e cl., 16 pes. 77 ; 3e cl., 10 pes. 71

Tunnel de *La Pineda,* 827 mèt., sites rocheux et incultes. A g. la mer à 20 mèt. plus bas que la voie. Remblais et tranchée.

3 kil. *Culera,* 690 hab. Massif de montagnes. Passage de la *riera de Culera,* sur un viaduc de 184 mèt., hauteur 10 mèt. Tunnel de San Antonio 400 mèt., pont sur la *riera de Garbet ;* tunnel de *Grifeu,* 600 mèt.

La voie est parallèle au littoral, à 12 ou 13 mèt. au-dessus de la mer. A g. un chemin en corniche.

7 kil. *Llansa,* petite V. de 1900 hab. avec un petit port de pêche. Voie en rampe, direction E.-O. Tunnel *del Molino,* 160 mèt. ; puis tunnel de *Canellas,* 550 mèt.

15 kil. *Vilajuiga,* 750 hab., vieux château de *Caramanso.* Route de Castellon d'*Ampurias* à Rosas. Rampes et pentes.

29 kil. *Perelada*, 1700 hab., petite V. ancienne, dans une plaine fertile. Rivière le *Llobregat*. Ruines d'un vieux château; palais des comtes de Perélada.

Pont de 110 mèt., ravin du rio *Muga*; remblai de 4 kil. 1/2.

27 kil. **Figueras**. Place forte de 10 100 hab. sur le penchant d'une colline. Rues larges, maisons de bonne apparence; place entourée d'arcades. — *Citadelle* (*castillo de San Fernando*) construite sur le rocher. Elle renferme des magasins considérables, des logements qui peuvent recevoir jusqu'à 20 000 hommes, de belles écuries pour 500 chevaux, d'immenses souterrains à l'épreuve de la mine et de la bombe. Du haut du fort on jouit d'une vue étendue : au N. sur les Albères, à l'O. sur des collines plantées d'oliviers, vers l'E. sur une plaine fertile et sur le golfe de Rosas.

Vaste plaine. Rivière de *Manol*.

52 kil. *Villamalla*, 340 hab. Sur le torrent de *Toña*.

35 kil. *Toña*.

37 kil. *San Miguel*. Tranchée de 16 mèt. de crête. *Rio Fluvia*, pont de 160 mèt., hauteur 21 mèt. 50. Cultures maraîchères.

43 kil. *Camallera*, 150 hab., dans une petite plaine. Route de Gérone à Cadaquez.

49 kil. *San Jordi*, 100 hab. Pont de 200 mèt. sur le *Ter*; autre pont de 20 mèt. sur la *Bolla*. Petite plaine cultivée.

52 kil. *Flassa*, 265 hab.

55 kil. *Bordils*, 370 hab. Pont de 40 mèt. sur la *riera de Palagret*.

59 kil. *Celra*. Tranchées, remblais, ponceaux sur de petits cours d'eau. Pont de 194 mèt. sur 10 mèt. de hauteur au confluent de l'*Onya* et du *Galligans*. Route allant à la *Sellera*.

68 kil. **Gerona**, V. forte de 14 180 hab., séparée en deux parties, la ville haute et la ville basse, par la rivière Onya. La ville haute s'échelonne en amphithéâtre : on jouit d'un magnifique coup d'œil sur les Pyrénées, les montagnes de Monseñi et la Méditerranée.

Les édifices remarquables de l'intérieur de la ville sont, surtout, la cathédrale et le palais de l'évêché.

La façade de *la cathédrale* présente un mur plat, en pierres de taille à assises régulières, sur lequel semble plaqué, ou même peint en grisaille, tant il a peu de relief, un frontispice moderne et gréco-romain à 3 étages, d'ordres dorique, corinthien et composite, surmonté d'une grande fenêtre circulaire. Comme ce frontispice n'occupe pas la largeur de la muraille, il est flanqué à dr. et à g. de deux constructions également plaquées, ressemblant aux colonnes élancées des minarets, et atteignant chacune une fenêtre à balcon, à la hauteur du troisième étage. Cette façade est précédée par un escalier monumental qui compte 86 marches, sur 20 mèt. de largeur.

L'intérieur de la cathédrale forme une nef unique d'une longueur de 62 mèt., soutenue par d'immenses piliers d'une grande légèreté, formés de colonnettes presque détachées les unes des autres. On remarque, dans les chapelles de l'abside, plusieurs tombeaux : celui de don Ramon Berenguer, comte de Barcelone; la tombe de l'un des évêques de Girone, don Berenguer Aglesola : un beau monument du xv° s., portant la statue en pierre de l'un des fondateurs de la cathédrale. Le maître-autel est, par sa richesse et son ancienneté, l'œuvre d'art la plus curieuse de cette église.

On visite encore la collégiale de *San Felix*, surmontée d'une flèche pyramidale; les anciennes églises de *Santa Lucia*, *San Pedro de Galligans*, *San Daniel*, et un couvent de capucines, dans lequel on a conservé un petit monument arabe d'une grande richesse de travail.

La voie accompagne, à g., la route royale de Barcelone, et décrit une grande courbe, en pente, pour couper la route et atteindre

73 kil. *Fornels*, 820 hab., à g. Dans le fond le groupe des monts *Gavarras*, à dr. les Pyrénées. La voie se tient à une petite distance de l'Onya, bordé de grandes cultures.

78 kil. *Riudellots*, 900 hab., passage de l'Onya. Alignement jusqu'à

84 kil. *Caldas de Malavella*, 1900 hab., à g., plaine arrosée par la *riera de Caldas*. Établissement d'eaux minérales, abondantes et thermales (57°) chlorurées calciques. Deux saisons : mai et juin, septembre et octobre.

Pays cultivé et riche. Remblai au-dessus de belles prairies.

90 kil. *Sils*, 700 hab. sur le bord d'un lac de 6 à 8 kil. de tour. A 10 kil. à l'O., *Santa Coloma de Farnès*, 4000 hab. Gorge sauvage, très boisée; tranchée profonde, au milieu de belles roches; contreforts de la sierra de *Mazanet*.

98 kil. L'*Empalme* (embranchement) des deux lignes, l'*intérieur* et le *littoral*, dirigées sur Barcelone.

III. — Ligne de l'intérieur.

La ligne du littoral se sépare à g. Celle-ci franchit le torrent de *Santa Coloma*, et parcourt une belle vallée jusqu'en vue des remparts de

103 kil. *Hostalrich*, 1700 hab., vallée à g., arrosée par le *Tordera*. A dr. série de collines boisées, d'un aspect pittoresque. Pont de 90 mèt. sur la *rambla de Arbucias*.

108 kil. *Breda*, 1500 hab., à 2 kil. à dr. En arrière, ruines de l'ancien château de *Monsoliu*.

111 kil. *Gualba*, 200 hab., le v. est à 1500 mèt. à g. A dr. bois de chênes. Plusieurs cours d'eau; rambla de *Partagas*, pont à 11 mèt. de hauteur.

116 kil. *San Celoni*, 1800 hab. Pont de 70 mèt. à 14 mèt. de

hauteur, sur le Tordera. Parcours pittoresque.

120 kil. *Palau*, station pour *Santa Maria de Palau-Tordera*, à 4 kil. à dr. Rambla de *Trenta Pasos*, vallée variée, fertile, plantée en légumes et arbres à fruit. Jolis points de vue, collines rondes, boisées. Torrent le Mogent, à g.

126 kil. *Llinas*, 700 hab. Courbe à dr.

130 kil. *Cardedeu*, 1650 hab., à 200 mèt. à dr. A g. vallée du Mogent, séparée par les collines de la région de la *Marine*. A dr. un ruisseau descendant du Monseñi. La voie traverse le faîte du *Corro*, par un tunnel de 575 mèt. A la sortie, belle vallée du *Congost*. Oliviers, collines boisées. A dr. route de Barcelone à Vich.

137 kil. **Granollers**, 4700 hab. **Embranchement** de la ligne de *San Juan de las Abadesas* vers le N. — Centre commercial important. Église du XIIe s.; beau tableau représentant le *martyre de saint Barthélemy*. — Il existe, dans le voisinage, plusieurs établissements d'eaux minérales: les sources ferrugineuses de *Vilamayor*, de *Belloch*, de *Canovellas*, les sources thermales de *la Garriga*, et celles de *Monbuy*.

Visiter aux environs les ruines du vieux château de la *Roca*; l'église byzantine de *San Felio de Canovellas*; l'ermitage de *Ntra Señora de Bellusa*; la fameuse montagne de *Monseñy*, couronnée de neiges perpétuel-

les, et enfin le sanctuaire de *San Miguel del Fay*, dans un cirque majestueux de roches basaltiques, où deux torrents forment deux cascades abondantes. Tout à côté de l'une des chutes d'eau, auprès du sanctuaire, une ouverture naturelle, sombre et humide, pénètre au milieu de la roche et conduit à d'immenses cavernes qui offrent aux regards un beau spectacle. Le sanctuaire est aujourd'hui en ruines.

De Granollers: *Chemin de fer* allant à *Vich*, *Ripoll* et *San Juan de las Abadesas* (*V*. R. 53), Routes vers Puigcerda et Camprodon.

A dr. le v. de *Palau*; pays riant semé de jolies habitations. Pont de 140 mèt. sur la rivière de *Congost*, venant de la dr. Belle plantation d'arbres.

143 kil. *Montmelo*, 531 hab., entre deux mamelons, au milieu de la plaine. Viaduc supérieur. Le Congost à g. et les cimes dentelées de la côte de mer. *Riera de Parets*, pont de 100 mèt. *Riera de Mollet*, pont oblique.

149 kil. *San Vicente de Mollet*, 900 hab. Un embranchement à dr. conduit (en 2 h.) à *Caldas de Monbuy*. Sources chlorurées sodiques, thermales à 70°, 7 établissements de bains, 4000 à 4500 baigneurs, année moyenne. Saison du 1er mai au 15 octobre, avec interruption du 15 juillet au 15 septembre pendant les chaleurs. — Promenades variées et distractions nombreu-

ses, ville agréable. — Belle église.

Après la station de Caldas, pont de 80 mèt. sur la *riera de Caldas* et de 94 mèt. sur la *riera Seca*, affluents du *rio Congost*, à g. Au delà jolie église de *Reixach*. A dr. vaste campagne du *Vallès*. Beau pont de 123 mèt. sur le *Ripollet*.

155 kil. *Moncada*, 1400 hab., en arrière, route de Barcelone à Gerone, à g. rivière de *Besos*. Au-dessus de Moncada, ruines d'un vieux *château des Moncadas*.

Tranchée profonde entre deux murailles de rochers, réunies par un pont oblique portant la route de Barcelone. A dr., après la tranchée, le chemin de fer du Norte, venant de Saragosse. Les deux voies courent parallèlement pour aboutir à deux points différents de Barcelone. A g. le torrent du Besos, et à dr. un canal d'irrigation, la *acequia del conde*.

158 kil. *Santa Coloma de Gramanet* au pied des collines à g. Paysage riche; belle ligne de montagnes, et des bouquets d'arbres, des vergers, des jardins et de jolies habitations de plaisance.

160 kil. *San Andrés de Palomar*. Agglomération de 15000 hab., fabrique de presque tout le pain de l'alimentation de Barcelone.

Profonde tranchée à pic traversée par les aqueducs des ruisseaux de *San Andrés* et de Horta, et flanquée de siphons pour le passage de nombreuses conduites d'irrigation.

161 kil. *Horta*, 2780 hab. Fermes de produit. *La Casa de Fontalet* où résida l'archiduc Charles d'Autriche compétiteur de Philippe V; *el Laberinto*, romaine du marquis d'Alfarras.

164 kil. *El Clot*, annexe de la nouvelle enceinte de Barcelone. Nombreux établissements industriels, fonderies, habitations de plaisance.

La voie décrit une grande courbe et contourne la base du Parc, pour s'arrêter en gare, au S.-E. de la ville, devant le *Paseo de la Aduana*, où elle rejoint la ligne du littoral.

A g. se trouvent la *plaza* de Taureaux, le faubourg de *Barcelonnette*, le port, et en avant le grand quai qui conduit à la Rambla.

167 kil. **Barcelone** (*V.* ci-dessus, p. 116).

IV. — Ligne du Littoral.

Chemin de fer. — 175 kil.
(mêmes prix).

On laisse à dr. la ligne de l'intérieur. Deux grandes courbes contournent la base de la montagne de Mazanet, et conduisent jusqu'à la rencontre du Tordera, dont la voie suit la rive gauche. Série de tranchées considérables; on continue à suivre le torrent jusqu'à

107 kil. *Tordera*, V. de 3400 hab., à 500 mèt. de l'autre côté de la rivière. La voie, tantôt en tranchée, tantôt au niveau d'une

jolie campagne, descend vers une grande plaine sablonneuse.

113 kil. *Blanès*. La ville, 5800 hab., est à 2 kil. à g. avec un petit port. La voie décrit une courbe pour traverser le Tordera.

Pont de 300 mèt. et plus loin un viaduc de 205 mèt. pour faciliter l'écoulement des eaux fréquemment débordées. Une autre courbe amène la voie vers le rivage.

117 kil. *Malgrat*, 5400 hab. Jolie plaine. A dr. *Santa Suzana*, cap surmonté d'une tour. La voie est sur le sable et à quelques mèt. de la mer.

122 kil. *Pineda*, 1850 hab., dans la plaine, à 700 mèt. à dr. de la station.

124 kil. *Calella*, jolie petite V. de 3500 hab. Ateliers de femmes et jeunes filles fabriquant la dentelle. Les barques de pêche sont hissées le soir au pied des habitations, et en deçà de la voie, par des attelages de bœufs. Falaises, hauts rochers. Massif sur lequel s'élève le phare de la *Torreta*. Tunnel de 445 mèt., éclairé par des jours sur la mer. Pointe de la *Cabra*, tunnel de 154 mèt. Tranchée en roche de 25 mèt. de crête.

Le chemin de fer occupe le rivage, sur un quai de blocs de roche, maçonnés et cimentés. La route de terre passe à dr., en corniche.

Succession de tunnels et de tranchées au milieu des rochers *den Charana*, jusqu'à une pointe que surmonte la chapelle de *San Pol*, sous laquelle passe la voie dans un souterrain de 250 mèt.

128 kil. *San Pol de Mar*, 1000 hab. Rivière de *San Pol*, pont de 70 mèt. La route de terre est à dr., en corniche. La voie traverse en tranchée, sur 450 mèt., à 25 mèt. de crête, la pointe *den Batista*; puis pénètre dans un tunnel sur la pointe de *la Cigala*.

132 kil. *Canet*, port de 3200 hab., avec barques de cabotage, bateaux de pêche, chantier de constructions, ateliers de dentellières.

La voie coupe la pointe de *las Rosas*, traverse un tunnel sous la pointe de *la Serp* et sous la chapelle de *Monte Calvario*.

135 kil. *Arenys de Mar*, petite V. de 4600 hab. bien bâtie, au pied de collines couvertes de jardins, en haut desquels se trouve *Arenys de Munt*. Chantiers de construction, école de marine. Tartanes à la st. pour monter à Arenys de Munt. La route de terre parcourt en zigzags le versant à droite.

Tunnel de 200 mèt. en roche. Belle maison blanche à dr., établissement d'eaux minérales chlorurées sodiques nommé *Baños de Titus*. Embouchure de la petite rivière de *Caldetas* traversée par la voie, et à dr. sur une hauteur une vieille tour crénelée, nommée la *Torre de los Encantados*.

137 kil. *Caldetas* ou *Caldas d'Estrach*, 632 hab., en deux

parties, Caldetas *de mar*, et Caldetas *de arriba*. Dans la partie supérieure, un établissement d'eaux thermales chlorurées sodiques (41°).

Pont de pierre sur la petite rivière de *Llevarenas*, et, au delà, deux villages *San Vicente* et *San Andrès*. Ruines du vieux château de *Nofre Arfau*.

145 kil. *Mataro*, V. de 16 820 hab., au bord d'une petite plaine très fertile. Rues larges et droites, maisons élégantes ornées de peintures à fresque. Maison de ville; *collège de Catalogne* parfaitement organisé. *Église paroissiale* avec silleria remarquable, et belles peintures de Viladomat et de Montana. Théâtre moderne. Place centrale vaste et régulière.

A la sortie de Mataro se trouvent les ateliers de construction du chemin de fer. A dr. le château de *Boriache*; l'établissement des eaux acidulées ou carbonatées d'*Argentona*. Ces eaux sont spéciales pour le traitement des affections nerveuses et de celles des voies urinaires. Des tartanes conduisent de Mataro à l'établissement en 3/4 d'heure.

Plus loin, les petits v. de *Cabrera*, 191 hab., et *Cabrils*, 808 hab. Culture des roses et des fraises.

151 kil. *Vilasar*, 3000 hab. Longue ligne de maisons de pêcheurs, sur une étendue de 1500 mèt., regardant toutes vers la mer. Vilasar *de arriba* occupe les pentes d'une colline couronnée par des tours de style mauresque, vestiges d'une ligne de vigies qui régnait sur une partie de la côte. Plus loin, sur ces mêmes hauteurs, le château de Vilasar, l'une des forteresses les mieux conservées de la Catalogne.

154 kil. *Premia*, 1470 hab., en deux parties, Premia *de mar* et Premia *de dalt*, barques de pêche et de cabotage. Du côté de terre, jardins d'oliviers et d'orangers. On dirait, a écrit un auteur célèbre, un douar arabe au milieu d'un bosquet.

157 kil. *Ocata* et *Masnou*, deux stations qui se suivent à une minute d'intervalle. Masnou (4840 hab.) possède une jolie église avec une tour de 28 mèt. de haut.

On franchit la petite rivière d'*Aleya* qui descend d'un joli v. de ce nom tout entouré d'orangers. Des tartanes conduisent à Aleya depuis Masnou.

Torrent de *Tara*. Tunnel de 140 mèt. dans un saillant de rocher, et au-dessus

162 kil. *Mongat*, station qui dessert plutôt le v. de *Tiana*, 2120 hab. au milieu d'un vignoble renommé.

164 kil. *Badalona*, 15 742 hab., très ancienne V., au milieu d'une plaine, et entourée de jardins d'orangers. Chantiers de construction au bord de la mer et nombreuses fabriques avec moteurs à vapeur.

La voie s'éloigne de la mer afin de franchir plus facilement le torrent de *Besos*. Beau pont de pierre de 316 mèt. L'embouchure est à 400 mèt. à g.

La route de terre passe à gué à droite.

Jardins clos de haies d'aloès, terrains très cultivés; plantations d'orangers. Les habitations deviennent plus importantes, et partout se dressent de hautes cheminées.

La voie revient vers la mer.

170 kil. *Pueblo nuevo*, compris dans les limites de la nouvelle enceinte, avec un grand nombre de beaux jardins et de cultures maraîchères. Le cimetière général, les Docks, le boulevard du cimetière à dr., et à g. l'usine à gaz et la *plaza de Toros* précèdent la gare où le train s'arrête, à côté de celui de la ligne de l'Intérieur, au *paseo de la Aduana*.

173 kil. **Barcelone** (*V*. R. 50, p. 116).

ROUTE 52.

DE BARCELONE AU MONTSERRAT

40 kil.

L'excursion complète du Montserrat exige deux jours, si l'on veut voir les grottes de Colbató, monter au sommet de San Geronimo, visiter en détail le monastère, les environs de l'édifice, la grotte de la Vierge, la grotte de Juan Garin et les ermitages. Voici, dans ce cas, l'itinéraire à suivre :

1ᵉʳ *jour*. — Partir de Barcelone pour *Martorell* à 8 h. 30 du matin (3 p. 82 et 3 p. 23) — (*V*. pour le trajet en chemin de fer la R.). C'est le côté méridional de la montagne. On arrive à Martorell à 9 h. 45. Prendre à Martorell l'omnibus de *Colbató*. (2 pes.) On arrive à midi. Monter aux grottes en 45 min. Le chemin est un peu pénible; il y a des échelles à gravir. Visite des grottes, très curieuses, 3 ou 4 h. ⟂ Dîner et coucher à Colbató.

2ᵉ *jour*. — Partir dès le matin pour l'ascension de San Geronimo (un cheval ou un mulet avec le guide, 5 pes.); emporter des provisions pour déjeuner au sommet. Il faut 4 h. pour monter; on séjourne 1 h. ou 1 h. 1/2; 2 h. pour descendre au monastère. Visite de l'église, de la sacristie, de la chambre de la Vierge (offrande, achat de chapelets, etc.); dîner au restaurant; coucher au monastère (2 pes. 1/2). Visite de la grotte de la Vierge, de la grotte de Juan Garin, des *Degutalls*, rochers, ermitages. Retour par Monistrol, versant N. O. — On prend, à 3 h., un omnibus ou un tramvia qui stationne à la porte du monastère et qui descend à la ville en 1 h. par une belle route. Il faut une autre heure pour aller de la ville à la station du chemin de fer. Le train passe à 6 h. 56 (sauf modification). On est à Barcelone en 1 h. 1/2.

On peut raccourcir ce programme de plusieurs manières:

en allant au monastère le premier jour, sans monter à San Geronimo ; soit en se bornant à venir par Monistrol, avec le premier train du matin. On monte au monastère avec le tramvia, et on retourne par le train du soir, après une très rapide inspection.

Les grottes. (Il est sévèrement interdit d'y enlever des cristallisations ou des stalactites, ou d'y allumer aucune pièce d'artifice produisant détonation.) L'entrée des grottes est vers le S. O. de la montagne et au-dessus du village. Le chemin qui y conduit en 45 min., depuis Colbató, est peu facile. Il faut gravir péniblement les pentes d'un ravin, par des sentiers à peine indiqués, au milieu des roches, et jusqu'au pied de la muraille verticale dans laquelle, à 50 mèt. au moins de hauteur, existe l'ouverture par où l'on doit pénétrer. Un escalier conduit au niveau de cette ouverture. Elle est encombrée par une énorme roche qui ne laisse, sur la dr., qu'un étroit passage, fermé par une grille en fer. On visite successivement une dizaine de grottes immenses, communiquant les unes aux autres par des couloirs ou par des puits. Le parcours entier, d'un grand intérêt, exige au moins 6 h. On descend jusqu'à une profondeur de plus de 55 mèt.

La montagne est formée d'un assemblage de cônes immenses entassés les uns au-dessus des autres, nus et inaccessibles. Ces pyramides sont formées de pierres calcaires rondes, de diverses couleurs, grises, rouges, jaunes, brunes, une espèce de poudingue agglutiné par un béton naturel mêlé d'argile brune et de sable.

Le Montserrat est isolé au milieu des plaines de Catalogne. La crête est découpée en dents de scie. Le ton général est gris. La montagne, vue du chemin de fer, est fendue jusqu'au tiers à peu près de sa hauteur, et forme ainsi deux cimes, séparées par une vallée anguleuse où les eaux ont creusé un petit ravin. Le monastère est situé sur les bords de ce ravin.

Le chemin des voitures se détache de la voie de fer de Saragosse, à la station de Monistrol, et arrive à la porte même du monastère ; il a un développement de 19 500 mèt. ; la durée de l'ascension à pied, par ce côté, est de 5 h. Un chemin de fer à crémaillère, système Abt, récemment concédé, aura 7 kil. 1/2, avec un pont de 112 mèt. sur le Llobregat, et un tunnel qui débouchera sur le plateau auprès du monastère. On peut faire le trajet en 30 ou 40 min. Les travaux ont commencé en août 1891.

Le chemin non carrossable, qui part de Colbató, prend, comme on l'a déjà dit, 4 h. pour conduire à la cime du San Geronimo, 2 h. pour arriver au monastère, avec un développement de 10 700 mèt. Ce chemin n'est pas précisément dangereux ; il n'est pas sans quelques difficultés, mais il est très intéressant. Des marches en bois ont été placées aux endroits où le rocher est le plus difficile à gravir. Sur deux ou trois points le sentier, en corniche, est étroit, resserré entre des roches qui surplombent et des chutes perpendiculaires de plus de 400 mèt. A mesure qu'on s'élève, on jouit d'une vue merveilleuse sur toute la Catalogne.

L'ermitage de San Geronimo occupe, au point le plus élevé de la montagne, un petit plateau à peine abrité par quelques rochers. Ce n'est plus qu'une ruine. Il reste encore l'embrasure d'une fenêtre, de laquelle on domine, vers le N.-E., un panorama immense, ayant au-dessous de soi une muraille à pic de presque toute la hauteur de la montagne, et dont la base est baignée par le Llobregat.

De San Geronimo, on descend jusqu'au monastère. Sur l'esplanade qui le précède, on trouve un restaurant et l'omnibus ou le train qui conduit à Monistrol. On s'adresse à la sacristie pour visiter l'intérieur, et les visiteurs qui se proposent de passer la nuit s'entendent à cet effet avec l'*aposentador* ou fourrier.

Le monastère. — L'ancienne église et l'ancien monastère n'existent plus ; on n'a conservé, comme souvenir d'une époque passée, qu'un portail byzantin à deux arcs, avec d'assez riches détails, et une petite partie du cloître gothique de 1476. Le reste est un ensemble de grandes salles nues, de longs corridors et de cellules en nombreuse quantité pour les visiteurs et les pèlerins. L'église forme une seul nef très dégagée, bien proportionnée et élégante. L'abside est d'un très bel effet. On remarque quelques autels dorés et deux bons tableaux, un *Saint Louis* et un *Saint Bruno*. C'est dans la sacristie, composée de quatre pièces, qu'est déposé le trésor, fort réduit aujourd'hui. De là on communique, par un escalier tournant, au *Camarin*, chambre de la Vierge, derrière l'autel. C'est une succession de trois pièces par lesquelles les fidèles passent à la file pour adorer la sainte image, placée au haut de l'autel.

Il est très intéressant de visiter les ruines des divers ermitages qui existaient autrefois dans la montagne, aussi bien à cause de la hardiesse de leur position, que pour jouir des admirables points de vue qu'ils ménagent au visiteur. Ces ermitages, placés dans les positions les moins accessibles, quelquefois sous des roches qui surplombent, quelquefois vers les faces extérieures de la montagne, et au-dessus de précipices de 200 ou 300 mèt., avaient tous une distribution semblable, dans des dimensions exiguës : une pièce d'entrée, une cellule avec alcôve, un retrait pour l'étude, une cuisine, une citerne, un petit parterre et une chapelle. L'un d'eux, San Dimas, était, dit-on, autrefois une espèce de forteresse, avec pont-levis sur deux abîmes, qu'une compagnie de bandits avait choisie pour repaire.

On visite les trois grottes de la Vierge, de Juan Garin et du Diable, qui tiennent une grande place dans la légende du monastère ; le *Balcon des Moines*, ouverture dans la muraille qui entoure le jardin, et d'où l'on découvre le panorama le plus étendu ; et enfin les *Degutalls*, roches de forme colossale, d'où distille goutte à goutte une eau d'une pureté cristalline.

On évalue à 60 000 le nombre des curieux et des pèlerins qui visitent chaque année le monastère du Montserrat. La fête annuelle a lieu le 8 septembre. Le chemin de fer organise, à cette occasion, des trains de plaisir à prix réduit.

ROUTE 53.

DE BARCELONE A SAN JUAN DE LAS ABADESAS

Chemin de fer. — 117 kil.

29 kil. de Barcelone à *Granollers* (V. R. 51, p. 101 et 124). A Granollers, embranchement de la ligne de *San Juan de las Abadesas*, par Vich et Ripoll.

38 kil. *La Garriga*, 1500 hab., dans une plaine à l'entrée de la vallée du *Congost*. La voie rencontre à 10 kil. la petite station de *San Martin*, et plus loin

53 kil. *Centellas*, 1600 hab., au fond d'une vallée à l'entrée de gorges sauvages, d'un aspect pittoresque. Jolie église d'architecture corinthienne. La voie, accompagnant la route de terre, s'engage dans une série d'étroits défilés.

59 kil. *Balenya*, 700 hab. Au delà *Tona* et *Collsespina* à l'entrée de la plaine de Vich.

69 kil. **Vich**, 13 000 hab. Chef-lieu de canton et tribunal de première instance. — Vich est le siège d'un évêché. Rues étroites, mal pavées ; maisons en pierres. Un vaste espace, nommé la Rambla, sépare l'ancienne ville, encore entourée de fragments de murs, de la partie la plus moderne. La *plaza mayor*, qui occupe le centre de celle-ci, est de forme irrégulière, entourée de maisons anciennes garnies de balcons en fer et formant galeries au rez-de-chaussée. La cathédrale de Vich est un bel édifice partagé en trois nefs. Le cloître date du courant du xive s. Jolie promenade, plantée sur une partie de la Rambla.

De nombreux chemins mettent Vich en communication avec Hostalrich, Girone, Urgel, Manresa, et avec les Pyrénées, par Puigcerda ou par Camprodon. Deux ou trois sont carrossables et en mauvais état, les autres ne sont que des chemins muletiers de difficile accès.

En quittant Vich, dans la direction de Ripoll, on remonte la vallée du Ter. — A g., *Gurb*, 900 hab., dominé par une haute montagne au sommet de laquelle se trouvent les ruines d'un vieux château.

79 kil. *Manlleu*, petite ville, 5500 hab. — Filatures et tissus.

87 kil. *Torello*, 2800 hab., filatures de coton et tissages. A 5 kil., deux sources minérales, l'une sulfureuse, l'autre ferrugineuse, alimentant un établissement balnéaire fréquenté.

95 kil. *San Quirico*, 1402 hab. sur la rive g. du Ter.

107 kil. **Ripoll**, 3700 hab., au confluent du *Ter* et du *Frazer*. Ripoll a été entièrement détruite par le feu pendant les dernières guerres civiles. On y remarquait surtout le *monastère des Bénédictins*, dont les ruines présentent encore de magnifiques vestiges des époques diverses pendant lesquelles il a été édifié. Aujourd'hui, ses maisons se reconstruisent; ce sera certainement la plus jolie ville de toute la province de Girone.

De Ripoll divergent plusieurs chemins vers la montagne; l'un, au N., monte vers Camprodon; celui de dr. atteint Figueras, Olot et Besalu; celui de g. conduit à Puigcerda.

La voie qui remonte la vallée du *Ter*, au N. de Ripoll, accompagne un chemin de voitures qui est fort peu praticable en beaucoup d'endroits.

117 kil. **San Juan de las Abadesas**, 2220 hab., très agréable situation; rues larges et bien alignées. Place carrée et entourée d'arceaux; belle fontaine. — L'importance principale du bourg de San Juan provient d'un gisement considérable de charbons de terre, qui se trouve à environ 1 h. de distance, et qui occupe une étendue de 11 kil. La voie ne va pas au delà. Une petite route atteint

12 kil. *Camprodon*, 4000 hab., dans le fond d'une conque, sur la rive g. du *Riutort*. La frontière de France est à une petite distance, vers Ceret et Amélie-les-Bains.

ROUTE 54.

DE BARCELONE A LA SEU DE URGEL ET A PUIGCERDA

PAR MANRESA.

209 kil.

De Barcelone à Manresa, par le chemin de fer, 64 kil. (V. R. 48, de Barcelone à Saragosse, p 140.)

En quittant Manresa on remonte la vallée du *Cardoner*.

86 kil. 1/2. *Suria*, 275 hab. La route s'élève en zigzags au milieu de collines rocheuses.

103 kil. 1/2. *Cardona*, 6540 hab., place forte dans une position importante, entourée par le *Cardoner*. Murailles anciennes et solides, flanquées de grosses tours et percées de six portes. Rues en pente. Très vieille

église dont la fondation remonte à l'année 820, et qui a été réédifiée au XIV° s.

La *montagne de sel* se trouve à un quart d'heure de la ville. C'est une roche énorme de sel gemme, haute de plus de 80 mèt. et de 5 kil. de tour, descendant sous le sol à une grande profondeur. La roche est du plus beau blanc ; quelques parties sont aussi transparentes que le cristal, et l'on en a souvent fabriqué des lentilles d'une netteté parfaite. L'industrie locale, à part l'exploitation du sel, en tire parti pour une foule d'objets de fantaisie. Il existe, dans l'intérieur, des cavités considérables, qui produisent un merveilleux spectacle à la lumière des torches.

Beau pont de sept arches sur le Cardoner ; chemin muletier très accidenté, au milieu de sites agrestes.

120 kil. 1/2. *Solsona*, 2460 hab., bonnes fortifications, au milieu d'une plaine, sur un rocher et sur la rive g. d'une petite rivière, nommée le *Reu Negre*. Église d'un bon style gothique ; à une seule nef, surtout remarquable par son ancienneté.

137 kil. 1/2. *Oliana*, 1150 hab. Église ancienne, portail de deux belles colonnes doriques d'un seul morceau. Dans le centre du bourg, quelques vieilles maisons lourdement construites.

Au delà de Solsona, gorges très pittoresques qui conduisent à un étroit défilé nommé le *paso dels tres ponts*.

159 kil. 1/2. *Orgaña*, 1200 hab., dans une petite plaine. Le chemin est resserré dans les gorges au fond desquelles coule *le Sègre*. Dans l'un de ces passages les plus sombres est jeté, d'une roche à l'autre, un pont nommé *el Puente del Diablo*.

186 kil. 1/2. La **Seu de Urgel** au milieu d'une vallée en entonnoir ou conque. 2960 hab. Place d'armes, siège d'un évêché. Bonnes murailles percées de quatre portes. La ville est assez bien bâtie, mais mal pavée. — Palais épiscopal, deux couvents, un séminaire. — La cathédrale a quelque mérite ; l'architecture en est ancienne et de style gothique.

A 3 kil. à l'O. se trouvent les trois forteresses qui défendent la ville : la *citadelle*, le *Castillo* et la *torre de Solsona*.

La Seu d'Urgel occupe un point central, d'où l'on peut pénétrer dans les Pyrénées par des voies à peu près carrossables, et par plusieurs chemins muletiers assez faciles.

Pour aller d'Urgel à Puigcerda, on suit un chemin muletier qui côtoie, en la remontant, la rive g. du Sègre, et s'engage, à la sortie N. O. de la conque, entre deux murailles de rochers. Arrivé au ham. de *Puente de Bar* (15 kil.), ayant à dr., à 4 kil., le village d'*Arseguel*, on passe sur la rive g., qu'on remonte jusqu'à *Martinet* (26 kil. d'Urgel), village de 45 maisons. On gagne ensuite la rive dr., par une passerelle en bois, pour sortir du défilé. On aperçoit dans la plaine où l'on débouche, à g. *Prullans*, à dr. *Santa Eugenia, Olia* et *Py*.

220 kil. *Bellver*, 1950 hab., à l'extrémité d'une espèce d'isthme formé par deux ravins. Son vieux château ruiné, la tour carrée de son église et ses murailles en partie ébranlées, lui donnent toute l'apparence d'une ville féodale. Bellver jouit d'une vue magnifique.

De Bellver à Puigcerda le chemin devient carrossable; il existe même deux branches qui longent les deux rives du Sègre. Par l'une, sur la rive g., après avoir traversé la plaine de Bellver, on franchit le *col del Faitg* ou de *Valltarga;* on rencontre les ham. de *Pratz, Das* et *Alp*, puis on passe la rivière au pont de Soler pour arriver à Puigcerda.

Par l'autre chemin, on traverse à gué le torrent de Valltorta pour s'engager, en remontant la rive g. du Sègre, dans le défilé d'*Isobol*. On a, à dr., *Pratz* et *San Abastre*, à g. *Ollopte, All, Gur* et *Laga*. On sort du défilé à *Bolvir*, v. de 200 hab., pour pénétrer dans une belle plaine, de 12 à 13 000 mét. de développement.

241 kil. **Puigcerda** 2300 hab., altit. 1242 mèt., sur la pente méridionale d'un mamelon isolé, dont le sommet, terminé par un plateau, était jadis couronné par une citadelle. Puigcerda n'a aujourd'hui, pour fortification, qu'une mauvaise muraille en terre ou pisé, de deux pieds d'épaisseur, laquelle encore n'enveloppe qu'une partie de la ville. Une rue, dont quelques habitations sont garnies de balcons, conduit à une place bordée de maisons à arcades, parmi lesquelles se trouve l'*hostal*. On y remarque une maison de style mauresque. L'église est dédiée à Santa Barbara.

Des chemins conduisent de Puigcerda à Vich par Ribas et Ripoll; de Puigcerda en France, par Bourg-Madame et le col de la Perche.

ROUTE 55.

DE BARCELONE A ANDORRE

De Barcelone à Urgel, 186 kil. 1/2, *V. R.* 54.

Le chemin, qui se détache d'Urgel, au N., rejoint à une petite distance le *Valira Anserall*, 200 hab., dans un riant bassin, au milieu des prairies et des peupliers. — On traverse le Valira sur un pont de bois. Un défilé étroit conduit en 1 h. 20 à un poste de douaniers. A 10 min. de ce poste, on rencontre la frontière de la république d'Andorre. Au bout de 40 min., par un bon chemin muletier, on atteint *San Julian de Loria*, 600 hab., l'une des six communes de la fédération.

En quittant San Julian, on reprend la rive dr. du Valira; puis on traverse un torrent, au delà duquel on rencontre *Santa Coloma*, 60 hab., à 50 min. de

San Julian. Après 30 autres min. (4 h. 10 depuis Urgel) :

Andorra, population agglomérée de 850 hab.

La **Vallée d'Andorre** est un pays neutre, portant le titre de république, situé au S. du département français de l'Ariège, et entouré, sur les trois autres côtés, par la province espagnole de Lerida. Son étendue est de 40 kil., de l'E. à l'O., et de 30 kil., du N. au S.

La confédération se compose de six paroisses ou communes, Andorre, San Julian de Loria, Massana, Ordino, En Camp et Canillo. La souveraineté de la vallée d'Andorre appartient, par indivis, à la France d'un côté, représentée dans tous ses rapports avec la vallée par le préfet de l'Ariège, et de l'autre côté, à l'évêque d'Urgel, qui porte le titre de prince-évêque.

La république d'Andorre n'a ni code, ni lois écrites; elle possède seulement quelques règlements pour l'exacte observation des formes dans les procédures civiles et criminelles.

Aucun fonctionnaire ou magistrat ne reçoit d'émoluments déterminés. Les frais de justice sont payés par les plaideurs et les coupables; les dépenses du gouvernement ou de l'administration des communes sont couvertes à l'aide des produits des droits de pâturage et des coupes de bois de construction et de charbonnage.

La force armée se compose de 600 hommes, un par famille. C'est le dixième de la population de la vallée. Lorsque les circonstances l'exigent, on convoque toute la population valide, et alors cette force publique s'élève à un millier d'hommes.

L'instruction publique est presque nulle; il y a à peine une école primaire dans chaque paroisse.

L'industrie se borne à quelques métiers de drap grossier et de toile commune, et à six forges sur l'*Ordino*.

Le commerce se borne à peu de chose. Tout ce qui se consomme vient d'Espagne, même le sel. De France, on introduit seulement du poisson et quelques liqueurs.

L'Andorre a peu de monuments des temps anciens. *Andorra*, la capitale, est un village de pauvre aspect, dont les maisons, bâties en débris de schiste et de granit, n'ont, le plus souvent, aucun enduit. Son édifice le plus important est le palais ou *Casa del Valle*, où le conseil général tient ses sessions, où logent les syndics, et accidentellement les consuls et les conseillers. C'est une maison de très modeste apparence, située à l'une des extrémités de la ville, dans une position fortifiée naturellement.

L'intérieur du palais est dans un état complet de délabrement. Un escalier qui tombe de vétusté conduit à la chambre du conseil. C'est une salle vaste, d'un aspect imposant, entourée de bancs en chêne et présentant, au fond, entre deux fenêtres, un tableau de Jésus-Christ. Les archives sont renfermées dans une armoire fermée par six clefs, et sont considérées comme chose sacrée; aucun étranger ne peut en prendre connaissance.

En quittant Andorre on rencontre (30 min.) *las Escaldas*, beau village, où il existe des eaux minérales sulfureuses. En 1 h. 1/2 on atteint le v. d'*En Camp;* position pittoresque.

On gravit, à 30 min. de distance, une hauteur d'où l'on redescend, vers la chapelle de *Merichel;* puis on franchit un pont au delà duquel se trouve *Canillo*, 600 hab.

Au bout d'une heure (4 h. 50 depuis Andorre), on atteint le ham. de *Saldeu*, où commence le port sur le revers duquel se trouve la frontière française. Arrivé à la crête (2500 mèt.), on domine, en se retournant, le haut de la vallée d'Andorre, le v. de Saldeu et la vallée sauvage où naît le Valira.

Au delà, descendant par un chemin difficile, on arrive jusqu'en face des rochers d'*Avignoles* et de *Poursailles*, où l'Ariège prend sa source. On atteint ainsi la frontière, marquée par le *pont de Cerda.* — 15 min. plus tard (5 h. depuis Saldeu) on atteint, au ham. de l'*Hospitalet*, 131 hab., les premières habitations françaises.

On trouve après l'Hospitalet une route carrossable qui conduit à *Ax;* en 3 h. 1/2.

ROUTE 56.

DE BARCELONE A REUS

Chemin de fer. — 99 kil.

Cette section constitue, à partir de Barcelone, l'amorce d'une grande ligne, concédée sous le titre de « chemin de fer direct de Madrid et Saragosse à Barcelone. »

La station à Barcelone est sur le quai O. du port, au pied du Monjuich. La ligne contourne la base du rocher, ayant la rade à g.; puis s'engage en droite ligne à travers champs pour franchir le *Llobregat*, sur un pont métallique de 116 mèt. à 10 mèt. au-dessus des basses eaux du fleuve.

9 kil. *Prat de Llobregat*, bourg de 5000 hab., coupé en deux parties par la ligne, qui se tient à une petite distance du rivage à g., traversant directement une grande plaine. A g. le champ de courses, et à dr., à une petite distance, le v. de *Viladecans*, au delà duquel on aperçoit la ligne de Tarragone-Barcelone. — Un embranchement à dr. va rejoindre la *Bordeta*, faubourg de Barcelone, au N.-O. du Montjuich.

16 kil. *Gava*, 1600 hab. Le v. est à dr. à 1 kil. Aspect agréable, belles cultures, collines boisées.

20 kil. *Castelldefels*, petit v. autrefois important. Vestiges de vieilles tours. Plaine étendue limitée par des collines incultes et rocheuses, nommées *Costas*

de *Garraf*, que le chemin de fer traverse sous 13 tunnels successifs.

35 kil. *Sitges*, 3500 hab. Joli port très pittoresque ; belle plage de bains de mer, à 100 mèt. à g. de la voie.

42 kil. **Villanueva y Geltru**, 15 000 hab. Belle gare à dr., la mer à g. Ville d'un aspect élégant, beaux édifices que l'on aperçoit de la gare : la bibliothèque Balaguer, le collège des *Escolapios*, un parc bien planté. Tunnel de 15 mèt. au-dessous d'une tour ancienne.

48 kil. *Cabellas*, 900 hab. ; le v. est à 300 mèt. à dr. Traversée du rio *Foix*, sur un pont en fer de 116 mèt. Limite de la province de Tarragone. A dr. à 3 kil., le v. de *Cunit*.

57 kil. *Calafell*, 112 hab., à 1 kil. à dr. Service de correspondance pour *Vendrell*, station de la ligne de Tarragone, à 4 kil. à dr. Pays accidenté, pont sur le torrent de *Bisbal*, oliviers, figuiers, caroubiers. Passage supérieur coupant le chemin de fer de Tarragone à Barcelone.

61 kil. *San Vicente*, 200 hab. Après le croisement, jardins en terrasses ; le v. de *Creixell* et la route sur laquelle s'élève l'arc monumental du *Portal de Bara*, d'origine romaine.

68 kil. *Roda de Bara*, 800 hab. *Buffet. Embranchement* de la ligne de *Valls*, à dr. Jolie station, bien installée. (*On change de train* pour l'embranchement de Valls.)

Tunnel de 150 mèt. dans une belle roche de calcaire blanc. Vignes et caroubiers.

70 kil. *Pobla de Montornès*, 1500 hab. Petite gare à g. La mer est à 4 ou 5 kil. à g. — Col de *las Forcas*, tranchée profonde.

75 kil. *Riera-la-Nou*, 1400 hab. Vieilles habitations curieuses ; une partie du v. se trouve au fond de la vallée à g. à 600 mèt. Viaduc en courbe de 115 mèt. en pierre. Tranchées, remblais, ravins en terrasses plantées de vignes.

78 kil. *Catllar*, 1400 hab. A la sortie de la station, tunnel de 125 mèt. et ensuite un viaduc de 128 mèt., haut de 22 mèt., le v. est à g. dans le fond de la vallée. Plus loin, tunnel du *Tapiolas*, 994 mèt. sous 52 mèt. de crête.

85 kil. *Secuita* et *Perafort* (alt. 103 mèt.), deux v. de 1050 et 600 hab., l'un à dr. hors la vue, l'autre à portée, à g. Tranchée, pont de 12 mèt. sur le ravin de *Codony*. Tunnel de 200 mèt. sous le v. de *Puigdelfi*. Pont de 166 mèt., hauteur 12 mèt., sur le *Francoli*. Beau panorama comprenant, à dr. les v. de *Morell, Villalonga, Selva, Alcover*; à g. *Constanti, Pobla de Mafumet*.

89 kil. *Morell et Mafumet*, 800 et 500 hab. Tranchée de 12 mèt. de crête, à la suite de laquelle on voit le v. avec un joli clocher. Jardins et vignes. Belle campagne plantée de vignes, d'oliviers, de coudriers

et de caroubiers. Au loin à g., la cathédrale de *Tarragone*. Passage inférieur de la route de *Montblanch*; pont sur le ravin de la *Abeurada*; passage à niveau du chemin de fer de Lerida à Tarragone.

99 kil. **Reus**, 27 600 hab. Belle station, joli square planté de fleurs, omnibus pour la ville, cafés, chocolateries, vieille ville et ville moderne. Dans celle-ci belles maisons et rues bien alignées. — Maison de ville; église paroissiale avec tour de 66 mèt. de hauteur, du sommet de laquelle on jouit d'une vue magnifique. — Industrie manufacturière importante; métiers à tisser le coton, le fil et la soie; grandes fabriques mues par la vapeur.

[La grande ligne indiquée « chemin de fer direct de Barcelone à Saragosse et Madrid » dont la ligne de Barcelone à Reus est une section, suit, à la sortie de Reus, par un tracé non encore livré à l'exploitation, la direction d'E. à O., de Reus à *Marsa-Falset*, où elle rencontre l'Èbre à 70 kil. de son embouchure. Un tunnel considérable (*Argentera*) et le pont de Marsa sont les œuvres principales de cette section. De l'autre côté, les travaux partant de *Samper de Calanda* (R. 46) sont conduits par le voisinage de *Caspe* auprès de la rive dr. de l'Èbre, pour se rencontrer avec l'autre section au pont de Marsa.]

ROUTE 57.

DE BARCELONE A VALS ET A PICAMOÏXONS

Chemin de fer. — 29 kil.

De Barcelone à Roda (V. la R. précédente).

68 kil. *Roda de Bara*. (*Changement de train derrière la gare.*) On laisse à g. la ligne de Reus. Tranchées en roches calcaires, tunnels en maçonnerie blanche; vignes et caroubiers. Plantations en terrasses.

9 kil. *Salamo*, 1000 hab. Le v. est à 800 mèt. à dr. Viaduc de 80 mèt.; trois tunnels successifs, l'un de 543 mèt.; autre viaduc de 100 mèt., sur le *Gaya*. Tracé en lacets; on revoit à dr. en arrière le viaduc précédent.

15 kil. *Vilabella*, 1500 hab., à 1 kil. à dr. Gare adossée à une colline. Vues sur *Nullès* à g. *Puigpelat* et *Aliot* à dr. Deux viaducs.

25 kil. **Valls**, 14 000 hab. V. très industrielle; nombreuses maisons de campagne. Cirque de collines.

Plusieurs viaducs sur les ravins de *Cent Fonts*, *El Pou*, *El Serrallé*. Tunnel de 264 mèt. — Visite, à 19 kil. de Valls, du monastère de *Santas Creüs*, fondation du XIIe s. Église remarquable, anciennes sépultures.

29 kil. *La Plana* et *Picamoïxons*, station terminus, où se rencontrent, à angle droit, la ligne de Valls avec celle de

Tarragone-Lerida (R. 60). Site sauvage et montagneux, très pittoresque. La station occupe un vaste terrassement, et en travers passe la ligne de Tarragone-Lerida. En contre-bas, à 60 mèt., coule de dr. à g. la rivière de *Francoli*, et sur sa rive dr., sur un contrefort en maçonnerie, passe la route de terre, vers Lerida. A g., au-dessus d'une courbe de la rivière, est jeté un viaduc très élevé et très hardi, en deux travées, soutenu au milieu par une tour en pierre de taille. La voie descend par ce viaduc vers Tarragone; elle se perd à dr., vers Lerida, dans les détours des montagnes.

Il se fait à Picamoïxons un transbordement pour *Lerida*, à 69 kil. à dr., et pour *Tarragone* à 34 kil. à gauche (*V.* R. 60).

ROUTE 58.

DE BARCELONE A SARAGOSSE

366 kil. — Prix : 1re cl., 42 pes. 10; 2e cl., 31 pes. 60; 3e cl., 25 pes. 15. — Trajet en 14 h.

(Se placer à gauche du train.) — La gare du chemin de fer de Saragosse est au N. de Barcelone ancien, auprès et à dr. du *paseo de San Juan*. Cette gare occupe un bel et vaste édifice, tête de ligne du réseau du Nord-Espagne.

4 kil. *San Andrès de Palomar*, banlieue de Barcelone. —

La voie parcourt la campagne de Barcelone, presque côte à côte avec la ligne de Girone, jusqu'à

11 kil. *Moncada* (*V.* p. 125). — Pont de biais, en pierre et en briques, sur la *riera de San Culgat*; belle plaine cultivée, plantée de vignes et de pins.

15 kil. *Sardanyola*. Cette station dessert à la fois le village de *Sardanyola*, 580 hab., situé à un quart d'heure de distance, et celui de *Ripollet*, 1441 hab., qui touche à la voie ferrée. On commence à apercevoir en avant les roches dentelées du *Montserrat*. La voie contourne presque entièrement la ville de Sabadell; nombreux établissements industriels.

23 kil. **Sabadell**, V. de 18 200 hab., surnommée le Manchester catalan. Mouvement industriel considérable; 100 fabriques de tissus de laine et de coton; elles emploient en temps normal 10 000 ouvriers. Il en sort annuellement plus de 27 000 pièces d'étoffes diverses, représentant une valeur de 1 million 1/2 de douros (7 500 000 fr.).

Sur la g., village de la *Creu Alta*. — Plus loin, *el valle del Paraiso*, masse imposante de ruines appartenant au vieux château des *Caballeros de Egara*. — Au-dessous, *San Pedro de Tarrasa*.

33 kil. **Tarrasa**. V. de 11 045 hab., moins industrielle que Sabadell. — Fabriques de draps. — Territoire productif en grains, chanvre et bois de construction.

38 kil. *Viladecabals*.

La voie ferrée présente des travaux d'une grande importance, sur 31 kil., entre Tarrasa et Manresa.

41 kil. *Olesa*, petite V. de 3000 hab. ; belle plaine qui descend jusqu'au Llobregat. Le bel établissement d'eaux minérales de *la Puda* est à 3 kil. d'Olesa, sur la rive g.

[**Baños de la Puda**. Ces eaux sont azotiques ou nitrogénées sulfureuses; température de 27° cent. On les dit efficaces pour le traitement des phtisies et des hémoptysies, des catarrhes chroniques, des bronchites, des maladies cutanées, etc.

Établissement sur la rive dr. du *Llobregat*, avec cabinets de bains. Chambres pour près de 360 personnes. Pays agréable : promenades variées.

On peut aller également à la Puda par Martorell (ligne de Tarragone) et Esparraguera.]

A la sortie de la station d'Olesa, la voie s'engage dans une tranchée importante, pratiquée à travers de grands contreforts, et qui débouche en présence d'une vallée profonde et sauvage, au fond de laquelle coule le torrent raviné du *Buxadell*. Un viaduc, œuvre considérable et d'une belle exécution, réunit les deux versants, sur une longueur de 280 mèt., hauteur 42 mèt., 18 arches d'un seul étage et de 11 mèt. 60 c. d'ouverture chacune. Au delà, série de souterrains (83, 97, 77, 79 et 600 m.).

Sur la g., la belle montagne du Montserrat, séparée du chemin de fer par les grandes profondeurs où coule le Llobregat. On aperçoit la déchirure dans laquelle est bâti le monastère, puis ses immenses bâtiments en pierre rouge, les jardins et le fameux Balcon des moines, qui surplombe le ravin du Llobregat.

51 kil. *Monistrol*, 2229 hab. à 2 kil. 1/2 sur la g., au pied du Montserrat et dans le fond de la gorge du Llobregat. — A la station se trouvent des omnibus, et prochainement un chemin de fer à crémaillère, faisant le service du monastère, en correspondance avec les trains. — Une série de tunnels et de tranchées dans la roche vive. Les tunnels mesurent 125, 120, 127 mèt.

57 kil. *San Vicente de Castallet*. Pont oblique en fer sur le Llobregat.

65 kil. **Manresa** (*buffet*); altit., 204 mèt., V. de 16 450 hab. Maisons bien bâties, ornées de balcons ; rues bien empierrées et arrosées d'eaux courantes. *Église* collégiale, au point culminant de la colline qui domine la ville ; beau monument semi-gothique, surmonté d'une tour carrée avec dôme. Deux beaux ponts de pierre traversent le Cardoner ; l'un d'eux, dont l'arche centrale est très élevée, est de construction romaine. — Population très active et très industrielle ; draps d'une qualité qui approche de celle des draps de Sedan. Diverses filatures de coton, avec machines anglaises

ou françaises. Distilleries d'eau-de-vie.

[De Manresa à Cardona (montagne de sel), 59 kil. V. R. 000, par la route de Barcelone à la Seu d'Urgel et à Puigcerda.]

77 kil. *Rajadell*, 550 hab. Charmante position sur un monticule entouré de ravins.

Traversée de la *Sierra de Calaf*; vallons très pittoresques, boisés, cultivés par terrasses, plantés de pins. Six tunnels de 400, 350, 100, 190, 400 et 150 mèt.

100 kil. *Calaf*, petite V. de 1288 hab., entourée de murs. Deux tunnels de 150 et 270 mèt. Pays pauvre et peu productif; énormes remblais, ravins sauvages. — Point culminant de la ligne; altit., 737 mèt.

112 kil. *San Guim*. Cette station dessert *Igualada*, 10 500 hab. — Pentes constantes jusqu'à Lérida. Beau paysage des deux côtés de la voie; — à dr., vieux château maure, *Santa Fè*; plus loin, *Monfalco-Murallat* : 15 maisons entourées d'une haute muraille avec une seule porte.

126 kil. *Cervera*, V. de 4500 hab. Belle *casa de ayuntamieno*, dont la façade est couverte de bas-reliefs et d'ornements culptés; l'*Université*, magniyque établissement inoccupé. Collèges, couvents de moines inhabités.

Pays raviné et pierreux, tranchées dans des carrières, remblais considérables.

140 kil. *Tarrega*, V. de 5200 hab., fort ancienne, sur les bords du rio *Cervera*. Plaine d'un aspect monotone, nommée le *Llano d'Urgel*.

151 kil. *Bellpuig*, 1200 hab.; vieux château, ancien couvent de Franciscains, dont le cloître est une des œuvres les plus remarquables de toute la contrée. L'église renferme un tombeau en marbre blanc de don Ramon de Cardona, cité dans toute la Catalogne comme un « joyau précieux ».

On dit que le corps de Ramon de Cardona s'est conservé intact avec le vêtement dont on l'a revêtu en l'ensevelissant. Ramon, duc de Cardona, est mort en 1522.

Grandes plaines monotones, privées d'eau et sans habitants.

160 kil. *Mollerusa*, 400 hab.

170 kil. *Bell Loch*, 550 hab. Maisons misérables. — Le pays s'anime, les arbres reparaissent, la campagne ressemble à une suite de beaux jardins. — Pont en treillis de fer, sur le Sègre, en 5 travées de 40 mèt. chacune, sur 10 mèt. de hauteur. — A g., sur le sommet d'une colline tronquée complètement isolée au milieu de la plaine, les remparts et la vieille cathédrale de

183 kil. **Lérida*** (*buffet*), V. de 23 680 hab. Rues étroites, tortueuses et sombres. — Du haut de la tour de la vieille cathédrale, on jouit d'une vue admirable sur un immense panorama. Riche vallée ayant une

étendue de 72 kil. du N. au S., et de 12 kil. de l'E. à l'O., toute plantée d'oliviers, de vignes, de mûriers, d'arbres fruitiers rangés symétriquement. Multitude de villages, de fermes, d'habitations blanches. A l'E., les plaines de l'Urgel ; au N., les montagnes de *Monsech*, et les plus hautes cimes des Pyrénées, la *Maladetta*, les ports de *Viella* et de *Caldas de Bohi*, au S., les montagnes de l'Aragon, au delà de Saragosse et vers Daroca.

La *vieille cathédrale*, depuis longtemps abandonnée, est un magnifique reste de l'architecture byzantine-gothique, avec un mélange de style arabe. Le cloître est tout à la fois original et pittoresque, avec ses grands arcs et leurs chapiteaux de dessins variés, pleins de grâce et de fantaisie. L'intérieur n'a plus forme d'église ; il a été transformé en caserne. Les nefs ont été coupées par des refends, et deux étages de salles ont été pratiqués dans la hauteur.

La *cathédrale nouvelle*, construite sous Charles III, est un grandiose édifice d'ordre corinthien à trois nefs, entouré d'un grand nombre de chapelles avec de beaux autels et des sculptures modernes d'un certain prix. On y conserve précieusement un saint lange qui, dit-on, enveloppa l'enfant Jésus le jour de sa naissance à Bethléem.

On compte à Lérida trois autres paroisses, et parmi elles *San Lorenzo*, d'une très haute antiquité, remarquable par la solidité massive de sa construction intérieure et ses lourds chapiteaux en pierre brute.

[Des routes conduisent de Lérida au N.-E., vers Balaguer, en remontant la vallée du Sègre ; au S. vers Fraga en Aragon, et au S.-E. vers Montblanch, Reus et Tarragone, par chemin de fer.]

201 kil. *Raymat*.
207 kil. *Almacellas*, 600 hab., dernière localité de la Catalogne.
228 kil. *Binefar*, 300 hab.
239 kil. *Monzon*, 5816 hab., ancienne place forte, aujourd'hui démantelée. Château d'aspect formidable.

Pont en treillis, de 3 travées de 60 mèt. chacune, sur le *Cinca*. A dr. un beau pont de fer où passe la route de *Barbastro*.

244 kil. *Selgua*, 367 hab. *Embranchement* d'un chemin de fer de 10 kil. conduisant à Barbastro. — Un train par jour (*V.* R. 49, et l'*Index*).

262 kil. *Lastanosa*, 80 hab.
Tunnel de *Lastanosa* ; ligne de partage des vallées du *Tormillo* et de l'*Alcanadre*. — Grand pont en treillis à hauteur de 25 mèt. ; travée centrale, 65 mèt.
276 kil. *Sariñena*, 2680 hab. Il s'y tient annuellement deux foires de bêtes à laine et de mulets qui amènent un grand concours de population.
288 kil. *Poleñino*, 280 hab.
298 kil. *Grañen*, 774 hab.

314 kil. *Tardienta*, 650 hab., station d'*embranchement* du chemin de fer de Huesca (15 kil. V. R. 48).

323 kil. *Almudevar*, 220 hab. Vaste plaine découverte, ruines d'un vieux château.

Pont en fer de 180 mèt. sur le Gallégo.

340 kil. *Zuera*, 1350 hab. Église paroissiale de très ancienne architecture.

354 kil. *Villanueva de Gallego*, 600 hab.

358 kil. *San Juan*.

366 kil. **Saragosse** (ZARAGOZA). La station d'arrivée se trouve au N.-O. de Saragosse, dans le faubourg ou *arrabal d'Altabas*, situé sur la rive g. de l'Èbre et séparé de la ville par un beau pont de pierre. C'est de ce faubourg que partent l'ancienne route de Saragosse à Barcelone et celle de Saragosse à la frontière française, par Jaca. Une voie de raccordement traverse l'Èbre, en amont du pont de pierre, pour atteindre la rive g. au-dessus de l'église del Pilar, et rejoindre la ligne de Pampelune au delà du Castillo de l'Aljaferia, à l'O. de la ville, afin de suivre vers la station de *Las Casetas*.

Omnibus et tramvia conduisant dans Saragosse, au bureau central du *Coso*.

De Saragosse à Pampelune et à Hendaye, 538 kil. (*V. R. 57, en sens inverse.*)

ROUTE 59.

DE BARCELONE A TARRAGONE

Chemin de fer. — 107 kil. — Prix 1re cl., 12 pes. 21; 2e cl., 9 pes. 51 2e cl., 6 pes. 21.

La gare du départ est la même que celle des lignes de France sur *le paseo de la Aduana*.

La voie décrit une grande courbe devant l'entrée du *Parc*, et traverse toute la ville nouvelle, coupe à g. la ligne du Nord-Espagne, et s'engage en tranchée dans la *calle Diagonal* et dans la *calle de Aragon*, pour ne reparaître au niveau qu'à g. de la place de Catalogne, en haut de la Rambla.

Elle passe ensuite au milieu de jardins cultivés.

8 kil. *Sans*, faubourg de Barcelone, nombreux établissements industriels.

9 kil. *La Bordeta*, annexe de Sans. Jardins et cultures maraîchères. Tranchée qui débouche dans une belle plaine, avec un petit chemin de fer qui relie la Bordeta à la station de *Prat*, sur la ligne de Reus, près du *champ de courses*.

12 kil. *Hospitalet*, V. agricole de 4300 hab. Institut agricole de San Isidro.

15 kil. *Cornella*, 1640 hab. Jolie église du xiie s. Sur une colline à g. le v. de *San Boy*, vaste panorama; jolis hameaux. Passage à niveau de la route de Saragosse.

18 kil. *San Feliu de Llobregat*, 2474 hab. Les femmes et les jeunes filles font de la dentelle. Pays agreste, tranchée profonde et à g., à la sortie, la route de terre, et le cours du Llobregat, indiqué par une ligne de peupliers. Au fond les monts d'*Ordal*. La masse blanche du pont (15 arches et 332 mèt.) de

22 kil. *Molins del Rey*, 2850 hab., au centre d'une vaste campagne produisant du blé, du chanvre, des fruits et du vin.

Tranchée dans un contrefort; tunnel de 78 mèt., sous le V. de *Palleja*, et, en avant, à la sortie, le vieux château de *Papiol* et le village.

25 kil. *Papiol*, 1125 hab. Rampe; montagnes à l'horizon et au-dessus la crête dentelée du Montserrat. A dr. collines ravinées; à g. le Llobregat. Tranchée profonde et tunnel de 800 mèt. En avant à g. *Martorell*, sur une colline rocheuse, et du même côté, à 200 mèt., le *Pont du Diable* surmonté d'un arc de triomphe. Paysage magnifique.

34 kil. *Martorell*, 4300 hab. (voitures pour *Collbato* d'où l'on monte au Montserrat (p. 128) et pour l'établissement des bains de *la Puda* (p. 115).

Embranchement de la petite ligne (27 k.) allant à *Igualada* 12000 hab.

La voie contourne la colline occupée par Martorell et pénètre dans une longue tranchée de 1300 mèt. profonde de 12 à 16 mèt.

Vallée du *Noya*, pont oblique de 150 mèt.

40 kil. *Gelida*, 1800 hab. Ruines d'un château qui remonterait à l'époque romaine. Passage du Noya.

47 kil. *San Sadurni*, 2500 hab. Tranchée de 1250 mèt. maçonnée, remblai haut de 28 mèt.

55 kil. *La Granada*, 900 hab. point culminant de la ligne.

59 kil. *Villafranca del Panadis*, 6200 hab., au milieu d'une belle plaine. On aperçoit le Montserrat, à 50 kil. au N. Vieille église; maisons mal bâties, quelques habitations gothiques, un ancien palais des rois d'Aragon, couvents de peu d'intérêt, point de promenades.

11 kil. *San Martin de Sarroca*, bourg de 1200 hab. avec une petite église du XI° s., considérée comme l'un des plus précieux modèles du style roman-byzantin.

64 kil. *Monjos*, hameau, vaste bois de pins, beau vallon cultivé.

71 kil. *Arbos*, 1500 hab. Situation charmante dominant la campagne. La mer est à 2 kil. Belle église avec sculptures. Retable sculpté et doré représentant le martyre de saint Julien. *Bañeras* et *Santa Oliba* v. v.

78 kil. *Vendrell*, 5000 hab. Haute tour carrée, à 3 grands étages. La Méditerranée à 8 kil. et à dr. riches campagnes.

Pont oblique sous la ligne de Barcelone à Reus (R. 56). La voie prend le bord de la mer.

TARRAGONE.

Tunnel de 400 mèt. avant
94 kil. *Torredembarra*, 1900 hab.

96 kil. *Altafulla*, 1100 hab. Rivière de *Gaya*. A dr. collines plantées de pins. Large plage de sable (*playas largas*). Sur une élévation à dr. *la Torre de los Escipiones*, monument carré, à deux corps, haut de 8 mèt. flanqué de statues, et portant des inscriptions commémoratives maintenant effacées. Vue magnifique sur tout le pays.

107 kil. **Tarragone***. La gare est à la *plaza de Olozaga*, vers le centre de la ville moderne. Très ancienne cité, autrefois le centre de la puissance romaine en Espagne. Aujourd'hui 21 178 hab., peu d'intérêt; ch.-l. d'une des trois provinces de l'ancienne Catalogne, d'un district judiciaire, d'un commandement militaire, siège d'un archevêché.

Les traces des anciens murs se retrouvent sur beaucoup de points de la ville. Trois des vieilles portes datent encore de cette époque cyclopéenne. La ville est divisée en ville haute et en ville basse. Un grand nombre de maisons de la ville haute sont construites avec les débris des temples et des palais romains. La ville basse est la cité moderne, où se trouvent le port, les établissements du commerce et de l'industrie, et une assez grande quantité de maisons élégantes. La place de la Constitution a été ouverte sur l'emplacement de l'ancien cirque romain. Une belle promenade plantée, *Santa Clara*, circule autour des remparts ; de la partie supérieure de cette promenade, la vue s'étend sur un panorama magnifique.

Cathédrale, au sommet de la ville haute, façade de style gothique ; vaste portail flanqué de deux piliers carrés terminés en pyramides. Intérieur vaste, d'un aspect majestueux, d'une grande sobriété d'ornements ; mais lourd. De très anciennes tapisseries italiennes enveloppent les piliers. — Transsept éclairé par de splendides vitraux. — Retable de la *capilla mayor*, sculpté en marbre blanc. — Tombeau et statue en marbre de l'archevêque don Juan d'Aragon, dans la *capilla mayor*. *Silleria* du coro, sculptée en chêne de Flandre ; — baptistère, magnifique bassin de marbre trouvé dans les ruines du palais d'Auguste ; — tombeau du cardinal Gaspar de Cervantès ; — marbres de la chapelle de *Santa Tecla* ; — tombeau de l'archevêque Juan Tarès ; retable et tabernacle de la chapelle *del Sacramento*. — Le cloître offre une grande légèreté et une élégance achevée.

La chapelle du *Corpus Cristi* possède, dans des coffres de bois, les restes du roi d'Aragon don Jaime Ier, de sa femme, et de plusieurs autres rois ou princes d'Aragon, apportés des ruines du couvent de *Poblet* (*V. R.* 60).

L'œuvre la plus remarquable de l'ancienne Tarragone, c'est

son aqueduc, sans emploi aujourd'hui, mais qui conserve la plus grande partie de ses magnifiques constructions.

Promenades et places : plaza San Fernando ; la rambla de San Juan ; la rambla de San Carlos, la plaza de la Fuente.

Murailles, ruines romaines, suivre la terrasse de Santa Clara vers la porte San Antonio. Au pied de la muraille, petite poterne formée d'énormes blocs, le *torreon de Pilatos*, servant de prison. Sortir de la ville, longer les murs extérieurs, rentrer par la porte de San Francisco, à l'extrémité de la Rambla de San Carlos. Belle vue sur la vallée du *Francoli* et sur l'aqueduc.

Museo arqueologico, à l'hôtel de ville, sur la place de la Fuente. Très intéressant.

De Tarragone à Reus, Montblanch et Lérida, R. 60.

ROUTE 60.

DE TARRAGONE A LERIDA

Chemin de fer. — 88 kil.

La gare de départ est placée au S.-E. de Tarragone. — Plaine.

9 kil. *Villaseca*, 700 hab.

16 kil. **Reus**, 27 690 hab. (V. R. 56). La gare est au N. de la ville. — *Changement de train* pour les deux lignes de *Roda* et de *Valls*.

23 kil. *La Selva*, 3900 hab.

29 kil. *Alcover*, 2800 hab.

34 kil. *Picamoixons*, station terminus de la ligne venant de Barcelone par *Roda de Bara et Valls* (R. 57). La ligne remontant le cours du *Francoli*, le traverse sur un haut viaduc et s'arrête à angle droit auprès de ce terminus. *Transbordement* pour Valls par la station de la Plana (R. 57), et continuation par une gorge étroite conduisant la ligne et la voie de terre, vers

37 kil. *La Riba*, 1600 hab. Fabriques de tissus de coton.

44 kil. **Montblanch**, 4700 hab. ; vieilles murailles percées de quatre portes et flanquées de tours. Campagne agréable, mais peu productive.

50 kil. *Espluga*, v. de 200 hab. On s'arrête à cette station pour visiter, à 40 minutes, à l'entrée d'une jolie vallée, les ruines historiques d'un couvent de l'ordre de Citeaux, le *Monasterio de Poblet*. Les rois d'Aragon y avaient leur sépulture ; leurs corps ont été transférés dans la chapelle du *Corpus Cristi* de Tarragone.

L'excursion de Poblet est très intéressante. Elle se fait en une demi-journée, de Tarragone et retour.

De Espluga à Lerida, la voie franchit la haute chaîne de la *Sierra de Pradès*, par *Vimbodi*, *Terres-Vinaïxa*, *las Borjas de Urgel*, *Juneda*, *Puigvert*.

De Montblanch à Lerida, 44 kil. — Trajet total depuis Tarragone, 88 kil.

(Voir *Lerida*, R. 58, p. 141.)

ROUTE 61.

DE LERIDA A FRAGA

Route. — 27 kil.

Lerida (*V. R. 58*).
On sort de Lerida par l'ancienne route d'Aragon.

11 kil. *Alcarraz*, 1050 hab., la dernière des localités de Catalogne dans cette direction. Elle est située dans une petite plaine. On descend par une pente raide dans la vallée du Cinca.

27 kil. *Fraga*, 5700 hab., entre deux montagnes. Rues étroites, tortueuses, toutes en pente et pavées de cailloux pointus. Maisons mal construites, d'ancienne apparence, la plupart en ruines. Château dont on aperçoit les vestiges sur la montagne. — Église paroissiale de Fraga, *San Pedro*, ancienne mosquée.

A la sortie de Fraga, beau pont sur le Cinca.

ROUTE 62.

DE TARRAGONE A VALENCE

Chemin de fer. — 275 kil. — Prix : 1re cl. 28 pes. 50 ; 2e cl., 18 pes. 20 ; 3e cl., 15 p. 45.

En sortant de la gare, pont sur le Francoli, pont sur la route, pont sur la ligne de Lerida, que la voie accompagne à dr. Beaucoup d'œil sur le *Campo de Tarragona*, vignes, jardins, moissons, arbres à fruits. La voie incline vers la côte.

13 kil. *Salou*, port de pêcheurs.

19 kil. *Cambrils*, 2200 hab. Tour carrée de l'église percée de meurtrières. Ravin de l'Hospitalet.

32 kil. *Hospitalet*, ancien hôpital de pèlerins, bâtiment flanqué de tours. Quelques habitations. Montagnes arides ; landes ; route de terre à dr.

49 kil. *Ametla*, 70 maisons. La voie au bord de la mer.

61 kil. *Ampolla*, au fond d'un petit golfe. A g. les alluvions de l'embouchure de l'*Èbre*. Oliviers.

71 kil. *Amposta*, 2750 hab. sur la rive opposée. La voie remonte la rive g. jusqu'à

81 kil. **Tortosa***, 23 800 hab. Tartanes conduisant dans la ville. Celle-ci suit le bord du fleuve. A dr. plaine étroite bordée de hauteurs. Une forteresse occupe les crêtes. Aspect formidable. Casernes du *Castillo de San Juan*. D'en haut, vue magnifique. V. ancienne sans intérêt ; nouveau quartier autour de la gare ; jardin public. — Belle *cathédrale*, le chœur, la chapelle de la *Santa Cinta*, beaux marbres, tableaux ; reliques, ceinture de la Vierge ; bibliothèque et archives de la cathédrale.

Centre commercial actif, vins, huile. — Pont considérable en treillis de fer. — Cultures d'oliviers.

98 kil. *Santa Barbara*, 2500 hab. A g. les collines de la *Rapita*.

115 kil. *Ulldecona*, 5600 hab. Quelques mûriers et des noyers.

La voie redescend vers la mer. Rivière *Cenia*, limite de la province.

122 kil. *Vinaroz*, 9640 hab. Belles cultures. Petit port. Restes de murailles, belles habitations, rues larges. Pêcheurs et cultivateurs.

134 kil. *Benicarlo*, 7100 hab. V. fortifiée. Petit port nommé le *Grao*. Rues mal tenues, à maisons basses. Vins très estimés et eaux-de-vie.

A g. montagnes couronnées de châteaux anciens, et au bord de la mer, hors la vue, la vieille forteresse de *Peniscola*, sur un roc isolé, de 67 m. de haut.

Campagne plantée de mûriers, d'oliviers, caroubiers, figuiers.

156 kil. *Alcala de Chisvert*, 6000 hab. Rues tortueuses. Eglise moderne, jolie façade et statues. Collines; belle plaine cultivée.

171 kil. *Torreblanca*, 2400 hab.

190 kil. *Oropesa*, 600 hab. sur une colline et tout auprès d'un cap qui porte le même nom. Tranchée, pour atteindre

194 kil. *Benicasim*, 800 hab., au fond d'une baie abritée. Petite église élégante; des peintures de Camaron. Plaine couverte de caroubiers, et bordée de montagnes à dr.

206 kil. Castellon de la Plana (*buffet*). V. de 25 190 hab., moderne, assez mal bâtie. Sur la *plaza de la Constitucion* se trouvent la *casa capitular* et l'église principale, dont la tour massive, haute de 46 mèt., est complètement isolée. Façade de style gothique, avec sculptures d'un certain mérite artistique. Dans l'intérieur, quelques peintures assez remarquables de Carlo Maratta et de Francisco Ribalta.

Petit *théâtre*; *plaza de Toros*.

Castellon est surtout une ville agricole; mais on y remarque une certaine tendance au développement des arts mécaniques et de l'industrie.

Des chemins conduisent à *Almazora*, à *Alcora* et à *Morella*, ville forte, à 77 kil. au N., avec une imposante forteresse construite sur un rocher en pain de sucre, qui domine de deux ou trois fois la hauteur des clochers de la ville. Morella, avec 6000 hab., est une des clefs de l'Aragon.

A la sortie de Castellon, les premières plantations d'orangers. A g. *Almazara*, 5200 hab. On traverse le *Mijarès* à côté de la route de terre, à dr.

214 kil. *Villareal*, 12 000 hab. Vestiges d'anciennes fortifications.

218 kil. *Burriana*, 10 059 hab., à l'embouchure du torrent de *Bechi*.

224 kil. *Nulès*, 5320 hab. La ville est entourée de murailles et de tours. Rues droites, édifices sans apparence.

A une demi-heure de Nulès, établissement d'eaux thermales de *Villavieja de Nulès*, acidules carbonatées et ferrugineuses. A g. grande plage sablonneuse.

233 kil. *Chilches*, 900 hab., V. d'origine romaine. Quelques vestiges de travaux anciens. Plaine très plantée.

237 kil. *Almenara*, 1400 hab., entourée de murs. Vieux château ruiné. A dr. montagnes au pied desquelles de nombreux villages agricoles.

240 kil. *Los Vallès*. Grande plaine. Céréales et arbres à fruits. Rivière *Palencia*.

En avant, sur une montagne, les ruines de l'ancienne et célèbre **Sagonte**, sur lesquelles a été élevée la ville moderne de

247 kil. *Murviedro*. V. longue et étroite, 6200 hab. Église paroissiale, bâtie en pierre noirâtre et partagée en trois grandes nefs. Maitre-autel, de dimensions colossales, couvert de dorures.

Les antiques souvenirs de Sagonte se rencontrent à chaque pas : monnaies, pierres mutilées, inscriptions nombreuses, monuments artistiques.

Il ne reste aujourd'hui autour de la ville aucune trace des anciennes fortifications, si ce n'est trois portes en arc aux principales entrées, et le *Castillo*, qui n'est qu'un monceau de ruines.

Le théâtre est de tous ces monuments anciens le mieux conservé. Toutes les anciennes distributions s'y retrouvent ; on reconnaît parfaitement encore les gradins où se plaçaient les spectateurs, les entrées, etc. Ce théâtre pouvait contenir 1200 personnes.

Le *cirque* a presque complètement disparu.

Murviedro est à environ 5 kil. de la mer; grande plaine unie, petit port de caboteurs.

254 kil. *Puzol*, 5100 hab. Belle habitation moderne de l'archevêque de Valence.

257 kil. *Puig*, 1800 hab., à l'entrée N. de la *Huerta* de Valence. A g. grand édifice, asile de mendicité.

261 kil. *Albuixech*, 1100 hab. Pays moins beau ; maisons couvertes en chaume. Ancien couvent de *San Miguel de los Reyes*. A g. le rivage et les jetées modestes du *Grao*, port de Valence. Passage du *Turia*. La voie contourne une partie de la ville.

275 kil. **Valence** (*V*. R. 70). — Madrid à Valence.

ROUTE 63.

DE SARAGOSSE A TERUEL

PAR DAROCA.

169 kil. 1/2.

Cette route remonte la rive g. de la petite rivière le *Huerba*. Elle est parcourue par un chemin de fer à voie étroite, jusqu'à *Cariñena*. (On trouve dans cette ville un service de diligence qui va à Teruel en 12 heures.) On laisse à dr., en quittant Saragosse, l'ancienne *carretera general* de Madrid, et à 1 kil. à g., après avoir franchi le canal impérial, les deux v. de *Quarte*, 250 hab., et *Cadrete*, 500 hab.

14 kil. *Maria*, 400 hab.

25 kil. *Muel*, 1000 hab.

36 kil. *Longarès*, 900 hab.

44 kil. *Cariñena*, 2920 hab. Muraille très ancienne ; belle

église, d'architecture moderne, au-dessus de laquelle s'élève une tour carrée. Nombreux vestiges des époques gothique et arabe.

Venta de San Martin, au delà de laquelle on monte vers le *port* du même nom. Au sommet, *la venta de Guelba*, 6 kil.

68 kil. *Mainar*, 250 hab., au milieu d'une grande plaine.

76 kil. *Retascon*, 150 hab.

80 kil. **Daroca**, très ancienne cité de 3500 hab., entourée de hauteurs que couronne une belle enceinte crénelée de 2200 mèt. de développement, flanquée de 114 tours qui ont conservé leur vieil aspect mauresque. 450 maisons de pauvre apparence, et pas un seul édifice digne d'attention, si ce n'est l'*église* collégiale, dans laquelle on retrouve quelques curieux vestiges de l'ancienne mosquée arabe.

La position encaissée de Daroca l'exposerait à être inondée, sans une galerie considérable pratiquée au XVIe s. à travers la base de l'une des hauteurs, et qui, servant de chemin couvert en temps ordinaire, rejette les eaux, en temps de pluie, dans une vallée voisine. Cette galerie (*la gran mina*) mesure 6 mèt. 1/2 de largeur, sur 9 mèt. de hauteur et sur une étendue de 175 mèt.

En quittant Daroca, on remonte le cours de la rivière de *Jiloca*.

On rencontre (9 kil.) *Baguena*, (3 kil.) *Burbaguena* et (4 kil.) *Luco*, dans une vaste plaine très arrosée et très fertile. A une petite distance au delà de Luco, le *Pancrudo*, affluent du Jiloca.

104 kil. *Calamocha*, 1800 hab., sur la rive dr. du Jiloca, au milieu d'une plaine immense. Route large, unie et bien entretenue.

109 kil. *Caminreal*, 650 hab.

115 kil. *Monreal del Campo*, 1655 hab., sur la rive g. du Jiloca.

125 kil. *Villafranca de Campo*, 850 hab.

136 kil. 1/2 *Torremocha*, 343 hab.

148 kil. 1/2 *Villarquemado*, 770 hab., auprès de la source du *Cella* ou *Jiloca*.

158 kil. 1/2 *Caudete*, 140 maisons; jolie église.

169 kil. 1/2 **Teruel**, 9485 hab., ch.-l. d'une province, siège d'un évêché, résidence d'un commandant général. Elle est située sur une colline dont la base est baignée par le *Guadalaviar*. Une double enceinte, percée de neuf portes et tombant en ruine, l'enveloppe entièrement. — Rues étroites, tortueuses, mal empierrées. — *Plaza Mayor*, polygone entouré d'arceaux dallés, sous lesquels sont installés les principaux magasins de la ville. — *Cathédrale* à trois nefs, surmontée d'une coupole à deux corps, de style gothique. Beau retable, de Gabriel Joly, Français; tableau des *Onze mille Vierges*, de Bisquert, Valencien, etc.

Église de *San Pedro* : peintures très estimées. Tombeau et légende des *Amants de Teruel*.

L'une des curiosités de Teruel est la tour arabe de l'église *San Martin* ; elle domine tous les édifices de la ville. Elle est carrée, couverte d'ornements, de dessins, d'arabesques, d'enjolivements à jour, et de mosaïques formées par des briques et des faïences de couleurs variées. Elle s'élève au-dessus d'un arc ogival qui forme l'une des entrées de la ville ; le dernier étage est tout à jour et d'une admirable légèreté. Des créneaux la couronnent.

Aqueduc qui rivalise avec les plus célèbres d'Espagne (œuvre de Pierre Bedel, architecte français). Il traverse la vallée sur 140 arcs de pierre (5 kil.), et jette, au-dessus d'un ravin, 6 arcs à deux étages, de 19 à 20 mèt. d'ouverture et d'une hauteur totale de 50 mèt. L'étage inférieur est plein-cintre, les arcs supérieurs sont gothiques, et un passage est pratiqué dans les piles pour communiquer d'un bord à l'autre du ravin, dans l'axe du pont.

On peut se rendre aussi de Saragosse à Teruel par le chemin de fer de Saragosse à Madrid (17 kil. R. 64), jusqu'à *Calatayud*, 97 kil. Un chemin de fer concédé ira de Calatayud à Teruel. Le trajet se fait actuellement par une route allant rejoindre Daroca sur 43 kil., par *Belmonte*, *Miedes* et *Retascon* (voitures).

De Teruel à Guadalajara, p. 155 ; — à Cuenca, R. 75 ; — à Valence R. 74.

ROUTE 64.

DE SARAGOSSE A MADRID

Chemin de fer. — 541 kil. — Prix : 1re cl., 59 pes. 25 ; 2e cl., 30 p. 40 ; 3e cl., 18 p. 65.

Les voyageurs venant de la ligne de Barcelone ne descendent pas à la gare du faubourg d'Altabas. Le train continue, en franchissant l'Èbre, et en contournant la V. par l'O., pour venir s'arrêter au S.-O. hors la porte *del Portillo*. Les voyageurs de la ligne de *Castejon* (Pampelune, Bilbao, Miranda) arrivent à la gare du S.-E. Les voyageurs de Saragosse trouvent un omnibus spécial à la calle don Jayme, au Coso (50 c. par voyag., 30 c. par colis).

On suit, sur 14 kil., la direction de Castejon (R. 57, sens inverse) jusqu'à la station de

14 kil. *Las Casetas*. **Embranchem.** de la ligne de Castejon et au delà. Arrêt pour la division du train. Les voyageurs pour Madrid ne changent pas.

Courbe à g. dans la direction du S.-O. A dr. la ligne de Castejon ; on passe au S. de *la Joyosa*, à dr. et on franchit le *Jalon*, après le croisement de cette rivière avec le *canal Imperial*. A dr., *Alagon*, station de l'autre ligne, puis passage au-dessus du canal.

27 kil. *Grisen*, 510 h. Le Ja-

lon à dr.; belles plantations d'oliviers.

35 kil. *Plasencia del Jalon*, 900 hab. grande plaine à dr., la *llanura de Plasencia*, où passe une route allant à Tarazona.

42 kil. *Rueda*, 856 hab. à g. habitations dans le rocher. Ancienne forteresse des Maures. Ruines au sommet d'un mamelon.

46 kil. *Epila*, 5900 hab., à 1 kil. à g. habitations dans le rocher, grande plaine très cultivée.

50 kil. *Salillas*, 750 hab., à g. de la voie, demeures, sous un banc de craie; les cheminées seules s'aperçoivent au-dessus du sol. *Venta de la Romera*.

56 kil. *Calatorao*, 1900 hab. à 1 kil. à g. Campagne plantée d'arbres à fruits. Vestiges de l'époque romaine.

281 kil. *Ricla*, 2300 hab. (altitude 365 mèt.). Eglise avec tour en pierre rouge. A dr. à 5 kil. *Almunia*, sur la route de Madrid, et un chemin allant à *Cariñena* (vins).

Jolie vallée, très plantée. Le Jalon serpente autour de la voie. Ce parcours présente un caractère particulier : c'est l'aspect très pittoresque et toujours riant de la vallée du Jalon, l'élégance des travaux, et le soin tout particulier qui y a présidé. Les 11 tunnels entre Ricla et Calatayud, pour le passage de la ligne, mesurent ensemble une longueur de 3053 mèt.

Tranchée profonde, aboutissant à un tunnel de 120 mèt. Pont de 65 mèt. et tout aussitôt tunnel *del Estrechuelo*, 722 mèt. percé dans la roche vive. Au delà, pont, tunnel de 120 mèt., dominé par des rochers en aiguilles, couverts de mousses à teintes dorées. Vallon entouré de collines; jardins en terrasses.

69 kil. *Morata*, 2200 hab. A g. un grand couvent, puis la V. habitations pauvres. Jardins; légumes estimés. Moulins à huile et à farine. Chemin vers Almunia. A 3 kil. de la station, la voie traverse le Jalon. Hauts rochers au sommet desquels est assis le petit v. de *Villanueva*. Tunnel de 176 mèt. puis deux ponts et un ravin, qui précède

78 kil. *Morès*, 700 hab. abrité par deux mamelons. Sur l'un d'eux une ruine pittoresque. Le Jalon, à dr., accompagne un chemin allant à Calatayud. Voie en remblai. Ruisseaux et canaux d'irrigation.

84 kil. *Paracuellos de la Ribera*, 820 hab., à g. Jardins bordant le cours du Jalon et produisant d'excellents fruits, notamment des pêches. Travaux d'art nombreux. Gorge profonde où passe une route muletière.

Sur 15 kil. entre *Paracuellos* et *Calatayud*, 8 ponts, 7 tunnels et de grandes tranchées. Le v. d'*Embis* sur une montagne, à 124 mèt. au-dessus de la voie. Sous cette montagne, tunnel de 360 mèt., puis un pont. Un tunnel de 97 mèt. et un autre de 103 mèt. Jolie vallée, belles roches, terrains cultivés, oliviers, arbres à fruits. — *Cambiel*, fruits renommés. Trois

[ROUTE 64] CALATAYUD. 153

tunnels, 206, 780 et 365 mèt. et une dérivation canalisée du Jalon.

97 kil. **Calatayud**, 12300 hab. *Buffet.* La V. est à 1 kil. à dr. Haut quartier très curieux, creusé en étages dans la montagne et nommé *la Moreria.* Dans la partie moderne, maisons bien bâties et édifices importants. Maison de ville, palais épiscopal, collège, théâtre, place de taureaux. La *collégiale* est un beau vaisseau à trois nefs, en forme de croix latine, dans lequel on admire le retable et un autel dédié à *Ntra Sra de la Peña.* La seconde église, collégiale *del Santo Sepulcro*, est également fort ancienne. On doit encore mentionner l'abside gothique et la tour arabe de *San Pedro Martir*; l'antique portail de la paroisse de *San Martin*; la tour octogone de *San Andrès*, ornée d'arabesques et de tuiles vernies. L'époque arabe est aussi représentée par les fortifications qui couronnent les hauteurs.

Le territoire produit des fruits et des légumes excellents.

Des communications relient Calatayud à Daroca, à Soria, à Molina d'Aragon, aux bains de Paracuellos.

La route de Molina conduit, à 25 kil. de Calatayud, à l'ancien monastère de *Piedra*, autrefois communauté de l'ordre de Cîteaux (XIII° s.); aujourd'hui propriété particulière et grande exploitation agricole. Richesses architecturales des diverses époques, statues, fresques, sculptures, et un bel escalier à double révolution. L'édifice bien conservé est construit sur la pente d'une montagne, dans une gorge sauvage. Site très pittoresque, belles chutes d'eau. Moyens de transport à Calatayud.

103 kil. *Terrer*, 1000 hab. Jardins et vergers successifs, canaux d'irrigation.

110 kil. *Atêca*, 4000 hab. station en avant de la ville, sur la rive g. du Jalon. Maison de ville, église paroissiale avec tour en briques, en partie de style arabe. Tour arabe du vieux château.

Pont de 65 mèt. sur le Jalon, que la voie laisse à g. Vallée étroite, collines traversées par 5 tunnels de 170, 210, 550, 100 et 98 mèt. La rivière coupe la voie à plusieurs reprises. Des deux côtés, des vergers plantés jusqu'aux berges.

118 kil. *Bubierca*, 1300 hab. Deux petits tunnels précédent.

123 kil. *Alhama de Aragon* *, 1000 hab., au pied de montagnes (altit. 648 mèt.). Eglise gothique. *Sources minérales célèbres*, bicarbonatées calciques très gazeuses et thermales. 2 millions de litres en 24 heures, alimentant quatre établissements — affections calculeuses et névralgies rhumatismales. — Bains ouverts toute l'année. Lac d'eau minérale alimenté par les sources et dégageant des gaz azote et acide carbonique.

[A Alhama, service de voitures pour le monastère de *Piedra* 5 h., aller et retour.]

A la suite de la station, grande plaine découverte.

128 kil. *Cetina*, 1150 hab., sur une colline. Vieux château. Maisons en calcaire rouge.

[A 2 kil. *Baños de Jarabe*, eaux bicarbonatées calciques très gazeuses. Etablissement très fréquenté.]

Le Jalon coule à dr.

136 kil. *Ariza*, 1420 hab. Aspect original ; maisons, édifices, rochers, murailles de la vieille enceinte, habitations creusées dans le sol, débris terreux entraînés par le Jalon ; tout est rouge. Le cours de la rivière en conserve longtemps la teinte.

149 kil. *Huerta*, 180 hab., premier v. de Castille. Grands espaces arides et désolés.

159 kil. *Arcos de Medinaceli*, 650 hab. (altit. 825 mèt.). Tranchées de terres rouges. Le Jalon à g. Ruines d'un vieux château. La voie s'élève par des rampes de 13 et 14 millimètres par mètre, pour aborder la Sierra de *Muedo*. Tunnel de *Somaen* à travers de belles roches ; viaduc au-dessus du Jalon, à 15 mèt. Tranchées et remblais.

Montagne de *Jubera*, tunnel de 153 mèt. Méandres de la rivière, des canaux d'irrigation et de la route. Tunnel de *Lodarès*, 52 mèt.

175 kil. **Medinaceli** (altit. 1013 mèt.). La ville, 2000 hab., à dr. Sur une colline, église paroissiale renfermant des deux côtés du maître-autel 14 sépultures des ducs. Palais à un seul étage ; hôpital, couvents de religieuses.

Rampes plus fortes. Source du Jalon à quelques kil. à g. auprès du v. d'*Esteras*. A dr. la route de Madrid. Une rampe de près de 20 millim. aborde le grand tunnel de *Horna*, long de 935 mèt., sous lequel se trouve le point culminant, à 1119 mèt. Pentes sur le versant de la vallée du *Henares*. A g. le v. de *Horna* ; quelques plantations, des terres cultivées, des peupliers et des jardins.

196 kil. *Alcuneza*, 430 hab., à dr. la vallée s'ouvre. Le Henarès à g., au milieu de cultures.

202 kil. **Siguenza** 4900 hab (altit. 974 mèt.). La ville est bâtie en amphithéâtre sur une colline à g. Dans la haute ville s'élève l'ancien Alcazar, forteresse entourée de hautes murailles et flanquée de grosses tours. — *Cathédrale*, bel édifice gothique, façade surmontée de deux grosses tours de 40 mèt. Dans l'intérieur : les piliers qui soutiennent la nef centrale ; le maître-autel, orné de nombreuses sculptures et de statues d'un grand mérite artistique : la chapelle de *Santa Librada*, patronne du diocèse, avec un beau retable et un reliquaire où sont conservés les ossements de la sainte ; le *coro*, vaste, entouré d'une boiserie délicatement sculptée ; la sacristie, dont la voûte est couverte de sculptures et de mascarons remarquables par la variété et la finesse des physionomies ; la chapelle du *Niño Jesus*, qui précède un portail aussi richement sculpté que

les ornements de l'Alhambra; enfin la salle capitulaire, qui possède quelques beaux tableaux.

Le cloître, œuvre remarquable du style gothique, tout orné de sculptures. Les reliques précieuses, les tableaux, abondent dans cette belle église. — Bon nombre de maisons bien bâties; promenade nommée l'*Alameda*, plantée de beaux arbres et de rosiers; aqueduc très ancien.

Siguenza a un caractère franchement espagnol; séjour très agréable, même pour les étrangers. — Services de voitures pour *Soria* et pour *Molina* et *Teruel*.

Vallée riante d'abord, ensuite gorge étroite où serpente le Henarès, qui croise plusieurs fois la voie. Rochers énormes; grandes tranchées à pic, de 25 à 30 mèt. de cime et deux tunnels de 100 et 110 mèt.

218 kil. *Baides,* 800 hab., dans un ravin. Rochers et montagnes arides.

Aspect moins sauvage; chênes clairsemés, un peu de cultures.

226 kil. *Matillas,* 80 hab., au-dessus d'une petite plaine à g. — Service de voitures pour les *bains de Trillo.* Vieux pont sur le Henarès, et plus loin ruines d'un vieux château.

237 kil. *Jadraque,* 2400 hab., à g., campagne très cultivée. Ruines d'un ancien château des ducs d'Ossuna.

[A 17 kil. au N., mines célèbres de galène argentifère de *Hien de la Encina.*]

250 kil. *Espinosa,* 400 hab.

263 kil. *Humanès,* 959 hab., à dr. Collines accidentées sur la g., un chemin conduisant à *Hita,* 1000 hab. — Plaine inégale, canal d'irrigation.

273 kil. *Yunquera,* 320 hab. à g.

276 kil. *Fontanar,* 330 hab. Grande plaine cultivée à l'extrémité de laquelle on aperçoit *Guadalajara,* sur un groupe de collines, et surmonté par les flèches du couvent de San Francisco.

285 kil. **Guadalajara,** 8571 hab. (altit. 642 mèt.). Maisons bien construites, en pierre et en briques; mais l'aspect des rues est triste et pauvre. — *École centrale du génie militaire,* bâtiments vastes et magnifiquement disposés. La salle affectée à la classe de dessin peut recevoir 150 élèves. Bibliothèque, musée, cabinet topographique.

L'une des curiosités monumentales de Guadalajara est le palais des ducs de l'Infantado, qui date de 1461. La façade principale, d'architecture gothique, est percée de fenêtres mauresques. A l'intérieur on remarque surtout le *patio,* cour vaste, entourée de deux étages de galeries. Les colonnes, les arcs, les ornements de toute espèce, sont d'une grande élégance et d'une grande richesse de sculpture. Dans le palais l'attention se porte sur la salle des *linages* (généalogies), dont le plafond, en bois sculpté, étale une étrange profusion de dorures. Cette demeure princière est du reste dans un complet abandon, les salons sont coupés par des cloisons en torchis, et la salle des *linages* est devenue un magasin.

La famille des Mendoza a fait construire, dans la chapelle de San Francisco, un caveau funéraire sur le modèle de celui de l'Escorial, et rivalisant, par le choix des marbres, avec le tombeau des Médicis à Florence. Il se compose d'une vaste salle ornée de marbres et de dorures, renfermant des tombeaux en marbre.

Aqueduc remarquable attribué aux Romains. — Eglise *San Nicolas*, surmontée d'une jolie coupole; on voit sur son maître-autel quatre belles statues de bronze des *Évangélistes*. — *San Ginès* possède les tombeaux de don Pedro Hurtado de Mendoza, de sa femme, doña Juana de Valencia, construits dans le style le plus pur de la Renaissance.

Belle promenade, la *Concordia*.

On trouve à la station de Guadalajara des services de voitures publiques, allant aux bains de *Trillo* et de *Sacedon* (R. 67 et 68) à Pastrana, à Cuenca.

296 kil. *Azuqueca*, 500 hab.

500 kil. *Meco*, 500 hab.

308 kil. **Alcala de Henarès** (cantine), V. de 14 251 hab., à dr. Alcala, autrefois importante et célèbre, est aujourd'hui à peu près déserte et abandonnée; ses églises, le palais épiscopal, l'université, sont maintenant inoccupés; et le peu de mouvement qui se fait dans la ville se concentre dans la *calle Mayor*, qui, bordée d'arcades, s'étend à peu près d'une extrémité à l'autre.

Alcala est la *patrie de Cervantès* et possède encore la maison où naquit le grand écrivain. Voir aussi le tombeau du cardinal Ximénès de Cisneros, l'un des plus magnifiques monuments de ce genre que l'Espagne ait conservés.

Le collège de Saint-Ildefonse (Université) est encore un somptueux monument, dont les vastes cours sont entourées de galeries et de salles où se tenaient les différentes classes. L'architecture en est généralement grandiose, et la sculpture y a laissé quelques œuvres dignes d'attention. C'est dans la chapelle que se trouve le tombeau de Ximénès.

Il faut encore citer, parmi les beaux édifices d'Alcala : le *palais des archevêques de Tolède*, où l'État a installé *les archives générales du royaume*, le *collège du Roi*, le *collège des Jésuites* et l'église de *San Diego*.

L'*église Magistrale*, la principale d'Alcala, est grande et a une certaine ressemblance avec la cathédrale de Tolède. On y remarque quelques peintures de mérite.

Jolis jardins arrosés par le Henarès. Cours de la rivière à g., indiqué par des plantations.

Belle plaine. Pont en fer sur *la rambla del Torote.*

318 kil. *Torrejon de Ardos,* 2100 hab. Commerce considérable de grains. Beau domaine appartenant au duc d'Osuna, et qu'on visite avec des billets donnés à Madrid par l'intendant du duc. Les eaux de *Loeches* sont à 11 kil. de Torrejon. — Service de voitures pendant la saison (R. 66).

323 kil. *San Fernando,* domaine royal. L'habitation est insignifiante.

330 kil. *Vicalvaro,* 1800 hab., à g. *Ambroz,* à dr. *Canillejas* et *Caslada.*

335 kil. *Vallecas,* 2100 hab. Commerce de céréales. Grande plaine cultivée. Au loin, à g. les montagnes qui dominent le cours du Tage. Du même côté, au milieu de la plaine, une colline isolée surmontée d'une chapelle, et nommée *el Punto;* on affirme qu'elle correspond au centre géographique de l'Espagne. Un peu en arrière la station de *Pinto,* du chemin de fer d'Aranjuez, Alicante et Midi.

La voie s'engage dans une tranchée considérable, puis, à l'issue d'une courbe à dr., elle débouche en vue de Madrid. A g. les voies du Midi et les ateliers et docks de la Compagnie.

341 kil. **Madrid**, gare du *Principe Pio.*

Omnibus pour le bureau central de la Puerta del Sol; tramvia et voitures.

RÉGION DU CENTRE

MADRID

ET LES RÉSIDENCES ROYALES

Position. — Climat.

(V. la table alphabétique pour les renseignements généraux).

Madrid (altit. 655 mèt.) a 19 kil. de tour et compte environ 465 000 hab. Elle est bâtie sur un sol inégal et sablonneux, au milieu d'une grande plaine aride, bornée au nord par les montagnes de *Somosierra* et de *Guardarrama*. Le ciel y est presque toujours pur et serein, mais l'air est sec, vif et pénétrant, surtout en hiver; il est dangereux pour les poitrines délicates, et pour les personnes nerveuses. Le printemps y est tempéré et souvent pluvieux; l'été brûlant, l'automne généralement sec et beau jusqu'au mois de novembre.

Direction.

Le point central de Madrid est la *Puerta del Sol*, où se trouvent les principaux hôtels, les bureaux centraux des Compagnies de chemins de fer, deux ministères (Intérieur et Finances); l'Hôtel des postes et des télégraphes; où convergent les lignes de *tramvias;* d'où part en un mot tout ce qui constitue la vie publique.

Édifices publics.

Le **Palacio Real** est situé dans la partie la plus occidentale de la ville. Cet édifice forme un carré de 132 mèt. de côté, ses quatre façades, à peu près égales dans leur architecture, diffèrent beaucoup par l'élévation : ainsi, celles du S. et de l'E. n'ont guère plus de 28 mèt. de hauteur, tandis que les deux autres en ont presque le double, par suite de la déclivité du sol. Vu de l'ancienne route de Castille, des bords du Manzanarès, de l'arrivée du chemin de fer du Nord ou de la montagne du Principe Pio, avec ses contreforts, ses terrasses et ses jar-

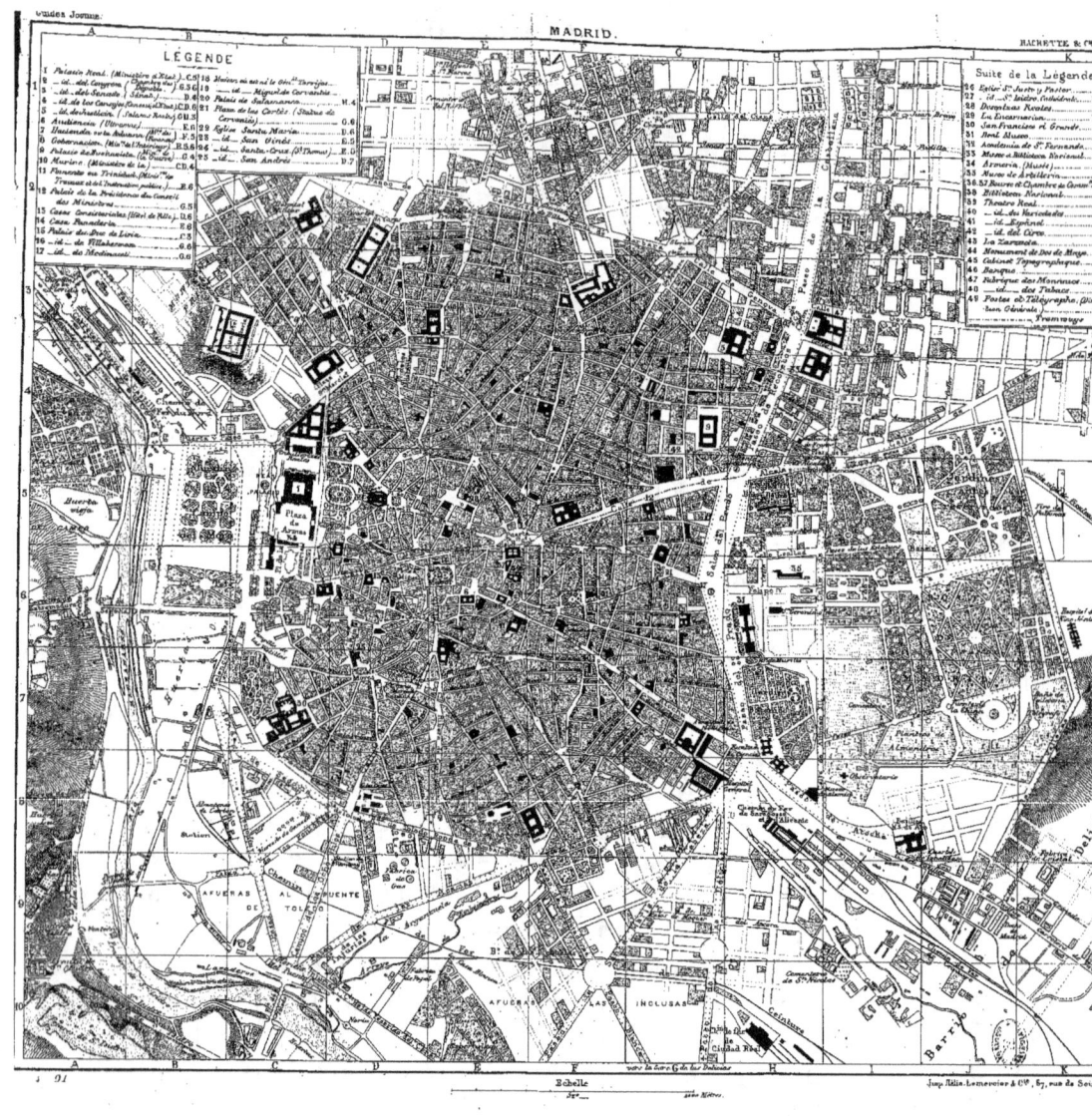

dins en pente, qui lui font un magnifique piédestal, ce palais est d'un aspect imposant, et ses masses blanches se détachent de la façon la plus majestueuse.

En entrant par l'une des trois portes du S., on arrive dans un vestibule circulaire, qui conduit sous un portique où se trouve le grand escalier. Cet l'escalier est une des plus belles parties du palais ; les marches, d'une seule pièce, sont de marbre noir et blanc. Au delà la cour, carrée, grande et entourée d'un portique que surmontent deux galeries.

Parmi les trente salons du premier étage, le plus grand et le plus beau est appelé *salon de Embajadores*. A la voûte, peinte par Tiepolo et représentant l'Exaltation de la monarchie espagnole, sont suspendus deux magnifiques lustres en cristal de roche. Les murs sont couverts de velours cramoisi à bordures d'or, et de douze grandes glaces, devant lesquelles, sur des tables de marbre, sont entassés des bustes, des pendules et autres objets d'un grand prix. A la droite du trône, gardé par quatre lions de bronze doré, on voit la statue de la Prudence, et, à la gauche, celle de la Justice.

La chapelle, située à la façade N., est plus riche que belle, les marbres et les ornements en stuc doré, qui la revêtent presque en entier, sont d'un effet criard. — On doit signaler à l'attention des visiteurs le *guardajoyas*, la bibliothèque, la salle de spectacle, la magnifique collection de tapisseries flamandes, dont une partie décore, dans les grands jours, les galeries du premier étage sur la cour, et auprès du palais, les *caballerizas*, immense bâtiment renfermant la collection des voitures de gala qui servent dans les cérémonies extraordinaires.

Le **Palacio del Congreso** (Chambre des députés), inauguré en 1850, rappelle assez celui du Corps législatif français, par sa disposition intérieure et surtout par sa façade principale. L'intérieur de l'édifice est très riche et orné de belles peintures dues aux meilleurs peintres actuels de Madrid.

Le **Palacio del Senado** (plazuela de los Ministerios n° 8) occupe l'ancienne église d'un couvent d'Augustins chaussés. La salle des séances, en carré long, est richement décorée et d'une bonne sonorité.

La **Casa de los consejos** (à côté de la paroisse Sainte-Marie) est occupée par le conseil royal, les tribunaux militaires, les loteries, etc.

Présidence du Conseil des ministres, dans la calla d'Alcala (n° 51), anciens magasins de la fabrique royale de cristaux de la Granja.

Ministères. — *Hacienda*. — Finances. — Cet édifice fut construit en 1769, pour servir de douane, et on le nomme encore la *Aduana*. La façade principale donne sur la calle d'Alcala. L'intérieur mérite une visite. On remarque l'escalier et surtout la grande cour, entourée au rez-de-chaussée d'un portique, et, au premier étage, d'une belle galerie.

Gobernacion. — Intérieur. — L'ensemble est imposant. — Jusqu'en 1847, cet édifice a servi d'hôtel des postes : de là le nom de *Correos* qu'il a conservé. L'horloge qui le surmonte est le régulateur de Madrid.

Guerre. — *Palacio de Buenavista*. — Ce palais, entouré de ardins, à l'extrémité de la rue d'Alcala, domine la promenade du Prado, le Retiro et l'avenue de *Recoletos*.

Marine (plazuela de Ministerios). On vante l'escalier et les fresques de ses voûtes. Le ministère de la marine possède un *musée* intéressant.

Ultramar (outre-mer, colonies) occupe l'ancien édifice nommé *Audiencia*, autrefois prison, du temps de Philippe IV. On signale dans deux cours intérieures les statues de Colomb et d'Elcano.

Fomento. — Travaux publics, instruction publique, agriculture, commerce; ancien couvent de la Trinidad, fondé par Philippe II; il ne reste plus d'intacts que le cloître et l'escalier.

Grâce, *Justice* et *Cultes*, à côté de l'Université, calle San Bernardo, ancien palais particulier.

Le *ministre d'État* (affaires étrangères) est installé au rez-de-chaussée du Palais-Royal, à l'O. de la grande cour.

Casas consistoriales. — Hôtel de Ville (Calle Mayor). Cet édifice, qui forme un grand carré long, n'a qu'un rez-de-chaussée et un étage. L'intérieur n'a rien d'intéressant. Dans une de ses salles on voit une *custodia* de l'orfèvre *Francisco Alvarez*.

Panaderia. — C'est un vaste édifice du xvie s. restauré récemment, qui occupe le côté N. de la Plaza Mayor. C'est du balcon principal que se promulguent les lois. L'intérieur, richement rétabli, est aujourd'hui occupé par la bibliothèque et les archives municipales.

Ici peuvent trouver place les statues qui contribuent à l'ornementation de Madrid : — Plaza Mayor, *Philippe III* qui transféra la capitale à Madrid. — Plaza de Oriente, *Philippe IV*, protecteur des lettres et des arts. — Plaza de Colon, sur le paseo de la Castillana, *Christophe Colomb*. — Sur la Castellana, le *marquis del Duero*. — Sur la Castellana, *Isabelle la catholique*. — Au Prado, *Daoïz et Velarde*. — Plaza del Rey, *Ruiz*. — Porte postérieure du musée. *Murillo*. — Hôtel de Ville, *Alvaro de Bazan*. — Plaza del Progreso, *Mendizabal*. — Calle de Alcala, à l'entrée du Parc, *Espartero*. — Plaza de Descalzas, *Piquer*, poète. — Plaza San Martin, *marquis de Pontejos*. — Plaza de Santa Ana, *Calde-*

ron. — Plaza de Cortès, *Cervantès*. Sur certains points de la ville existent aussi des inscriptions commémoratives en souvenir de quelques hommes illustres :

Cervantès. — *Moratin*. — *Lope de Vega*. — *Torrijos*. — *Daoïz*. — *Quintana*. — *Les Héros du 5 juillet* 1822.

Édifices particuliers.

Ancien palais de la reine Christine (en face du Sénat, sur la plazuela de los Ministerios).

Palais du duc de Liria. Il est bas, un peu écrasé ; la façade présente une belle colonnade d'ordre dorique.

Palais du duc de Villahermosa. Il occupe l'angle gauche de la carrera de San Geronimo, sur le Prado. On cite surtout une magnifique salle de bal à voûte lambrissée, une bibliothèque dont une partie a appartenu aux Argensolas, de beaux tableaux, et des tapisseries fort anciennes dont on pavoise la façade du palais, les jours de fêtes royales.

Le *Palais de Medinaceli* était à l'issue de la carrera San Geronimo, après la statue de Cervantès. Il a été reconstruit Paseo de Recoletos, à côté de la Nouvelle Bibliothèque nationale ; il renferme une salle d'armes dont la principale pièce est le harnais de guerre du grand capitaine Gonzalo de Cordoue ; une collection intéressante de trophées ou de souvenirs de cette noble famille ; une bibliothèque de 15 000 volumes. La galerie de tableaux possède de très beaux originaux, et les appartements particuliers sont meublés avec richesse.

Le *Palais du marquis de Salamanca*, situé sur le paseo de Recoletos, est maintenant occupé par des administrations de crédit, la caisse hypothécaire, et les bureaux de la compagnie des chemins de fer andalous.

On doit signaler aussi l'*Hôtel d'Oñate* (calle Mayor) ; la maison de *Cervantès*, calle del Leon ; la torre de *los Lujanes*, où habitait François I*er*, en face de l'Hôtel de Ville (calle Mayor) ; le palais *Anglada*, à l'extrémité du quartier Salamanca ; le palais *Murga*, à l'entrée des Recoletos ; le palais du marquis de *Portugalete*, auprès de la porte d'Alcala.

Places.

La **Plaza Mayor** forme un rectangle de 122 mèt. de long sur 94 de large. Ses quatre côtés sont entourés d'un portique, supportant trois étages. Des arcs cintrés mettent cette place en communication avec les rues voisines. La statue équestre de Philippe III, qui transporta la cour à Madrid, s'élève au milieu, sur un piédestal qu'entourent des parterres clos par une rangée de bancs de pierre à dossiers en fer. Un *tramvia* qui conduit à Carabanchel, extra-muros, stationne sur un des côtés de la Plaza Mayor.

Plaza de Oriente. Cette place demi-circulaire est entourée d'une promenade, entre les arbres de laquelle s'élèvent, de distance en distance, 44 statues colossales en pierre. Au centre est un square planté, de forme ovale, un peu plus haut que le sol de la place, et entouré d'une grille. Au milieu du square, et sur un soubassement en granit, s'élève la statue équestre de Philippe IV, exécutée d'après une peinture de Velazquez. Le monument est semblable à celui de la statue de Louis XIV sur la place des Victoires. Sur les deux côtés sont des bas-reliefs représentant Philippe IV donnant la croix de Santiago à Velazquez, et une allégorie rappelant la protection que ce roi accorda aux lettres et aux arts.

L'édifice, un peu lourd, du Théâtre-Royal, limite la place du côté opposé au palais.

Puerta del Sol. — La *Puerta del Sol* est moins une place qu'un vaste carrefour elliptique. Elle a 200 mèt. de long, et sa plus grande largeur est de 50 mèt. Un bassin avec un jet d'eau considérable en partage le centre avec deux refuges. Elle doit sa célébrité à sa physionomie toute particulière, au mouvement incessant qui s'y produit. Elle est entourée de belles constructions ; mais aucune n'a un caractère monumental. Parmi ces édifices se trouvent le Ministère de l'intérieur, les principaux hôtels meublés, des magasins élégants, les cafés les plus fréquentés, les bureaux de chemins de fer.

La *Puerta del Sol* est le cœur de la ville ; c'est là qu'aboutissent ses artères : au N., la calle de la Montera, la calle del Carmen, la calle de Preciados ; à l'O., la calle del Arenal et la calle Mayor ; au S., la calle de Correos, la calle de las Carretas, la calle Espoz y Mina ; à l'E., la carrera San Geronimo et la calle d'Alcala.

A la Puerta del Sol se rencontrent toutes les grandes lignes de *tramvias*, qui traversent la ville du N. au S., et de l'E. à l'O.

Il est intéressant d'en donner ici la liste et les directions :

1. Quartier Salamanca.
2. Hippodrome.
3. Plaza de Toros.
4. Faubourg de Chambery par Fuencarral et Tétuan.
5. Chambery par Hortaleza.
6. Chambery par l'Université.
7. Gare du Nord.
8. Nouvelle gare du Midi.
9. Église San Francisco par la calle de Toledo.
10. Quartier d'Argüelles.
11. Prison cellulaire.
12. Carabanchel et Lleganez.
— Omnibus Ripert.
Marché de la Cebada.
Université.
Palais de Justice.

Les prix sont affichés dans les voitures et varient selon les distances. On y fume ; mais le public y est courtois, et les employés attentifs. Les tramvias de Madrid marchent jusqu'à 2 h. du matin.

Plaza de las Cortes. — Sur cette place s'élève un monument à Miguel de Cervantès dans un square planté.

Fontaines.

Le canal de Lozoya fournit l'eau de Madrid et alimente ses fontaines. Il faut citer parmi celles-ci : la fontaine de la petite place *Lavapiès*, surmontée d'une belle statue d'Adonis ou d'Endymion ; — la fontaine de la rue *Segovia* ; — la fontaine de la *red de San Luis*, construite par la municipalité pour célébrer la naissance d'Isabelle II.

Ces fontaines font partie de celles destinées à assurer l'alimentation publique. Parmi celles qui contribuent à l'ornementation et à l'embellissement de la ville, il importe de citer : la fontaine de *Cybèle*, à l'entrée de la calle d'Alcala et du paseo de Recoletos ; — la fontaine d'*Apollon*, située au milieu de la plus belle partie du Prado ; — la fontaine de *Neptune*, à la suite du Prado, dans l'axe de la carrera San Geronimo ; — les *Cuatro Fuentes* (les quatre fontaines), sur une place circulaire formée par le Prado, entre le Musée et le Jardin botanique ; — la fontaine de l'*Alcachofa*, à l'extrémité du Prado et du Jardin botanique, à la rencontre de la calle d'Atocha. — Il faut mentionner aussi la *Fuente Castellana*, située à l'autre extrémité des promenades qui entourent cette partie méridionale de Madrid.

Édifices religieux.

Les églises de Madrid ne se font remarquer ni par leur beauté, ni par leur grandeur. Elles se ressemblent toutes.

La cathédrale est *San Isidro*.

Églises paroissiales. — *Santa Maria*, l'église la plus ancienne de Madrid, a disparu. Le titre a été transféré à l'église du couvent du Sacramento (rue du même nom).

San Ginès est une des plus grandes et des plus claires de la ville. On y remarque surtout le tableau et les sculptures du maître-autel, un *Christ* de Vargas, très vénéré par la population de Madrid ; une *Passion* d'Alonso Cano.

San Tomas, calle de Atocha, plaza de Provincias, possède un *Saint Dominique* de Pereda, et une *Descente de croix* de Rubiales.

San Andrès, plaza San Andrès, n'a de remarquable que la chapelle de *San Isidro*, qui est une véritable église, revêtue presque en entier des marbres les plus beaux. Le retable est tout en marbre et surchargé d'ornements et de statues.

San Justo y Pastor (calle San Justo). La façade est la plus belle de Madrid. Elle est décorée de bas-reliefs et de statues représentant les Vertus théologales ; le retable de la capilla mayor est de Castillo ; deux petites tours ornées de pilastres concourent à la beauté de l'ensemble.

Il suffit de mentionner les autres églises.

San Martin (calle del Desengaño);

San Pedro (calle del Nuncio), avec un Christ *de las Lluvias*;

San Sebastian (calle San Sebastian); cette église a possédé, jusqu'au commencement de ce siècle, le corps de Lope de Vega;

Santiago (calle Santiago);

San Luis (calle de la Montera);

San Lorenzo (calle del Salitre);

San José (calle de Alcala);

San Millan (plazuela de San Milan);

San Ildefonso (plazuela de San Ildefonso);

San Marcos (calle San Leonardo).

Églises des couvents. — *San Isidro el Real* (calle de Toledo). Cette église est un véritable musée, et il suffit, pour donner une idée de sa richesse, de citer les noms des artistes qui y ont contribué: Giordano, Alonso Cano, le divin Moralès, Palomino, Donoso, Cuello, Carducci, Herrera le Jeune, etc. San Isidro, la plus grande des églises de Madrid, a été érigée en cathédrale en 1885.

San Antonio de la Florida (chapelle à 5 min. de la gare du Nord), fresques de Goya. Fête populaire le 12 juin.

Descalzas Reales (place de ce nom). La façade, construite en pierre et en brique, est sévère, comme la plupart des œuvres exécutées sous Philippe II.

La Encarnacion (à l'un des angles de la plaza de Oriente). Cette église est peut-être la plus élégante de Madrid. Le grand retable, dans lequel se trouve un tableau de Vicente Carducci, est d'une grande beauté.

Salesas Reales (place de ce nom). Ce couvent autrefois affecté à l'éducation des filles nobles est aujourd'hui occupé par le palais de Justice. L'église subsiste; les objets précieux qu'elle renferme, ses colonnes en marbre vert de Grenade, ses retables, ses tableaux, ses fresques, sont dignes de sérieuse attention. On y remarque le tombeau de Ferdinand VI et celui du maréchal O'Donnell.

San Francisco el Grande (place de ce nom). L'église est une rotonde entourée de sept chapelles ornées d'assez beaux tableaux. *San Francisco el Grande* a été érigé en Panthéon national, et désigné comme lieu de sépulture des grands hommes. Le couvent sert aujourd'hui de caserne d'infanterie et de prison.

Nuestra Señora de Atocha (à l'extrémité orientale du Prado, va être réédifiée par les soins de la reine régente). Cette église était une des plus belles de Madrid. Elle renfermait les tombeaux du général Castaños, du maréchal Prim, de Rios Rosas, de Manuel Concha, marquis del Duero, et d'autres personnages. Au-dessus des pilastres flottaient, entre des bannières espagnoles, les nombreux drapeaux enlevés aux ennemis. C'est à Ntra Sra de Atocha que se célébraient les mariages de la famille royale, et que les troupes prêtaient serment de fidélité.

Capilla del Obispo. On y admire un mausolée de l'évêque de Plasencia, son fondateur.

Cimetières. — Les cimetières espagnols diffèrent complètement des nôtres. Au lieu de nos champs de repos, ce sont des cours désolées, sans un arbre, sans un brin d'herbe. Ces cours sont entourées de murailles percées de plusieurs rangées de niches superposées comme les cellules d'une ruche. Les monuments isolés y sont fort rares.

Musées.

Real Museo. — Le musée de Madrid est le plus riche d'Europe; il possède un grand nombre de tableaux précieux. Cependant, malgré leur nombre et leur beauté, ils ne forment pas un vrai musée, mais seulement une collection sans pareille. Le Musée de Madrid n'est ni complet ni proportionné; les origines des différentes écoles n'y sont pas représentées, et dans ces écoles, tandis que tel maître a presque tout son œuvre, tel autre, aussi illustre, n'a pas même une esquisse. Au point de vue historique et chronologique, le Musée de Madrid est inférieur à celui du Louvre, mais comme réunion de chefs-d'œuvre il lui est préférable.

Le Musée Royal comprend deux galeries de 40 mèt. de long sur 10 de large, consacrées aux peintres espagnols. D'autres galeries contiennent les diverses Écoles italiennes, l'École française, l'École flamande et hollandaise. On peut donner une idée des richesses du Musée de Madrid en disant qu'il compte 46 tableaux de Murillo, 14 Zurbaran, 58 Ribera, 64 Velazquez, 55 Teniers, 66 Rubens, 10 Raphaël, 20 Poussin, 66 Luca Giordano, 22 Van Dyck, 54 Breughel, 10 Claude Lorrain, 16 Guido Reni, 45 Titien, 54 Tintoret, 25 Paul Véronèse, sur plus de 2200 peintures.

Cette magnifique collection est parfaitement installée, bien entretenue; les repeints sont rares; les restaurations, en très-petit nombre, sont faites avec une grande réserve et une habileté remarquable. Le climat sec et pur de Madrid est pour beaucoup dans cet état de conservation.

Au milieu de la principale galerie espagnole, une porte donnait entrée dans le Salon ovale, dit *Salon de la Reyna Isabel*, éclairé par une voûte vitrée malheureusement trop basse, et dans lequel étaient réunis, sans acception d'écoles, les principaux chefs-d'œuvre du Musée. C'était la *Tribune* de Florence et le *Salon carré* de Paris.

Cette salle est actuellement

en reconstruction, et provisoirement ses tableaux ont été placés parmi ceux des autres galeries. Néanmoins il est utile d'en conserver ici la liste. — Lorsque la salle se rouvrira, les tableaux y seront placés à peu près, sans doute, dans le même ordre.

MUSÉE DE MADRID.

(Classement.)

GALERIE DES PORTRAITS DE LA DYNASTIE DE BOURBON.

SALLE DES TABLEAUX MODERNES.

ÉCOLES DIVERSES.

Écoles italiennes. — Anonymes des écoles italiennes. — Écoles espagnoles. — Anonymes des écoles espagnoles. — Écoles germaniques. — Anonymes des écoles germaniques. — École française. — Anonymes de l'école française. — Les tapisseries de Goya. Ces exemplaires curieux, au nombre de 45, se trouvaient parmi la collection du Palais-Royal, et ont été remis au Musée, qui les a installés au second étage des galeries.

Le catalogue des peintures du musée de Madrid, rédigé avec un soin remarquable par l'éminent écrivain Don Pedro de Madrazo, indique ceux de ces tableaux qui ont été reproduits par la lithographie, ou qui figurent dans la remarquable collection photographique de la maison Laurent de Madrid. Nous reproduisons ces indications (L. — Lithographie du Musée; — Ph. — Photographie Laurent).

SALON DE LA REINE ISABELLE.

(Tous les tableaux du salon de la Reine ont été reproduits par la photographie.)

1565. Rubens. *Saint Georges terrassant le dragon.*
438. Tintoret. *Portrait d'homme avec une armure.* — Buste.
431. Tintoret. *Portrait de jeune homme.*
559. Volterra. *Le Calvaire.*
756. Joanès. *La Visitation.*
521. Vanni. *Les Maries.*
1442. Metsys. *Le Sauveur.*
106. Castiglione. *Gladiateurs romains.*
433. Tintoret. *Buste d'homme.*
950. Ribalta. *Saint Jean et saint Mathieu.*
760. Joanès. *Le Saint-Sauveur.*
585. École lombarde. *Le Déluge.*
153. Dughet, *Paysage montagneux.* — L.
1424. Hemmeling. *Triptyque. Sujets sacrés.* (Oratoire de Charles-Quint.)
1291. Christophsen. *L'Annonciation, la Visitation, la Naissance du Christ et l'Adoration* (Retable).
761. Joanès. *Melchisédech, roi de Salem.*
762. Joanès. *Le Grand-Prêtre Aaron.*
1992. Claude Lorrain. *Paysage, le Matin; la Madeleine à genoux.* — L.
1330. Van Dyck. *Portraits de*

Van Dyck et du comte de Bristol.
1517. Is. Van Ostade. *Concert grotesque* (Copie).
411. Tintoret. *Sébastien Venieri, général vénitien.*
70. École de Michel-Ange, *Jésus-Christ mort.*
1598. Holbein. *Portrait d'homme.*
795. Mazo. *Paysage montagneux.*
2051. Poussin. *Paysage, Chasse de Méléagre.*
1091. Velazquez. *Portrait d'un sculpteur.*
1484. Moro. *Portrait de la reine Marie d'Angleterre.*
1522. Van Dyck. *La Duchesse d'Oxford.*
248. Guerchin. *Saint Pierre dans la prison.* — L.
1084. Velazquez. *Portrait de l'infante Marie d'Autriche, fille de Philippe IV.*
982. Ribera. *L'Échelle de Jacob.* — L.
1058. Velazquez. *Les Buveurs* (los Borrachos). — L.
890. Murillo. *Saint François de Paule.*
1092. Velazquez. *Le Bouffon de Philippe IV.*
1989. Claude Lorrain. *Paysage. Un désert et des arbres. Un anachorète.*
1606. Rubens. *Portrait de Marie de Médicis, régente de France.*
1327. Van Dyck. *Henri, comte de Bergh.*
690. Carreno. *Portrait de Pierre Iwanowitz Potemkin, prélat d'Ulech, ambassadeur du czar.*
60. Bellino. *La Vierge, l'enfant Jésus, sainte Ursule, Madeleine.*
1584. Rubens. *Persée délivrant Andromède.*
291. Luini. *La fille d'Hérodias.*
288. Lotto. *Un mariage au xve siècle.*
335. Le Parmesan. *Portrait d'une dame avec trois enfants* (Ricarda Malaspina). — L.
454. Titien. *Philippe II.*
1407. Jordaens, *Méléagre.*
450. Titien. *Bacchanale.* — L.
349 Pulzone de Gaëte. *Portrait d'homme.*
392. Sassoferrato. *La Vierge en contemplation.*
533. Véronèse. *Moïse sauvé des eaux.* — L.
526. Véronèse. *Vénus et Adonis.* — L.
395. Sébastien del Piombo. *Jésus portant la croix.*
132. Corrège. *Noli me tangere. Jésus apparaissant à Madeleine.*
67. Bronzino. *Un jeune violoniste.*
586. Gossaert. *La Vierge et l'enfant Dieu.*
367. Raphaël. *Portrait d'un cardinal.*
365. Raphaël. *La Vierge au poisson.*
417. Tintoret. *Portrait d'un prélat.*
135. Corrège. *La Vierge, l'en-*

MADRID.

fant Jésus et saint Jean.
585. Andrea del Sarto. Portrait de sa femme Lucrecia Fede. — L.
1585. Jean Mabuse. La Vierge et l'enfant Jésus.
1517. Durer. Portrait d'homme.
1410. Jordaens. Une famille.
369. Raphaël. Sainte Famille. — (La Perla.)
1516. Dürer. Son portrait à vingt-six ans.
364. Raphaël. Sainte Famille à l'agneau.
850. Moralès. La Vierge et l'Enfant.
295. Mantegna. La mort de la Vierge.
1120. Zurbaran. Vision de San Pedro Nolasco. — L.
451. Titien. Offrande à la déesse des amours. — L.
552. Le Parmesan. Portrait d'un personnage inconnu.
453. Titien. Charles-Quint. — L.
1558. Rubens. Le Serpent d'airain. — L.
256. Giorgione. Sujet mystique, sainte Brigitte.
341. Pordenone. La Vierge, l'enfant Jésus, saint Antoine, saint Roch.
1057. Velazquez. Saint Antoine, abbé, visitant saint Paul.
670. Alonso Cano. La Vierge adorant son fils. — L.
1483. Moro. Pejeron, bouffon des comtes de Benavente.
985. Ribera. Jacob recevant la bénédiction d'Isaac.

1059. Velàzquez. La Forge de Vulcain. — L.
862. Murillo. La Vierge tenant l'enfant Jésus sur ses genoux.
1075. Velazquez. L'infant don Fernando d'Autriche, frère de Philippe IV. — L.
551. P. Véronèse. Sujet mystique. La Vierge et l'enfant Jésus adoré par sainte Lucie, et un saint martyr armé.—L.
859. Murillo. L'Adoration des bergers. — L.
455. Titien. Vénus et Adonis. — L.
1544. Rembrandt. La reine Artémise.
1520. Van Dyck. Portrait du peintre David Rickaert.
510. Pontormo. Sainte Famille.
289. Luini. L'enfant Jésus et saint Jean l'embrassant.
412. Tintoret. Portrait d'homme.
556. Le Parmesan. Sainte Famille.
555. Le Parmesan. Sainte Barbe.
1353. Van Eyck. La Vierge lisant dans sa chambre.
588. André del Sarto. La Vierge et l'enfant-Dieu. L.
108. Catena. Jésus donnant les clefs à Saint Pierre.
14. Angelico da Fiesole. L'Annonciation.
237. Jules Romain. Sainte Famille.

1352. Van Eyck. *Un religieux en prière.*
598. Sébastien del Piombo. *Jésus portant la croix.*
85. Carrache. *Jésus couronné d'épines.*
1818. Van der Weiden. *Descente de croix.*
17. Barrocci. *La Naissance de l'enfant-Dieu.* — L.
262. Guido Reni. *Assomption.*
757. Joanès. *Martyre de sainte Inès à Rome.*
1335. Van Dyck. *L'arrestation de Jésus-Christ.*

Galeries du Musée.

ÉCOLE ESPAGNOLE

Vicente Macip (1523-1579), connu sous le nom de *Juan de Joanès*, n° 755, *la Cène*, et une *Vie de saint Étienne*, en six compositions.

José Ribera (1588-1656), appelé *l'Espagnolet.* N° 977, *Saint Barthélemi, apôtre*; — 1004, *Prométhée*; 985, *Saint Paul ermite*; — 982, *Échelle de Jacob*; — 974, *Saint Jacques*; — 1000, *Saint Roch*; — 989, *le Martyre de saint Barthélemi.*

Francisco Zurbaran (1598-1662). N° 1121, *Sujet mystique.* — Ph.

Velazquez de Silva (1599-1660). Presque tout son œuvre est au musée de Madrid. N° 1055, *le Christ en Croix*; L., Ph. — 1061. *Las Hilanderas* (les fabriques de tapis); Ph. — 1062. *Las Meninas*; Velazquez, la palette à la main, fait le portrait de Philippe IV et de la reine. Sur le premier plan, au centre, la jeune infante Marguerite-Marie d'Autriche, que ses menines cherchent à amuser. Les deux nains Marie Barbola et Nicolasito occupent le côté droit; Ph. — 1070. *Portrait de Philippe IV*; Ph. — 1071. *Portrait à cheval du comte-duc d'Olivarez*; L., Ph. — 1060. *Reddition de Breda (las Lanzas).* — L., Ph.

Antonio Pereda (1599-1669). — N° 959. *Saint Jérôme.* — Ph.

Alonso Cano (1600-1667). — N° 672, *le Christ mort, pleuré par les anges.* — L., Ph.

José Antolinez (1639-1676). N° 629, *La Madeleine.* — Ph.

José Leonardo (1616-1656). — N° 768, *Une marche de troupes conduites par le duc de Feria*; L., Ph. — N° 767, *Reddition de Breda.* Le même sujet que celui traité par Velazquez. — L.

Bartolomé-Esteban Murillo (1618-1682). N° 854, *la Sainte Famille au petit chien*; L., Ph. — 866, *Enfants à la coquille*, — 182, *le Martyre de saint André*; — 859, *l'Adoration des bergers*; L., Ph. — 878, *l'Immaculée Conception*; L., Ph. — 868, 869, *les Extases de saint Bernard et de saint Ildefonse*; Ph. — 875, *le Christ en croix.*

J.-B. Mazo (1630-1687), élève et gendre de Velazquez. — 788, *Vue de Saragosse*; L., Ph. — 131, *Portrait de Tiburcio de Redin, mestre de camp du temps de Philippe IV.*

Miguel Tobar (1678-1758). —

Nº 1044. *Portrait de Murillo.* — Pʜ.

Frascisco Goya (1746-1828). — 732, *Marie-Louise, femme de Charles IV, à cheval;* — 731, *Charles IV à cheval;* Pʜ. — 733, *un Picador à cheval.*

ÉCOLE ITALIENNE

1º *École de Venise.*

La plus riche de toutes les écoles italiennes au Musée de Madrid est celle de Venise.

Titien (1477-1576) (45 tableaux). — 453, *Portrait équestre de Charles-Quint;* L., Pʜ. — 462, *la Gloire;* Pʜ. — 461, *Salomé;* L., Pʜ. — 455, *Vénus et Adonis;* L., Pʜ. — 471, *la Victoire de Lépante.* — 475, *la Vierge des Douleurs;* Pʜ.

Sébastien del Piombo (1483-1543). — 396, *le Christ descendant aux limbes.*

Le Tintoret (1512-1594) (54 tableaux). — 416, *la Sagesse mettant les Vices en fuite;* — *Portraits d'hommes;* — 427, *Judith et Holopherne:* — 428, *la Gloire;* — 410, *Bataille de terre et de mer.*

Paul Véronèse (1530-1588). — *Portraits de femmes;* — 528, *Jésus-Christ et le Centurion,* — 526, *Vénus et Adonis;* L., Pʜ. — 527, *Jésus au milieu des docteurs.*

Pierre Malombra (1556-1618). — 292, *la salle du collège de Venise.*

J.-B. Tiepolo (1693-1770). — 409, *Triomphe de Vénus.*

2º *École de Florence.*

Léonard de Vinci (1452-1519). — 550, *Portrait de mona Lisa;* c'est une répétition ou une copie de la *Joconde* du Louvre. — L., Pʜ.

André del Sarto (1488-1530). — 386, *la Vierge, l'Enfant Jésus, saint Jean et deux Anges;* — 385, *Sujet mystique;* L. — 387, *Sacrifice d'Abraham.*

Michel-Ange (1474-1564). — 69, *le Christ à la colonne.* — Pʜ.

Salviati (1510-1563). — 561, *la Vierge endormant l'Enfant Jésus dans ses bras.*

Bartolomé Carducci (1560-1608). — 81, *une Cène.* — Pʜ.

3º *École de Rome.*

Raphaël Sanzio (1482-1520) (3 portraits et 7 tableaux). — 369, *une Sainte Famille,* surnommé *la Perla.* Philippe IV, en l'achetant, dit : « Ce sera la perle de mes tableaux. » (Grande galerie à côté de l'entrée de la Tribune.) Pʜ. — 366, *Spasimo di Sicilia,* Jésus succombant sous le poids de la croix et secouru par Simon de Cyrène. Le célèbre *Spasimo* est la pièce capitale du Musée de Madrid; il est placé dans la galerie en face de la Tribune. Pʜ. — 370, *la Vierge à la rose;* Pʜ. — 564, *la Ste Famille;* Pʜ. — 368, *la Visitation;* Pʜ. — 372, *Portrait d'homme;* Pʜ.

4° *École de Parme.*

Corrège (1494-1534). — 132, *Jésus et la Madeleine.*

Lanfranc (1581-1647). — 280, *Funérailles de César.*

5° *École de Bologne.*

Annibal Carrache (1560-1609). — 86. *Vénus et Adonis.*

Guido Reni (1575-1642). — 258, *Cléopâtre.* — L., Ph.

L'Albane (1578-1660). — 1, *Toilette de Vénus*; L., Ph. — 2, *Jugement de Pâris.* — Ph.

Dominiquin (1531-1641). — 147, *Saint Jérôme écrivant dans le désert.*

Le Guerchin (1590-1666). — 249, *Suzanne au bain.* — L.

Daniel Crespi (1663-1747). — 145, *le Christ mort.* — Ph.

6° *École de Naples.*

Aniello Falcone (1600-1666). — 156, *une Bataille.*

Salvator Rosa (1616-1673). — 356, *une vue du golfe de la ville de Salerne.* — L.

Luca Giordano (1632-1705). — 207, *Prise d'une place forte*; — 187, *Jugement de Salomon.*

ÉCOLE ALLEMANDE

Albert Dürer (1470-1528). — 1316, *Portrait du peintre*; Ph. — 1314, 1315. *Ève recevant la pomme du serpent* et *Adam tenant la pomme qu'Ève lui a donnée.* — Ph.

Raphaël Mengs (1728-1779). — 1435, *l'Adoration des bergers.*

ÉCOLE HOLLANDAISE

Jérôme Bosch (1450-1518). — 1189, *la Création.*

Rembrandt (1606-1674). — 1544, *la Reine Artémise.* — Ph.

Philippe Wouwermans (1620). — 1830, *Passage d'un gué*; Ph. 1831, *Chasse d'un lièvre.* — Ph.

ÉCOLE FLAMANDE

Rubens (1577-1640) (66 tableaux). — 1559, *l'Adoration des Mages*; L. Ph. — 1612, *Danse de paysans*, sur bois; Ph. — 1607, *Portrait équestre de Philippe II*; L., Ph. — 1609, *Portrait de Thomas Morus* : L., Ph. — 1566, *Rodolphe de Halsbourg et son écuyer*; L., Ph. — 1611, *le Jardin d'amour*; L., Ph. — 1587, *Nymphes et Satyres*; Ph. — 1589, *la Voie lactée*; L., Ph. — 1591, *les trois Grâces.* — L., Ph.

Van Dyck (1599-1641). — 1519, *le Couronnement d'épines*; — 1522, *la Duchesse d'Oxford*; L., Ph. — 1550, *Van Dyck et le comte de Bristol*; Ph. — 1531, *Portrait de Liberti*, organiste d'Anvers; — 1535, *Prise de Jésus dans le jardin des Oliviers.*

Jordaens (1594-1678). — 1405, *le Mariage de sainte Catherine*; Ph. — 1410, *Scène de famille.* — Ph.

Jean Breughel (1589-1642). — 1253, *Guirlande de fleurs*; — 1228. *Vénus et Cupidon dans une Galerie.* — Ph.

David Téniers (1610-1694). — N° 1718, *Fête de paysans*; L., Ph. — 1719, *Fête champêtre*; Ph. —

1747, *Galerie de tableaux de l'archiduc Albert.* — Pu.

ÉCOLE FRANÇAISE

Nicolas Poussin (1594-1665). 2045, *le Parnasse.* Pn. — 2010, *Paysage couvert et agréable ;* — L.

Largillière. — 2007, *Portrait d'une princesse représentant la fable de Léda.*

Claude Lorrain (Claude Gellée) (1600-1682). — 1988, *Paysage* ou *Tobie et l'Ange :* L. — 1987, *Paysage; Sainte Paule la Romaine s'embarquant pour la Terre sainte.*

SCULPTURE

Le *Groupe de Saragosse*, par don José Alvarez. — Pompeio Leoni d'Arezzo, un groupe en bronze, *Charles-Quint enchaînant la Fureur*, et trois statues, également en bronze, représentant la sœur, la femme et le fils de l'empereur. — Le groupe en marbre de *Daoïz et Velarde*, par Sola. — *Un petit Amour*, par l'auteur du groupe de Saragosse. — *Les Muses.* — Un autel en marbre avec des bas-reliefs. — Deux tables incrustées de pierres précieuses, présent du pape Pie V à Philippe II. — L'*Apothéose de Claude*, ouvrage du temps de Néron. — Un grand nombre de mosaïques, de vases étrusques, de bustes, etc.

Académie de San Fernando. — Cette académie possède, au premier étage de l'édifice qu'elle occupe rue d'Alcala, une collection d'environ 300 tableaux, distribués dans 11 salles. Voici les principaux peintres espagnols qui y figurent :

Blas del Prado (1497-1557). —*Fondation de Notre-Dame de Lorette.*

Ribera. — *Saint Jérôme.*

Zurbaran. — *Cinq portraits de moines.*

Murillo — *Sainte Élisabeth, soignant les teigneux.* — *Fondation de Sainte-Marie-Majeure.*

Carreno (1614-1685). Copie du *Spasimo* de Raphaël.

Goya. — Une *Maja, Auto-dafé, Procession du vendredi saint, Course de taureaux, Maison de fous.*

Rubens. — *Hercule et Omphale.*

Massacre des innocents, groupe quart de nature, en pâte coloriée.

Galeries particulières. — On doit citer, parmi les collections particulières, les galeries du duc d'Albe, de M. Urzaiz, du duc de Pastrana, du duc d'Uceda, du marquis de Javalquinto, du duc de Medinaceli, du marquis de Villafranca, etc.

Armeria. — Ce musée des armes et des armures est réinstallé sur la place devant le Palais. On y signale plus particulièrement :

141. Armure de mailles d'Alphonse V d'Aragon. — 321. Armure complète de l'électeur de Saxe, prisonnier de Charles-

Quint. — 402. Armure de don Juan d'Autriche. — 481. Armure riche de Charles-Quint. — 1588. Brassard d'Ali-Pacha, amiral des Turcs à Lépante. — 1598. Épée de Boabdil, dernier roi des Maures. — 1659. Épée de Pélage, trouvée à Covadunga. — 1666. Bouclier, très riche, à tête de Méduse, qui a appartenu à Charles-Quint. — 1702. Épée du grand capitaine Gonzalo de Cordoue, sur laquelle juraient les princes des Asturies. — 1727. La *Colada*, épée du Cid. — 1766. Reproduction de l'épée de François Ier, reprise en 1808 par Napoléon. — 1807. Épée de Fernand Cortez. — 1913. Épée de Tolède du comte-duc d'Olivarez. — 1931. Plats de fer, vaisselle de campagne de Charles-Quint. — 2535. Armure de Christophe Colomb. — 2425. Litière de cuir de Charles-Quint. — 2490. Armure du grand capitaine. — 1581. Casque de François Ier, etc.

Museo militar de artilleria. — Ce musée occupe, au Buen Retiro, le salon du Roi. — A la porte d'entrée sont les statues colossales de Philippe IV et de Louis Ier; en guise de colonnes se dressent deux canons enlevés aux Maures de Jolo, en 1552, par le général Urbistondo. — Au rez-de-chaussée, on trouve une collection de pièces d'artillerie, depuis le XIIe jusqu'au XVIIe s. Dans les salles du premier étage, un grand nombre d'objets intéressants, soit au point de vue de l'art, soit à cause des souvenirs qu'ils éveillent. Parmi ces derniers, on signale la tente des Rois Catholiques; l'étendard de Fernand Cortez à la conquête de Oaxaca; les épées de Palafox, le défenseur de Saragosse; de Castaños, duc de Baylen; de Mina, le guerillero constitutionnel; l'uniforme et le suaire de Daïoz et Velarde.

Cabinete topografico. — Ancien palais du Buen Retiro.

Museo arqueologico. — Il a été installé dans l'ancien édifice du *Casino de la Reina* (calle de Embajadores). Il a reçu des collections précieuses d'antiquités qui gisaient dans des salles abandonnées de la Bibliothèque ou des divers musées.

Museo naval. — Ministère de la marine.

Cabinete de historia natural. — Au deuxième étage de l'Académie de San Fernando : *Minéralogie.* — La collection des minéraux est remarquable. — *Zoologie.* — Animaux très rares. On doit citer comme *unique* le squelette fossile d'un quadrupède gigantesque que Cuvier a désigné sous le nom de *Megatherium americanum*.

Jardin botanico. — Son étendue est d'environ un hectare 1/2. — Dans les serres chaudes on cultive des plantes et des arbres exotiques, l'ananas, le cocotier, le cacaoyer, le latanier, etc., etc.

Bibliothèques. — La *Bibliothèque nationale* renferme 500 000 volumes imprimés et 150 000 manuscrits d'une grande valeur. Cet important établissement possède, en outre, un musée de médailles et un cabinet d'antiquités (ouv. de 10 h. à 3 h. Sur le paseo de Recoletos).

Les autres bibliothèques sont : celle de l'*Université*, 25 000 vol.; celle de *San Isidro*, dépendante de l'Université, 50 000 vol.; puis les bibliothèques de l'*École de médecine*, de l'*École de pharmacie*, de l'*Académie de l'histoire* (18 000 vol. et 1500 man.), de l'*Académie des nobles arts*, de l'*Académie espagnole*, celle du *Congreso*, et enfin celle du *Sénat*.

Théâtres.

Les théâtres de Madrid ont deux bureaux : à l'un on prend un billet d'entrée générale, et à l'autre un billet portant le numéro de la place que l'on désire occuper. On conserve ce numéro pendant la durée de la représentation.

Teatro Real (*plaza de Oriente*). — C'est le principal de Madrid. La salle est grande, bien décorée, et 2000 spectateurs peuvent y prendre place aisément. Les abords du théâtre sont très faciles; on y joue d'une manière remarquable le grand opéra et le ballet (17 p. 50 le fauteuil, *butaca*).

Teatro español (*plaza Sta Ana*). — On y joue toute espèce de pièces, même la féerie. 1178 places (5 p. la butaca).

Teatro de la Comedia et de la **Princesa**. — Il ne contient guère que 800 personnes (4 p. la butaca).

Teatro del Circo de Price. — On y donne des comédies et des vaudevilles l'hiver, et des représentations acrobatiques ou gymnastiques l'automne. Il peut contenir 3800 personnes.

La Zarzuela est l'Opéra-Comique espagnol. C'est un joli théâtre, élégant, bien distribué, situé dans un beau quartier neuf, calle de Jovellanos, à peu de distance des Cortès et de la calle d'Alcala (3 p. 50).

Les autres sont : le théâtre d'*Apolo*; le *circo del Principo Alfonso*; *Lara*, *Romea*; le salon *Eslava*; le théâtre *Martin*; l'*Alhambra*.

Toros. — C'est un monument de style arabe, construit en briques, en pierre et en fer, ayant un diamètre de 60 mèt. et contenant 12300 spectateurs. — Les billets se prennent dans deux kiosques de la calle de Sevilla, auprès du café Suisse, à la calle de Alcala. Tout est numéroté, divisé en stalles; chacun se place suivant son numéro. L'installation comprend d'abord les gradins découverts (*gradas desenbiertus*). Au delà sont les places couvertes, *gradas cubiertas*; au-dessus les loges (*palcos*), et parmi celles-ci, fermées d'un vitrage, les tribunes du roi et de l'ayuntamiento. On donne régulièrement 24 courses dans l'année, tous les dimanches d'avril à octobre. Les places sont tarifées en raison de leur exposition au soleil ou à l'ombre, et varient de 1 peseta, *al sol*, jusqu'à 8 pesetas, *à la sombra*.

Jardins.

Parc de Madrid. — A l'E. de Madrid. Le *Buen Retiro*, l'ancien jardin, qui date de l'époque de Philippe IV, n'est qu'une petite partie du Parc actuel, et ne conserve aucun souvenir de ce temps.

Le Parc d'aujourd'hui n'a rien à envier à l'ancien. Son étendue est de 1100 mèt. dans un sens, et de 1400 mèt. dans l'autre. Il y a deux entrées principales, l'une à la montée de San Geronimo, et l'autre près de la porte d'Alcala. Une avenue, bordée de haies et plantée de tilleuls, conduit au grand étang, vaste pièce d'eau entourée d'allées très fréquentées par les promeneurs.

Derrière le grand étang s'étendent de vastes jardins *réservés*, agrandis encore par la variété des perspectives et des ornements.

Pour visiter cette partie, il est nécessaire de se pourvoir d'une permission. Le reste du Parc est public. Une large allée est destinée aux voitures, et une contre-allée aux cavaliers.

Parmi les très rares jardins de Madrid, il faut citer celui du Musée archéologique, borné par les murs de la ville dans sa partie méridionale. Il est du reste peu fréquenté.

Les jardins du Palais occupent les terrains de l'ancien *Campo del Moro*, vaste espace en terrasse au-dessous du rez-de-chaussée du palais.

Promenades.

Le Prado. — Le Prado forme un large boulevard qui entoure une partie de la ville, depuis la calle d'Alcala, à l'angle occupé par la Nouvelle Banque, jusqu'à la gare des chemins de fer du Midi, ou porte d'Atocha, en passant devant la Nouvelle Bourse, le Musée royal, le Jardin botanique, l'extrémité de la carrera San Geronimo et de la calle d'Atocha. Son étendue est d'environ 4 kil. — La partie qui se développe entre la rue d'Alcala et la carrera de San Geronimo, et qu'on nomme le *Salon*, a 70 mèt. de large.

Il serait difficile de donner une idée de l'affluence des promeneurs qui se pressent au Salon dans les beaux jours et surtout dans les belles soirées d'été. Le sol en est soigneusement nivelé, battu, balayé même, comme l'aire d'une salle de bal champêtre. Des bancs s'y rencontrent de place en place, des chaises et des fauteuils en fer y figurent en longues rangées. Une barrière, surmontée de candélabres à gaz, sépare le Salon d'une large allée macadamisée, où les voitures circulent à la file, sous la surveillance de la garde urbaine. C'est là que l'étranger peut se faire une idée de la physionomie de la population de Madrid.

Au milieu du bas-côté qui longe l'allée des voitures, s'élève la pyramide du *Dos de Mayo*. C'est le triste souvenir de l'un des épisodes de l'occupation française de 1808. Il a été élevé à la mémoire de trois braves officiers d'artillerie, Ruiz, Daoïz et Velarde, qui, à la tête de quelques hommes déterminés, cherchèrent à s'opposer à l'occupation du quartier de Monteleon.

Delicias. — Ce boulevard commence à la porte d'Atocha et conduit à la gare du chemin de fer de Tolède, que l'on nomme *gare des Delicias*.

Florida. — La Florida est aujourd'hui à moitié envahie par le chemin de fer du Nord. Elle commence à la porte San Vicente, et se prolonge jusque vers le château royal du *Pardo*.

Virgen del Puerto. — Cette promenade va de la porte de Ségovie à celle de San Vicente, le long du Manzanarès, et au-dessous des jardins du Campo del Moro.

Paseo de Recoletos. — Série de jardins garnis de bancs qui occupent la contre-allée à droite de l'avenue des voitures, et limités à droite par la chaussée pavée qui dessert les habitations à partir de la fontaine de Cybèle.

La Fuente Castellana. — Cette promenade fait suite au *Paseo de Recoletos*, à partir du rond-point occupé par la haute colonne sur laquelle s'élève la statue de Christophe Colomb. On y remarque ensuite le monument d'*Isabelle la Catholique*, et la jolie fontaine de l'*Obelisco*. La Castellana est bordée de belles habitations, de palais, de jardins, et d'édifices publics, la Bibliothèque nationale, la Monnaie, les villas du square Martinez de la Rosa, et se prolonge jusqu'à l'Hippodrome, au delà du rond-point de la statue d'Isabelle la Catholique. C'est, après le Parc, la promenade la plus fréquentée de Madrid.

Portes.

Puerta de Alcala. — Arc de triomphe destiné à perpétuer le souvenir de l'entrée du roi Charles III à Madrid. Il occupe le centre d'une belle place monumentale nommée *Plaza de la Independencia*.

Puerta de Toledo. — Ce monument a été érigé pour fêter le retour de Ferdinand VII après sa captivité à Valençay.

Puerta de San Vicente. — Cette porte est d'une bonne architecture, et ses ornements sont distribués avec art. Elle conduit à la promenade de la *Florida*, à la station du chemin de fer du Nord, à la *Casa del Campo*, et à la résidence du Pardo.

Les autres portes n'ont rien de remarquable.

Ponts.

Il faut parler des ponts avant de parler de la rivière, puisque de mauvais plaisants ont prétendu que celle-ci avait été vendue pour payer ceux-là.

L'un est

Le Pont de Ségovie. — On vantait autrefois l'élégance de ce pont ; on ne peut plus en juger, car le lit de la rivière s'élève constamment, et les sables finiront par envahir et combler les arches. Ce pont a 200 mèt. de long sur 7 de large.

Le Pont de Tolède se compose, comme le précédent, de 9 arches basses et lourdes. Les nombreux ornements qui surmontent le parapet sont fort riches, travaillés avec soin ; mais de mauvais goût.

Le Manzanarès. — Ce cours d'eau a inspiré bien des plaisanteries, et il est presque convenu que l'on doit sourire lorsqu'on le nomme. Le Manzanarès, formé par les neiges des montagnes, est presque à sec en été ; c'est à peine si ses eaux suffisent aux blanchisseries installées en avant de la porte San Vicente. L'hiver, il occupe son lit d'une façon très honorable, mais rarement d'eaux limpides et transparentes.

Le canal ou aqueduc du Lozoya approvisionne la ville en abondance d'une excellente eau potable. Il commence dans la montagne à 70 kil. de Madrid. Dans la plus grande partie de son parcours, il a 2 m. 25 c. de largeur sur 2 m. 80 c. de hauteur. Parmi les travaux d'art auxquels il a donné lieu, on remarque le pont-aqueduc de *Aldehuelas*, qui a 26 m. d'élévation et deux arches de 14 m. 50 c. d'ouverture, et celui de *Sotillo*, à 11 kil. de Madrid, qui a 13 arches et 84 m. de long.

Les réservoirs, à une hauteur de 100 m. au-dessus de l'anciennne porte de Santa Barbara, fournissent l'eau en grande abondance et à une pression énorme. On en juge par le jet d'eau de la Puerta del Sol.

Commerce et industrie.

La *Chambre de commerce* siège place de la Bourse.

La Nouvelle Bourse est à la gauche du Prado. Elle se réunit tous les jours, à l'exception des jours de fêtes consacrées, des mercredi, jeudi et vendredi de la semaine sainte, du jour anniversaire de la reine et du 2 mai. Elle dure deux heures, de 1 h. à 3 h. de l'après-midi.

Les *agents de change* sont au nombre de 36 ;

La *Banque*, située dans la calle d'Alcala à l'entrée du Prado, a été constituée au capital de 200 millions de réaux (50 millions de pesetas), divisé en cent mille actions de 500 pesetas. Elle peut émettre des billets au porteur de 125, 250, 500, et 1000 pesetas jusqu'à concurrence de soixante-quinze millions.

La *Caisse générale des dépôts* paye l'intérêt à 5 p. 100 des sommes déposées dont la restitution est demandée à trente jours, et à 3 pour 100 seulement pour celles qui doivent être restituées au moment même de la demande.

Madrid compte plusieurs sociétés d'assurances contre l'incendie, sur la vie, et un certain nombre de grandes compagnies commerciales et de sociétés de crédit : puis des compagnies minières qui ont entre les mains une grande partie des fortunes moyennes du pays.

Casa nacional de moneda (Monnaie). — Elle occupe un bel hôtel récemment construit sur le paseo de Recoletos. L'établissement, régi par l'État, peut frapper de 50 000 à 60 000 pièces par jour. On y trouve la collection des médailles gravées depuis Philippe V, à l'occasion des victoires, des proclamations, des événements remarquables, et une école de gravure en monnaies et en médailles.

Fabrique de tabacs (calle de Embajadores, n° 59). Elle occupe trois mille ouvriers qui manutentionnent, par an, environ 1500 mille livres de tabac de la Havane, de la Virginie, ou de qualité moyenne, et surtout des cigarettes.

Fabrique de poudre. Il en sort annuellement 6 600 arrobes, dont 4 000 en poudre de chasse et 2 600 en poudre de mine.

Fabrique de papier timbré (calle San Mateo, n° 5). Elle occupe cent ouvriers; le produit est évalué à 51 millions.

Imprimerie nationale. N'imprime plus que la *Gaceta de Madrid*, journal officiel du gouvernement espagnol. On a adopté les types anglais et français. La chalcographie conserve les planches gravées des plus beaux tableaux du Musée. De 10 h. du matin à 4 h., calle del Cid.

Fabrique royale de tapis. Elle date du règne de Philippe V. Ses produits, purement artistiques, sont peu nombreux, mais elle fabrique pour les particuliers des tapis de haute lisse et des tapis turcs qui rivalisent avec les produits des manufactures françaises. (Au delà de la porte d'Atocha.)

Fabrique de céramique de la Moncloa. Cette fabrique s'efforce de faire revivre les procédés de fabrications et de décor des céramiques arabes.

Fabrique de voitures. C'est un très vaste établissement, le seul dans Madrid, occupant environ trois cents ouvriers.

Fonderie de fer. Cet établissement produit toute espèce de machines et de moteurs, des presses hydrauliques, des machines à vapeur, des ornements de fonte pour les travaux de bâtiment, des machines pour l'imprimerie. Les imprimeurs de Madrid sont néanmoins encore tributaires des constructeurs étrangers.

Imprimeries. Visiter celle des successeurs de Ribadaneyra, auprès de la porte San Vicente.

Alentours de Madrid.

Rien n'est plus triste et n'est moins digne des approches d'une grande ville. Madrid n'a presque que deux faubourgs, assez importants du reste, *Chamberi* et le *Perchel*. Le premier, au N., compte 500 maisons, 20 ou 25 fabriques, un établissement hydrothérapique, des hôtelleries, des habitations de campagne, des jardins, des promenades ; le second avoisine la gare des chemins de fer d'Alicante et de Saragosse. Au delà commence la campagne nue et déserte.

Parmi les habitations de campagne, on peut citer : hors de la porte d'Alcala, la *Quinta del Espiritu Santo* ; la *Casapuerta*, dans laquelle on remarque des fresques de la fin du xviiᵉ s., représentant les fastes de la monarchie espagnole ; sur le chemin de *San Isidro del Campo* et sur les bords du Manzanarès, les habitations de M. Mendizabal, du comte de los Corbos ; vers la Fuente Castellana, celles de MM. Bruguera et Maroto. A *Carabanchel*, le beau domaine de *Vista Alegre*, les habitations de la comtesse de Montijo, du marquis de Remisa, de Salamanca ; à *Chamartin*, les palais et les jardins des ducs de l'Infantado, que Napoléon Iᵉʳ habita en 1808 ; *Villaviciosa*, où mourut Ferdinand VI ; à *Pozuelo de Arabaca*, le domaine de *Somos Aguas*, et enfin, auprès du petit village de *la Alameda*, la magnifique propriété de *el Capricho*, au duc d'Osuna.

Hors de l'enceinte de Madrid se trouvent trois domaines royaux, la *Casa del Campo*, la *Moncloa* et la *Montagne du Principe Pio*. La première s'étend sur toutes les hauteurs de la rive dr. du Manzanarès, en face du palais. C'est un immense enclos distribué en jardins, en parc, en bois, en terres de produits, sillonnées par un cours d'eau. Ce fut longtemps le rendez-vous du grand monde de Madrid.

La *Moncloa* est sur la dr. de la route de Castille et du chemin de fer du Nord. On y remarque un joli palais nommé la *Florida*, et les restes de la fabrique royale de faïences aujourd'hui remplacée par une industrie particulière.

La *Montagne du Principe Pio* s'étend au-dessus de la Moncloa. Ce domaine présente des promenades agréables d'où la vue s'étend sur la ville, sur la campagne et sur le cours du Manzanarès. Une caserne considérable en occupe le point culminant. La nouvelle prison cellulaire est en arrière, vers le Nord.

LES RÉSIDENCES ROYALES

Le Pardo.

Le Pardo est à 12 kil. de Madrid, sur la rive dr. du Manzanarès. On y parvient par un chemin qui se détache de la *Carretera general* de Castille, au delà de la station du chemin de fer du Nord. Il est au milieu de bois considérables.

Le palais est un ancien rendez-vous de chasse : grand bâtiment carré, flanqué de tours et composé de quatre corps de logis. L'intérieur est orné de décorations en stuc et de peintures à fresque. On y remarque surtout une belle collection de tapisseries, représentant des chasses, des scènes champêtres.

Les bois, où la chasse est très abondante, sont entourés d'un mur en maçonnerie qui a de 75 à 80 kil. de développement. Cette enceinte renferme deux autres propriétés royales, la *Zarzuela*, jolie habitation à un étage, entourée de beaux jardins, et la *Quinta*, située à 1 kil. 1/2 à l'E.

Le Manzanarès traverse le domaine du Pardo.

L'Escorial.

Chemin de fer du Nord; 51 kil.; cinq trains par jour. Prix : 1re cl., 6 pes. 40 c. ; 2e cl., 4 pes. 80 c. ; 3e cl., 2 pes. 90 c. Billets d'aller et retour valables pour la journée (*V.* la table). Trajet en 1 h 1/2 ou 2 h. La station est à 20 min. du palais.

Le site a reçu son nom des vestiges d'une ancienne exploitation minière. On doit dire Escorial (de scorie), et non Escurial. Philippe II fit construire le palais en 1565, en souvenir de la prise de Saint-Quentin et pour l'accomplissement d'un vœu fait à saint Laurent. L'ensemble de l'édifice présente un développement de 811 mèt. et on y compte 15 portes, 17 niches et 1110 fenêtres.

Il est entièrement construit en granit; l'aspect en est monotone et glacial.

La façade principale de l'édifice occupe le côté qui regarde l'O. Elle présente deux portails monumentaux.

Du vestibule, sur lequel ouvre la porte principale de cette façade, on pénètre dans la partie de l'église qui était autrefois destinée au public.

L'église forme un vaste espace carré de 50 mèt. de côté, pavé en dalles de marbre blanches et grises, et partagé en trois nefs par quatre énormes piliers carrés, de 8 mèt. de côté.

La *capilla mayor*, à l'extrémité de la nef du milieu, renferme le maître-autel et les oratoires et monuments royaux. Des marbres précieux de couleurs variées forment l'autel et les revêtements des parois de la chapelle. Le retable est un ensemble de tous les ordres d'architecture, formé de marbres de toute espèce, d'ornements dorés, de statues de bronze et de peintures estimées. Les monuments royaux se composent de deux groupes de statues en bronze doré. A g. de l'autel, l'empereur Charles-Quint, ayant à sa dr. l'impératrice Isabelle, mère de Philippe II, en arrière l'infante doña Maria, leur fille, puis les infantes Éléonore et Marie, sœurs de l'empereur, toutes à genoux et les mains jointes. A dr., le roi Philipe II ; à sa dr., la reine Anne, sa quatrième femme, mère de Philippe III ; en arrière, la reine Isabelle, sa troisième femme; à la dr. de celle-ci, la reine Marie, princesse de Portugal, première femme du roi et mère de l'infant don Carlos, placé lui-même derrière sa mère.

La *sacristie* est une vaste salle voûtée. Un buffet, formé de bois variés, acajou, ébène, cèdre et noyer, renferme les ornements sacrés; il est surmonté de riches vitrines contenant des reliquaires, des calices, des croix, et des chandeliers.

L'œuvre réellement remarquable de la sacristie est l'autel de la *Santa Forma* (Sainte-Hostie) souvenir d'un miracle célèbre. Il est construit en marbre, avec ornements en bronze doré. Un grand tableau de Claude Coëllo, qui occupe tout le retable, figure la perspective de la sacristie elle-même et de l'église. A certaines époques de l'année, ce tableau descend par des coulisses au-dessous de l'autel, et laisse voir une chapelle intérieure ou *camarin*, avec un riche tabernacle en bronze doré, dans lequel est exposée l'hostie miraculeuse.

Le *chœur* est occupé par deux rangées de 124 stalles en bois précieux, dont l'ornementation et la sculpture sont d'une grande sobriété. On signale, à l'extrémité g. de la rangée du fond, la stalle où se plaçait Philippe II. Un immense lutrin, d'un poids considérable, occupe le milieu du chœur. Deux belles et grandes orgues, qui ont été considérées comme les meilleures de l'Espagne, s'élèvent au-dessus des stalles.

Derrière les stalles du prieur, un couloir conduit à une petite chapelle, où se trouve un magnifique Christ en marbre blanc de Benvenuto Cellini.

Il est bon de remarquer, dans cette partie de l'église, les énormes livres de chant du lutrin, rangés dans des casiers de bois de prix. Ces livres, au nombre de 218, hauts de 1 mèt., sont formés de magnifiques feuilles de parchemin, écrites avec une remarquable perfection. Ceux qui servent les jours des principales solennités sont ornés de vignettes et d'enluminures d'un rare mérite.

Le *Panthéon*, ou caveau destiné aux sépultures des rois d'Espagne, est situé sous la capilla mayor. On y descend par la sacristie et par un magnifique escalier tout en marbres de couleur. A moitié de la descente se trouve une salle d'attente toujours fermée, qui reçoit la dépouille mortelle le jour des funérailles, jusqu'à ce qu'elle puisse être placée dans sa sépulture définitive. On nomme ce caveau le *Pudridero*.

Le Panthéon des rois est une pièce octogone, revêtue entièrement de porphyres et de marbres précieux, relevés par une profusion d'ornements en bronze doré. Six côtés sont occupés par quatre rangs de niches superposées renfermant, chacune, un cippe de forme antique, en marbre noir, avec un cartouche portant un nom. On compte 26 tombes. Plusieurs cippes sont inoccupés.

De l'église, on pénètre dans le *cloître* inférieur, formé de quatre galeries voûtées. Ces galeries entourent une tour carrée. Au milieu de l'une des galeries se développe le *grand escalier*, l'une des œuvres remarquables de cet immense monument, surtout par les fresques de Luca Giordano.

La *Bibliothèque des imprimés* occupe une vaste salle, richement ornée. La plus grande partie des volumes que cette bibliothèque possède ont le titre écrit sur la tranche, ce qui fait qu'ils ont été rangés le dos contre le mur. On remarque, parmi cette riche collection : un volume fort ancien, richement relié, à coins de bronze et à fermoirs d'argent, contenant en lettres d'or les quatre évangiles, les préfaces et épîtres de saint Jérôme et les canons d'Eusèbe de Césarée; une copie richement ornée et enluminée de l'Apocalypse de saint Jean ; un livre de prières qui a appartenu à Charles-Quint; des volumes d'estampes fort remarquables.

La *bibliothèque des manuscrits*, placée à l'étage au-dessus, est très riche en documents hébreux, grecs, arabes, latins, et en dessins d'artistes célèbres.

Il reste à visiter dans l'Escorial le collège, le séminaire et le palais. Ces trois parties de l'édifice n'offrent, du reste, qu'un intérêt relativement secondaire.

L'entrée principale du *palais*, qui occupe environ le quart de tout l'édifice, se trouve au milieu de la façade N. Les appartements possèdent de fort belles tapisseries d'origine espagnole et flamande, et quelques tableaux d'un grand mérite. On signale, dans l'appartement du roi, plusieurs pièces nommées les pièces des bois fins (*de maderas finas*), dont les parquets, les lambris, les portes, les volets et les fenêtres sont des chefs-d'œuvre d'ébénisterie, de marqueterie et d'incrustation. Au milieu des appartements royaux se trouve la *Salle des batailles*, couverte de fresques représentant la célèbre bataille de la Higueruela, et la victoire remportée sur les Arabes, par le roi don Juan II, sous les murs de Grenade; la bataille de Saint-Quentin; la prise de la ville, et deux expéditions maritimes faites aux îles Açores sous le règne de Philippe II.

On descend de la Salle des batailles à l'*appartement* (*habitacion*) *du fondateur*. C'est assurément la partie la plus curieuse et la plus solennelle de l'Escorial. C'est là qu'habitait et que mourut Philippe II. Une salle oblongue, carrelée, aux murs blanchis à la chaux, sans meubles, éclairée par une seule fenêtre. Deux portes en chêne poli, à deux vantaux, ouvrent sur deux pièces carrées, deux alcôves, éclairées seulement par ces deux portes. Dans l'une était le lit du roi; dans l'autre, qui lui servait à la fois de cabinet de travail, d'oratoire et de tribune pour assister à l'office divin, on conserve une table en bois de chêne surmontée d'un casier, avec un pupitre et un large portefeuille ou sous-main, un fauteuil à bras et deux chaises en X. Une baie pratiquée dans le gros mur communique avec l'église, et permettait au roi de voir le prêtre officiant.

Des jardins s'étendent à l'E. et au S. du couvent; ils sont construits sur un terrain inégal et soutenus par des murailles. Au delà de ces jardins, la vue s'étend sur un vaste panorama de montagnes et de landes.

On va visiter comme curiosité, tout à côté de l'Escorial, le pavillon de Charles IV (*la casa del Principe*). Ce pavillon est un petit musée de peintures, de sculptures et de mosaïque. A 5 kil. plus loin, on rencontre la *Silla del rey*, banc taillé dans le roc, sur une hauteur, au milieu d'un bois de châtaigniers, et sur lequel Philippe II venait s'asseoir pour présider aux travaux de construction du monument.

La construction de l'Escorial a duré 21 ans; il y fut dépensé, jusqu'au moment de la mort de Philippe II, 6 millions de ducats ou 16 à 17 millions de francs. Cette entreprise considérable a été achevée pendant les règnes suivants; on évalue la dépense totale à 21 millions.

La Granja.

La Granja dépend du village de *San Ildefonso*. On y vient par la ligne de Madrid à Ségovie (R. 22, distance 62 kil.).

Philippe V, voulant construire un palais qui lui rappelât Versailles, choisit pour son emplacement une *grange* et un vieil ermitage dédié à saint Ildefonse. Ayant abdiqué en faveur de l'infant don Louis, l'aîné de ses fils, il choisit la Granja pour retraite. Les architectes, les peintres, les sculpteurs les plus célèbres, furent chargés de la décoration de cette résidence. Jubarra et Sacchetti, Firmin, Thiery et Dumandré, Procaccini et Sani, tracèrent les jardins, les semèrent de statues, décorèrent et couvrirent de peintures les salles du palais.

La façade extérieure est peu remarquable. L'église, qui en occupe une partie, n'offre d'intéressant à l'intérieur que le tombeau de Philippe V et celui de sa femme Élisabeth Farnèse. — La façade principale du palais est du côté des jardins. D'élégants trophées la surmontent. Les appartements intérieurs rivalisent avec ceux du palais de Madrid en grandeur et en richesse. Les salles basses possèdent une riche collection de statues et d'antiquités formée à Rome par Christine de Suède ; les appartements supérieurs sont garnis de belles peintures.

La principale magnificence de La Granja se trouve dans ses jardins, dont les eaux sont le plus remarquable ornement. Dans tout le parc se succèdent des bassins, des fontaines, des jeux hydrauliques d'un bel effet, auxquels fournissent abondamment les ruisseaux qui descendent de la montagne et qui se réunissent, tout en haut du domaine, dans une vaste retenue nommée *la Mer*.

On visite encore, à la Granja, le *Labyrinthe*, les *Jardins réservés*, et un jardin fruitier nommé le *Potose*.

Aranjuez.

On va de Madrid à Aranjuez par le chemin de fer de Valence (*V. R.* 70, ci-après. Prix : 1ʳᵉ cl., 24 r. 50 ; 2ᵉ cl., 18 r. 99 ; 3ᵉ cl.. 11 r. 64 ; cinq trains par jour ; — 49 kil. ; 1 h. 1/2).

Le pays, sur tout le parcours, est nu et triste, complètement découvert, sans un arbre, sans une habitation. Aranjuez est placé comme une oasis au milieu de ces steppes. La végétation y est magnifique.

Le village est moderne, formé de 34 rues larges et alignées, se coupant à angles droits. On y compte une population stable de 3600 âmes, qui s'élève à 20 000 pendant le séjour de la cour, après les fêtes de Pâques ; le reste de l'année, le village est à peu près désert.

Le palais est en briques, à angles de pierre, d'un effet blanc et rouge, avec de grands toits d'ardoise et des pavillons qui rappellent le palais de Fontainebleau ou les maisons de la place Royale de Paris. Des fenêtres, on découvre le nord de la Nouvelle-Castille, la partie occidentale de l'Aragon, le cours du Tage, un horizon immense. Cette situation est peut-être unique dans le monde. Les appartements ressemblent à ceux des autres palais ; de beaux meubles, de riches tentures, des tableaux, des plafonds peints. Il n'y domine, du reste, ni style, ni caractère particulier. Deux choses seules réclament l'attention : le cabinet chinois de Charles III et le boudoir arabe de la reine Isabelle II.

Les jardins ont un caractère plus précis. Le Tage, qui circule au milieu du domaine, forme çà et là de bruyantes cascades, des bassins et des fontaines. Ces fontaines sont moins riches, moins abondantes que celles de la Granja.

On conduit le visiteur à la *Casa del Labrador* (la maison du laboureur), petite construction de modeste apparence dont l'intérieur recèle toutes les surprises de l'opulence royale.

Les *nouveaux jardins* réunissent dans leur distribution tous les caractères de la fantaisie, tous les trésors de la végétation, des fleurs rares, des fruits de toutes les régions, des arbres de tous les pays.

Un bois de haute futaie, épais et touffu, commence tout auprès des nouveaux jardins, et se prolonge vers le N. et l'O., sur une étendue considérable.

Le domaine royal occupe autour d'Aranjuez un territoire de 27 kil. de long et de 110 kil. de circonférence. On y rencontre des bois entiers d'oliviers, de mûriers, des champs, des vignes des crus les plus renommés, et des prairies artificielles entretenues par les dérivations du Tage.

ROUTE 65.

DE MADRID A TOLÈDE

A. Par la ligne directe.

73 kil. — Prix : 1re cl., 8 pes. 45 c.; 2e cl., 6 pes. 40 c.; 3e cl., 4 pes. 35 c. Traj. en 2 h. 50.

La gare de départ est au *Paseo de Las Delicias*, à la droite, à 200 mèt., de la grande station des chemins de fer d'Alicante et du Midi. On suit d'abord la ligne directe allant de Madrid à Ciudad Real, laquelle, à la station de *Villaverde* (7 kil.) coupe à angle dr. la ligne de Cacerès-Portugal (R. 76). Celle-ci décrit une grande courbe à g. allant vers *Talavera*, à l'O. La ligne de Tolède descend en ligne droite au S., ayant à peu de distance à g. la ligne du Midi, desservant Aranjuez, Cuenca, Alcazar, Valence, Alicante, Cordoue et l'Andalousie.

7 kil. *Villaverde*.

12 kil. **Getafé**, 3359 hab., desservie, vers le côté opposé, par la ligne d'Aranjuez. Au delà, à g., colline le *Punto*, chapelle de *los Angeles*.

19 kil. *Parla*, 1000 h.; le vil. est à dr. à 3 kil. A g., sur la ligne d'Aranjuez.

25 kil. *Torrejon de Velasco*, le v. est à 3 kil. à dr.

33 kil. *Yeles y Esquivias*, 500 et 1000 h. Le premier à dr., le second à g. hors la vue.

45 kil. *Pantoja y Alameda*, 700 et 1000 h. Le second est seul visible, sur une hauteur à 4 kil. en avant à g. Traversée du *Tage*, pont de 153 mèt. en trois travées.

58 kil. **Algodor**, point de croisement de l'ancien embranchement, venant d'Aranjuez par Castillejo, et servant encore pour les communications de Tolède avec les lignes du midi. Le train venant de Castillejo prend à Algodor les voyageurs pour Tolède; le train pour Ciudad-Real continue d'Algodor vers le S. (*V*. R. 75, *A*).

73 kil. **Tolède** (*V*. p. 187).

B. Par Aranjuez.

82 kil. — Deux départs par jour, le matin et le soir de la gare d'Atocha Bureau central, calle de Alcala, 2.

Prix : 1re cl., 10 pes. 55; 2e cl 5 pes. 10; 3e cl., 5 pes. 05.

La station de départ, hors de la porte d'Atocha, dessert les diverses lignes du Midi, Valence, Alicante, Murcie, Cordoue et Malaga, Séville et Cadix, etc.

La voie ferrée, en quittant Madrid, traverse une campagne qui a pris, depuis peu d'années, un aspect animé. Madrid, en arrière du train, se présente à plusieurs reprises sous un aspect majestueux. — Pont sur le rio *Abroñigal*, sur le *Manzanarès*. Un peu après ce pont se détache, à dr., à *Villaverde*, à 7 kil. de la station d'Atocha, la *ligne du Portugal*, par Talavera, Malpartida de Plasencia et Caceres. Vaste plaine.

14 kil. **Getafé**, 3394 hab. Collège important d'*Escolapios* ou pères de la doctrines chrétienne. Instruction primaire et secondaire. — Église paroissiale avec quelques bonnes peintures de Claudio Coëllo.

Contrée aride et peu productive ; carrières à plâtre.

21 kil. *Pinto*, 2500 hab. Vieille tour, dernier vestige d'un château féodal, dans laquelle Philippe II fit enfermer la princesse d'Eboli. Établissements industriels entourés de jardins.

27 kil. *Valdemoro*, 2552 hab. Maisons mal bâties en terre et en plâtre. Collège d'enfants de troupe (*guardias jovenes*) de la garde civile espagnole. — Contrée aride, sans culture.

34 kil. *Ciempozuelos*, 2000 hab. Église de construction moderne. Bancs de sel ; eaux salées, objet d'une exploitation considérable. — A g., jolie vallée richement cultivée. Dans le fond, le v. de *Bayona*, centre de plusieurs exploitations considérables de soude. A dr., immenses prairies dépendant du patrimoine royal, et dans lesquelles on élève des troupes de juments poulinières et de taureaux. — Pont en tôle sur le Tage.

49 kil. **Aranjuez**★ (altitude 489 mèt.) ; *buffet*. — *V.* plus haut p. 184), pour la description d'Aranjuez.

Service de voitures pour *Quintana* et *Ocaña*, le matin.

En quittant Aranjuez, à g., vastes jardins qui appartenaient au maréchal Narvaez ; propriété de M. de la Gandara : joli pavillon entouré de jardins et de cultures, ancienne propriété de la reine Christine ; jardins du comte de Oñate. La voie traverse le domaine d'Aranjuez sur une grande étendue. — Plus loin, à g., école d'agriculture avec de vastes terrains. — A dr., riche vallée du Tage, limitée par des hauteurs sur lesquelles est *Añover del Tajo*.

64 kil. *Castillejo*, **changement de train** pour la ligne de Tolède. **On continue pour les lignes de Valence et du Midi** (R. 70).

Pour Tolède, la voie suit la rive g. du Tage, au centre de plaines considérables. Ligne de collines au delà de la rive dr. Le village d'*Añover del Tajo* couronne la hauteur.

70 kil., station d'*Algodor*, (*V.* à la p. précédente).

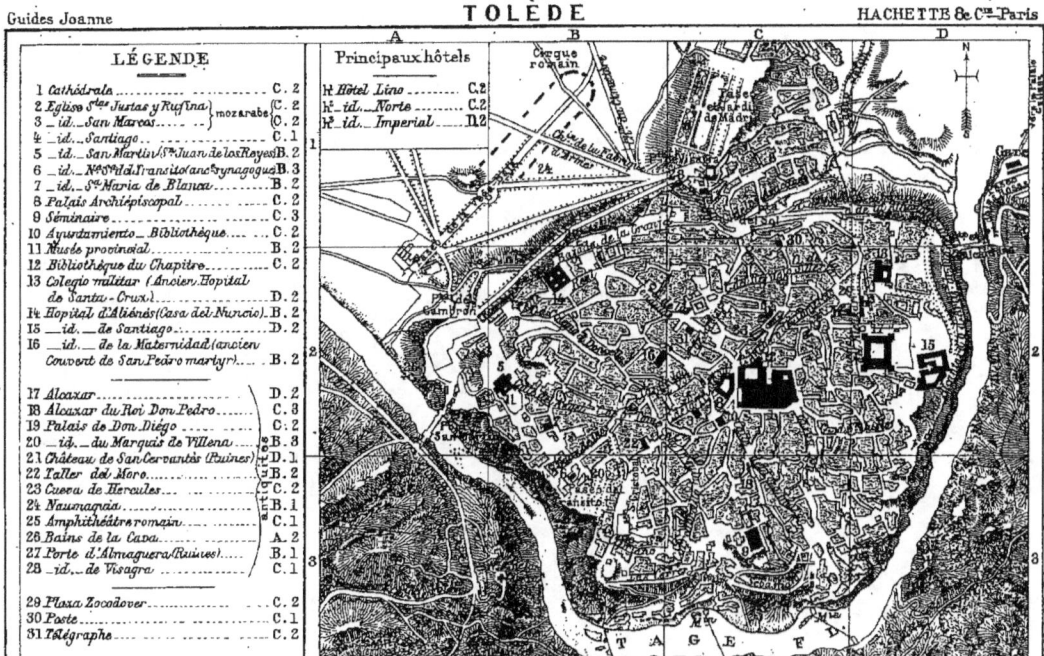

82 kil. **Tolède**.
(Altit. de la voie, 509 mèt.; altit. de la ville, 568 mèt.). La station d'arrivée est en bas de Tolède, au pied du pont d'Alcantara.

Il faudrait une année pour étudier Tolède, jour par jour, dans ce dédale de ruelles escarpées et montueuses, pour demander les secrets de l'art à cette curieuse confusion d'arcs, de voûtes, d'ogives, de fenêtres et de colonnettes qui sont des trésors, malheureusement barbouillés d'une épaisse couche de chaux. Pour peu que l'on gratte, partout on retrouve des sculptures, des arabesques, des animaux fantastiques.

Sur toutes les portes on aperçoit des écussons armoriés et des devises; aux croisées, des balcons en vieux fer tourmenté et des grilles à barreaux serrés; à toutes les maisons de vieilles portes massives, bordées de bandes de métal, garnies de marteaux historiés, ferrées de clous rangés avec ordre, serrés et pressés, à têtes ciselées, grosses comme des œufs.

Tolède n'a plus aujourd'hui que 20 250 hab. Le Tage décrit une grande boucle autour de la ville. Deux vieux ponts : le pont d'*Alcantara* et le pont de *San Martin*, coupent le fleuve aux deux extrémités du parcours. L'aspect de la ville est majestueux; l'œil s'arrête avec curiosité sur les immenses remparts crénelés appuyés sur les rochers, puis sur ces belles portes flanquées de tours mauresques : la porte du *Cambron*, la porte de *Almaguera*, la porte de *Visagra*. Celle-ci date des premiers temps de la domination arabe; la partie neuve, défendue par deux grosses tours rondes crénelées, date de Charles-Quint. — Dans l'enceinte intérieure de la ville est la célèbre *Puerta del Sol*, chef-d'œuvre de l'architecture arabe, véritable joyau archéologique, conservé intact comme à son premier siècle.

La place principale, l'ancien *Zocodover*, aujourd'hui nommé place de la *Constitucion*, espace irrégulier, bordé sur un côté d'arceaux, forme le centre animé de la ville. Le milieu est occupé par un terre-plein ou *glorieta*, entourée d'une grille.

Les Alcazars. — On en a compté quatre. On croit retrouver des traces du premier, ancien prétoire des rois goths, dans les substructions de l'hôpital de Santa Cruz, des couvents de Santa Fé et de la Concepcion. — Le deuxième avait été élevé par les Goths, auprès de la porte du Cambron. — Un troisième se trouve entre la place Juan de Padilla et l'hôpital actuel des enfants trouvés; on en admire le portail, du style de la Renaissance. — Le quatrième enfin est ce superbe édifice qui s'élève au point le plus haut de la ville et qui la domine de ses masses imposantes. Complètement restauré aujourd'hui, il est affecté à l'école des jeunes officiers. Aux quatre angles s'élèvent des tours carrées. La cour est formée de trente-deux arcades en galerie; l'escalier est une des plus belles œuvres de ce genre ; les écuries pourraient renfermer plusieurs centaines de chevaux.

Le *palais de don Diego*, qui fut habité par Henri de Trastamarre et qui fut ensuite donné à Du Guesclin, n'est plus qu'une habitation particulière.

Le *taller del Moro*, atelier où se travaillent les pierres et les marbres destinés à l'entretien de la cathédrale, fut autrefois le palais de quelque grand seigneur. Trois salles magnifiques, ornées d'une profusion de sculptures de style arabe, de guirlandes, de nielles, d'étoiles, de fleurons, d'inscriptions en caractères cufiques. Les plafonds sont d'une rare richesse.

Les *Casas de Ayuntamiento* (hôtel de ville) présentent une belle façade gréco-romaine. Aux deux côtés de cette façade s'élèvent deux tours terminées en pyramide.

La **cathédrale** actuelle a été commencée en 1227; la construction dura deux siècles et demi. L'architecture est du style gothique le plus pur; l'extérieur est d'une grande majesté.

La façade principale, à l'O., comprend les trois portes *del Infierno*, *del Pardon*, et *del Juicio*. La porte du Pardon est la plus grande et la plus riche. A dr. de la façade s'élève la tour, à g. la chapelle mozarabe, surmontée par une jolie coupole octogone. La hauteur totale de la tour est de 90 mèt. La grosse cloche pèse 17 800 kilog.

La façade du S. présente deux portes : l'une, la porte des *Lions*, qui compte parmi les œuvres les plus remarquables de ce genre. Elle est ornée d'une profusion de statuettes, sous leurs petits dais d'une grande élégance de sculpture. —La façade du N. est encaissée entre les hautes murailles du cloître et quelques vieilles maisons particulières.

L'intérieur de l'église est partagé en cinq grandes nefs, séparées par 88 piliers. Le plan est quadrilatéral, sur une longueur de 113 mèt., une largeur de 57 et une hauteur de 45 à la nef centrale. Tout autour sont pratiquées de riches chapelles. Ce beau vaisseau est éclairé par 750 fenêtres, ornées de vitraux de couleur.

Le retable de la *capilla mayor*, construit tout en bois de mélèze, est partagé en cinq étages et chacun d'eux en quatre compartiments remplis d'une multitude de statues et d'ornements du plus riche travail ; l'effet en est somptueux. Des deux côtés de l'autel sont placées des tombes royales étagées les unes au-dessus des autres. — En arrière du retable se dresse un entassement de marbres, de bronzes, de volutes, de consoles, de balustres, de chapiteaux bizarres, de nuages et de rayons solaires, qu'on a nommé le *transparent*, parce que, dans le projet primitif, cette construction devait être tout à jour pour laisser voir l'intérieur du sanctuaire. C'est, du reste, un monument d'un grand intérêt pour l'histoire de l'art.

Le *coro* est surtout remarquable par la richesse de la *silleria*. L'art gothique, sur les confins de la Renaissance, n'a rien produit de plus parfait ni de mieux dessiné. Des colonnes de marbre, d'un ton brun et luisant, couronnent cette prodigieuse menuiserie, et sur l'entablement s'élèvent des figures d'albâtre d'une élégance et d'un effet admirables.

La *chapelle mozarabe* fut érigée pour perpétuer, au milieu des cérémonies modernes du rite grégorien, l'ancien rite chrétien primitif. — La chapelle est carrée, une grille en fer la sépare de l'église. On y remarque une belle mosaïque achetée à Rome, en 1797, par le cardinal Lorenzana. Elle représente une *Conception*, avec une habileté de dessin et une richesse de couleur dignes des meilleurs tableaux de l'école italienne. On y admire aussi des fresques gothiques d'un haut intérêt. — A la suite, sur le côté S., une série de riches chapelles et parmi elles la magnifique *Sala capitular*, précédée d'un beau portail de style gothique. — Dans le demi-cercle formé par l'abside, les chapelles de *San Iago, San Ildefonso*, la *Trinidad* et *San Nicolas*. Dans la première, les beaux tombeaux du connétable don Alvaro de Luna et de sa femme. — Dans la deuxième, le tombeau du cardinal Gil Carillo de Albornoz. — Vient ensuite la chapelle de *los Reyes nuevos*, fondée par Henri II, et dans laquelle ont été placés les corps de ce roi et de sa femme, de don Juan II, et de Henri III. — La *sacristie* forme une nef rectangulaire. La voûte est peinte par Luca Giordano; les murs latéraux sont couverts de tableaux. A dr. est le vestiaire, et au delà une petite salle où l'on conserve les merveilleuses richesses du trésor de la cathédrale.

De la sacristie, on passe dans la chapelle du *Sagrario*. Cette chapelle est divisée en plusieurs parties dont la plus intéressante est l'*Ochavo*, espèce de sanctuaire digne d'être cité parmi les plus remarquables des monuments chrétiens. Des niches recèlent un nombre infini de saintes reliques, et les corps de sainte Léocadie et de saint Eugène, dans des cercueils d'argent couverts de ciselures et de reliefs. Puis, de tous côtés, des bustes, des statues de pierre, d'argent et d'ivoire, des croix, des reliquaires d'un grand prix, et enfin une petite statue de l'Enfant Jésus en or, fort vénérée.

On cite encore la chapelle de la *Descension*, où la Vierge apparut à saint Ildefonse, lorsqu'elle lui apporta la sainte

Chasuble. On y aperçoit, scellée dans le mur, une pierre blanche sur laquelle, dit la tradition, la Vierge posa le pied lorsqu'elle descendit dans l'église. Les fidèles viennent toucher cette pierre, à travers les barreaux, du bout de leurs doigts, qu'ils baisent ensuite respectueusement.

Le *cloître* s'étend le long du côté N. de la cathédrale; il est digne en tous points de la basilique, qu'il complète. — Dans la galerie supérieure est la bibliothèque du chapitre, qui possède une foule de richesses, surtout manuscrites, des temps les plus anciens, du VIII° au XVI° s., et d'une immense valeur.

On compte encore, dans la ville, deux paroisses mozarabes, *Santas Justo y Rufina* et *San Marcos*. Parmi les paroisses latines, *Santiago*, qui a l'aspect extérieur d'une mosquée arabe, et *San Martin*, qui occupe l'église du célèbre couvent de **San Juan de los Reyes**.

Cette église fut érigée en 1477. La partie la plus remarquable est le chevet. Il est terminé en terrasse, couronné par une riche galerie à jour, et, du milieu de la terrasse, s'élève ne coupole hexagone.

L'église forme une nef unique, partagée en quatre voûtes dont les arcs se croisent sous de riches fleurons. Les piliers du *transsept* sont couverts de guirlandes et d'arabesques; deux tribunes, à balcons de pierre fouillés à jour, sont comme suspendues, à dr. et à g., et soutenues par de riches encorbellements. Les deux murs des extrémités du transsept sont ornés d'une profusion inouïe de sculptures en relief, avec d'énormes écussons aux armes de Castille et d'Aragon, et aux emblèmes royaux : le nœud gordien et le faisceau de flèches.

Le *cloître* était un véritable chef-d'œuvre; il a longtemps porté les traces d'une dévastation déplorable. Maintenant restauré, avec ses arcs ornés de fleurs, d'oiseaux, d'animaux et de grotesques, ses fragiles colonnettes, ses piliers cachés chacun par une statue de saint, il présente l'un des plus riches spécimens de l'art gothique, dans toute sa pureté.

Dans les salles de l'ancien couvent, qui occupent les galeries supérieures du cloître, on a installé le *Museo provincial*, collection de trois cents tableaux environ, d'un mérite médiocre.

Nuestra Señora del Transito est une ancienne synagogue abandonnée en apparence. Elle forme une seule nef; les murs sont revêtus de stuc, et ornés d'une large frise portant les armes de Castille et de Léon. Au-dessus de cette frise se développe un corps d'architecture formé de cinquante-quatre arcs, remarquable par la beauté et la perfection de ses ornements. Le maître-autel, fort ancien et tout ornementé, est dans le style gothique. Ce vieux temple est construit en brique, le plafond est en mélèze, et les charpentes de la couverture sont, dit-on, en cèdre du Liban.

Santa Maria la Blanca est un autre curieux souvenir de l'époque judaïque. C'est une succession d'arcs supportés par des piliers octogones à demi enfouis, et formant cinq nefs. Les chapiteaux, en stuc, sont tous de forme différente, réminiscence du vieux style byzantin. Dans le jardin qui précède le temple, on remarque, à dr. et à g., des puits profonds, autour desquels les Israélites faisaient leurs ablutions.

Il faut signaler, à un autre titre, l'hôpital d'aliénés dit *Casa del Nuncio.* C'est une fondation très ancienne, dotée de legs nombreux. Il y règne un ordre remarquable; les traitements sont dirigés avec une humanité au-dessus de tout éloge.

Il faut signaler encore, dans une rue à laquelle on accède par un arc ouvert derrière la gloriette du Zocodover, l'hôpital de *Santa Cruz,* affecté à un asile d'orphelins. On est frappé, au premier abord, par l'élégance et la richesse de la façade, que précède une cour peu profonde fermée par une grille. Le portail, qui présente un double arc semi-circulaire, est orné de statuettes avec leurs dais d'ordre gothique, et surmonté d'un médaillon qui représente le cardinal Mendoza, fondateur. Dans l'intérieur, jolie chapelle, possédant un retable orné de bonnes peintures. Dans un des angles du cloître, un escalier digne de toute attention. Le plafond est lambrissé avec l'élégance et la bizarrerie des deux styles arabe et gothique fleuri.

Institut d'enseignement secondaire; grand séminaire (*seminario conciliar*); un collège de *jeunes filles nobles.*

Bibliothèque provinciale, formée de 70 000 vol. Elle est riche surtout en ouvrages de sciences ecclésiastiques. Les documents historiques et littéraires qu'elle possède la font considérer comme l'une des plus intéressantes du royaume.

Promenades, hors la ville: — *paseo de las Rosas,* au delà du pont d'Alcantara, auprès de la station du chemin de fer; — *paseo de Madrid,* à la sortie de la porte de Visagra. La plus fréquentée est le *salon* du milieu de la place du Zocodover.

Antiquités dignes d'intérêt: la *Cueva de Hercules,* souterrain assez considérable, au-dessous des ruines de la vieille église de *San Ginès;* la *Naumaquia;* l'*Amphithéâtre;* les *Bains de la Cava.* — A l'E., sur les hauteurs, ruines du château de San Cervantès, servant aujourd'hui de magasin à poudre. Enfin, au N. E., dans un joli vallon nommé la *Huerta del Rey,* les ruines du *palacio de Galiana.*

Hors de la ville, à 1 kil., sur la rive dr. du Tage, la *fabrique d'armes blanches.* Toutes les armes blanches de l'armée espagnole viennent de la fabrique de Tolède. Certaines lames de luxe sont d'une trempe et d'une souplesse extraordinaires.

Le climat de Tolède est modéré, la température ne descend jamais au-dessous de zéro et s'élève rarement au-dessus de 30°.

De Tolède à Ciudad Real, par Algodor (R. 75, *A*); — On peut aller de Tolède à Séville par les sentiers de a montagne, en passant par Almaden. (Excursion de touriste.)

ROUTE 66.

DE MADRID AUX BAINS DE LOECHES

34 kil.

On prend le chemin de fer ligne de Saragosse (*V.* R. 64) jusqu'à la station de *Torrejon de Ardoz* (23 kil.).

A cette station on trouve des voitures pour Loeches.

11 kil. **Loeches** (pr. *Loetchès*), bourg de 1000 hab., fut la résidence favorite du célèbre comte-duc d'Olivarès, premier ministre de Philippe IV. La source, qui jaillit à 5 kil., a eu une grande réputation comme spéciale au traitement des affections herpétiques (le sulfate de soude y domine). Il y va fort peu de monde aujourd'hui, et il n'y a, auprès de la source, aucune installation balnéaire. Le site est agréable. On exporte une certaine quantité d'eau minérale en bouteilles et dans des outres.

ROUTE 67.

DE MADRID AUX BAINS DE SACEDON

100 kil.

De Madrid à Guadalajara, 56 kil. (*V.* R. 64.)

11 kil. *Horche*, 1900 hab., dans une jolie vallée.

16 kil. 1/2. *Armuño*, v. de 159 hab.

22 kil. *Tendilla*, 900 hab., plaine couverte d'oliviers et de vignes.

36 kil. *Auñon*, 1200 hab., belle église à trois nefs; maître-autel du xvi° s. — Hautes collines. A 2 kil. au delà, on rencontre le Tage; on remonte la rive g. du fleuve, par un chemin pratiqué dans la roche vive, ayant à dr. une ligne de hautes montagnes rocheuses, et à g. le fleuve dont le lit est encombré par un chaos de rochers. On nomme ce passage la *Boca del infierno* (l'entrée de l'enfer); il offre l'aspect le plus pittoresque et le plus imposant.

44 kil. **Sacedon**, 1280 hab. Les bains formant un groupe d'habitations, sur la rive dr. de la rivière de *Guadiela*, affluent du Tage, sont connus de longue date; mais ils doivent à Ferdinand VII le développement qu'ils ont reçu.

La *maison des bains* est un vaste et solide édifice à deux étages, contenant des chambres qui se louent aux baigneurs 1 peseta et 2 pesetas

1/2 par jour. L'eau minérale est sulfatée calcique, de 27 à 28° cent.

L'organisation balnéaire consiste en 17 bassins ou piscines, pouvant recevoir chacune trois ou quatre personnes, et placées dans des caveaux voûtés d'aspect sombre. Ces piscines sont alimentées par l'eau de la source à sa température naturelle. — Les salles de bains se payent par heure, pour une ou deux personnes, 1 peseta ; pour 3 personnes, 1 pes. 1/2 ; pour 4 personnes, 2 peset. ; le bain chaud, 1 pes. 75 c.

L'eau est surtout recommandée pour les maladies rhumatismales, les maladies nerveuses et les affections cutanées ; elle est souveraine contre les scrofules et le vice syphilitique.

La saison dure du 15 juin au 21 septembre.

Le séjour de Sacedon est très agréable ; les belles promenades et les jardins du domaine royal sont laissés à la disposition des baigneurs ; les environs sont charmants.

ROUTE 68.

DE MADRID AUX BAINS DE TRILLO

103 kil. 1/2.

On prend le chemin de fer jusqu'à *Guadalaraja* (56 kil.) (*V.* la R. 64, p. 155). A Guadalaraja, existe un service de voitures pour la durée de la saison des eaux.

4 kil. 1/2. *Taracena*, 400 hab., sur la rive g. du Henarès.

8 kil. 1/2. *Valdenoches*, 500 hab.

6 kil. 1/2. *Torija*, 450 hab., Sur la dr., au-dessus des maisons, un vieux château ruiné. On quitte la route, à dr., par un chemin qui passe à côté du v. de *Fuentes*. Contrée aride et un peu montagneuse,

33 kil. 1/2. *Brihuega*, 4465 hab., autrefois fortifiée ; rues tortueuses presque toutes en pente raide, mal empierrées, généralement sales. Églises lourdement construites. Au sommet de la ville, ruines d'une antique forteresse, construite par les Maures.

Au delà de Brihuega (20 kil.), sur une haute colline, *Solanillos*, 550 hab.

47 kil. 1/2. **Trillo**, 700 hab., au confluent du *Tage* et de la petite rivière de *Cifuentes*.

Les **bains de Trillo**, également nommés les *bains de Charles III*, sont à 2 kil. Un service continuel de voitures, au prix modique de 25 c., pour l'aller et le retour, est établi entre le village et les bains.

L'établissement des bains compte neuf sources, qui fournissent par heure 30 378 litres (23 à 50° cent.).

Les eaux de Trillo s'emploient en boisson, en bains et en douches ; elles sont surtout recommandées pour les rhumatismes, les paralysies, les affections syphilitiques, les tumeurs blanches articulaires, et par conséquent les scrofules. On est logé dans les diverses hôtelleries, à raison de 1 pes. à 2 pes. 1/2 par jour. On peut, en outre, trouver dans le village des logements pour 200 familles.

La saison commence le 20 juin et dure jusqu'au 20 septembre.

Les bains de Charles III appartiennent à l'État.

Les promenades sont variées autour des bains.

ROUTE 69.

DE MADRID A TERUEL

312 kil. 1/2 et 321 kil.

On suit le chemin de fer de Madrid à Saragosse (R. 64, p. 154) jusqu'à la station de *Siguenza*, 139 kil.

A Siguenza, on prend un chemin qui va rejoindre, à *Algorta*, la grande route d'Aragon. On remonte cette route, dans la direction du N.-E., au milieu de grandes plaines.

161 kil. *Torremocha del Campo* (tour tronquée). Au-dessus de l'église, tour carrée, massive, ornée de grosses boules avec clocheton inachevé. — Vaste plaine sans un arbre. Au milieu de cette plaine, *Sauca*, 140 hab., au pied d'une colline un peu cultivée.

172 kil. *Alcolea del Pinar*, 300 hab. On prétend que c'est un des points les plus froids de l'Espagne. Pays très pauvre et nullement intéressant.

On quitte la grande route à dr., à 500 mèt. au S. d'Alcolea, en passant par *Aguilarejo* (4 kil.), et l'on gravit les pentes du mont *Labadon*. A dr., à 140 mèt., la *venta del Campo*, 10 kil. On descend ensuite dans une petite plaine.

180 kil. *Maranchon*, 567 hab., au pied de deux collines. Moutons dont la chair est fort estimée. Un peu au delà, ravin du Gollino; côte de *Mazarete*; le v. de ce nom est à 200 mèt. à dr., au pied d'une colline et au milieu de beaux pâturages. Pont sur la petite rivière de *Mesa*.

149 kil. *Anquela del Ducado*, 58 hab., jolie position, vue sur la vallée de *Selas*. — A g., l'ancienne route de Daroca.

208 kil. *Canales*, 174 hab., puis *Herreria* et *Rillo*.

218 kil. *Molina de Aragon*, très ancienne V. de 5460 hab., sur la rive dr. du *Gallo*, sur les pentes d'une colline que couronne une vieille forteresse. Molina est entourée de murailles.

Deux chemins conduisent de Molina à Teruel.

A. Par Monreal del Campo.

255 kil. *La Yunta*, 320 hab., dans une plaine peu cultivée. A ce point, on quitte la route pour prendre, à dr. et dans la direction du S.-E., un chemin qui franchit la chaîne entre la Castille et l'Aragon; puis on descend dans une vaste plaine.

246 kil. *Blancas*, 400 hab. On y récolte le sparte en grande abondance.

257 kil. *Monreal del Campo.* — V. la route 63, pour le parcours de *Monreal* à *Teruel* par

268 kil. *Villafranca de Campo.*

279 kil. 1/2. *Torremocha.*

290 kil. 1/2. *Villarquemado.*

301 kil. 1/2. *Caudete.*

312 kil. 1/2. **Teruel** (p. 150).

B. Par Albarracin.

Ce chemin, accessible seulement aux mulets, remonte le cours du rio Gallo et traverse les villages de (25 kil.) *Castilnuevo*, 111 hab., *Merenia*, 19 hab., *Sertilles*, 318 hab., auprès duquel se trouvent d'abondantes mines de fer; — *Mottos*, 160 hab., sur les pentes d'une colline, au pied de la Sierra de Molina (20 kil.); *Orihuela del Tremedal*, 760 hab.

Au delà de ce village, le chemin commence à gravir la Sierra, en décrivant, au milieu des rochers et des bois de pins, de nombreux zigzags.

293 kil. *Albarracin*, 1530 hab., ancienne place forte dont les murailles ne présentent plus qu'un amas de ruines. Située sur la pente S. d'une montagne, la ville est très irrégulièrement construite; ses rues sont en pente, très étroites, empierrées avec une ligne de dalles au milieu, quelques-unes sont taillées en escalier dans la roche vive, et les maisons ont jusqu'à quatre étages. L'église cathédrale (*El Salvator*) est une vaste nef d'ordre composite, dans laquelle se trouvent quelques peintures et des sculptures dignes d'attention.

Le pays est sauvage et montagneux. On y rencontre beaucoup de bois et quelques pâturages où s'élèvent un assez grand nombre de bêtes à laine. — Quatre grands cours d'eau partent du voisinage d'Albarracin, le *Tage*, le *Jucar*, le *Cabriel* qui se réunit au Jucar, et le *Guadalaviar* qui traverse Valence et se jette dans la mer sous le nom de *Turia*.

Le chemin, en quittant Albarracin, suit quelques instants la rive g. de cette dernière rivière, puis va rejoindre la route précédente à

Caudete (V. ci-dessus).

521 kil. **Teruel** (V. p. 150).

ROUTE 70.

DE MADRID A VALENCE

490 kil. — Prix : 1re cl., 56 pes. 75 c.; 2e cl., 43 pes. 75 c.; 3e cl., 26 pes. 50 c. — Trajet en 15 h.

I. DE MADRID A CASTILLEJO

64 kil. *Castillejo* (V. R. 65 B., p. 186). — *Embranchement* pour Tolède.

II. DE CASTILLEJO A LA ENCINA

Au départ de Castillejo, pour Valence, vue, à dr., de la vallée du Tage et des hauteurs qui la dominent.

73 kil. *Villasequilla,* 917 hab. Cultivateurs possédant de grandes fortunes. — A g., *Yepes,* renommé pour ses vins blancs.

84 kil. *Huerta,* 2000 hab. Pays malsain, fièvres endémiques. — Belles races de moutons.

101 kil. *Tembleque,* 5500 hab. Mouvement commercial actif.

108 kil. *El Romeral.*

120 kil. *Villacanas,* 3385 hab. Produits agricoles ; belle race de moutons ; laine peu appréciée ; chair excellente. Plusieurs lacs salés d'où l'on extrait de la soude. — Campagne immense et sans culture. — Ponts en tôle sur le *Rianzarès* et le *Giguela.*

135 kil. *Quero,* 825 hab., à 3 kil. sur la g. Plusieurs lacs salés, dont l'un a 10 kil. de circonférence. Extraction du sel et fabrication de la soude. Fièvres pendant les chaleurs.

148 kil. Alcazar de San Juan (altitude 648 mèt.). — *Buffet.* — **Embranchement** des lignes d'*Andalousie* et de *Portugal.* **Changement de train** pour ces directions. — 540 hab. Ville très ancienne. L'ordre de chevalerie de Saint-Jean en fit son chef-lieu. Quelques édifices rappellent cette période de l'importance de la ville. Alcazar est du nombre des villes espagnoles qui prétendent avoir donné le jour à l'auteur du *Don Quichotte.* — Industrie assez active : fabriques de savon, de chocolat, raffineries de salpêtre ; administration des salines de tout le pays. — A 32 kil. au N., le *Toboso.* — Un chemin de fer de 26 kil. conduira d'Alcazar à *Quintanar de la Orden,* V. agricole de 6000 hab.

156 kil. *Campo de Criptana,* 5250 hab. — 25 ou 26 moulins sur une petite hauteur nommée la *Sierra de los Molinos.* On prétend que ces moulins sont ceux que Cervantès a fait figurer dans la grande aventure de don Quichotte.

172 kil. *Zancara.* — Fièvres ; station à peu près inhabitable.

187 kil. *Socuellamos* (altitude 680 mèt.). — 5500 hab. Grande plaine cultivée. Récolte de céréales très importante ; bois considérables de chênes verts (*encinas*) exploités pour la fabrication du charbon.

204 kil. *Villarrobledo,* 5246 hab. Commerce de grains, bois de chênes verts, charbon et pièces de charronnage.

226 kil. *Minaya.* Station en rase campagne, à 3 kil. du village. Tranchée assez considérable, au pied d'une colline où l'on exploite du carbonate de chaux.

243 kil. *La Roda.* Flottage sur le *rio Jucar* des bois de sapin des montagnes de Cuenca. Grains des plaines de la Manche ; usine à moutures, avec quinze paires de meules ; minerai de cuivre, houilles, blanc d'Espagne.

261 kil. *La Gineta,* petite ville agricole, 3280 hab.

279 kil. Albacete. *Buffet,* V. de 18451 hab. Audience territoriale. Maisons bien bâties, à deux étages pour la plupart ; église paroissiale à trois nefs de belle apparence ; *plaza de Toros* : maison de ville, *casa de Maternidad* ; théâtre, installé dans un ancien couvent. Casino, où les étrangers rencontrent un excellent accueil. Industrie coutelière.

298 kil. **Chinchilla, embranchement** de la ligne de *Murcie et Cartagène*. **Changement de train** pour les voyageurs allant à Murcie et pour ceux venant de Murcie. La ville, 7500 hab., est à 5 kil. de la station, à g. Une partie des habitations de Chinchilla sont pratiquées dans le tuf ; les logements se composent de trois ou quatre pièces, avec une porte étroite, une ou deux fenêtres et une cheminée percée dans la masse, et élevée en maçonnerie au-dessus du sol ; ces habitations sont généralement propres et saines.

316 kil. *El Villar*, 700 hab., pays agricole, entouré de bois de chênes verts. Point culminant de la ligne, qui descend ensuite constamment jusqu'à Alicante. Pays aride et inculte, couvert de bruyères ; le sous-sol recèle de nombreux gisements salins.

358 kil. *Alpera*, 2432 hab. Plaine bien cultivée. Les Arabes ont construit au delà d'Alpera une retenue d'eau (ou *pantano*) remarquable, entre deux collines rocheuses qui se touchent presque à la base. Un rempart colossal va de l'une à l'autre. La première assise se compose de blocs énormes cimentés sur le rocher.

Tranchée de 500 mèt. de long et de 17 mèt. de crête, à l'issue de laquelle la voie débouche dans la plaine d'Almansa. Aspect des plus pittoresques ; Almansa est dans un fond entouré de grandes cultures, dominé par un vieux château ruiné. Au fond, les montagnes de la province de Valence.

558 mèt. **Almansa** (altit. 712 mèt.), V. de 8900 hab., passablement bâtie. Rues larges et droites, mais ni pavées ni empierrées et toujours boueuses. Le vieux château est au N.-O. de la ville ; sa construction paraît remonter aux derniers temps de la domination arabe ; il occupe le sommet d'un mamelon de calcaire blanc. Une pyramide, élevée dans la plaine, rappelle la grande bataille livrée sous les murs de la ville par Philippe V à l'archiduc d'Autriche. Cette pyramide est en pierre ; sa base, de forme carrée, présente un lion en demi-relief et une inscription commémorative en latin et en espagnol.

Au delà d'Almansa, pays découvert, peu planté, partagé en grandes cultures.

377 kil. **La Encina** ou *Venta de la Encina*, **embranchement** des lignes de *Valence* et d'*Alicante*. — (**Changement de train** pour *Alicante*. Buffet.) — **On ne change pas pour Valence.** — Charmant paysage ; la végétation est active : collines plantées d'arbres à fruits. — La ligne de Valence se sépare à g. La voie d'Alicante descend à dr.

III. DE LA ENCINA A VALENCE
128 kil.

De la station de la Encina, la voie de Valence se dirige vers les montagnes, à g. du *Puerta de Almansa*.

13 kil. *Fuente la Higuera*, 5000 hab., sur une colline en avant des montagnes. — Tunnels de 1514 mèt. sous la montagne de *Mariaga*, de 278 mèt sous celle de *Santa Barbara*.

En débouchant de ce tunnel, on se trouve tout d'un coup en face des magnifiques campagnes du royaume de Valence. Belles cultures ; rizières, champs d'oliviers alignés au cordeau. La vue s'étend jusque vers Valence, à 100 kil. de distance. — Pentes de 10 à 12 millim.; remblais de 12, 14 et 16 mèt. de hauteur; ponts à tablier de fer d'une grande portée, au-dessus de nombreux ravins.

32 kil. *Mogente*, vieille V. arabe de 5600 hab. Au delà, ruines du *château de Montesa*, ancien chef-lieu d'un ordre militaire. Ce château était considérable; il ne subsiste aujourd'hui que quelques pans de murs, et de vastes souterrains dont il est possible encore de visiter une partie.

38 kil. *Vallada*.

45 kil. *Montesa*, 1200 hab.

61 kil. *Alcudia de Crispins*, 700 hab. A dr., beau domaine appartenant au marquis de Bellisca. Beau pont en tôle de 56 mèt., d'un seul jet, porté par deux culées en granit de 24 mèt. de hauteur, sur le torrent de la *Montesa*.

67 kil. **Jativa**, ou *San Felipe de Jativa*, V. de 14410 hab., adossée à une ligne de montagnes, en vue d'une plaine magnifiquement cultivée. Jardins d'orangers et de grenadiers. Sur les flancs de la montagne s'élèvent en zigzag, jusqu'au sommet, les murailles crénelées d'une vieille forteresse.

Jativa est surtout remarquable par l'abondance de ses eaux. Fontaine de *los veinte y cuatro caños*, auprès de l'une des entrées de la ville. — Maison municipale; école; bourse (*casa lonja*) pour la vente de la soie; théâtre; place de taureaux qui peut recevoir 10 000 spectateurs; belle église collégiale; promenade bien plantée.

Le chemin de fer semble une allée d'un riche jardin.

On franchit la Montesa. Plus loin, le torrent de *Carraixet*; plus loin encore l'*Albaïda*.

74 kil. *Manuel*, 1500 hab. Rizières.

78 kil. *Puebla Larga*, v. de 658 hab., pauvre et mal bâti, ravins profonds.

83 kil. **Carcagente**, 7000 hab. Plaine plantée de mûriers et d'orangers. Palmiers dans tous les jardins. Habitations coquettes, à terrasses, la plupart blanchies à la chaux, garnies de volets peints en vert. Beffrois carrés, bâtis en briques de nuances diverses et ornés de faïences vernissées. — Végétation ardente; palmiers; oran-

gers, grenadiers, aloès, nopals, haies de cannes à sucre; habile système d'irrigation.

[A Carcagente se rattache un *tramvia*, conduisant par *Tabernes de Valldigna*, *Xaraco*, *Gandia* et *Oliva*, jusqu'à *Denia*. — 60 kil. — (*V*. R. 80.)

87 kil. *Alcira*, 15 000 hab. place forte dans une île entourée par le Jucar. Alcira est surnommée le jardin de la campagne de Valence.

91 kil. *Algemesi*, 4500 hab. Église, belle et riche; plusieurs peintures de Ribalta.

97 kil. *Algibet*.

101 kil. *Benifayo*, 1150 hab. Palais seigneurial surmonté d'une haute tour; jolie église avec deux tours symétriques et une haute coupole.

110 kil. *Silla*, 2570 hab. A peu de distance, l'immense lac d'eau de mer **de l'Albufera**.

Ce lac mesure 9 heures de tour, soit 5 h. 1/2 du côté de terre, 3 h. 1/2 du côté de la mer; il communique avec la mer par un canal de décharge pratiqué à la partie S. Il est complètement entouré, du côté de terre, d'une ceinture de broussailles et de roseaux habités par une multitude d'oiseaux d'eau. La chasse est productive, la pêche abondante.

L'Albufera de Valence représente, avec les terres qui en dépendent, une valeur de 9 ou 10 millions de francs.

115 kil. *Catarroja*, 3580 hab. La terre, dans les parties irriguées, produit 80 pour 1; la récolte de la soie s'élève, année moyenne, à 5500 livres.

120 kil. *Alfafar*, 1500 hab. Territoire des plus riants et des plus riches des alentours.

128 kil. (505 kil. de Madrid) **Valence**, V. de 142 057 hab., située à 16 mèt. au-dessus du niveau de la mer, et à 4 kil. 276 mèt. du Grao, le port de Valence.

La ville est desservie par plusieurs lignes de tramways dont le point central de départ est à la place de *la Glorieta*.

Valence est à la fois chef-lieu de province, résidence d'un capitaine général, siège d'une *audiencia* et d'un archevêché. — Position délicieuse au milieu de jardins, sous un climat toujours tempéré.

L'aspect général de Valence est celui de toutes les anciennes villes. Cependant des maisons neuves, bien bâties, se sont élevées presque partout.

Places : *de la Constitucion*, où se trouvent la maison de ville et l'abside de la cathédrale; — de *San Francisco*, grand espace triangulaire avec une allée d'arbres sur ses trois côtés; — de *San Domingo*, dont un des côtés est occupé par l'hôtel du comte de Cervellon; — de *la Aduana*, tracée par le maréchal Suchet; — *du Marché*, long espace irrégulier, remarquable surtout par l'animation extraordinaire qui y règne et par l'immense variété de comestibles et d'objets de toute nature qui s'y vendent. — On y voit la célèbre *casa Lonja* (Bourse), la halle à la soie et l'église des *Santos Juanes*.

Rues : la calle *de Caballeros*, la plus belle et la plus intéressante ; la calle *del Mar*, la plus animée ; la calle *de las Mantas*, où se trouvent les principaux magasins de tissus.

La plupart des rues de Valence sont pavées, d'autres sont empierrées, et presque toutes ont des trottoirs en asphalte. Il existe en outre, sous la plus grande partie de la ville, un réseau de conduites d'eau, et de vastes égouts.

Édifices publics. — L'*audiencia* est un beau monument du XVIᵉ s. ; les principales salles sont ornées de portraits d'anciens députés de Valence. — Le *palacio arzobispal* communique par un pont avec la cathédrale. Sa chapelle renferme des peintures excellentes. — La *douane* date de 1758. Cet édifice est aujourd'hui occupé par la fabrique de cigares. — La *Casa de la Ciudad* date de 1376. On signale le grand salon, qui présente une riche profusion de figures et d'ornements. — La *Casa del Vestuario* est occupée par la justice de paix. — La *Lonja de la Seda* (Bourse des Marchands) sur la place du Marché. La partie la plus remarquable de ce bel édifice est la salle de la Bourse. Elle est partagée en trois nefs par 24 colonnes torses ou salomoniques, dont 16 sont appuyées aux murs latéraux, et 8 isolées au centre de la salle, supportant les arcs des voûtes, d'une hardiesse et d'une légèreté remarquables.

Édifices religieux. — La *cathédrale* date de 1262. La grande tour se nomme *el Miguelete*, ou *Micalet* en valencien, du nom de la grande cloche, baptisée du nom de saint Michel. La tour est octogone et mesure en hauteur 45 mèt. ; sa circonférence est égale à sa hauteur. De la plate-forme du Miguelete on découvre un magnifique panorama.

On entre dans la cathédrale, appelée aussi la *Seo*, par trois portes principales : *el Miguelete*, au pied de la tour, en face de la rue de Zaragoza, *los Apostoles* et *el Palau* aux deux bras du transsept.

L'intérieur forme trois nefs voûtées, soutenues par des piliers carrés à chapiteaux corinthiens. Au transsept s'élève une coupole octogone percée de grandes fenêtres. — La *capilla mayor* est richement ornée de marbres précieux. Le retable du maître-autel renferme une précieuse image de la Vierge. — Le chœur est fermé par une belle grille de bronze. — Le *trascoro* est orné de scènes de l'histoire sacrée, sculptées en marbre blanc. — Parmi les chapelles latérales on cite celle de *San Pedro*, avec de belles peintures. Dans les chapelles de *San Sebastian* et de *San Luis* on remarque les tombeaux de don Diego de Covarrubias et de sa femme, et de l'archevêque don Martin Perez de Ayala. Au-dessus des fonts baptismaux, on voit un immense tableau de Juan de Joanès. — Il faut aussi visiter la *sala capitular*, construite en 1358. — La cathédrale de Valence possède une immense quantité de reliques et d'objets vénérés, de beaux ornements, des archives riches en documents curieux, d'anciennes liturgies, un missel anglais provenant de la bibliothèque abbatiale de Westminster.

On citera, parmi les autres églises de Valence ; — *San Martin*, avec de bonnes peintures ; — *San Andrès*, dont l'entrée principale est un chef-d'œuvre d'architecture et de sculpture de la Renaissance ; — *Santa Catalina*, ancienne mosquée. La tour est une des plus élégantes et des plus légères de la ville ; — *Santos Joanès* ; on y signale les fresques de Palomino, des marbres de Gênes ; — *San Salvador* ; — *San Bartholomé* : l'autel du Saint-Sépulcre date, dit-on, du règne de Constantin le Grand ; — *San Juan del Hospital* : on conserve, dans l'une de ses chapelles, les restes mortels d'une impératrice de Constantinople, Constance Auguste.

Parmi les *couvents*, il faut surtout citer celui de *San Domingo*, dans l'église duquel se trouvent deux chapelles qui ont appelé de tout temps l'attention par leurs richesses artistiques ; — *el Temple*, ancien palais maure transformé par les Templiers ; — les *Jesuitas* ou la *Compañia*, dont le vaste édifice est occupé par le gouvernement civil ; — *San Cristobal*, où l'on conserve une image miraculeuse du saint ; — la *casa natalicia* (maison natale) de Vicente Ferrer, le saint patron de Valence.

Établissements de bienfaisance. — La ville de Valence présente à cet égard une parfaite organisation. L'*hospital general* peut recevoir jusqu'à 1100 malades. — L'hôpital de *En Bou* est spécialement affecté aux pêcheurs pauvres. — L'hôpital des *pobres sacerdotes* recueille les prêtres infirmes ou âgés. Sa chapelle est ornée de peintures de bons artistes. — La *casa de Ntra Sra de la Misericordia* reçoit de 700 à 750 pauvres, qui sont occupés à des travaux industriels, avec part dans le produit.

L'instruction publique compte une *Université*, qui comprend une Faculté de jurisprudence, une Faculté de médecine et une Faculté de philosophie. — *Seminario conciliar*, où l'on reçoit l'éducation à tous les degrés. — *Colegio del Corpus Cristi* ou *del Patriarca*. Parmi les excellentes peintures qui en décorent l'église, on voit, sur le maître-autel, une belle *Cène*, de Ribalta. Une fois chaque semaine, pendant que les prêtres chantent le *Miserere*, un mécanisme invisible enlève ce tableau et le fait disparaître derrière les panneaux du retable; quatre grands rideaux s'ouvrent et mettent à découvert un magnifique crucifix, de dimensions naturelles, en grande vénération parmi les Valenciens. L'apparition coïncide avec les derniers versets du psaume, et le tableau de Ribalta reprend sa place.

On compte encore à Valence de nombreux établissements scientifiques; académie de médecine et de chirurgie, etc.

Bibliothèques publiques. — Celle de l'Université possède 40 000 vol. et des collections précieuses. La bibliothèque du palais archiépiscopal est également publique: elle compte 10 500 volumes.

On cite, en tête des collections particulières, celle créée par don Vicente Salva.

Le **Musée provincial** est installé dans l'ancien couvent de *la Merced*, avec l'École des beaux-arts (*Academia de San Carlos*). Le musée possède un grand nombre de peintures. On trouve, dans une salle réservée, une collection digne de toute l'admiration des artistes et des amateurs. — *Théâtre* spacieux, mais sans apparence; *Casino, Hippodrome*, pour l'amélioration des races chevalines; belle *place de taureaux*; arènes pour combats de coqs. — **Promenade** principale, la *Glorieta*, auprès de la douane et de l'hôtel du capitaine général. — L'*Alameda*, promenade extérieure auprès du Jardin de la Reine, vers la route de Barcelone.

Hors de la ville, quelques **Jardins**; Valence réclame une place importante dans l'horticulture espagnole. Le *Jardin botanique* possède de rares collections et de belles serres; on peut y entrer tous les jours en s'adressant au directeur. — Le *Jardin de la reine* est ouvert tous les jeudis; magnifiques orangers formant d'épaisses allées couvrant tous les murs et produisant les fruits les plus beaux. — Jardins particuliers du comte de Parsent, du baron de Santa Barbara, de don J. B. Berenguer et de don Rafael Gonzalès Walls.

Le **Presidio** (bagne) est un établissement très digne de l'attention des étrangers. C'est un immense atelier parfaitement installé. Il occupe environ 1500 détenus, qui tirent de leur travail un certain bénéfice et des ressources pour l'avenir.

Le *Turia* ou *Guadalaviar* passe au pied de la partie N. et N.-E. de la ville, et la sépare d'un faubourg important où conduisent six ponts. Le Turia est un beau fleuve, souvent impétueux pendant la saison des pluies; il est contenu par des quais.

Le **Grao** (rivage, port) est situé à 4 kil. 1/2 de Valence. On s'y rend par un chemin de fer toutes les heures, ou par le tramvia, tous les quarts d'heure. Des travaux mal dirigés y ont été entrepris à plusieurs époques; ils consistent en quais inachevés et incommodes. Le

Grao et les constructions qui s'y élèvent sont dans un malheureux état d'abandon.

Au delà du Grao et sur la g., plage magnifique où l'on prend les bains de mer. Deux villages, *Cañamelar* et *Cañabal*, peuvent héberger les baigneurs.

L'Industrie valencienne compte une quinzaine de filatures de soie; 1000 à 1200 métiers pour le tissage des étoffes et du velours; des fabriques de tissus de chanvre, de feutre, de peluches pour chapeaux, de gants, d'éventails; des fonderies de fer et de bronze, des verreries, des faïenceries produisant des *azulejos* employés au dallage des habitations et au revêtement des murs.

La *fabrique de tabacs* occupe 3500 femmes et une cinquantaine d'hommes. Il en sort, par mois, en cigares, 75 à 80 000 livres, et en tabac haché 50 000 livres.

De Valence à Tarragone et à Barcelone (R. 59 et 62); — à Alicante (R. 82) jusqu'à la Encina, et de la Encina à Alicante; — à Cuenca (R. 72); — à Denia (R. 80); — à Teruel (R. 75).

ROUTE 71.

DE MADRID A CUENCA

Chemin de fer. — 201 kil.

Le chemin de fer de Cuenca emprunte, au départ, la section de la ligne du Midi de Madrid à *Aranjuez* (49 kil. *V.* p. 00). De cette station la voie remonte la rive dr. du *Tage*, et franchit ce fleuve en touchant aux stations suivantes :

57 kil. *Ontigola*, v. de 594 hab.

66 kil. *Ocaña*, V. de 6190 hab., au centre d'une grande plaine nommée la *mesa de Ocaña*. Cette partie du parcours est la plus intéressante de la ligne.

70 kil. *Noblejas*, bourg de 2162 hab.

76 kil. *Villarubia*, V. de 2722 hab., pays très riche, grandes plaines à blé, vignes et oliviers.

93 kil. *Santa Cruz de la Zarza* V. de 3808 hab.

109 kil. **Tarancon**, 5560 hab. Ville bien bâtie; les habitants pauvres logent dans des caves pratiquées sous le sol. Église paroissiale spacieuse, partagée en trois nefs, en partie du style gothique.

121 kil. *Huelves*, 678 hab., ancien château sur une colline: Vaste plaine désolée.

126 kil. *Paredès*, v. de 375 hab.

134 kil. *Vellisca*, v. de 800 hab.

146 kil. *Huete*, V. de 2800 hab. Grandes cultures en céréales. Jolie petite V. pittoresque, dominée par un vieux château ruiné.

157 kil. *Caracenilla*, v. de 429 hab.

163 kil. *Castillejo*, v. de 495 hab.

172 kil. *Cuevas de Velasco*, v. de 562 h.; bâti au-dessus de grottes servant de caves pour les habitants.

177 kil. *Villar del Sar*, v. de 600 hab.; grandes cultures, pays triste. Tunnel de 500 mèt.

191 kil. *Chillaron*, v. de 452 hab., pays de vignobles, carrières de pierres calcaires d'une belle qualité. Pont-viaduc sur le *Jucar*, aux approches de

201 kil. **Cuenca**. V. de 7800 hab. Elle occupe une colline de roches vives, dominée par deux hautes montagnes, et séparée d'elles par de profondes déchirures au fond desquelles coulent le *Jucar* et le *Huecar*, un peu avant leur confluent. La ville s'échelonne depuis la base jusqu'au sommet de la colline. Ses édifices, plus développés en hauteur qu'en largeur, forment comme une pyramide de maisons, sillonnées de rues étroites, tortueuses, peu accessibles et fort mal entretenues. Huit ponts sont jetés sur les deux rivières, pour mettre la ville en communication avec ses faubourgs et avec la campagne. L'un de ces ponts, le Puente de San Pablo, sur le Huecar, est remarquable par son ancienneté, sa hardiesse et sa solidité.

La *cathédrale* est un très bel édifice gothique de date fort ancienne. Elle forme trois nefs. Les chapelles sont presque toutes dignes d'attention; et plus particulièrement : celle où se trouvent les fonts baptismaux; — la chapelle de *los Apostoles*, revêtue en pierre blanche délicatement sculptée; — celle du *Sagrario*, ornée de marbres et de trois retables en bois, d'ordre corinthien. — La sacristie, dont l'entrée est à côté du Sagrario, possède de riches ornements d'or et d'argent, de bonnes peintures, et le tombeau de l'évêque don Ramon Falcon. Au delà, se trouve la *Sala Capitular*, vaste et ornée de lambris et de stalles. — Vient ensuite la chapelle de *los Albornoces*, la plus intéressante, avec des peintures de Hernando Yañez, et deux tombeaux sur lesquels sont couchés, couverts d'armures finement sculptées, Gil Alvares de Albornoz, et Alvaro Garcia de Albornoz, son fils. — L'entrée du cloître, œuvre de Jamete, est d'une grande richesse d'ornementation.

Cuenca était autrefois célèbre par ses collèges, par ses imprimeries, par ses manufactures, par le haut rang qu'y occupaient les arts et les sciences; il n'y reste rien de ces splendeurs.

[Le *chemin de fer* n'est pas continué, quant à présent, à la suite de Cuenca. Il reprend plus loin, à *Utiel* et suit par Buñol jusqu'à Valence.]

ROUTE 72.

DE CUENCA A VALENCE

Route de terre : 209 kil.

Cuenca (*V.* ci-dessus).

Il n'existe depuis Cuenca, dans la direction de Valence, qu'une route carrossable de troisième ordre, mal desservie. On va rejoindre, par *Arcas* (11 kil.) à Villar de Sar (5 kil. 1/2) la route royale de Madrid à Valence.

On s'engage, au delà de Villar, au milieu de bois de pins nommés *los pinares de Cuenca*. — Au delà, *Nava Ramiro* (14 kil.); *Almodovar* (17 kil.); *Campillo* (17 kil.); *la Puebla del Salvador* (11 kil.)

85 kil. *La Minglanilla*, 2000 hab., *mines de sel gemme*. — La visite de cette mine et de ses magnifiques galeries, à 3 kil. de la ville, n'exige pas moins de trois heures. On y descend par un escalier tournant de 207 marches. On trouve, à 40 mèt. de profondeur, une cinquantaine de rues soutenues par d'énormes piliers dirigées dans divers sens, hautes de 10 mèt., larges de 12 à 15, taillées en plein dans le banc, et longues de 100 à 800 mèt. Vers le S. du puits, se trouve une immense salle naturelle de 300 mèt. de longueur sur 50 de largeur et 63 de hauteur, autrefois occupée par les eaux provenant des filtrations de la montagne, et qu'on dirige vers le dehors par une galerie de 1500 mèt. — L'exploitation de cette mine remonte aux Romains. Le sel qu'on en extrait est dur comme du cristal, on le casse à coups de hache. Il est extrêmement pur et renferme seulement quelques rares parcelles de cuivre. La mine semble inépuisable; aucune galerie n'a encore atteint l'extrémité du gisement.

L'exploitation est actuellement suspendue en raison de l'insuffisance des communications.

Il faut pour cette visite une autorisation de l'alcade, et un guide.

A une petite distance de Minglanilla, on s'engage au milieu de la chaîne pittoresque de *las Contreras*. — Route peu praticable, surtout dans la saison des pluies; mais très pittoresque.

117 kil. *Villagordo*, hameau de quelques maisons. *Caudete*, 850 hab.

122 kil. **Utiel**, 8067 hab. On y arrive par une longue avenue de beaux arbres. — Commerce de vins. — Point d'origine de la ligne des *chemins de fer de l'Est*, qui emprunte la vallée du *rio Magro* par *San Antonio*, v de 250 hab. (7 kil. d'Utiel).

13 kil. d'Utiel. **Requena**, 10500 hab. L'ancienne ville occupait un rocher parfaitement défendu, à 1 kil. de la rive g. du *rio Oleana*; peu à peu, des constructions nouvelles se sont élevées hors de cette enceinte en se rapprochant de la rivière, et ont formé une nouvelle ville; l'ancienne est presque abandonnée. — Église *San Salvador*, surmontée d'une belle tour.

En quittant Requena, la route aborde la chaîne de *las Cabrillas* par la *Costa Moliña*.

24 kil. *El Rebollar*, hameau.

56 kil. *Siete Aguas*, 1400 hab., plateau entouré de hauteurs plantées de vignes. Une source d'eau minérale ferro-iodée. Traversée du massif des *Cabrillas* par une série de travaux considérables. Le ravin de *Carca-*

lin suivi en corniche; 14 tunnels sur une étendue réunie de 2005 mèt. Pont-viaduc de 40 mèt. Pont de 60 mèt. sur 29 mèt. de hauteur; viaduc en courbe de 115 mèt. à hauteur de 22 mèt. Du *puerto* de las Cabrillas, vue magnifique sur la province de Valence, les montagnes de Denia et la mer.

Du sommet du *puerto*, descente par une pente constante de 20 millimèt. jusqu'à

46 kil. **Bunol**, 4104 hab., au centre d'une vallée remarquable par sa fertilité et la variété de ses plantations, très recherchée pendant la saison d'été par les familles de la bourgeoisie valencienne. La vallée est arrosée par des sources abondantes. Grand cirque de collines cultivées. La ville (4104 hab.) est modeste. Vieille église du xiiie s. Vieux château arabe.

On trouve à la station des voitures en correspondance pour les villages voisins également recherchés par les citadins.

53 kil. *Chiva*, 4226 hab. Jolie V. chef-lieu de district, dans une plaine magnifique. Jardins d'arbres à fruits. Eaux abondantes. Vieux château arabe. Ravin du *Torrente* traversé deux fois par la voie.

59 kil. **Cheste**, 5227 hab. Vignobles considérables.

70 kil. *Llano*, plaine couverte de vignes, de caroubiers, d'oliviers; grandes propriétés de plaisance et d'exploitation.

80 kil. *Aldaya*, 2160 hab., banlieue de Valence, sur la rive dr. du *Turia*. Belles irrigations; grande fertilité.

La voie est au cœur de la *Huerta* de Valence, puis décrit une grande courbe dans le faubourg de *San Vicente de la Bargenra*, pour entrer en gare à côté de la ligne d'Almansa.

87 kil. d'Utiel (209 de Cuenca) *Valence*, V. R. 70, p. 199.

ROUTE 75.

DE CUENCA A TERUEL

110 kil.

Cuenca (*V.* R. 71).

Ce chemin n'est praticable que pour les piétons et pour les mulets. Il est très accidenté et souvent dangereux; mais il traverse un pays très pittoresque.

On remonte le cours du Jucar, au milieu d'une gorge étroite et rocheuse, qui va peu à peu s'élargissant, et qui prend le caractère d'une vallée suisse. — Sur la dr., le *val de Cabraz*, où s'exploitent de beaux bois de sapins.

11 kil. *Buenache de la Sierra*, 140 hab., sur une colline. Vallée plantée de pins et de chênes.

28 kil. *Beanud*, 550 hab., bûcherons, charbonniers et quelques pasteurs. On atteint, à la fin de la première journée de marche,

45 kil. *Trajacete*, 900 hab., au milieu des montagnes, dans la vallée du Jucar.

On passe au S. de la *Muela de San Juan*, montagne de 1478

mèt. d'élévation, pivot central du système ibérien.

65 kil. *Frias*, 700 hab , dans une des positions les plus élevées de la Sierra d'Albarracin.

82 kil. **Albarracin** (*V. R.* 69).

110 kil. **Teruel** (*V. R.* 63), p. 150.

La voie est au cœur de la *Huerta* de Valence, puis décrit une grande courbe dans le faubourg de *San Vicente de la Barquera* pour entrer en gare à côté de la ligne d'Almansa.

87 kil. d'*Utiel* (209 de Madrid). **Valence** (*V. R.* 70, p. 199).

ROUTE 74.

DE VALENCE A TERUEL

129 kil.

On prend, quant à présent, en sens inverse, le chemin de fer de Valence à Tarragone (R. 62) jusqu'à *Murviedro*. De Murviedro, on suit à g. le *camino de Aragon*, passant à *Gilet* et à *Estivella*.

40 kil. *Torres Torres*, 500 hab.

51 kil. **Segorbe**, 6200 hab., sur les pentes de deux collines, dans une position des plus pittoresques. La ville a conservé de nombreux vestiges des temps anciens; environs délicieux.

62 kil. *Jerica*, 3000 hab. Ancienne ville, sur un monticule.

67 kil. 1/2. *Vivel*, 2500 hab., dans une vallée.

78 kil. 1/2. *Barracas*, 250 hab.

98 kil. *Sarrion*, 1000 hab.

112 kil. *Puebla de Valverde*, 1100 hab., entouré de bois de pins et de pâturages.

129 kil. **Teruel** (*V.R.* 63, p. 150.)

ROUTE 75.

DE MADRID A CIUDAD-REAL

A. Par la ligne directe.

170 kil. — Prix : 1re cl., 19 pes. 55 c.; 2e cl., 15 p. 70 c.; 3e cl., 9 pes. 80 c. — Trois trains par jour : 5 h. 15.

La gare de départ est à la station même de *las Delicias*. Ciudad Real est l'une des étapes de la grande ligne de Madrid-Badajoz (R. 79). On y parvenait précédemment par Aranjuez, Alcazar et Manzanarès. La direction actuelle évite un détour qui augmentait le parcours de 93 kil.

Cette direction emprunte, au départ, la ligne de Madrid à Tolède (*V. R.* 65 p. 00) par *Villaverde*, *Torrejon* et *Algodor*.

58 kil. **Algodor** (p. 185). **Embranchement** de la ligne de Tolède. La voie de Ciudad Real, qui prend la g., en croisant la voie de Tolède, traverse en tranchées et en remblais une série de ravins et de collines, et monte jusqu'à

78 kil. *Almonacid*, 1247 hab. Terrain plat, fertile et peuplé.

82 kil. *Mascaraque*, 1200 hab.

87 kil. **Mora**, 6558 hab., petite V. très industrieuse, savons, sparterie, ferronnerie, pays fertile. Vieux château.

91 kil. *Manzaneque*, 529 hab.

Traversée de la Sierra de Yebenes, au col de Manzaneque, alt., 761 mèt.

102 kil. *Yebenes*, 4108 hab., à dr. Défilé du *Congosto*, au travers de la chaîne des monts de Tolède, sur 2 kil. Remblai. *Rio Braceas*. Château de las Guadalerzas. Vallée.

116 kil. *Urda*. La voie s'élève pour atteindre, au kil. 122, la ligne de partage des bassins du Tage et du Guadiana, alt., 809 mèt.

130 kil. *Emperador*. Montagnes. Tranchées. La voie descend.

148 kil. *Malagon*, 4005 hab. Grande plaine cultivée et boisée.

155 kil. *Fernan Caballero*. 900 hab. à dr. hors la vue. Passage du Guadiana, pont de 218 mèt., alt., 602 mèt. 1/2.

170 kil. **Ciudad Real** (*V.* ci-après).

B. Par Alcazar et Manzanares.

263 kil. — Prix : 1re cl., 30 pes. 25 c., 2e cl., 23 pes. 45 c.; 3e cl., 14 pes. 40 c. — Trajet en 8 h.; deux trains par jour.

On peut aussi aller de Madrid par Aranjuez et *Alcazar de San Juan* (R. 65 et 70) puis en suivant la R. 70 jusqu'à *Manzanarès*, station de la ligne de Madrid à Cordoue (197 kil.). A Manzanarès, **changement de train** pour prendre *l'embranchement* qui conduit à *Ciudad Real*.

La ligne d'Andalousie se sépare à g. La ligne de Ciudad Real se dirige vers l'O., ayant à dr. les plaines de la Manche; en avant les montagnes de la Sierra Morena. — Aspect plus riant; grandes cultures de vignes alternant avec des oliviers. Des norias entretiennent la fertilité du sol.

219 kil. *Daïmiel*, V. de 9671 hab., l'une des plus importantes de la Manche, au centre d'une plaine de 25 kil. d'étendue, très cultivée, très productive et riche en troupeaux, nommée le *campo de Calatrava*. — A g., *Bolanos*, avec de vieilles tours et un château ruiné.

240 kil. *Almagro*, 8524 hab., au milieu de la plaine, à g. — Belles maisons, rues spacieuses, place entourée de galeries. Couvents nombreux. Chapelles des Augustins et des religieuses de Calatrava. — *Plaza de Toros*, salle de spectacle, jolie promenade ou *Glorieta*.

Fabrique très importante de blondes et de dentelles, employant 8 à 9000 ouvrières. Les dentelles d'Almagro rivalisent avec celles de Catalogne.

La voie court parallèlement à la ligne des montagnes, qui ferment l'horizon à dr. Les nombreuses plantations d'oliviers qui en couvrent les versants leur donnent une teinte sombre qui a motivé le nom de sierra Morena.

259 kil. *Miguelturra*, 2532 hab., entourée de belles terres. On assure que cette partie de l'Espagne renferme la population la plus riche de la péninsule. Les habitants n'ont aucuns be-

soins, ils vivent de rien, s'habillent de peu, mettent leurs blés dans des silos, et thésaurisent.

263 kil. **Ciudad Real**. *Buffet* à la station. Altit. 640 mèt. V. de 13277 hab., située dans une plaine, agréable aspect. Vieille porte, la *porte d'Alcaraz*, arc gothique flanqué de tourelles crénelées, auprès de la station du chemin de fer.

Quartiers entiers, autrefois populeux, maintenant inhabités. Maisons bien bâties, mais basses; grilles et balcons de fer. Place de la Constitution, vaste carré de 150 pas de côté, entouré de maisons, à arceaux au rez-de-chaussée, et à deux rangs de balcons, en fer et en bois peint, disposés pour les fêtes publiques.

Église paroissiale (*Santa Maria del Prado*, de style gothique pur; le *Coro*, avec sa silleria en bois de noyer sculpté; l'orgue; le retable du maître-autel, dans lequel on compte une cinquantaine de figures sculptées représentant des scènes de la vie du Christ. L'image de la Vierge occupe le centre; elle est l'objet d'un culte particulier, et possède un riche trésor de vêtements et de joyaux. Deux autres églises, neuf couvents, un hospice, une caserne et trois belles habitations particulières.

Toute l'industrie de la ville consiste en quelques métiers de draps grossiers, des moulins à huile.

ROUTE 76.

DE MADRID A CACERÈS ET A LA FRONTIÈRE DE PORTUGAL

PAR VALENCIA.

(Chemin de fer, 402 kil.)

Prix : 1re cl., 57 pes. 80 c.; 2e cl.; 42 pes. 55 c.; 3e cl., 30 pes. 85 c.

Le départ se trouve à la gare du Paseo de *Las Delicias*, également affectée à la ligne directe de Ciudad Real et de Tolède. Le bureau central dans Madrid est calle de Tétuan, 14, près la Puerta del Sol, par la calle del Carmen.

7 kil. *Villaverde*. A g. la station et le village, où se trouvent les ateliers de la compagnie. La voie franchit le Manzanarès, la route d'Andalousie, la route de Madrid à Tolède. Elle décrit ensuite à dr. une courbe d'un quart de cercle, pour prendre la direction E.-O. vers

14 kil. *Leganès*, petite V. de 5000 hab. avec maison de ville, grand asile d'aliénés et quelques habitations de plaisance.

19 kil. *Fuenlabrada*, 2350 hab., à g., tous cultivateurs. Habitations vastes, mais sans installation. Ligne toute droite jusqu'à

24 kil. *Humanès*, 300 hab., point culminant de la ligne, 602 mèt. 60.

29 kil. *Griñon*, 530 hab., avec un palais appartenant au marquis de Santiago. La station est un peu au delà du v.

39 kil. **Illescas**, 1567 hab., chef-lieu de partido, dans une grande plaine traversée par la route de Madrid à Tolède. On conserve dans la calle Mayor, avec une partie de son ornementation du temps, la maison gothique qu'habita François Ier après sa captivité à Madrid. Église avec une belle tour d'architecture arabe. La station est au S.-E. de la ville. Au delà la voie laisse à dr. la route de Tolède et le v. de *Yuncos*, à g. la station de

44 kil. *Azaña*, 490 hab.

50 kil. *Villaluenga*, 1500 hab.; pauvres maisons en pisé.

57 kil. *Cabañas de la Sagra*, 520 hab., sur la route de Tolède, à 2 kil. avant la station, et à 5 kil. d'*Olias*. Tolède est à 12 kil. au S.

62 kil. *Bargas*, petite V. de 3630 hab. dans une vallée plantée d'oliviers, à 5 kil. au S. de la station. A 3 kil. 1/2 de celle-ci, passage du rio *Guadarrama*, sur un beau pont de 178 mèt. de longueur, à 10 kil. de son confluent avec le Tage. Ce pont est considéré comme un modèle de goût et de solidité.

72 kil. *Villamiel*, 650 hab., à 2 kil. à dr. de la station.

79 kil. *Rielves*, 500 hab., sur la route de Tolède à Talavera.

86 kil. *Torrijos*, V. de 1900 hab., à dr. de la voie. Ancienne V. forte, conservant encore deux portes et des vestiges de ses murailles. Sur la place s'élève l'ancien palais des comtes d'Altamira. Belle église collégiale.

Torrijos avait autrefois un alcazar royal qui fut habité par don Pedro de Castille. — A g. de la voie, *Gerindote*; plus loin *Carmena*, un peu avant la station de

98 kil. *Santa Ololla*, 1650 hab., à 6 kil. 1/2 au N. de la station, au fond de la vallée de *Sarren*.

104 kil. *Erustes*, 150 hab.

111 kil. *Illan* et *Cebolla*. Station desservant les deux v. de *Illan de Vacas*, 80 hab., à dr., dans une plaine, et à g. à 2 kil. *Cebolla*, bourg de 1500 hab., 2 kil. au S.-E., à g. de la station d'Illan, une autre vallée : celle de *Martin Vela* qui aboutit également au Tage. — La voie décrit une grande courbe de l'E. à l'O. pour éviter la colline de *Monte Aragon* et se rapprocher du Tage.

119 kil. *Monte Aragon*, 500 hab. Station à 2 kil. du v. sur la rive dr. du Tage. — Sur l'autre rive du Tage, en vue de la station, *Puebla nueva*. En arrière de Monte Aragon *Lucillos*, 700 hab. — Alignement de 7 kil., ayant à g. le cours du Tage. Passage à niveau de la route d'Estrémadure, puis de l'*Alberche*, sur un pont de 529 mèt. en pierre de taille et en brique. Au delà, belle courbe rapprochant la voie de la ville de Talavera.

135 kil. **Talavera de la Reina**, la station est au N.-E. *Buffet.* — V. de 11 986 hab. située dans une charmante petite plaine fertilisée par le Tage, sur lequel

est jeté un pont immense en pitoyable état, long de 400 mèt. et composé de 35 arches. Le Tage est bordé de magnifiques jardins, et fait mouvoir quelques usines. — Anciennes murailles en partie ruinées; rues tortueuses, étroites, mal pavées. L'église collégiale (*Santa Maria la Mayor*) est gothique et à trois nefs. L'église des Dominicains, avec trois mausolées, est d'une belle exécution. Voir encore les églises des Augustins Déchaussés et des Hiéronymites. — Fabriques de poterie commune.

Des routes ou des chemins conduisent de Talavera à Tolède, à Avila, à Guadalupe, par Puente del Arzobispo, où l'on passe le Tage.

Au sortir de Talavera, on laisse le Tage à une assez grande distance sur la g. Belle plaine bien cultivée.

151 kil. *La Calera*, petite V. de 5071 hab., à 1 kil. à g., entre la station et le Tage.

165 kil. *Alcañizo*, 450 hab., à g., dans une petite plaine.

170 kil. *Oropesa*, 2259 hab. Le bourg qui précède la station occupe une hauteur, à g. de la voie. Vieille cité encore entourée de murs; mal bâtie, dominée par un vieux château. A g. *la Gartera*, *Herreruela*, la route d'Estrémadure. A dr. la belle vallée de la *Vera de Plasencia*.

177 kil. *La Calzada de Oropesa*, 2056 hab. On pénètre 9 kil. plus loin dans la province de Cacerès.

201 kil. *Navalmoral de la Mata*, 5324 hab.; quelques édifices d'une certaine apparence.

212 kil. *Casatejada*, 1450 hab., dans une grande plaine à g. Un peu plus loin à dr. *Toril*, puis à g., à 13 kil., *Almaraz*, non loin du Tage, que la route d'Estrémadure traverse sur l'un des ponts célèbres de l'Espagne. Ce pont fut construit vers le milieu du xvi° s.; il est d'une beauté et d'une solidité qui le font comparer aux meilleurs ouvrages des Romains. Appuyé des deux extrémités sur des rochers, il se compose de deux arches portées par trois piles énormes pareilles à des tours. 100 mèt. de long, 51 mèt. d'élévation maxima et 7 mèt. de largeur.

Grande courbe de la voie dans la direction du N.-O., accompagne à g. le ruisseau de *Porquerizos*, jusqu'à

232 kil. *La Bazagona*, petit hameau avec venta. La voie franchit le *rio Tiétar* sur un pont en briques de 6 arches, avec grandes travées centrales en fer. Dans la plaine à dr., à 4 kil.

246 kil. *Malpartida de Plasencia*, 2171 hab., petite V. mal bâtie, rues irrégulières et peu praticables. Église vaste, façade d'un assez bel effet. Malpartida est au pied d'une colline. Une côte très rude conduit de la station jusqu'à Plasencia.

Ici la voie décrit, à g., une grande courbe pour prendre la direction S. Au sommet de cette courbe *La Cruz de los Cordeles*, station provisoire de *Plasencia*.

De la Cruz partira ultérieurement, dans la direction du N., une ligne qui, par Plasencia, Baños et Bejar (*V. R.* 53), ira rejoindre, à l'E., Salamanca et le réseau du Nord; puis, au N., Zamora, Astorga et le N.-O. (Chemin de fer de l'Ouest-Espagne).

252 kil. **Plasencia**, 6404 hab., sur la rive dr. de la rivière de Jerte, dans un fond, au milieu d'une jolie campagne bien cultivée.

La *Vera* s'étend à dr. C'est une série de vallons fertiles, arrosés par de nombreux cours d'eau, dont le *Tiétar* est le principal, plantés d'arbres de toute nature et produisant des fruits de toute sorte.

Plasencia est entourée d'une forte muraille en pierres de taille, percée de 6 portes et flanquée de 68 tours demi-rondes ou *cubos*, régulièrement espacées. Rues droites, pavées en cailloux; maisons généralement de bonne apparence. Parmi les principaux édifices particuliers : palais des marquis de Miravel; — palais des marquis de Santa Cruz de Paniagua, avec un balcon richement sculpté; — palais épiscopal, dans une belle position.

La cathédrale est le plus remarquable des édifices de Plasencia; sa façade présente des sculptures d'une grande délicatesse, des bustes, des arabesques, des feuillages. A l'intérieur on est surtout frappé de l'aspect colossal des colonnes qui soutiennent la voûte. Une magnifique grille de fer ferme le chœur, dont la boiserie représente une foule d'animaux, de motifs capricieux et de sujets tirés de la Bible. Le maître-autel est décoré de quatre grands tableaux de Francisco Ricci.

La famille de Christophe Colomb habitait Plasencia. La part qu'elle prit dans les tumultes politiques la força de quitter l'Espagne et d'aller habiter Gênes, d'où revint l'illustre navigateur.

Les environs de Plasencia sont pittoresques et riants; belles plantations d'oliviers, vignes, vergers, maisons de campagne, métairies importantes.

Excursion au monastère de Yuste.

On peut faire une excursion intéressante de Plasencia au célèbre monastère de *Yuste*, où Charles-Quint vint passer les dernières années de sa vie. Yuste, ou *San Geronimo de Yuste*, se trouve à 45 kil. à l'E. de Plasencia, au milieu de montagnes désolées, tout près de la petite ville de *Cuacos*, 1200 hab.

On traverse le Jerte en sortant de Plasencia, et plus loin le ruisseau de *Calzones*. On descend dans la délicieuse vallée de *Vera*, riche, pittoresque et couverte de plantations. La Vera présente de tous côtés des villages qui forment ensemble une population de 16000 âmes. Cette riche végétation rappelle les grandes forêts du N. de l'Europe. Aux essences du N. se mêlent les productions du Midi, la douceur du climat permet aux orangers, aux lauriers, aux grenadiers de vivre en pleine terre et de donner d'excellents fruits, pendant que des neiges presque éternelles couronnent les cimes des montagnes environnantes. C'est un pays à peu près inconnu, dont l'accès est difficile. Charles-Quint, venant habiter Yuste, s'écria en découvrant la Vera, du haut du port de *Tornavacas* : « C'est ici le printemps par excellence, *Ver ibi perpetuum.* » *Jarandilla* en est le centre, et *Cuacos* est le lieu, tant bien que mal habitable, le plus voisin du monastère. Le chemin suit la vallée dans sa largeur et rencontre la jolie petite ville de *Pasaron*, 1500 hab., au pied de la Sierra de *Tormantos*. Lorsqu'on sort de Pasaron, on découvre le monastère au N.-E.

Charles-Quint s'y retira en 1556 et y mourut le 21 septembre 1558. On visite dans cette célèbre retraite, aujourd'hui inhabitée et fort délabrée, les appartements que l'Empereur s'était fait construire sur l'un des côtés de l'église, et sa chambre à coucher où avait été pratiquée une fenêtre d'où il pouvait assister au service divin. A part les souvenirs de Charles-Quint, il y a peu de chose à voir à Yuste : à l'entrée de l'habitation, la façade encore ornée d'un cadran solaire construit par Juanelo ; dans l'église, les stalles et la boiserie du chœur. On traverse le jardin des moines, où se trouve une allée horizontale, conduisant à un grand noyer sous lequel l'Empereur allait s'asseoir.

Le couvent a été acheté, par M. le marquis de Mirabel.

On peut aller également, et plus facilement, de Madrid à Yuste, par la station de Navalmoral (p. 211) d'où une route conduit à Jarandilla (40 kil.). On trouve des chevaux, des mulets et des guides à Navalmoral.

De Plasencia à Avila, R. 33 ; à Merida et Badajoz, R. 78.

La ligne prend la direction S.

268 kil. *Mirabel*, v. de 970 hab. dominé à g. par les ruines imposantes d'une forteresse du xiie s. La voie s'engage au milieu de collines plantées, qu'elle traverse en tunnels pour atteindre.

285 kil. **Cañaveral de Alconetar**, 1851 hab. Maisons bien construites. Rues étroites et en pente rapide. Collines, ravins, terrain rocheux et inculte. La voie suit l'ancienne route de Plasencia à Cacerès jusqu'à la rencontre du *Tage*, où l'on aperçoit les ruines du fameux *pont d'Alconetar*, qui faisait partie de l'ancienne voie romaine de la *Plata*, allant du N. au S. de

l'Espagne. Ce pont avait 250 mètres.

299 kil. *Rio Tajo*, halte.

La voie traverse le fleuve sur un grand pont métallique de 365 mèt. Une rampe en lacets, sur le flanc des collines de la rive g. du fleuve, a donné lieu à des travaux considérables qui comprennent 4 tunnels et 2 viaducs courbes, jusqu'à

315. kil. *Casar de Cacerès*, 4500 hab., bien situé et bien bâti. Tanneries de cuirs, ateliers de cordonnerie produisant par an 25 à 30000 paires de souliers.

La station dessert à la fois la V. de Garrovillas, au N., et celle de Casar, à 10 kil. au S.-E.

Au delà d'un grand viaduc, ayant à g. la route de terre et plus loin la ville de Casar, la voie incline vers le S.-E. jusqu'au point nommé

330 kil. **El Arroyo-Malpartida**, *Buffet*. Station d'**Embranchement** ayant à dr. *El Arroyo del Puerco*, 5700 hab., à g. la petite ville de *Malpartida de Cacerès*, 4500 hab. A g. se détache une ligne de 17 kil. desservant spécialement, en 45 m. la V. de Cacerès, avec arrêt, à 14 kil., à la station des *Mines de phosphate*.

[Cacerès, V. de 12 000 hab., est situé sur une éminence. L'ancienne cité est entourée de murailles flanquées de grosses tours, avec cinq portes, parmi lesquelles l'arc de la Estrella, ouvert dans les deux sens, et donnant passage à quatre rues. La ville nouvelle entoure l'ancienne, et descend jusqu'au bas de la colline. Maisons de la partie moderne, généralement bien bâties, presque toutes avec de grands balcons de fer; rez-de-chaussée voûtés, *patios* entourés de solides colonnes en pierre de taille, les étages supérieurs terminés en terrasses. Dans la haute ville, quelques constructions noires et grands murs à fenêtres de l'époque sarrasine. Au milieu de la grande place, la *Torre del Arco*, monument le plus ancien de la ville, surmonté d'une statue mutilée d'une *Cerès* romaine.

L'église principale, *Santa Maria*, est un édifice gothique à trois nefs, reconstruit en 1556. On signale quelques tombeaux et le grand retable en bois sculpté, représentant, dans une série de tableaux, les principaux faits de la vie de Notre-Seigneur. Il est orné de statues des apôtres, des évangélistes, des docteurs de l'Église. — *San Mateo*, dans le haut de la ville, auprès de la casa de las Veletas, était une ancienne mosquée. — La *plaza de Toros* est un des édifices les plus complets de ce genre.]

On va de Cacerès à Badajoz en prenant le chemin de fer : *Cacerès à Merida* (R. 78) jusqu'au *Pont d'Aljucen* (66 kil.) et la grande ligne, de Mérida à Badajoz (60 kil. R. 79). Le trajet est de 5 heures.]

Excursion de Cacerès à Alcantara.

On prend à l'E. de Cacerès un chemin assez bon, de 56 kil. environ, qui traverse une immense plaine, et rencontre les deux V. de *Arroyo del Puerco*, et *Brozas*, 7100 hab. Auprès de celle-ci existe un établissement d'eaux sulfureuses estimées.

Alcantara*, 3000 hab., est construite sur une grande roche qui domine et encaisse le lit du Tage, et est encore entourée d'une muraille de 6 mèt. de haut et de 2 mèt. d'épaisseur. Les rues sont étroites, presque toutes en pente rapide, les maisons petites et de peu d'apparence. L'attention du visiteur se porte dès l'abord sur le couvent de *San Benito*, qu'occupaient les chevaliers-frères de l'ordre d'Alcantara, et dont les ruines donnent encore une haute idée de ce qu'était autrefois cette puissante institution. L'église possède quelques bonnes peintures de Moralès. — L'œuvre importante d'Alcantara, c'est le pont gigantesque jeté à travers le lit profond du Tage, au N.-O. Il a été construit par Trajan, l'an 98 de l'ère chrétienne, et porte, côte à côte, la plaque de marbre qui rappelle sa fondation, et l'inscription commémorative de la restauration ordonnée en 1543 par Charles-Quint; il mesure 188 mèt. de long, 8 mèt. de large; sa hauteur comprend 10 mèt. dans l'eau, 48 mèt. au-dessus de l'eau, 1 mèt. 60 c. de parapet, ensemble *près* de 60 *mèt. de hauteur*. Il forme 6 arches de grandeurs différentes, et il est entièrement construit en blocs de granit sans ciment, une tour de 15 mèt. de hauteur s'élève au milieu. L'une des petites arches fut coupée en 1215. Celle que l'on reconstruisit en bois, en 1818, fut incendiée pendant la guerre civile en 1836; elle a été rétablie.

La frontière de Portugal est à 10 kil. à l'E.

A la sortie de la station de El Arroyo, la voie prend la direction de l'O. et franchit le rio Ayuela, aux approches de la station de

348 kil. *Aliseda*; 2000 hab. au pied d'une grande ligne de montagnes nommées la *Sierra de San Pedro*; dominée par le pic de l'*Algibe*.

367 kil. *Herreruela*; 850 hab. au pied de la Sierra de *San Vicente*.

390 kil. **San Vicente de Alcantara**, V. frontière, 6830 hab. appartenant à la province de Badajoz, et séparée par de hautes montagnes du canton portugais de San Juliâo.

La voie suit une espèce de couloir formé de blocs de schiste et de granit, que l'on dirait accumulés à dessein pour former la frontière.

402 kil. **Valencia de Alcantara**, 6937 hab., ville forte, entourée de murailles et dominée par un château reconstruit au

XVIIᵉ s. La ville conserve de nombreuses traces de l'occupation arabe, et beaucoup de vieilles maisons à portail en fer à cheval. A quelque distance, des ruines nombreuses que l'on attribue à un municipe romain. La ville est baignée par la rivière *Avid* qui coule vers le N.

A l'O. à 4 kil. se trouve la frontière de Portugal, formée par le cours du *rio Sever*.

La voie pénètre en Portugal par un pont de 60 mèt. jeté sur le *Sever*. Aspect triste; landes et terrains arides.

La visite de la douane (d'Espagne en Portugal) se fait à *Marvâo*, et de Portugal en Espagne, à *Valencia*.

Voir Portugal (table) la suite de la route, depuis *Marvâo*, première station portugaise, 414 kil. de Madrid, jusqu'à *Lisbonne*, 658 kil.

Prix de Valencia à Lisbonne: 1ʳᵉ cl., 30 pes. 53; 2ᵉ cl., 22 pes. 02; 3ᵉ cl., 15 pes. 82.

ROUTE 77.

DE NAVALMORAL A MÉRIDA

PAR TRUJILLO.

Route. — 130 kil.

Navalmoral (*V*. p. 211) est traversé par le chemin de fer de Madrid à Cacerès. Un service de voitures suit la route par

13 kil. *Almaraz*, où l'on traverse le Tage sur le beau pont du XVIᵉ s. mentionné R. 76, p. 211 (V. *Casatejada*).

Le Tage franchi, la route se dirige en ligne dr. du N. au S. à travers ce vaste bassin montagneux qui s'étend entre le Tage et le Guadiana.

5 kil. 1/2, *Lugar Nuevo*.

5 kil. 1/2, *las Casas del Puerto*, à l'entrée d'une ligne de hauteurs qui vont rejoindre au S.-E. la *sierra de Guadalupe*.

35 kil. *Jaraicejo*, très ancienne V., 1518 hab. sur la pente S. d'une colline que couronne une tour mauresque. Le rio *Almonte*, sur un beau pont en pierre, de 60 mèt. de longueur. Au delà de ce pont on retrouve la montagne, côtes raides conduisant au *puerto de Miravete*.

46 kil. *Carrascal*.

55 kil. **Trujillo**, V. ancienne, de 7100 hab., autrefois très considérable, ch.-l. de district de la province de Cacerés. Située sur une montagne, cette ville se divise en trois parties, le château, la vieille ville et la cité. Le château était très fortifié, et il présente encore un aspect imposant. La vieille ville est entourée de murailles flanquées de hautes tours et pourvue d'une place d'armes. Maisons garnies de tours, de sarbacanes, de meurtrières, de grilles à barreaux serrés, ornées des armoiries de leurs anciens possesseurs. Les rues sont tortueuses, étroites et mal pavées. Dans la ville moderne, qui s'étend sur la pente de la montagne et jusqu'à la plaine, se trouvent des rues plus régulières. La place est entourée de por-

tiques. On visitera, cependant, avec quelque intérêt, la salle principale de la *Casa municipal*, où se trouve une bonne peinture représentant *Guzman le Bon, témoin du meurtre de son fils*; puis parmi les églises : *Santa Maria la Mayor*, que surmonte une tour fort ancienne attribuée à Jules César, et qui a valu à Trujillo son ancien nom de *Turris Julia*; *San Martin*, dont l'architecture a quelque mérite artistique; *Santiago*, très ancien édifice compris dans la vieille ville, et dont le retable gothique est une œuvre intéressante. On remarque encore l'escalier de la maison des comtes del Puerto.

Trujillo a peu d'industrie; on élève dans le pays une grande quantité de bestiaux qui font aujourd'hui la ressource la plus importante du pays.

Excursion à Guadalupe.

[On prend, au S.-E. de Trujillo, un chemin qui descend, à 55 kil., par la *Madronera* et *Gracias*, et franchit, au-dessus de *Logrosan*, une ramification de la *sierra de Léon*.

Logrosan, vieille V. de 4000 hab., auprès de laquelle se fait une exploitation considérable de phosphates de chaux. Il est question, pour faciliter cette exploitation, de mettre Logrosan en communication avec le chemin de fer de Ciudad-Real-Badajoz.

De Logrosan, on suit, à l'E., un chemin muletier, très accidenté et des plus pittoresques, qui atteint, à 22 kil., au milieu des montagnes de *Guadalupe*, la petite V. de ce nom, 2755 hab., peu intéressante par elle-même, mal bâtie, mais célèbre par son monastère d'hiéronymites. Ce monastère possède une image très vénérée de Notre-Dame, apportée de Rome à Séville par l'archevêque san Leandro. L'église du couvent est un beau vaisseau, dans lequel on remarque surtout une sacristie qui passe pour la plus belle de l'Espagne. La chapelle de la Vierge possède, auprès de la sainte image, de belles peintures de Zurbaran et de Luca Giordano. L'église, magnifiquement dotée par les rois, renferme beaucoup de choses précieuses et de saintes reliques, les tombeaux de nombreux personnages : Henri IV de Castille, fils de Juan II; Denys, prince de Portugal, fils de don Pedro et d'Inès de Castro; Alonso Valesco, connétable de Castille; le cœur de Luis Brabo d'Acuña, général des galères d'Espagne; le cœur de don Manuel de Guzman, duc de Bejar, avec la balle qui le frappa devant Bude en 1686, et beaucoup d'autres. Isabelle la Catholique avait fait construire dans la ville, en 1486, une hôtellerie royale.]

Trujillo se rattache à l'O. à *Caceres* (*V*. R. 76) par un chemin de 40 kil. à travers une plaine inculte, entièrement découverte, qui ne reçoit un peu de vie, pendant la saison d'hiver, que par la présence des troupeaux de moutons venus pour y pâturer, des diverses provinces du N., Asturies, Galice, Lugo, Léon.

On sort de Trujillo, au S., en suivant la grande route de Madrid à Badajoz, à travers une plaine, où l'on passe le *rio Gerbanzo*, à une petite distance d'une ligne de montagnes que l'on gravit au *Puerto de Santa Cruz*. On descend sur les versants opposés pour retrouver une autre grande plaine et le v. de *Villamesias* (580 hab.). On passe le *rio Burdalo*, et, 16 kil. après le puerto, on atteint la petite V. de

87 kil. *Miajadas*, 4074 hab.

103 kil. *La Venta de la Guia*.

119 kil. *San Pedro* et *Trujillanos*, au milieu de bois de chênes.

150 kil. **Mérida**. La route se raccorde ici, à l'entrée de la ville, avec le chemin de fer de Ciudad Real à Badajoz (V. R. 79).

ROUTE 78.

DE CACERÈS A MÉRIDA

Chemin de fer. — 72 kil.

Cacerès (*V.* R. 76, p. 214).

Ce chemin suit à peu près la direction de l'ancienne voie romaine qui conduisait de Santander à Cadix. Il emprunte la petite ligne de Cacerès à El Arroyo (R. 76, p. 214), jusqu'à la station de *Las Minas* (2 kil.). A peine au delà de l'embranchement des Mines, dans la direction du S., on se trouve dans une contrée absolument déserte. Une route, en mauvais état, accompagne la voie, qui franchit le *rio Salor*.

22 k. 1/2. *Aldea del Cano*, b. de 1200 hab., sale et misérable, centre des vastes pâturages de la plaine de Cacerès. — Vieille église massive, d'ordre gothique, à trois nefs. — On traverse un bois de chênes, puis on franchit le *rio Ayuela*, au delà duquel se trouve

38 kil. *Carmonita*, b. de 200 hab. A 10 kil. sur la g. se trouve la la petite V. de *Montanchez* (4256 hab.), chef-lieu de partido judiciaire. Charles-Quint, pendant sa retraite à Yuste, exprimait particulièrement sa grande estime pour cette ville, en raison de l'excellente qualité de jambons qu'on en tirait pour sa table. La voie s'élève sur les pentes N. de la *Sierra de San Pedro*.

50 kil. *Carrascalejo*, v. de 150 hab. La ligne parcourt un pays de montagnes, très accidenté, et passe le ruisseau de l'*Aljucen*, torrentueux pendant les temps de pluie. Le pays est triste et peu productif.

66 kil. *Aljucen*, ancien v. arabe, de 300 hab., situé entre deux petites collines. Raccordement avec la ligne de Ciudad Real à Badajoz (R. 79). Cette dernière, entre la station de Mérida et celle de la Garrovilla,

jette sur l'Aljucen et ses berges un pont de 650 mèt.

On approche de Mérida. On aperçoit à g. l'aqueduc romain, aujourd'hui entièrement réparé, qui fournit la ville d'eaux potables

72 kil. *Mérida* (V. R. 79).

ROUTE 79.

DE MADRID A BADAJOZ

PAR CIUDAD REAL

V R. 75, la tête de ligne de Madrid à Ciudad Real par la gare des *Delicias*.

Ciudad Real se raccorde également, par l'embranchement de *Manzanarès*, avec les diverses lignes du Midi et de l'E., *Alicante, Murcie, Valence* et *Alcazar*.

170 kil. par la route 75 (*V.* p. 209) **Ciudad Real**.

Le pays s'anime et devient plus accidenté. A 10 kil. de la station, pont de fer de 90 mèt. sur le Javalon. Collines arides.

185 kil. *Cañada*, 450 hab.

193 kil. *Apeadero de Caracuel* (arrêt), station sans habitations.

203 kil. *Argamasilla de Calatrava*, 2150 hab.

Dans une grande vallée à dr., *Almodovar del Campo*. Au S., riche vallée de la *Alcudia*, toute en pâturages, occupée, pendant l'hiver, par de nombreux troupeaux immigrants. Au N. O , vaste désert.

209 kil. *Puertollano*, 3000 hab. (alt. 715 mèt.). Source minérale ferrugineuse qui attire un certain nombre de malades. Établissement très modeste.

A partir de Puertollano, la voie prend la direction de l'O., vallée encaissée, formée par deux lignes de hauteurs presque parallèles; à dr., *Retamar* (40 maisons); à g., *Brazatortas* (1200 hab.), point culminant du parcours (alt. 758 mèt.).

227 kil. *Veredas*, hameau de quelques maisons, au milieu de montagnes rocheuses. Le *puerto de Veredas*, à g., conduit dans la vallée de l'Alcudia.

Valdeazogues (vallée du mercure). On se trouve, à 10 kil. de Veredas, au milieu de cette immense exploitation des mines de mercure dont les filons occupent une grande étendue de ce pays. Les premiers puits mesurent 80 mèt. de profondeur, avec 3 étages de galeries.

242 kil. *Caracollera* (hameau). Remblais et tranchées à travers une succession de ravins et de contreforts. — Mine de la *Concepcion*, composée de 6 puits descendant à 125 mèt. et desservant cinq étages de galeries.

268 kil. *Almadenejos*, 853 hab., v. occupé par les ouvriers des mines. Maisons groupées sans ordre, bâties selon la fantaisie de chacun, entourées d'une muraille percée de quatre portes. Église, deux écoles et un bel hôpital pour les mineurs malades ou blessés.

La voie débouche à l'extrémité O. de la vallée de l'*Alcu-*

dia; pont en fer de 90 mèt. sur ce ruisseau.

[**Almaden**, 7448 hab., sur une colline. Ville mal bâtie, sans édifices, à l'exception d'un hôpital bien organisé. Toute son importance consiste dans ses mines de mercure, les plus célèbres et les plus riches qui soient en Europe. Le principal filon actuellement en exploitation occupe une longueur de 166 mèt. sur 10 à 11 mèt. de puissance; en profondeur on a dépassé 400 mèt., trouvant le minerai toujours plus pur et plus riche à mesure qu'on descend. Avec le puits principal communiquent de nombreuses galeries d'exploitation, soutenues par des travaux considérables. Le précieux métal se trouve sous diverses formes et surtout à l'état de cinabre ou sulfure de mercure.

Le traitement se fait dans des fours construits autour de la mine. Le minerai donne, en moyenne, 10 pour 100 de mercure.

Malheureusement, cette exploitation ne se fait pas sans porter un grand préjudice à la population nombreuse qui y est employée. Les émanations qui s'y produisent portent de graves atteintes à la santé, malgré le soin qu'on prend de relever les ouvriers de six en six heures.]

La voie rencontre le rio *Guadelmez*; large ravin, pont en fer de 153 mèt., en trois travées.

284 kil. *Chillon*, V. de 2489 hab. Mines de plomb argentifère.

289 kil. *Pedrochès*. Passage du *rio Zucar*.

304 kil. *Belalcazar*, 5600 hab. Cette ville se trouve à 8 kil. plus au S. Elle est fort ancienne. Ruines d'une forteresse, autrefois l'un des monuments les plus considérables en ce genre dans la péninsule.

Pont en fer de 153 mèt. sur le Zujar. Au delà du pont à g., le ruisseau *del Buey*, jolie vallée rocheuse sillonnée de petits cours d'eau. Tunnel de *las Cabras*, long de 300 mèt., le seul de toute la ligne.

320 kil. *Cabeza del Buey*, petite V. de 6500 hab. A g., plantations d'oliviers, grands pâturages animés par une population active et par des troupeaux nombreux.

327 kil. *El Castillo de Almorchon*. Ancien édifice mauresque actuellement en ruine. Village abandonné de la *Puebla de Almorchon*. A une petite distance, à dr., sur une colline, ermitage de *Ntra Sra de Belen*, autrefois couvent de Templiers.

Embranchement de Belmez.

65 kil.

[A cette station se rattache à g., à une altitude de 560 mèt., la voie de fer destinée à l'exploitation du bassin houiller de Belmez. Cette voie remonte, en partant de l'embranchement, une partie de la vallée du *Zujar*, vers le S. ; pénètre dans les vallées de la *Sierra Morena*, rencontre les deux r. de *Valsequillo* et de la *Granjuela*, passe à *Peñarroya*, auprès de la mine *la Terrible*, et arrive sur le sol même du bassin houiller.

63 kil. *Belmez*, 7000 hab. Jolie vallée dominée par une colline rocheuse et escarpée; dont le sommet porte les ruines d'un château arabe. — Les richesses minérales du bassin ne se bornent pas à la houille; on y a aussi trouvé du fer et du cuivre.

La voie rencontre à Belmez une autre ligne qui dessert le bassin minéral d'*Espiel* et d'*Alhondiguilla*, pour descendre ensuite vers Cordoue. (72 kil. de Belmez.) *V.* la table, région du sud].

Laissant à g. l'embranchement de Belmez, la ligne de Badajoz se tient sur les pentes des collines. La vue s'étend, à dr., sur une grande étendue de belles campagnes.

351 kil. *Cástuera*, 6900 hab., au fond d'une vallée. Vaste territoire qui formait, dans l'ancienne province d'Estrémadure, une espèce de division géographique que l'on nommait *la Serena*. Herbages fort estimés. La Serena était défendue par une ligne de forteresses qu'on nommait *les sept châteaux de la Serena*. Ces châteaux formaient, à la partie S. du territoire, un vaste demi-cercle de 83 kil. environ de diamètre; on les nommait à partir de l'O. : *Herrera del Duque, Magacela, Benquerencia, Almorchon, Capilla, la Puebla de Alcocer*, et *Medellin*, à l'E. — Pont en fer de 50 mèt. sur le ruisseau de *Guadalafra*.

370 kil. (altit. 376 mèt.). *Campanario*, 6800 hab. A dr., à 4 kil., *la Coronada*, 1600 hab.

380 kil. *Magacela*, l'un des sept châteaux de la Serena. Le village, 1340 hab., est construit sur la pointe d'une haute colline; ses rues sont en escaliers. Les ruines du château occupent le sommet.

389 kil. **Villanueva de la Serena**, V. de 10 630 hab. sur une colline. Rues larges et alignées; la campagne, sous un excellent climat, donne des produits fort estimés, un vin excellent, de beaux fruits. — Altit. 300 mèt. Coteaux plantés de vignes.

395 kil. **Don Benito**, 15 000 hab., sur le penchant d'une colline; à dr. la campagne du Guadiana. Charmante position; terrains très productifs qui donnent d'excellents légumes, de beaux fruits et surtout des melons et des *sandias* (melons d'eau) très appréciés.

[A 20 kil. au N. *Logrosan*, 3500 hab., où l'on exploite des gisements considérables de phosphate de chaux naturel, qui s'exportent par voie de fer vers la France et vers l'Angleterre, pour l'amendement et la fertilisation des terres].

Alignement de 20 kil.; pont en fer de 52 mèt. sur l'Ortega.

405 kil. *Medellin*, très ancienne V. dont la population ne dépasse pas aujourd'hui un millier d'individus. Son château est le dernier des sept châteaux de la Serena. Les murailles qui subsistent sont d'une grande épaisseur et d'une remarquable solidité. Traces nombreuses d'une galerie voûtée qui descendait jusqu'au Guadiana. Pont en pierre de taille sur le Guadiana, construit en 1636; 16 arches (427 mèt. de long sur 6 mèt. de large). — Medellin est la patrie de Fernand Cortès. — Hors de la ville, vestiges de deux chaussées romaines qui conduisaient vers *Merida*, à l'O , et vers *Guareña*, au S. O.

La voie court parallèlement au Guadiana, et traverse le *Guadalmez*, sur un pont de 50 mèt.

414 kil. *Valdetorres*.

420 kil. *Guareña*, 5100 hab.

428 kil. *Villagonzalo*, V. de 1400 hab.

431 kil. la *Zarza*, 5060 hab. Grand pont sur le *Guadiana*, de 550 mèt., en 11 travées.

435 kil. *Don Alvaro*, 700 hab. à dr., au fond d'une grande vallée en forme de fer à cheval, formée par une sinuosité du Guadiana. Campagne riche, bien cultivée, plantée en oliviers et en vignes.

448 kil. **Mérida**, 6200 hab. L'une des villes où les Romains s'efforcèrent le plus de donner des preuves de leur grandeur et de leur magnificence. C'est aujourd'hui l'une des plus pauvres et des plus négligées de la monarchie espagnole. Ses murailles, dit la chronique du roi Rodrigue, avaient six lieues de circuit; on y comptait 3600 tours, 84 portes, 5 châteaux; elle était gardée par 80000 fantassins et 10000 cavaliers. — On remarque encore, parmi les plus célèbres de ses anciens édifices : l'*arc de triomphe de Trajan*, aujourd'hui nommé *el arco de Santiago*, construit en pierres énormes; l'une des anciennes forteresses, baignée par le Guadiana; le *temple de Diane*, aujourd'hui palais du comte de los Corbos, où l'on admire 40 colonnes hautes de près de 11 mèt., et d'autres vestiges d'une grande magnificence; le *temple de Mars*, dont il a survécu quatre beaux fragments en marbre; l'*amphithéâtre*, dont les ruines sont appelées par les habitants les *Siete sillas*; la *Naumaquia*, dont on ne retrouve plus que la forme, et qu'on nomme vulgairement le Bain des Romains; *le cirque* où pouvait tenir, dit-on, une population égale à celle que renferme aujourd'hui l'Estrémadure; le célèbre *aqueduc*, qui s'élevait sur trois étages d'arcades, à près de 25 mèt. de hauteur, et dont il reste aujourd'hui une trentaine de piliers que les habitants appellent *los Milagros*. Un autre aqueduc, encore parfaitement conservé, également attribué aux Romains, amène les eaux d'une

distance de 6 kil.; il compte 140 arcs. Enfin il faut citer le fameux *pont du Guadiana*, qui conduit à la route de Badajoz et aux routes d'Andalousie; ce pont est long de 780 mèt., haut de 10 mèt., large de 6 mèt. 1/2, et compte 64 arches plein cintre.

Aujourd'hui Mérida n'a pas plus de 850 maisons, la plupart à un étage, incommodes, froides. La place de la Constitution est carrée et spacieuse, entourée d'arcades, plantée d'arbres formant promenade, avec une fontaine au milieu. Rien ne signale les églises; l'un d'elles, *Santa Maria*, a été en partie construite avec des fragments de colonnes recueillis dans les ruines romaines.

Mérida est sans industrie et sans autre commerce que la vente des bestiaux.

Les nouvelles communications ferrées vers Cacerès et vers Séville y ont apporté un peu d'activité.

A Cacerès, R. 78; à Séville, R. 101.

Après la station de Mérida, pont de 55 mèt., sur l'*Albarregas*; grande courbe en suivant la rive dr. du Guadiana; pont en fer de 150 mèt. sur l'*Aljucen*. En avant, groupe de montages nommées la *sierra de las Viboras* (vipères).

La voie contourne ces montagnes et, laissant le Guadiana se dirige en droite ligne, à travers une vaste plaine de terres cultivées nommée la *Vega del Guadiana*, et qui produit des blés magnifiques.

461 kil. *La Garrovilla*, v. de 450 hab. Sept ponts successifs d'une longueur totale de 170 mèt., sur les différents bras de la rivière *la Cara*. — A g., *Torremayor*, 600 hab., et plus loin *Puebla de la Calzada*, 2000 hab.

471 kil. *Montijo*, 6200 hab., ancien apanage des comtes de Montijo. Belle maison de ville; rues fort sales et fort mal empierrées, eaux de puits saumâtres. Les habitants de Montijo sont fort riches; l'agriculture, les oliviers et les vignes leur apportent des produits considérables, sans débouchés.

On traverse trois bras du rio *Alcazaba* sur trois travées, formant 88 mèt. — A g., le ham. de *Torrefresno*.

489 kil. *Talavera la Real*. La petite ville de ce nom, 2435 hab., se trouve de l'autre côté du Guadiana. Sans intérêt.

Pont de 30 mèt. sur le *Guerrero*. Pays accidenté, planté de vignes et d'oliviers. La voie s'arrête sur un plateau, au-dessus de la rive dr. du Guadiana, à 600 mèt., environ.

507 kil. **Badajoz** (alt. 195 mèt.) (*Buffet*). On entre en ville par le beau pont du Guadiana et par la porte de la Trinidad. Le pont est formé de 28 arches, dont la principale a 22 mèt. d'ouverture. Il est long de 525 mèt. et large de 5 mèt. 1/2. Sa construction remonte à 1596.

Badajoz, place forte, capitale

de province, ch.-l. de la capitainerie générale d'Estrémadure, 23454 hab. Cette ville, entourée de fortes murailles, d'un large fossé et de défenses imposantes, occupe les pentes E., S. et O. d'une colline que couronnent les ruines d'un ancien château. Ses maisons sont bien bâties, la plupart à 3 étages, généralement élégantes; les rues sont larges, propres, bordées de trottoirs, mais médiocrement pavées. La place de la Constitution, nommée aussi *Campo de San Juan*, est un vaste espace sur lequel se trouvent la cathédrale, le théâtre, les cafés, les principaux magasins, la maison de ville, et, au milieu, une promenade, ou *Saton*, planté d'arbres, lieu de réunion de la population élégante. La *cathédrale* est un monument solide, plutôt forteresse qu'église, construite à l'épreuve de la bombe, en vue de donner un asile sûr aux familles, lorsque la ville est exposée au feu de l'ennemi. L'intérieur, divisé en trois nefs, offre quelques chapelles dignes d'attention, un maître-autel surchargé d'ornements de peu de goût, deux belles statues de saint Jean-Baptiste et de Notre-Dame de la Conception, un riche tombeau de l'évêque Marin del Rodezno, un chœur avec une *silleria* artistiquement sculptée. Le cloître est d'une belle exécution.

Badajoz est la patrie du célèbre navigateur Vasco Nuñez de Balboa et du peintre Moralès, surnommé le Divin. Celui-ci mourut pauvre, à 75 ans, en 1586, dans sa ville natale, qui n'a conservé aucune de ses œuvres.

Belle campagne, presque entièrement en pâturages; bestiaux renommés par leur taille, surtout de l'espèce bovine. Sur les bords du Guadiana, terrains maraîchers produisant de beaux légumes et des fruits estimés.

Industrie locale à peu près nulle; commerce d'importation de peu de valeur.

Des chemins peu praticables conduisent de Badajoz à Séville, à Olivenza, à Caceres. Chemin de fer vers Séville et vers Caceres, par Mérida en remontant par le chemin de fer, à 60 kil. plus haut. — Chemin de fer vers Lisbonne.

RÉGION SUD-EST

ROUTE 80.

DE CARCAGENTE A DENIA

Chemin de fer. — 79 kil. 1/2.

Il existe à Carcagente (R. 70) un chemin de fer à voie étroite qui correspond avec les trains venant d'Almansa ou de Valence, et qui fait un service régulier. Cette ligne passe par

16 kil. *Simat de Valldigna*, 2300 hab. à dr. au pied des montagnes.

20 kil. *Tabernes*, 6634 hab. Orangers, vignes et rizières.

27 kil. *Jaraco*, 1000 hab.

29 kil. *Jeresa*, d'où l'on entre dans la belle *huerta* de *Gandia*, où l'on compte 39 villages.

36 kil. **Gandia**, 7500 hab., à 3 kil. de la mer, au milieu d'une plaine considérée comme la plus agréable, la plus riche et aussi la plus saine de tout le royaume de Valence. Le palais des ducs de Gandia possède des stucs parfaitement exécutés, et surtout une série de belles peintures de Gaspar Huerta.

Le Grao ou port est à 3 kil. de la ville à l'embouchure du *rio Alcoy*, il est l'objet de travaux considérables d'agrandissement qui offriront d'importants débouchés au commerce de toute la contrée. Il est question de mettre Gandia en communication par des chemins de fer à voie étroite ou des tramvais avec les principales localités de l'intérieur: Cocentaina, Alcoy, Castellon de Rugat et Villajoyosa, par la côte, dans la direction d'Alicante.

Pont sur la rivière d'*Alcoy*.

44 kil. *Oliva*, 6000 hab. Oliviers et mûriers.

57 kil. *Vergel*, 1340 hab., voitures pour Ondara, Pezo, et la direction d'Alicante.

67 kil. 1/2. **Denia**, 8674 hab., jolie ville: maisons bien bâties, presque toutes couronnées par des terrasses. Nombreux souvenirs des temps anciens. — Denia était consacré à Diane à laquelle avait été dédié un temple magnifique. — Le commerce expédie de grandes quantités d'oranges, de limons et de raisins secs.

Le port est au pied de la *Muralla*; il a été considérable et l'administration s'efforce de lui rendre son ancienne importance.

Le chemin de fer ne va pas plus loin pour le moment.

On fait, au sud de Denia, l'ascension très intéressante de la montagne du *Mongo*, qui domine toute la contrée, et d'où la vue s'étend jusqu'à l'île de Majorque. La montée commence dès la sortie de la ville. L'altitude est de 1007 mèt. Cette visite demande une demi-journée.

Le Mongo est célèbre pour avoir servi d'observatoire à Biot et Arago, pour les calculs du prolongement du méridien de Paris. Biot avait construit au sommet, en pierres sèches, une maisonnette dont les quatre murs sans toiture subsistent, et qui a été nommée la *Casa de Biot*.

ROUTE 81.

DE MADRID A ALICANTE

455. kil. — Prix : 1ʳᵉ cl., 52 pes. 55 ; 2ᵉ cl., 40 pes. 60 ; 3ᵉ cl., 24 pes. 90. Trajet en 15 h.

Suivre la ligne de Madrid à Valence (R. 70, p. 195) jusqu'à la station de *la Encina* (p. 197).

A la **Encina**, *Buffet* ; **on ne change pas de train.** — On laisse à g. la voie de Valence, et l'on prend la direction du S. par une pente sensible. Pays accidenté, coupé par de profondes ravines nommées *ramblas* ; plusieurs ponts hardis. Tranchées profondes, nombreuses courbes à petits rayons.

383 kil. *Caudete*, petite V. de 5500 hab., sur une colline, à dr., à 5 kil. de la station.

396 kil. **Villena**, 11 400 hab. Maisons à façades sculptées et armoriées. Vieux château couronnant le sommet d'une colline d'une façon très pittoresque.

De Villena à **Alcoy**, chemin de fer ouvert jusqu'à *Bocairente* (52 kil.).

407 kil. *Sax*, 3350 hab., sur la pente d'une roche élevée dont la partie supérieure affecte la forme d'une tête d'éléphant. Un vieux château ruiné couronne cette roche. — Pont en tôle sur le *Vinalapo*. Tunnel de 600 mèt. sous la *Peña de la Correta*, immense rocher de 370 mèt. de hauteur. — A g., jolie petite V. de *Petrel*, 3000 hab. Ruines d'un vieux château des Maures.

414 kil. **Elda**, 4000 hab., *huerta* magnifique, plantée d'arbres à fruits d'un grand produit. Derrière Elda, haute montagne de forme carrée qui semble être une muraille cyclopéenne. Ruines considérables d'un vieil alcazar gothique. — Terrain accidenté, courbes fréquentes et à petit rayon, ravins profonds, pentes.

419 kil. *Monovar*, 8650 hab., sur les pentes d'une colline. Maisons bien bâties. Les montagnes produisent le sparte en grande abondance ; la campagne est plantée de vignes.

Beau pont de fer sur la rambla de *Noveld* : une seule travée de 30 m t. sur piles en pierre, à une grande élévation.

Vallée accidentée, d'un aspect triste, ravinée, à peine cultivée. Terrasses plantées de vignes et d'oliviers.

425 kil. *Novelda*, 8830 hab. La ville, bien bâtie, est à 2 kil. à dr. Belle population laborieuse. Les femmes font de la dentelle; ateliers en plein air. — Jolie vallée; végétation magnifique : palmiers, orangers, champs de maïs, chanvre, fruits très estimés; eau abondante. — Etablissement d'eaux minérales sulfureuses calciques, *las Salinetas*. — De bonnes routes conduisent à *Crevillente*, à *Orihuela* et à *Murcie*. Au S., à *Elche*, vieille cité arabe, au milieu d'un bois de palmiers (R. 84).

Les montagnes qui dominent Novelda se nomment *la Sierra del Cid*.

A g. le v. de *Monforte*. Défilé de 2 kil., nommé le *col de la Hermosa*. Plus loin, plusieurs ramblas, ponts importants. — A dr., hautes montagnes, pic de *Serreta*, et en arrière la *Peña de las Aguilas*.

447 kil. *San Vicente del Raspeig*, v. entourée de maisons de campagne groupées sur les collines environnantes.

455 kil. **Alicante**, V. de 35 578 hab. — Air pur, ciel magnifique; température au plus bas 5 degrés au-dessus de zéro en hiver, au plus haut 25 degrés en été. Ville en amphithéâtre depuis la mer jusqu'à la forteresse de Santa Barbara. Maisons en pierre; rues droites et larges, avec trottoirs. La promenade préférée, *los Martires*, borde le port, elle est plantée de palmiers et de parterres de fleurs, sur une étendue de 600 mèt. L'*alameda de la Reina* forme, au milieu de la ville, une espèce de boulevard en terrasse, planté d'arbres, entouré de bancs de pierre. — Hors de la ville, l'*alameda de San Francisco* et celle de *Capuchinos*. — *Maison municipale*, au milieu de la rue principale; monument d'un aspect grandiose, flanqué de quatre tours. Deux églises. La collégiale, *San Nicolas de Bari*, nef dorique et d'un aspect somptueux. La seconde église, *Santa Maria*, est un joli édifice de style gothique et d'une bonne architecture. Le couvent de Santa Clara ou de la Sainte-Face (*Santa Faz*) possède une relique très vénérée : c'est l'un des linges dont sainte Véronique se servit pour étancher la sueur qui couvrait le visage du Christ. — Théâtre : grande et belle salle bien installée.

La citadelle de Santa Barbara passe pour inexpugnable; elle est construite au sommet d'une montagne calcaire complètement isolée, à 280 mèt. au-dessus du niveau de la mer; elle offre au touriste le merveilleux spectacle de toute la côte de la Méditerranée.

Produits du territoire, en blé, orge, maïs, chanvre, lin, fruits excellents, huile, vins renommés. — Industrie locale peu active. Fabrique de tabacs, qui occupe 2400 ouvrières.

Commerce très animé. Port fréquenté par des navires de toutes les nations, bien installé, et sûr, protégé par deux digues demi-circulaires. La France est représentée par un vice-consul.

D'Alicante à Valence, la présente R. en sens inverse, et la R. 70 de la Encina à Valence; — à Murcie, R. 84; — à Jativa par Alcoy, R. 82, B. — Par la côte, R. 82, C.

ROUTE 82.

DE VALENCE A ALICANTE

A. Par la Encina.

Chemin de fer. — 192 kil. — Prix : 22 pes. 45; 17 pes. 15; 9 pes. 85.

Trajet : De Valence à la Encina (correo de Madrid), 4 h. 8; arrêt, 1 h. 12; — de la Encina à Alicante, 2 h. 22; — total, 6 h. 30.

De Valence à la Encina (115 kil.) suivre, en sens inverse, la R. 70. *On change de train* à la Encina pour Alicante, et l'on suit la route précédente (R. 81).

B. Par Jativa et Alcoy.

Route et chemin de fer. — (118 kil.)

56 kil. de Valence à Jativa (suivre en sens inverse, comme ci-dessus, la R. 70).

A Jativa, un service régulier de diligences, faisant le trajet jusqu'à Alcoy, en 6 heures, par une route de 2ᵉ cl. On monte, pour franchir une ligne de hauteurs, du sommet desquelles on descend dans la vallée du *rio Albaïda*.

62 kil. *Albaïda*, V. de 3455 hab., ch.-l. d'un ancien marquisat. Elle n'offre rien de remarquable, qu'un vieux palais voisin de l'église paroissiale.

Un peu au delà, on rencontre le petit v. d'*Agrès*, qui se trouve sur la limite des deux provinces d'Alicante et de Valence, et plus loin

75 kil. *Cocentaina*, V. de 7950 hab., très ancienne. Au sommet d'une colline s'élève un castillo carré attribué aux Maures. Quelques bons édifices, un palais seigneurial appartenant aux ducs de Medinaceli, bonnes peintures. Les églises méritent quelque attention.

Il est question d'établir un chemin de fer entre Cocentaina et le port (*grao*) de Gandia (V. R. 225)

79 kil. **Alcoy**[*], V. de 32 196 hab., ch.-l. d'un partido judiciaire, situé au pied de la *sierra de Mariola*, sur une petite éminence au-dessus du *rio d'Alcoy*. La partie haute est pittoresque; maisons entourées de jardins en terrasses. Quelques beaux édifices, une jolie place entourée de constructions modernes, une église paroissiale de style gréco-romain, des promenades, et un grand nombre de fontaines publiques. — Grande activité industrielle : Alcoy est la première ville manufacturière du midi de l'Espagne. Va-et-vient continuel de bêtes de somme, portant des

ballots de marchandises ; bruit de métiers dans presque toutes les maisons ; population dont tous les individus sont occupés, et parmi laquelle on ne voit ni un mendiant ni un vagabond. Il se fabrique par an, à Alcoy, 50 000 pièces de drap et de flanelle, 1800 pièces de couvertures, plus de 500 000 rames de papier, dont 50 000 de papier à écrire, et 200 000 employées en livrets à cigarettes. On emploie à ces diverses fabrications plus de 1 000 000 de kg. de chiffons ; 1 800 000 de laines venant de l'Aragon, de l'Estrémadure, de Ségovie, et 20 000 hectol. d'huile d'Andalousie. Certaines fortunes d'Alcoy sont considérables.

Chaque année, pendant trois jours, les 22, 23 et 24 avril, fête de Saint-Georges, patron de la ville, en commémoration d'une glorieuse apparition du saint qui, en 1257, protégea Alcoy contre une attaque des Maures. La population tout entière y prend part.

[Un chemin de fer est en construction, entre Jativa et Alcoy, par *Albaïda*, *Beniganim*, la vallée supérieure du *rio Albaïda* et *Onteniente*.]

La route entre Alcoy et Alicante gravit, au S. de la ville, des hauteurs qui offrent aux voyageurs deux passages difficiles. L'un rencontre des rampes ardues entre les deux montagnes du Benicadell et d'Agullent, suit un défilé, le *puerto d'Albaïda* au delà duquel une vue magnifique sur la *Marina*, et sur une immense étendue de la Méditerranée.

L'autre passage, à g. de la route, est un chemin de cavaliers et de touristes dans la campagne, d'abord charmante, d'Alcoy, puis dans une région sauvage et sur les pentes du Benicadell. Ruines d'un vieux château moresque. Au-dessous de ce château, le bourg de *Tibi* (1850 hab.), et, à une heure de là, dans une gorge encaissée par des murailles de calcaire rouge, et entourée de bois d'amandiers, se trouve le *pantano de Tibi*, un barrage en blocs de marbre, qui tient en réserve une masse d'eau considérable pour les besoins de la culture de tout le pays inférieur. Cette construction cyclopéenne mesure 68 mèt. 60 d'un bord à l'autre de la gorge, 39 mèt. de hauteur, et 18 mèt. d'épaisseur. La distribution des eaux est réglée par deux puissantes écluses.

Ce chemin rejoint la route, un peu avant

96 kil. *Jijona*, V. de 6500 hab., sur la pente d'une colline que couronne un vieux château. Maisons échelonnées en amphithéâtre et rues très escarpées. Il s'y récolte un excellent miel, employé surtout à la fabrication des *turones*, espèce de massepains dont il se fait une consommation considérable à Madrid pendant les fêtes de Noël.

115 kil. *Muchamiel* (beaucoup de miel), 3700 hab., située dans la plaine, au N. E. d'Ali-

cante, sur la rive dr. du *rio Castalla*. Domaine de *Ravalet*, appartenant au comte de Casa Rojas, dans lequel sont de magnifiques jardins parfaitement entretenus. Les fleurs, les beaux fruits et les plantes exotiques donnent un très grand attrait à cette partie de la banlieue d'Alicante.

118 kil. **Alicante** (*V.* R. 81).

C. Par Carcagente et Denia.

Chemin de fer et route.

40 kil. De Valence à Carcagente, *V.* la R. 70, en sens inverse (*changement de train* à Carcagente, où l'on prend la R. 80). — 67 kil. de Carcagente à Denia; diligences pour Alicante. — 10 h. 30 de Denia à Alicante.

La voiture part de Vergel (*V.* p. 80) et passe à

30 min. *Ondara* (6 kil.), où l'on vient depuis Denia, à pied ou en *tartane*, en une heure. Campagne couverte de maisons de plaisance.

La route, en sortant d'Ondara, contourne la base occidentale du Mongo.

1 h. 20. *Gata* (3000 hab.). Gorge sauvage, plateaux cultivés en vignes. Sur la g., le v. de *Teulada* (2800 hab.).

2 h. 40. *Benisa*, petite V. de 4800 hab., située sur des collines admirablement distribuées en terrasses jusqu'au sommet, et plantées en vignes. La route descend vers la mer. *Calpe*, port de pêche, au fond d'une jolie baie abritée par l'énorme rocher de *Hifac*, ayant l'aspect d'un navire échoué. Traces nombreuses d'une ville inconnue maintenant, disparue sous les sables. Au delà de Calpe, torrent qui s'est creusé un étroit passage à travers une barrière de rochers de plus de 300 mèt. d'élévation. Route en tunnel; passage du torrent à 64 mèt. de hauteur; second tunnel, débouchant vers la mer. Baie d'*Altea*, dominée par une aute montagne, la ville en amphithéâtre, et au-dessous, le torrent au fond d'une gorge sauvage.

On traverse l'*Alga*.

4 h. 40. *Altea*, V. de 5800 hab., sur une colline escarpée. Vieilles murailles sur lesquelles s'appuient les maisons. Partie basse, neuve et bien bâtie; plage bordée de maisons de pêcheurs.

En sortant de la ville, vaste plaine couverte de vignobles. On retrouve la mer à

6 h. *Benidorm*, petite V. de 2900 hab., habitée par des agriculteurs et des marins. Jolie plage; plaine cultivée jusqu'à

7 h. *Villajoyosa*, V. de 10 500 hab., située au milieu d'un jardin d'amandiers, sur un torrent que la route traverse à une grande hauteur. Au milieu de la ville, deux grosses tours, restes d'une puissante forteresse. La partie basse est occupée par une nombreuse population de pêcheurs.

La route s'engage dans un terrain montagneux, desséché et aride; elle côtoie la mer. On aperçoit au loin les deux montagnes d'Alicante. Au bout de 2 h., on descend dans la plaine, où l'on trouve

9 h. 15. *Campillo*, puis

9 h. 30. *San Juan de Alicante*, petite V. de 3500 hab. La route passe au milieu de jardins et de maisons de campagne, traverse le petit v. de *Santa Faz* (V. *Alicante*), longe les bases de la forteresse de Santa Barbara, et débouche à côté du port.

10 h. 30. **Alicante** (*V.* R. 80, p. 227).

ROUTE 83.

DE MADRID A MURCIE ET A CARTAGÈNE

Chemin de fer. — 525 kil. — Prix : 1re cl., 60 pes. 40 ; 2. cl., 46 pes. 80 ; 3e cl., 28 p. 70. Trajet en 18 h.

On emprunte, pour la première partie de cette route, la ligne de Madrid à *Valence* (R. 70) jusqu'à la station de *Chinchilla* (p. 197).

298 kil. de Madrid, **Chinchilla**, station *d'embranchement* de la ligne de Murcie et Cartagène. **On change de train.**

La voie prend la direction S., laissant à g. la ligne de Valence et Alicante. — Campagne inculte et désolée. Sur la dr., un groupe de collines un peu boisées qui forment une espèce de gorge.

310 kil. *Pozo Cañada*, hameau. Cultures, plantations de chênes-verts. A dr., groupes de belles roches nommées *las Peñas de San Pedro*. Ces roches resserrent la voie, puis s'écartent, en formant un vallon planté de vignes et d'oliviers. A g., jolies collines sur les pentes desquelles on aperçoit *Tobarra*. La voie fait le tour de ces collines et de la ville.

339 kil. *Tobarra*, 9500 hab. Contrée fertile et productive ; irrigations abondantes. — Champs nivelés et bordés de bourrelets de terre qui retiennent les eaux d'arrosage. — Vieilles ruines, couvent de Franciscains inhabité. — Jolies habitations de campagne. Source minérale sulfureuse froide, petit établissement modestement installé.

A g., à l'horizon, montagnes pelées. Vallée plantée en oliviers et en vignes.

348 kil. **Hellin**. De la station on aperçoit la ville tout entière, dans une position pittoresque, à l'entrée d'une riche vallée très cultivée. 13 400 hab. Rues droites, bien pavées ; maisons élégantes à façades peintes. Belle *église*, vaste édifice à trois nefs.

A dr. de la station de Hellin, montagnes en grand désordre, formant de longues lignes séparées par des vallées profondes. Plus près de la voie, une belle plaine toute plantée d'oliviers.

367 kil. *Agramon*, 300 hab. Vallée du rio *Mundo*. La rivière s'est ouvert, dans cette partie de son cours, un passage au milieu des roches, où elle s'est creusé un lit de 60 à 70 mèt. de profondeur. — Pont en fer, de 40 mèt. sur 20 mèt. de hauteur, au-dessus de la *rambla del Saltavar*. Tunnel de 1044

mèt. Deux petits tunnels successifs de 60 à 70 mèt.

379 kil. *Las Minas del Mundo*. Importantes mines de soufre connues depuis les Romains, et objet d'une exploitation active. On en extrait par an environ 400 000 kil.

Plantations toujours vertes de sparte. Ce jonc, employé à la fabrication des nattes, des cordages et d'une foule d'objets usuels, est la grande fortune du pays. On en expédie des quantités considérables. — Rizières nombreuses.

385 kil. *Calasparra*, 4700 hab., à 4 kil. de la station. — Récolte en riz évaluée à 640 000 kilogr. année moyenne.

Vallée du *Segura* très accidentée, coupée par des ravins. — A dr., ligne de montagnes parmi lesquelles le *cerro de Soltraos*, et la *Cabeza del Asno*. — Deux viaducs de 40 et 50 mèt. sur la rambla *del Mono* et sur la rambla *del Judio*, à une grande élévation.

410 kil. **Cieza**, 10 870 hab. Charmante position : plateau en forme de péninsule entouré d'un vaste amphithéâtre de montagnes calcaires, ravinées. Vallée du Segura, d'une grande fertilité, mûriers, orangers, citronniers, grenadiers, arbres à fruits. Sur une colline, vestiges encore importants d'une forteresse romaine.

Après la station, aspects tristes et dévastés; terre blanche et crayeuse, sans végétation, lavée et sillonnée par les pluies. Viaduc en fer de 40 mèt. sur la *Rambla del Moro*.

420 kil. *Blanca*, 9061 hab., à 5 kil. sur la rive g. du Segura. Riche *huerta*; jardins plantés d'arbres à fruits et d'orangers. Années moyennes de 20 à 25 000 caisses d'oranges.

433 kil. **Archena**, à 8 kil., à dr.

Archena est l'établissement de bains le plus important et le plus fréquenté de l'Espagne. Il communique avec la voie de fer par un pont sur le Segura. — Eaux sulfureuses, à 52° centigrades; débit 19 pieds cubes à la minute.

L'établissement est dans une situation fort peu digne de la renommée de ses eaux. Une centaine de logements non meublés, dans lesquels on s'installe en louant ou en faisant venir la literie, quelques meubles et quelques ustensiles de table et de cuisine. Ni table d'hôte, ni cafés, ni points de réunion. La cure ne dure pas plus d'une dizaine de jours. — Éruptions de la peau, ulcères, caries de vieille date, nécroses, affections syphilitiques. Deux saisons, du 1er avril à fin juin, et du 1er septembre à fin octobre.

436 kil. *Lorqui*, 1500 hab. Nombreux vestiges de l'époque romaine, et des combats des Scipions contre Massinissa. A g., dans la plaine et au milieu d'une riche huerta, on aperçoit *Molina*, 4500 hab., habitations élégantes. Salines appartenant à l'État.

Pont en fer de 90 mèt., en deux travées, à 12 mèt. de hauteur, sur le Segura.

443 kil. *Alguazas*, 1800 hab.; jolie huerta arrosée par le Segura et le rio Mula. Aspect riant et animé.

445 kil. *Cotillas*, 1600 hab.; plaine richement cultivée, circonscrite par le Segura et par la *Rambla Salada*.

Pont en treillis de 50 mèt., de portée. — A g., *Javali Nuevo*, 1300 hab.

452 kil. *Alcantarilla*, 4000 hab. Territoire fertile, beaux blés, vin estimé. Aloès, nopals, palmiers, mûriers. Sur la g., la haute tour de Murcie. Dans le fond, à dr., montagnes rocheuses sur le penchant desquelles le célèbre sanctuaire de la *Fuen Santa*.

A g., bâtiments considérables et églises d'un couvent de Hiéronymites. Au fond, *Javali Viejo*, 900 hab.; poudrerie appartenant à l'État et beau couvent avec deux hautes tours carrées. En arrière, le *Monte Agudo*, colline rocheuse et conique surmontée d'un vieux château, et qui s'élève à l'E. de Murcie, sur la route d'Orihuela (V. R. 84).

460 kil. **Murcie***, V. de 91 600 hab., capitale de province, au centre d'une des plus riches campagnes de la Péninsule, coupée d'irrigations, plantée de mûriers, de citronniers, d'orangers; sous un climat délicieux, très tempéré en hiver, mais excessivement chaud en été. Rues peu larges, mais bien pavées, éclairées la nuit; *calle de la Trapería*, allant en ligne droite de la place *Santo Domingo* à la façade N. de la cathédrale; rue de la *Platería*, dallée d'un bout à l'autre, bordée des principaux magasins et abritée par des *toldos* pendant la saison d'été. Places nombreuses : la principale, *plaza de la Constitucion*, est plantée d'orangers. Quelques vestiges d'anciennes murailles.

Quelques anciennes maisons, notamment à l'angle de la *calle Jabonería*, et de la *calle Platería*, et vers le milieu de la *calle del Principe*.

La Cathédrale est un édifice remarquable. La façade présente une grande abondance d'ornements qui nuisent quelque peu à l'élégance et à la légèreté de l'ensemble ; les reliefs, les sculptures et les statues qui l'ornent sont dus aux meilleurs artistes; le portail est en marbre de couleur. Trois groupes en surmontent les trois entrées : celui du milieu représente une *Assomption*. — L'intérieur ne répond pas aux promesses de la façade. L'ensemble appartient au style semi-gothique; la coupole, très élevée, est d'architecture gréco-romaine. — La *capilla mayor*, située à l'extrémité de la principale nef, est couverte d'ornements dorés, entourée de nombreuses statues, et possède un sarcophage qui renferme les entrailles du roi Alfonse le Sage, et, dans un riche reliquaire, les ossements de saint Fulgence et de sainte Florentine. On signale, dans la sacristie, un bas-relief sculpté en bois de noyer, représentant une *Descente de croix*, puis surtout des vases sacrés, des ornements d'une grande richesse.

La *Tour de la Cathédrale*, qui compte parmi les constructions remarquables de ce genre, est haute de 147 mèt.; elle présente plusieurs styles, en raison des époques éloignées pendant lesquelles il y a été travaillé. On monte jusqu'aux cloches par une succession de rampes en pente douce, séparées par 18 paliers, sur lesquelles on pourrait conduire un cheval. Un escalier tournant, en pierre, conduit à la lanterne, d'où l'on jouit sur la *huerta* d'une vue magnifique.

Le *palais épiscopal*, qui s'élève sur la place même de la cathédrale, est un beau et riche monument. On remarque dans l'intérieur un vaste escalier à double révolution et à degrés de marbre, de beaux salons et une bibliothèque.

On doit citer, parmi les autres édifices de Murcie, une trentaine d'églises, de peu d'intérêt, les collèges de *San Fulgencio, San Isidoro* et *San Leandro*, l'hôpital de *San Juan de Dios*, la fabrique de salpêtre, la filature de soie, les *Casas consistoriales* sur la promenade de la *Glorieta*.

Murcie possède un beau *théâtre*, de construction moderne, et un *casino* parfaitement tenu.

Mais ce qui mérite à un plus juste titre l'attention de l'étranger, c'est l'extérieur de la ville, la *huerta* qui l'entoure. C'est un magnifique jardin dont la végétation est merveilleuse. Sans cesse arrosée par les eaux du Segura, et par une infinité de canaux éclusés dont le réseau habilement tracé est resté le même depuis les Arabes, cette huerta ne le cède en rien aux deux célèbres campagnes de Grenade et de Valence.

Les promenades sont hors de la ville : le *Paseo de Carmen*, sur le chemin de Cartagène ; la *Florida Blanca* conduit au chemin de fer ; le *Malecon* est une espèce de rempart bordant la rivière, ayant vue d'un côté sur la huerta, et limité de l'autre côté par de beaux jardins plantés d'orangers et de palmiers. La *plaza de Toros* est tout auprès de cette promenade.

On va visiter, à 4 kil. de la ville, le célèbre sanctuaire de la *Fuen santa* et le laurier de la Grande Isabelle.

La soie a été longtemps le produit le plus intéressant de Murcie ; la récolte des oranges y est très importante : on en expédie de grandes quantités à l'étranger. La récolte du blé produit annuellement 100 000 fanègues (55 000 hectol.).

De Murcie à Grenade, R. 88 ; — à Alicante, R. 84.

Le chemin de fer en quittant la station de Murcie, décrit une grande courbe de 10 à 12 kil.

dont la ville, à gauche, reste le centre.

466 kil. *Beniajan*, 1200 hab., au milieu d'un immense jardin d'orangers.

470 kil. *La Alqueria*, station d'*Orihuela*, desservant la route et la huerta de cette ville (*V. R.* 84). A dr., *Tore Aguera*, dont les maisons basses, en terrasses, sont entourées de verdure et de jardins d'orangers. — Plus loin, la *casa Blanca*. Des collines rocheuses limitent la huerta.

L'aspect du pays change subitement; plus de culture; on pénètre au milieu de montagnes bouleversées, d'une espèce de chaos de roches grises, poudreuses, sans aucune végétation. — La voie s'élève péniblement, au milieu de tranchées profondes, pour atteindre le *Puerto de San Pedro*, où une échancrure naturelle permet le passage du faîte de ces sites désolés. De l'autre côté du *Puerto*, immense campagne qui s'étend jusqu'à la mer.

489 kil. *Riquelme*.

499 kil. *Balsicas*, au milieu de plaines peu cultivées et sans intérêt. — Bains de mer.

Au delà de la station de Balsicas et à quelques centaines de mètres sur la g., un grand lac, ou mer intérieure, séparée de la Méditerranée par une langue de sable de 500 mèt. environ de largeur, avec un étroit passage ou goulet au N. Ce lac, nommé *Mar menor*, mesure 10 milles maritimes du N. au S., 3 à 5 milles de l'E. à l'O. L'extrémité S. est barrée par la haute falaise du *Cap de Palos*. Le rivage du lac est très cultivé, planté de jolis jardins, au milieu desquels s'élèvent de nombreuses habitations de plaisance. Plusieurs villages occupent la campagne sur le parcours du chemin de fer.

508 kil. *Pacheco*, v. de 40 maisons, au milieu d'une plaine qui s'étend jusqu'à la Mar menor.

513 kil. *La Palma*; deux villages, *la Palma* à g., et *Pozo Estrecho* à dr. Celui-ci est entouré de vignobles renommés.

Au delà, la plaine de Cartagène. Terres argileuses, peu cultivées; des aloès, des nopals et quelques champs de vignes qui produisent un excellent raisin de table. — La voie longe le pied des remparts au N.-E. de la ville, en fait le tour vers l'E. pour s'arrêter, à g. de la place, au fond du port.

525 kil. **Cartagène** (CARTAGENA), V. de 75 000 hab., port militaire le plus important de l'Espagne, place forte, chef-lieu d'un district maritime, résidence d'un gouverneur. Son port est, après celui de Vigo, le plus vaste de l'Espagne, l'entrée en est défendue par deux hautes montagnes; quatre collines l'entourent en amphithéâtre, et sur chacune d'elles s'élève une forteresse imposante et d'antique construction.

Fortifications solides, enceinte en belles pierres de taille, flanquée de bastions et renfermant quatre forts imposants.

Dans l'intérieur de la ville : place de *las Monjas*, immédiatement après la puerta de Mar, places de *San Francisco* et de la *Constitucion*. — *Promenade* unique sur la *Muraille de mer*. — *Calle Mayor*, la plus importante de Cartagène. — Une autre place, la *Merced*, entourée de beaux édifices et ornée d'une fontaine. — *Hôpital de la Caridad*; — *casas consistoriales*, sur la place de las Monjas, avec un portique de style arabe, sous lequel on conserve quelques anciennes sculptures et des inscriptions romaines ou carthaginoises.

La seule paroisse de la ville est l'église de *Santa Maria de Gracia*.

Le *Préside* renferme un petit nombre de détenus employés aux travaux de l'arsenal.

L'arsenal et le parc d'artillerie forment un immense établissement avec vastes bassins, magasins considérables, chantiers de construction, cale de radoub, salles d'armes, corderies.

Le *Port* est bordé de quais considérables, s'étendant sur tout le front de la ville et desservis par des voies de chemins de fer conduisant à une gare de marchandises.

Cartagène peut devenir, grâce au réseau des chemins de fer espagnols, le point de communication le plus direct entre la France et l'Algérie; il n'y a guère, en effet, que six heures entre ce port et celui d'Oran.

Les mines qui se trouvent dans presque tout le territoire, pourraient être l'objet de spéculations lucratives; mais les travaux sont mal conduits et la main-d'œuvre est chère. On exploite le minerai de fer en quantités considérables, puis le plomb et le plomb argentifère.

Un tramvia de 20 kil. dessert ces différents gisements, et particulièrement celui de la *Union*, qui est devenu un centre habité de plus de 21 000 âmes.

L'industrie a établi hors des murs de Cartagène, dans le faubourg de Santa Lucia, à Escombrera et sur d'autres points, des usines pour la fonte et le coupellage des minerais de plomb.

Le climat de Cartagène est sain. La température, adoucie par la fraîcheur des brises, y est très supportable pendant l'été; le froid est à peine sensible pendant l'hiver.

ROUTE 84.

D'ALICANTE A MURCIE

Chemin de fer. — 75 kil. — Trajet en 5 h. 18. — Prix : 1re cl., 8 pes. 65; 2e cl., 6 pes. 55; 3e cl., 4 pes. 30.

La gare de la ligne d'Alicante à Murcie est située sur le bord de la mer, un peu au delà du port. Elle communique avec la gare de Madrid et avec le port.

La voie suit la plage sur plusieurs kil., en laissant à dr. de petites plantations de palmiers ; elle remonte vers l'intérieur dans une grande plaine, où l'on trouve :

11 kil. *Santa Pola*, en avant, les cimes des hauts palmiers au milieu desquels on pénètre pour atteindre

21 kil. **Elche**, V. d'origine romaine de 19500 hab., ch.-l. de *partido* judiciaire ; petit port de pêche à une petite distance au S. de la station.

Les Palmiers d'Elche sont une des curiosités de l'Espagne. C'est une oasis africaine transportée sur notre continent. La culture des palmiers est une tâche considérable.

La ligne ferrée traverse un coin de la forêt ; les arbres y atteignent une grande hauteur.

Des voitures permettent de visiter la forêt entre deux trains ; mais il vaut mieux faire cette promenade à pied avec un guide.

Les palmiers sont plantés à 2 ou 3 mèt. l'un de l'autre, sur deux lignes parallèles aux canaux d'irrigation. Ceux-ci forment des rectangles de 20 à 40 mèt. de côté, dont l'intérieur est planté de grenadiers principalement, de cotonniers et de quelques plantes qui peuvent supporter la nature de l'eau d'irrigation. Celle-ci est fournie par une belle retenue, ou *pantano*, construit à 5 kil. au N. de la ville. Cet ouvrage considérable a 24 mèt. de hauteur, 11 mèt. d'épaisseur à la base, 8 mèt. au sommet, et forme un barrage de 70 mèt. d'une montagne à l'autre.

L'aspect de ces plantations est charmant ; mais il faut les visiter le matin, parce que les palmiers donnent peu d'ombre. L'arbre croît très lentement, et un palmier de 30 ans atteint à peine 8 à 10 mèt. Beaucoup de ces arbres ont 20 à 25 mèt., et l'un d'eux, situé près de la ville, et que l'on aperçoit de la gare, a, dit-on, 35 mèt. de hauteur.

Les palmiers d'Elche sont cultivés principalement pour leurs dattes, dont il se fait un grand commerce. L'arbre porte au sommet une couronne, d'où partent les palmes et les régimes de fruits, qui forment 5 à 6 grosses grappes pendantes, de couleur jaune orangé. Les soins à donner au fruit et la cueillette des dattes exigent une agilité toute spéciale, quand il faut s'élever au sommet de ces grandes tiges flexibles. L'ouvrier d'Elche a, pour cette opération, une remarquable adresse.

Outre les dattes que produisent uniquement les palmiers femelles, on tire de ces arbres un produit important, les palmes. C'est l'objet d'une opération particulière et plus périlleuse. On relève les palmes en forme de cône ; des cordes entourent ces cônes, depuis la naissance jusqu'à la pointe, de manière à mettre les palmes qui occupent l'intérieur du bouquet à l'abri de l'air et de la lumière. Celles-ci, par cette pratique, deviennent blanches en deux ou trois mois.

Un palmier peut subir ce traitement tous les quatre ans; sa couronne repousse suffisamment dans l'intervalle. A l'approche de la semaine sainte on détache les palmes, on en charge des milliers de voitures, on les expédie dans toute l'Espagne, et même en Italie.

On évalue à 10 000 ou 12 000 le nombre des cônes qui se font chaque année; chacun d'eux donne dix palmes, qu'on vend en moyenne 50 c. l'une, ce qui fait un produit total de 10 000 ou 12 000 douros (50 000 ou 60 000 pesetas).

La ville d'Elche, presque entièrement entourée par sa forêt, se compose d'environ 4000 maisons blanches et basses, à toits plats, percées de rares fenêtres, formant des rues étroites. C'est tout le caractère de la ville arabe; y compris le type des habitants. Elche était autrefois fortifiée. On y remarque deux ou trois belles places, et une promenade, l'*Alameda*, plantée d'ormes et de frênes, qui sont, à cette extrémité de l'Espagne, des arbres exotiques. Les seuls édifices notables sont la *Casa capitular*, située sur la plaza Mayor, et une prison, construction très ancienne, nommée *la Calandura*, dont la tour porte une horloge accompagnée de deux figures d'homme et d'enfant, qui frappent les heures et les quarts. L'église principale est ancienne et digne de quelque attention. De la plate-forme de la tour on jouit d'un magnifique coup d'œil sur la ville, la riche plaine qui l'entoure, les palmiers, les jardins, et les irrigations qui les fertilisent.

En quittant la station d'Elche, la voie traverse le torrent du *Vinalopo*, à une grande hauteur. Du pont, on a, à g., une jolie vue sur le ravin dominé par les maisons blanches de la ville. On parcourt une grande plaine cultivée, jusqu'à

31 kil. *Crevillente*, 8780 hab., charmante ville, à l'aspect tout à fait oriental, sur le penchant d'une colline. Maisons à toits plats, s'élevant dans le désordre le plus pittoresque, au milieu de buissons d'aloès et de nopals. Jardins plantés d'orangers, de grenadiers, de mûriers, et au-dessus de ces groupes de riche verdure, s'élancent des palmiers développant un feuillage abondant. Sur la g., de grands marécages. On traverse des plantations d'oliviers et de palmiers avant d'arriver à

39 kil. *Albatera-Catral*. Ces deux v., de 5300 et 2800 hab., sont desservis par une seule station d'où part, vers le S., l'embranchement de *Torrevieja*. On pénètre dans la magnifique vallée du *Segura*, auprès de

45 kil. *Callosa* de *Segura*, V. de 4189 hab., entourée de jardins de palmiers, aux pieds de grandes roches absolument dénudées. *Église* construite sous Charles-Quint; elle a quelque

mérite. En arrière de la ville, au N., un vieux château maure, le *Castillo de Cox*, encore bien conservé.

La voie parcourt une campagne magnifique jusqu'à

53 kil. **Orihuela**, V. de 20 868 hab., ch.-l. de partido judiciaire, siège d'un évêché. — Elle est entourée de jardins, au pied d'une ligne de montagnes qui limitent la vallée jusque vers Murcie. Par la richesse de la culture et la beauté des fruits, cette plaine rivalise avec celles de Grenade, de Murcie et de Valence. La végétation est gigantesque : les orangers, les grenadiers, les mûriers, vus des hauteurs, couvrent la plaine d'une épaisse verdure, que dominent les tiges élancées et le magnifique feuillage d'un grand nombre de dattiers. La fertilité de ce sol est renommée. Orihuela est aujourd'hui ville ouverte, elle n'a rien perdu de son caractère arabe. Maisons, assez bien bâties, à trois et même quatre étages, ornées pour la plupart de balcons. Palais épiscopal, vaste édifice avec un très bel escalier, construit sur la rive g. du Segura, et quelques belles maisons particulières ou *casas solares*. Cathédrale construite sur les ruines de l'ancienne mosquée ; elle est petite, de style gothique, et de peu d'apparence à l'extérieur. L'intérieur a quelque mérite de construction. Orihuela possède trois autres églises et de nombreux couvents sans intérêt, dont les longues façades sans ouvertures donnent aux rues un aspect triste.

On visite, sur la montagne qui domine la ville, le séminaire *conciliar* de *San Miguel*, où l'on arrive par une succession de rampes bordées de parapets. Vue magnifique sur la Vega : le vieux château de *Monteagudo* ; la tour de Murcie, et, à l'extrême g., au milieu de bois de palmiers, l'issue de la vallée du *Segura* vers la Méditerranée. Il y a tout autour de la ville de charmantes promenades ; la principale est le *Chorro*, situé au S., limité par des jardins d'orangers.

Le mardi de chaque semaine, un marché considérable, chanvre, soie, fruits, céréales, dont le spectacle est très intéressant.

La voie, en quittant Orihuela, laisse à dr. le Segura, au pied des montagnes, et prend le centre de la huerta pour rejoindre le fleuve à

59 kil. *Beniel*, b. de 1401 hab., à dr., sur la riv. dr. du Segura, et *Zeneta*, ham. à g. de la voie.

65 kil. *La Alqueria*, station commune à la ligne de Murcie-Cartagène (V. p. 235). On emprunte cette voie jusqu'à Murcie, en passant par

70 kil. *Beniajan*.

75 kil. *Murcie* (V. p. 233).

Embranchement de Torrevieja.

La ligne de Torrevieja s'embranche à Albatera-Catral (alt.,

10 mèt. 50). — La voie, en quittant cette station, se dirige vers le S., dans une plaine bien cultivée.

8 kil. *Almoradi* et *Dolores*, v. de 3600 et 2300 hab. On franchit le Segura, et, après avoir traversé des plantations d'oliviers, la voie s'élève en rampe douce pour atteindre, à 18 mèt. d'alt., le seuil sablonneux de

15 kil. *Benijofar*, qui limite la vallée de ce côté. On descend ensuite dans une plaine aride. La voie passe entre deux marais salants.

27 kil. **Torrevieja**, V. de 8000 hab. avec douane, capitaine de port, vice-consuls de diverses nations. L'aspect est celui d'un village. Détruite, il y a soixante ans, le 21 mars 1829, par un tremblement de terre, Torrevieja a été reconstruite de façon à résister aux secousses qui se produisent avec fréquence. Ses maisons, très petites, n'ont qu'un rez-de-chaussée, haut de 3 mèt. Les extrémités de l'agglomération sont occupées par un grand nombre de baraques groupées sans aucun ordre, et consolidées par des étançons en bois. Les rues sont très larges et non pavées. Une petite promenade un peu ombragée, nommée le *Malecon*, s'étend jusqu'au bord de la mer.

Torrevieja n'a pas de port, et sa rade est dangereuse ; elle est néanmoins très fréquentée par les 700 ou 800 navires qui viennent y charger du sel. C'est le seul produit de la ville.

La quantité de sel qui se forme au fond de la lagune, et qui est recueillie pendant l'été, dépasse année moyenne 40 millions de litres.

On accède à Torrevieja par de mauvais chemins vicinaux défoncés par les *carros* qui portent le sel dans les localités voisines. Le moins mauvais suit la côte S. jusqu'aux stations de la *Mar Menor*.

ROUTE 85.

DE MURCIE A ALMERIA

Chemin de fer. — 203 kil.

Murcie à Alcantarilla, 8 kil. Reprendre en sens inverse la R. 83, direction d'Albacete et Madrid. On laisse à dr. *Javali Viejo*, le grand couvent et la poudrerie de l'État ; puis, du même côté, l'église des Hiéronymites.

8 kil. *Alcantarilla*, station d'*embranchement* de la ligne future de Murcie-Grenade, dont le 1re section est actuellement ouverte. — A dr. *Palmar*, bourg où passe la ligne de Murcie-Madrid, autrement nommé *Lugar de don Juan*. La ligne traverse le rio *Sangonera*, peu important, mais torrentueux dans la saison des pluies.

13 kil. *Lebrilla*, 2560 hab., d'un aspect très pittoresque, partagé par un profond ravin.

Maisons presque toutes bâties en terre.

17 kil. *Alhama de Murcie*, 5000 hab., au milieu d'une petite plaine entourée de hautes montagnes. Sources minérales sulfatées calciques, recueillies dans des salles souterraines et voûtées, de construction fort ancienne, attribuées aux Romains. Température de 31 à 43°. Bel établissement moderne, bien installé. Ces eaux sont employées contre les rhumatismes et certains cas de fièvres intermittentes. La saison commence le 10 avril, elle est suspendue de la fin de juin au 1er septembre, en raison des chaleurs, qui sont excessives, et se clôt à la fin d'octobre.

La voie coupe une route montant au N. vers Cieza, et Hellin, pour aboutir à Albacete, où cette route rejoint le chemin de fer de Madrid à Valence.

28 kil. *Totana*, 9000 hab., à l'entrée d'une belle vallée très cultivée. Population agricole. La ville est partagée en deux quartiers, *barrio de Sévilla*, *barrio de Triana*, celui-ci habité par des gitanos. — Au milieu de la place principale du quartier de Sévilla, une très jolie fontaine en marbre, alimentée par un aqueduc de 2500 mèt. Végétation magnifique, aloès, tournesols, palmiers.

50 kil. **Lorca**, 53 000 hab. Ville considérable et intéressante, sur le versant méridional de la *sierra del Caño*, au sommet de laquelle s'élève un château. La vieille ville, qui entoure le château, a, comme toutes les cités arabes, des rues tortueuses, des maisons à peine éclairées, des carrefours au lieu de places. La ville moderne est mieux bâtie et d'un aspect riant. Place de la *Constitucion* où aboutissent les 5 rues les plus importantes. *Église* collégiale d'une belle architecture. Promenade de l'*Alameda*, formée de plusieurs allées d'arbres magnifiques encadrant des jardins de palmiers, d'orangers et de fleurs.

Belle retenue d'eaux, le *Pantano de Puentes*, dont la rupture, en 1802, entraîna la destruction d'une partie de la ville basse. Ce bel ouvrage, aujourd'hui reconstruit, mesure plus de 70 mèt. d'une montagne à l'autre, et 25 mèt. d'épaisseur, à la base d'un rempart de 120 mèt. de haut. La sortie des eaux est réglée par des vannes en fer, ouvrant sur deux galeries souterraines. Deux rivières sont barrées par ce pantano, et forment une « petite Méditerranée » de 5 millions de mèt. cubes.

[Lorca est relié avec la côte par un chemin de fer de 31 kil. descendant en ligne droite, au S., jusqu'à *Aguilas*. Ce chemin de fer comprend 4 stations; la première est un *empalme* où s'embranche, dans la direction O., la ligne future de Murcie-Grenade. Les trois autres stations, après l'empalme vers

Aguilas, embranchement de gauche, sont

10 kil. *Pulpi*; 19 kil. *Jarabia*, et 31 kil. *Aguilas*. Il existe, sur ce trajet de Lorca à Aguilas, des travaux considérables, ponts, remblais, tranchées, et 5 tunnels mesurant 120, 36, 64, 45, et 72 mètres.

Aguilas, au kil. 51, V. de 9000 hab., au pied d'une région montagneuse d'une certaine importance minière, avec un port de commerce très fréquenté].

En quittant Lorca au S.-O., la ligne s'élève sur le versant de la Sierra de *las Estancias*, qu'elle traverse en tunnel (*Los Medranos*) au *Puerto de Lumbreras*.

61 kil. de Murcie, *Lumbreras*, v. de 200 hab., où l'on rencontre quelques fermes avec des plantations d'oliviers, de figuiers, bordées de haies de cactus.

74 kil. L'*Empalme* vient après le tunnel. La station qui suit, par l'embranchement de droite,

81 kil. *Las Norias*, est la première de la ligne d'Almeria, dont la construction est activement conduite.

85 kil. *Huercal Overa*, V. de 15 570 hab. Maisons à 3 étages; place de la *Constitucion*, spacieuse. Église paroissiale la *Asuncion*, d'ordre roman. Tour arabe couronnant un rocher.

Vallée du rio *Almanzora* au N. E. où descend un chemin venant de *Velez Rubio*, dans la montagne à droite. — Petit v. de *Cuevas*. Chaîne de collines dominant la vallée et dans lesquelles existent des mines de plomb et de galène argentifère.

105 kil. *Vera*, 8615 hab. Petit port avec service de douane, auprès de l'embouchure de l'Almanzora.

130 kil. *Sorbas*, 7000 hab. Passage de la sierra de *Alamilla* qui s'étend au N. O. vers Baza.

165 kil. *Tabernas*, 7000 hab., avec un vieux château d'origine arabe.

185 kil. *Benahadux*, sur une route de 2° ordre qui se dirige, en remontant la ligne, vers le puerto de *Lumbreras*.

203 kil. **Almeria**, 40 130 hab., chef-lieu de province, résidence de vice-consuls des différentes nations étrangères. Cette ville se trouve située à l'extrémité d'une belle plaine de 45 kil. d'étendue, entourée de riches perspectives; son climat est l'un des plus agréables de tout le midi de la Péninsule; l'hiver n'y existe pas, mais en été la chaleur est souvent suffocante.

La ville est presque entièrement entourée de murailles; la plupart sont d'origine arabe et ont conservé un caractère très remarquable comme architecture et comme solidité. Maisons à deux étages, construites en carré, autour d'un patio qui sert de centre commun. Rues étroites et tortueuses.

La *cathédrale* occupe le côté d'une petite place de peu d'étendue; c'est un édifice gothique peu remarquable, resté ina-

ALMERIA.

chevé. Elle a à l'extérieur l'aspect d'une forteresse, et forme à l'intérieur trois nefs.

Au N. O. de la ville, sur le sommet d'une colline de 70 mèt. de hauteur, existe un fort arabe nommé l'*Alcazaba*. Une colline voisine, d'égale hauteur, séparée de celle de l'Alcazaba par un fond nommé *la Olla* (la Marmite), est couronnée par quatre grosses tours arabes. D'un sommet à l'autre, et en suivant les pentes du ravin, se développe une muraille flanquée de tours d'un aspect très pittoresque.

Les promenades sont hors de la ville. L'une, entre la puerta del Sol et la puerta de Purchena, forme une double avenue de 200 mèt. de long; la plus fréquentée dans les soirées d'été et dans les belles journées d'hiver est un quai de 300 mèt. garni de bancs, située hors de la puerta de Mar et longeant le port. Commerce d'exportation considérable; rade magnifique limitée par le cap de *Gata* à l'E. et la pointe *Sabinal* à l'O., sur une ouverture de 60 kil.

Une ligne est projetée le long de la côte, entre Almeria et Aguilas; une autre monterait au N., pour se raccorder à Guadix avec la ligne de Murcie-Grenade; et enfin une troisième irait rejoindre la station de Linarès, sur le chemin de Madrid-Cordoue.

RÉGION SUD

ROUTE 86.
DE MADRID A CORDOUE

412 kil. — Prix : 1'° cl., 50 pes. 85 c.; 2° cl., 39 pes. 40 c.; 3° cl., 24 p. 15 c. — Trajet en 16 h. Deux trains.

V., pour le parcours de Madrid à *Alcazar de San Juan*, la R. 70, Madrid à Valence.

148 kil. Alcazar de San Juan. Embranchement de la ligne d'Andalousie. **Changement de train** pour *Valence, Murcie, Alicante.* — On ne change pas de train pour Cordoue. *Buffet.*

La ligne d'Andalousie se détache de celle d'Alicante, entre Alcazar et Criptana, et prend, à dr. la direction du S., au milieu de grandes plaines. Le *Guadiana*, encore près de sa source, passe sous la voie au milieu d'une lande. La campagne est semée d'une immense quantité de grosses pierres calcaires. Les cultivateurs les rassemblent de place en place, en monceaux.

174 kil. *Argamasilla de Alba*, station isolée. Le bourg (1600 hab.) est à une grande distance, à g. Aucun chemin tracé n'y conduit. Argamasilla a reçu du célèbre roman de Cervantès une grande notoriété. C'est là que vécut et mourut le bon chevalier don Quichotte. On signale, du reste, à Argamasilla la maison où Cervantès fut détenu et écrivit ses premiers chapitres.

On commence à découvrir, dans le fond, à dr., une ligne de hauteurs qui appartiennent à la *Sierra Morena*, et qui s'élèvent au-dessus de *Ciudad Real*.

197 kil. Manzanarès. Embranchement de la ligne de *Ciudad Real* et du *Portugal*, par *Badajoz.* **Changement de train** pour cette direction ; à droite.

Manzanarès est une jolie ville de 9100 hab., bien bâtie, avec une église gothique moderne en pierre. Les campagnes qui l'entourent forment une espèce d'oasis à la suite du désert; on y aperçoit une centaine de fermes, de métairies et de jardins en bon rapport.

Champs considérables de vignes, aux approches de

225 kil. Val de Peñas (altit., 700 mèt.). V. de 13598 hab., célèbre par ses vins; la récolte est considérable et l'objet d'un commerce très actif. — Maisons bien bâties; rues larges; — place de la Constitution, vaste et d'un bel aspect.

L'horizon, en avant de la voie de fer, est limité par la Sierra

Morena; mais l'aspect de cette chaîne est loin de répondre à l'idée qu'on a pu s'en faire. Le centre de l'Espagne et les plateaux de la Manche occupent une altitude élevée. Le Val de Peñas est à 700 mèt., et le point culminant de la voie de fer, un peu plus loin, à *Almuradiel*, ne dépasse pas 798 mèt. C'est de l'autre côté de la chaîne que se trouvent les grandes pentes. On descend rapidement depuis Almuradiel jusqu'au Guadalquivir. Cordoue est à 120 mèt.

249 kil. *Santa Cruz de Mudela* (altit. 750 mèt.), 2000 hab. — Egl. du commencement du xv° s. Fabrication des *navajas* et de la coutellerie commune; *ligas* ou jarretières tissées, brochées et ornées de devises.

La voie s'élève doucement vers la montagne. L'horizon se rétrécit, et l'on atteint le point culminant de la voie à

256 kil. *Almuradiel* ou *le Vizillo*, 450 hab. — La voie, habilement tracée au milieu de jolies collines plantées de chênes nains, prend un aspect pittoresque. Le sol, néanmoins, devient moins productif. Il n'y vient guère que des bruyères et des jaras.

266 kil. La *venta de Cardenas*. Cette partie se nomme le défilé de *Despeñaperros*; mais la voie de fer évite le passage qui donnait une renommée si fâcheuse à la route de terre. La voie rencontre, dans cette partie de son trajet, 8 tunnels de 100 à 300 mèt., se succédant à de petites distances, et, dans les intervalles, 12 ponts en tôle au-dessus de ravins profonds. Deux sont à 24 mèt. de hauteur au-dessus du fond du ravin. Pentes de 1 et 1 et 1/2 pour 100, entre la venta et

279 kil. *Santa Elena*, 1550 hab., première localité de l'Andalousie, longue rue à maisons régulières. — 2 tunnels de 145 et 379 mèt., et 6 ponts en fer, deux de 105 mèt. et 69 mèt. Remblais, tranchées considérables.

296 kil. *Vilchès* (altit., 470 mèt.), 3200 hab.; vaste plaine. A dr. et en arrière, *las Navas de Tolosa*, grandes plaines où l'armée chrétienne mit en déroute, en 1212, les bandes musulmanes de Mohamed al Nassr. Au dernier plan, à g., la *Sierra de Segura*. — Végétation belle et active, premiers aloès développant leurs grandes feuilles sur le bord des chemins — Viaduc haut de 57 mèt., long de 140, sur le *Guarrizas*.

306 kil. *Vadollano*, station correspondant, par un petit *embranchement* de 9 kil., avec les mines importantes de sulfure de plomb et de cuivre de *Linarès*, appartenant à l'État; produits fort estimés. — Ligne en projet de Linarès à Almeria.

315 kil. **Baeza**. Cette station dessert à la fois la ville de *Baeza* (13250 hab.) et celle de *Ubeda* (18000 hab.), situées à 10 ou 12 kil. à g., dans la plaine. Vallée belle et riche, toute cultivée en blés. A dr., le *Guadalimar*. — En arrière-plan, la ligne des

montagnes dénudées de la *Sierra Nevada*.

529 kil. *Javalquinto*, 1200 hab., sur une colline, à g.

336 kil. **Mengibar** (*buffet*), 2700 hab. Pont sur le Guadalquivir, en tôle, de 240 mèt. de longueur, à 45 mèt. au-dessus des basses eaux. A dr., collines couvertes d'oliviers. Belle plaine cultivée en céréales.

341 kil. *Espeluy*, 200 hab. Tunnel de 425 mèt. Station d'*embranchement* d'une ligne nouvelle allant à *Jaen*, et à *Puente Genil*, sur la ligne de Cordoue-Malaga. Jaen est à 56 kil. au S. Route vers Grenade, 80 kil. de Jaen (*V.* R. 87).

350 kil. *Villanueva de la Reina*, 2400 hab., plantations d'oliviers et de vignes ; l'église ressemble à une forteresse.

363 kil. **Andujar**, 11 825 hab., sur la pente d'une colline au-dessus de la rive dr. du Guadalquivir. Ville sombre, malsaine. Maison de ville, sur un des côtés de la place de la Constitution. Église *Santa Maria*, sur l'emplacement d'une ancienne mosquée ; intérieur gothique ; saint sépulcre en relief, de la première époque de la restauration des arts en Espagne. Hors de la ville, de belles plantations d'arbres. Campagne des plus agréables et des plus peuplées de l'Espagne ; fermes, métairies, pâturages en grand nombre ; champs d'oliviers sur 20 à 25 kil. carrés d'étendue. — Station à droite.

Tunnel de 1025 mèt. à travers un contrefort qui domine le Guadalquivir. Au sortir, vastes plateaux semés en céréales, petite rivière, le *Salado de Arjona*.

369 kil. *Arjonilla*, 3000 hab. ; champs d'oliviers à perte de vue, à g. La voie parcourt ainsi, pendant plusieurs kil., une vaste plantation méthodiquement alignée ; produit considérable.

375 kil. *Marmolejo*, 5000 hab., au milieu des oliviers. A une petite distance, source bicarbonatée-sodique légèrement ferrugineuse, très fréquentée.

388 kil. *Villa del Rio*, 3500 hab., au pied de belles collines plantées d'oliviers ; l'église est un ancien château arabe. Deux tunnels aux approches de

398 kil. **Montoro**, 12 000 hab. ; pont de pierre du xvi° s., cité comme une construction remarquable. — A g., coteaux dénudés ; à dr., le Guadalquivir ; plaine plantée d'oliviers. — Tunnel de 400 mèt.

407 kil. *Pedro Abad*, 1596 hab. ; belle plaine plantée de mûriers, de vignes, d'oliviers, d'arbres à fruits. A g., à environ 8 kil., la V. de *Bujalance*, 8000 à 9000 hab., au-dessus de laquelle s'élève un vieux château arabe ruiné, flanqué de sept tours.

412 kil. *El Carpio*, 3150 hab. Tour de style moresque et vieux château.

416 kil. *Villafranca*, 4000 hab., sur les pentes d'une jolie colline en avant de la Sierra Morena.

Pont en tôle de 198 mèt. de

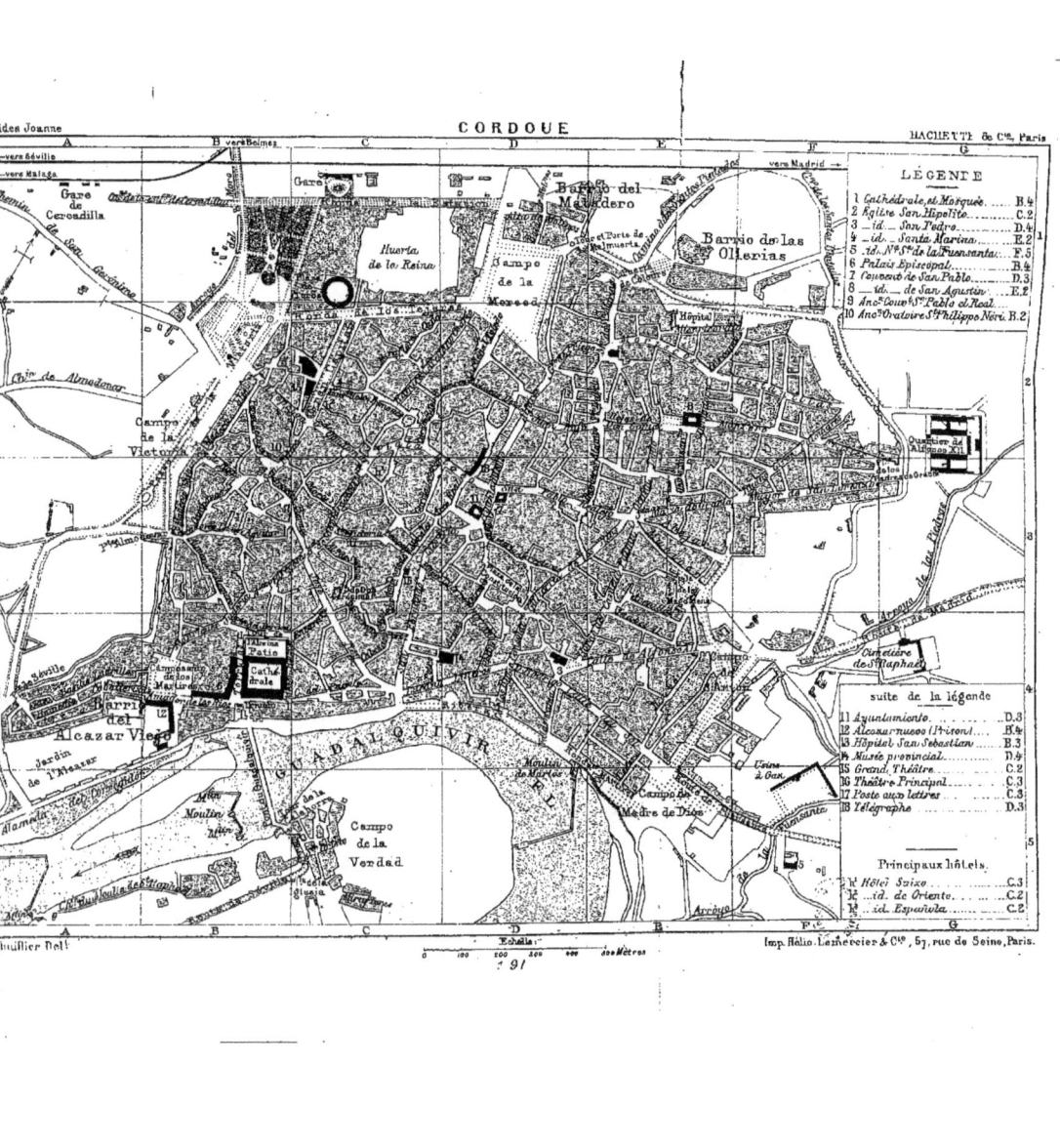

longueur, sur le Guadalquivir, à 13 mèt. de hauteur.

431 kil. *Las Ventas de Alcolea*. La voie parcourt de belles prairies. Pont de 20 mèt. sur le *Guadalbarba*. A l'extrême dr., la Sierra Morena, dont les derniers contreforts sont couverts d'habitations blanches entourées de bouquets d'arbres. En avant, Cordoue, sans aspect, ramassée, sans clochers ni monuments élevés. au fond, montagnes de *Cabra* et de *Priego*. Au S. O., au loin, un grand rocher conique, isolé, que couronnent les ruines du vieux château arabe d'*Almodovar*, avec une tour presque intacte, de 40 mèt. de hauteur. — Végétation magnifique; chemins bordés d'aloès. Orangers et palmiers.

442 kil. **Cordoue** (CORDOBA)*.

La station est au N. de la ville, auprès du *Paseo de la Victoria*. De cette station partent les deux lignes de Cordoue à Grenade et Malaga (R. 89 et 90), et de Cordoue à Séville (R. 99). Tout auprès, celle de Belmez, R. 88.

V. de 47 830 hab. (altit. 120 mèt.). Plaine délicieuse, sur la rive dr. du Guadalquivir, en vue des riches versants de la Sierra Morena. Climat sain; chaleurs très fortes pendant la saison d'été.

Cordoue est un véritable et somptueux musée d'antiquités, une grande agglomération d'édifices de toutes les époques, coupée par une large voie, la calle de la Feria, artère principale du commerce de la ville

Les murailles qui entourent encore la ville, flanquées de place en place de tours carrées, cylindriques ou octogones, sont l'œuvre de plusieurs siècles, des Sarrasins d'abord, et ensuite des chrétiens. Parmi les portes, on doit signaler celle de *Séville*, celle d'*Almodovar*, la porte *del Osario*, la porte de *Colodro*, la porte *del Sol* et celle du *Pont*.

Le vieux pont de pierre, au delà de cette dernière porte, a été attribué à Octave Auguste. Les Arabes le reconstruisirent. En guise de tête de pont s'élève, à l'extrémité opposée à la ville, une vieille forteresse entourée d'un mur crénelé, nommée la *Carrahola*.

Dans l'intérieur de la ville, place de la Constitution, irrégulière, mais d'un bel aspect.

Alcazar viejo, remarquable par l'immense quantité de souvenirs anciens qui s'y rencontrent. Le terrain qui l'avoisine était le jardin des rois maures. — On obtient facilement l'entrée de ce jardin en s'adressant au concierge. — L'*Alcazar nuevo* est aujourd'hui une prison.

Le *palais épiscopal*, somptueux édifice sans aspect extérieur; escalier riche par le choix des marbres, ridicule par l'exagération des ornements; appartements spacieux; cours vastes; beaux jardins; bibliothèque de plus de 15 000 volumes; collection curieuse d'assez beaux portraits de tous les évêques de Cordoue.

Auprès de ce palais, le *Triunfo*, singulier monument de marbre, surmonté d'une colonne qui porte une statue de saint Raphaël, patron de Cordoue.

Parmi les édifices de la ville, la casa de *Geronimo Paez*; l'hôpital de *San Sebastian*; l'ancien oratoire de *Saint-Philippe de Neri*. Sur un grand nombre d'autres, des inscriptions en l'honneur des empereurs, des consuls et des magistrats; colonnes milliaires, statues, épitaphes. — *Plaza de Toros* moderne, auprès du chemin de fer.

Deux promenades : le *paseo del gran Capitan*; *la Victoria*. Théâtre sur la première.

La mosquée et la cathédrale

L'édifice est un quadrilatère. Il mesure 167 mèt. en longueur et 119 en largeur; les murs, qui ont 10 mèt. de hauteur, sont soutenus par des piliers.

La porte principale, nommée *puerta del Perdon*, ouvre sur la façade N. de l'enceinte. Elle est pratiquée au pied d'une tour du xviie s., construite à la place de la célèbre tour de l'*Alminar*, détruite par un tremblement de terre en 1590. Cette porte décrit un arc arabe ogival de 4 mèt. d'ouverture et de 8 mèt. de hauteur sous clef, orné d'arabesques finement ciselées et d'écussons armoriés. Une belle allée traversant une cour plantée d'orangers, forme l'axe entre la porte du Pardon et la porte de *las Palmas*, par laquelle on pénètre dans la mosquée. 19 autres portes de 2 mèt. d'ouverture sur 5 mèt. de haut, murées aujourd'hui, donnaient entrée dans l'édifice.

L'intérieur de la mosquée forme, dans le sens du N. au S., dix-neuf nefs, et trente-six beaucoup plus étroites dans le sens opposé. L'œil s'égare à travers des allées de colonnes qui se croisent et s'allongent à perte de vue. Les colonnes, d'un seul morceau et de 40 cent. de diamètre, n'ont guère plus de 2 m. 1/2 à 3 m. jusqu'au chapiteau. Elles sont de marbres rares, de porphyre, de jaspe, de brèche verte et violette. Sur ces colonnes s'appuient deux étages d'arcs. La hauteur totale des nefs atteint, par la superposition des doubles arcs, environ 8 mèt. Elles se terminent en voûtes et en demi-coupoles. Au fond de la sixième nef, dans laquelle on entre, les colonnes se resserrent; les arcs, plus ornementés, s'entre-croisant comme des rubans, entourent un espace ou chapelle de 7 mèt. dans un sens, sur 4 mèt. dans l'autre, qu'on nommait le vestibule du *Mihrab*. La description de ce sanctuaire, qui s'est conservé avec une scrupuleuse intégrité, serait presque impossible : la richesse, l'harmonie et la grâce, rien n'y manque.

Le *Mihrab*, c'est-à-dire le saint des saints, *el adoratorio*, le point vers lequel les musulmans d'Espagne se tournaient pour faire leurs prières, est au fond du vestibule, et pratiqué dans l'épaisseur du mur méridional. — Le mot Mihrab est une corruption du vocable arabe *Min-Ruhh*, qui signifie, à peu près, la demeure de l'esprit de Dieu ou du prophète. — C'est un réduit excessivement orné, de forme octogone. Seize colonnettes supportent une petite voûte faite d'un seul bloc de marbre creusé en conque, ciselé, fouillé, couvert d'arabesques et de nielles d'une délicatesse infinie. C'était là qu'était déposé le livre du *Coran*.

On a parlé du nombre considérable de lumières qui éclairaient la mosquée. On y employait l'huile et la cire. Selon Al Makkari, on y comptait 7425 lampes, d'autres disent 10 805. Toutes ces lampes n'étaient pas habituellement employées; chaque soir on en allumait 4700 pour la prière de l'*Atatema*.

Lorsque le roi saint Ferdinand eut conquis Cordoue, le 25 juin 1236, la mosquée fut placée sous l'advocation de l'Assomption de la Vierge. Il fallut modifier le temple selon les coutumes du culte. L'entrée principale fut surmontée d'un frontispice carré où figurent, dans deux niches flanquées de colonnes en balustre, la Vierge et l'ange Gabriel séparés par un vase de lis. Cette entrée se nomme la porte de *las Palmas*. Tout alentour on employa les dernières rangées des colonnes, en y élevant des cloisons, pour les transformer en cinquante-deux chapelles dédiées à tous les saints. En 1523, le chapitre résolut de porter le marteau au milieu de la merveille arabe pour y construire une église mieux appropriée au culte. Cette « verrue architecturale », a dit Théophile Gautier, fut entée au milieu de la merveille mauresque. Elle a fait une trouée à la place de soixante-trois colonnes au milieu de ce *quinconce*, qui en compte un millier. C'est, du reste, l'œuvre la plus complète et la mieux achevée du style gothique flamboyant; mais elle contraste d'une façon étrange avec le monument arabe. Des sommes considérables y ont été dépensées; le retable du maître-autel, les stalles du chœur, construites en acajou, les orgues, les grilles et les balustrades de fer ouvragé, les statues, les tombeaux, les chaires, le lampadaire d'or et d'argent suspendu à la voûte, tout cela est d'un grand mérite.

La tour, carrée, de style gréco-romain, mesure 12 mèt. à sa base, et 93 mèt. de hauteur. Elle est surmontée d'une statue dorée de saint Raphaël tenant une bannière.

Après la mosquée et la cathédrale, on peut citer encore dans la ville : la *colegiata de San Hipolito*, qui possède, dans deux urnes, les restes du roi Alfonso XI et de son père Ferdinand IV, et le tombeau du célèbre chroniqueur Ambrosio de Moralès; — *San Pedro*, qui fut église chrétienne au temps des Romains et des Goths, et même sous la domination arabe; — *Santa Merina*, église gothique, l'une des plus anciennes de la ville.

On comptait dix-neuf couvents: celui de *San Pablo* a de beaux cloîtres et un magnifique escalier; celui de *San Pedro el Real*, devenu fabrique de draps, possède dans son église un bel *Ecce homo* sculpté par Alonso Cano; l'église de celui de *San Agustin*, classée parmi les monuments historiques et artistiques, a conservé presque intact un curieux tabernacle.

Théâtre neuf sur la place *del Gran-Capitan*.

Hors de la ville, le sanctuaire de *Ntra Sra de la Fuensanta*, dans un site des plus riants, où se célèbre, les 8, 9 et 10 septembre, une fête populaire. — *Couronnement d'épines*, attribué à Téniers.

Environs très pittoresques, surtout du côté de la Sierra. On y rencontre quelques couvents, des jardins bien cultivés, quelques habitations élégantes et mystérieusement cachées dans de jolis vallons boisés; de belles allées d'arbres, des vergers. On y retrouverait aussi les vestiges survivants et dispersés de cette merveille de fantaisie, d'imagination, d'archéologie et d'art, qui occupa le monde au x° s., et que des historiens appelèrent la folie d'Abd-er-Rahman.

Ce fut une merveilleuse cité que l'Emir, à la prière de la belle Zahara, sa favorite, fit construire avec le concours des architectes et des artistes les plus renommés du monde musulman, et qui fut décorée de toutes les merveilles que l'art grec, uni au luxe extravagant des Arabes de Bagdad, de Damas et de Byzance, purent lui fournir. Cette merveille, œuvre d'une passion ardente, et qui coûta une somme que l'on a évaluée à plus de 800 millions de notre monnaie moderne, vécut cinquante années, et fut incendiée, détruite, à la suite d'une guerre civile, au point qu'il n'en resta pas pierre sur pierre. Dans la suite des siècles, les torrents descendus de la montagne, les crues du Guadalquivir ont bouleversé le sol, de telle manière que tout a disparu sous un nivellement fatal. Ce lieu s'appelait *Medina-Azzahra*, du nom de la sultane. Des écrivains modernes en parlent, par tradition : Condé, Dozy, Gayangos, Pedro de Madrazo; mais les curieux ne s'en inquiètent pas. Aujourd'hui c'est une lande nommée *Cordoba la Vieja*, et ceux qui la possèdent ne permettent même pas que l'on recherche, sous ce terrain brûlé, les vestiges de ce passé merveilleux. Les guides ne songent pas même à signaler aux étrangers cette visite, qui offrirait tout au plus des souvenirs.

Pour aller à la découverte de Cordoba la Vieja, on sortirait de la ville par la porte *del Osario*; on traverserait le chemin de fer à dr. de la gare, et on prendrait au N. O. le *camino* de las *Huertas de la Sierra*. (Route de Cordoue à Séville.)

L'excursion aux Ermitas, au milieu de la Sierra Morena, exige près de 5 h.; elle est très intéressante. La permission, délivrée par l'archevêché, exclut les dames. On loue un cheval pour 5 pesetas. On sort de Cordoue par la porte *del Osario*; en 2 h. d'ascension on atteint le monastère. A la partie la plus avancée de la montagne, un siège en pierre appelé la *Silla del Obispo*; de là on découvre un admirable panorama de la plaine, et du cours du Guadalquivir.

ROUTE 87.

DE ESPELUY A JAEN

ET GRENADE

Chemin de fer et route. — 116 kil.

Voir la R. 86 pour le trajet de Madrid à *Espeluy* (p. 246). C'est de *Espeluy*, station du chemin de fer d'Andalousie, que se détache une nouvelle ligne allant à *Jaen* et à *Puente Genil* par *Menjibar* (9 kil.), (18 kil.). *Villagordo*.

La campagne est parsemée de fermes et de bâtiments d'exploitation.

36 kil. **Jaen** (23 058 hab.), sur les pentes d'une montagne cultivée, couronnée de rochers. La ville est renommée par la douceur du climat, la pureté de l'air qu'on y respire, la bonté des eaux et l'abondance des moyens d'existence. Les maisons ont presque toutes un aspect uniforme, portail avec double porte, patio entouré d'arcades, avec les appartements d'été au rez-de-chaussée, et au-dessus les appartements d'hiver protégés par une galerie vitrée. — Jaen compte six portes dont la principale, la puerta de Barreras, au N. E., formant l'entrée des routes de Madrid et de Grenade, a un aspect un peu monumental. Les rues, pavées en galets, sont généralement peu larges et en pente rapide; des jardins s'y rencontrent presque à chaque pas.

La *cathédrale* était une mosquée au temps des Maures. Cet ancien édifice étant à peu près tombé en ruine, on le reconstruisit, et il n'a été achevé qu'en 1801. La façade principale est flanquée de deux tours qui ont 62 mèt. de hauteur.

L'intérieur est divisé en trois belles nefs; celle du milieu est dallée en marbre. Le *trascoro* est décoré avec beaucoup de goût et une grande richesse, en marbres du pays. Dans le retable, qui occupe le compartiment du centre, est placée une peinture de grand mérite représentant la *Sainte Famille*, œuvre de Mariano Salvador Maella. L'intérieur du chœur est simple; la *sillera* se signale toutefois par le mérite de ses sculptures, qui représentent des scènes de l'histoire sainte. Le maître-autel occupe le chevet de l'église. L'autel, en marbre rouge, est couvert d'une nappe exécutée en bronze; quatre anges, sur des nuages, portent des lampes d'argent.

On compte sept chapelles dans les nefs latérales, et dans toutes existent des peintures et des sculptures d'auteurs célèbres. On remarque notamment, dans la troisième chapelle du côté gauche, un *Saint Jérôme* attribué à José Antolinez, peintre sévillan du XVII° s., et dans la dernière de droite une *Conception* de Sébastien Martinez.

La *capilla mayor* est richement décorée, le retable est orné de colonnes, de statues, de bas-reliefs et de peintures précieuses. Dans un coffre, scellé auprès de l'autel, on conserve la précieuse relique de la *Sainte Face*, c'est-à-dire le mouchoir que Véronique présenta au Christ. Ce linge précieux est tendu sur un cadre d'or enrichi de pierreries et conservé dans un coffre en argent, enfermé dans un coffre en bois de chêne. Cette précieuse relique, conforme à celle que possède une église d'Alicante, est exhibée au public trois fois dans l'année.

La *sacristie*, la *sala capitular*, le *sagrario*, les ornements d'or et d'argent, les joyaux, les statues, les tableaux et les peintures murales, la *custodia* des cérémonies de la Fête-Dieu, tout contribue à faire de la cathédrale de Jaen un monument artistique remarquable. La ville possède plusieurs autres églises paroissiales dignes d'attention.

L'hôtel de ville (*casas capitulares*) est un édifice du XVII° s., restauré à plusieurs époques. Il occupe la face N. de la place *Santa Maria*.

Parmi les principaux édifices particuliers, on cite le palais des comtes *del Villar del Pardo*, vieux monument de style ogival, dont quelques parties sont encore remarquables. On y signale surtout, sous la galerie du patio, une porte arabe.

L'*Alameda* est la seule promenade; elle est fort négligée. La *plaza de Toros* peut contenir 8000 personnes.

A 2 kil. de Jaen vers le N.-E., au pied de la colline de *Jabalcuz*, jaillit une source minérale et thermale, sulfatée calcique. Il y existe un établissement avec deux grandes piscines, et des habitations convenablement installées pour les baigneurs. Le site est très pittoresque.

On traverse à quelque distance de Jaen, sur un pont de pierre, le ruisseau de Valparaiso. On rencontre, au delà, le *ventorillo de la Guardia*, la *venta del Chaval*, la *venta de las Palomas* et la *venta del Romeral*, relais pour les voitures publiques, sans ressources pour le voyageur. La route s'engage au milieu des collines, et pratique au travers d'une d'elles un tunnel de 53 mèt. de longueur, qu'on nomme la *puerta de Arenas*, et qui débouche dans une vallée profonde.

58 kil. *Campillo de Arenas*, 4200 hab.

La route est tracée dans un pays très montagneux, très cultivé, mais peu habité. On n'y rencontre que des ventas servant de relais et placées à env. 5 à 6 kil. de distance l'une de l'autre. La route aboutit à **Grenade** à côté de la plazza de Toros (116 kil.).

V. pour Grenade la R. 89.

ROUTE 88.

DE CORDOUE A BELMEZ

Chemin de fer. — 72 kil.

La ligne de Cordoue à *Belmez*, plus particulièrement destinée à l'expédition des charbons provenant de ces mines, ne dessert aucune localité importante. Excursion très pittoresque, en 3 heures.

La station de départ est contiguë à celle des lignes de Madrid, Séville et Malaga, à *La Cercadilla*. La voie se dirige au N. à travers la riche campagne de Cordoue, et vers les collines riantes et cultivées qui précèdent les contreforts de la Sierra Morena.

A 5 kil., passage du ravin de *Pedroche*, sur un pont de fer de 152 mèt., hauteur 35 mèt. Rampes continuelles sur les flancs de la montagne, avec des pentes à 3 pour 100. Trois tunnels de 113, 78 et 85 mèt. Au kil. 13, au lieu dit la *Balanona*, point de vue d'une immense étendue, sur la campagne de Cordoue et sur la ville tout entière. Altitude 420 mèt., soit 300 au-dessus de Cordoue. — Deux autres tunnels 315 et 140 mèt. Après celui-ci, à dr. de la ligne, le *cerro Muriano*, ancien repaire de bandits, maintenant poste de gendarmerie. Beau point de vue.

23 kil. *Obejo*, rendez-vous de chasse, altitude 517 mèt. Le v. de ce nom, 450 hab., est à 12 kil. sur la droite. Contrée riche en minerai de fer. Les rampes, moins fortes, continuent jusqu'à

31 kil. *Castillo del Vacar*, point culminant, altit. 578 mèt. Site très pittoresque. Ancienne forteresse arabe (*el Vacar* — la main de fer) dont on aperçoit les ruines à dr. de la ligne, à environ 2 kil. Ce site est signalé par Alexandre Dumas dans ses *Impressions de Voyage*. Trois tunnels de 71 mèt., 119 mèt. et 230 mèt. Pentes peu fortes.

41 kil. *Alhondiguilla*, au milieu des gisements carbonifères.

52 kil. *Espiel*, centre d'exploitation, bancs considérables de phosphate de chaux.

70 kil. *Cabeza de Vaca*, station de chargement des charbons.

72 kil. *Belmez* (altit. 490 mèt.). Ruines d'un ancien château fort, sur un mamelon isolé et presque inaccessible. Gisements, houillères considérables. Jolie vallée, minerais de fer et de cuivre. Belmez est rattaché, au N., à la ligne de Ciudad Real à Badajoz, par une voie de fer de 63 kil. ayant pour point d'em-

branchement la station de *Almorchon*. (*V.* R. 79.)

ROUTE 89.

DE CORDOUE A GRENADE

Chemin de fer. — 247 kil.

V. la route 86 pour le trajet de **Madrid à Cordoue**, 442 kil.

Cordoue, *V.* p. 247.

La voie se détache de la même gare que les lignes de Madrid et de Séville, auprès de la promenade de la Victoria. Elle laisse à dr. la seconde de ces lignes, et traverse le Guadalquivir sur un beau pont de 200 mèt., en tôle, à 17 mèt. de hauteur, puis le *Guadajocillo*, dont elle remonte la rive dr. au pied de deux lignes de jolies collines.

18 kil. *Valchillon*. A dr. se détache la ligne de *Marchena*.

24 kil. *Torrès Cabrera*.

33 kil. *Fernan Nuñez*, 6000 hab., à 5 kil. à l'O., au milieu d'une campagne délicieuse.

50 kil. **Montilla** (alt., 335 mèt.; 13150 hab.), dans une des plus belles positions de l'Andalousie. La vue découvre une immense étendue de pays. Les ducs de Medinaceli y possèdent un palais. Montilla fut la patrie du grand capitaine Gonzalo de Cordoue. La ville est jolie, bien bâtie. Les vignobles considérables qui l'entourent produisent des vins très estimés.

Tranchées et remblais nombreux ; pont en tôle de 50 mèt., à 16 mèt. de hauteur, sur le *rio Cabra*. Grandes plantations d'oliviers.

57 kil. *Aguilar*, 12650 hab. Jolie ville, aussi heureusement située que Montilla, et non moins renommée pour ses vins. Ancien château arabe, intéressant à visiter. — Plus loin, sur une hauteur à g., à *Anzur*, vaste domaine, avec un beau château, au duc de Medinaceli. A dr. au S., deux jolis lacs.

Collines couvertes de cultures et de plantations d'oliviers.

77 kil. *Puente Genil*. La ville, qui compte 10950 hab., est à environ 5 kil. au S. E. — **Embranchement** d'une ligne venant d'*Espeluy*, sur la ligne de Madrid-Cordoue et qui dessert Jaen. *V.* Espelay, p. 246.

A 3 kil. de la station, pont en tôle sur le *Genil*, 140 mèt. de longueur, trois travées sur piles de fonte. — La voie s'élève au milieu des montagnes.

90 kil. *Casariche*, 2600 hab., situé dans une petite plaine entourée de montagnes plantées de bois de chêne.

82 kil. **La Roda**, 1640 hab. (A dr. embranchement de la ligne de *La Roda à Osuna* et à *Utrera*, où cette ligne se rattache au chemin de fer de *Séville à Cadix*). Petite plaine peu productive et marécageuse. A 3 kil. de la station, point culminant de la voie (altit. 450 mèt.).

112 kil. *Fuente de Piedra*, 1200 hab. Plusieurs sources

d'eaux minérales, salutaires pour les maladies des voies urinaires. A 500 mèt. environ, un lac d'eau salée, de 15 à 16 kil. de tour. A g., une haute montagne rocheuse.

124 kil. **Bobadilla**, altit. 580 mèt. — Station d'**embranchement** des lignes de *Grenade*, à l'E., et de *Malaga* au S., et de Ronda et Algesiras au S. O. — *Arrêt et Buffet*. Les trains montant et les trains descendant se croisent à la même heure et échangent leurs voyageurs. (Bien s'informer pour éviter les méprises.)

La voie parcourt en ligne droite, vers l'E., en remontant le cours du *Guadalhorce*, la riche et fertile campagne d'Antequera.

128 kil. *Halte (apeadero)* au v. de *Bobadilla*, 100 hab., à g.

140 kil. **Antequera**, 25500 hab., sur trois collines et à l'une des extrémités de la magnifique *Vega* qui porte son nom. Sur la colline en arrière de la ville existent les ruines d'une vieille forteresse dont on fait remonter l'origine aux Romains. Une tour, qui domine le sommet, renferme l'horloge principale, qu'on a nommée *Papa Bellotas*. Vue admirable.

Six églises paroissiales : la collégiale, *Santa Maria*, bel édifice en pierres de taille, avec un retable en bois doré du xive s. Sur la coupole de la deuxième, *San Sebastian*, s'élève un ange colossal de bronze doré ; dans l'intérieur, quelques peintures de mérite. — Un hôpital, un collège, un séminaire, des couvents. Dans l'intérieur de la ville, sur la *plaza Alta*, un ancien arc romain nommé l'arc *de Hercules* ou *de los Gigantes*. La vega est d'une admirable fertilité et parfaitement cultivée. Produits importants en blé, en orge, en huile, en vin, 110 000 têtes de bétail; étoffes de laine fort estimées.

En quittant Antequera, on remonte, dans la direction de l'E., la vallée du Guadalhorce. Roche immense nommée la *Peña de los Enamorados* (halte), et qui domine la voie à dr. A g. coule le Guadalhorce, bordé de peupliers.

160 kil. *Archidona*. La ville (7710 hab.) est à 6 kil., à dr., de la station, au pied des contreforts de la vallée du Guadalhorce. Très ancienne ville ; jolie place octogone, entourée d'arcades. Deux églises d'un beau style architectural.

Série non interrompue de tranchées; rampes, divisoire à 762 mèt. d'altitude. Grandes plaines arides où la voie franchit, sur un pont de 110 mèt., le *rio Frio*.

174 kil. *Las Salinas*, courbes et pentes; terres incultes; passage du *barranco* de Rio Frio, sur un pont de 119 mèt. à soixante-deux mèt. de hauteur.

186 kil. *Riofrio*, v. à dr. Pont de 35 mèt. en 3 travées. Deux tunnels de 35 et 25 mèt., et pont sur le *Genil*, de 90 mèt.

sur 25 de hauteur. A dr., panorama de *Loja*. Tunnel de 160 mèt. précédant la station.

194 kil. *San Francisco*.

195 kil. **Loja**, 18 000 hab. Vallée resserrée que parcourt le *Genil* ; cours très pittoresque dans une gorge profonde à laquelle on a donné le nom de *Infiernos de Loja*. Le *Manzanil* vient s'y jeter en formant une cascade magnifique. Loja est une ville assez mal bâtie, rues mal alignées, belles eaux abondantes. Des sources jaillissent de toutes parts dans la montagne. Territoire très productif en lin et en chanvre ; culture du mûrier ; fabriques de draps communs ; moulins à farine ; une exploitation de sel.

La voie de fer jette sur les gorges du Genil un beau pont de 180 mèt. de long sur une profondeur considérable (75 mèt.). Elle fait un grand détour vers le N. et par la partie occidentale de la plaine de Grenade.

205 kil. *Huetor-Tajar*, 2250 hab., à dr.

215 kil. *Tocon*, 600 hab. Au pied de la Sierra de *Prugo*. Grande courbe au S. E., laissant à g. le v. de *Puerto Lope*.

225 kil. *Illora*, 8050 hab., dominé par un vieux château ruiné qui couronne un rocher haut de 100 mèt. A g., domaine considérable de *Molina del Rey*, qui fut donné par l'Espagne au duc de Wellington.

232 kil. *Pinos Puente*, 3500 hab. Arrêt pendant l'été pour le service des bains de *Sierra Elvira* (sulfatées thermales).

239 kil. *Atarfé*. A dr., au milieu de la Vega, la célèbre ville de *Santa Fé*, 4500 hab. A 5 kil. — On sait que Santa Fé fut construite par la grande Isabelle, pour y asseoir son camp, pendant le siège de Grenade. — Rues en forme de croix, divisant la ville en quatre quartiers. Plaza Mayor au centre, avec quatre édifices publics, maison de ville, halle, hôpital et prison. Église collégiale ornée intérieurement d'une profusion de beaux marbres, et surmontée de deux tours octogones d'égale hauteur. — Santa Fé est aujourd'hui une cité agricole dont les produits sont peu importants.

247 kil. **Grenade**.

V. de 76 200 hab., ch.-l. d'une capitainerie générale, d'une *audiencia* territoriale, d'une province civile, et siège d'un archevêché. — Altit. 668 mèt. — Ses édifices et ses maisons sont échelonnés et groupés sur les pentes de trois collines, qui se développent en amphithéâtre, et qu'on a comparées aux quartiers ouverts d'une grenade.

Les Tours Vermeilles (*Torres Bermejas*), ainsi nommées à cause de leur couleur, et que l'on prétend d'origine romaine ou même phénicienne, occupent la première et la moins élevée de ces éminences ; l'*Alhambra*, qui est toute une ville,

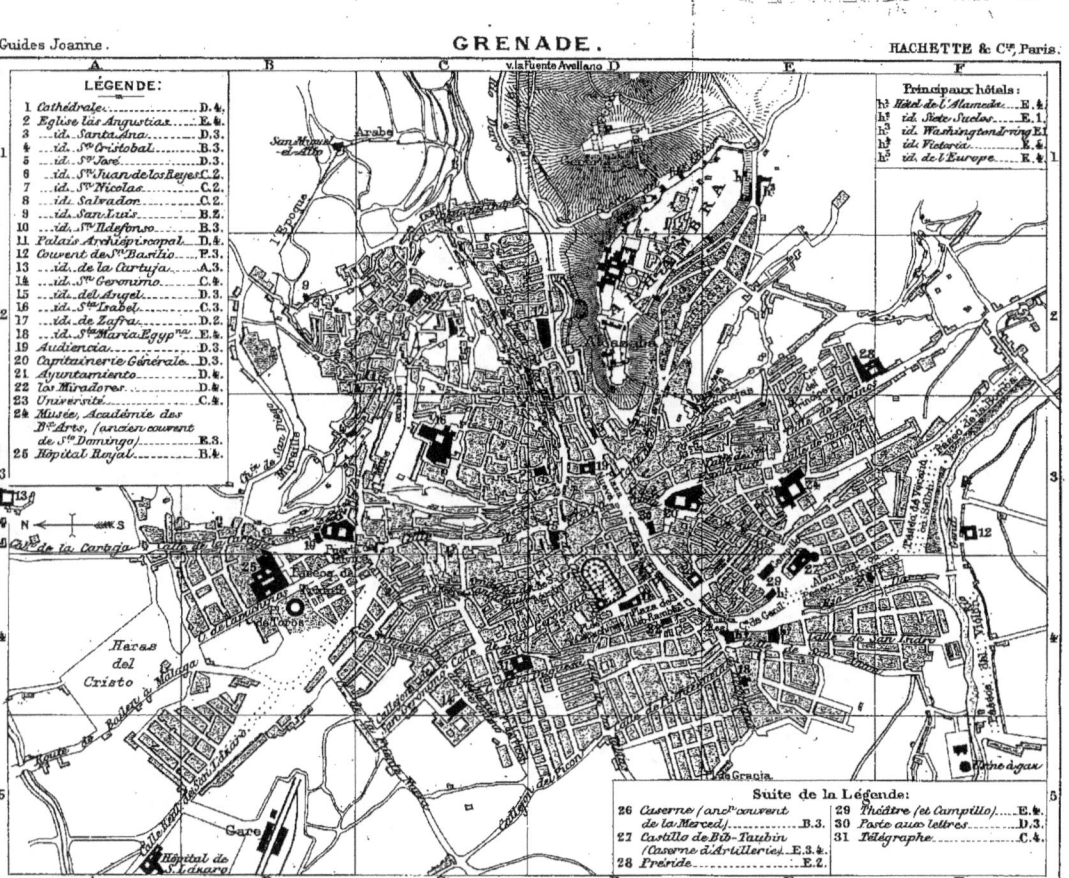

couvre la deuxième et la plus haute; l'Albaycin est situé sur la troisième, séparée des autres par un ravin profond encombré de végétation. Au fond de ce ravin coule le torrent de *Darro*.

La ville moderne occupe la partie unie de la vallée qui s'étend entre les collines de l'Albaycin et de l'Alhambra; c'est la partie la plus importante, la plus agréable et la mieux construite. Les rues sont généralement tortueuses et étroites, surtout dans les quartiers d'origine arabe. La plupart sont bien pavées, et quelques-unes garnies de trottoirs de marbre. Elles deviennent plus larges et plus droites dans la partie basse, qui occupe le fond de la vallée, et les maisons qui les bordent ont un caractère et une distribution entièrement modernes.

Places. — Il faut citer, en premier lieu, la *plaza del Triunfo*, plantée d'arbres, à l'une des extrémités de laquelle s'élève la *plaza de Toros*. C'est la promenade la plus agréable de la ville. On y remarque un monument très vénéré des habitants de tous les quartiers d'alentour : c'est une colonne de marbre blanc, portant une statue de la Vierge. Sur cette place se trouvent l'*Hôpital royal*, magnifique fondation des rois catholiques; la *Merced*, ancien couvent dont on a fait une caserne, et l'église de *San Ildefonso*; puis, au delà, la belle et majestueuse *porte de Elvira*, vieille construction arabe couronnée de créneaux.

L'une des chaussées qui se détachent de la place del Triunfo conduit au couvent de la *Cartuja* dont la chapelle est une merveille où les marbres variés, les bois de prix, l'ivoire, l'écaille, les métaux précieux contribuent à l'ornementation la plus variée et la plus artistique.

On nomme, parmi les autres places, celle de *Bibrambla*, autrefois célèbre. On a fait de la place Bibrambla « la place de la *Constitucion* ». L'un des côtés est bordé d'habitations modernes; sur un autre se trouve le palais archiépiscopal, et au milieu, une espèce d'esplanade, qui sert de promenade.

Le *Zacatin*, l'une des vieilles rues de Grenade, la rue marchande, conduit de la place Bibrambla à la *plaza Nueva*. C'est une rue fort curieuse, irrégulière, étroite, dont les vieilles maisons surplombent et se rejoignent presque, à la hauteur des toits. Les boutiques sont dans une obscurité constante. Sur la place Neuve, on remarque le bel édifice de la *Audiencia*, une élégante façade ornée de colonnes de marbre.

De la place Neuve, en face de la Audiencia, part une rue montueuse qui conduit à la colline de l'Alhambra. Cette rue, qui fut habitée par une tribu célèbre, se nomme *calle de los Gomeres*. Elle conduit également aux *Torres Bermejas*, forteresse plus ancienne que celle de l'*Alcazaba*, qui précède l'Alhambra. On y parvient par la droite de la *Puerta de las Granadas*.

Citons encore la *plaza de Gracia*, ornée de plantations; les *Capuchinas*; la *plaza Larga*; la *plaza de San Augustin*; c'est là que se tient le marché aux fruits.

Les *promenades* sont renommées par leur nombre, par leur agrément et par leur étendue. L'une s'étend pendant 1 kil. 1/2 depuis la *Puerta real*; on la nomme l'*Alameda*. C'est la promenade d'hiver, développée en ligne droite, entre deux rangées de maisons et d'établissements publics : le théâtre, le quartier d'artillerie dans un vieux palais mauresque, l'église de la *Virgen de Angustias*, l'hôpital. A l'extrémité s'étend la promenade préférée de l'été, ou *Salon*, remarquable par le développement des arbres magnifiques qui y forment une immense voûte de verdure. — Le *paseo de Gracia*, sur la jolie place de ce nom; — le *Campo del Principe*, au pied de la colline qui s'étend entre l'Alhambra et le Genil; — les *paseos de la Alhambra*, sur le chemin qui conduit à ce palais. — Le *Campillo*, devant le théâtre, le centre où se rencontrent les oisifs et les politiques.

La *Casa de Ayuntamiento*, sur la *plaza de Prim*, servait, au temps des Maures, d'académie ou d'université; le caractère arabe de l'édifice a disparu avec les restaurations assez maladroites faites au siècle dernier.

Le *Préside* renferme de 1200 à 1300 individus, classés par nature d'industrie, et régulièrement occupés dans les ateliers.

Instruction publique. Université littéraire avec une riche bibliothèque; académies de médecine et de chirurgie, de langue française, de mathématiques, de dessin; classe de latinité; écoles gratuites d'enfants; école de chimie appliquée aux arts; lycée artistique et littéraire.

Musée de peinture, peu remarquable.

La **cathédrale** (de 7 h. du matin à 11 h. et de 3 h. à 5 h. 1/2 du soir) présente une belle façade à trois portes, ornée de statues et de bas-reliefs. L'intérieur est distribué en cinq nefs, soutenues par vingt énormes piliers formés de colonnes groupées. Les nefs latérales comptent une quinzaine de chapelles très riches, très ornées, avec des retables et des peintures pour la plupart de grande valeur. Parmi elles il faut citer : la chapelle de *Santiago*, sur le retable de laquelle on remarque un tableau très ancien, malheureusement placé dans un endroit élevé et obscur; on le descend chaque année pour la cérémonie commémorative de la prise de Grenade; il représente *Ntra Sra* del *populo*, et fut donné par Innocent VIII à la reine Isabelle la Catholique. — *Ntra Sra de la Antigua*, dans laquelle sont placés les deux portraits authentiques de Ferdinand et d'Isabelle, peints par Antonio Rincon, leur peintre favori. L'image de Notre-Dame, qui donne son nom à la chapelle, appartient, dit-on, à l'époque des Goths; elle fut trouvée entre Avila et Ségovie, alors que l'armée chrétienne marchait sur Grenade.

A la suite de cette chapelle se trouve la *porte du Pardon*, qui présente à l'extérieur un bel ensemble architectural. — Dans la *capilla del Pilar*, on remarque de beaux marbres, des sculptures estimées, et un tombeau de l'archevêque Antonio Galban. Au delà et au-dessus de la porte de la *sala capitular*, un groupe de la *Caridad*, sculpté par Pietro Torrigiani, Florentin, émule de Michel-Ange. A gauche de ce groupe, sur le mur auprès de l'entrée de l'église, un tableau de Bocanegra, représentant la *Mort du Christ*. Ce tableau a été souvent attribué à Van Dyck.

La *capilla mayor* est l'une des œuvres les plus somptueuses de ce genre en Espagne. Elle est soutenue par vingt colonnes corinthiennes, divisées en deux ordres. Les piédestaux des douze premières sont ornés de festons, de fleurs et de fruits, et portent les statues des douze Apôtres, de grandeur colossale.

Le second ordre supporte un riche entablement couvert de guirlandes et de têtes de chérubins. Dans les arcs se développent six grandes peintures d'Alonso Cano, considérées comme des œuvres magistrales. Au-dessus, enfin, s'ouvrent de belles fenêtres dont les vitraux représentent *la Passion*, et de la frise qui les couronne s'élancent dix arcs qui forment la voûte de la chapelle. La clef est à 47 mèt. au-dessus du sol. Deux autels latéraux sont ornés de quatre grandes compositions de Bocanegra et de Juan de Sévilla.

Le chœur communique avec la capilla mayor par une double barrière qui traverse le transsept; le *trascoro*, œuvre presque colossale, est chargé de marbres variés, de sculptures et d'ornements.

La *capilla real* fut construite pour recevoir les dépouilles mortelles de Ferdinand et d'Isabelle. La façade est de style gothique, avec fenêtres ogivales; la partie extérieure se compose d'un arc soutenu par deux piliers sur lesquels figurent deux hérauts d'armes; au centre, les armes de Castille, et au-dessus de la corniche, trois statues représentant la Vierge, saint Jean-Baptiste et saint Jean Évangéliste. L'intérieur est riche, mais honteusement blanchi à la chaux, et forme une nef dont la voûte est soutenue par des groupes de colonnes accolées à la muraille. Au fond se trouvent le maître-autel et deux mausolées : l'un, en marbre de Carrare, couvre les restes de Ferdinand et d'Isabelle. Aux quatre angles, sont des sphinx à tête d'aigle et à pattes de lion, et au-dessus, quatre belles statues des Docteurs de l'Église. Les deux statues royales, exécutées avec un grand art, sont couchées sur le sarcophage. Ferdinand V est couvert de son armure, le manteau royal sur les épaules, la couronne au front, et l'épée dans les mains ; Isabelle est également couronnée, vêtue de ses habits de cour, et tenant le sceptre. Deux lions sont couchés à leurs pieds. La capilla real possède aussi la couronne et le sceptre d'Isabelle, l'épée de Ferdinand, un missel et divers ornements.

Le second mausolée, en marbre de Macael, a reçu les corps de Jeanne la Folle et de Philippe le Beau son mari. Ce tombeau présente peut-être plus de richesse que celui des Rois Catholiques, mais moins de majesté. Les deux statues, couchées sur le couvercle, sont vêtues comme celles de Ferdinand et d'Isabelle.

Un petit caveau pratiqué au-dessous des deux mausolées, renferme les quatre cercueils de plomb, et celui d'une princesse, doña Maria, fille de Jeanne, morte à 9 ans. Ces cercueils sont entourés de bandes de fer, et distingués seulement par des initiales couronnées.

La tour de la cathédrale a 56 mèt. de hauteur ; elle est inachevée. Son architecture est de tous les ordres.

Grenade compte environ 27 autres paroisses, parmi lesquelles il faut citer : *les Angustias*, sur l'Alameda ; l'église est élégante et surmontée de deux tours égales et de forme gracieuse ; *Santa Ana*, où l'on voit une belle statue de *San Pantaleon*, par Jose Mora ; *San Cristobal*, dans l'Albaycin ; l'accès en est pénible, mais on en est dédommagé par une vue magnifique ; — *San José, San Juan de los Reyes, San Nicolas*, et le *Salvador*, dans l'Albaycin, étaient d'anciennes mosquées arabes. — *San Luis*, dans l'Albaycin, possède une image miraculeuse très vénérée qu'on nomme *el Cristo de la luz*.

Des dix-neuf couvents de moines, il reste encore *San Basilio*, sur les bords du Genil ; — la *Cartuja*, dont l'église a survécu avec une minime partie des belles œuvres qu'elle renfermait ; — *San Geronimo*, dont la chapelle possède, sculpté par Berruguete et Becerra, un beau retable, et des fresques modernes qui ont le caractère d'un musée de portraits. Au pied des degrés de l'autel une dalle ferme un caveau où sont conservés quelques ossements du grand capitaine Gonzalve de Cordoue. — Le couvent de *Santo Domingo*, fondé par le célèbre inquisiteur Torquemada, a été transformé en *musée de peinture* et est occupé par l'Académie des beaux-arts; l'église est somptueuse, on en admire le portail et la capilla mayor.

Parmi les couvents de religieuses, celui *del Angel* possède des peintures de Cano, de Murillo et de Cieza; celui de *Zafra*, quatorze toiles avec des figures à mi-corps repeintes par Alonzo Cano.

L'Alhambra.

(Ouvert de 7 h. du matin jusqu'à 6 h. du soir.)

Lorsqu'on part de la place Neuve, que supporte une voûte sous laquelle passe le Darro, l'on monte la *cuesta de los Gomerès*. En haut de cette rue, on rencontre la *Puerta de las Granadas*, espèce d'arc triomphal, construit au temps de Charles-Quint, sur la place où existait l'ancienne porte arabe de *Bibel-Aujar*. Cette porte franchie, on a devant soi les bosquets qui entourent l'Alhambra, où coulent de nombreux ruisseaux. Trois allées se présentent au visiteur : l'une, à g., conduit à une muraille, qui se développe à la base d'une tour carrée, et à laquelle est adossée la fontaine monumentale nommée le *Pilar de Carlos Quinto*. L'autre allée, à dr., se dirige vers le couvent de *los Martires*; l'avenue du milieu est la voie principale; elle se prolonge, au delà de l'Alhambra, pour conduire au Generalife et à la colline *del Sol*.

La fontaine de Charles-Quint est alimentée par des eaux abondantes, et ornée de statues, avec une inscription en l'honneur de l'empereur, et la devise : *Plus oultre*. On contourne la muraille à dr. de la fontaine, et on monte en rampe pour se trouver en face du côté S. de la tour, dans laquelle ouvre la Porte *del Juicio*, ou du Jugement, entrée principale du Palais. Cette porte présente d'abord un bel arc en fer à cheval, à la clef duquel est sculptée, sur une plaque de marbre blanc, une main avec l'avant-bras, levée droit vers le ciel. A 5 mèt. au delà du premier arc, se trouve une seconde porte, en arc ovale, soutenue par des colonnes à riches chapiteaux, entourées de guirlandes et de rubans sur lesquels courent des inscriptions. En haut se voit une clef sculptée dans la frise, emblème des pouvoirs du prophète.

On sort de la tour par une troisième porte, mal restaurée, et l'on se trouve dans une étroite allée qui conduit à la *plaza de los Algibes* (des Citernes). A dr., s'élève un portique isolé nommé la *Puerta del Vino*. C'est une des constructions les plus élégantes et les plus solides du palais. Il est couvert d'inscriptions confondues avec les ornements sculptés, et parmi elles se fait remarquer la devise d'Alhamar : « Dieu seul est vainqueur. » La gauche de la place de *los Algibes* est dominée par les tours *Quebrada, de l'Homenage, de* la *Armeria*, *de la Vela*; un autre côté, bordé de parapets de pierre, présente le merveilleux spectacle de la ville, du faubourg de l'Albaycin, et du ravin du Darro.

Sous le sol de la place s'étendent des citernes magnifiques, auxquelles on descend par un escalier voûté. L'eau, qui y est amenée par une dérivation du Darro, s'y conserve dans une grande pureté. Les aguadores de la ville y viennent faire leur provision.

De l'autre côté de la place, s'étend le palais de Charles-Quint, monument de la Renaissance, resté inachevé à hauteur du rez-de-chaussée. C'était le plus riche et le plus élégant des édifices de cette époque. L'architecture est gréco-romaine. Il repose sur des souterrains considérables, aujourd'hui remplis de décombres. Trois des faces du palais sont richement décorées; les arabesques s'y confondent avec une riche ornementation.

L'intérieur est occupé par un patio circulaire, entouré d'une galerie voûtée soutenue par 32 colonnes doriques en marbre, hautes de cinq mèt., entre lesquelles ont été pratiquées des niches et des médaillons pour recevoir des statues et des bustes. Ce somptueux monument, inhabitable, complètement négligé, marche insensiblement vers la ruine, malgré la clémence de ce beau et généreux climat,

L'Alhambra, le merveilleux palais arabe, occupait un rectangle de 400 pieds de long et 250 de large; il comprenait cinq cours intérieures; la cour des *Arrayanes* (myrtes), celle des *Lions*, et une autre semblable, puis deux autres avec de doubles galeries pour l'habitation d'hiver. La façade principale, qui était au N., fut démolie pour faire place au palais de Charles-Quint. Sa porte principale ouvrait sur le *patio de los Arrayanes*, et on n'y pénètre aujourd'hui que par un couloir misérable situé derrière la façade N. du palais impérial. Le *patio de los Arrayanes*, qui s'appelle aussi *patio de la Alberca* (du Réservoir), ou du *Mezouar* (bain des femmes) est un vaste espace de 40 mèt. de long, et de 22 de large, pavé en marbre de Macael.

« Au milieu de la cour, est creusé un grand réservoir de 1 mèt. et 1/2 de profondeur, en forme de parallélogramme, bordé de deux plates-bandes de myrtes et d'arbustes, terminé à chaque bout par une espèce de galerie à colonnes fluettes supportant des arcs moresques d'une grande délicatesse. Des bassins à jet d'eau dont le trop-plein se dégorge dans le réservoir par une rigole de marbre, sont placés devant chaque galerie, et complètent la symétrie de la décoration. A g. se trouvent les archives et les passages qui conduisent à l'ancienne mosquée. A dr., tout auprès de l'entrée, se trouve un vestibule dont la restauration date du règne de Philippe V, et que ferme une mesquine barrière de bois. Il communique avec le célèbre patio des Lions. Au-dessus, et sur la face droite de la cour, sont les logements des gens de service ; dans le fond s'élève majestueusement la tour crénelée de *Comarès*.

La tour de Comarès renferme la *salle des Ambassadeurs*, qui communique avec la cour des Arrayanes. Le vestibule de cette salle, nommé *la Barca*, est digne de sa destination : la hardiesse de ses arcades, la variété, l'enlacement de ses arabesques, ses mosaïques, le travail de sa voûte de stuc, peinte d'azur, de vert et de rouge, dont les traces sont encore visibles, forment un ensemble d'une grande originalité et d'une bizarrerie charmante.

Le passage qui communique de la Barca à la salle des Ambassadeurs présente des deux côtés, et à 1 mètre de hauteur, des niches que l'on appelle improprement *babucheros*. On y déposait en entrant les armes, les objets dont on était muni. Les babouches restaient sur le sol.

La salle des Ambassadeurs, la plus grande de l'Alhambra, remplit tout l'intérieur de la tour de Comarès. Elle forme un carré parfait de 43 mèt. de côté ; sa hauteur est de 18 mèt., trois balcons, dont les embrasures sont profondes comme de petites chambres, l'éclairent, sur chaque côté, celui de la porte excepté. Le plafond, de bois de cèdre, offre les combinaisons mathématiques si familières aux architectes arabes : tous les morceaux sont ajustés de façon à ce que leurs angles sortants ou rentrants forment une variété infinie de dessins. Les murailles disparaissent sous un réseau d'ornements si serrés, si enlacés, qu'on ne saurait mieux les comparer qu'à plusieurs guipures posées les unes sur les autres. Des inscriptions arabes, qui sont presque toujours des *suras* du Coran, se déroulent le long des frises, sur les jambages des portes, autour de l'arc des fenêtres, entremêlées de fleurs, de rinceaux, de lacs. Les fenêtres sont chamarrées de pièces de vers en l'honneur de la limpidité des eaux du réservoir, de la fraîcheur des arbustes et du parfum des fleurs qui ornent la cour, que l'on aperçoit de la salle à travers la porte et les colonnettes de la galerie. Des balcons du fond l'on jouit d'une vue merveilleuse sur l'Albaycin, et sur les hauteurs qui dominent le ravin du Darro.

De la salle des Ambassadeurs on va, par un long corridor de construction relativement moderne, d'abord au *peinador*, puis au *tocador* et au *mirador de la reina*. Le premier nom indique que cette pièce était affectée à la toilette d'une reine. Dans le tocador (cabinet de toilette) on remarque une dalle de marbre percée de petites ouvertures pour laisser passer la fumée des parfums que l'on brûlait sous le plancher. Le mirador est un pavillon situé sur le haut d'une tour, et dont les rois arabes avaient fait d'abord un oratoire. Il prend son nom de la vue magnifique dont on jouit de ses fenêtres; c'est du reste le même spectacle que celui qui se déroule en avant du balcon de la salle des Ambassadeurs. Il a été restauré du temps de Charles-Quint, et, plus tard, sous Philippe V. On voit encore sur les murs des fresques de Bartolomé Raxis, d'Alonso Perez et de Juan de la Fuente, représentant des vues de villes et de ports de mer. Sur la frise s'entrelacent, avec des groupes d'amours et des ornements italiens de bon goût, les chiffres d'Isabelle et de Philippe V.

On descend du tocador de la reina dans le *patio de Lindaraja*. C'est un jardin de forme irrégulière, planté de fleurs et de myrtes; les murs sont tapissés d'orangers, de cédrats, de limons, de jasmins et d'acacias. Au centre est une belle fontaine dont le bassin, de 5 mèt. 1/2 de diamètre, est semé d'étoiles. Au sommet s'élève un piédestal soutenant une vasque en forme de conque. Une galerie, soutenue par de frêles colonnes, borde deux des côtés de ce jardin, qu'on traverse pour arriver aux salles de bains désignées aujourd'hui sous le nom de *baños reales*.

On entre d'abord dans une salle de 4 mèt. 1/2 de longueur sur 3 mèt. 1/2 de largeur, pavée en marbre, et couverte d'une voûte en briques percée de petits jours en forme d'étoiles. Au milieu de cette salle sont de grandes cuves de marbre blanc de 80 cent. de profondeur. Dans une autre pièce, on voit des baignoires plus petites, qui étaient destinées aux jeunes princes; puis, au delà, une salle carrée, la mieux ornée de cette partie de l'habitation royale, entourée d'une galerie dans laquelle sont pratiquées deux alcôves soutenues par des colonnes de marbre blanc. On y plaçait les lits de repos des sultanes. La muraille est revêtue, à 1 mèt. 1/2 de hauteur, d'une mosaïque de faïences vernissées, au-dessus desquelles courent les devises des deux époques, l'une en vieux français, *Plus oultre*, l'autre en arabe, signifiant *Dieu seul est vainqueur*. On voit encore, à 4 mèt. du sol, une galerie où se plaçaient les musiciens.

On sort par le patio de *las Rejas* qui conduit à la *sala de Secretos*, construite sous Charles-Quint. La voûte a la propriété acoustique de conduire les sons d'un angle de la salle à l'angle opposé. — On descend aussi, par cette cour, vers la *sala de las Ninfas*, pratiquée au-dessous du vestibule de la salle des Ambassadeurs; on y remarque deux statues de nymphes placées contre les montants de la porte, et surtout un bas-relief en marbre de Carrare, au-dessus de cette porte, représentant, entre deux faunes attachés à des arbres, Jupiter caressant Léda.

Revenu dans la cour des Arrayanes, on pénètre dans la *cour des Lions* par un vestibule ouvert à l'angle de cette première cour en face de l'entrée.

La cour des Lions a 32 mèt. de long, 20 de large; les galeries qui l'entourent mesurent 6 mèt. de haut. Elles sont formées par 128 colonnes de marbre blanc, appareillées symétriquement de quatre en quatre et de trois en trois. Ces colonnes dont les chapiteaux très ouvragés conservent des traces d'or et de couleur, supportent des arcs d'une élégance extrême. Au milieu des deux côtés, s'avancent sur la cour deux élégants portiques soutenus par un même système de colonnes. Ces portiques et les galeries qui enveloppent la cour forment intérieurement un ravissant ensemble d'arcs pendants, de petites voûtes, de niches et de colonnettes. Le sol est dallé en marbre blanc, et au milieu de chaque portique se trouve, au niveau du sol, un bassin de 1 mèt. 1/2 de diamètre avec un jet d'eau. Au centre du patio s'élève une fontaine ornée dans le style de tout ce qui l'entoure. La vasque, formant un polygone à douze côtés, est soutenue par 12 lions grossièrement sculptés. Du centre de la vasque, nommée *el mar*, s'élève une base qui supporte une autre vasque plus petite; on nomme celle-ci la *taza*; un jet d'eau en jaillit à une assez grande hauteur. D'autres s'écoulent de la grande vasque, et les lions eux-mêmes versent par la gueule des torrents sur le marbre de la cour. Cette cour est le plus précieux des monuments arabes que possède l'Espagne; mais elle est malheureusement mal conservée, et, sous prétexte de restauration, on a gratté les colonnes et la fontaine d'une façon grossière, et on a impitoyablement détruit ou effacé les sculptures, les arabesques et les inscriptions curieuses qui les ornaient.

La cour des Lions donne entrée dans trois grandes salles: le *Tribunal*, les *dos Hermanas* et la salle des *Abencérages*. La première est en face, au fond du parallélogramme, la deuxième à gauche, la salle des Abencérages fait pendant à droite. Chacune est précédée d'un portique. Les voûtes de cette *salle du Tribunal* sont ornées de peintures qui sont certainement les plus intéressantes curiosités de ce palais merveilleux. On attribue ces peintures à l'époque arabe, et ce seraient peut-être les seules qui seraient parvenues jusqu'à notre temps. L'une représente une dame gardée par un chevalier, un lion et un enchanteur, et que deux chevaliers viennent délivrer.

L'autre a pour sujet une dame et un chevalier assis auprès d'une fontaine, et deux chasseurs combattant des sangliers. La troisième représente un conseil de rois, de sages ou de devins.

La salle des *dos Hermanas* a reçu son nom (deux sœurs) de deux immenses dalles de marbre blanc qui forment son pavage. La voûte ou coupole, que les Espagnols appellent fort expressivement *media naranja* (demi-orange), est un miracle de travail et de patience. « Les murailles, dit Théophile Gautier, sont couvertes, depuis la frise jusqu'à hauteur d'homme, de broderies de stuc d'une délicatesse et d'une complication incroyables. Le bas est revêtu de carreaux de terre vernie. Le milieu de la pièce, selon l'invariable usage des Arabes, est occupé par un bassin et un jet d'eau. » Une porte, au fond, ouvre sur le *gabinete de Lindaraja*, qui a vue sur un charmant jardin (p. 264).

La salle des *Abencérages* est presque semblable à celle des *dos Hermanas*. Les murs sont pareillement revêtus de stucs magnifiquement ciselés. Au milieu de la salle est un grand bassin de marbre avec un jet d'eau. C'est dans ce bassin que tombèrent les têtes des trente-six Abencérages attirés dans un piège par les Zégries. On fait remarquer, au fond du bassin, comme l'empreinte d'une main, et de larges taches rougeâtres.

La tradition affirme que ces taches proviennent du sang des victimes.

On ne doit pas négliger de visiter, au milieu de ces merveilleux souvenirs, la *Capilla real*, rarement ouverte cependant. Elle offre la singulière confusion des chiffres et des devises arabes sur les lambris de faïence, et des armoiries chrétiennes accompagnées des colonnes d'Hercule et de la devise *Plus oultre*. Sur l'autel, on voit une *Adoration des Mages* de Rincon, remarquable par le dessin et par l'exécution des draperies.

Le reste du célèbre palais arabe s'étendait vers l'Orient, au delà de la galerie qui fait suite au *tocador de la reina*, et l'on peut reconnaître encore quelques vestiges des bâtiments qui occupaient cette immense enceinte.

C'est par le côté du couchant que commença la construction de l'Alhambra. Ce fut Alhamar le Grand qui jeta les fondements de la tour la plus ancienne, *la Vela*, et de la citadelle de l'*Alcazaba*, qui se trouve en face de la partie orientale du palais de Charles-Quint. On croit que cette citadelle occupe l'emplacement de l'ancien Capitole romain; mais on n'y voit plus aujourd'hui que trois tours ruinées, reliées par un pan de muraille restauré au XVIe s. Deux de ces tours sont inhabitables : la dernière, celle *del Homenage*, sert encore de prison. Vers la partie S. se trouve une porte qui donne entrée dans une place d'armes entourée de ruines, et, en face de cette porte, on signale une citerne renommée pour la fraîcheur de ses eaux. Elle renferme, dans une espèce de souterrain, une fontaine dont la vasque représente des lions poursuivant et mettant en pièces d'autres animaux. C'est aussi une des œuvres les plus anciennes de l'art arabe.

La tour de *la Vela* a 22 mèt. de haut. et 13 mèt. en carré. Sur la plate-forme s'élève, au côté N., une tourelle crénelée portant la cloche. Celle-ci règle la distribution des eaux dans la Vega, elle annonce aussi les heures de nuit. Dans les grandes émotions populaires, ses sons ont une immense influence sur le peuple de Grenade, qui ne sait pas résister à son appel. On la met en branle pendant vingt-quatre heures, sans aucun arrêt, une fois l'an, le jour anniversaire de la prise de Grenade, 2 janvier 1492.

On découvre de la plate-forme de la tour de la Vela un panorama admirable.

En sortant de l'Alcazaba, on revient par les *Adarves*, ligne d'anciens bastions transformés en jardins, et l'on trouve l'église de *Santa Maria*, édifice solide et correct élevé au XVIII° s. sur les ruines de l'ancienne grande mosquée. On y remarque quelques tableaux de Ciezarès, des perspectives italiennes d'une certaine valeur, une statue de la *Virgen de la Piedad*, attribuée à Torquato Ruiz del Peral.

Ce qu'on appelait *la maison du Cadi* est occupé aujourd'hui par l'atelier du restaurateur de l'Alhambra, et par un musée d'objets recueillis dans l'ancien palais. Parmi ces objets se trouve le « vase de l'Alhambra », le plus beau monument connu de faïence moresque.

En face, on aperçoit une habitation basse dans laquelle existent encore les restes du *Panthéon arabe*, dont on a conservé et publié les inscriptions sépulcrales.

Il faut signaler encore un petit jardin où s'élève une habitation qui fut autrefois un oratoire ou *Mihrab*. C'est une salle rectangulaire dans laquelle est pratiquée une niche octogone terminée en coupole. Cette niche recevait le Coran.

L'enceinte générale de l'Alhambra mesure en longueur 726 mèt., en largeur 197. La muraille a, en moyenne, 9 mèt. de hauteur sur une épaisseur de 1 mèt. 70. Autour de cette enceinte, et dans la partie qui regarde la Vega, s'élèvent, à des distances à peu près égales, des tours abandonnées, entourées de ronces et de roses sauvages, qu'il est cependant intéressant de visiter. Prenant pour point de départ la Porte del Juicio, et suivant l'enceinte vers la dr., on rencontre d'abord, après les ruines du palais du Mufti, et en laissant à dr. la porte de service nommée *del carril*, d'abord une tourelle en ruine *casa del cadi*; la tour de *las Cabezas*; la tour de la *Bruja*; la tour du *Capitan*; celle des *Siete Suelos* (sept étages : elle n'en offre plus que quatre). C'est par cette tour que sortit Boabdil avec sa cour, lorsqu'il rendit Grenade. Au delà, à l'extrémité orientale, se trouvent les ruines de la tour *del Agua*. En retour, au-dessus du ravin qui sépare le plateau de l'Alhambra de celui du Généralife, un groupe ruiné; puis la tour *de las Infantas*, remarquable par l'élégante disposition des appartements qu'elle renferme et la délicatesse des ornements dont elle est couverte: la tour de la *Cantiva*; la tour *del Candil*; puis vient la tour de *los Picos*, ainsi nommée de la forme de ses créneaux en pointe. Cette tour, l'une des mieux conservées du palais, commande la *Puerta de Hierro*, qui donne sortie dans la direction du Généralife. Au delà, l'enceinte revient vers le N., au-dessus des pentes presque à pic qui forment le ravin au fond duquel coule le Darro. On signale dans cette direction la tour de *las Damas*; la tour du *Mirah*, à la hauteur du palais arabe, au-dessus du jardin de Lindaraja; la tour de *Comarah* où se trouve la salle des Ambassadeurs; la tour des *Puñales* (poignards); la tour des *Gallinas*, auprès des citernes, et à g. de celles-ci, la tour ronde *del Cubo*. En retour, en dedans d'une haute muraille qui ferme l'*Alcazaba*, la tour *del Homenage* et les casernes. En remontant l'enceinte à g. de la tour *del Cubo*, la tour de *las Armas*, celle de *los Hidalgos*; en arrière, entre les deux, la *Vela* (*V.* p. 267) et plus en arrière, enfin, dans l'enceinte qui revient vers la porte *del Vino*, la tour moderne de la *Polvora* (poudrière).

Le Généralife est à un quart d'heure de marche de l'Alhambra. L'extérieur est sans aspect; de grandes murailles sans fenêtres, surmontées d'une terrasse. A l'intérieur, des arcades et de grands panneaux d'arabesques empâtés par des couches de lait de chaux. Ce qui n'est plus aujourd'hui qu'un mur vaguement vermiculé, était autrefois comme une dentelle découpée à jour.

« Dans une salle assez bien conservée, on remarque une suite de portraits enfumés des rois d'Espagne, qui n'ont qu'un mérite chronologique.

« Le véritable charme du Généralife, ce sont ses jardins et ses eaux. »

Du Belvédère du Généralife on croirait pouvoir toucher la Sierra Nevada, tant l'air est pur et limpide. Sur les flancs de la montagne, on admire les derniers vestiges d'une forteresse arabe, et plus loin, sur les sommets les plus voisins du Géné ralife, les restes d'une foule d'autres souvenirs de la puissance des Maures; le palais de *Darlaroca*, la *Silla del Moro*, qui paraît avoir été un oratoire, le palais de *los Alixarès*, des bains, des citernes, des réservoirs qui recueillaient les eaux provenant de la fonte des neiges, pour alimenter les jardins de l'O. On embrasse d'un coup d'œil l'ensemble de l'Alhambra; puis, au delà, la vue s'étend sans obstacle sur l'immensité de la Vega.

Il reste bien d'autres sites curieux à visiter autour de l'Alhambra : au pied de la colline du Généralife, la *fontaine del Avellano*, un site délicieux que Chateaubriand a comparé à la fontaine de Vaucluse; sur la colline qui s'élève en avant de celle de l'Alhambra, du côté de la Vega, le charmant domaine de *los Martires*, embelli par le banquier Calderon, et un groupe de jolies habitations dont la vue est admirable. — En descendant de l'Alhambra et en remontant, à dr., la place Neuve, il faut visiter l'Albaycin, qui mérite, plus que tout le reste de Grenade, l'attention du voyageur et de l'artiste. Il faut pénétrer, non sans quelques risques, dans ces intérieurs fumeux, et, plus loin, dans les habitations souterraines du *Sacro monte*; parcourir tout ce vieux quartier, parsemé de vestiges des temps anciens, et monter jusqu'aux murailles arabes qui l'entourent et du haut desquelles on revoit l'Alhambra.

On retrouve dans Grenade les danses populaires encore plus caractérisées que celles de Séville ou de Triana. Si l'on veut prendre sur le fait la danse des Gitanos, c'est dans l'Albaycin qu'il faut pénétrer; mais un étranger ne saurait le faire sans être accompagné.

Les magasins et les boutiques des marchands sont dans l'Alcaiceria, au Zacatin, sur la place de Bibrambla. L'Alcaiceria ressemble à un bazar de l'Asie. Dans le Zacatin se vendent des toiles et des étoffes pour toutes les classes; c'est aussi le quartier des tailleurs, des menuisiers, des orfèvres, des chapeliers et des graveurs. Sur la place de Bibrambla se trouvent les produits des fabriques catalanes, du fer et du plomb; enfin, dans la calle de *Mesones*, habitent les ouvriers en sparterie, les bourreliers et les fabricants d'outils. —

On va visiter, hors de Grenade, sur les bords du Darro, la collégiale de *Sacro Monte*, et, à 5 kil. au S. de la ville, auprès de la petite localité de *la Zubia*, un domaine royal où se trouve un laurier célèbre, sous le feuillage duquel, pendant le siège de Grenade, Isabelle la Catholique échappa aux Maures qui la poursuivaient.

Au delà, on fait d'intéressantes excursions dans la *Sierra Nevada*. On peut faire l'ascension des pics de *Mulahacen* et de *la Veleta*, les plus élevés de la chaîne des Alpujarres. On trouve des mulets, des chevaux et des guides à Grenade. On visite *Alhendin*, *Padul*, *Lanjaron* et ses eaux minérales acidules ferrugineuses, à l'entrée de la vallée d'*Orgiva*, la plus pittoresque de toute l'Andalousie. Il existe des voitures de Grenade à Lanjaron (59 kil.).

[De Grenade à Malaga, par Bobadilla, R. 89; — de Grenade à Cordoue, par Bobadilla, R. 89; — [de Grenade à Madrid, par Jaen, R. 87; — de Grenade à Murcie, R. 94; — de Grenade à Almeria, R. 93; — de Grenade à Séville, par Bobadilla et la Roda, R. 95. — Services de diligences sur Jaen, Lanjaron, Motril, Guadix, etc.]

ROUTE 90.

DE CORDOUE A MALAGA

Chemin de fer. — 193 kil.

V. la R. 89, p. 255, de Cordoue à *Bobadilla*, station d'embranchement des lignes de Grenade, à g., et de Malaga Ronda et Algeciras, à dr.

124 kil. *Bobadilla*. **Embranchement. Arrêt, Buffet.**

Le chemin de fer pénètre dans les gorges de *Guadalhorce*. La traversée de ces gorges présente des travaux considérables. Série de remblais et de tranchées; premier tunnel, de 360 mèt., nommé le *Val de Yeso*. Pont de 40 mèt., à 7 mèt. de hauteur, sur le Guadalhorce.

136 kil. *Gobantès* (altit. 320 mèt.). Route praticable communiquant avec les bains importants de *Carratraca*; 3 h. de voiture (*V.* ci-après, R. 96).

La voie descend par des pentes constantes. Série à peine interrompue de tunnels qui occupent, sur un parcours de 9 kil., une étendue de 6500 mèt. A dr., le Guadalhorce, à une profondeur de 10 à 15 mèt. Site des plus sauvages, au milieu duquel se développe un immense entonnoir de rochers nommé le *Hoyo*. Les souterrains, au nombre de 13, mesurent successivement 268 mèt., 586, 185, 350, 291, 218, 270. Au milieu de ce dernier, une coupure de 25 mèt. de profondeur, sur laquelle est jeté un pont de 40 mèt. A la sortie du souterrain, un second pont-viaduc de 50 mèt. qui donne immédiatement entrée sous le tunnel *del Chorro*, long de 262 mèt. Troisième viaduc, au-dessus d'un ravin de 35 mèt. de profondeur; au delà, le tunnel de *la Fuente*, 161 mèt. A la suite un autre tunnel portant encore le nom de *el Chorro* et mesurant 900 mèt. Enfin, après une profonde tranchée, 3 tunnels : 433, 459 et 740 mètres.

A la sortie du dernier (*Bombichar*, altit. 199 mèt.), le paysage change subitement. Magnifique décor, vallée toute plantée d'orangers. Pont de biais de 100 mèt. de long, à 17 mèt. de hauteur, sur le Guadalhorce.

155 kil. *Alora* (altit. 100 mèt.), jolie ville de 8000 hab., située sur le penchant d'une colline.

Le Guadalhorce coule à 200 mèt. et arrose à g. une délicieuse campagne, plantée d'orangers, de citronniers, de grenadiers, d'arbres à fruits de toute espèce.

Tunnel de 180 mèt.; quelques tranchées. Pont sur le Guadalhorce (50 mèt. sur 10 mèt. de profondeur).

163 kil. *La Pizarra*, 3500 hab. Un chemin, peu praticable, monte vers Carratraca. Il n'existe pas, à cette station, de services organisés pour les bains de Carratraca, ou pour Ronda. On part directement de Malaga.

A g., riche campagne admirablement cultivée. Au pied d'une hauteur à dr., couronnée par une ancienne forteresse, on aperçoit *Cartama*.

175 kil. *Cartama*, V. arabe à 4 kil. en arrière de la station, 4100 hab. Territoire riche et productif, planté de vignes, de figuiers, de grenadiers et d'oliviers.

182 kil. *Campanillas*.

La voie s'éloigne du Guadalhorce, et traverse une riche campagne toute sillonnée de chemins et de canaux d'irrigation. Des fermes, des bâtiments d'exploitation, des ateliers industriels précèdent

193 kil. **Malaga** (altit. 4 mèt.), V. de 116143 hab., ch.-l. d'une province civile, d'un commandement général, d'un commandement maritime, siège d'un évêché. Le climat est tempéré et salubre, le ciel est constamment beau et pur. Le thermomètre descend rarement plus bas que + 6°, l'été il ne s'élève pas au delà de 30° cent. Dans les jours les plus rigoureux de l'hiver, c'est à peine si la surface des eaux dormantes est légèrement ridée. On ne voit jamais à Malaga de maladies endémiques.

Les rues sont tortueuses et étroites, selon le système des Arabes; de ce nombre est la calle Nueva, qui renferme les principaux magasins. Maisons généralement bien bâties.

Les principales places sont : la *plaza de la Constitucion*, la *plaza de Riego*, la *plaza de la puerta del Mar*. La première est un vaste quadrilatère dont trois côtés sont occupés par les habitations du principal commerce de Malaga, la *maison de ville* forme le quatrième. Au milieu de la plaza de Riego s'élève un monument élevé à la mémoire du général Torrijos, passé par les armes en 1831. La *plaza del Mar* s'étend entre le quai et la belle promenade de l'Alameda.

Principaux édifices : le *palais Épiscopal*, portail construit en marbre; — la *Maison de ville*, façade ornée de trois étages de balcons et flanquée de deux tours carrées; — la *Douane neuve*, vaste et important établissement construit sur des plans adoptés par Charles III; — le *Consulado*, la *Halle*, l'*Abattoir*, le *Préside*, dépendance du préside péninsulaire de Grenade; — le *Théâtre*, joli édifice de construction moderne, qui peut recevoir 2000 personnes ; — la *Plaza de Toros*, bel édifice situé sur la plage E., au pied de la colline de *Gibralfaro* ; il peut recevoir 10 700 spectateurs.

Il faut aussi mentionner les *Atarazanas*, ancien *arsenal* des Maures, maintenant inoccupé et en partie ruiné. On y remarque encore une belle porte en marbre blanc. L'*Alcazaba* est une autre forteresse d'origine antérieure à l'époque arabe. Il n'en reste plus que quelques parties, occupées par le commandant général de la province.

Le *Castillo de Gibralfaro*, ou *Gebelfaro*, occupe, à l'E. de la ville, une colline qui s'élève à 170 mèt. au-dessus de la mer. Sa plus haute tour, la partie la plus ancienne de la forteresse, est une masse imposante de 16 mèt. de côté sur 8, soutenue par quatre arcs, et haute de 20 mèt. Du haut de cette tour la vue est admirable. Les vieux murs de la forteresse, crénelés et flanqués de tours, qui couronnent la colline et descendent en zigzags jusque vers la ville, produisent un effet des plus pittoresques.

Les fontaines de la ville sont alimentées par un bel aqueduc nommé *el Aqueducto de San Telmo*, construit en 1784, et qui reçoit, à 9 kil., les eaux du *Guadalmedina*.

Les *promenades* de Malaga sont nombreuses. La plus remarquable est l'*Alameda*. Elle forme une belle avenue, plantée de deux lignes d'arbres, entre lesquels sont, de place en place, des statues, des bancs de marbre, des candélabres à gaz. Les bas côtés sont occupés par deux rues qui longent les principaux hôtels et quelques belles habitations. A l'entrée, l'on remarque une fontaine de marbre, l'une des plus jolies qui soient en Espagne. Elle se compose d'un bassin octogone, du milieu duquel s'élève une colonne, couverte jusqu'au sommet de figures d'une exécution parfaite, et peut-être un peu érotiques, d'enfants, de sirènes, de satyres, versant l'eau par la bouche, par les seins « et par d'autres parties du corps ». Chacun de ces groupes est surmonté d'une vasque, plus étroite à chaque étage, et l'ensemble forme une pyramide que couronne une aigle. Une autre fontaine, nommée la *Fuente de Neptuno*, s'élève à l'extrémité opposée de la promenade.

Parmi les autres promenades de Malaga : la *Calle Hermosa*, qui s'étend de l'Alameda à la plage; le *Campo de Reding*, au pied de la montagne de Gibralfaro, et les *Alamedas de Capuchinos*, hors la ville, vers la route de Grenade; enfin, la *Courtine* du môle, qui va de la douane jusqu'au préside. La vue de la baie, le mouvement du port, font rechercher cette dernière promenade, dans les beaux jours d'hiver.

L'*instruction publique* comprend : un séminaire, un institut d'enseignement secondaire, une école normale où l'on enseigne la langue française; deux écoles d'instruction primaire, et la bibliothèque épiscopale, qui possède 8 à 10 000 volumes.

Parmi les établissements de bienfaisance, la *Caridad*; l'hôpital de *San Julian*, qui reçoit quelques pauvres incurables; l'hôpital militaire, avec 200 lits; les *Invalidas*, maison hospitalière occupée par quelques vieilles femmes; une maison de maternité, et une maison de repenties.

Neuf paroisses. L'*église cathédrale*, édifice remarquable par son aspect général et par sa richesse. La façade principale forme deux corps, avec huit belles colonnes de marbre ; les entrées latérales sont surmontées de deux tours rondes de 82 mèt. de hauteur. L'intérieur comprend trois belles nefs. La hauteur de la voûte atteint 40 mèt. On y compte trente-trois autels, non compris l'*altar mayor* qui est monumental. La *silleria* du chœur et les deux orgues sont très remarquables. —Chapelle du *Rosario*, tableau d'Alonso Cano, représentant la Vierge avec l'Enfant Dieu. — Chapelle de la *Concepcion*, belle peinture de Mateo Cereso, et un Saint Pierre. — *Capilla de los Reyes*, les Rois Catholiques, Ferdinand et Isabelle à genoux. — Chapelle de *San Francisco*, un monument sépulcral portant la statue de bronze d'un évêque.— Chapelle de *Santa Barbara*, retable de style gothique. — Chapelle de la *Encarnacion*, retable en marbre et en pierre de Mijas, d'une richesse et d'une élégance remarquables. Au côté gauche de l'entrée de cette chapelle, peintures représentant *sainte Catherine*, *sainte Madeleine*, *saint Sébastien*, *saint Barthélemy* et une *Adoration des rois mages*, d'une finesse et d'une netteté d'exécution dignes d'un examen attentif.

Paroisse de *los Santos Martires*, l'une des plus fréquentées de la ville. Haute tour, décorée d'une manière originale, de peintures figurant des ornements architectoniques. L'intérieur est très riche, couvert de feuillages, de festons et de guirlandes ; sculptures en bois peint, d'un certain mérite, représentant les Apôtres et des Saints. Deux autres églises, *Santiago* et *Mayor San Juan*.

Il est très intéressant de parcourir la campagne de Malaga. Il suffit de deux heures, sans s'éloigner beaucoup de la ville, et en revenant par le bord de la mer, pour avoir une idée de cette admirable végétation.

Principaux produits du territoire : blé, orge, olives, fruits, raisins secs, vins, limons, amandes excellentes, figues sèches. — Moulins à farine, fabrique de savon, de tissus, fonderies. Mouvement, année moyenne, de 1 500 000 arrobes de vin, de 1 million d'arrobes de raisins secs (*pasas*), de 15 millions de limons, etc.

Les habitants de Malaga sont généralement bienveillants et de relations agréables; leur esprit est vif et franc, leurs mœurs sont simples. Les femmes sont belles et gracieuses; les *Malagueñas* ont un teint charmant, des formes élégantes, une tournure séduisante; leur tête est parée d'une magnifique et abondante chevelure, que la mantille accompagne d'une façon charmante. Des pieds d'une rare petitesse, chaussés avec beaucoup de goût, à peine couverts par le soulier, complètent cet heureux ensemble.

On va de Malaga par Velez-Malaga et au delà à Grenade. De Malaga aux bains de Carratraca et à Ronda, en remontant la voie de fer jusqu'à la station de Gobantès, où l'on trouve la nouvelle ligne d'Algeciras, ou bien une route et des services de voitures dans ces directions (*V.* R. 96 et 97).

ROUTE 91.

DE GRENADE A MALAGA

A. **Par chemin de fer**, 192 kil. *V.* la R. 89, en sens inverse, de Grenade à *Bobadilla*, et depuis Bobadilla, la route 90, de Bobadilla à Malaga.

B. **Par voie de terre** et par *Alhama*, 117 kil.

On sort de Grenade, au S., par la route de Motril, que l'on suit, après avoir passé le *Genil*, jusqu'au bourg d'*Armilla*, 1500 hab., à 5 kil. Ici on quitte la route vers l'O., pour prendre un chemin qui, à 4 kil., rencontre la petite V. de *Gavia la Grande*, 2000 hab. Plus loin, à 8 kil., *Mala*; 9 kil. *Ventas de Huelma* et 10 kil. *Cacin*, sur la rive dr. de la petite rivière du même nom, affluent du Genil.

Pays très pittoresque et rempli d'anciens souvenirs.

12 kil. de Cacin, 48 de Grenade, la V. d'*Alhama*, 7000 hab. Un chemin qui se détache de la route à dr., 3 kil. avant d'arriver à la V., conduit, à 2 kil., aux *Bains d'Alhama*, eaux minérales sulfatées magnésiennes, température de 42 à 43° centig.; constructions anciennes, deux piscines voûtées; l'une d'elles d'une superficie de 70 mèt. c. sur 1 mèt. de profondeur, est un véritable monument.

La route, en sortant d'*Alhama*, s'engage au milieu des hauteurs qui forment le défilé de *Zafra*. Au delà, elle parcourt une jolie campagne en suivant la rive g. du *rio de Velez*, du N. au S.

Ventas de Zafarraga.
Viñuela.

85 kil. *Velez Malaga*, riche et jolie V. de 23500 hab. située à 2 kil. environ de la mer, au pied d'une colline. Commerce important en raisins secs.

88 kil. *Torre del Mar*. On prend dans la direction de l'O. une route qui suit constamment le bord de la mer, ayant à dr. une jolie plaine cultivée, limitée par des collines couvertes de vignes. De distance en distance on rencontre des tours,

des vignes ou des habitations de gardes-côtes.

114 kil. *El Palo*.

117 kil. **Malaga**. V. R. 90.

On peut aussi descendre d'*Antequera*, sur le chemin de fer de Grenade, par la montagne, et par une belle route très pittoresque.

ROUTE 92.

DE GRENADE A MOTRIL

59 kil.

On sort de Grenade par l'ancienne porte *del Pescado*. On passe le Genil, et au delà, à 3 kil. de Grenade, au milieu de la magnifique Vega, on rencontre le bourg d'*Armilla*, 1500 hab., pauvre et mal bâti.

7 kil. *Alhendin* ou *Algendin*, 2000 hab., sur une élévation rocheuse, d'où la vue s'étend sur un riche pays. C'est le dernier point d'où l'on puisse apercevoir Grenade, et on l'a surnommée *el ultimo suspiro del Moro*, parce que c'est là, dit-on, que Boabdil se retourna et jeta un dernier adieu à son royaume perdu.

15 kil. *Padul*, 3600 hab. Rues étroites et irrégulières. Territoire sillonné de cours d'eau.

20 kil. 1/2. *Durcal*, 2200 hab., au milieu d'une jolie plaine arrosée par le rio de Durcal.

26 kil. 1/2. *Talara*, 1000 hab., au milieu d'un territoire montueux planté d'oliviers, de chênes et de sparte.

29 kil. 1/2. *Beznar* (bonne posada où l'on couche quelquefois, à cause du mauvais état de la route au delà de cette localité), v. de 800 hab., situé au fond d'une vallée.

Au delà de Beznar, *Tablate*, 500 hab.; *Isbor*, 400 hab. La route parcourt la partie basse de la vallée de *Lecrin*.

48 kil. *Velez de Benaudalla*, 3930 hab., sur les pentes d'une petite colline couronnée par les ruines d'un château. A peu de distance, dans les premiers versants de la *Sierra de Lujar*, à l'E., mines de plomb à l'exploitation desquelles s'emploient une partie des habitants.

La route, en quittant Velez, laisse à dr. le *Guadalféo*, s'engage dans une gorge sauvage d'une grande profondeur, puis s'élève sur les versants de la *Sierra de Lujar*.

59 kil. **Motril**, 16 500 hab., au centre d'une petite vallée limitée au S. par la Méditerranée et au N. par la Sierra de Lujar. La mer est à environ 1500 mèt. des murs de la ville. A peu près environnée de montagnes, la jolie vallée de Motril jouit d'un climat privilégié, que l'on considère comme le plus doux et le plus salutaire de toute la côte de Grenade.

La ville est divisée en deux parties, l'une ancienne, à rues étroites et tortueuses, l'autre moderne et assez régulièrement bâtie.

Motril n'a pas de port; on appelle port de Motril la petite

anse semi-circulaire de *Calahonda*, située à 11 kil. à l'E. Cette anse est bordée d'une soixantaine de maisons incommodes, habitées par des pêcheurs et des matelots; une route carrossable la met en communication avec Motril, jusqu'à l'exécution du chemin de fer voté par le parlement, de Grenade à Motril et Calahonda.

On peut aller de Motril à Malaga, par Almuñecar et Velez Malaga ; la distance est de 102 kil., par une route de 2º ordre longeant la plage ; en attendant la ligne projetée d'Almeria à Malaga rejoignant celle de Malaga à Algésiras.

ROUTE 93.

DE GRENADE A ALMERIA

144 kil.

Il existe, de Grenade à Almeria, en attendant l'achèvement du chemin de fer, un service de gondoles à 8 places, qui fait ce voyage en trois jours. On couche la première nuit à *Guadix*, la seconde à la *venta de doña Maria*. Le chemin est généralement mauvais mais très intéressant. On traverse de pauvres villages entourés de pâturages. — Le premier de ces villages, *Huelor de Santillan*, à 8 kil. de Grenade, compte 8 à 900 hab. La route devient montagneuse et s'élève graduellement jusqu'au port, où se trouve la venta de *la cruz del Puerto*.

Au delà, on s'engage successivement dans deux défilés magnifiquement pittoresques, le *Prado del Rey* et *las Muelas de la Vieja*, dont le passage est souvent dangereux.

34 kil. *Diezma*, 1200 hab., dans une jolie plaine, au pied de la *sierra de Arana*; maisons mal bâties, à un seul étage. On descend, en quittant cette localité, une longue côte de près de 6 kil., au bas de laquelle on passe le *Fardès*. De l'autre côté *Purullena*, 700 hab., au milieu d'une petite plaine très fertile. La route traverse une vaste campagne semée de petites collines isolées qui servent d'habitation à une nombreuse population de Gitanos.

55 kil. **Guadix**, 11500 hab., sur la rive g. de la rivière de ce nom, à 12 kil. au N. de la *Sierra Nevada*. Cette ville a conservé quelques vestiges de ses anciennes défenses, et entre autres d'une forteresse maure, l'Alcazaba, d'où la vue sur la Vega est magnifique. Maisons généralement modernes ; les habitants pauvres vivent dans des grottes.

A 7 kil. de Guadix se trouvent les sources ferrugineuses et sulfatées de **Graena**. On les emploie contre les rhumatismes, les maladies nerveuses et cutanées. Pauvre établissement ; on trouve à grand'peine à se loger dans les 10 mauvaises maisons du village.

En quittant Guadix, on passe au pied des pentes méridionales de la *Sierra de Baza*. Route détestable. Plusieurs localités insignifiantes : la *venta de los Llanos*; la *venta del Baranquillo*; *Ocaña*, 1000 hab., au pied de la sierra de Baza ; *Doña Maria*; *las Alcubillas*; la *Venta de la Rambla*.

156 kil. *Gador*, 1800 hab. On y arrive en passant à gué le rio Almeria.

151 kil. 1/2. *Benahadux*, 1100 hab., dans une petite plaine sur la rive dr. de l'Almeria.

142 kil. **Almeria**, 40 130 hab., Voir R. 85 (p. 242).

ROUTE 94.

DE GRENADE A MURCIE

292 kil.

On suit la route précédente jusqu'à Guadix (55 kil.). En attendant l'achèvement du chemin de fer en construction.

En quittant Guadix, dans la direction du N.-E., on laisse à dr. la route d'Almeria. On franchit la rivière de Guadix, et l'on se trouve dans une plaine encaissée, sillonnée de ruisseaux. — *Cuesta de la Monja*, en haut de laquelle se trouve une promenade ornée de fontaines.

42 kil. de Guadix (97 kil. de Grenade), **Baza**, 12 900 hab. Au N.-O. se développe une immense plaine, la *Hoya de Baza*, couverte de villages. Autour de la ville, de beaux-jardins et de riches plantations. Baza compte environ 1600 maisons.

L'Église, excessivement ancienne, est de style gothique pur. Dans l'intérieur, un chœur avec une *silleria* très curieuse, sculptée en noyer, et des orgues renommées dans l'Andalousie.

A une petite distance au delà de Baza, on passe à gué la petite rivière du même nom.

139 kil. *Cullar de Baza*, 6000 hab., dans un vallon. Une partie de sa population habite des caves pratiquées dans les collines. Paysage magnifique.

140 kil. *Chirivel*, 1600 hab., pauvre, mal bâti. Le chemin qui sépare ce village de Velez-Rubio est coupé en trois parties égales par deux énormes rochers situés à 6 kil. l'un de l'autre.

152 kil. *Velez-Rubio*, 9446 hab. entourée de murailles en terre avec trois entrées principales. Quelques maisons bien bâties, rues larges et commodes. A 5 kil. au N., sur un monticule isolé, la petite V. de *Velez-Blanco*, 6500 hab.

On quitte Velez-Rubio par une longue descente tortueuse. La route s'engage dans un vallon profond, *la Rambla de Nogalte*, qui forme un défilé nommé le *puerto de Lumbreras* à travers la chaîne de *Las Estancias*.

202 kil. **Lorca**, 53 000 hab., V. R. 85 (p. 241) V. aussi la section de ligne en exploitation, par Lorca et Totana jusqu'à **Murcie**.

La construction du chemin de fer est en pleine activité au

moment où paraît ce volume, sur la direction ci-dessus décrite à partir de Grenade. Arrivé à Baza, le tracé prend une direction différente de celle de la route de terre. Il évite Cullar, Chirivel et Velez-Rubio pour descendre au S. par Purchena, et la vallée de l'Almanzora jusqu'à *Huercal Overa* (V. R. 85). Il abordera au N. les rampes de la Sierra de las *Estancias* et franchira le puerto de *Lumbreras* avec la vieille route et celle d'Almeria à Murcie.

ROUTE 95.

DE CORDOUE A MARCHENA ET UTRERA

Chemin de fer. — 144 kil.

On emprunte le commencement de la ligne de Cordoue à Malaga, par les stations de *Cercadilla* et de *Valchillon* (8 kil.). Après celle-ci s'embranche la ligne de *Marchena*, dans la direction suivante :

24 kil. *Guadalcazar*, 700 hab., à dr. grande plaine cultivée ; le Guadalquivir et le haut rocher d'*Almodovar del Rio*, sont à dr. sur la ligne de Cordoue à Séville.

34 kil. *La Carlota*, 4600 hab., l'une des fondations de Charles III. Charmante position d'où l'on jouit d'une vue étendue sur toute la contrée environnante.

Au delà de Carlota, le pays devient plus accidenté.

42 kil. *Fuente Palmera*, 2900 hab., autre fondation de Charles III.

56 kil. **Écija**, 24 000 hab., sur la rive g. du Genil. L'aspect d'Écija, des hauteurs qui la dominent, est des plus pittoresques. Nulle part dans la province, l'été n'est plus ardent qu'à Écija ; on a surnommé cette ville la *Sarten* (la poêle) de l'Andalousie. Les rues sont étroites et tortueuses. — La *calle de los Caballeros*, où demeure la noblesse, et qui renferme les plus beaux hôtels, offre des merveilles de richesse architecturale. — Trois des six églises ont pour clochers des tours arabes d'une grande hauteur. On signale dans celle de Santiago une image de *Ntra Sra de los Dolores*.

Le théâtre, privilège de ce ciel magnifique, n'a pas de toiture ; la *plaza de Toros* donne, dans la saison d'automne, des courses renommées.

71 kil. *La Luisiana*, 1500 hab.

85 kil. *Fuentes de Andalucia*, 6900 hab., ville agricole, belle campagne.

100 kil. **Marchena**.

[A g. se détache, vers l'E., une ligne qui va aboutir à *La Roda*, sur le chemin de fer de Cordoue à Bobadilla (R. 89), à 92 kil. de Cordoue. Cette petite ligne comprend :

12 kil. *Los Ojuelos*.

31 kil. **Osuna**, vieille ville de 16 883 hab., ancien apanage de l'une des plus grandes et des plus riches familles de l'Espa-

gne. Église de style gothique, la *colegiata*, dans laquelle quelques tableaux et particulièrement un *Christ*, de Ribera, chef-d'œuvre inaperçu, placé dans un coin obscur. Sous le maître-autel une chapelle souterraine renfermant les tombeaux en marbre noir de la famille d'Osuna.

42 kil. *Agua dulce*.

55 kil. *Pedrera*, 1250 hab. sur un plateau dominant la plaine. La voie est en rampe jusqu'à La Roda (67 kil.)]

Marchena, 13 200 hab. — Altit. 100 mèt. — dans une vallée sablonneuse et sur les pentes de deux collines. Église principale, très ancien édifice à 5 nefs, dont le maître-autel et le chœur sont en bois de cèdre. Les ducs d'Arcos y possèdent un palais. — La voie descend maintenant par

108 kil. *Paradas* et

114 kil. *Arahal*, jusqu'à l'*empalme* (128 kil.) ou point d'*embranchement* d'où se détache la petite ligne allant à *Moron*.

[19 kil. **Moron**, V. de 15 000 hab. Situation très pittoresque, sur la rive dr. du Guadaira, à l'extrémité d'une plaine plantée d'oliviers, qui s'étend jusqu'à la Serrania de *Ronda*. Jolie ville bien distribuée : église gothique surmontée d'une tour construite sur le modèle de la Giralda de Séville. Eaux abondantes. Ancienne forteresse de l'époque romaine, couronnant une montagne qui domine la ville à l'E. Gisements métallurgiques, gypses, marbres variés, carrières très exploitées.]

Depuis l'*embranchement* jusqu'à Utrera (16 kil.), la voie accompagne la route de terre avec des pentes constantes.

144 kil. **Utrera** (altit. 42 mèt.), *V*. R. 102, de Séville à Cadix.

ROUTE 96.

DE CORDOUE A CARRATRACA

147 kil.

Cordoue (*V*. R. 86, p. 000). On prend le chemin de fer, de Cordoue à Malaga, R. 90, jusqu'à la station de *Gobantès*. Il existe à cette station des moyens de transport suffisants, chevaux, mulets et voitures, et, d'ailleurs, pendant toute la saison, un service régulier, avec bureau auprès de la station (fonda de la *Casablanca*). On part de cette fonda à 10 h. du matin. Il faut compter 5 h. de Gobantès à Carratraca, par les montagnes très pittoresques de la *Sierra de Aguas*.

Carratraca, 1690 hab.; altit. 486 mèt. Une centaine de maisons reçoivent les baigneurs.

L'établissement des bains, dont la renommée est très grande, est dans la partie la plus élevée du village; grandes galeries, avec pavillon central, salon d'attente, salles de service, appartements de la direction et dépendances. Cabinets de bains spacieux, avec baignoires do marbre blanc. Bonne installation.

La source, qualifiée de sulfhydrique arsenicale bicarbonatée alcaline et métallique, débite 768 litres par minute. Elle dégage une odeur très prononcée d'hydrogène sulfuré. La température est de 17° 1/2 centigrades.

Les eaux de Carratraca conviennent aux diverses affections diathésiques : maladies de la peau, manifestations syphilitiques : scrofules, affections rhumatismales et catarrhales, etc.

La saison des bains commence le 15 juin, et finit avec le mois de septembre. La cure, selon la gravité des affections, varie de quinze bains à trente au plus (3300 baigneurs par an).

Climat sain ; chaleurs de la saison d'été très supportables. Carratraca est un séjour agréable pendant la saison.

ROUTE 97.

DE BOBADILLA A RONDA ET ALGECIRAS

Cette Route assure les communications de Cordoue, Grenade et Malaga, par leur point commun de rencontre de *Bobadilla*, avec l'extrême S. de l'Espagne, le Détroit et sans doute aussi Cadix, en ouvrant le passage à travers la curieuse région montagneuse où se trouvent *Ronda*, *Jimena*, *Gaucin* et *Alcala de los Gazules*.

La ligne est ouverte (septembre 1891), à partir de Bobadilla, par les stations de

    kil. *Campillos*,
    kil. *Almargen*,
    33 kil. *Cuevas del Becerro*, 2591 hab., sur de hauts plateaux cultivés. On remonte la vallée du *Guadalteba*, jusqu'à la ligne de faîte, pour redescendre au milieu de taillis. Sur la dr., on domine une vallée profonde toute plantée d'oliviers. On a devant soi le magnifique spectacle de la montagne de Ronda, au milieu du cirque formé par la *serrania*.

Ces hauteurs forment un cirque immense d'un diamètre de près de 40 kil. Au centre de ce cirque, s'élève Ronda, assise sur un rocher énorme. On l'aperçoit, séparée en deux parties dans toute sa hauteur, soit par suite d'une commotion terrestre, soit par le travail patient du torrent du *Guadalevin*. Ce torrent, venant du N. et qui prend au delà le nom de *Guadiaro*, s'engage dans la coupure et se précipite vers le S. en formant une suite de cascades de l'effet le plus pittoresque. Cette coupure mesure plus de 160 mèt. de hauteur, et les roches toutes déchiquetées qui la garnissent présentent un écartement qui varie de 25 à 65 mèt.

C'est sur les deux sommets de ces rochers, et sur les pentes N. que s'échelonne la ville.

Ronda (52 kil. de Bobadilla 18,393 hab.

Lorsque la ville, en s'agrandissant, eut couronné les rochers, les alcades conçurent l'idée d'un pont destiné à réunir les deux sommets. Sur deux des roches s'appuient deux culées colossales qui s'élèvent jusqu'au niveau des deux esplanades. L'œuvre du pont présente ensuite deux petits arcs et un grand arc. Le tout est couronné par un parapet. Les piles mesurent 100 mèt. de hauteur, et le pont une longueur totale de 70 mèt. Appuyé sur le parapet et dominant ce chaos de rochers, ce tumulte d'eaux écumantes, dont le bruit et le mouvement donnent le vertige, le curieux voit planer au-dessous de lui les aigles et les vautours; rarement il les voit au-dessus.

Souvent aussi on voit les nuages descendre au-dessous de la ville, où le soleil brille pendant qu'il pleut au-dessus du torrent.

On jouit d'un spectacle d'un autre genre en descendant du haut de la ville par un sentier hardiment tracé sur l'un des flancs de la montagne, et qui décrit au milieu des roches une multitude de détours capricieux. Vu du fond de la coupure (le *Tajo*), l'aspect de ce pont colossal et de cette ville perdue dans le ciel est encore plus imposant. On compte quatorze petits moulins, suspendus comme des nids d'hirondelle sur l'un des flancs du Tajo, et mus par un canal détourné du torrent.

Ronda est divisée en trois quartiers : la ville, le Mercadillo et San Francisco ; la ville occupe les sommets, et les deux quartiers se développent sur les pentes opposées de la montagne. Partout on rencontre des traces des différents possesseurs de cette position de tout temps appréciée. On cite plus particulièrement : la place *del Socorro*, dans le quartier du Mercadillo. La promenade de l'*Alameda*, située au point le plus élevé des rochers, est bornée, à une extrémité, par le Tajo, dont la sépare un parapet couronné d'une haute grille de fer avec balcons saillants au-dessus du précipice. Des balcons de l'Alameda, comme du parapet occidental du pont, la vue sur la campagne de Ronda est admirable. On compte un nombre infini de jardins, de vergers, de riches plantations.

On doit signaler parmi les édifices de Ronda la caserne des Milices provinciales ; la maison de ville, qui date de 1650, et qui fut réédifiée en partie en 1724; la *Casa del Rey moro*, avec son escalier dans la roche et ses jardins en terrasses suspendus au bord du précipice; les vestiges du vieil *Alcazar*; le *théâtre*, indigne d'une ville comme Ronda, et la *plaza de Toros* construite à la fin du xviiie s., aux frais de la *Real maestranza*, le plus ancien des ordres nobiliaires de la vieille Andalousie.

Les habitants de Ronda, les

Rondeños, sont restés le type de la vieille race des Andalous montagnards et du contrebandier andacieux. Ce sont les plus redoutables joueurs de couteau de tout le midi de l'Espagne. Ils professent une industrie particulière qui consiste dans le dressage des chevaux. On trouve dans les vallées de la Serrania des chevaux de grand prix renommés pour l'excellence de la race, leur belle allure et la sûreté du pied.

La foire annuelle de Ronda se tient les 20, 21 et 22 mai. Il y arrive de toute la contrée un grand concours de monde, et il s'y fait d'importants marchés en chevaux et en bestiaux. On fait venir d'ordinaire les toreadors les plus réputés et les taureaux de combat des meilleurs pâturages, pour les courses qui ont lieu à cette occasion.

Hors de Ronda, on va visiter la *Cueva del Gato* (la grotte du Chat) et les ruines de *Ronda la Vieja*.

[La Cueva del Gato est à 7 kil. environ à l'O., au delà du joli village de *Beanojan*. On s'y rend à cheval, par des sentiers escarpés et très pittoresques. L'entrée de la grotte, formée par de belles roches de stratifications diverses, est immense et monumentale et semble une œuvre d'architecture altérée par le temps. Un torrent prend sa source au fond de la grotte, et la traverse dans toute sa longueur, que les gens du pays évaluent à 5 ou 6 kil.

Les ruines de *Ronda la Vieja* se trouvent à environ 12 kil. au N.-O., au sommet d'une haute colline. On reconnaît parmi ces ruines les traces d'un mur d'enceinte et de quelques tours. Le seul édifice à peu près debout est l'amphithéâtre, que précède un beau portail d'ordre dorique. L'enceinte est intacte; tous les gradins, au nombre de 23, sont encore en place. Au dernier étage, on reconnaît les vestiges d'une galerie, et sous le cirque pénètrent des passages voûtés qui descendent à une salle souterraine, aujourd'hui obstruée. De tous côtés on trouve des monnaies, des tuiles, des faïences portant des inscriptions. Des fouilles conduites avec intelligence feraient certainement découvrir des traces plus nombreuses de l'ancienne cité.]

A part le chemin de fer qui à la suite de travaux considérables met désormais *La Serrania* en communication avec toute l'Espagne, Ronda n'avait que des sentiers ou des chemins à peine carrossables pour atteindre les localités de la région. L'un franchit la Sierra au N. pour rejoindre, à Campillo, la route d'Osuna et de Séville; un autre, qui suit presque constamment les crêtes, se dirige au S.-O. vers *Medina Sidonia*; un troisième descend au S., vers *Gibraltar*, par *Gaucin* et *San Roque*.

Le chemin de fer en cours d'exploitation vient d'Algeciras,

sur 42 kil., au-devant de la section de Bobadilla-Ronda. La lacune, qui est de 85 à 88 kil., touchera, en descendant de Ronda, *Benaojan, Atajate, Gaucin, Colonias de Guadiaro, San Roque*. Un petit embranchement, partant de la station de San Roque, traverse *La Linea* et le *Campo* de Gibraltar. La ligne de Bobadilla à Algeciras comptera en totalité 182 kil., et se soudera sur un point qui précède San Roque, avec la ligne venant de Malaga par Estepona et Marbella (R. 98).

Gaucin, qui sera une station entre Ronda et San Roque, est une petite ville de 4700 hab., dans une position presque aussi originale que celle de Ronda. Elle est construite en amphithéâtre, à une grande hauteur, sur les pentes et presque au sommet de l'une des montagnes de la *sierra del Hacho*. A l'E. de la ville, et sur le haut d'un rocher, s'élève un très vieux château à peu près inexpugnable, et dans lequel est entretenue une petite garnison. De ce château, règne une vue magnifique sur la baie de Gibraltar, le détroit, la forteresse de Ceuta et la côte d'Afrique.

A 6 kil. à l'E. de Gaucin, au pied de la *sierra Bermeja*, se trouve un établissement de bains, *el Monte del Duque*, alimenté par une source ferrugineuse carbonatée.

La section partant d'Algeciras et ouverte à l'exploitation, rencontre : à 8 kil. *Los Barrios* ; à 14 kil. *San Roque et l'Empalme* de la ligne de Malaga ; à 30 kil. *Castellar* ; et à 42 kil. *Jimena*. Alcala de los Gazules est à 15 kil. à l'O.

ROUTE 98.

DE MALAGA A ALGECIRAS

133 kil.

Malaga (*V*. R. 90). Le chemin de fer suivra la même direction que la route, par la côte, et aura les mêmes stations.

On ne perd pas la mer de vue un seul instant pendant tout le parcours. Après avoir quitté Malaga, on laisse à dr. des routes allant à Antequera et à Ronda, et la petite ville de *Alhaurin de la Torre*, située au pied de la *sierra de Mijas*.

17 kil. *Churriana*, 1800 hab., dans une petite plaine. — Successivement, et à de petites distances, *Torremolinos, el Arroyo de la Miel, Benalmadena, Fuenjirola*. Les hautes montagnes de la *sierra Blanca* dominent tout le côté dr. de la route, et sur le côté g. s'étend une belle plage de sable fin sur laquelle s'élèvent, à distance de 2 à 6 kil., des tours de garde, occupées par deux hommes et un chef, ayant chacun la jouissance de 100 ou 150 ares de terrain.

54 kil. *Marbella*, 5800 hab., jolie V. d'origine mauresque, adossée à la Sierra Blanca. — La ville est bien bâtie ; rues larges, bien aérées. Église mo-

derne, à trois nefs, avec une nef centrale très élevée. — La campagne, très limitée par les montagnes, est couverte d'habitations, de métairies, de jardins. — Colonies agricoles de *El Angel* et *San Pedro Alcantara*. — Au delà de Marbella, les *ventas de Quiñones* et de *Cazorla* à 5 kil. 1/2 l'une de l'autre; dans l'intervalle, au bord de la mer plusieurs tours-vigies.

83 kil. *Estepona*, 8600 hab., à l'extrémité d'une petite plaine qui s'étend jusqu'au pied de la *sierra Bermeja*. Ville bien bâtie.

Deux chemins partent d'Estepona au N. et au N.-O.: le premier vers *Ronda*, le second vers *Gaucin*, sur la route qui conduit de ces villes à Gibraltar. Un troisième chemin longe la côte, rencontre trois autres tours : *Salada-Vieja*, *Arroyo-Baquero* et la *Sal*. En continuant de suivre la côte, on traverse en bac la rivière de *Guadiaro* qui descend du Tajo de Ronda. On peut suivre les sables pour arriver à Gibraltar. Le chemin frayé s'éloigne un peu de la côte.

Avant l'arrivée à San Roque et à la rencontre du Guadiaro, se trouve l'*empalme* de la ligne de Malaga avec celle qui descend de Ronda. La section d'Algeciras est actuellement ouverte par : 8 kil., *Los Barrios*; 14 kil., *San Roque*; 30 kil., *Castellar*, et 42 kil. *Jimena*, à continuer vers Ronda et Bobadilla. L'achèvement de cette ligne donnera lieu à une tournée circulaire charmante de Malaga à Malaga, par le littoral et par les montagnes.

122. kil. *San Roque*, V. de 8453 hab., d'origine toute moderne, bâtie sur un rocher; sa fondation date de l'époque où Gibraltar fut perdu pour l'Espagne. Un grand nombre de familles anglaises ont établi à San Roque leur résidence d'été. Maisons élégantes; vie à très bon marché.

La place de Taureaux est très fréquentée par la population de Gibraltar.

On rencontre, à peu de distance, en avant de San Roque, le pont *de Mayorga*, sur le *Guadarranque*. Auprès de San Roque et après le pont de Mayorga, en suivant la baie vers l'O., on visite *Carteïa*, ou plutôt des ruines qui survivent à la plus ancienne des cités romaines de l'Hispania ultérieure. — Plus loin une forêt de chênes et de chênes-liège magnifiques, puis *Los Barrios*, station de la ligne. Celle-ci, après Los Barrios, continue à suivre la rive O. de la baie.

130 kil. **Algeciras**, 11 800 hab. Elle est située vers le milieu de la côte O. de la baie de ce nom, vaste espace elliptique de 2 lieues marines de profondeur, sur 1 lieue 1/4 de largeur, qui débouche sur le détroit, et que limitent, à l'E., les hauts rochers de la *Pointe d'Europe*, au pied desquels est bâti *Gibral-*

tar. En face, Algeciras forme, à l'embouchure de la rivière *la Miel*, un petit port avec un bon fond.

Algeciras est une ville ouverte, dominée par des hauteurs ; le port est bien défendu. Les maisons sont propres, d'un aspect riant, mais très basses et garnies de grilles.

Bateaux pour Gibraltar en 30 min. (*V.* R. 102, *Cadix*.)

Excursion à Gibraltar.

En arrivant à *San Roque*, par le chemin de fer, de Ronda ou de Málaga, on rencontre à 8 kil. *La Linea*, V. frontière de 8081 hab., avec une petite garnison espagnole et des douaniers. Une zone neutre la sépare de Gibraltar. Un petit chemin de fer abrège la distance totale qui est de 11 kil. De La Linea à Gibraltar existe une langue de terre étroite et sablonneuse, contenue entre deux lagunes couvertes à marée haute. La chaussée est large de quelques mètres, et est enfilée par toutes les batteries du N. de la place.

Gibraltar. La ville est située sur un versant, à l'O. du rocher, faisant face à la baie. On y compte de 15 000 à 20 000 hab., non compris une garnison de 6000 hommes. Les rues sont étroites et sombres. Il n'en est qu'une que les Anglais aient décorée du nom de *street*, c'est Main street, l'artère principale de Gibraltar.

Les rues sont bien éclairées la nuit, mais cependant personne n'a le droit d'être dehors après le coucher du soleil, si ce n'est les officiers et ceux qu'ils accompagnent.

Le théâtre finit de bonne heure. Ce théâtre est modeste.

La principale place est le *Commercial Square*. C'est là que sont les meilleurs hôtels et la bourse (*Public Exchange*), où l'on trouve une librairie et des journaux. Un club s'y tient, où il est facile à un étranger de se faire présenter par son maître d'hôtel. Pendant le jour, cette place est très pittoresque et très animée.

On trouve à Gibraltar beaucoup de confortable. La ville est toujours abondamment pourvue ; néanmoins la vie y est excessivement chère, les logements sont rares et hors de prix ; les gages et la main-d'œuvre sont très élevés.

Le climat est souvent désagréable, surtout lorsque souffle le vent d'est ; il est généralement sain.

Il faut peu de temps pour visiter Gibraltar. La principale curiosité n'est pas la ville, c'est le rocher, et les fortifications dont il est couvert. On ne peut y pénétrer sans une permission, qu'il est, du reste, facile de se procurer par l'entremise des garçons d'hôtel. On loue à cet effet un cheval, et on peut aller partout sans mettre pied à terre, mais en ayant soin de se courber un peu sur le cou de sa monture pour éviter de se heurter la tête aux voûtes des galeries. On est, du reste, partout accompagné par un sergent, et l'on n'a la permission de prendre ni une note ni un croquis, à moins d'une autorisation toute spéciale du major de la place.

On descend, après la visite du rocher et des batteries, jusqu'à la Pointe d'Europe; mais cette dernière partie de l'exploration ne saurait se faire à cheval, il faut conduire sa monture par la bride. On rencontre des villas et des jardins, puis des casernes, une prison, une batterie et des canons, jusqu'au point où le rocher fait place à la mer.

On revient vers la ville en passant auprès du port militaire, et en suivant la promenade de l'*Alameda*. Il existe sur cette promenade un monument à la gloire de Wellington, avec une inscription qu'il vaut mieux ne pas traduire en français.

Le port de Gibraltar sert d'échelle à presque tous les navires qui vont de la Méditerranée à l'Océan; l'ancrage n'est pas bon, la baie est ouverte et très exposée aux vents du S.-O. Le vent d'E. n'est pas meilleur, les navires chassent souvent sur leurs câbles et vont quelquefois se briser à la côte. Les Anglais ont construit à grands frais une succession de môles qui aident à l'amarrage des navires et au déchargement des marchandises. Avec la dixième partie de ces dépenses, les Espagnols feraient à Algeciras un port magnifique.

On peut arriver à Gibraltar par les bateaux de Cadix ou de Malaga qui font escale, ou bien par le service d'Algeciras 2 fois par jour, en 30 minutes (traversée 7 kil.; prix 1 fr. 25 et 0 fr. 75).

ROUTE 99.

DE CORDOUE A SÉVILLE

131 kil. — Prix : 1re cl., 15 pes. 10 c.; 2e cl., 11 pes. 30 c.; 3e cl., 6 pes. 80 c. — Trajet en 5 h. 40.

Le chemin de fer se tient presque toujours à une petite distance du Guadalquivir. Après Cordoue (442 kil. de Madrid), plaine cultivée. A dr., un asile d'aliénés et de vastes prairies entourées de murs, sur lesquelles on élève des taureaux de combat, et les landes de *Medina Azzahra*, où existait le palais merveilleux d'Abderrame.

15 kil. *Villarubia*. Grande exploitation agricole.

23 kil. *Almodovar*, 1300 hab. Le rocher qui domine mesure près de 100 mèt. de hauteur. Le château, fortifié par le roi don Pedro, présente encore quelques parties bien conservées. Une tour principale, haute de 40 mèt., quatre autres tours tronquées. La vue s'étend à une distance immense sur la campagne et sur la Sierra Morena.

Après Almodovar, vallée encaissée, sans aspects agréables; mamelons plantés d'oliviers, de lentisques et de chênes.

Pont-viaduc en fer, de 60 mèt., sur le *Guadiato*. Quatre autres ravins, le *Mondragon*, le *Cabrilla*, le *Cuadraijeto* et le *Cubraido*.

32 kil. *Posadas*, 2800 hab. Jolie plaine. — Beau pont en maçonnerie et en fer, de 66 mèt., sur le *Bembezar*.

42 kil. *Hornachuelos*, 500 hab. Mamelon au sommet duquel s'élève un vieux château ruiné. Paysage sombre et solitaire; aucune trace d'industrie ni d'activité.

A dr., mauvaise route qui s'élève vers *Constantina*, la ville aux eaux-de-vie, la plus importante de toute cette partie de la province.

53 kil. *Palma*, 6965 hab., de l'autre côté du Guadalquivir. Belles cultures; vergers, jardins bien plantés. Palma est tout orangers; vue des hauteurs qui dominent le Genil, ce n'est qu'un immense buisson d'une verdure opaque. Les oranges ne sont pas moins renommées que celles de Palma de Mayorque. Pont-viaduc à g., chemin de fer de Palma à *Ecija*, à 22 kil. au S.-E. (R. 95). — Il existe un service régulier de voitures de Séville à Ecija par Palma.

Ravin du *Retortillo*. Pont de 20 mèt.

57 kil. *Peñaflor*, 2200 hab. Église avec une jolie tour d'architecture romane. Après ce village, à g., jolie vallée plantée d'arbres et d'oliviers; à dr., gorge qui s'étend jusqu'aux contreforts de la Sierra. Un torrent, le *Guadalvacar*, descend de cette gorge pour rejoindre le Guadalquivir. La voie traverse ce torrent sur un pont en fer. Au fond de la gorge, sur un groupe de rochers, les ruines du vieux château de *Sete Fillas*. La plaine, à g., est couverte de palmiers nains; auprès de la voie, beaux oliviers.

75 kil. **Lora del Rio**, 6770 hab. A dr., chapelle de style roman, avec un joli portail et un clocheton élégant, en briques, conservant quelques traces de faïences incrustées. Population industrieuse; plaines couvertes de plantations d'oliviers, de mûriers et d'orangers. Sur la montagne de Sete Fillas, sanctuaire dédié à la Vierge et célèbre dans tout le pays.

Beau pont sur le Guadalquivir, de 256 mèt. Piles en fonte, tablier de poutres en tôle. — La voie passe sur la rive g. du Guadalquivir. A dr., au-dessus d'une colline à pic, *Alcolea*, à 6 kil.; *Villanueva del Rio*, avec un clocher carré. — Gisements de charbon de terre.

A g., grande plaine où se tenait autrefois la célèbre foire de Mairena.

91 kil. *Guadajoz*, v. ruiné, station d'*embranchement* d'une petite ligne de 15 kil. conduisant à *Carmona*. (V. pour cette ville la R. 100.) Petite vallée du *Corbonès*, à g. Campagne exces-

sivement riche en céréales, en oliviers et en troupeaux.

À dr., belles cultures, plaine fertile et riante, arrosée par le *Huesna*.

96 kil. *Tocina*, 1450 hab., sur la rive g. du Guadalquivir. A dr., à 6 kil. du fleuve, *Cantillana*. A g., le sommet de la montagne de Carmona, à 10 kil. Un peu après Tocina, à dr., embranchement de la ligne de Mérida (R. 101).

110 kil. *Brenès*, 1950 hab. à dr. On n'aperçoit que ses toits et le clocher carré de son église.

Pâturages et plantations d'oliviers. — A 9 kil. de Brenès, **empalme** et halte pour la division du train. A g. l'embranchement qui relie directement la voie de Cordoue à la ligne de Cadix, et qui fait le tour d'une partie de Séville, pour se raccorder avec la gare de cette ligne à l'E. (*V. R.* 102). La ligne de Séville continue à dr. parallèlement au Guadalquivir. Le fleuve coule à 500 ou 1000 mèt. sur la dr. Belle plaine, plate, bien cultivée. A peu de distance, droit en face, la célèbre tour de la Giralda.

A dr., au delà du Guadalquivir, au pied de jolies collines couvertes d'oliviers, la place où fut *Italica*, la patrie de Trajan, d'Adrien et de Théodose.

Plus loin, *Santi-Ponce*, avec un couvent de repenties; le monastère de *San Geronimo*; la *Cartuja* de Triana, ancienne chartreuse où est établie une fabrique de faïences.

A g., quartier de la *Macarena*; grand hôpital de *la Sangre*; une vieille tour carrée du roi don Pedro; jolie promenade récemment plantée sur l'emplacement des anciens remparts.

La gare est au S.-O., dans l'axe du centre de la ville et des rues les plus importantes, entre la ville et le Guadalquivir, sur l'un des côtés de la place d'Armes, près de la place des Taureaux.

131 kil. **Séville**[*].

132 800 hab. Altitude, 110 mèt., atmosphère très-saine.

Il ne reste des anciennes murailles de Séville qu'une partie, limitant le N.-O. de la ville, depuis la porte de la Macarena jusque vers l'ancienne porte de Cordoue. Cette partie est soigneusement conservée et réparée, sur 410 mètres, avec ses vieilles tours crénelées, carrées ou octogones et son chemin couvert de 4 à 5 mèt. de large, d'un âge plus moderne. Le faubourg de la *Macarena* est habité par une nombreuse population de cultivateurs, et au delà on aperçoit l'hôpital général.

Séville a conservé son caractère ancien, ses rues étroites et tortueuses; de belles maisons présentent encore tout le type arabe. Les maisons modernes, à deux ou trois étages, sont d'un bel aspect, peintes en bleu clair, en jaune pâle, en rose pâle, en gris perle. La plupart ont des *miradores*, balcons vitrés en saillie sur la rue, ornés

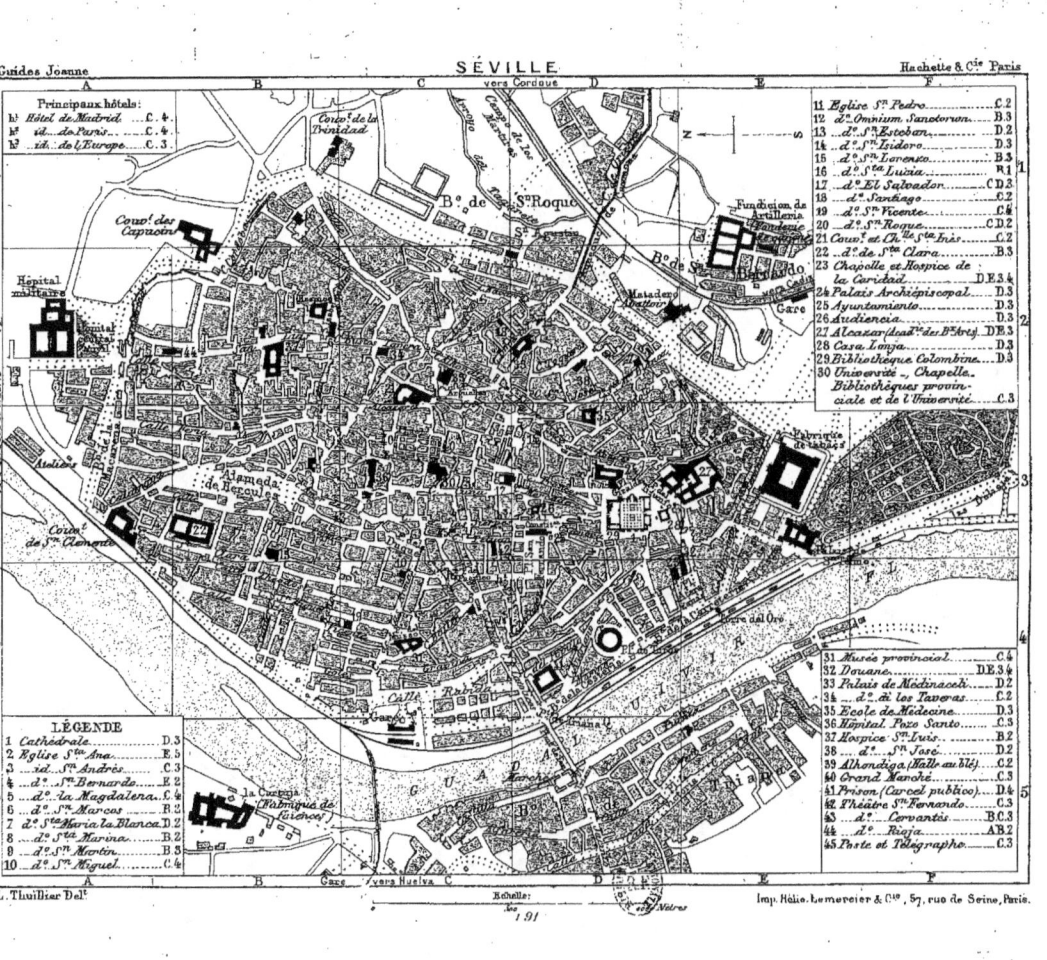

de fleurs, de draperies et presque toujours d'une grande élégance.

Le caractère le plus intéressant des habitations de Séville, ce sont les *patios* ou cours intérieures. Ils sont généralement séparés de la rue par des vestibules dallés en marbre blanc et noir, et sont fermés, sur ces vestibules, par des grilles en fer où s'exerce toute l'imagination d'artisans habiles. Tout autour du patio règne une galerie formée par des colonnes grêles soutenant, à l'étage supérieur, une galerie vitrée qui forme le corridor de l'habitation. Le patio est dallé, garni de fleurs; un *toldo* tendu au-dessus de la galerie supérieure, l'abrite des rayons du soleil. La fraîcheur y est entretenue par des fontaines d'eau vive. Des lampes ou des lanternes élégantes (gaz ou électricité) y sont allumées le soir.

Plaza San Fernando. Espace carré, inondé de soleil, planté d'orangers, garni de bancs de marbre à dossiers de fer. Grandes maisons symétriques à deux étages formant trois des côtés. Le quatrième est occupé par la façade nouvelle du palais de l'ayuntamiento. La calle de Genova, à l'angle S.-O. de la place, conduit à la cathédrale.

Plaza San Francisco ou *de la Constitucion*, à l'extrémité de la *calle de las Sierpes*, la plus animée, la plus curieuse des rues de Séville. Sur cette place, formant un quadrilatère irrégulier, l'ancienne façade du couvent des Franciscains, le magnifique édifice de la *Casa de Ciudad*, et l'*Audiencia*. Au milieu de la place une fontaine de marbre blanc, la plus belle de la ville.

Plaza del Duque, plantée d'arbres et formant un trapèze.

Plaza del Pacifico (précédemment *Magdalena*), plantée d'acacias, entourée de bancs de pierre; une fontaine la décore. Deux des principaux hôtels, l'hôtel de Paris et l'hôtel de Madrid, en occupent les angles opposés.

Plaza del Triunfo, espace irrégulier, limité par les trois monuments les plus remarquables de la ville, la cathédrale, l'Alcazar et la Lonja.

Plaza de la Encarnacion, marché public.

L'*eau* est fournie à Séville par un bel aqueduc nommé *los Caños de Carmona*, et dont l'origine est à Alcala de Guadaira. Des conduits souterrains longs de 10 kil. amènent les eaux depuis Alcala jusqu'à la Cruz del Campo, à une petite distance de Séville; là commence une série de quatre cent dix arcs supportant la conduite jusqu'à un château d'eau, auprès de la gare de Cadix, et de l'emplacement de la porte de Carmona.

La Cathédrale. — La fameuse tour de la *Giralda* dépendait d'une ancienne mosquée. Elle est toute en brique et construite avec une telle régularité, que les arêtes en sont aussi vives qu'au premier jour. Elle est plus étroite à mesure qu'elle s'élève, mais d'une façon insensible. Ses murs, à la base, ont 2 mèt. 1/2 à 3 mèt. d'épaisseur; ils sont régulièrement percés d'élégantes fenêtres; une rampe à pentes douces, pavée en briques et formant 28 paliers, s'élève en spirale sur une largeur qui donnerait passage à deux cavaliers marchant de front, et conduit jusqu'à la plate-forme, à 67 mèt. de hauteur. Au-dessus de cette plateforme, la tour s'élève encore de 28 mèt. et se termine par un élégant beffroi à trois corps. Ce beau monument, du haut duquel la vue s'étend sur un admirable panorama, est couronné par une statue colossale de la Foi, en bronze, tenant à la main le Labarum, et pesant 1400 kilogr.

Au pied de la Giralda se trouve la belle cour mauresque de l'ancienne mosquée, le *Patio de los Naranjos* (la cour des Orangers). Les constructions qui l'entourent sont les plus anciennes et portent le caractère intéressant de la vieille architecture arabe. Au N. s'étend une vieille muraille couronnée de créneaux triangulaires, au milieu de laquelle ouvre la porte du *Perdon*, l'un des plus beaux restes de l'architecture des Arabes.

Le plan de l'église est quadrilatéral, d'une longueur de 198 mèt. de l'E. à l'O., d'une largeur de 79 mèt. du N. au S. Elle a 9 portes; la principale est à l'O., au pied de la grande nef, et auprès d'elle, à g. de l'entrée, la porte du *Baptistère*; à dr. la porte de *San Miguel*; la porte du S. est nommée la porte *del Reloj*, on l'appelle aussi porte de *San Cristobal*, parce que, auprès d'elle, est peinte à fresque l'image colossale de saint Christophe. A l'E. se trouve la porte de *las Campanillas* surmontée d'une tourelle, et la *Puerta de la Torre* ou de *los Palos*, à côté de la base de la Giralda. Au N., la porte *del Lagarto* (du Lézard), sous laquelle est suspendu un énorme saurien qui, dit-on, fut envoyé à Alfonse le Sage par le sultan d'Égypte; à g., la *Puerta de los Naranjos*, ouvrant sur le Patio, et plus bas, celle qui communique avec le *Sagrario*.

L'intérieur, partagé en cinq nefs, aujourd'hui en réparation, depuis le déplorable écroulement des voûtes centrales, était d'un aspect majestueux. Les piliers formés de faisceaux de colonnettes sont de proportions énormes et mesurent 30 mèt. de hauteur. — Aucune église d'Espagne n'a ces imposantes proportions. Tout y est grand: le ciel pascal, haut comme un mât de vaisseau, pèse 2050 livres, le chandelier de bronze qui le supporte est une espèce de colonne de la place Vendôme; il a été fait sur le modèle du chandelier du temple de Jérusalem.

De nombreux écrivains ont

tenté de faire une étude fidèle de cette église, et tous ont avoué qu'ils n'avaient pu qu'énumérer la minime partie des merveilleuses richesses qu'elle renferme. Les œuvres magnifiques des peintres de l'école sévillane, Campaña, Murillo, Cano, Vargas, Valdès, les Herreras ; les sculptures de Montañes, de Roldan, de Delgado, exigeraient des volumes.

La *Capilla mayor* était digne de la basilique ; son retable, de style gothique, construit tout entier en bois de mélèze, était le plus grand que l'on connût, et aussi l'œuvre la plus délicate et le plus finement achevée. Le tabernacle était en argent doré.

Le *Coro* est au milieu de la nef centrale. La *silleria* comprenait cent vingt-sept stalles, de style gothique ; un magnifique lutrin portait des livres de chant richement enluminés. Les orgues attiraient les regards par l'exagération et la lourdeur de leurs ornements. Le *trascoro* est orné d'un riche fronton dorique et de marbres précieux.

A quelques pas en avant, on remarque sur le sol une pierre tombale portant ces mots :

A Castilla y à Leon
Nuevo Mundo dió Colon.

Sous cette pierre a été inhumé le corps de Fernando Colomb, fils de Christophe, mort riche, en léguant une partie de ses biens, et principalement sa bibliothèque, à la cathédrale.

On compte autour de l'église 37 chapelles qui recèlent toutes de merveilleuses richesses artistiques. C'est dans celle du *baptistère* qu'on va admirer la merveilleuse toile de Murillo, le *Saint Antoine de Padoue*, qui avait été volée et qui a été retrouvée en Amérique. « Jamais, dit Théophile Gautier, la magie de la peinture n'a été poussée plus loin. »

La chapelle de *San Pedro* contient neuf toiles excellentes de Zurbaran. — Sur l'autel principal de *Santiago* est placé un tableau de Juan de las Roelas, représentant saint Jacques combattant les Maures à la bataille de Clavijo. — Dans celle de *San Francisco* se trouve une grande image du saint, d'Herrera le jeune, et un *Saint Ildefonse*, de Valdès Leal. — Dans la chapelle de *Ntra Sra de Belem* est une peinture d'Alonso Cano, représentant la Vierge avec l'Enfant-Dieu.

La *capilla Real*, qui occupe le chevet à l'E. et qui a échappé au désastre, est un beau vaisseau renfermant les tombeaux du roi Alfonse X, de la reine doña Béatrix, femme de saint Ferdinand, et celui de la célèbre Maria Padilla, favorite de don Pedro le Cruel. Devant l'autel est placé, dans une châsse, le corps du roi saint Ferdinand. Cette châsse est tout un monument de bronze, d'argent, d'or et de cristal. Saint Ferdinand, vêtu de son harnais de guerre damasquiné d'or, repose, visible à tous, dans un état de conservation parfaite et semble endormi. On soulève les rideaux qui le cachent dans trois circonstances de l'année : le 30 mai, le 22 août et le 22 novembre. Sur un autel placé dans cette chapelle, on voit une petite image de Notre-Dame que le roi portait à l'arçon de sa selle. On conserve aussi la bannière et l'épée qui armait saint Ferdinand le jour de son entrée à Séville.

On complétera l'énumération des richesses des chapelles de la cathédrale : — chapelle de la *Concepcion*, bas-relief représentant la Vierge, entouré de peintures d'Alonso Vazquès ; — *la Magdalena*, retable de Gonzalo Biaz : — *el Pilar*, l'un des autels est de Juan Milan ; — *los Evangelistas*, 9 tableaux sur bois de Hernando de Saturnio ; — *la Asuncion*, une Assomption de Carlo Maratta ; — *Escala*, un autel en marbre d'Italie, une cène de l'école flamande ; — *los Jacomes*, la Virgen de las Angustias, de Roelas : — *la Visitacion*, un retable peint par Pedro Villegas Marmolejo, et sur l'autel, dans une châsse de cristal, un San Geronimo, du sculpteur Geronimo Hernandès ; — *Angel de la Guarda*, un ange gardien, de Murillo ; — *el Nacimiento*, huit tableaux sur bois, de Luis Vargas ; — *San Laureano*, plusieurs tableaux de Mateo Arteaga ; — *Santa Ana*, un vieux retable du xve s. ; — *San José*, des statues de José Stéve et d'Alonso Giraldo, les Fiançailles de saint Joseph, par Juan Valdès ; une Nativité, de Francisco Antolinez Saravia ; un Massacre des Innocents, de l'école italienne ; — *San Hermenegildo*, une statue du saint, par Martinez Montañez ; un beau tableau de style gothique, du cardinal don Juan Cervantès ; — *Nuestra Señora de la Antigua*, un sépulcre en marbre du cardinal don Diego Hurtado de Mendoza, par Miguel Florentin ; un autre sépulcre de l'archevêque don Luis Salcedo ; un tableau très ancien représentant la Vierge ; un saint Jean-Baptiste, de Zurbaran : un évêque Lazare, de Valdès ; un Paradis, du Tintoret, etc. ; — *la Gamba*, un tableau sur bois, de Luis de Vargas, représentant la généalogie de Jésus-Christ ; — *San Andrès*, une Adoration des Rois, de Alejo Fernandez ; — *Santa Barbara*, dix petits tableaux sur bois, d'Anton Ruiz.

Dans la *sacristia mayor*, deux admirables toiles de Murillo, San Isidro et San Leandro, et sur l'autel du chevet une Descente de croix, peinte par Campaña, en 1548. — Parmi les richesses que renfermait la *capilla mayor*, il faut citer : la *custodia* d'argent construite par Juan de Arfé, en 1587, avec une remarquable richesse d'ornements, d'attributs et de ciselures : 3 mèt. 25 c. de haut et la forme d'un temple circulaire à quatre étages. Il faut 24 hommes pour la porter dans les processions ; — *le Tenebrario*, la pièce la plus remarquable

[ROUTE 99] SÉVILLE. — ÉGLISES. 293

peut-être de ce genre qui existât en Espagne. C'est un chandelier triangulaire portant 15 cierges pour les cérémonies de la semaine sainte; sa hauteur est de 6 mèt. 60 c.; en bronze richement orné et se terminant par un plateau triangulaire où sont placées quinze figurines représentant le Sauveur, ses apôtres et ses disciples. On voit encore dans la sacristie : l'ostensoir, qui se place au premier étage de la custodia; — un autre ostensoir fabriqué à Rome; — une croix enrichie de pierres précieuses; — un encensoir d'or avec sa navette; — des amphores qui servent à la consécration des saintes huiles; — enfin une foule d'ustensiles et d'ornements de grand prix. Le reliquaire (*relicario*) est placé sur l'autel; on y remarque de très précieuses reliques. On appelle d'ordinaire l'attention des visiteurs sur les clefs qu'on offrit au roi saint Ferdinand, lorsqu'il entra à Séville. L'une d'elles, en argent et autres métaux, fut, dit-on, présentée au roi conquérant par le roi maure; une autre est en fer et fut apportée par les Juifs de l'Alhamia de Séville.

La *Sala capitular* est tendue en damas cramoisi bordé d'un large galon d'or. Ses ornements sont dignes de la magnificence du chapitre ecclésiastique de Séville. Elle est ornée de deux seules peintures, un *Saint Ferdinand*, sur cuivre, de Francisco Pacheco, et un portrait du cardinal infant don Luis de Bourbon. Dans la sacristie *de los Calices* et *de la Antigua*, on remarque un christ du fameux sculpteur Martinez Montañez, et plusieurs bons tableaux.

Le *Sagrario* est une dépendance de la basilique, administrée par un clergé particulier. L'autel principal a une certaine valeur artistique. Au-dessous de la chapelle s'étend un caveau servant de sépulture aux archevêques de Séville.

On doit signaler maintenant — dans *l'église de l'Université* le retable du maître-autel : peintures de Roelas, de Francisco Pacheco et d'Alonso Cano; les statues de saint Pierre et de saint Paul, de Montañez, de même qu'une Conception placée au-dessus de l'autel. — Le maître-autel de la paroisse de *Santa Ana*, avec des peintures sur bois de Pedro Campana et des bas-reliefs attribués à Pedro Delgado; *San Andrés* : une Conception de Montañez et des tableaux de Valdès; — *San Bernardo* : un Jugement dernier, d'Herrera le Vieux; une Cène, de Varela, et un Christ, de Montañez; — la *Magdalena*, chapelle du couvent de San Pablo : deux tableaux du maître-autel de Mathias Artaega, et des saints sur les piliers, par Lucas Valdès; — *San Marcos* : la tour est arabe et antérieure à la Giralda; — *Santa Maria la Blanca* : une Cène attribuée à Murillo; — *Santa Marina* : la statue de la sainte, dans le retable, œuvre de Bernardo Gijon; le clocher est de l'époque arabe; — *San Martin* : deux tableaux de la vie du saint, par Herrera le Vieux; cinq peintures d'Alonso Cano; — *San Miguel* : l'Ange du retable, attribué à la fille de Pedro Roldan; — *Omnium Sanctorum* : la tour est arabe jusqu'au campanile; — *San Pedro* : un beau maître-autel, attribué à Pedro Delgado; — *San Esteban* : le retable, avec un Saint Pierre et un Saint Paul, de Zurbaran; — *San Isidro* : au milieu du retable, l'un des meilleurs tableaux de Roelas; d'autres toiles de Juan Valdès; un panneau de Campaña, dans la chapelle du baptistère; — *San Lorenzo* : une statue du saint, un crucifix et des médaillons, par Montañez; — *Santa Lucia* : la Conception du maître-autel est de Montañez; — *El Salvador* : cette église est moderne; on remarque deux statues de Santa Justa et Santa Rufina, soutenant la Giralda pendant l'ouragan, et deux autres statues de Montañez; — *Santiago* : le tombeau de l'éminent écrivain Argote de Molina: le manteau que Charles-Quint portait à son couronnement; — *San Vicente* : dans le retable, un magnifique médaillon de Delgado, représentant une Descente de croix.

Le plus intéressant des établissements hospitaliers de Séville, *la Caridad*, possède deux magnifiques toiles de Murillo : *Moïse frappant le rocher* et la *Multiplication des pains et des poissons*, et deux médaillons admirables, *Saint Jean-Baptiste* et l'*Enfant Jésus*. Au bas de la chapelle, à dr. en regardant l'autel, on remarque aussi un célèbre tableau de Valdès, qui représente un *archevêque mort* dans son cercueil entr'ouvert, revêtu de toute la pompe pontificale et déjà envahi par une légion de vers.

Édifices civils.

On mentionnera rapidement l'*Audiencia*, qui occupe l'un des côtés de la place de la Constitucion; la *casa de Moneda*, très vaste édifice; *les Atarazanas del Azogue*, où se déposait le vif-argent des mines d'Almaden; la *Douane*; la *Fabrique de Tabac*, lourd édifice entouré d'un fossé. Le personnel de l'établissement s'élève à 4540 individus, parmi lesquels près de 4000 femmes; il s'y fabrique, année moyenne, 2 millions 800 000 livres de tabac et une masse considérable de cigarettes.

Le **palacio Arzobispal** est situé sur la place de la cathédrale; sa façade regarde la Giralda parallèlement au chevet de la Capilla réal.

La **Casa Lonja**, ou *consulado*, est un bel édifice isolé, formant un carré parfait, qui occupe l'un des côtés de la place *del Triunfo*. La porte principale est à l'occident et conduit à un magnifique patio, entouré de vingt arcades plein-cintre soutenues par des colonnes d'ordre dorique. De belles salles, occupées par le *Tribunal de commerce* et par ses dépendances, ouvrent sur ce patio, qui est dallé en marbre blanc et noir, et au milieu duquel s'élève une fontaine également en marbre. A l'étage supérieur se trouve une élégante galerie. Un magnifique escalier conduit aux parties supérieures de l'édifice, où se trouvent installées les célèbres archives des Indes (*el archivo de Indias*), bien tenues, et consultées par les hommes d'étude.

Casas capitulares, *casa de Ciudad* ou palais de l'*Ayuntamiento*. Ce beau monument forme trois façades : sur la place de la Constitution, sur la *Plaza-Nueva* et sur la rue de Genova. Ces façades sont ornées de colonnes corinthiennes, de riches pilastres, de médaillons d'un dessin et d'un travail exquis, d'une rare profusion de fleurs, de feuillages, d'arabesques, de figures d'enfants et de grotesques. Une belle galerie règne à l'étage supérieur. Les appartements intérieurs sont très richement ornés.

La *Alhondiga*, ou halle au blé, est un bel édifice arabe formé d'un vaste patio entouré de magasins voûtés.

Le *Matadero*, ou abattoir, est placé hors de la ville, à la sortie de la porte de la *Carne*. L'édifice est considérable.

Édifices militaires.

La *Fundicion de artilleria*, ou fonderie de canons, est l'un des plus importants des établissements de ce genre en Espagne. On y emploie, pour la fabrication des canons, le cuivre magnifique qui s'extrait des mines importantes de Rio Tinto, dans la province de Huelva. Les fourneaux, les ateliers de moulage, les fours à réverbère, les appareils pour le coulage, les immenses ateliers pour le forage, les tours et les étaux à graver, la capsulerie, tout cela est outillé d'une façon remarquable et comme dans les établissements les plus complets de France et d'Angleterre.

Édifices particuliers.

L'**Alcazar** occupe le côté S.-E. de la place del *Triunfo*. Les Arabes en avaient fait à la fois une forteresse et la demeure de leurs rois. Saint Ferdinand s'y installa lors de la conquête; le roi don Pedro Ier augmenta le palais.

D'autres travaux d'agrandissement y furent exécutés par Charles-Quint, par Philippe II, Philippe III et Philippe V.

La porte principale présente une riche façade dans le style arabe, couverte de feuillages et de ciselures.

Une porte latérale, qu'on rencontre sous l'entrée principale du palais, conduit au magnifique patio de *las Doncellas*. Ce patio est un carré formé par 52 colonnes de marbre blanc appariées. Les murs, couverts d'arabesques, sont lambrissés de carreaux de faïence vernissée. Ce patio donne entrée au salon des Ambassadeurs et au salon de Charles-Quint. Le sol est dallé en marbre; au centre s'élève une fontaine. A l'étage supérieur s'étend une galerie dont les arcs, par une bizarrerie inexpliquée, ne correspondent pas à ceux de la galerie inférieure. — Le *salon des Ambassadeurs* présente toutes les richesses de décoration et d'ornementation de l'art mauresque : quatre grands arcs garnis de claires-voies, un étage supérieur de 44 petits arcs, quatre balcons en forme de tribunes et, à la hauteur de ces balcons, faisant le tour de la salle, la galerie des portraits de rois et de reines commandée par Philippe II qui y admit, auprès du portrait de don Pedro, l'image de la belle Maria de Padilla. Au-dessus de cette galerie s'élance la belle coupole, la *media naranja* (demi-orange), dont toute la voûte, ornée de riches soffites dorés, est peinte de vives couleurs.

L'entrée opposée conduit à un petit patio remarquable par l'élégance de l'architecture et la richesse des détails. Il est en marbre et en stuc; on le nomme le patio de *las Muñecas* (des poupées), en raison des figurines qui le décorent. Dans les salles qui viennent à la suite, les plafonds sculptés méritent l'attention du visiteur. De jolies croisées de la forme mauresque la plus pure, séparées par de fines colonnettes de marbre, ouvrent sur les jardins et sur la campagne. L'étage supérieur est moins remarquable; il est d'ailleurs postérieur à l'époque arabe et à la réédification de don Pedro. On remarque toutefois, dans la partie la plus ancienne, un oratoire gothique élevé par les Rois Catholiques Ferdinand et Isabelle, avec un autel en faïence surmonté d'une peinture de la Visitation. Du même côté se trouve la chambre du roi don Pedro. Un petit escalier, étroit et mystérieux, communique de cette partie du palais à un appartement situé dans un corps de logis inférieur où habitait Maria de Padilla.

On se rend au jardin par l'Apeadero; on descend par un bel escalier de marbre, et l'on rencontre des galeries voûtées, obscures, soutenues par des arcs en briques, où l'eau circule dans de vastes bassins de marbre. C'était le bain de Maria Padilla. Le *Bain des Sultanes* est dans les jardins.

Les allées des jardins où se promenait la belle favorite sont pavées en briques posées à plat et assemblées en point de Hongrie. Dans certaines allées, la plupart de ces briques sont percées de trous garnis de viroles en métal que l'on croirait destinées à les assujettir au sol. Ces viroles sont les orifices d'un système ingénieux d'irrigation qui fonctionne encore parfaitement et qui, à certains moments, couvre les jardins d'une multitude de jets d'eau presque imperceptibles.

Le **Palais de San Telmo** est la résidence de la famille de Montpensier. L'entrée principale est presque entièrement construite en marbres d'un grand prix, mais surchargée d'ornements. L'édifice a un seul étage. Le prince en avait fait une délicieuse demeure en arrière de laquelle s'étendent des jardins ornés des plantes les plus rares et des arbres les plus beaux de ce riche climat.

Casa de Pilatos. Ce palais est considéré comme le plus remarquable des édifices particuliers de l'intérieur de Séville. On prétend qu'il reproduit, dans ses dimensions exactes, l'habitation de Pilate à Jérusalem. Le portail est en marbre et d'ordre corinthien. Le patio est magnifique; les galeries, formées par vingt-quatre arcs d'une grande légèreté, soutenus par autant de colonnes de marbre, sont revêtues de faïences en relief, et ornées de vingt-quatre bustes des Césars et d'autres personnages illustres de l'antiquité. Au centre du patio s'élève une jolie fontaine. Au fond du patio, l'on arrive à la chapelle, au milieu de laquelle on remarque une colonne de marbre, haute de 1 mèt. environ, et qui a été faite à Jérusalem, sur le modèle de celle sur laquelle Jésus avait été placé pour subir sa Passion.

On s'est efforcé d'appliquer à toutes les parties de la casa de Pilatos des noms qui pussent rappeler des épisodes de la Passion du Christ. Une belle salle, dont le plafond lambrissé présente des écus aux armes des marquis de Tarifa, a été nommée le *prétoire;* une petite pièce voisine s'appelle le *cabinet de Pilate;* un grillage peint sous un arc, au haut de l'escalier du palais, représente un coq rappelant celui qui chanta lorsque saint Pierre renia le Seigneur; sur la façade qui regarde la place, un balcon, avec un appui en bois, est désigné comme le *balcon de Pilate;* enfin, au milieu d'une salle carrelée, quelques faïences formant une rosace signalent la place où Jésus se tint en présence du gouverneur.

La *casa de los Taveras* a été occupée par le tribunal de l'Inquisition. Son patio est magnifique. On trouve dans les parties supérieures de l'habitation une collection considérable de portraits de famille en pied, qui fournissent d'utiles éléments à l'étude de l'histoire et du costume en Espagne.

Le **théâtre de San Fernando** est un bel édifice, d'une capacité de 2200 à 2300 personnes. La façade est de style moderne, simple, mais de bon effet. L'intérieur de la salle est de forme curviligne, ou en fer à cheval, et distribué en trois rangs de loges très élégantes et très richement décorées. La scène est vaste, bien machinée ; l'éclairage est abondant.

La **plaza de Toros**, construite en 1760, avec une belle façade extérieure, s'élève sur le boulevard de la Testeria, lequel s'étend sur la rive g. du Guadalquivir, depuis le pont de Triana jusqu'à la Torre del Oro. Le cirque, construit en charpente et maçonnerie, avec des abords faciles, forme un vaste polygone à deux étages, de trente côtés. Le diamètre de l'arène est de 67 mèt. Les courses de Séville sont très renommées.

Escuelas de Bailes. On désigne sous ce nom des salles de bal, ouvertes au public à certains jours de la semaine, et dans lesquelles les curieux retrouvent, avec leur originalité, les danses espagnoles.

Parmi les autres établissements : un *casino*, calle de las Sierpes ; un *casino* exclusivement *militaire;* une *société philharmonique;* une *société pour l'amélioration de la race chevaline*, qui donne chaque année des courses de chevaux.

L'instruction publique compte un certain nombre d'écoles primaires écoles d'enfants pauvres et d'enfants des hospices ; une *école normale* de professeurs ; des établissements privés et une *université littéraire*, où sont établis des cours pour les branches les plus importantes de l'enseignement, 140 établissements privés. Parmi les corporations scientifiques, une *académie des belles-lettres*, une *académie des nobles arts*, qui fut fondée par Murillo.

Les **Bibliothèques** et les archives sont d'une grande richesse, et il faut surtout citer *el archivo de Indias*, qui occupe les salles supérieures de la casa Lonja. Ces archives, classées avec le plus grand soin, possèdent plus de trente mille liasses de documents de toute nature remontant à la découverte de l'Amérique et aux conquêtes de Fernand Cortès, de Pizarre, de Magellan. Elles présentent un ensemble de renseignements de la plus haute importance pour l'histoire des anciennes colonies de l'Espagne.

Les bibliothèques ne sont pas moins riches. Les trois plus importantes sont : d'abord la *bibliothèque Colombine*, fondée par Fernando Colomb, fils de Christophe Colomb. Cette bibliothèque est devenue l'une des plus importantes de l'Espagne, aussi bien par la valeur et la rareté de ses documents que par la magnificence du local qu'elle occupe. Elle possède en outre une collection précieuse de portraits, et la fameuse épée du comte Fernan Gonzalès, que portait à la prise de Séville le célèbre comte Garci Perez de Vargas.

La *bibliothèque provinciale et de l'Université* comprend 60 000 volumes, parmi lesquels on remarque un grand nombre de chroniques et d'histoires particulières; de belles éditions de classiques anciens; une magnifique collection de bibles en divers idiomes; presque tous les glossateurs du droit civil et canon; des fueros et des codes généraux et particuliers; des œuvres d'histoire, de voyages, de poésie antique, de philosophie, de numismatique, de belles-lettres, etc.

Une bibliothèque particulière, celle de don Juan Maria de Alava, professeur à l'Université, est considérée comme la plus riche en éditions rares, après la bibliothèque Colombine.

Musée. — Il occupe l'ancien couvent de *la Merced*. Sur la place qui le précède, on a érigé, il y a peu d'années, une belle statue de Murillo, en bronze.

Une salle tout entière, *el salon de Murillo*, a été affectée aux œuvres du grand peintre; on y remarque le *Saint Thomas de Villanueva donnant l'aumône aux pauvres*; Murillo considérait ce tableau comme son chef-d'œuvre. On citera parmi les autres maîtres; Zurbaran; Roelas; Valdès Leal; Herrera le Vieux; Pablo Cespedès; Alonso Cano; Juan del Castillo; Juan Varela et d'autres. L'école italienne y est uniquement représentée par Francesco Frutet, et l'école flamande par Martin de Vos. Les sculptures sont en petit nombre, mais d'un grand mérite. On compte entre autres deux magnifiques statues de Martinez Montañès.

Parmi les *collections particulières*, on citera celle de don Pedro Garcia de Leaniz, comprenant plus de 400 tableaux de toute l'école de Séville, puis des écoles étrangères. — La galerie de don Francisco Romero Balmaseda.

Séville possède un *préside* qui peut être considéré comme un modèle parmi ceux de la péninsule. Ce préside est divisé en ateliers. La moitié des produits nets de ces ateliers revient à l'établissement, l'autre moitié aux travailleurs.

Promenades. — La plus ancienne est l'*Alameda de Hercules*, au N.-O. de la ville. Elle forme quatre avenues de beaux arbres, avec six fontaines. A l'une des entrées de la promenade s'élèvent deux immenses colonnes de granit fort anciennes, fort maltraitées par le temps et surmontées des statues d'Hercule et de Jules César. Cette belle promenade est presque entièrement abandonnée. — Les places plantées d'arbres *del Duque* et *del Pacifico* au centre de la ville. — Une autre promenade s'étend le long de la rivière, depuis la porte de Triana jusqu'à la Tour de l'Or. — Les *Delicias de Cristina* occupent l'espace compris entre la Tour de l'Or et le palais de San Telmo. Des arbres d'essences variées, de jolis parterres de fleurs, la vue du Guadalquivir et des navires qui occupent le port, donnent au salon de Cristina un grand attrait, et en font le rendez-vous du monde élégant de Séville.

La **Torre del Oro**, sur la rive g. du Guadalquivir, est un très ancien monument attribué tour à tour aux Romains et aux Arabes. Elle forme un octogone à trois corps, terminé par une petite coupole couverte en faïences. La Tour de l'Or a joué un rôle important dans l'histoire de don Pedro de Castille, qui y renfermait ses richesses. Aujourd'hui elle est occupée par les bureaux de la navigation.

Le **port** s'étend aux environs de la Tour de l'Or.

Le *pont de fer* relie Séville au faubourg de Triana. Il a été construit sur le modèle de celui du Carrousel à Paris. — On trouve dans Triana des fabriques de sparterie, des ateliers de cordonnerie, et surtout une importante *fabrique de faïences*, appelée la *Cartuja*, du nom de l'ancien couvent de Chartreux dans lequel elle est établie.

L'industrie sévillane offre encore aux curieux une *fabrique de cristaux*, une *fonderie de fer* et une fabrique de machines ; des *fabriques de jus de réglisse*; la *Fabrica de refrescos*, où l'on transforme en pains solides tous les fruits dont le suc ou le parfum est recherché dans un pays où l'art des boissons rafraîchissantes a été porté à un si haut degré. Ces pains se délaient rapidement sans altérer la limpidité de l'eau.

De Séville à Mérida (R. 101); — à Grenade (*V. Utrera, La Roda*); — à Huelva (R. 107); — à Cadix (R. 102)

ROUTE 100.

DE SÉVILLE A ALCALA DE GUADAIRA ET A CARMONA

Chemin de fer, 31 kil. — Route, 11 kil.

La petite ligne d'Alcala se détache de la gare du Champ de foire. On passe auprès de l'aqueduc, *los arcos de Carmona*, et de la *Cruz del Campo*, vieille croix de pierre vénérée placée sous un porche en briques. Magnifique et riche paysage de la vallée du Guadaira.

10 kil. *Cerraja*, halte, au passage à niveau de la route de terre.

15 kil. *Alcala de Guadaira*, V. de 7500 hab. sur la rive dr. du Guadaira, dans une charmante situation et sous un climat si doux, qu'on y envoie de Séville tous les convalescents. — Belle église paroissiale, maison de ville, moulin considérable, sources qui fournissent l'eau de l'aqueduc de Séville. Un vieux château couronne une jolie colline, qui s'élève à l'O. de la ville.

18 kil. *Marchenilla*. Halte.

21 kil. *Gandul*. Halte.

27 kil. *Mairena del Alcor*, 4000 hab. Petite ville sans intérêt, au milieu d'un groupe de

collines plantées d'oliviers et peu cultivées, territoire sec et pierreux. Mairena est célèbre dans tout le midi de l'Espagne par la grande foire de chevaux, bêtes à laine, porcs et ustensiles de travail qui s'y tient chaque année les 25, 26 et 27 avril.

31 kil. *Viso del Alcor*. Jolie petite V. de 4500 hab. sur les pentes d'une petite cordillère aride et inculte. Une très vieille maison de ville.

34 kil. *Alcaudete*, halte.

42 kil. *Carmona*, 18 000 hab., sur une haute colline qui domine tout le pays et que couronne un ancien alcazar en ruine. Vieille cité arabe autrefois très importante et fortifiée. Campagne riche en céréales, en oliviers et en troupeaux. Une petite voie de fer de 14 kil. relie Carmona à la station de *Guadajoz*, sur la grande ligne de Cordoue à Séville.

Voir p. 287 la station de raccordement de Guadajoz, Vallée du Carbonés.

ROUTE 101.

DE SÉVILLE A MÉRIDA

Chemin de fer. — 240 kil.

Cette ligne emprunte la ligne de Séville à Cordoue jusqu'à *Tocina* (V. en sens inverse la R. 99). L'embranchement est à 2 kil. avant cette station, à 500 mèt. après le passage du pont sur le Guadalquivir, auprès du confluent du *Huerna*. La voie remonte le cours de cette rivière, côte à côte avec un ancien chemin muletier.

35 kil. *Tocina*, **embranchement** et *arrêt*.

37 kil. *Tocina*, bourg, 1435 hab.

40 kil. *Villanueva y Alcolea*.

43 kil. *Minas de la Reunion*, halte; centre carbonifère appartenant à la Cie des chemins de fer de Madrid-Alicante.

44 kil. *Villanueva de las Minas*, station desservant un centre carbonifère important, appartenant à la Cie des chemins de fer de Madrid-Alicante, de laquelle dépend la ligne de Cordoue à Séville.

A la sortie de cette station, passage du Huerna sur un beau pont-viaduc de 3 arcs, celui du centre ayant 53 mèt. de portée, longueur 134 mèt.; piles en fer, 12 mèt. de hauteur.

45 kil. *Minas del Guadalquivir* (halte).

68 kil. *El Pedroso*, V. de 3034 hab.

74 kil. *El Pedroso*, important établissement de mines de fer et de fonderies.

Le Pedroso occupe une population de 2000 à 3000 individus. Il s'y fait un mouvement annuel de 120 000 quintaux de minerai, de 90 000 ou 100 000 quintaux de charbon de bois, 60 000 quintaux de charbon de terre, pour un produit de 50 000 à 60 000 quintaux de fonte de fer et de pièces coulées sur différents modèles.

84 kil. *Cazalla de la Sierra*,

st., 877 hab. grande industrie minière, forges et fonderies, pays très pittoresque.

La voie continue à remonter la vallée du Huerna, laisse à dr. *Alaniz* et *San Nicolas del Puerto*, 364 hab., tout auprès de la source de la rivière.

96 kil. *Alaniz de la Sierra*. Cette station dessert la ville de *Alanis*, 2438 hab., à 6 kil. au N. Grande industrie minière, forges et fonderies.

La voie quitte la vallée supérieure du Huerna, laisse à dr. *Alanis*, à 500 mèt. au N. de la source du Huerna, qui y fait mouvoir des forges à martinet et des moulins à foulon. Elle franchit ensuite le rio *Benalijar* et s'élève au milieu d'une contrée aride et montagneuse, jusque vers

109 kil. *Guadalcanal*, V. de 5860 hab., auprès de laquelle existent des gisements de plomb argentifère, qui ont été d'une grande importance, et qui sont maintenant abandonnés. Huile et vin estimés.

Fortes rampes pour atteindre le *Puerto de Sevilla* ou de *Llerena*, où se trouve, au milieu des montagnes de la Sierra Morena, un tunnel de 1000 mèt. sous la montagne qui forme la limite des provinces de Séville et de Badajoz.

121 kil. *Fuente del Arco*, bourg de 1200 hab. sur le versant N. de la Sierra.

128 kil. *Reina* et plus loin *Casas de Reina*, 600 hab. La voie descend au milieu des montagnes et des rochers jusqu'à

134 kil. **Llerena**, très ancienne petite ville de 5585 hab., entourée de remparts, et presque entièrement isolée au milieu d'une plaine très productive. Sur ce trajet, deux ponts et trois tunnels d'une longueur totale de 400 mèt.

La voie descend sur les versants de la Sierra de *San Miguel*, où elle rencontre

143 kil. *Villagarcia*, 1980 hab.

155 kil. *Usagre*, 2882 hab., parcourt les hauts plateaux de l'Estrémadure jusqu'à

174 kil. **Zafra**, 5547 hab., dans une belle vallée. Les Arabes l'avaient entourée de murs. Château en bon état; portes dont le style a été modifié par des restaurations modernes. — Palais des ducs de Zafra, orné de colonnes de marbre; maison de la famille Daza, d'une belle architecture. — Place de la Constitution, uniforme et entourée de larges galeries. Rues droites et spacieuses. On surnomme Zafra, *Sevilla la Chica* (Séville la Petite). Promenade, l'*Alameda*, jolie et plantée de trois rangées d'ormes. — Fabriques de draps, industrie très importante; commerce considérable de porcs. — A Zafra aboutit une ligne de 179 kil. venant de *Huelva* (R. 110), et qui dessert une région minière très importante.

183 kil. *Los Santos de Maimona*, 6385 hab.

196 kil. *Villafranca de los*

Barros, 8591 hab. Pays très cultivé de la *tierra de barros*, terres fortes et compactes, particulièrement fertiles. La V. est dénuée d'intérêt.

210 kil. *Almendralejo*, V. de 8666 hab., dans un joli vallon à l'entrée d'une riche campagne. Maisons bien bâties, rues larges et aérées; place centrale avec promenade, écoles, théâtre, place de taureaux. Mouvement agricole intéressant.

222 kil. *Torremejia*, 250 hab.
233 kil. *Calamonte*, 1570 hab.

La ligne se termine par un pont de 350 mèt., construit sur le *Guadiana*, en aval du vieux pont romain, pour rejoindre

240 kil. **Merida** (*V*. R. 79).

ROUTE 102.

DE SÉVILLE A CADIX

A. Chemin de fer. — 153 kil.

Prix : 1re cl., 18 pes. 20; 2e cl., 13 pes. 35; 3e cl., 8 pes. — Trajet, exp. en 4 h.

La gare de départ est placée au S.-E., à l'entrée du champ de foire, auprès de la fabrique de tabacs, de la fonderie de canons.

Vallée du Guadalquivir; pont en tôle de 36 mèt. sur le Guadaïra. — A dr., coteaux couverts d'habitations et de champs d'oliviers. Au delà du fleuve, sur ces coteaux, deux villages, *San Juan d'Aznalfarache*, l'ancien jardin de Séville, et *Coria*.

14 kil. *Dos Hermanas*, 3650 hab., au milieu d'une plaine sablonneuse. Jardins d'orangers, champs d'oliviers, quelques jolies habitations.

31 kil. **Utrera**, 14000 hab. — Charmante vallée, hautes collines; sur l'une d'elles, les ruines d'un vieux château, avec une tour presque intacte. Maisons bien bâties; place de la Constitution, vaste et entourée d'édifices à balcons; église principale, *la Asuncion*, du XIVe s. La tour, de forme carrée, est très élevée. La seconde église, *Santiago*, possède parmi ses reliques les plus précieuses l'un des deniers qui furent payés à Judas pour vendre le Christ. (?) Territoire renommé parmi les plus riches et les plus productifs de l'Andalousie; les vignes y produisaient autrefois d'excellent vin.

Une voie de fer (R. 95) relie *Utrera* à la station de *la Roda*, sur la ligne de Cordoue à Malaga, et dessert *Osuna*, puis *Moron*, par un embranchement de 19 kil.

54 kil. *Las Alcantarillas*, ruines d'un vieux pont autrefois fortifié.

55 kil. *Las Cabezas de San Juan*, 4670 hab., à 3 kil., sur la g., sur un coteau en pain de sucre. — Grandes plaines en marais. — Tranchée à 12 mèt. de profondeur.

72 kil. **Lebrija**, 12400 hab. Murailles flanquées de tours; vieux château ruiné. Habitations élégantes et proprement tenues. L'église, en partie de

style arabe, en partie d'un style plus moderne, jouit d'un grand renom dans la province, par la richesse de ses ornements et par la solennité avec laquelle s'y effectue le cérémonial religieux. On cite la tour de l'église de Lebrija pour sa hauteur et l'élégance de sa construction, qui ne le cèdent qu'à la Giralda de Séville. — La culture des céréales forme un des produits importants de la riche campagne de Lebrija. L'olivier, la fabrication de l'huile et l'élève des bestiaux donnent aussi de grands profits.

Terrains onduleux et découverts, où l'on aperçoit des troupes considérables de chevaux, de bœufs et de taureaux.

84 kil. *Casas del Cuervo*, station isolée, ancien relai de poste.

104 kil. **Jerez de la Frontera**, 55 924 hab.

Jerez est une jolie ville, riche par ses vins et par les autres produits du sol, qui sont importants. Maisons généralement bien bâties, remarquables par une excessive propreté et par le bon goût de l'installation. Vieil Alcazar que surmontent deux tours d'un aspect pittoresque. — *Casas municipales*, belle façade décorée de sculptures, d'allégories, de trophées militaires d'un certain mérite artistique, *Église collégiale* lourde et de mauvais goût. Elle possède un *Musée* monétaire assez curieux, qui comprend 12 à 1500 médailles de bronze, grecques et latines; bibliothèque de 2200 volumes.

Propriétés considérables, quelques-unes cultivées en céréales, d'autres plantées en vignes. Bâtiments d'exploitation, caves immenses appartenant à MM. Domergue, Garwey, Pemartin, Lacoste, Capdepont.

(Un chemin de fer conduit de Jerez au Trocadéro, d'où l'on peut traverser la baie de Cadix en bateau à vapeur). — Deux autres lignes (R. 103 et 104) vers Arcos et San Lucar de Barrameda, à l'embouchure du Guadalquivir.

A 4 kil. au S.-E. de la ville, un célèbre monastère de chartreux, *la Cartuja*. L'entrée principale, qui est fort belle, présente une élégante façade de style dorique, ornée de statues et de vases.

Tranchée de 13 à 14 mèt. de profondeur. — Campagne parsemée de jolies habitations. Pays des plus pittoresques. La voie se dirige en ligne droite vers la baie de Cadix; on aperçoit cette ville presque isolée au milieu de la mer, dans une admirable position, et les regards parcourent sans obstacle toute l'étendue de cette rade magnifique.

119 kil. *Puerto de Santa Maria*, 19 555 hab. sur la baie. Pays riche, semé d'une foule de belles habitations; promenades charmantes. Courses de taureaux, au nombre des plus célèbres de l'Espagne. Deux bateaux à vapeur font plusieurs

voyages par jour, entre le Puerto de Santa Maria et Cadix.

Pont en tôle de 160 mèt. sur le *Guadalete*, à côté d'un pont suspendu sur lequel passe la route de terre. — Un peu plus loin, rivière de *San Pedro*. — A dr., embranchement de 7 kil. qui descend vers le *Trocadero*, d'où part, à chaque train venant de Jerez, un bateau à vapeur pour Cadix.

128 kil. *Puerto Real*, 8795 hab.; au fond de la baie de Cadix, à 11 kil. de cette ville par mer. Le chemin de fer contourne la baie ; à g. au loin, *Medina-Sidonia*, et plus près *Chiclana*. La voie passe au milieu de marais salants ; exploitation considérable. — Pont de trois arches, à poutres de tôle, sur le bras de mer de *Santi Petri*, qui sépare complètement du continent l'**île de Léon** où se trouvent Cadix et San Fernando.

139 kil. *San Fernando*, 26 346 hab., place forte, dans une petite plaine. Tout le pays qui l'entoure est coupé de canaux, de marais salants, qui forment pour la ville une série de défenses naturelles et qui l'isoleraient, s'ils étaient inondés, au milieu d'un bras de mer de 11 kil. de longueur sur 5 à 6 de largeur. Sur une colline, à 500 mèt. des murs, un *observatoire* astronomique, dont le méridien sert de base pour tous les calculs astronomiques de la nautique espagnole (34'10" à l'O. du méridien de Paris).

San Fernando est surtout une cité administrative, habitée par les officiers de marine, par les employés et ouvriers de l'arsenal de la Carraca.

[Arsenal maritime de la *Carraca*, entièrement entouré par la mer ; on n'y arrive que du côté de San Fernando, par deux barques amarrées à un va-et-vient. Bassins de carénage, cales de construction ; magasins, église, parc d'artillerie, salles d'armes, logements pour la troupe, pour les marins et pour le nombreux personnel administratif ; préside ou bagne nommé *las Cuatro Torres*, et collège de gardes-marines.]

A l'horizon, à g., *Chiclana*, au pied d'une colline surmontée d'une tour. Plus loin, deux pitons de forme bizarre, qui dominent *Medina-Sidonia*.

151 kil. *Puntales* ou *El Puntal*, ancien château fortifié.

Une étroite langue de terre, à l'extrémité de laquelle s'élève le rocher de Cadix. Vers la moitié de son étendue, cette langue de terre, dont la voie de fer et la route de terre, bordée de parapets, se partagent la largeur, est complètement barrée par une fortification nommée *la Cortadura*. La voie élève sur la baie un remblai haut de 2 mèt. au-dessus du niveau des fortes marées, et revêtu de talus en maçonnerie sur une étendue de 1200 mèt. Au delà, tranchée de 6 à 7 mèt. de crête et de 1 kil. de longueur, à travers la *Punta de la*

Vaca. Les terres de cette tranchée, apportées sous les murs de Cadix, ont conquis sur la mer un espace de plusieurs hectares pour former la gare d'arrivée.

153 kil. **Cadix** (Cadiz), 64 450 hab., place forte, chef-lieu d'une province, d'un commandement général militaire, d'un département maritime, d'un district judiciaire, siège d'un évêché, d'un tribunal et d'une chambre de commerce, résidence de consuls de tous les États étrangers. La ville occupe une presqu'île, l'Océan la baigne de tous côtés, à la seule exception de l'isthme qui la rattache à San Fernando, et qui, sur certains points, n'a pas plus de largeur que la portée d'un jet de pierre. C'est la ville la plus agréable de l'Andalousie, autant par l'élégance de ses habitations, par la propreté de ses rues, par l'esprit hospitalier de ses habitants, que par la douceur du climat. Le thermomètre y descend rarement plus bas que 6° au-dessus de 0, et ne monte pas au-dessus de 26° à 27° centigr. Les maladies y sont rares.

Cinq portes : la porte de Terre, sur l'isthme; la porte de Mer, celles de Séville, de San Carlos et de la Caleta.

La place est parfaitement défendue par sa position; ses fortifications sont dans un pitoyable état. Fort de *Santa Catalina*, au N.-O. Le fort *San Sebastian* défend l'anse et la porte de la Caleta. Il a un beau phare tournant, à intervalles de minute.

C'est du haut d'une tour qui s'élève au centre de Cadix, et qu'on nomme *Torre de Vigia* ou *Torre de Tavira*, qu'on peut le mieux apprécier la situation et l'aspect général de la ville et de la baie; c'est l'un des plus beaux spectacles de l'Europe. Cette tour est élevée de 31 mèt. au-dessus du sol, et de 41 mèt. au-dessus de la mer. De la terrasse où s'élève le mât des signaux, on aperçoit : à l'extrémité N.-O. de la baie : *Rota*, sur un promontoire, un peu plus haut l'embouchure du Guadalquivir; plus près, au N., *Santa Maria*, au fond, les monts de *Ronda* et la haute montagne de *San Cristobal*; au N.-E. le *Puerto Real*, la *Carraca*, *San Fernando*; derrière, *Chiclana*; au-dessus, au loin, *Medina Sidonia*, presque au sommet de sa montagne; à droite, le fort de *Santi Petri*; puis, à l'O. de la ville, le beau phare de *San Sebastian*, et au delà l'immensité de l'Océan. Enfin, sous les regards du visiteur, Cadix, avec son entassement de maisons blanches, ses terrasses (*asoteas*) carrelées, ses belvédères en forme de minarets et ses *miradores* ou balcons vitrés.

On compte dans la ville près de quatre mille maisons, à trois étages pour la plupart, toutes terminées en terrasses d'où les eaux pluviales, soigneusement recueillies, sont conduites dans des citernes. Les rues sont généralement étroites; mais droites et bien pavées. Les plus larges sont la calle *Ancha* ou calle *Duque de Tetuan :* la plus animée est la calle *San Francisco.* Les *serenos* (veilleurs de nuit) exercent une surveillance nécessaire dans une ville maritime, et qui a de plus un caractère d'originalité qui mérite l'intérêt.

Les places sont jolies, plantées d'arbres, entourées de bancs; les principales sont : la place de *San Antonio ;* la place de la *Libertad ;* la place de *Mina.* — Particularité de Cadix dans les principaux magasins, gants renommés, parfumerie, confiserie; dans la calle Ancha, qui conduit de la place San Antonio au Théâtre.

Cadix est célèbre pour ses guitares, et pour ses fabriques de *esteras*, nattes de jonc, de roseau et de sparte fort appréciées.

Les *Casas consistoriales* occupent un bel édifice sur la place de la Constitution. On remarque, dans le patio, quelques curieux vestiges de l'époque romaine : un autel et des pierres sépulcrales.

L'*Alameda de Apodaca* est une admirable promenade occupant l'un des remparts au N.-E. de la ville, et d'où la vue règne sur toute la rade. Du côté de la ville, elle est bordée de belles habitations à balcons vitrés. L'Alameda, bordée de bancs de marbre, plantée de quelques palmiers, est le rendez-vous du beau monde, et surtout des jolies Gaditanes, qui s'y montrent dans tout l'éclat de leur beauté et dans toute l'élégance des modes locales.

Établissements *d'instruction publique,* des écoles gratuites d'enseignement primaire; plusieurs collèges, un séminaire, une Faculté de médecine dépendant de l'Université de Séville, une Académie des beaux-arts, une société des Amis du pays, des bibliothèques et quelques collections scientifiques.

Deux *théâtres* : le *Teatro principal* peut contenir 1300 à 1400 personnes. On y joue l'opéra italien, le drame et la *zarzuela* (opéra-comique espagnol). Le théâtre *del Balon* est une jolie salle dans laquelle on exécute tout le répertoire des comédies et des vaudevilles traduits du français, et quelques pièces originales. La *plaza de Toros* est à l'une des extrémités de la ville, auprès de la porte de Terre.

Deux **cathédrales.** L'*ancienne* est d'origine très reculée; quelques statues de peu de mérite décorent son portail, qui n'a pas beaucoup d'apparence. L'art n'a pris qu'une petite part dans sa décoration intérieure.

La *cathédrale nouvelle* se signale par beaucoup de lourdeur. Elle est située au S. de la ville. Elle est partagée en trois nefs par d'énormes piliers, sur lesquels sont plaquées 150 colonnes d'ordre corinthien. L'aspect intérieur en est confus et rétréci. On accorde néanmoins à la cathédrale de Cadix quatre mérites réels : d'abord le Panthéon ou chapelle souterraine, dont la voûte très surbaissée est une espèce de chef-d'œuvre de construction; en second lieu, l'abondance des marbres employés dans les travaux et dans l'ornementation ; en troisième lieu, la décoration de la chapelle principale; enfin le pavage, en grandes dalles de marbre. La cathédrale possède peu de peintures et de sculptures anciennes. Le trésor est riche en reliques, en vases sacrés, et en joyaux. La *custodia* est évaluée à près de 250000 pesetas ; un ostensoir, donné par don Pedro Calderon de la Barca, est orné de pierres précieuses pour une valeur égale. La Croix des processions est un don d'Alfonse le Sage à l'ancienne cathédrale de Cadix.

La chapelle du couvent de *Santa Catalina* possède plusieurs tableaux de Murillo, et surtout celui que peignait le célèbre artiste lorsqu'il mourut précipité de son échafaudage. On doit placer parmi les établissements industriels la *fabrique de tabacs*, qui occupe, auprès des remparts du N., calle Plancia, un grand nombre d'ouvriers.

Les arts et l'industrie ont pris à Cadix un grand développement. L'ébénisterie, la joaillerie, la chapellerie, les gants, la fabrication des tissus, occupent de nombreux ouvriers.

Cadix est dans une position des plus avantageuses pour le grand trafic. Ainsi placé à l'entrée de l'Océan, en communication facile avec le Portugal, l'Angleterre, la Hollande, les côtes de France et le nord de l'Allemagne, en relation, par le détroit de Gibraltar, avec l'Afrique, l'Italie, le Levant, l'est et le sud de la France, Cadix peut redevenir un jour l'un des ports les plus importants de l'Europe.

C'est une des villes dont le séjour est le plus agréable aux étrangers, en raison de l'aménité de ses habitants. Les étrangers sont accueillis avec empressement, avec franchise et simplicité. Les réunions y sont fréquentes et agréables. Les Gaditans aiment le luxe; ils sont très passionnés pour le plaisir. Les femmes sont gracieuses, vives, attrayantes; à une beauté dont la réputation est proverbiale, elles réunissent une grâce et une expression des plus séduisantes. Le peuple est gai, spirituel, plaisant. Cadix est sans campagne; les familles riches traversent la baie et vont s'installer pendant la belle saison à Chiclana, au Puerto Real ou au Puerto Santa Maria, et, pour les familles de la classe moyenne, il y a, sur le chemin de San Fernando, des auberges et des hôtelleries où se font des réunions d'amis et de joyeux dîners.

De Cadix à Algeciras, R. 106; — à Huelva, R. 107; — à Gibraltar, R. 109; — aux Canaries, R. 100.

B. De Séville à Cadix, par bateaux à vapeur.

Trajet en 8 h.

Les bateaux à vapeur, d'une compagnie locale, et d'autres venant accidentellement de Cadix, font le service du bas Guadalquivir, et partent généralement tous les jours de l'embarcadère situé au pied de la Tour del Oro, — avec la réserve : *si el tiempo lo permite*, — les jours et les heures de départ sont affichés à l'avance dans les principaux établissements publics de Séville. On paye 15 pes. pour le voyage jusqu'à Cadix. (Déjeuner à bord, à la carte, de 2 à 3 pes.)

Le cours du Guadalquivir est très sinueux. On aperçoit d'abord, sur la dr., sur le penchant d'une colline, le joli v. de *San Juan de Aznalfarache*. Plus loin s'étendent les jolies maisons blanches et les jardins d'orangers de *Gelves*, v. de 700 hab., et au delà, dans la plaine, la petite V. de *Coria*, avec 5200 hab. Toujours sur la dr., une série de fours à briques, et, à la suite, les habitations du v. de *Puebla*.

A quelque distance de Puebla, et après l'île de *Hernandez* longue de 2 kil., le Guadalquivir se partage en trois bras. L'île de dr., qui mesure 40 kil., est *la Isla mayor*; celle de g., *la Isla menor*, 17 kil. — On s'arrête à g. au petit port de *Bonanza*, avec des maisons blanches et roses, des terrasses, des jardins d'oliviers et un môle. Une vaste baie se déroule en avant de Bonanza. Une barre un peu moutonneuse marque la limite extrême du fleuve.

A la suite de Bonanza, la rive g. du Guadalquivir s'avance encore à une longue distance vers le S.-O. On rencontre sur cette rive *San Lucar de Barrameda* (V. R. 104).

On marche en vue des côtes, parsemées de villages, de jolies habitations blanches et de batteries désarmées.

Bientôt on aperçoit au large, en avant du navire, une masse de constructions blanches qui semblent isolées au milieu de la mer ; c'est Cadix. Et, dominant la ville, une autre masse, à trois formes arrondies, que l'on prendrait pour un vaisseau à toutes voiles ; c'est la cathédrale.

On jette l'ancre en vue du port. On débarque à l'aide de bateaux qui accostent les flancs du navire, et sur lesquels on paye, d'après un tarif déterminé, affiché d'ailleurs dans le salon du bateau à vapeur, 50 c. par voyageur et 50 c. par colis, prix variable suivant l'état de la mer.

Les escaliers du quai sont incommodes, à marches hautes, étroites et glissantes. On est assailli par une cohue de portefaix qui se disputent les bagages, et auxquels on paye une piécette environ, selon le poids et la quantité. On subit la visite très courtoise de la douane.

ROUTE 105.

DE JEREZ A SAN LUCAR DE BARRAMEDA

20 kil.

Voie tracée au milieu de riches vignobles, avec une station à mi-chemin (11 kil.) à *Las Tablas*.

25 kil. *San Lucar de Barrameda*, 21 018 hab., se trouve au delà de la barre du Guadalquivir, à la suite de la rive g. de ce fleuve et sur la côte de l'Océan. C'est l'une des résidences d'été les plus recherchées des habitants de Séville, de Jerez et de Cadix pendant la saison des bains de mer. La Maison de Montpensier y possède une belle habitation d'été.

La voie de fer remonte la rive du fleuve jusqu'à *Bonanza*, qui est à 4 kilomètres plus au nord, en deçà de l'embouchure, et qui sert d'escale pour les bateaux descendant ou remontant (*V. R.* précédente).

Bonanza a un môle et un débarcadère convenablement installé.

ROUTE 104.

DE JEREZ A ARCOS ET BORNOS

39 kil.

Une bonne route, qui passe au milieu des riches vignobles de Jerez, conduit en montant presque continuellement jusqu'à **Arcos** (28 kil.).

On traverse les deux plaines des *Llanos de Caulina* et des *Llanos de don Carlos*, limitées par un ruisseau, le *Salado de Arcos*. — La route traverse un groupe de collines plantées d'oliviers, d'où elle atteint **Arcos** (28 kil.).

Cette ville occupe une situation des plus pittoresques, sur un rocher en forme de cône tronqué, accessible par un seul côté. La ville se présente en amphithéâtre.

Elle renferme quelques édifices notables : la *Maison de ville*, le *théâtre* et le *palais des ducs d'Arcos*. L'église principale, *Sta Maria de la Asuncion*, est un ancien édifice d'ordre gothique, dont le portail latéral est remarquable. Dans l'autre église, *San Pedro*, on signale le retable du maître-autel. Cette église conserve, dans trois de ses chapelles, des bannières qui furent prises sur les Maures, en 1485, par une milice de la ville conduite par son alcade.

59 kil. au N.-E. d'Arcos, en remontant le cours du Guadalete, se trouve, sur la rive dr. de cette rivière, la jolie petite V. de *Bornos*, entourée de jardins, 5070 hab. Les médecins de toute la contrée l'ont choisie comme résidence privilégiée pour les convalescents. Le séjour de Bornos est agréable, on y compte de jolies habitations où la vie est peu onéreuse.

ROUTE 105.

DE CADIX A ALGECIRAS

87 et 106 kil.

On quitte Cadix par le chemin de l'isthme et par la *Cortadura*, jusqu'à *San Fernando*, où l'on trouve un service de voitures qui conduit en 4 h. à *Medina Sidonia*.

15 kil. *San Fernando* (V. R. 102, p. 305). En quittant cette ville, au N., on traverse le canal du Santi Petri, sur le vieux pont de Suazo, et l'on suit, à travers les marais salants, une chaussée qui n'est carrossable que pendant la saison d'été.

22 kil. **Chiclana**, charmante ville de 11 600 hab., située dans une plaine, au pied de deux collines. L'air y est excellent, le climat magnifique. Les maisons sont propres, coquettes, bien meublées. C'est la résidence d'été de la plupart des habitants de Cadix. Un chemin de fer reliera prochainement Chiclana à la ligne de Cadix à Séville.

Deux sources minérales sulfureuses froides assez fréquentées. Deux établissements, avec salles de bain et baignoires.

A la sortie de Chiclana, se présentent deux routes :

A. Par Medina Sidonia.

Le chemin, en quittant Chiclana, remonte la jolie vallée du *Lirio*, au milieu de collines plantées de vignes.

34 kil. **Medina Sidonia**, 12 250 hab., en amphithéâtre sur les pentes d'une haute colline, au milieu d'une plaine de 15 à 20 kil. d'étendue. Aspect général agréable ; rues propres, bien pavées ; maisons à trois étages ; portes, fenêtres, volets, peints de toutes couleurs. Jolie place ; *Casa consistorial*, en pierres de taille. Sur l'une des places, l'habitation du duc de Medina Sidonia.

On quitte Medina Sidonia dans la direction du S.-E. Grandes cultures, fermes, troupeaux et ventas.

50 kil. Les *casas viejas*.

61 kil. Le *cortijo de la Java*.

77 kil. *Los Barrios*, 5470 hab., au pied de collines d'où l'on découvre le fond de la baie de Gibraltar. Indépendamment des chemins locaux, on rencontre, à Los Barrios, la ligne de chemin de fer d'Algeciras à Bobadilla. La section d'Algeciras à Los Barrios est en exploitation ; à l'E. de Los Barrios la voie est ouverte jusqu'à *Jimena*, dans la direction de Ronda au N. (suite du chemin de fer en construction). De Los Barrios on descend au S.-E. vers

10 kil. (87 kil. de Cadix). *Algeciras* (V. R. 98).

B. Par le littoral.

Ce chemin, en quittant Chiclana, est carrossable, mais sur un terrain fort inégal.

16 kil. de Chiclana.

38 kil. *Conil*, 3600 hab., port

formé par l'embouchure de la petite rivière de *Conilete*.

A 6 kil. de Conil, en suivant, au S.-E., le célèbre cap de Trafalgar.

En sortant de Conil on trouve un chemin non carrossable, qui laisse à dr. la côte et le cap Trafalgar. On traverse à gué un canal alimenté par la mer montante.

50 kil. *Veger de la Frontera*, 10 900 hab., sur une colline d'où l'on jouit d'une vue magnifique. Veger est la résidence de quelques autorités maritimes et d'agents consulaires.

Le chemin gravit les rampes de la *Sierra de Granada*, au haut desquelles se trouvent les *llanos del Cañal*, puis le *lac de Janda* (11 kil. sur 5), en partie marécageux. Au delà, le chemin gagne les pentes du *Mont-Retin*, puis débouche dans la campagne de Tarifa, où il traverse le *rio Salado*, que les Arabes nommaient *Guadalecito*. C'est sur ses bords qu'en 1340, le roi de Castille, Alfonso XI, mit les Arabes en pleine déroute.

90 kil.; **Tarifa**, 12 000 hab., place forte à l'extrémité la plus méridionale de l'Espagne et de l'Europe, au centre du détroit de Gibraltar. La ville est entourée d'une vieille enceinte fortifiée, dans laquelle se trouve enclavée la célèbre forteresse que les Maures vinrent assiéger en 1294. La place était défendue par Alonso Perez de Guzman. Les ennemis avaient enlevé un jeune enfant que Guzman faisait élever dans un village voisin : ils menacèrent de le tuer si Guzman ne rendait le château ; le héros répondit en leur jetant son poignard.

Cet acte célèbre se trouve reproduit dans un curieux tableau qui orne le salon de la *Casa municipal* de Trujillo (*V.* R. 77).

En avant de la pointe de Tarifa, et séparée d'elle par un canal de 250 mèt. de largeur, existe une île ronde de 5 à 600 mèt. de diamètre. A l'extrémité S.-O. de cette île, s'élève une belle tour ancienne, fort bien construite, au sommet de laquelle est placé le phare. La largeur du détroit est de 16 kil. L'île maure *del Peregil*, avec un fanal, correspond avec l'île de Tarifa.

Un chemin peu carrossable, à peu près impraticable l'hiver, conduit de Tarifa à

106 kil. **Algeciras**, *V.* R. 98.

C. Par mer.

Les bateaux à vapeur du commerce, qui visitent les ports espagnols, vont presque tous, en quittant Cadix, faire escale à Algeciras ou à Gibraltar. Leur passage est indiqué par affiches dans les hôtels. Il y a en outre un service régulier organisé par une maison de Cadix. Le trajet demande une durée moyenne de 8 à 10 h.

Les bateliers de la Porte de mer à Cadix conduisent dans la baie jusqu'au bateau à vapeur, moyennant 75 cent. par voyageur et 50 cent. par colis, prix variable, du reste, selon l'état de la mer.

Le bateau fait le tour du rocher de Cadix à distance de quelques encâblures, évitant au large de la pointe N. deux récifs sur lesquels la mer brise et qui sont nommés, par les marins, la *Puerca y los Cochinos*.

On ne perd pas de vue la côte espagnole. Cap au S.-E. A 4 h. de distance de Cadix, on reconnaît le *Cap Trafalgar*, et, à 2 h. au delà, la tour du *Cap de Plata*, puis Tarifa. A g., sur la côte africaine, on signale la pointe d'*Alcazar-Ceguer*, ou le feu de la *Punta Leona*, qui correspond avec celui de la côte espagnole.

Bientôt se développe aux regards, à g., le magnifique spectacle de la *baie d'Algeciras* dans laquelle on aperçoit, d'un côté, cette ville ; au fond, *San Roque*; et à dr. Gibraltar, au pied de son immense rocher vertical.

Avant d'accoster le port de Gibraltar, le navire reçoit la visite de la santé (*la Sanidad*), qui ne touche les papiers du bord qu'avec des pinces, jusqu'au moment où elle est suffisamment renseignée sur la provenance. Avant de descendre au Waterport, l'étranger doit justifier d'un permis de séjour dont il est obligé de se pourvoir avant son arrivée dans la ville.

Ceuta est au S. de la baie, à 5 lieues marines (27 kilomètres) d'Algeciras.

ROUTE 106.

DE SÉVILLE A HUELVA

Chemin de fer. — 110 kil.

La station est la même que pour la ligne de Cordoue : à la place d'Armes, sur le bord du Guadalquivir. La voie traverse ce fleuve sur un pont de fer de 250 mèt., en amont du pont de Triana, et rencontre successivement.

2 kil. *Triana*.
3 kil. *Camas*.
13 kil. *Salleras*, 1094 hab.
18 kil. *Villanueva*, 1800 hab.
23 kil. *San Lucar la Mayor*, 3770 hab. La ville est située sur une élévation d'où la vue parcourt un horizon vaste et pittoresque. — Maisons bien bâties ; rues sales. — Charmant pays, que les Romains appelaient le Jardin d'Hercule.
27 kil. *Benacazan*, 2820 hab.
36 kil. *Aznalcazar*, 1185 hab.
41 kil. *Huevar*, 1150 hab.
46 kil. *Carrion de los Cespedes*.
52 kil. *Escacena*, 2610 hab., vignes qui produisent le vin de Manzanilla.
63 kil. *Villalva*, sur la route de terre, 3078 hab. Vieille église des Templiers.
69 kil. *La Palma*, 5199 hab. Le chemin traverse une plaine peu fertile.
73 kil. *Villarasa*, 2100 hab. La voie rencontre la petite ligne venant des mines de *rio Tinto*, aux approches de

79 kil. **Niebla**, 1047 hab., était a capitale d'un petit royaume arabe. Cette ville est encore entourée d'une vieille muraille flanquée de tours. Vieux château, ancien Alcazar, qui est intéressant à visiter. Passage du rio Tinto, coloré en rouge par les oxydes qui s'y déposent. Vieux pont romain de la route de Niebla.

97 kil. *San Juan del Puerto*, 1278 hab. Rues irrégulières et mal pavées ; maisons blanches à fenêtres grillées, à volets peints de couleurs vives ; aspect riant. Sur l'autre rive du rio Tinto, on aperçoit *Moguer* et *Palos*, d'où partirent, le 3 août 1492, les deux caravelles avec lesquelles Christophe Colomb alla découvrir le nouveau monde.

[Moguer, 8352 hab., fait un commerce considérable de vins et de vinaigres.]

Jolie route bordant des collines plantées d'aloès, de nopals, d'oliviers.

110 kil. **Huelva***, V. de 18 000 hab., située à la pointe même du confluent de l'Odiel et du rio Tinto, qui forment une immense baie sous le nom de rivière de Huelva. La ville est modeste, à maisons basses blanchies à la chaux, closes de volets verts et garnies de grilles en fer ; mais elle a pris en ces derniers temps une importance commerciale digne d'attention.

Deux églises paroissiales : l'une, *San Pedro*, est très ancienne. L'autre église, *la Con-* *cepcion*, est de style roman et date du xvi° s.

Excursion à la Rabida.

On prend, au môle de Huelva, une *lancha* avec quatre rameurs. Il faut 1 h. pour traverser cette belle rade. On aperçoit de loin le vieux couvent des Franciscains, au sommet d'une colline aride. En arrière du couvent, sur une petite esplanade, s'élève une croix de pierre. C'est sur les degrés de cette croix que Colomb se laissa tomber de faim et de fatigue lorsqu'il vint demander l'hospitalité aux moines.

On entre, par une porte à plein-cintre, dans un patio entouré d'arcades. Ces arcades portent une galerie sur laquelle ouvrent des cellules dont les fenêtres donnent sur le magnifique panorama de l'Océan, de la rivière de Huelva et de la *Sierra d'Aroche*. Une grande salle carrée, qui ouvre sur la galerie et qui occupe l'un des angles du bâtiment, est l'ancienne habitation du prieur Juan Perez de Marchena, qui accueillit Christophe Colomb et lui prêta son active et persistante protection. Cette salle a eu la plus grande part dans l'œuvre de restauration du couvent de la Rabida, faite par les soins de M. le duc de Montpensier. Dans la salle du prieur, le prince a fait placer un portrait de Colomb et quatre tableaux peints par un artiste de Séville. — Sur la table qui occupe le milieu de la salle, sont le registre où s'inscrivent les visiteurs, et des albums sur lesquels sont transcrites une foule de poésies et d'odes en l'honneur de Colomb et en mémoire de la découverte de l'Amérique.

Le couvent de la Rabida possède encore une chapelle, modestement entretenue, un cloître et de vastes caveaux.

ROUTE 107.

DE CADIX A HUELVA

PAR MER.

6 h.

Il y a tous les jours des navires à voiles, barques, chaloupes ou mystics de cabotage, qui font le trajet de Cadix à Huelva. Un bateau à vapeur (restaurant à bord) va, à peu près régulièrement, tous les dix jours, en s'annonçant par affiches, de Cadix à Huelva (10 peset.). Il faut 5 h. pour atteindre, depuis Cadix, l'embouchure de la rivière de Huelva. On franchit, entre deux dunes élevées, une barre peu sensible, au delà de laquelle on pénètre dans une belle baie intérieure d'une immense étendue, parfaitement sûre, bien protégée, avec un bon fond.

A quelques encâblures de la barre on aperçoit, à dr., sur une petite presqu'île de sable, une tour basse et massive, la *Torre del Arenilla*, puis, sur un monticule, le couvent de *Santa Maria de la Rabida* (V. R. 106).

On arrive à Huelva 1 h. après avoir franchi la barre.

ROUTE 108.

DE HUELVA AUX MINES DE CUIVRE

1° Tharsis.

Chemin de fer. — 48 kil.

Voie d'exploitation des mines de cuivre, faisant aussi le service des voyageurs (V. Huelva, route 106). On traverse l'*Odiel* en bateau, pour atteindre le môle en fer qui forme la tête de ligne. La voie parcourt un pays absolument désert, un peu cultivé auprès de Huelva et de San Bartolomé de las Torres; mais au delà complètement inculte, et sillonné de petits cours d'eau bordés de roseaux. Le rio *Meca* est le plus important.

Quatre stations : *Corralès*, à la hauteur du hameau de *el Charco*, ancien embarcadère sur l'Odiel, à dr.; *San Bartolomé de las Torres*, à g.; *Medio Millar*, au confluent de trois cours d'eau, la *Sansita*, le *Medio-Millar*, *el Agustin* avec le *Meca*; et *Tharsis*. La mine, au pied d'une colline dénudée consiste dans une exploitation considérable de pyrite de cuivre. Les minerais subit sur place le traitement par lequel on extrait le soufre, qui est ensuite livré au commerce au port de Huelva.

Du sommet de la colline, la vue s'étend sur une étendue considérable de pays inculte, et jusqu'à la frontière du Portugal, formée par le Guadiana.

2° Buitron et rio Tinto.

Ces deux lignes, comme la précédente, sont principalement consacrées au transport du minerai, depuis les deux mines de Buitron et de rio Tinto, jusqu'au port d'embarquement de *San Juan del Puerto*, sur la rivière d'Odiel, à 3 kil. au-dessus de Huelva (R. 106).

La ligne de Buitron dessert, depuis San Juan del Puerto, les stations de *Trigueros*, 8 kil.; *Venta Eligio*, 18 kil.; *Valverde del Camino*, 9 kil.; *Buitron*, 9 kil.; et la mine, 4 kil. Celle-ci est à une altitude de 183 mèt.

La ligne de *Rio Tinto* part directement de Huelva, parallèlement à la voie de Séville (R. 106), et accompagne ce tracé par San Juan del Puerto et Niebla. A partir de cette ville, elle remonte la rive g. du rio Tinto, desservant quelques localités de moyenne importance jusqu'aux mines (50 kil.).

ROUTE 109.

DE HUELVA A AYAMONTE ET A SAN LUCAR DE GUADIANA

61 kil.

Ce trajet se fait plus facilement et plus agréablement par mer, en 3 h., soit par le bateau à vapeur qui, de Cadia, touche régulièrement à Huelva trois fois par mois, soit par un de ces mystics à voiles latines, qui font le cabotage entre les deux ports.

Par voie de terre on suit, au milieu de champs de labour, et dans la direction de l'O., une jolie route, bien entretenue, qui monte d'abord, parallèlement au cours de l'*Odiel*, pour conduire à

11 kil. *Gibraléon*, 4286 hab., sur les pentes d'une colline. — Vestiges de deux châteaux qui ont appartenu aux seigneurs de la Cerda et aux ducs de Bejar. Gibraléon est célèbre par ses oranges. Un chemin à peine tracé conduit aux mines de cuivre de Tharsis. Un chemin de fer s'y rend également (R. 108).

33 kil. *Cartaya*, 5400 hab., jolie petite ville coquette dans un fond, au pied d'une colline, à 7 kil. de l'Océan, qui remonte jusque-là en formant une large baie navigable, sous le nom de *Baia del Terron*, où se jette le *rio Piedra*. Petit port, avec bateaux côtiers qui font le cabotage, et des bateaux de pêch gréés pour la pêche du thon et de la sardine.

On traverse le rio Piedra en barque, en sortant de Cartaya. Le chemin suit la côte.

38 kil. *Lepe*, 3800 hab., petit port de cabotage.

44 kil. *La Redondela*, 700 hab., à 3 kil. de la mer.

61 kil. **Ayamonte**, 5830 hab., port et place d'armes, pauvre, mal bâtie, située sur les pentes d'une colline qui domine la rive g. du Guadiana, à 2 kil. en amont de l'embouchure de ce fleuve. Vue du fleuve, la ville, en amphithéâtre, est d'un charmant aspect. Ayamonte est la clef du cours du Guadiana, sur la rive espagnole, en face des deux villes portugaises Villa Real et Castromarim. On traverse habituellement le fleuve en 25 min. d'Ayamonte à Villa Real en barque, pour 1 peseta.

Dans le voyage par mer, le bateau à vapeur ne remonte pas jusqu'à **San Lucar de Guadiana**, qui est à 39 kil. d'Ayamonte, le service est fait entre les deux villes par des *lanchas*. San Lucar, bâti au milieu des rochers, au-dessus du cours très encaissé du Guadiana, compte près de 1000 hab. ; elle est dominée par un vieux château, dans une forte position, et a pour vis-à-vis, sur l'autre rive, la petite V., à l'aspect mauresque, d'*Alcoutim*. Le cours du fleuve, entre deux hautes falaises, est calme et solennel.

ROUTE 110.

DE HUELVA A ZAFRA

Chemin de fer. — 180 kil.

Prix : 1re cl., 12 pes. 60 ; 2e cl., pes. ; 3e cl., 5 pes. 40. — *Trajet*, 7 h. 35.

Huelva, R. 106. — Cette ligne traverse, sur tout son parcours, une contrée minière très riche. Elle ouvre aux touristes une des régions les plus pittoresques de l'Espagne méridionale.

La gare de départ occupe un vaste espace à l'O., sur la rive dr. de l'Odiel, avec un môle pour l'expédition des minerais et produits céramiques par bateaux.

8 kil. *Pequerillas*, station desservant un grand nombre d'établissements industriels situés sur les bords du *rio Anicoba* : caves de MM. Sundheim et Doetsch (*San Cristobal*, le meilleur vin de la province) ; grandes scieries de marbre de la Haute-Montagne ; hauts fourneaux pour la fabrication de lingots de fer pour la cimentation du cuivre.

13 kil. *Gibraleon*, 4286 hab., à 900 mèt. à g. (*V.* R. 109).

La voie parcourt une belle plaine plantée d'orangers et d'oliviers, et traverse l'Odiel sur un viaduc de 242 mèt. Tranchée en rampe et remblais considérables.

32 kil. *El Cobujon*, halte. Courbe en rampe au N. au milieu de terrains veinés de manganèse. A 2 kil. à dr., le groupe des mines de *Sotiel* (pyrites de cuivre).

49 kil. *Calañas*, 4167 hab. ; à g. courbe vers le N. Un chemin à g. descend vers *Villanueva de las Cruces;* dans le voisinage des gisements de *Tharsis*. Villanueva est au centre d'une vaste plaine, où se trouvent des mines et plusieurs localités : *Cabezas-rubias, Pue-*

bla de Guzman, Manolita, los Romanos. A l'O. s'étend la frontière de Portugal, formée ici par le *Chanza*. Paimogo (1146 hab.), la première localité espagnole, sur la rive dr. du Chanza, est le point probable de raccordement du réseau andalou avec les lignes portugaises du Sud.

57 kil. *El Cerro*, 3959 hab., à 5 kil. à g. Tout auprès, les gisements de pyrite de cuivre de *La Zarza*. — Le *rio Tamujoso* près de sa source. Terrain ondulé, agreste et peu cultivé.

67 kil. *Val de la Musa*; centre de gisements de cuivre : *Aguas Teñidas, Cueva de la Mora, San Miguel*. Pyrite de fer, *San Telmo; la Joya, Carpio, Payatos*.

Cinq tunnels à petite distance : 95 mèt., 166, 80, 430 et des ponts sur des ravins.

77 kil. *Gil Marquès*, halte, pour le service de carrières de granit. Vue en avant sur les hautes montagnes d'*Aroche, Cortegana, Almonaster, Galazora*, charmants paysages et jolis chemins. Tunnel de 260 mèt. et viaduc des *Tres Fuentes* (160 mèt.); au delà deux tunnels de 135 et 215 mèt. Ravin *del Fresno*, deux tunnels, un viaduc et une série de rampes, de tranchées, de remblais, jusqu'au *collado de la Cruz*, avec un autre tunnel de 1300 mèt. sous la ligne de partage des bassins de l'Odiel et du Guadiana.

85 kil. *Almonaster et Corte-* gana, 2858 et 4659 hab. à g. et à dr. de la voie.

Au N.-O. un chemin va rejoindre *Aracena*, ancienne cité arabe dont la mosquée est devenue église, sous l'invocation de *Ntra Sra del Mayor Dolor*. Le même chemin, qui coupe la voie, descend au S.-E. vers *Aroche*, petite V. de même origine, qui donne son nom à une chaîne de montagnes descendant de la Sierra Morena. Le chemin continue jusqu'au *rio Chanza*, auprès du v. du *Rosal de Cristina*.

Après Cortegana et le col, fortes pentes sur une étendue de 16 kil. Courbes en lacets, tunnel de 40 mèt. Produits forestiers, chênes-lièges, mines de cuivre, d'antimoine, de manganèse, carrières de marbres divers. Pâturages et troupeaux.

92 kil. *Jabugo*, desservant *Jabugo*, 2320 hab. et *Galarosa*, 2340 hab. à dr. Passage à niveau d'une route qui descend à g. vers la frontière du Portugal et qui, à dr., vient de Séville. Deux tunnels de 70 et 500 mèt.

101 kil. *La Nava*, 433 hab. Pont de 110 mèt. sur le *rio Martiga*, affluent du Guadiana. A g. jolie vallée semée de métairies, de jardins. Mines en exploitation. Deux tunnels, chacun de 340 mèt.; viaduc de 60 mèt. Sur le ravin de *Valdemoral*. Tunnel de 210 mèt. et pentes conduisant à la sortie des montagnes.

116 kil. *Cumbres mayores* (trad. grands sommets). Un peu

plus bas, limite des deux provinces de Huelva et de Badajoz. Pont sur le rio *Moriano*, et passage à angle droit d'une route de Séville à Badajoz.

132 kil. *Fregenal de la Sierra*, 7514 hab. Très vieille ville romaine avec un château des Templiers. Route au N.-O. allant à *Jerez de los Caballeros*.

A 4 kil. à dr. *Higuera la Real*, 5600 hab. Grandes cultures et prairies. Région de la *Sevillana* (alt. 588 mèt.), pâturages, cultures maraîchères, vignes et oliviers.

145 kil. *Los Jarales*, halte au milieu de blocs erratiques de granit. Passage du *rio Ardila*. Direction S.-N.

164 kil. *Valencia del Ventoso*, 4000 hab., pays riche, terres de labour, blés, oliviers. A 8 kil. à dr. *Fuente de Cantos*, patrie du peintre Zurbaran. Tranchées en roc. Pont sur le *Bodion*.

172 kil. *Medina de las Torrès*. 3000 hab., très ancienne ville. Grandes cultures, vastes pâturages. Nombreux bétail.

177 kil. *Puebla de Sancho Perez*, 2300 hab. Carrières de marbres blancs. Ateliers de la Cie du chemin de fer.

180 kil. **Zafra**. La voie rencontre celle de Séville à Mérida, d'où l'on communique avec *Badajoz, Ciudad Real, Caceres et Madrid*.

Zafra, V. de 5547 hab., est située dans une belle vallée formée par des montagnes arides. Cette ville, qui appartient à l'Estrémadure, est de date fort ancienne ; son nom indique qu'elle a appartenu aux Arabes, qui l'avaient entourée de murs. Il reste de cette époque un château en bon état, et des portes. On remarque, parmi les principaux édifices, le palais des ducs de Zafra, orné de colonnes de marbre, la maison de la famille Daza, d'une belle architecture. La place de la Constitution est formée de constructions uniformes et entourée de larges galeries. Les rues sont droites et spacieuses, et l'aspect général de la ville, le soin apporté à son entretien, lui ont fait donner le surnom de *Sevilla la Chica* (Séville la Petite). Zafra possède une seule église. La promenade, l'*Alameda*, est jolie et plantée de trois rangées d'ormes ; les eaux de la ville, fort abondantes, sont fournies par plusieurs retenues construites dans les montagnes voisines. Les produits du sol sont abondants en huile, en vin, en blé. L'industrie s'y recommande par ses tanneries.

Il se tient à Zafra, au mois de juin et au mois d'octobre, deux foires très importantes par les transactions qui s'y font, autant que par les types et les costumes qu'on y rencontre.

Un peintre de genre trouverait difficilement plus de sujets intéressants qu'à la foire de Zafra.

De Zafra à Mérida et à Séville, par chemin de fer, R. 101 ; — à Badajoz, par Mérida, R. 79 ; — à Jerez de los Caballeros, R. suivante.

ROUTE 111.

DE ZAFRA
A JEREZ DE LOS CABALLEROS

Route. — 25 kil.

On quitte, à Zafra, le chemin de fer pour prendre à l'O. une route de 3° ordre qui traverse des vergers et des bois d'oliviers. Au bout d'une heure, on passe à une petite distance du petit village et du couvent de *la Lapa* (502 hab.).

16 kil. *Burguillos*, petite V. de 4940 hab., située sur les flancs S. d'une haute montagne. La population fait un grand commerce de bestiaux. Il s'y tient, le 10 août de chaque année, une foire importante.

Le chemin traverse de grands bois de chênes jusqu'à

25 kil. **Jerez de los Caballeros**, V. de 7763 hab. La ville ancienne, dont la fondation remonte à 1229, a presque entièrement disparu ; sur ces ruines s'éleva une ville arabe, encore entourée d'une muraille crénelée, percée de six portes, et occupant les pentes d'une haute colline. Ses maisons, bien bâties, d'une agréable apparence, sont toutes entourées d'orangers, de citronniers et d'autres arbres à fruits ; les rues sont presque toutes larges, droites et bien pavées. Les églises paroissiales sont sans intérêt, rien ne signale les édifices publics. Ce qui fait l'importance de Jerez, c'est le mouvement agricole qui s'y opère, et l'abondance des produits du territoire en céréales, en légumes, en plantes potagères, en fruits excellents, en vins, en huiles et en glands.

Hors la ville existe un établissement considérable de remonte, le troisième, comme importance, de ceux appartenant à l'État.

On va de Jerez à Badajoz (61 kil.) par *la Albuera*.

ROUTE 112.

DE SÉVILLE A BADAJOZ

Chemin de fer. — 300 kil.

Par la montagne, 215 kil.

La direction du voyageur est maintenant par les deux lignes ferrées : Séville à Merida, 240 kil. (R. 101) et Merida à Badajoz, 60 kil. (R. 79). Le trajet se fait en 11 h. 10, sauf l'arrêt à l'embranchement de Merida.

Pour le touriste, il existe un chemin par la montagne, très pittoresque ; mais long et quelquefois difficile. C'est l'une des explorations artistiques à faire au cœur de la Sierra.

On part de Séville, par Triana et Santi Ponce ; les étapes principales sont *El Ronquillo*, à 40 kil. ; Santa Olalla, à 79 kil. *Monasterio* (4000 hab.) à 69 kil. ; on y franchit la limite des deux provinces de Huelva et de Badajoz. A *Fuente de Cantos*, où l'on se rapproche de la ligne ferrée de Huelva à Zafra, où se trouve à 116 kil. de Séville. A *Los Santos de Maimona* (159 kil.) on est à une petite distance de Zafra, d'où l'on peut continuer vers l'O. pour aller joindre Jerez de los Caballeros (R. 111). De Jerez, on a un chemin vers Badajoz, à moins qu'on ne préfère revenir à Zafra pour prendre la route de Badajoz par *Santa Marta* (170 kil.) et *la Albuera* (191 kil.).

On arrive à Badajoz après avoir traversé les grands pâturages de *la Florida*. On entre par la porte du S., au pied du fort de Picuriña (215 kil.).

ROUTE 113.

DE BADAJOZ A OLIVENZA

22 kil. 1/2.

Ce chemin, de 3ᵉ ordre, sort de Badajoz dans la direction du S.-O., suivant parallèlement le cours du Guadiana, à travers un pays plat et sablonneux. On rencontre, après 3 h. de marche, la rivière de *Valverde*, que l'on traverse sur un pont. Au delà, on laisse sur la dr., le ham. de *Ramapullas*, faubourg de

22 kil. 1/2. **Olivenza**, V. de 7271 hab., et place forte située à 9 kil. de la rive gauche du Guadiana, en face du Portugal.

Autour de la ville s'étend une plaine fertile, couverte de jardins, de plantations de produit et de métairies.

La muraille qui entoure la place forme un polygone de neuf côtés. Une seconde enceinte, datant de 1306, occupe l'intérieur de la ville, et au centre, auprès de l'église principale, s'élève un château très ancien que domine une belle tour de 40 mèt. de hauteur. On rencontre quelques maisons bien bâties, des quartiers pour la troupe, un hôpital militaire, un hôpital de charité où l'on recueille les malades pauvres et les enfants abandonnés, et deux belles églises paroissiales. *Santa Maria del Castillo*, la principale, est remarquable par l'élégance, la hardiesse et la légèreté des colonnes qui forment ses trois nefs. La seconde, *Santa Maria Magdalena*, offre un magnifique portail de marbre blanc à colonnes et pilastres d'ordre corinthien, soutenant un fronton triangulaire. L'intérieur est divisé en trois nefs. Le retable du maître-autel, de style plateresque, est une œuvre remarquable.

La population s'occupe d'agriculture, récolte du lin, du vin, un peu d'huile, beaucoup de glands, et élève des bestiaux.

Olivenza communique avec *Elvas*, *Villaviçosa* en Portugal. Elle est reliée à la première par un chemin muletier et par un passage en bac sur le Guadiana (20 kil.); à la seconde par une mauvaise route, et un vieux pont commandé par la forteresse portugaise de *Jerumenha*.

ROUTE 114.

LES ILES BALÉARES

Voir Barcelone et Valence pour les moyens de transport.

Majorque.

Majorque, en espagnol *Mallorca*, est éloignée de 150 kil. de Barcelone, 240 de Valence, 280 de Tunis et 450 de Toulon. Sa population s'élève à environ 300 000 hab. — Une chaîne de montagnes, qui s'étend du N.-E. au S.-E., divise Majorque en deux parties bien distinctes sous le rapport du climat.

Ces montagnes abondent en minerais et en carrières de toute espèce.

Les côtes de l'île, élevées et escarpées à l'O., sont basses et abordables partout ailleurs ; la navigation est sûre et facile.

Majorque est un des pays les plus fertiles du monde. L'agriculture y est arriérée, et cependant tous les fruits du Midi, la figue, l'olive, l'orange, le citron, le limon, la datte, etc., y viennent en abondance.

Les Majorquins sont en général bruns, grands, bien faits, mais fanatiques, superstitieux, indolents et d'une extrême ignorance. Les femmes ont les yeux noirs et grands, les extrémités petites, la taille bien prise, et, dit-on, toute l'ardeur du tempérament africain.

Les riches et les bourgeois ont adopté le costume européen ; les femmes et les paysans sont seuls restés fidèles aux vieilles traditions.

Palma, V. de 65 480 hab., capitale de Majorque, siège d'un évêché suffragant de Valence, et résidence du capitaine général des îles Baléares, s'élève en amphithéâtre au fond d'une baie, qui a 20 kil. de large, entre le cap Cala-Figuera et le cap Blanco, et 25 kil. de profondeur. Cette ville est entourée d'une muraille flanquée de bastions. — On y entre par 8 portes : 3 donnent sur le port et 5 sur la campagne. La plus belle est celle *del muelle* (du môle). Elle est en pierres taillées en bossage, et surmontée d'une statue de Notre-Dame de la Conception et de deux anges en relief. — Palma compte environ 5000 maisons, que l'on peut diviser en deux classes : celles qui sont habitées par la noblesse, et celles que la noblesse loue au peuple. Celles-ci sont mal distribuées et peu commodes.

Les rues de la ville sont droites, mais étroites, et mal pavées, quand elles le sont.

Les principaux édifices de Palma sont la cathédrale, la *Lonja* (Bourse), la *casa consistorial* (hôtel de ville).

La *cathédrale*, construite sur un plateau, domine la ville. Elle fut commencée sous Jaime le Conquérant, et ne fut terminée (mais seulement comme le sont presque toutes les cathédrales espagnoles) qu'en 1601. Cette église, d'architecture gothique, forme un carré long qui s'étend de l'E. à l'O., où se trouve la façade principale. Au N., est le clocher appelé la *Torre del Angel;* mais c'est le côté du S., quoique inachevé, qui est le plus beau. L'intérieur de la cathédrale est divisé en trois nefs, dont les voûtes ogivales sont soutenues par deux rangs de colonnes extrêmement légères.

Cet édifice mérite une attention sérieuse. Parmi les beautés nombreuses de cette basilique, on signale, derrière le maître-autel, la *Capilla real*, longue de 24 mèt., destinée à la sépulture des rois de Majorque. On y remarque le tombeau de Jaime II.

Dans la nef latérale, à g. en entrant, se trouve la *capilla de los Salas*, où s'élève le mausolée du général marquis de la Romana. Au centre est le *coro* ; les stalles qui le composent se font remarquer par le fini et la variété de leurs ornements. Le baptistère est tout en marbre et en stuc doré. Les vitraux sont magnifiques.

La *Lonja* (Bourse) est un des plus beaux monuments du style gothique que possède l'Espagne. L'intérieur se compose d'une belle et vaste salle, soutenue et divisée en nefs par six légères colonnes cannelées en spirale.

Le palais du capitaine général est d'un aspect très pittoresque. Le palais épiscopal est mal situé.

La *casa consistorial* (hôtel de ville) date de la fin du XVIe s. Ce qui attire l'attention, c'est l'auvent qui la surmonte. On voit à l'intérieur une galerie de portraits des grands hommes nés à Majorque, et un grand tableau représentant le *Martyre de saint Sébastien*, par van Dyck.

La *casa de la Misericordia* est un bel établissement tout moderne. Dix-huit salles sont destinées aux femmes et cinq aux hommes. On les occupe à des travaux de filage et de tissage.

La maison la plus belle de Palma est celle du comte de Montenegro ; on y voit une magnifique galerie de tableaux et une très riche bibliothèque.

Le voyageur doit visiter, entre la cathédrale et la place des *Corts*, les ruines du couvent de Saint-Dominique, où était établie l'Inquisition.

A 4 kil. au S.-O. de Palma, s'élève le château de *Bellver*, dans une des plus belles positions qu'on puisse imaginer. La galerie du *patio* est un véritable chef-d'œuvre.

Un chemin de fer et six routes divergent de Palma pour desservir toute l'île de Majorque. Le chemin de fer se dirige au centre de l'île, en suivant la base S.-E. des montagnes, jusqu'à (29 kil.) *Inca*, V. de 6758 hab., chef-lieu de partido judiciaire. Un embranchement partant d'Inca, conduit la voie ferrée à *la Puebla* et à *Manacor* (à 64 kil. de Palma) en attendant un prolongement de la ligne principale jusqu'à *Alcudia*. Le trajet de 64 kil. (12 stations) se fait en 2 h. 25. « Les employés, dit M. Gaston Vuillier

(*Tour du monde*, 1889), sont d'une extrême courtoisie; l'étranger, particulièrement, est l'objet de leurs attentions. »
Il existe de plus deux projets, pour desservir le S. de l'île, l'un de *Felanitz* à *Porto-Colon* sur 19 kil., l'autre prolongeant cette ligne jusqu'à *Manacor*, sur 12 kil. 1/2.

Les six routes se développent en éventail depuis Palma : à l'O. vers *Andraitx* et *Valldemosa*; au N. vers *Soller* et *Inca*; à l'E. vers Manacor ; au S.-E. vers Lluchmayor, et à quelques kil. de la capitale une route concentrique coupe ces six directions.

Un service de voitures publiques dessert Pollenza et Alcudia.

Pour gagner *Alcudia*, la seconde ville de l'île de Majorque, on rencontre, par le centre de l'île, *Lluchmayor*, au milieu d'une vaste plaine. — A 9 kil. au S.-E., *Campos* (5000 hab.), avec des salines naturelles, et une source d'eau minérale thermale. — A 12 kil. de Campos est *Santañi*, 8000 hab. — En remontant à l'E. *Felanitz*, 6000 hab. — Dans le voisinage de cette ville, sur une petite hauteur, *Manacor* (10500 hab.), où la noblesse majorquine va passer la belle saison. — Au N.-E., on arrive à *Arta*, où il faut visiter les *constructions cyclopéennes* et la grotte appelée *Cueva de la ermita*.

Les premières se trouvent au milieu d'une ancienne forêt de chênes. Ce sont des tours en forme de cône tronqué, construites avec d'énormes pierres brutes enchâssées les unes dans les autres sans aucun ciment.

Plus loin, après 2 h. de marche, on parvient à la *Cueva de la ermita*. Il faut suivre un sentier sinueux, étroit et raide, bordé à dr. par un bois et par des roches sauvages, à g. par un précipice presque perpendiculaire, au fond duquel gronde la mer. La *Cueva de la ermita* est une succession d'immenses cavités, où abondent les stalactites et les stalagmites, produisant un merveilleux spectacle.

Alcudia (10 h. 1/2 de Palma) est située à 3 kil. de la mer, entre deux grandes baies, sur une hauteur, et entourée d'anciennes murailles très épaisses et très élevées, flanquées de deux forts. Dans Alcudia, on signalera seulement l'église de Saint-Jacques.

D'Alcudia on peut retourner à Palma en suivant, à une petite distance, la côte occidentale. On rencontre d'abord *Pollenza*; l'église est d'une bonne architecture, et le port peut recevoir de grands vaisseaux. Au N.-O., *Palumbaria*, petit port ; au S.-O., *Soller*, d'où partent presque toutes les oranges qui s'expédient de Majorque à l'étranger ; puis *Ascorea*, au fond d'une riche vallée; au S., *Buñola*, 2600 hab., *San Marcial*, 500 hab., et *Alaro*. Après avoir fait 11 kil. au N.-N.-O., on rencontre *Valldemosa*, petite V.

de 1200 hab. Plus loin est un ancien couvent de Chartreux, *la Cartuja*, qui mérite d'être vu. Ce monastère ressemble plutôt, de loin, à un château fort qu'à un couvent. Il se compose de trois chartreuses bâties à différentes époques.

L'église de la communauté est d'ordre composite, dans la forme d'une croix latine ; la voûte est ornée de belles peintures à fresque. La nef est pavée de marbre et de jolies faïences. — Dans le *presbiterio*, le devant de l'autel, un lutrin et la stalle en forme de dé du prieur, sont trois chefs-d'œuvre de sculpture sur bois.

En redescendant de la chartreuse de Valldemosa, on rencontre *Benalfubar*, et enfin, avant d'arriver à Palma, on traverse successivement *Andraitx*, avec un petit port, *Puigpugnent*, *Calvia* et *Deya*.

Cabrera.

L'île de Cabrera, qui n'a guère que 5 kil. du N. au S., et 6 kil. de l'E. à l'O., est située au S. de Majorque, à 17 kil. environ. — Outre un port profond et sûr, situé au N.-O. et défendu par un vieux château, Cabrera a deux baies, l'une au N. et l'autre au S. Mais celles-ci sont désertes comme le port.

C'est dans cette île inhospitalière qu'après la capitulation de Baylen, en 1808, les Espagnols débarquèrent 8000 prisonniers français. Le climat, la maladie, la faim, la soif, en firent périr la moitié environ.

L'Ile Dragonera, à 1 kil. de la pointe O. de Majorque, est inculte et très peu peuplée.

Minorque.

L'île Minorque, en espagnol *Menorca*, est située à l'E.-N.-E. de Majorque. Elle en est éloignée de 27 milles, et à 140 du point le plus voisin de la côte d'Espagne. Le climat de Minorque n'est pas aussi heureux que celui des autres Baléares.

Le sol, extrêmement inégal, n'est qu'un rocher continu recouvert d'une légère couche de terre végétale. Sur les hauteurs cette terre est noirâtre, très fertile ; dans les plaines, au contraire, elle est froide, crayeuse, et aussi impropre à l'agriculture qu'aux pâturages.

Minorque renferme un grand nombre d'antiquités, et notamment des constructions cyclopéennes semblables à celles de Majorque, et mieux conservées. On a trouvé à Minorque un grand nombre de médailles et de monnaies anciennes, ainsi que des restes de tombeaux antiques, figures en bronze, lampes sépulcrales, urnes cinéraires, etc.

Au physique comme au moral, les habitants de Minorque ressemblent à ceux de Majorque.

Mahon, V. de 15 138 hab., capitale de l'île de Minorque, est au fond d'une baie qui a 6 kil. de long, et bâtie sur une hauteur qui domine le port. Son aspect est très pittoresque; mais cette ville n'est plus que l'ombre d'elle-même : de ses anciennes murailles il ne reste qu'une tour.

L'herbe pousse dans ses rues désertes, et ses maisons, pour la plupart construites avec goût et terminées par une terrasse, sont presque inhabitées. Mahon n'a guère de curieux que le port et ses dépendances.

Ce port est un chef-d'œuvre de la nature : de grandes escadres peuvent s'y abriter commodément. A dr. s'élève le *Lazaret*, un des mieux disposés de la Méditerranée. — A 1209 mèt. environ du Lazaret est l'îlot de la *Quarantaine*. — Vers le milieu du port s'élève l'îlot *del Rey*, avec un très bel hôpital militaire. — A dr., après le Lazaret, s'étend le chantier, malheureusement inoccupé, des constructions navales.

Au pied des rochers sur lesquels est construite la ville, se développe une longue file de magasins à un ou à deux étages. — Mahon est la patrie de l'illustre médecin Orfila.

De Mahon à Ciudadela.

Mahon et Ciudadela, ancienne capitale de l'île, sont mises en communication par une route d'une largeur fort inégale ; dans certains endroits, quatre charrettes peuvent y passer de front; mais il en est d'autres que les piétons et les mulets seuls peuvent franchir.

En quittant Mahon, on laisse à dr. la Alameda, et à 16 kil. environ, un peu à g. de la route, on trouve *Alayor*, 4500 hab. Ses rues sont inégales, étroites, tortueuses et mal pavées. Dans l'église il faut remarquer des peintures et surtout des sculptures dues à un Majorquin.

21 kil. *Mercadal*, 2620 hab., petite V. sale, malsaine et sans eau. Le mont *Toro* et le mont de *Santa Agueda*, dont les plateaux sont occupés par des chapelles en grande vénération dans le pays, se trouvent dans le voisinage. A 16 kil. plus loin est *Ferrarias*, encore plus mal construite, plus malsaine et plus pauvre que Mercadal.

49 kil. **Ciudadela**, 7340 hab., bâtie à peu de distance de la mer. Ses maisons, au nombre de 600, se font toutes remarquer par leur propreté : ses promenades seraient agréables si elles étaient plantées d'arbres. Ciudadela est entourée d'une muraille en assez bon état.

Au centre de la ville est la *cathédrale*, composée d'une seule nef de style gothique, mais grande, haute et profonde. Elle est flanquée d'une belle tour carrée que domine une flèche octogone en pierre de taille.

Le port est petit, peu profond, mais bien abrité. A son extrémité S. est le fort Saint-Nicolas. Non loin de ce fort on rencontre, au milieu d'énormes rochers, deux cavernes dans lesquelles les eaux de la mer s'engouffrent avec un grand bruit.

Iviça.

L'île d'Iviça est la plus grande des anciennes Pytyuses. Elle est éloignée de 90 kil. N.-O. du cap Saint-Martin, sur la côte d'Espagne, et de 79 kil. S.-O. de Majorque. Sa superficie est de 40 kil. de long sur 17 de large, et sa population de 21 000 hab.

Le climat d'Iviça est doux et sain ; les brises et les vapeurs de la mer tempèrent les chaleurs de l'été, et pendant l'hiver le thermomètre de Réaumur ne descend jamais au-dessous de 12 degrés. Le sol de l'île quoique pierreux, se prête à toutes les cultures, à celles de l'olivier, de la vigne et du blé. Les Iviçans sont en général d'une taille moyenne, bruns et agiles. Leur langue est une corruption de l'ancien limousin. Ils sont braves et l'ont souvent prouvé en repoussant les attaques des corsaires qui, à la fin, n'osaient plus descendre sur leurs côtes.

L'île d'Iviça est divisée en 5 parties que les habitants appellent *Cuartones*.

Le premier comprend Iviça, capitale de l'île, avec 5000 hab. Cette ville est bâtie sur un rocher escarpé, avec une forteresse construite du temps de Charles-Quint. Ses rues sont montueuses et mal pavées, et ses édifices, y compris la cathédrale, sont peu remarquables. Le port est assez commode.

Le *cuarton* de *Santa-Eulalia*, au N.-E. du précédent, occupe un territoire d'environ 25 kil.

Celui de *Balanzar* est le plus petit et ne compte pas plus de 400 maisons.

Le quartier de *Pormany* a un territoire de 25 kil.

Enfin le quartier des *Salinas*, ainsi nommé du sel qu'on y exploite, n'a guère plus de 20 maisons. Au S. on trouve une belle plaine où est située l'église paroissiale de Saint-Georges.

L'île d'Iviça n'a pas de routes; on n'y trouve de chemins à peu près passables que ceux qui conduisent des salines au point de la côte où se font les chargements.

Formentera.

Les îlots qui entourent Iviça ne sont pas habités.

Au S. d'Iviça se trouve l'île de *Formentera*.

La population de cette île est de 1600 individus, dont les maisons sont dispersées dans la campagne et sur les côtes. On y trouve quelques moutons et des chèvres à l'état sauvage. Les rivages de l'île sont peuplés de troupes considérables de ces grands oiseaux échassiers connus sous le nom de flamants.

PORTUGAL

COUP D'ŒIL GÉNÉRAL

Géographie. — Le Portugal est situé à l'extrémité S.-O. de l'Europe, entre les 36°58' et 42°7' de latitude N., et entre les 8°50' et 11°50' de longitude O. du méridien de Paris. Il est borné au N. par la Galice, à l'E. par le royaume de Léon, l'Estrémadure espagnole et l'Andalousie, à l'O. et au S. par l'Atlantique. Sa superficie est de 123 760 kil. carrés, 558 kil. sur 220.

Plus favorisé, sous certains rapports, que l'Espagne, il profite des embouchures de ses quatre grands fleuves, et de la seule portion de leur cours qui soit vraiment navigable. Deux de ces fleuves le Minho et le Guadiana forment entre les deux pays de belles frontières et ensuite, du N. au S., cette séparation est faite par les contreforts des chaînes espagnoles.

Les fleuves sont le Tage (en portugais *Tejo*); le Douro (en espagnol *Duero*); le Guadiana, qui sépare le Portugal de l'Andalousie; le Minho (en espagnol *Miño*), dont la rive opposée appartient à la Galice. Plus de 300 cours d'eau arrosent ce pays.

Peu de climats sont aussi heureux que celui du Portugal; en été, la température y est élevée, et parfois on y éprouve de fortes chaleurs, que modèrent un peu les vents de l'océan Atlantique. Pendant l'hiver, la neige tombe seulement sur le sommet des montagnes. Entre ces températures extrêmes, le climat en général est doux et agréable, tel qu'on s'y accoutume très facilement.

Les montagnes sont pour la plupart boisées de châtaigniers, de chênes, de chênes-lièges et de sapins. Le caroubier et le figuier abondent dans l'Algarve. La superficie boisée présente 189 240 hectares. Les vallées fournissent en abondance des vins excellents qui forment le principal élément de richesse du Portugal. Les vignobles y occupent 28 410 hectares. La production annuelle s'élève à 4 millions d'hectolitres. Les gourmets européens recherchent ces vins, foncés et spiritueux, à la tête desquels se place celui de Porto. L'huile occupe le second rang parmi les produits du sol; il s'en récolte plus de 2 millions d'hectolitres.

Le royaume produit des grenades savoureuses et plus de 250 millions d'oranges renommées; près de 7 000 000 de kilogr. de figues. La région des plateaux abonde en céréales, surtout dans les provinces d'Alemtejo, de Minho, de Beira et de Tras-os-Montès, où la culture embrasse environ 19 600 000 hectares en blé. On compte, dans ces provinces, près de 3 000 000 de têtes de moutons. L'élève du gros bétail a lieu dans les pâturages des vallées du Minho et surtout du Mondego (Beira).

Le sol portugais recèle beaucoup de métaux et de pierreries; l'exploitation de ces mines précieuses a pris une certaine activité et, dans l'Alemtejo surtout, les extractions de fer, cuivre, manganèse, etc., enrichissent un grand nombre d'industriels.

Ces nombreuses productions du pays peuvent constituer un grand mouvement d'industrie et d'exportation. Il ne manque rien au Portugal pour qu'il ait des trésors à sa disposition, si ce n'est peut-être cette ardeur au travail qui fait la force des contrées du Nord. On exporte dans l'empire du Brésil, des huiles, des vins, des farines, du sel; en Angleterre, des bestiaux, des œufs, des légumes; du maïs en Irlande; des oranges dans tout l'univers; on fait le commerce des vins avec l'Europe et le Brésil. Pour donner une idée des ressources qu'il serait facile de tirer du sol, il suffit de constater que les Portugais expédient pour plus de 170 millions de francs de vins de Porto et de divers autres crus. Les chemins de fer commencent à développer dans le royaume un mouvement industriel et commercial qu'on regrettait de n'y pas trouver il y a quelques années; la marine marchande y est en pleine activité. Elle compte environ 500 navires jaugeant 84 000 tonneaux. Les chantiers de construction, qui sont restés dignes de leur ancienne renommée, sont sans cesse occupés.

Il ressort des statistiques que le commerce portugais s'étend principalement au Brésil, à l'Angleterre et à la France; à cette dernière depuis une quarantaine d'années. Avec le Brésil, il y a pour ainsi dire réciprocité d'affaires ; les deux pays font échange de leurs produits, et cet échange profite d'une manière égale à l'un et à l'autre.

Le Portugal était autrefois divisé en huit provinces continentales : *Minho, Douro, Tras-os-Montès, Alemtejo, Haute-Beira, Basse-Beira, Estrémadure* et *Algarve*, plus les *Açores* et *Madère*. L'organisation administrative compte aujourd'hui 21 districts, entre lesquels ces provinces ont été partagées. La population, évaluée par district, s'élève, d'après les derniers recensements aux chiffres ci-après : — *Aveiro*, 275 049 habitants ; *Beja*, 142 119 ; *Braga*, 319 464 ; *Bragance*, 168 651 ; *Castello Branco*, 175 985 ; *Coïmbra*, 292 057 ; *Evora*, 107 858 ; *Faro*, 199 142 ; *Guarda*, 228 494 ; *Leiria*, 192 982 ; *Lisbonne*, 498 059 ; *Portalegre*, 101 126 ; *Oporto*, 461 881 ; *Santarem*, 220 881 ; *Vianna do Castello*, 301 390 ; *Villa Real*, 224 628 ; *Viseu*, 391 571 ; *Hangra do Heroismo*, 71 629 ; *Horta*, 61 900 ; *Pontadelgada*, 126 271 ; *Funchal*, 140 584. Soit, 4 681 699.

Au point de vue de l'instruction, cette population se divise ainsi ; 652 699 personnes sachant lire et écrire ; 146 256 sachant à peine lire ; 3 751 774 sans aucune instruction.

Au total, la population entière du Portugal ne dépasse guère le chiffre de 6 500 000 habitants, en y comprenant celle des possessions d'Afrique, d'Asie et d'Océanie. Celles-ci comprennent la province du Cap-Vert, les îles de Saint-Thomas et du Prince, la province d'Angola, la province de Mozambique, la province de Goa, la province de Macao, et Timor. Elles présentent une superficie de près de 2 millions d'hectares.

D'après les plus récentes statistiques, les dépenses annuelles s'élèvent à 156 millions de francs. Le chiffre des recettes, provenant des impôts sur les terres, des produits des douanes, des tabacs, de diverses autres taxes, ne dépasse pas la somme de 141 millions de francs, ce qui amène par année un déficit de plus de 15 millions.

L'armée portugaise présente un effectif d'environ 25 000 hommes en activité de service et de 5000 chevaux. Elle est répartie dans cinq divisions militaires, dont les chefs-lieux sont Lisbonne, Viseu, Porto, Evora et Angra. Elle compte trois écoles spéciales, le Collège militaire, l'École de l'armée, l'École polytechnique, et un vaste arsenal à Lisbonne, avec fonderies de canons et manufacture d'armes. Elle absorbe 22 millions de francs sur le montant total des dépenses de l'État. La marine dispose d'un budget de 8 millions 1/2, et compte un personnel de 3300 officiers, employés et marins, pour une force navale de 25 bâtiments, dont un cuirassé, armés de 150 bouches à feu. Elle possède, à Lisbonne, un bel hôpital, un arsenal avec chantiers de construction, corderie, musée naval et école navale.

L'Université de Coïmbra, dans la Haute-Beira, est une grande école centrale, largement organisée d'après l'état de l'enseignement supérieur en Europe. Fondée à Lisbonne en 1090, elle fonctionne à Coïmbra depuis l'an 1537. A l'installation de cette importante école se rattache une particularité d'un grand intérêt pour les lettres françaises. Le roi Joao III, disent de Thou, Moréri et Quicherat, voulant que le Portugal se montrât capable de marcher de pair, pour l'enseignement, avec les autres États de l'Europe, fit prier André de Gouvea, principal de l'Université de Bordeaux, de venir à Coïmbra, afin d'y monter une maison qui fût la digne fille de l'école bordelaise, et Gouvea amena avec lui plusieurs savants professeurs, parmi lesquels Guerente, Nicolas de Grouchy, Jacques de Teyve. Après cette Université, on distingue un grand nombre d'établissements importants dans toutes les branches : une école polytechnique à Porto, qui fournit des ingénieurs civils; une école de médecine à Lisbonne, et quatre bibliothèques publiques à Lisbonne (300 000 volumes), à Évora, à Braga et à Villa Real. Celle de l'Académie des sciences possède 13 000 volumes, celle de l'Université de Coïmbra, 82 000.

— Le Portugal a donné le jour à des hommes éminents, dans les sciences, les lettres et les arts.

Lisbonne et Porto sont les deux foyers les plus notables de l'industrie portugaise. Porto, qui occupe 7000 ou 8000 ouvriers, est parvenu à se rendre presque indépendant de l'Angleterre. Le nombre des manufactures, quoique encore restreint, permet déjà de cesser de demander au commerce étranger ce qui peut être nécessaire en étoffes, en quincaillerie et en objets de toilette ou de luxe. La fabrication des lainages, à Portalègre et à Guarda; la manufacture de la soie, à Bragança; l'industrie cotonnière, à Porto, à Lisbonne, à Penafiel, à Vizella, sont en prospérité. A *Guimarães*, ville située à 25 kil. N.-E. de Porto, on fabrique des toiles remarquables, de la coutellerie, des papiers et du linge damassé ; à *Braga*, l'orfèvrerie et la chapellerie sont devenues deux spécialités industrielles. *Covilhã* est un centre industriel très important; *Thomar* possède aussi quelques fabriques. Des manufactures d'armes se sont montées avec succès. Les arts utiles, tels que l'horlogerie, la mécanique, ont peu de produits dignes de remarque, et cependant la presse a développé l'art de l'imprimerie, et les libraires de Lisbonne et de Coïmbra mettent en vente aujourd'hui des livres confectionnés avec un grand soin typographique. L'imprimerie nationale, installée ur le modèle de l'Imprimerie nationale de

Paris, a envoyé à l'Exposition universelle de 1889 des spécimens sortis de ses presses, qui ont été très justement remarqués.

Malgré l'étendue de ses côtes, le Portugal ne possède qu'un petit nombre de ports, parmi lesquels ceux de Lisbonne, de Porto, de Figueira, de Setubal, de Faro, de Villa Nova, d'Aveiro, de Villa do Conde et de Vianna, occupent la première place. Le mouvement de ces ports s'effectue principalement par la navigation étrangère ; mais les services de bateaux à vapeur qui s'organisent améliorent déjà l'état des choses, et le gouvernement encourage ces utiles entreprises. On a calculé que les ports du Portugal reçoivent annuellement environ 10500 bâtiments de commerce, parmi lesquels 6500 au moins sont nationaux.

Le roi Carlos I*er*, qui occupe aujourd'hui le trône de Portugal, a fait le légitime éloge de la nation portugaise, lorsqu'il a dit, en prenant possession du trône : « Dans toutes les périodes de son histoire elle a été illustre entre toutes, fidèle à la religion, vaillante dans la défense de son indépendance, hardie dans les conquêtes, audacieuse dans les découvertes maritimes, grande dans la civilisation. Elle se distingue aussi noblement par sa loyauté envers ses monarques et ses institutions libérales, qui sont le soutien de la monarchie et la garantie de la paix et de la prospérité publique. »

Les communications les plus sûres et les plus rapides entre l'Europe et le Portugal se font aujourd'hui par la voie de terre. La voie de mer, qui était autrefois la seule praticable, continue à servir au mouvement commercial important des ports de Lisbonne et de Porto, vers le S. du royaume et vers les ports du N. de l'Europe.

Les communications ferrées sont devenues plus complètes depuis la construction de la nouvelle ligne directe de Madrid à Lisbonne par Cacerès et Valencia de Alcantara (*V.* Espagne, R. 76), qui permet de franchir cette distance en 20 h. environ, de telle sorte que de Paris à Lisbonne, le voyageur n'a plus que 56 h. environ de chemin de fer (et 44 h. 1/2 par le train de luxe Sud-Express).

Les voies ferrées qui sillonnent aujourd'hui le Portugal relient les principaux centres entre eux ; et se raccordent, sur cinq points de la frontière, avec le réseau espagnol : à *Valencia de Alcantara*, avec Madrid ; à *Badajoz* avec Cordoue, Séville, Grenade, Malaga, etc. ; à *Valença do Minho* et *Tuy* avec la Galice et le N. de l'Espagne ; à *Barca d'Alba*, par la vallée du Douro, avec Salamanque ; à *Villar-Formoso*, par la ligne de la

Beira Alta, et par la Beira Baixa, avec la province de Salamanque et le réseau du *Norte*; la France, sans passer par Madrid.

Les principales lignes exploitées actuellement sont:

Réseau de la compagnie royale:
1° *Lisbonne à Valencia de Alcantara* (frontière d'Espagne), 256 kil.
2° *Lisbonne à Badajoz* (frontière d'Espagne), 282 kil.
3° *Lisbonne à Porto*, 337 kil.
Ces trois lignes ont un parcours commun de 107 kil., jusqu'à l'*Entroncamento*. (*Embranchement* vers le N.-E., l'E. et le N.) Les deux premières suivent la même voie jusqu'à Torre das Vargens (175 kil.).
4° *Lisbonne à Cintra*, 28 kil.; gare du quartier *Alcantara*.
5° *Lisbonne à Figueira da Foz*, par Torres Vedras et Alfarellos, 225 kil.; gare du *Caes dos Soldados*.
6° Ligne de la *Beira Baixa*, par Covilhã, 275 kil.
7° Alcantara-Cascaës (24 kil.).

Lignes du *Sud et Sud-Est*, station de départ, *Praça do Comercio*.
8° Lisbonne à *Faro*, par Béja, 340 kil.
9° Lisbonne à *Pias*, par Beja, 196 kil.
10° Lisbonne à *Satubal*, par Barreiro, 28 kil.
11° Lisbonne à *Extremos*, même départ.
12° Ligne de la *Beira Alta* de Figueira à la frontière espagnole, par Pampihosa, 255 kil.
13° Porto à *Valença* (frontière de Galice), 150 kil.
14° Porto à *Barca d'Alva* (frontière de Salamanque) par la vallée du Douro, 200 kil.
15° Porto à *Braga*, par Nine, 54 kil.
16° Porto à *Guimaraens*, par Trofa, 57 kil.
17° Foz-Tua à *Mirandella*, 55 kil.
18° Porto à *Povoa* et *Famalicao*, 57 kil.

Le réseau ferré portugais actuellement en exploitation est de 2565 kilomètres.

Le Portugal, autrefois sans routes carrossables, est aujourd'hui parcouru par de bonnes routes parfaitement entretenues, qui permettent aux voyageurs de se servir des services nombreux de correspondance installés par les Cies de chemins de fer, entre les gares et les principaux centres situés auprès du réseau ferré.

Les Compagnies de chemins de fer portugais se sont entendues pour offrir aux touristes des billets circulaires qui permettent de visiter ce beau pays, essentiellement tranquille.

LIGNES MARITIMES.

Voici les principales *lignes maritimes* régulières qui touchent à Lisbonne ou qui en partent :

Ligne péninsulaire et algérienne, du Havre à Lisbonne et vers les ports de l'Algérie, trois à quatre départs mensuels, service en correspondance avec la Cie de l'Ouest français et les chemins de fer portugais et espagnols ; service par transbordement au Havre sur Anvers, la Hollande, la Norvège et la Russie.

Pacific steam navigation Company, pour les ports de la côte orientale de l'Amérique du Sud, partant toutes les quatre semaines de Lisbonne. Agence, caes do Sodre, 64. — Porto rua do Infante D. Henrique, 39.

Compagnie Thetis, service entre Lisbonne et Porto, Bordeaux, le Havre et Anvers.

Compagnie générale transatlantique, service mensuel de Marseille et Lisbonne sur New-York.

Compagnie des messageries maritimes, service postal bi-mensuel de Bordeaux à Lisbonne sur les ports de l'Amérique du Sud, jusqu'à Valparaiso, partant de Lisbonne le 8 de chaque mois. Agence, Sequeiro das Chàgas, 1. — Porto, Chamiço, rua do Ferreira Borges, 14.

Royal Mail steam Packet Company (Malle royale anglaise), service bi-mensuel de Southampton et Lisbonne sur les ports de l'Amérique du Sud, jusqu'à Buenos-Ayres. Agence, rua dos Capellistas, 31. — Porto rua dos Ingleses, 23.

Compagnie hambourgeoise, de Lisbonne à Hambourg, quatre fois par mois, et deux fois par mois le 12 et le 26 pour les ports de la côte orientale de l'Amérique du Sud. Agence, rua da Prata, 8.

La côte d'Afrique, Madère, le cap Vert, etc., départ de Lisbonne le 6 et le 21 de chaque mois. Service national, même agence.

The Liverpool Brazil and River Plate, services bi-mensuels de Liverpool et Lisbonne sur l'Amérique du Sud, jusqu'à Rio de Janeiro.

The Spanish and Portuguese screw steam, service hebdomadaire de Londres à Lisbonne, Gibraltar, Malaga, Cadix, en correspondance avec les chemins de fer portugais et espagnols.

Glascow Company, service hebdomadaire de Glascow à Lisbonne et Marseille, en combinaison avec les chemins de fer portugais et espagnols.

Compagnie royale néerlandaise de navigation à vapeur, service bi-mensuel entre Amsterdam et Rotterdam et Lisbonne, en combinaison avec les chemins de fer portugais et espagnols.

Liverpool and Mediterranean steam ship Company, service bi-mensuel entre Glascow et Liverpool, Lisbonne, Gibraltar et Marseille, etc., etc.

Peninsular and Oriental steam navigation Company, ligne hebdomadaire de Southampton pour Gibraltar, l'Égypte, l'Arabie, l'Inde, la Chine, le Japon, l'Australie. Agence, à Lisbonne, rua dos Capellistas, 31.

Ligne Papayanni, hebdomadaire, Liverpool, Lisbonne, Alger, Malte, Smyrne, Constantinople, Odessa. Même agence.

Entreprise insulaire de navigation, service bi-mensuel de Lisbonne aux Açores et à Madère, partant les 5 et 20 de chaque mois.

Chargeurs réunis, compagnie française, Bahia, Pernanbuco, Rio de Janeiro, Santos. De Lisbonne hebdomadaire ; de Rio de Janeiro le 5. Agence Garay et Cie, à Lisbonne. Praça do Municipio.

Compagnie havraise péninsulaire. Ligne Conseil, Bordeaux à Lisbonne, 4 fois par mois, agence Garay, à Lisbonne. Praça do Municipio.

Entreprise de l'Algarve et du Guadiana. Départ de Lisbonne les 1ᵉʳ et 16, pour toute la côte sud du Portugal. Centeno et Cⁱᵉ. Largo dos Torneiros, 5.

Entreprise lusitanienne, service régulier sur les Açores, Madère et toute la côte d'Afrique jusqu'à Nussameder.

Il y a en outre un grand nombre de services irréguliers.

Lisbonne est le point de relâche obligatoire de toute la navigation à vapeur de l'Europe avec les côtes d'Afrique, jusqu'au cap de Bonne-Espérance et avec l'Amérique du Sud.

LE SERVICE DES POSTES est actuellement très bien organisé. La télégraphie électrique comprend un réseau étendu qui compte 218 stations et 5000 kil. Ce réseau suit complètement toute la frontière espagnole, et relie tous les postes sémaphoriques du littoral.

Les lettres pour l'intérieur du royaume payent 25 reis pour le poids simple de 15 grammes. La même taxe est appliquée sur le territoire espagnol et les dépendances européennes.

En France et en Algérie, 50 reis.

Les télégrammes intérieurs sont réglés par mot, au prix de 60 reis le premier mot, et 10 reis chacun des mots suivants. — Espagne, chaque mot 20 reis. — France, via Espagne, chaque mot 40 reis.

POIDS. — MESURES. — MONNAIES.

Pour les *poids, mesures et monnaies*, le système métrique décimal est en usage depuis 1852. L'ancienne unité de poids, l'*arratel*, équivaut à 459 grammes.

L'*arrobe* a la valeur de 32 *arrateis* ou 14 kilog. 678 gr.; et 4 arrobes font 1 *quintal*.

Les diamants et les pierres précieuses se pèsent au *quilate*, ou karat de 4 grains; 151 karats 1/6 valent 1 once troy ou 31 gr. 103 milligr.

Le *pied* portugais comprend 32 c. 85; la *vara* représente 1 mèt. 10; le *covado* (coudée) vaut 68 c.

La lieue portugaise, de 18 au degré, vaut 5 kil. 552; la *geira*, mesure agraire, vaut 58 ares 275.

Les mesures liquides anciennes sont : l'*almude*, qui contient 16 lit. 911; l'*alqueire*, pour les grains, comprenant 13 lit. 815.

Voici le tableau des **monnaies portugaises** usuelles :

Unité monétaire : le *real* (pron. *rial*) vaut un peu plus de moitié d'un centime (0,0056). Par conséquent, 100 reis valent 0 fr. 56, et 200 reis, 2 fr. 12. Mais au change on reçoit 540 reis pour 3 fr., soit, pour 1 fr., 180 reis.

La comparaison des monnaies portugaises avec les monnaies françaises, peut se faire très facilement d'après cette base.

Le *Conto*, monnaie de compte, se dit pour un million de reis (5556 francs).

Or, *Corôa* (couronne)........	10 000 reis vaut	55 fr.	56
— *Meia corôa* (1/2)..........	5 000 —	27	78
— *Quinto de corôa* (1/5).....	2 000 —	11	10
— *Decimo de corôa* (1/10)...	1 000 —	5	55
Argent, 5 *tostões*...........	500 —	2	78
— 2 *tostões*...........	200 —	1	11
— 1 *tostão*............	100 —	0	56
— 1/2 *tostão*..........	50 —	0	28
Cuivre, *vintens*.............	20 —		
— *dez reis*...........	10 —		
— *cinco reis*.........	5 —		

Les livres sterling et les demi-livres ont cours, les premières avec la valeur de 4500 reis, les autres pour 2250.

La pièce française de 5 fr. est rare, elle est acceptée à Lisbonne et à Porto pour 900 reis. La pièce d'or de 20 fr. vaut 5600 reis.

Les formules ci-contre donnent un moyen pratique d'établir

la concordance entre une somme en reis et sa valeur en francs :

Étant donné.....................	200 reis.
Séparer deux décimales............	2,00
Prendre la moitié..................	1,00
Ajouter 11 0/0...................	0,11
Égal............ Fr.	1,11

Autre :

Étant donné.....................	2,468 reis.
Séparer deux décimales............	24,68
Prendre la moitié..................	12,34
Ajouter 11 0/0 (1,23 + 0,12).......	1,35
Égal............ Fr.	13,69

PORTUGAL

RÉGION NORD

ROUTE 1.

DE MADRID A LISBONNE

A. **Par Talavera, Cacerès, jusqu'à Valencia de Alcantara, place frontière.** V. *Espagne*, la R. 76. — 406 kil.

Départ de Madrid par la station des *Delicias*. Bureau central, calle de la Victoria, 2.

Depuis Valencia. Chemin de fer. — 256 kil. — Prix : 1ʳᵉ cl., 5140 reis; 2ᵉ cl., 3980 reis; 3ᵉ cl., 2850 reis. — Trajet en 8 h. 50 [1].

La frontière se trouve à 9 kil. : elle est indiquée par un pont de 60 mèt. sur la rivière *Sever*. L'aspect du pays est triste et monotone : des landes et des terrains arides se succèdent sans interruption, malgré le relief du sol; c'est l'une des zones où la population est la plus clairsemée. A 7 kil. du pont du Sever se trouve :

Marvão, 1560 hab., ch.-l. de canton du district de Portalègre, place frontière et douane, où se fait la visite des bagages (on peut faire plomber jusqu'à Lisbonne). La mesure kilométrique de la ligne portugaise commence à Marvão. — 240 kil. jusqu'à Lisbonne, et 256 de Lisbonne à Valencia de Alcantara où se tient la douane espagnole. — La montagne de Marvão est l'une des ramifications de la chaîne de Portalègre. On y trouve des mines de plomb et d'autres métaux, exploitées probablement du temps des Romains.

---

1. Voir pour la concordance des *reis* en francs ou pesetas, la note à la fin des Renseignements généraux, page 338.

La ville ne possède aucun monument digne de remarque, si ce n'est sa forteresse, avec un donjon à peu près ruiné. Des châtaigneraies très belles s'étendent sur toute la chaine de montagnes qui va vers Portalègre.

La voie passe sur le viaduc de *Vide*, de 154 mèt. de long et de 21 mèt. de hauteur, laissant en arrière

16 kil. *Castello de Vide*, 6000 hab., chef-lieu de canton, appartenant au district et à l'évêché de Portalègre. Ville très ancienne, remontant, d'après certains auteurs, à la domination romaine ; située à mi-côte d'une colline sur le haut de laquelle s'élève le château. — Castello de Vide est cité pour sa végétation luxuriante et variée, l'abondance des beaux arbres et des sources qui vivifient toute la contrée. — La ville possède un grand asile pour les aveugles. — La voie passe à 3 kil. de Castello de Vide, sur le viaduc métallique de *Ribeira de Niza*, de 37 mèt. de longueur, la hauteur est de 18 mèt.

56 kil. *Peso*, hameau de 500 hab.; grande route de *Crato à Castello Branco* et à *Covilhã*.

53 kil. *Cunheira*, halte desservant quelques localités de peu d'importance.

65 kil. *Torre das Vargens*. **Embranchement** de la ligne de Cacerès, sur celle de Badajoz. On change de voiture, pour cette ligne (*V.* ci-après, *B*).

77 kil. *Ponte de Sôr*. Le village est à 2 kil. sur la g. On traverse la rivière de *Sôr*.

94 kil. *Bemposta*. La voie de fer descend dans la vallée du Tage.

105 kil. **Abrantès**. La station est sur la rive g. du fleuve, la ville (5000 hab.) se trouve sur la rive dr. C'est une position importante, considérée comme un des boulevards du royaume. Des jardins, de fleurs et de fruits, s'étendent d'un bout à l'autre du pays.

On remarque à Abrantès quatre églises, parmi lesquelles la belle paroisse de Saint-Vincent, citée comme la plus grande et l'une des plus intéressantes du royaume de Portugal.

On doit y visiter aussi l'hôpital. La ville d'Abrantès était un municipe, au temps des Romains. Il y règne un printemps perpétuel; les bords du Tage sont d'une rare fécondité. Les produits du sol consistent principalement en grains et légumes, vins et fruits délicieux, huile, miel, etc.

D'Abrantès part la nouvelle ligne de la *Beira Baixa*, qui va rejoindre celle de la Beira Alta, près de la frontière (*V. R.* 5).

111 kil. *Tramagal*. Au delà de cette station, la voie franchit le Tage sur un pont de fer de 480 mèt., ayant chacune 50 mèt. d'ouverture, à une hauteur de 22 mèt. Au delà du fleuve se trouve la station de

122 kil. *Praia*. La voie longe la rive dr. du Tage. On voit à g., sur une petite île, le vieux

[ROUTE 1]   SANTAREM.   341

château de *Almourol* dont la fondation est attribuée aux Templiers. C'est un exemplaire fort intéressant de la vieille architecture militaire du pays.

124 kil. *Tancos*, halte pour le service du camp militaire et du polygone du génie, situé à dr. sur un vaste plateau.

130 kil. *Villanova de Barquinha*. La voie passe entre ce village et le fleuve ; puis elle croise l'ancienne route royale qui conduit à Thomar. Au delà elle rencontre la ligne de fer du N., allant de Lisbonne à Porto (R. 2).

134 kil. **Entroncamento** (Embranchement) des deux lignes venant de Valencia et de Porto. A dr., à 5 kil., se trouve *Torres Novas*, ville très commerciale et industrielle (138 kil.). Tramway à voie étroite, de la gare à cette localité.

Après l'embranchement, la voie de fer descend, à peu près parallèlement au cours du Tage. Dans la plaine, entre la voie et le fleuve, on aperçoit la petite ville de *Gallega* et, de grandes plaines où s'élèvent, en liberté, de nombreuses troupes de chevaux d'une race renommée.

147 kil. *Matto de Miranda*.

156 kil. *Valle de Figueira*. La voie, au delà de cette station, se rapproche du Tage.

166 kil. **Santarem** (buffet), 11 000 hab. Santarem est située sur un monticule et défendue par une vieille forteresse. — Le Tage commence à être navigable à 10 ou 12 kil. au-dessus de cette station. — La V. conserve de curieux vestiges de l'architecture mauresque au moyen âge, au temps des Romains, elle était renommée pour sa beauté et pour son opulence. Un coup d'œil doit être donné à ses deux églises paroissiales, et aux restes du château, appelé *l'Alcaçova*. De l'un des quartiers nommé la *Maravilla*, la vue s'étend jusqu'à Lisbonne. — Grand commerce de blés, de vins et d'huiles.

Trois stations, *Santa Anna* (180 kil.), qui dessert *le Cartaxo*, très importante contrée de vignobles, *Reguengo* (186 kil.), *Azambuja* (190 kil.), séparent Santarem de celle de

204 kil. *Carregado*, point où se rattache au chemin de fer de Lisbonne l'ancienne route de terre.

210 kil. *Villafranca da Xira*, petite V. de 4700 hab., aussi propre que bien bâtie ; on y élève des chevaux. Fabriques de toiles et de cuirs : petit port, où le commerce est actif. Église de bon style. Villafranca est, dit-on, d'origine française. La voie de fer longe, à partir de cette station, la rive du fleuve, et traverse.

214 kil. *Alhandra*. A g., la vue s'étend sur les îles que forme le Tage, à l'entrée de ce vaste bassin nommé la *mer de Paille*, qui forme une grande rade en avant de Lisbonne.

219 kil. *Alverca*, v. d'où la vue découvre à g. toute l'étendue de la mer de Paille.

223 kil. *Povoa*, pauvre v. situé au milieu de prairies, les plaines de *Ribatejo*, où paissent des troupeaux de chevaux et de taureaux.

La voie passe au milieu de salines, grande source de revenus.

231 kil. *Sacavem*, charmant village situé au bord du Tage. En face, sur l'autre rive de la mer de Paille, on aperçoit la petite ville d'*Alcochete* et, plus à dr., *Aldea Gallega*, bourg de mariniers et de pêcheurs. Tout près de la gare à dr. on voit une grande fabrique de faïences.

233 kil. *Olivaès*, village entouré de bois d'oliviers, de champs de colza et de plantations de concombres.

237 kil. *Poço do Bispo*, village.

240 kil. de Marvão; 658 kil. de Madrid, **Lisbonne**.

Voir ci-après.

B. Par Badajoz et Elvas.

Chemin de fer. — 265 kil. depuis Badajoz. — Prix : 1re cl., 5270 reis; 2e cl., 4100 reis; 3e cl., 2950 reis. — Trajet en 10 h. 1/2.

V. R. 79 (Espagne) pour le parcours de Madrid à Badajoz (599 kil.).

A Badajoz (V. p. 000). — La frontière est à 7 kil. auprès de la rivière de *Caya*.

17 kil. **Elvas**, V. de 12 000 hab., la ville la plus forte du royaume, appartenant au district de Portalègre, située à 10 kil. de la rive dr. du Guadiana, sur une colline escarpée.

La ville est défendue par les forts de *Sainte-Lucie* et de la *Lippe*, qui passent pour être inexpugnables. Dans l'enceinte du fort de la Lippe, on voit une magnifique citerne, où les eaux sont amenées par un immense aqueduc composé de trois rangs d'arcades superposées. Elvas a un arsenal peu fourni, une douane, une manufacture d'armes, une fonderie de canons, un hôpital militaire, un théâtre, de vastes casernes où le gouvernement portugais tient une forte garnison. La cathédrale gothique et les autres églises d'Elvas n'offrent rien de particulier. Le commerce de la ville est important, en marchandises de contrebande, venant d'Espagne.

20 kil. *Santa Eulalia*.

39 kil. *Assumar*.

49 kil. **Portalegre**, V. de 6500 hab., ch.-l. de district, à 8 kil. à dr. du chemin de fer, classée comme place frontière. Ses églises valent à peine une visite. On y signale une fabrique de draps. Dans les environs, on rencontre plusieurs carrières de marbres.

66 kil. *Crato*, petite ville entourée de murs, ancien siège principal de l'ordre de Malte en Portugal, située sur une colline, près de la jolie rivière de l'*Ervedal*. L'église et l'hôpital sont assez remarquables. On franchit, au delà de la station, le rio *Sado*.

82 kil. *Chança*.

91 kil. *Torre das Vargens*. **Embranchement** de la ligne de Cacérès.

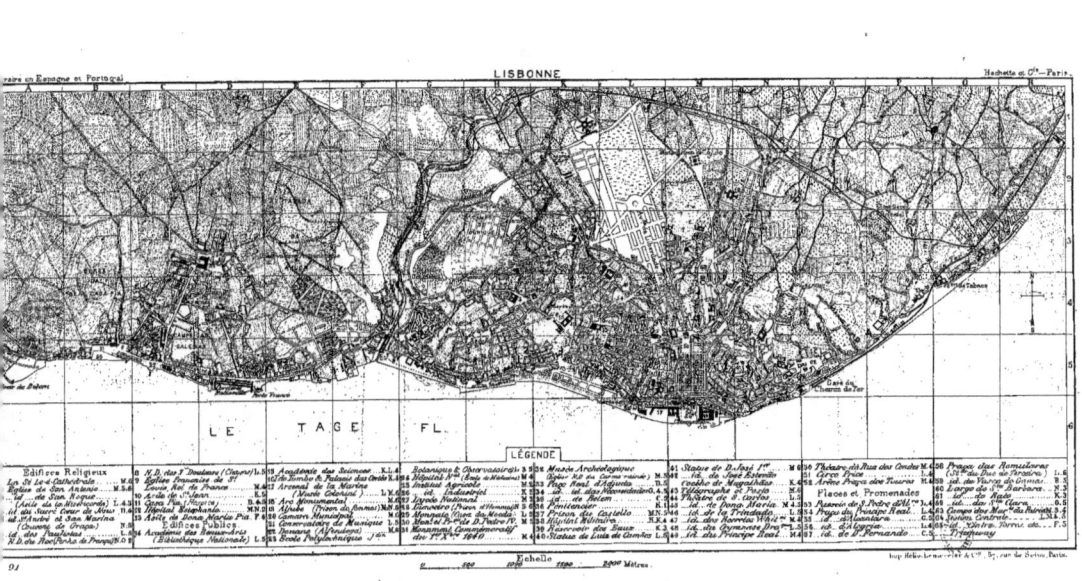

Voir aux pages précédentes les stations depuis Torre das Vargens, jusqu'à, 265 kil.

LISBONNE

788 kil. de Madrid, par *Ciudad-Real* et *Badajoz*. Trajet en 20 heures.

La gare d'arrivée se trouve à l'extrémité N.-E. de la ville, dans le faubourg de Santa Apolonia, sur un point résserré entre le Tage et une colline abrupte. L'emplacement en a été conquis sur le fleuve par des terrassements considérables soutenus par un large perré.

Situation.

Lisbonne[1] (*Lisboa*) est une V. de 270 000 hab., chef-lieu de l'Estrémadure et capitale du royaume de Portugal. Elle est située par 38°42' de lat. N. et 11°28' de long. O., sur la rive dr. du Tage, qui a son embouchure dans l'océan Atlantique. Lisbonne est bâtie en amphithéâtre sur sept collines, qui dominent les bords du fleuve, quelques-unes de 100 mèt. de hauteur. Son développement le long de la baie présente une étendue de 10 à 12 kil., sur une largeur beaucoup moindre. De presque tous les points de la ville un merveilleux panorama se déroule devant les regards. On admire ces coteaux ravissants, couverts de la plus riche végétation. « Les vieilles tours, dit M. Vogel[1], et les castels qui s'élèvent sur les deux rives, de vastes édifices, d'anciens couvents, les palais, les églises avec leurs coupoles, des milliers de maisons et une foule de villas, avec le cadre magique de la riche végétation des hauteurs environnantes, tout cet ensemble radieux de lumière, impose et charme par un aspect que l'on a comparé à celui de Constantinople. »

Description.

La ville de Lisbonne est partagée en quatre *bairros* ou quartiers, subdivisés en paroisses. Trois de ces quartiers comprennent l'ancienne ville; le quatrième est formé de groupes annexés : Belem, Algès, Pedrouços, Campo-Grande, Bemfica, etc. Les courses dans la ville sont d'une longueur désespérante, et d'autant plus fatigantes que certaines rues sont très escarpées, et qu'il faut toujours monter et descendre. Les voitures de place, les omnibus, les tramways nombreux (*carris ferro*), qui desservent en 40 lignes les divers points extrêmes, donnent à la ville une charmante animation; ils sont les premiers en mouvement le matin, les derniers le soir.

La ville est gardée par des agents, faisant des rondes nocturnes qui se succèdent à intervalles très rapprochés. La

---

1. Ch. Vogel (*le Portugal et ses colonies*), M. O. Merson (*Voyages et Guide à Lisbonne*).

sécurité y est complète. La police civile porte des armes et un uniforme particulier. Le service est d'ailleurs facile ; la population est paisible, accueillante, et de mœurs douces.

Les plus belles rues de Lisbonne sont celles *do Ouro* (de l'Or), — officiellement *rua Aurea* —; *da Prata* (de l'Argent), — officiellement *rua Bella da Rainha*; — *Augusta*; *do Chiado* (*rua Garett*), d'*Almada*, rendez-vous des flâneurs du monde élégant; d'*Alecrim*; *dos Capellistas* — officiellement *rua de El Rei*, etc. On y rencontre les magasins les mieux approvisionnés.

Places.

La *praça do Commercio*, dont la surface est de 112000 mét., est la plus remarquable parmi les nombreuses places de Lisbonne; on l'appelle aussi *Terreiro do Paço* (Esplanade du Palais). Au S., les eaux du Tage la baignent; au milieu s'élève la colossale statue équestre en bronze de José Ier, haute de plus de 6 mét. Sur les trois autres côtés de la place se présentent de somptueux édifices : la Bourse, élevée sur d'élégants portiques; la Douane, monument vaste et commode; l'hôtel des Indes; l'Intendance de la marine, tous les ministères; le bureau central des postes et des télégraphes; le tribunal suprême de justice; le tribunal de commerce. Au milieu du côté N., un bel arc de triomphe forme l'entrée de la rua Augusta. Cet arc de triomphe est orné des statues de Viriatus, de Vasco de Gama, d'Alvarez-Pereira et du marquis de Pombal. Sur le sommet de l'arc se dresse une Renommée colossale. La rue Augusta et les deux autres belles rues parallèles, rua do Ouro (*vulgo*), à g., rua da Prata à dr., conduisent à la place *do Rocio*, ou de *don Pedro*, où se dresse une magnifique colonne corinthienne, au large chapiteau de feuilles d'acanthe, d'où jaillit un fût portant la statue en bronze de don Pedro IV. Moins imposante que la place do Commercio, cette place est également remarquable par les édifices qui l'entourent. Sur la place do Rocio se trouvent le théâtre Dona Maria, et un grand nombre de boutiques. Toute la partie qui s'étend entre ces deux places, construite sur un plan uniforme, composée d'édifices réguliers, appartient à la ville moderne reconstruite par le marquis de Pombal après le tremblement de terre. La plupart des maisons sont revêtues de faïences roses, bleues, vertes, reluisant au soleil; les habitations principales portent sur leurs façades des écussons sculptés.

A l'extrémité g. du Rocio, et à la hauteur du théâtre de Dona Maria se développe un carrefour, le *Largo do Camoes*, et sur une côte de ce carrefour, la belle façade monumentale de la nouvelle gare centrale des chemins de fer. — (*V.* plus loin « Travaux de Lisbonne »). A cette extrémité également se trouve un vaste rond-point où s'élève le monument *dos Restauradores* d'où s'étend, vers le N., la belle *Avenida da Liberdade,* centre mondain de la capitale.

La *praça do Municipio,* qui se développe à une petite distance à l'O. de la place do Commercio, se nommait autrefois le *Pélourinho* (Pilori). Au milieu s'élève un monument de marbre blanc, colonne ajourée, faite de deux arbres, ou deux ceps, qui se tordent, réunis au sommet par un chapiteau octogone surmonté de la sphère de don Manuel. Le palais municipal, *la Camara,* joli édifice moderne, occupe un côté de la place; sur un autre côté ouvre le portail de l'*Arsenal de marine.*

A la suite de la place do Municipio, vers l'O., on parvient à la jolie place *dos Romulares,* avec une gloriette plantée d'acacias, ouverte, au S., sur le *caes* (quai) *do Sodre,* où se trouvent les embarcadères des bateaux à vapeur de *Cacilhas de Belem, de Cascaës,* et les batelets avec lesquels on visite le port et les coteaux de la rive gauche. Du fort d'*Almada,* au-dessus de Cacilhas, on découvre l'immense panorama de Lisbonne et des alentours.

Au milieu de la place des Romulares s'élève, sur un haut piédestal, la statue en bronze du duc de Terceira. Au N. monte, entre deux rangées de belles maisons, la *rua do Alecrim,* qui conduit à un square irrégulier planté d'arbres, entouré d'une haute grille, où se trouve le *monument de Camoëns,* annoncé par cette simple inscription : *A Luis de Camoës.* Le grand poète, à la tête laurée, la main gauche serrée sur la poitrine, a l'attitude froide et ferme, plutôt d'un orateur, d'un combattant, d'un homme d'État, que d'un inspiré témoin de grandes entreprises, et dont les regards s'élèveraient vers le ciel. Il occupe le sommet d'un cippe octogone dont le fût est flanqué, à chaque angle, des statues de huit poètes ou savants, amis éloquents des gloires portugaises : *Castanhede, Sa de Menezès, Azurara, Quebedo, Barros, Fernão Lopès, Corte Real, Pedro Nunès.*

La rue très populaire du *Chiado* (rua Garett) descend de la place de Camoëns.

Les Églises.

Lorsque de la place *do Commercio* on s'engage au N.-E. dans la vieille ville, on rencontre la *cathédrale,* nommée *la Sé,* ou basilique de *Santa Maria.* Cette église a conservé de ses premières constructions gothiques la façade principale, les deux chapelles qui sont à l'entrée, le chœur, et les chapelles de l'abside. Ce qui a été réédifié, après le tremblement de terre de 1755, répond à l'architecture française du temps de Louis XIV. Partout l'or y brille avec plus de profusion que de goût; certaines parties de l'église sont revêtues de plaques de porcelaine avec peintures religieuses. Le trésor de l'église possède des objets d'orfèvrerie ancienne très remarquables au point de vue de l'art.

C'est aux environs de la *Sé* que l'on rencontre ce qui subsiste du vieux Lisbonne. On y trouve des ruines de vieux palais, des vestiges de fortifications mauresques. On peut voir l'ensemble de la vieille ville de la terrasse de l'église de San Vicente, ou bien du *Castello de San Jorge* (avec autorisation).

Parmi les autres églises, il convient de citer celle de *Santo Antonio*, d'une architecture à la fois sévère et gracieuse. — L'église *Saint-Louis des Français* est auprès du Rocio. — L'extérieur de l'église de *San Roque* est peu apparent; mais l'intérieur possède des richesses précieuses. La merveille, c'est la chapelle royale de *Saint-Jean-Baptiste*. « Elle est placée dans la première travée, en venant de l'autel principal, à droite; elle est fermée d'une grille, voilée d'un rideau; et, pour être admis dans son enceinte, il faut en faire la demande au sacristain, qui ne la refuse jamais. Le fond et les deux faces latérales sont couverts d'admirables tableaux en mosaïques exécutés à Rome. Le pavé offre également une belle mosaïque au milieu de laquelle se trouve un globe terrestre. Les marches de l'autel sont en porphyre et en granit d'Égypte; l'autel en améthyste, en lapis-lazuli et en argent massif; les colonnes en lapis et en cornaline. Le reste de la chapelle est, en son entier, revêtu d'albâtre, de rouge antique, de vert antique, de jaune antique, de marbre de Rome, etc., etc.

L'église *da Estrella* ou église *do Coraçao do Jesus* (du cœur de Jésus) est regardée avec raison comme le monument le plus somptueux qui ait été bâti dans Lisbonne moderne. Sa construction, commencée en 1779, a été achevée en l'espace de dix années; la basilique de Saint-Pierre a servi de modèle. L'extérieur, le dôme, les deux tours de la façade sont en marbre blanc; l'intérieur est décoré de marbres précieux. On montre, dans le chœur, le tombeau de doña Maria Ire, fondatrice de l'église et du monastère; dans la sacristie est placé celui du confesseur de la reine.

Les Palais.

Celui *das Necessidades*, qui était habité par le roi don Fernando, aïeul du roi régnant, est plutôt une riche maison de plaisance qu'un château royal. Il est remarquable surtout par l'agrément de ses jardins et l'abondance de ses eaux. Il renferme un grand nombre d'objets d'art réunis par le roi

Fernando, et le musée de Cluny peut seul donner idée de cette belle collection, vases, armes, vieux meubles, orfèvrerie, porcelaine, tableaux anciens fort rares, parmi lesquels un Holbein admirable. Il faut mentionner la bibliothèque, où l'on signale des éditions fort rares, ainsi qu'un grand nombre de manuscrits précieux. Du palais, on jouit d'une vue admirable, qui s'étend jusqu'à l'embouchure du Tage.

Le feu roi Dom Luis habitait le *palais d'Ajuda*, au sommet d'un luxuriant amphithéâtre, d'où l'on domine tout le mouvement de la rade. C'est un édifice imposant par sa masse, et qui ne représente que le tiers du plan primitif. Le jardin botanique d'Ajuda est pourvu d'un grand nombre de plantes rares.

Le roi actuel habite le *palais de Belem*, riche édifice moderne entouré de beaux jardins.

Lisbonne est alimentée d'excellente eau potable par le magnifique aqueduc *das Agoas livres*. La prise d'eau se trouve près du v. de *Caneças*, à 18 000 mèt. env. de la ville. L'aqueduc perce les montagnes, pénètre dans la ville par le joli village de Bemfica, et franchit la vallée d'Alcantara, sur 35 arches, dont la principale a 75 mèt. de hauteur sur 35 d'ouverture. Il aboutit à un immense réservoir d'où l'eau s'échappe par des canaux ramifiés, qui la conduisent dans les quartiers les plus retirés. L'ensemble du travail a été accompli en l'espace de vingt-neuf ans, de 1713 à 1732, d'après les ordres de don Joã V. Une autre alimentation de Lisbonne est fournie par une prise considérable faite sur la rivière d'Alviella, à 150 kil. de la capitale. Elle est amenée par des travaux d'une grande importance, et assure aux habitants un approvisionnement abondant, qui a permis de multiplier les fontaines publiques et de faire arriver l'eau dans presque toutes les maisons.

Les principaux *établissements d'enseignement et d'utilité publique*, à Lisbonne, sont : l'Académie des beaux-arts; le Conservatoire royal de musique; l'École de chirurgie; l'École polytechnique; l'Académie des sciences; l'École de l'armée; l'Institut agricole; l'Institut industriel; le cours supérieur des lettres; la Bibliothèque nationale (100 000 vol. et 10 100 manuscrits); la Société de géographie, digne gardienne de l'une des grandes gloires du Portugal; les Archives (*Archivo Real*) occupant l'ancien couvent de San Bento, l'École d'architecture royale, puis le musée des beaux-arts du *palais Pombal*, musées d'archéologie, d'anthropologie, des colonies, etc.

Parmi les établissements de bienfaisance, il faut visiter surtout la *Santa Casa da Misericordia*, pour les orphelins et les enfants trouvés, où l'on reçoit en moyenne 2500 enfants par an. — La *Casa Pia* (hospice des orphelins, établi dans le magnifique couvent de Belem, *os Jeronimos*) recueille 1000 enfants des deux sexes, et comprend aussi les institutions des Sourds-Muets et des Aveugles. — L'hôpital de *San José* est un des plus grandioses qui existent.

Parmi les **théâtres**, il importe de citer *San Carlos*, opéra italien, qui a vu tour à tour les artistes les plus célèbres accueillis avec éclat par un public des plus inflammables; le théâtre de *Dona Maria*, qui est consacré au drame et à la comédie nationale; les théâtres de la *Trindade* et *Principe real*, où l'on joue des opérettes, et qui sont importants; le *Gymnasio*, où l'on joue des vaudevilles. Le théâtre de l'*Avenida* et celui de la *Rua dos Condes*. Il y a encore d'autres petits théâtres, des salles de concerts et deux cirques pour les exercices équestres. Les combats de taureaux sont fort goûtés par les Lisbonnais, et diffèrent de ceux d'Espagne, parce qu'on n'y tue pas les animaux; les cornes des taureaux sont garnies de tampons. Ils ne se tiennent pas dans la ville, mais dans les localités des environs, à Cintra, à Villafranca, etc.

Les **promenades** publiques et squares sont entretenus avec soin par la municipalité. La belle avenue nommée l'*Avenida da Liberdade*, bordée d'arbres, garnie de parterres de fleurs et de plantes rares. Sur cette magnifique promenade, digne des grandes capitales européennes, le beau monde portugais se réunit de 3 à 5 h. en hiver, de 5 à 7 h. en été. Les plus beaux équipages et les cavaliers de la fine fleur font le tour des chaussées latérales; on appelle cela: *fazer a Avenida*.

Au commencement de l'Avenida, au S., au centre d'un vaste rond-point, s'élève le monument *dos Restauradores*, commémoratif de la révolution du 1er décembre 1640, qui sépara le Portugal de l'Espagne. Ce monument, élevé par souscription publique, et exclusivement l'œuvre d'artistes portugais, se compose d'une colonne en marbre à laquelle sont appuyés des trophées. Deux statues en bronze, à la base du piédestal, représentent l'Indépendance et la Victoire. On cite, vers le milieu de l'Avenida, le *Passeio de São Pedro d'Alcantara* qui domine une partie de la ville, et où l'on peut atteindre par un curieux ascenseur à système hydrostatique (20 reis), empruntant une partie de la *calçada da Gloria*, partant de la chaussée à g. de l'Avenida. Tout auprès se trouve la place *do Principe real*. On cite encore la *Praça d'Alegria*, en haut et à g. de l'Avenida, joli square, en plan incliné, distribué en terrasses et entouré d'habitations élégantes.

La *Tapada de Ajuda*, dépendance du palais du roi, et le *Campo de Ourique* sont de vastes parcs plantés où la végétation est merveilleuse.

Le *jardin botanique* est remarquable. Celui de *La Estrella* est bien planté et très soigné.

Les Lisbonnais suivent les modes françaises. Le type national du costume des gens du peuple a presque entièrement disparu.

La démarche ferme et l'attitude droite des femmes de la campagne et des marchandes, habituées à porter sur la tête des corbeilles chargées de provisions, et d'observer un équilibre parfait, attire aussi fréquemment l'attention de l'étranger. Les épaules effacées, la poitrine saillante, les bras arrondis, les jambes arquées, et le mouvement balancé des hanches maintenues par une ceinture basse, et résistant au fardeau, sont la conséquence de cette attitude.

Les gros ouvrages, les commissions, sont faits par des Galiciens (*Gallegos*). Le Gallego est portefaix, il est porteur d'eau, il est pompier aux jours d'incendie, il est commissionnaire et domestique. Ces montagnards forment une colonie espagnole au sein de la capitale du Portugal.

Lisbonne compte des fabriques assez nombreuses. Les étoffes, les faïences, les poteries de toute sorte, les chapeaux, les savons, les armes, les fruits, enfin, constituent un grand mouvement d'exportation. L'Angleterre, et surtout aujourd'hui la France, envoient dans cette magnifique cité une foule d'articles dont les habitants font beaucoup de cas.

Les Lisbonnais d'aujourd'hui aiment les arts et surtout la musique. Le théâtre italien est très suivi ; et les artistes les plus renommés recherchent le jugement du public de ce théâtre, qui est très enthousiaste, mais aussi très sévère appréciateur.

Les principales inventions industrielles pour l'éclairage, pour la transmission de la parole et des signaux, ont été adoptées et mises en pratique, même dans la vie commune, aussitôt qu'elles ont été connues.

Le réseau téléphonique est très étendu, l'électricité éclaire le théâtre de San Carlos, l'Avenida et quelques établissements particuliers.

La *rade* de Lisbonne offre un excellent mouillage, considéré comme un des plus beaux de l'Europe, et il serait admirable s'il était animé par une flotte.

Il n'est pas sans intérêt de donner, d'après M. l'amiral Jurien de La Gravière, une idée de l'aspect de cette rade, pour le voyageur qui arrive à Lisbonne par mer. « Il reconnaît tout d'abord, aux approches de l'embouchure, à gauche, ce qui reste du vieux fort de Cascaës, devenu une résidence balnéaire ; puis les forts de Santa Martha, de Santo Antonio da Guia, présentant plusieurs batteries et réunissant une centaine de canons. L'embouchure, entre les deux pointes qui le délimitent, compte 3241 mèt. de large. Deux bancs de roches coupent cette distance ; on les nomme le *Cachopo du Nord* et le *Cachopo du Sud*. Deux forts marquent les deux pointes, *San Julião* à gauche, avec 62 canons de 24, et *Bugio* à droite, sur un îlot, en avant de la pointe S., avec 12 canons. La petite passe ouvre entre San Julião et le Cachopo du Nord ; elle mesure 400 mèt. ; la grande passe, entre le Cachopo du Sud et la pointe S., compte un mille (1852 mèt.). La barre peut être franchie sans danger à toute heure et en toute saison. La surface totale de la rade depuis l'embouchure et devant Lisbonne dépasse 11 000 hectares. La profondeur est, jusqu'à la mer de Paille, de 25 à 50 mèt. ».

De la rade, la ville offre un coup d'œil magnifique ; elle s'étage avec tous ses édifices carrés sans toitures. En avant de la ville, à la hauteur de l'Arsenal, stationne, amarré aux corps morts du fond, un groupe de navires désarmés de la marine royale. Plus bas, au milieu du chenal, se dresse l'énorme masse d'un dock flottant. De place en place, vers le milieu du fleuve sont des bateaux de bains, Flor do Tejo, Diligencia, Nova Flor de Lisboa, avec des barques qui transportent gratuitement depuis les quais. (*V.* au Caes do Sodré et au Terreiro do Paço.)

On doit faire la traversée du Tage, en bateau à vapeur, de la station qui est au coin du *Caes do Sodré*, jusqu'à la pointe de *Cacilhas* (2 kil. 1/2 — 20 min. 100 reis, aller et retour). Il n'y a rien à voir dans cette petite bourgade que le site ; mais, surtout au retour, on admire le panorama du port et de la ville.

Itinéraires.

S'il importe, lorsqu'on visite une ville, de chercher un point culminant pour en apprécier l'aspect général, aucun site à Lisbonne ne convient mieux que le *Jardim da Estrella*. On s'y rend par tramway (50 reis). Le point préférable pour la vue de la ville, du fleuve et des alentours, est un monticule à droite de l'entrée principale. On visitera ensuite l'*Egreja* (église) *da Estrella*, citée plus haut (p. 346). On signale, à l'intérieur, le maître-autel, tableau allégorique de Pompeo Batoni : *Le cœur de Jésus offert au monde* ; une *Cène*; *Saint Michel et le Diable se disputant la couronne du Portugal* ; la sacristie. Non loin du jardin passe l'*Aqueduc das Agoas livres*. — Voir le réservoir (*Mão d'Agoa*) et le château d'eau au quartier des *Amoreiras*. — Au retour en ville, suivre la chaussée *do Sacramento*, conduisant à une place où se trouve une ancienne église transformée en *Musée archéologique* (jeudis et dimanches). On gagne ensuite le *Largo de San Roque*, où l'on visitera l'église de ce nom, citée plus haut, p. 546. En sortant de l'église San Roque, voir le *Jardin de San Pedro d'Alcantara* et la petite église du même nom. Tout auprès on débouche sur la place du *Principe Real* où se trouvent l'*École polytechnique*, le *Jardin botanique* et l'*Observatoire*. Revenant au jardin de San Pedro d'Alcantara, on y trouve l'Ascenseur de la *calçada da Gloria*, qui descend sur l'*Avenida da Libertade*. On suit le passeio pour descendre à la *place de Don Pedro*, sur laquelle s'élève le théâtre de *Dona Maria*. Par la *rua Augusta*, au midi de la place D. Pedro et à g., on pénètre sur la place *da Figueiria*, le seul marché intéressant de la ville. On revient, en sortant du marché, à la place D. Pedro d'où l'on continue par la rua Augusta. A l'extrémité S. de cette rue, se trouve l'arc de triomphe monumental qui donne accès sur la place *do Commercio*, le centre des affaires de Lisbonne. A l'angle S.-O. de la place se trouve la gare des chemins de fer du *Sul e Sueste*, d'où un bateau traverse le Tage, pour conduire à *Barreiro*, où est installée la tête de ligne. A l'O. de la même place et en suivant la *rua de l'Arsenal*, on parvient à la place *dos Romulares*, d'où les bateaux à vapeur conduisent au **faubourg de Belem** (3 kil.).

On trouve dans ce faubourg l'ancien palais de Belem, datant du règne de João IV. Il est dans une position charmante et entouré de beaux jardins. On y montre, sous une vaste remise, dans une dépendance (calçada de Ajuda), une collection de 46 voitures royales parmi lesquelles la voiture de mariage du roi (1708), faite à Vienne; une voiture donnée par Louis XIV à Alfonso IV; la voiture de Philippe II (xvi* s.); une voiture de voyage octogonale, etc.

A quelques centaines de mèt. au delà du vieux palais, on rencontre le *Convento dos Jeronimos*, remarquable monument de la grande époque portugaise, qu'il importe de visiter dans toutes ses parties, et surtout le *Sagrario*, la *capella mór*, les tombeaux de Manoel I et de João III, le cénotaphe de l'infant Sébastien, et le cloître, une merveille de dentelle de pierre, fouillée avec la plus admirable perfection.

Après les Jeronimos, en suivant à g. une rue parallèle au fleuve, on trouve le chemin qui conduit à la *Torre de Belem*. Celle-ci, précieux modèle de l'art gothique portugais, est assise sur un terre-plein fortifié qui s'avance dans le Tage. En avant des fenêtres des salles intérieures se développe toute la rive g. du fleuve, et l'immense embouchure qui se confond avec l'Océan. A la suite du terre-plein de la Tour on signale une suite de villages : *Pedrouços, Dafundo, Algès, Gibalta, Caixas*, devenus stations du nouveau chemin de fer, qui conduit à la station balnéaire de *Cascaës*.

Les travaux de Lisbonne.

Le plus intéressant est la rectification de la ligne des quais, depuis la station des chemins de fer d'Espagne jusqu'à la Tour de Belem.

Une ligne droite de près de 5000 mèt., tirée en avant de la place do Commercio, et aboutissant à la Corderie nationale, permettra la conquête, sur le lit du fleuve, d'un espace considérable utilisé en docks, en avant-ports, cales, bordés, en arrière, d'une large avenue parcourue par une ligne ferrée et où est assise dès à présent la tête des lignes de Cascaës, de *Cintra* et de *Torres Vedras*.

On se préoccupe d'amener sur la rive dr. du Tage la gare de départ des chemins de fer du Sud, qui aujourd'hui est installée sur la rive g. dans l'anse de Barreiro, communiquant avec la ville par un service de bateau à vapeur partant de la place do Commercio. D'un point qui reste encore à déterminer, partirait à travers le fleuve, et à 49 mèt. de hauteur, un viaduc colossal d'une longueur totale de 2400 mèt. Ce viaduc contournerait l'anse, pour rejoindre Barreiro.

Le troisième grand travail projeté par la ville serait un autre pont considérable destiné à réunir deux des grandes collines sur lesquelles la ville est bâtie, en partant du passeio de San Pedro d'Alcantara, et en passant à 55 mèt. de hauteur, au-dessus de l'Avenida da Liberdade, et sur une longueur de 1500 mèt.

Le quatrième travail, qui n'est plus un projet, est l'établissement de la *station centrale* à l'entrée de l'Avenida de la Liberdade, à côté du théâtre de Dona Maria. Un tunnel de 2620 mèt. pénètre sous le cœur même de la ville, pour aboutir auprès de l'aqueduc das Agoas libres. Ce tunnel donne passage à la ligne prolongée depuis Santa Apolonia, pour se raccorder avec les lignes de Cintra, Torrès Vedras et Figueira da Foz.

Environs de Lisbonne.

On signale, aux environs de Lisbonne : le château de plaisance de Ramalhão et celui de Quéluz (à 12 kil. de la ville), qui offrent des aspects délicieux; en face de la ville, sur la rive g. du Tage, l'*Almada*, ancienne forteresse d'où l'on jouit d'une vue magnifique. Plus loin, du même côté, est une *quinta, Alfeita*, rendez-vous de chasse.

La *quinta do Lumiar* appartenant à la famille de Palmella : des arbres immenses, d'épais ombrages, de l'eau partout, des fleurs à profusion.

De Lisbonne à Cascaës.

Cascaës, le bain de mer favori, le *Saint-Sébastien* du Portugal, est relié à Lisbonne par un chemin de fer dont la gare de départ, nommée *Alcantara-mar*, se trouve auprès du nouveau quai du Tage, à l'extrémité de la *rua 24 Julho*. Un raccordement remonte le ruisseau d'Alcantara, jusqu'à la gare de Cintra (R. 2).

On rejoint, à *Pedrouços*, la première station vers Cascaës.

On atteint aussi cette station, du centre de Lisbonne, par la ligne de tramways venant à Belem.

Algès, *Dafundo* sont également des stations d'été sur la rive dr. de l'embouchure.

On suit la côte par *Caxias*, le vieux fort de *San Bruno* et le *Paço d'Arcos*, où l'on franchit sur un viaduc métallique un cours d'eau venant d'Oerias, et tributaire du Tage.

Oerias se signale par un beau domaine qui a appartenu au marquis de Pombal.

[De la station d'Oerias on peut aller visiter le fort de *San Julião*, ancienne prison d'État, l'une des défenses de l'entrée du fleuve.

Le télégraphe sous-marin du Brésil et celui de Gibraltar ont leur point de départ à une petite distance à gauche.]

On trouve ensuite une station en pleine campagne à *Paredès*, une autre à *Estoril*, auprès d'un deuxième fort, *Santo Antonio*. La voie reprend la côte, soutenue par un perré considérable, et s'arrête auprès de l'église neuve de Cascaës. La distance totale depuis Lisbonne est de 25 kil.

Cascaës (1685 hab.) était autrefois une forteresse, défendue par deux batteries. Elle commandait la côte N. de l'embouchure du Tage, en avant de ses défenses actuelles.

On trouve à Cascaës toutes les ressources d'une vie agréable et modeste, malgré la présence du beau monde de la capitale; des hôtels, des logements, un casino, de la musique, des plaisirs, un théâtre, une place de taureaux, au milieu des beaux rochers de la côte. La plage est magnifique. On s'y baigne jusqu'au milieu de l'automne.

ROUTE 2.

DE LISBONNE A CINTRA

Chemin de fer. — 28 kil. Prix: 1re cl., 560 reis; 2e cl., 450 reis; 3e cl., 210 reis. Trajet 1 h.

La ligne part de la gare d'Alcantara, installée sur le terrain conquis sur le Tage, auprès de l'affluent de la rivière d'Alcantara au quartier de Belem. La ligne remonte le cours de cette rivière. La gare est un modeste édifice avec salles d'attente, quais de marchandises et hangars pour le matériel. On atteint au bout de 500 mèt. le tunnel d'Alcantara, long de 510 mèt. sous la montagne de *Terromotos*. — Au delà (1500 mèt.), Viaduc métallique de *Ponte Nova*, à 20 mèt. au-dessus de la vallée.

— A 1600 mèt., tunnel de 75 mèt. — 1990 mèt., pont voûté de 6 mèt. d'ouverture, sur la rivière d'Alcantara. — 2200 mèt., viaduc de Sant'Anna de 150 mèt. et viaduc de 50 mèt. — A 2660 mèt. passage de l'Aqueduc *das Agoas-livres* sous l'un des grands arcs de ce monument. — 3340 mèt., à 4760 mèt., quatre ponts de 6 mèt. et 10 mèt. sur la rivière d'Alcantara.

5 kil. *San Domingos*, halte située au centre de plusieurs riches quintas de la banlieue.

13 kil. *Bemfica*, vue très étendue. Toutes les hauteurs environnantes sont couronnées de moulins à vent. On passe à niveau la route militaire qui limite le périmètre de la ville.

17 kil. *Porcalhota*, station et, au delà, passage sous la route de Lisbonne à Mafra, par la vallée de *Carenque*.

19 kil. *Quelus-Bellas*, station desservant les deux petites localités de Quelus et de Bellas, la première à g., la seconde à dr. de la station. Toutes deux sont très recherchées par les promeneurs; les familles lisbonnaises viennent passer l'été à Bellas. Quelus a été résidence royale, le palais possède encore de belles peintures, deux plafonds remarqués, des vases de Chine et du Japon de grande valeur; un jardin avec une belle cascade et des statues de marbre. — Au delà, deux passages à niveau de la route de Lisbonne à Cintra. A g., après les bâtiments peints en toutes couleurs de la teinturerie française de Cambournac, se développe la vallée pittoresque de *Papel;* à dr. se trouve le v. d'*Agualva*.

25 kil. *Cacem*, petite localité sur l'ancienne route.

Au kil. 26, la ligne se bifurque. On laisse à dr. la ligne conduisant à *Mafra* et à *Torrès-Vedras;* à g., dans la direction du N., suit l'embranchement de *Cintra*, où l'on arrive par un tunnel de 90 mèt.

34 kil. **Cintra***. Les hôtels sont à peu près à 500 mèt. de la station.

Celle-ci est établie sur les terrains de la villa *Stephania*, au milieu de résidences élégantes, dont la plus intéressante est la villa *Guedès*. Devant soi on aperçoit la haute montagne du *Castello de Mouros* et les étranges cheminées du palais royal, pointant au milieu de la verdure.

Cintra compte 4800 hab.; on y trouve toutes les ressources d'une villégiature très recherchée par la belle société lisbonnaise. Il s'y trouve une colonie permanente d'étrangers, et principalement d'Anglais. La vie qu'on y mène est celle des oisifs des stations thermales, et l'on fait de la toilette pour se promener à âne, comme à Aix et à Interlaken. Les souvenirs historiques y abondent, et l'on ne manque pas de montrer la *Citerne des Maures*, voûtée et bâtie en pierre de taille. La salle entière mesure de 16 mèt. de long sur 5 1/2 de large.

Le château, la première visite qu'on fera, est un amas assez diffus de constructions sans plan fixe. Le style dominant est le style arabe, ce qui a fait comparer le château de Cintra à l'Alhambra de Grenade et à l'Alcazar de Séville.

La *serra de Cintra*, qui motive l'attrait tout particulier de cette région, court d'E. à O. sur une longueur de 17 kil. Sa plus grande hauteur est de 582 mèt.; son caractère remarquable est la grande quantité de ruisseaux et de cours d'eau, quelques-uns fort abondants, qui en descendent pour rejoindre l'Océan et le Tage. Couverte de verdure, et de bois d'une merveilleuse végétation, sur les versants du N. et de l'E., elle subit, sur les côtés opposés, l'influence des vents desséchants, elle devient nue et aride aux approches de l'embouchure du fleuve et de l'Océan.

L'ensemble de ces montagnes rappelle celles de la Suisse. A mesure qu'on s'élève, on découvre un horizon immense, la mer se développe au fond.

On prend des ânes et des guides (400 reis) pour gravir la montagne. Celle-ci est hérissée de rochers énormes, et présente deux pics couronnés, l'un par les ruines du vieux château des Maures, l'autre par le merveilleux palais fortifié, *o palacio acastellado da Pena*. Ce palais était la résidence d'été du roi don Fernando.

« On ne saurait faire une exacte description du château de la Pena, a dit Mme de Grouchy. C'est un dédale de voûtes, de ponts-levis, de donjons, de chapelles, de cloîtres, de tourelles; un entassement de sculptures, de marbres, de faïences vernies. C'est le tour de force le plus étourdissant qu'on puisse imaginer. Ce château est juché au sommet d'un pic; sur la montagne qui lui sert de base se développe un parc de plusieurs lieues d'étendue, où les camélias, les myrtes, les bananiers, les géraniums, forment des allées si épaisses, que le jour y pénètre à peine. Les hortensias bleu foncé y forment des haies; des eaux limpides y circulent de tous côtés; deux montagnes sont enclavées dans ce parc merveilleux, qui est tenu avec un grand soin et auquel la mer sert de perspective. »

Autour de Cintra, les principales *quintas* appartiennent au marquis de Vianna, au marquis de Pombal, à la baronne de Regaleira, au duc de Saldanha. Voir aussi la **villa Cook**, ancien couvent de *Monserrate*. (Il est permis de les visiter lorsque les propriétaires n'habitent pas.)

Le domaine *da Penha Verde* (la Roche Verte), au comte de Castro, renferme le tombeau du grand João de Castro, homme plein d'honneur et de patriotisme, qui gouverna les Indes au XVIe s., en qualité de vice-roi. On remarque dans la Penha Verde des tombeaux à la date de 1543, sur l'un desquels a été placée une inscription en caractères sanscrits qui fut, dit-on, rapportée des Indes par João de Castro.

Un chemin, bordé de charmantes habitations, conduit de Cintra au village de *Collares*, célèbre par ses vins, et voisin du cap *da Roca*, le point le plus avancé de la côte portugaise vers l'Occident. Un phare à éclats couronne les rochers du cap.

Sur le chemin de Collarès, se trouvent les restes du couvent de Santa Cruz, pratiqué dans le rocher, et nommé aussi le « couvent de Liège » (*da Cortiça*). Deux roches énormes, tombées l'une sur l'autre, laissent une ouverture qui sert d'entrée; une fontaine d'eau vive est auprès, abritée par un grand chêne-liège. Le couvent est un ensemble de cellules si petites, qu'on n'y peut entrer qu'en rampant sur les pieds et les mains. Le réfectoire est une cavité creusée dans le rocher, les bancs et la table sont taillés dans la pierre. Les murs et les portes sont garnis de liège, afin de préserver les habitants du froid et de l'humidité. Ce couvent, qui appartient à la famille de Castro, a été fondé en 1560, par don Alvarez de Castro, et il servit de retraite, pendant de longues années, à Honorius, l'un des saints les plus vénérés du Portugal.

Cascaës se trouve à 12 kil., au S.-O. de Cintra. On se propose de réunir les deux résidences par un petit chemin de fer.

ROUTE 3.

DE LISBONNE A TORRES-VEDRAS ET FIGUIERA DA FOZ

Chemin de fer. — 225 kil. — Prix : 1re cl., 4430 reis; 2e cl., 3480; 3e cl., 2460. Départ de la station du *Caes dos Soldados*.

25 kil. de Lisbonne à *Cacem*. (*V.* la R. 2.) On laisse à g. l'embranchement allant à Cintra, à 7 kil. de Cacem.

Meleças, halte auprès d'un grand établissement agricole appartenant à l'Etat : la *Quinta regional de Cintra*.

33 kil. *Sabugo*. Magnifiques carrières du *Pero Pinheiro*, d'où sont tirées les pierres employées aux grands travaux de Lisbonne. Une partie des eaux qui alimentent la ville viennent des environs de Sabugo. La ligne court, entre deux rangées de groupes de pierre que l'on prendrait pour des dolmens.

41 kil. **Mafra**, 3231 hab. est bâtie en amphithéâtre et s'étend depuis le pied jusqu'au sommet d'une colline, où s'élève un immense édifice, qui est à la fois couvent, église et palais. Cette masse peu harmonieuse de bâtiments présente cependant une foule de curiosités hors ligne. Les principales contrées d'Europe, Rome, Venise, Milan, la Hollande, la France, Liège, Gênes, contribuèrent à la construction de Mafra. On travailla pendant treize ans à ce temple-palais, à l'exécution duquel fu-

[ROUTE 3] TORRÈS VEDRAS. 337

rent occupées par jour de vingt mille à vingt-cinq mille personnes. Les bâtiments de Mafra comprennent 870 appartements, 5200 portes et fenêtres; le couvent a 300 cellules et 58 statues de saints en marbre. Les ornements religieux étaient d'une magnificence sans égale. On admire encore dans la sacristie une mitre, couverte de topazes, d'émeraudes et d'améthystes. Deux orgues, garnies de bronze doré, et le dôme principalement, sont des chefs-d'œuvre.

46. kil. *Malveira*, bourg où se tient chaque semaine un marché très important de bestiaux. Malveira communiquera, par un chemin de fer à voie étroite, avec la jolie station de bains de mer d'*Ericeria*, à 10 kil. à l'O.

En quittant la station, on traverse le tunnel de *La Sapataria* (525 mèt.). On rencontre dix fois la jolie rivière du *Sizandro*, sur un parcours de 10 kil.

55 kil. *Pero Negro*, v. à partir duquel on se trouve dans la zone vinicole de *Torrès*, ayant à dr. les v. de *Nogueiras* et *Das Malgas*.

On passe deux fois à niveau la route de Lisbonne à Torrès; à dr., on aperçoit le v. pittoresque de *os Carbalhos* entouré d'habitations de plaisance.

62 kil. *Dois Portos*, centre de la région vinicole. On aperçoit à dr. *Merceana*, riche bourgade, d'où partira une petite ligne à voie étroite destinée à se raccorder, à la station de *Carre-* *gado*, avec la ligne de Lisbonne à Porto (V. R. 7).

67 kil. *Runa*. On signale, à g., un *Asile* d'invalides militaires, et une cave considérable, d'une capacité de 3000 pipes, construite par un négociant français; à dr., la propriété considérable de M. Sebastian Trigoso, et, plus loin, la commune de *Ordasquiera*. On rencontre trois tunnels: *Boiaca*, 165 mèt.; *Cabaço*, 75 mèt., et *Torrès*, 150 mèt.

L'aspect général du pays est charmant. La végétation est active et productive, il semblerait qu'on parcourt un jardin continuel, semé de jolies habitations. On aperçoit en avant le vieux fort de *Torrès*, couronnant la colline qui commande le cours du Sizandro.

71 kil. **Torrès Vedras**, bourg de 5000 hab., devenu historique par les faits militaires qui s'y sont passés, lors de l'invasion du Portugal par les Français. Torrès Vedras est un chef-lieu de district, dans la province d'Estrémadure; le bourg possédait autrefois de remarquables fortifications romaines, aujourd'hui disparues.

On visitera aux environs un aqueduc d'architecture gothique.

Torrès Vedras fait le commerce de vins récoltés sur son territoire. Il s'y trouve trois sources salines thermales peu utilisées.

Une route à l'O. conduit à *Peniche*.

[37 kil. **Peniche**, ville forte de 2900 hab., avec un port petit et peu sûr, où l'on fait le cabotage et une pêche active.

La pointe ou presqu'île rocheuse, de forme ovoïde, qui mesure environ 7000 mèt. de tour, est reliée au continent par une langue de sables, de 2000 mèt. de long d'E à O. sur 400 mèt. de large, de N. à S., à peu près couverte par la mer pendant les eaux vives, et complètement immergée par les grandes marées.

L'île forme un plateau, élevé au centre, et descendant en pente abrupte sur la mer ; on la nomme Peniche *da Cima* (d'en haut). La haute masse rocheuse, qui forme l'extrémité O., se nomme le cap *Carvoeiro*. Il est surmonté d'un phare de 35 mèt. au-dessus du rocher, avec station sémaphorique. La gorge qui sépare l'île de la langue de sables est commandée par une solide fortification, qui occupe toute la largeur, et qui est percée de quatre portes. La ville est abritée derrière cette défense ; elle est régulièrement percée, bien bâtie ; elle possède des fontaines abondantes et de vastes citernes ; les édifices et établissements militaires sont distribués à l'abri de la citadelle. Celle-ci est en très bon état ; elle présente quatre fronts, et est armée de 144 bouches à feu. La garnison est de 60 hommes. Le port est dans une petite anse, au S. des rochers du cap. Une partie des habitants se livrent à la pêche, qui est très productive en été ; les femmes fabriquent de belles dentelles, qui passent pour rivaliser avec le point d'Alençon.

Au N.-O. de Peniche, à 10 500 mèt. au large, s'élève un groupe d'îles rocheuses nommées les *Berlingas*, et que les marins considèrent comme les plus dangereuses d'accès qui soient sur les mers d'Europe.]

A la suite d'une grande courbe qui l'a amené à Torrès, le chemin de fer, dirigé de S.-O. à N.-E., croise, à une petite distance de la station, la route qui conduit à Caldas da Rainha ; puis remonte le cours du Sizandro, qu'il traverse sur un pont de 50 mèt. Plus loin il franchit le rio Alcabricella, aux approches de la station de

79 kil. *Ramalhal*.

86 kil. *Outeiro*, plaine de bruyères, où le thym croît abondamment. Passage à niveau d'une route allant de Caradal à Bombarral.

93 kil. *Bombarral*. La ligne décrit une grande courbe à g., pour suivre la vallée du *rio Real*. Le pays est agréable, bien cultivé, occupé par de nombreux villages.

102 kil. *San Mamede*. Un grand alignement de 5313 mèt. accompagne la route royale allant à Caldas da Rainha.

La voie et la route semblent pratiquées à travers un parc anglais, des forêts de pins et de magnifiques buissons d'aloès. On aperçoit une montagne tout enveloppée d'une muraille mauresque crénelée, et d'une énorme épaisseur. Au milieu de cette enceinte est Obidos, dont l'aspect est des plus curieux.

107 kil. *Obidos*, petite V., fut l'un des boulevards de la domination arabe. On y compte sept églises, où se trouvent des tombeaux ornés d'écussons d'armes; d'immenses aqueducs, des citernes, des tours avec des fenêtres sculptées, et les vestiges d'un magnifique château construit par les Goths. Au pied de la montagne que couronne Obidos est la chapelle de *Nossa Senhora da Pedra*, où les pèlerins viennent saluer une croix miraculeuse. La campagne aux alentours est fort bien cultivée. Le lac ou estuaire d'Obidos, alimenté par l'océan, est à 4 kil. sur la gauche.

112 kil. **Caldas da Rainha**, 3000 hab., est situé sur la rive dr. du rio *Arnoya*, au pied des collines de la *Sierra da Boira*, sur un sol sablonneux. Les collines qui entourent la ville sont toutes cultivées ou plantées de bois de pins. Les *bains de Caldas* sont les plus fréquentés du royaume; leur réputation date de la fin du xv° s. L'établissement est spacieux et bien tenu; les eaux — sulfurées sodiques — sont abondantes et puissantes. Les sources utilisées sont au nombre de cinq, et ont une température constante de 34°5 centigrades. Des quatre piscines, deux sont exclusivement réservées aux femmes. Les baignoires sont en bois, à fond de sable.

En face de l'hospice s'étend une vaste promenade ombragée d'arbres centenaires. De ce côté aussi se trouve le Casino, dont la bibliothèque est fort riche en livres anciens.

La place de Caldas est immense. Le seul monument remarquable est *l'hôtel de ville*, fondé en 1750.

« L'église, *Nossa Senhora do Populo*, date de 1509 (Mme de Grouchy). Elle est fort originale, elle est presque ensevelie d'un côté. On descend vingt marches pour y pénétrer. Deux chapelles latérales, les fonts baptismaux, la porte de la sacristie, offrent des sculptures d'une merveilleuse finesse. Le fond de l'église est vitré et communique avec les salles de l'hospice, les malades peuvent ainsi, de leurs lits, entendre le service divin. Le clocher est remarquable par sa grâce et par sa légèreté ».

La vie est facile. On trouve à Caldas plusieurs bons hôtels, et beaucoup de logements chez les habitants; de jolies promenades; et un cercle.

Les environs fournissent des poteries vernissées, nommées *louça das Caldas*, qui servent aux petits ménages portugais.

De Porto et de Coïmbra on vient à Caldas par l'embranchement d'Alfarellos, indiqué ci-après (p. 366).

On vient aussi de la frontière espagnole ou de l'E. du royaume, par la station d'*Azambuja*, entre Lisbonne et Santarem, où l'on trouve un service de diligences poste, en 4 h. 1/2.

120 kil. *Bouro*, ou mieux *Serra do Bouro*, se compose de quelques maisons distribuées, à g., sur les pentes orientales d'une colline ou d'un haut plateau (altit: 159 mèt.) dont l'autre versant borde une partie de la côte rocheuse de l'Océan entre *Obidos* et *San Martinho*. Il en descend à l'E. plusieurs petits cours d'eau qui contournent la colline et, un peu plus loin, retournent à la côte, vers l'estuaire de San Martinho.

124 kil. *San Martinho*, port de pêche et de commerce, sur le bord N. d'un port très profond, fermé par un goulet.

133 kil. *Cella Velha*. A g., à la suite de l'estuaire de San Martinho, le v. de *Famalicao*. La voie s'éloigne de l'océan, et coupe le rio Alcobaça, qui se fraye à g. un lit dans les sables.

158 kil. *Vallado*. A g., à 6 kil. sur une pointe de sable, se trouve le petit groupe d'habitations de pêcheurs de *Nazareth*, station de bains très renommée et très fréquentée, au pied d'une colline où l'on monte par un appareil funiculaire, et d'où le spectacle est magnifique. A dr. de la station et à 6 kil. également, le bourg célèbre d'*Alcobaça*.

Vallado est le point où il convient au touriste de descendre pour aller visiter le remarquable monastère du roi Affonso Henriquez, et pour remonter ensuite par la jolie vallée boisée qui conduit au couvent solennel de Batalha. Aucun point de la ligne ne peut être mieux choisi que Vallado, pour cette excursion nécessaire. Il y a entre Vallado et Alcobaça un chemin municipal, sur lequel existe un service de diligences partant à l'arrivée de chaque train (de Vallado à Alcobaça, 100 reis, et à *Nazareth*, 200 reis).

A Alcobaça on rejoint une route royale classée, venant de la station de *Carregado*, sur le chemin de fer de Lisbonne à Porto (37 k.)

Excursion à Alcobaça.

Cette excursion, qui se rapporte, à la fois, à de grands faits historiques et à une glorieuse époque artistique du Portugal, est presque un voyage, puisqu'elle comprend une étendue de 37 kil., entre la station où l'on quitte le chemin de fer et celle où on le retrouve.

Elle est d'un intérêt profond; c'est l'une des grandes curiosités du pays.

A 6 kil. de Vallado, **Alcobaça**, bourg de 1500 hab., bâti dans une vallée étroite, fraîche et fertile, arrosée par deux petites rivières, dont chacune a contribué pour moitié au nom de la ville, l'*Alcoa* et la *Baça*. La ville est jolie et ses boutiques bien garnies. C'était jadis une cité considérable. L'antique monastère représente seul maintenant aujourd'hui cette importance. Ce monastère, dont un récit merveilleux encadre l'origine, a été fondé, en 1148, par le roi Affonso Henriquez, en reconnaissance de la victoire du campo d'Ourique, qui assura la fondation de la monarchie portugaise. L'église fut achevée en 1222. « C'est, dit la précieuse correspondance de Mme de Grouchy, une nef immense en forme de croix latine, une des plus belles qu'on puisse voir, ou plutôt trois nefs réunies, dédiées: celle du milieu à la Vierge, celle de gauche à saint Michel, celle de droite à saint Bernard. Les retables des autels sont ornés de statues de grandeur naturelle, en terre cuite peinte, et d'une expression étonnante. Saint Bernard est représenté mourant, entouré de ses moines.

« La plus grande richesse de l'église, ce sont les tombeaux. On y voit ceux d'Affonso, frère du premier roi de Portugal, d'Affonso II, d'Affonso III et de leurs femmes.

« C'est dans une chapelle du bas côté de droite que se trouvent les mausolées d'Inêz de Castro et de don Pedro (*V.* Coïmbra, R. 7). Les deux célèbres amants ont été ensevelis pieds contre pieds, afin, (dit la chronique, qu'en se relevant au jugement dernier, leur premier regard soit un regard d'amour. Rien n'est beau, délicat et gracieux comme ce coffret de pierre qui renferme le corps de la femme qui fut le plus aimée au monde. C'est de la pierre, mais plutôt encore de la dentelle ; l'ivoire n'a jamais été fouillé avec un pareil soin. »

Pendant la guerre civile, la tombe d'Inêz fut violée, la statue subit une légère mutilation, un coin du tombeau fut brisé. Les restes de la malheureuse reine, ceux du roi, furent, pendant quelque temps, dispersés sur les dalles de l'église. La main pieuse d'un voyageur français, le baron Taylor, les replaça, en 1835, dans le sarcophage où ils reposent maintenant. La chapelle est aujourd'hui fermée par une grille et à l'abri du vandalisme.

Il faut plusieurs heures pour visiter les six cloîtres, la sacristie, le reliquaire, aujourd'hui presque vide ; le réfectoire divisé en trois portiques par trois rangées de colonnes ; la cuisine enfin, qui à elle seule est un monument digne de description. Au centre se dresse une cheminée en forme de pyramide. Autour d'elle sont disposées des tables de pierre de 10 mèt. de longueur. Des tours transportaient le service à tous les étages. Des canaux, ingénieusement pratiqués sous le pavé de la salle, distribuaient dans toutes ses parties l'eau nécessaire à la consommation et à la propreté.

« Le couvent comptait toujours 999 moines, ayant chacun un appartement avec chambre et cabinet, donnant sur de vastes corridors. Une rivière qui traverse le couvent servait de vivier. Il existe encore des souterrains considérables et d'immenses greniers.

« Le cloître du milieu, dit le cloître du roi Diniz, est le plus beau comme architecture. Ses arcs, ses fontaines, occuperaient un dessinateur pendant tout un mois.

« Au premier étage, où conduit un magnifique escalier, voisin de la chapelle royale, on trouve une immense salle de bibliothèque, peinte en grisailles, avec une galerie supérieure et des espèces de cabinets de travail formés dans les embrasures des fenêtres. Elle contenait cent mille volumes et des manuscrits précieux, qui ont été transportés à Lisbonne, et dans d'autres villes.

« Il y avait à Alcobaça d'immenses jardins, sillonnés par une multitude de ruisseaux qui en faisaient une délicieuse retraite. »

Au sortir d'Alcobaça, on traverse l'Alcoa, en se dirigeant vers le N.-E., où l'on rencontre, à 10 kil. de distance,

Aljubarrota, village peu important, situé à l'entrée d'une longue et gracieuse vallée, célèbre par la victoire que le roi João Ier remporta sur les Castillans, le 15 août 1385.

A l'un des détours que forme la route, on aperçoit tout à coup au fond de la vallée, à 14 kil. d'Aljubarrota,

Batalha, bourg de 1500 hab., situé sur les bords du *Lena*, et remarquable par son magnifique monastère construit en 1388, par João Ier, en souvenir de la victoire d'Aljubarrota, et donné par ce prince à l'ordre de Saint-Dominique.

Le monastère de Batalha est le plus beau monument de l'art gothique qui existe en Portugal. C'est, dans tous les détails, une merveille d'architecture et de sculpture.

« La façade de l'église présente tout d'abord une profusion de statues de saints, de rois, d'apôtres, de papes et de martyrs distribués dans un ordre harmonieux. Au centre, le portail, dans une niche de forme triangulaire, abrite le sujet principal : Jésus-Christ assis sur un trône et dictant l'Évangile. L'intérieur de l'église est d'une simplicité grandiose. De hautes fenêtres ogivales, décorées de beaux vitraux, répandent une vive lumière dans la grande nef, où, devant le maître-autel, reposent le roi don Duarte (1433-1438) et sa femme Léonor d'Aragon. » Cette tombe est formée d'un bloc de marbre incrusté dans les degrés, et sur lequel sont couchées les deux statues du roi et de la reine; comme détails, au dedans comme au dehors, tout est d'une richesse inouïe.

La chapelle du fondateur est à droite en entrant. Elle est dominée par un clocher bâti en forme d'obélisque, et entouré de huit clochetons. Au milieu d'un mausolée s'élèvent les sarcophages de João Ier et de sa femme Philippa de Lancastre. Près de la tête de João sont sculptés les armes du Portuet les attributs de l'ordre de la Jarretière. La devise royale « *Il me plait* », alternant avec la devise portugaise « *Por bem (pour bien)* », entremêlée d'arabesques et de rébus gothiques, est gravée sur les côtés du sépulcre. Le vêtement de la reine est couvert d'arabesques, offrant encore des traces de peintures et de dorures. Quatre niches, creusées dans une muraille du mausolée, contiennent les sarcophages des fils de João Ier. Don Henrique, duc de Viseu, le célèbre navigateur qui colonisa les Açores, peupla Madère et fit reconnaître la côte méridionale de l'Afrique, est étendu sur la pierre, la poitrine et la figure à découvert. Sa devise « *Talent de bien faire* » est gravée sur le socle. Ses trois frères, Fernando, grand maître d'Aviz ; João, grand maître de Santiago, et Pedro, duc de Coïmbra, reposent à côté de lui, à demi cachés sous leurs boucliers. On lit sur le sarcophage de Pedro : « *Desir* » ; sur celui de João : « *Je ai bien raison* », et enfin sur celui de Fernando, le saint infant qui mourut prisonnier des Marocains (5 juin 1443) : « *Le Bien me plait.* » Tous ces tombeaux sont sculptés en marbre blanc, et décorés de bas-reliefs, d'emblèmes et d'arabesques.

La *chambre du chapitre* (casa *do capitulo*), située à g. du maître-autel, est une des parties les plus intéressantes du couvent de Batalha. — Cette immense salle forme un carré parfait, de dix-sept mètres de côté. Elle se termine par une coupole en pierre de taille qui semble suspendue, et qui n'est soutenue par aucun pilier. Elle s'écroula deux fois pendant la construction et ne put être terminée, d'après la légende, que parce que le roi fit employer des condamnés à mort à cet audacieux travail. Les nervures de la voûte se réunissent en une large rosace. Il règne une remarquable harmonie dans cette salle sobre d'ornements. Elle ne reçoit le jour que par une ouverture ; cette fenêtre unique, bijou de sculpture au dehors, est garnie de vitraux splendides, représentant la Passion.

Le cloître, situé tout près de la salle du chapitre, déploie, dans un espace carré de 50 mèt. de côté, la plus charmante élégance : ses fontaines, ses arcades, ont une grâce infinie. Leurs ouvertures se terminent en ogives, qui sont supportées par une rangée de piliers et d'arcs ; les arcs se croisent au sommet, tandis que l'espace vide entre chacun d'entre eux est rempli par des ornements à jour formant une dentelle de pierre du plus précieux travail.

La *capilla Imperfeita*, ainsi nommée parce qu'elle ne fut jamais achevée, a été bâtie par le roi dom Manoel, dans ce style gothique enjolivé, — *manuelino*, — où l'on voit reparaître certaines réminiscences mauresques, et poindre la Renaissance. Elle est située à l'E., derrière le maître-autel, et communique avec l'église par une vaste arcade. Cette entrée est l'une des œuvres les plus élégantes qu'on puisse voir : les ornements, les figures, les dessins, les inscriptions, dénotent une richesse d'imagination éblouissante. Le dessin qui domine est une espèce de câble formant des nœuds et suivant les contours de l'ogive. La chapelle Imparfaite forme une enceinte ouverte aux quatre vents du ciel ; aucun dôme ne la protège, et ses tours attendent encore les flèches qui devaient les couronner. Néanmoins telle est l'excellence des matériaux employés, qu'on n'y remarque presque aucune dégradation. Sa forme est octogone ; ses piliers sont formés de faisceaux de colonnettes attachées de distance en distance. Sur sept de ses côtés, ouvrent sept chapelles complètement achevées, destinées à servir de sépulture à des princes de la maison royale. Elle possède de belles verrières du xv° s. La construction a été interrompue au point où allaient partir les nervures de la voûte. On distingue çà et là des sphères qui servaient de devise parlante à dom Manoël, puis des câbles enroulés qu'on retrouve, du reste, au cordon extérieur de la salle du chapitre, et enfin ces mots mystérieux, fréquemment répétés en caractères gothiques : TANYAS EREI.

Ces mots se retrouvent dans l'église du monastère de Belem, fondé par dom Manoël. La seule interprétation possible, dit l'abbé de Castro e Souza, serait : « Chercher de nouvelles contrées », allusion aux préoccupations constantes du roi sous le règne duquel Vasco de Gama découvrit le chemin des Indes.

La plus grande partie de l'habitation des moines n'existe plus ; elle a été incendiée en 1810. Plus tard, une grande tour, qui se dressait au N.-E. des bâtiments, a été frappée par la foudre, et s'est écroulée sur le toit, non sans l'endommager.

Après avoir visité Batalha, et en suivant la grande route, on retrouve le chemin de fer, à Leiria, à 11 kilomètres.]

Depuis la station de Vallado (*V.* ci-dessus) le chemin de fer s'éloigne encore de la mer (9 kil. à l'O.).

152 kil. *Martingança*. On continue au N. jusqu'à

158 kil. *Marinha grande*, importante fabrique de verreries qui produit une grande quantité de marchandises pour Lisbonne, pour le Portugal et pour les colonies. Une grande forêt de Pins, le *Pinhal de Leiria*, s'étend à 500 mèt. à g. de Marinha, sur 17 kil. en longueur et 5 kil. en largeur, séparée de la mer par une plaine de sables de 4 kil.

De Marinha, la ligne, décrivant presque un quart de cercle, se dirige O. à E.

168 kil. **Leiria**, V. de 4000 hab., autrefois fortifiée. Elle est jolie, petite, avec de vieilles et belles maisons féodales. Des forêts de sapins l'environnent. On visite à Leiria les deux églises, dont le style gothique est assez pur, et le *château* presque en ruine où le roi Diniz habita. Il occupe le sommet d'un énorme rocher d'où l'on jouit d'une vue magnifique. Occupé successivement par les Goths, par les Maures et par les chrétiens, il porte le caractère de ces diverses époques.

« Il existe à Leiria, dit Mme de Grouchy, des souterrains dont on voit l'entrée murée sur la place de l'Évêché. Il y a trois ouvertures; mais la tradition dit que derrière l'une des trois est enfermée la peste, derrière une autre la famine; derrière la troisième sont des trésors. La crainte, appuyée sur cette incertitude superstitieuse, est telle, qu'on ne trouverait pas dans le pays un ouvrier qui consentirait à mettre le marteau dans ses murs. »

[Une route partant de Leiria au N.-E. va rejoindre à *Pombal* (27 kil.) le chemin de fer (R. 7) de Lisbonne à Porto (170 kil. de Lisbonne et 167 de Porto).

Une autre, plus longue, rencontre au S.-E., sur la même ligne, la station de *Chao de Maças* (150 kil. de Lisbonne).

L'*Entroncamento* (embranchement) où se rattache la ligne d'Espagne par *Marvão*, est à 25 kil. au S. de Chao de Maças.]

En quittant Leiria, la ligne prend la direction du N., par une région aride et peu habitée.

180 kil. *Monte Real*, b. entouré de bois de pins.

185 kil. *Monte Redondo*. — 192 kil. *Guia*. — 199 kil. *Louriçal*.

207 kil. *Telhada*, à une petite distance à l'E., un vignoble important nommé *As Vinhas da Rainha*. La ligne suit vers le N. et descend dans la vallée du *Mondego*, ayant à g., à une petite distance, la rive g. de ce fleuve.

212 kil. **Amieira**, station d'eaux minérales. La voie décrit une courbe pour passer le fleuve d'E. à O., et atteindre, au delà de la rive dr. la halte de

217 kil. *Lares*.

219 kil. *Santo Aleixo*. Entre la voie et le fleuve s'étend un marais salant.

223 kil. **Figueira da Foz**, V. maritime de 8000 hab. Terminus de la ligne venant de Lisbonne par Torrès Vedras; tête de ligne du chemin de fer de la Beira Alta (R. 6), conduisant à la frontière espagnole par Pampilhosa, Guarda et Villar Formoso.

Figueira est à l'embouchure du *Mondego*, au-dessus de la pointe N., qui est gardée par le fort *Santa Catharina*. La ville est dans une situation magnifique, en amphithéâtre, sur la pente d'une colline orientée au S. et baignée, au pied, par le chenal navigable du fleuve.

Les habitants de Figueira sont pêcheurs en grande partie. Le mouvement commercial consiste dans l'exportation des sels des salants qui entourent la ville, de l'huile, et des fruits récoltés dans la campagne voisine. La navigation n'est pas active en raison des dangers de la barre, qui se déplace constamment, et qui n'offre pas un fond de plus de 3 mèt 1/2 dans les conditions normales.

Le fleuve, à la fin de son cours, se sépare, à la hauteur de Santo Alexio, en deux bras, qui entourent une grande île basse, toute occupée par des marais salants. Les deux bras se rejoignent à l'embouchure même, où la barre est maintenue par deux longues jetées qui protègent la pointe S. ne laissant à la sortie du fleuve qu'une passe de 350 mèt., commandée par le fort.

La côte, qui s'étend au N.-O., à la suite du fort, et jusqu'à la petite V. de *Buarcos*, forme une jolie baie de 2000 mèt. de corde, sur 500 mèt. de flèche, bordée par une belle plage de sables, très fréquentée dans la saison d'été.

A 2500 mèt. au N.-O. de Buarcos, se dressent le cap et le phare de Mondego. La côte prend ensuite la direction N.

Le Mondego, au-dessus de Figueira, n'est praticable en bateau que jusqu'aux approches de *Montemor o Velho*, à environ 20 kil. On trouve ensuite des chevaux ou des mulets pour monter jusqu'à Coïmbra (25 kil.). Les rives du fleuve offrent une admirable végétation ; des vergers, des champs d'une grande fertilité se succèdent sans interruption, entre deux lignes de collines rocheuses, couronnées des ruines de vieux castels.

Par chemin de fer, la ligne de Lisbonne à Figueira communique avec la ligne du Nord (Lisbonne-Porto), par un embranchement qui se détache auprès de la station d'*Amieira*, et de la rive g. du Mondego, d'O. à E., avec station à 7 kil., à *Verride*, et raccordement en triangle, 9 kil., à **Alfarellos**, petite ville, station de ladite ligne du Nord, à 19 kil. de la station de Coïmbra.

ROUTE 4.

DE LISBONNE A BADAJOZ (ESPAGNE)

Chemin de fer. — 265 kil.

Suivre la R. 1, en sens inverse, pour la première partie, de Lisbonne (p. 343) jusqu'à l'*Entroncamento* (p. 341), après *Matto de Miranda*. On laisse à g. la ligne du N. qui monte à Porto, et l'on continue à dr., par *Abrantès* et *Torre das Vargens*. Ici se sépare, à dr., la ligne de

Madrid par *Marvão* et *Valencia d'Alcantara*. On rencontre à g., à partir de Torre das Vargens :
184 kil. *Chança*. — 200 kil. *Crato*. — 217 kil. *Portalegre*.— 248 kil. *Elvas*. — 258 kil. La rivière *Caya*, frontière. — 261 kil. **Badajoz**.

(*V*. pour ces diverses stations la p. 542.)

De Badajoz on atteint :

Ciudad Real, en remontant la ligne à l'E.

Séville, par Mérida, Zafra, Tocina.

Huelva, par Mérida, Zafra, et la ligne spéciale Zafra-Huelva.

Cacerès, par Merida.

Cordoue, par Mérida et Tocina ; ou bien par Almorchon et la ligne de Belmez.

Grenade, par Séville, Utrera, Osuna, La Roda et l'embranchement de Bobadilla.

Malaga par Séville, La Roda et la ligne de la Roda-Malaga.

ROUTE 5.

DE LISBONNE ET ABRANTÈS A GUARDA

Chemin de fer de la Beira Baixa.

Cette ligne transforme en chemin de fer une grande partie de deux routes royales conduisant d'Abrantès à Castello Branco, Covilhã, la grande ville manufacturière, et Guarda. Elle raccourcit le trajet de Lisbonne à la frontière d'Estremadure, et dessert une contrée intéressante.

On prend à Lisbonne la ligne de Porto (*V*. R. 7), jusqu'à *Abrantès*, d'où la voie nouvelle suit la direction du N.-E.

De la rive g. du Tage, où se trouve la station actuelle d'Abrantès, la ligne nouvelle jette sur le fleuve un pont de 442 mèt. œuvre capitale des lignes portugaises, et s'installe sur la rive dr. qu'elle remonte jusqu'à

5 kil. 1/2. *Alferrarede*.

14 kil. *Mouriscas*, halte, d'où part une belle ligne horizontale de 7 kil. jusqu'après la station de

19 kil. *Alvega-Ortiga*. Sur toute cette partie, ponts et viaducs, murs de soutènement, remblais considérables, terrains schisteux de peu de consistance. — Sur la rive opposée bel aspect du vieux château de Belver.

28 kil. *Belver*, station.

41 kil. *Barca de Amieria* et après cette station au kil. 42,600 traversée du fleuve sur un beau viaduc de 104 mèt.

58 kil. *Fratel*.

64 kil. *Rodām*, petite ville intéressante.

Au delà de *Rodām* où la voie quitte le Tage, la construction n'a pas été moins chargée ; on y compte 9 tunnels, 5 ponts et un remarquable viaduc (*San Pedro de Ceréjães*) qui atteint jusqu'à 60 mèt. de hauteur. Plus loin le terrain se découvre, et la voie ne rencontre que des ondulations moyennes jusqu'à

80 kil. *Sarnadas*, alt. 556 mèt.

94 kil. *Castello Branco*, alt. 389 mèt.

Cette ville (6000 hab.) est située sur la jolie rivière de Liria. Un double mur, flanqué de sept tours, la fortifie, et elle est en outre commandée par un très ancien château. Les rues de la haute ville, où survivent quelques restes de très anciens édifices romains, sont étroites et tortueuses. La ville basse est plus régulière. On y trouve quelques places aérées, et de belles habitations modernes. Ce qui frappe dans l'aspect de la *cathédrale*, c'est la noblesse de l'ensemble et la simplicité des lignes. Les autres églises, ainsi que les hôpitaux et une maison de charité, méritent qu'on les visite. L'industrie et le commerce consistent en tanneries, poteries, vins et eaux-de-vie.

On quitte Castello Branco pour traverser des plaines qui ne manquent pas de fertilité. On trouve, sur le parcours : *Alcaïns*; *Lardoça*; *Alpedrinha*, trois stations sans intérêt; et la halte de *Prazeres*, à l'entrée des vallées charmantes de *Prazeres* et de *Cova da Beira*, entre lesquelles s'étend un tunnel de 650 mèt., sous la petite chaine de *Gardenha* où se trouve le point culminant de la ligne (alt. 565 mèt.).

Le trajet d'Alpedrinha à Covilhã se fait à travers un magnifique verger de fruits de toute espèce. La voie y suit le ruisseau de *Gardenha*, puis la rivière de *Zezere*, qu'elle franchit deux fois pour atteindre la station de

147 kil. *Fundão*. On descend ensuite le versant E. de la Serra de Gardenha, d'où se développe le magnifique panorama de la *Serra d'Estrella* et de la belle plaine de Covilhã.

161 kil. *Tortozende*.

166 kil. Covilhã, V. de 11000 hab., à 179 kil. d'Abrantès et 56 kil. de Guarda, et surnommé « l'Elbeuf portugais ». Une belle chaussée macadamisée conduit de la station à la ville. C'est une ancienne place fortifiée qui était fermée par trois portes; ces divers ouvrages sont en ruine; ils ont laissé la place au mouvement industriel. Elle occupe la pente de l'un des contreforts de la Serra d'Estrella, et se développe en amphithéâtre. A la partie la plus élevée, se dressent les ruines d'un très ancien château couronné par deux tours.

On ne trouve pas à Covilhã de monuments d'architecture, ni des somptuosités historiques; mais de nombreux édifices de belle apparence, et la preuve constante de la grande activité commerciale et industrielle de la population covilhanaise. On y compte quarante fabriques importantes produisant toute espèce de tissus de laine, draperies, bures, casimirs, castorines, châles, cachemires et, après les fabriques, beaucoup de métiers particuliers. La qualité de ces produits est fort estimée.

La campagne d'alentour est très fertile, bien irriguée, avec d'excellents pâturages, et beaucoup de bestiaux. A *Unhães*, à quelques kil., on trouve des eaux sulfureuses abondantes et appréciées. La contrée du Zezere est citée comme une des terres les plus fortunées du Portugal. Les habitants sont particulièrement bons et hospitaliers.

De Covilhã à Guarda, le pays est très montagneux et d'un accès difficile; de nombreux cours d'eau le traversent, et exigent du chemin de fer des travaux de pénétration de toute espèce. Les remblais et les tunnels sont considérables.

Les travaux sont dirigés par la Compagnie royale.

ROUTE 6.

DE FIGUEIRA DA FOZ A LA FRONTIÈRE D'ESPAGNE

Chemins de fer de la Beira Alta. 253 kil. Prix : 1re cl., 5030 reis; 2e cl., 3910 reis; 3e cl. 2790 reis; trajet en 10 h.

Figueira, tête de ligne (*V.* la R. 3, p. 365).

La ligne de la *Beira Alta*, dont la gare d'origine, les ateliers et remises sont à Figueira, à l'E. de la ville, se dirige au N.-E., laissant à sa g. l'arrivée de la ligne venant de Lisbonne par Torrès-Vedras (R. 3) et la petite voie de raccordement O.-E. qui va rejoindre, à *Alfarellos*, la grande ligne du Nord (Lisbonne à Porto).

7 kil. de Figueira, *Maiorca*, halte. Le terrain est très mouvementé et le coup d'œil très pittoresque. La voie s'élève en rampe vers un plateau qui domine la campagne au-dessus de la rive dr. du Mondego.

12 kil. *Alhadas*. Grande tranchée suivie d'un tunnel de 518 mèt.

16 kil. *Montemor*, à l'entrée d'une forêt considérable appartenant à l'État.

27 kil. *Arazède*. Vallée de Liceia, que la voie traverse sur un remblai de 400 mèt.

32 kil. *Limede*, halte, passage à niveau de la route allant à Figueira.

36 kil. *Cantanhede*, bourg de 1500 hab., alt. 70 mèt., point de croisement d'une route allant à Coïmbra.

42 kil. *Murtede*, halte.

51 kil. **Pampilhosa**. La ligne rencontre ici le chemin de fer du N., de Lisbonne à Porto. *Station d'embranchement avec buffet.*

Changement de voitures pour Porto.

Après avoir traversé la ligne du Nord, la voie incline vers le S.-E., s'élevant en rampe, sur un parcours de 14 kil., et sur le flanc des collines, qui s'étendent parallèlement à cette ligne. Sur ce trajet, elle décrit une courbe considérable vers le N., pour franchir la crête des collines où passe la route royale de Viseu. La voie rencontre un premier tunnel de 57 mèt. au-dessous de cette route, et, à la sortie de ce tunnel, la station de

64 kil. *Luso*. Jolie petite ville, possédant un établissement d'eaux thermales très renommé. Les sources sont sulfurées sodiques. Installations complètes, habitations nombreuses pour le séjour des baigneurs, magasins bien approvisionnés. La ville occupe les premières pentes des montagnes de *Bussaco*; la végétation du pays est magnifique et très variée. Les environs sont charmants. Luso est la station indiquée aux touristes qui vont visiter les sites célèbres de la *Serra de Bussaco* (*V.* ci-après, — p. 379). Altit. 165 mèt. 30. Voitures de correspondance à tous les trains (200 reis).

On sort de Luso par un viaduc considérable de 505 mèt. sur le ravin de *Varzeas*, à la hauteur maxima de 41 mèt. La rampe continue, rencontrant successivement un tunnel de 57 mèt., un autre tunnel de 103 mèt. et le tunnel du *Grand Salgueiral*, long de 1105 mèt., en ligne droite. Suivent presque aussitôt deux viaducs métalliques (135 et 126 mèt.), celui-ci dans une situation des plus pittoresques groupé au-dessous de la sortie, à droite.

Au delà vient le tunnel de *Trezoï* (144 mèt.) sous une crête élevée. Ce souterrain, en palier, occupe le point culminant de ce passage, et la voie continue rencontrant 5 tunnels jusqu'à la station de

4 kil. *Mortagua*, petite localité d'un aspect agréable, dans une vallée entourée de cultures, qui se retrouve à peu près à l'altitude de Pampilhosa. Le chemin de fer y passe au-dessous de la route royale de Viseu, et franchit le fond de la vallée sur un viaduc métallique de 45 mèt. La voie se remet en rampe à la suite de ce viaduc, et retrouve la route de Viseu à l'entrée de la grande tranchée de *Vallongo*. Au delà, l'on franchit quatre viaducs presque successifs. La voie se trouve ici au milieu d'un site des plus pittoresques ; le Dão coule dans une profonde déchirure, dont les flancs sont tapissés de lierre et de plantes grimpantes ; le lit du torrent est obstrué d'énormes blocs de granit. Une rampe de 3 kil. conduit à

86 kil. *Santa-Comba-Dão* (embranchement de 50 kil. sur Viseu).

Embranchement de Viseu.

[**Viseu**, ch.-l. de district administratif de la province de Beira Alta, est à 50 kil. de Santa-Comba. La ville (7800 hab.) est au centre d'une belle campagne, dans une contrée montagneuse, et occupe un plateau, à 430 mèt. au-dessus de la mer. Elle est le siège d'un gouvernement civil, d'une division militaire, d'un tribunal, d'un évêché. L'aspect général est modeste, les rues sont étroites et tortueuses, et les monuments sont rares. Le plus remarquable est la *cathé-*

drale, qui se présente d'une façon majestueuse sur le point le plus élevé, à l'O. de la ville, avec ses deux tours, de style roman. L'intérieur est d'une grande richesse; on y remarque, sur l'autel de la Puerta del Sol, dans la sacristie, dans la salle du chapitre, de belles peintures de l'école de Gran Vasco, et quelques-unes de ce maître même; la sculpture sur bois du buffet d'orgue est également signalée. — Dans l'église de San Miguel, une pierre recouvre la tombe où furent recueillis les restes du roi Rodrigue, celui dont les excès causèrent l'invasion des Maures en Espagne.

Le malheureux prince se serait réfugié dans les montagnes de la Beira, après sa défaite au Guadalete.

Viseu possède de belles promenades. Celle de *don Fernando*, où joue régulièrement la musique du régiment en garnison, est la plus fréquentée. Celles de la *Carreira de Fontello* et de la *Cava de Viriato* sont plantées d'ormes magnifiques. Cette dernière a reçu le nom du célèbre guerrier, parce qu'elle a été établie au milieu des très anciennes défenses de la place.

On cite, parmi les *édifices publics* de quelque intérêt, l'hôpital de la Miséricorde, de date moderne; le *Séminaire*, dont l'escalier, à trois rampes, est considéré comme un chef-d'œuvre d'équilibre; le collège, très ancienne construction auprès de la cathédrale; un lycée, une bibliothèque qui possède des livres anciens et des documents précieux. Deux places sont intéressantes : celle de *Camoës*, au centre de la ville, entourée des principaux magasins du commerce local, et le champ de foire de *S. Matheus*, où il se traite une fois l'an, en septembre, des affaires en joaillerie, en draperie, en faïences, en ferronnerie, d'une importance de quatre cents ou cinq cents contos de reis. (Le conto de reis 5555 francs.) — Deux théâtres, l'un moderne et élégant. — Deux ou trois hôtels. — Viseu communique, par Pampilhosa avec Porto; par de bonnes routes avec *Lamego* et *Regoa*, au N., direction de Villa Real et Chaves, du Haut-Douro et de Bragança.]

Après la station de Santa-Comba, sans autres travaux importants, la rampe continue jusqu'à

98 kil. *Carregal do Sul*.

103 kil. *Olivérinha*, halte.

110 kil. *Cannas de Senhorim*. Sur ce point la ligne reprend en inclinaison ascendante sur une étendue de 21 kil.

118 kil. *Nellas*.

129 kil. *Mangualde*, jolie ville de 4900 hab., à 2 kil. de la station, dans une petite plaine entourée de collines cultivées. Ch.-l. d'arrondissement. — Alt. 447 mèt. 77. On y signale l'église de *N.-S. do Castello*, et un très

beau palais des comtes de Anadia. La ville possède aussi un théâtre, un club et un hôtel passables.

131 kil. Au sommet de la rampe suivie depuis Cannas, la voie traverse le tunnel de *Murillo* (228 mèt.). Elle descend ensuite, en pente plus rapide, rencontrant à niveau la route de *Gouvea*, qu'elle accompagne jusqu'au tunnel de *Abrunhosa*.

145 kil. *Gouvea*; le bourg est à une grande distance (2 heures, à dr.), voitures de correspondance.

183 kil. *Fornos* et *Algodros*, à dr. et à gauche.

Jusqu'ici la ligne a suivi, depuis Mangualde, la direction O., tendant à se rapprocher de la vallée du Mondego, que l'on rencontre à dr., avant la station de

168 kil. *Celorico* (alt. 405 mèt. 69). Ce village s'aperçoit à mi-côte d'une colline, au-dessus de la rive g. du fleuve. (Voiture de correspondance depuis la gare, en 1 heure.) A partir de Celorico, et afin d'éviter les hauteurs de la *Serra da Estrella*, qui font la base du sommet occupé par Guarda, la voie incline au N.-E., et en rampe depuis Gouvea, pour atteindre

182 kil. *Villafranca das Navas*, petite ville, au-dessus d'une plaine cultivée (alt. 542 mèt.). La voie contourne entièrement la ville, en boucle, revient presque sur elle-même, N.-S., et toujours en rampe, rencontrant la *station* de

188 kil. *Pinhel*, en arrière des hauteurs que l'on aperçoit depuis Celorico. Pinhel est une vieille ville de 2750 hab., ch.-l. de canton, siège d'un évêché, entourée de fortifications en ruine, et 6 portes avec tours. Elle se trouve à 10 kil. au N.-O. de la station, et à 20 kil., à vol d'oiseau, de la frontière espagnole. Elle offre à la curiosité des touristes une *cathédrale* remarquable, deux paroisses, deux hôpitaux, un palais épiscopal et de jolies fontaines. Correspondances à Villafranca.

La rampe s'accroît (0 0115 pour 100) afin d'aborder la station de

207 kil. *Guarda* (alt , 809 mèt. 56), 5500 hab., à 5 kil. de la station. Ville forte, entourée de bonnes murailles, avec 6 portes surmontées de tours; ch.-l. de district, siège d'un tribunal et d'un évêché. On y accède, depuis le chemin de fer, par une belle chaussée qui contourne la montagne; la rampe est souvent très raide. — Les omnibus montent de la gare à la ville en une demi-heure.

La ville est bâtie sur un plateau élevé, dominant les plus hautes pentes de la *Serra da Estrella*. Son vieux château occupe une position considérée comme formidable. Ses édifices les plus remarquables sont la *Sé*, sur un des côtés de la place *Camoès*. Le portail principal est formé de deux colonnes torses d'un style très ancien. Le palais épiscopal est modeste; la mai-

[ROUTE 7] LA SERRA DA ESTRELLA. 373

son de Miséricorde est un ancien séminaire.

[On visite avec un grand intérêt, soit en partant de Celorico, soit en descendant de Guarda, la *Serra da Estrella*, où se trouve la source du Mondego. Les cours d'eau nombreux, les belles cascades, les lacs de la Serra, n'en sont pas la moindre curiosité. L'un de ceux-ci est d'une profondeur considérable, et la légende prétend qu'il se ressent des agitations de l'Océan.]

Voiture de correspondance, en 7 h., pour Covilhã (*V*. R. 5.)

Le chemin de fer, à la sortie de la station de Guarda, se raccordera avec celui de la Beira Baixa (R. 5) et descend d'O. à E., en pente rapide, vers la plaine, sans travaux d'art, par

218 kil. *Villa Fernando*, halte.

227 kil. *Cerdeïra*, après passage d'un pont de 41 mèt., sur le rio *Noëmy*, qui accompagne la ligne jusqu'à un autre pont de 51 mèt. 1/2. Deux kil. plus loin, on rencontre un profond ravin, au fond duquel coule le *rio Coa*, tributaire du haut Douro. La voie jette, à travers ce ravin, un très beau viaduc de 207 mèt., à une hauteur de 58 mèt. De ce point, la voie remonte par

245 kil. *Freineda*. On atteint au delà une crête, au kil. 249 (alt. 793 mèt.), et enfin

255 kil. *Villar Formoso*, station de jonction avec la ligne espagnole de Salamanca (alt. 780 mèt.). La frontière est formée par le *rio Agueda*, qui coule, S.-N., jusqu'à Barca d'Alva.

[Voiture de correspondance en 2 h. pour *Almeïda*. Cette ville (5000 hab.), située sur le versant d'une colline, est peut-être la place la mieux fortifiée du royaume. Elle est à 7 kil. de la frontière espagnole, et se rattache par une bonne route avec Ciudad Rodrigo.]

Fuentes de Oñoro, la première station de la ligne de Salamanca, est à 4 kil. de Villar-Formoso.

ROUTE 7.

DE LISBONNE A PORTO

Chemin de fer du Nord. — 337 kil.

Prix : 1re cl., 6690 reis; 2e cl., 5210 reis; 3e cl., 3720 reis. — Trajet en 8 h.

Pour la première partie, de Lisbonne à l'*Entroncamento* des lignes du Nord et de l'Est, *V.*, en sens inverse, la route 1re (p. 342 et 341). La localité la plus proche de ce point est *Torres Novas*, à 4 kil. à gauche.

De l'Entroncamento partent :

1° A dr., la ligne de l'Est (*V*. en sens inverse la R. 4 ci-dessus), allant à Badajoz par Barquinha, Abrantès, *Torre das Vargens*, et Elvas (pages 542 et 366).

2° Cette même ligne allant d'abord jusqu'à Torre das Vargens, d'où se détache à g. la ligne de Madrid, vers Cacérés, par Marvão et Valencia d'Alcantara.

Depuis l'Entroncamento de Torres Novas, la ligne de Porto se dirige droit au N., ainsi qu'il suit :

121 kil. *Payalvo*, station correspondant à *Thomar*, à 7 kil. à gauche.

(Services aux divers trains, en 1 heure.)

Thomar, petite V. de 4000 hab. avec un très beau *couvent*, autrefois siège principal de l'ordre du Christ, et cité comme le plus remarquable du Portugal après celui de Batalha. L'architecture présente un cachet particulier, des ornements nautiques, des sphères, des cordages, des amarres, qui symbolisent la mission d'exploration que s'étaient donnée les chevaliers du Christ. La chapelle, qui est fort remarquable, renferme un retable doré, peint et sculpté, d'une exécution parfaite. Sa reconstruction partielle date du xv° s. On remarque encore le fameux *aqueduc* de près de 6 kil. d'étendue, en pierre de taille, commencé en 1595, et fini en 1613. La ville, dont l'aspect est fort agréable, a pris un certain essor sous le rapport de l'industrie. Il s'y trouve de fortes filatures de coton, des fabriques de soieries et de chapeaux, et des tanneries, occupant de nombreux ouvriers.

130 kil. *Chao de Maças*. On passe dans un tunnel de 640 mèt., à une altit. de 131 mèt.

[Service de voitures pour *Ourem*, en 1 h. 1/2 (train correio) pour *Leiria*, en 6 h. ; pour *Alcobaça* en 8 h.]

140 kil. *Caxarias*.

150 kil. *Albergaria*. La voie pénètre sous un tunnel de 600 mèt.

163 kil. *Vermoil*. On franchit la *Soure*, sur un pont en fer de 5 travées.

170 kil. **Pombal**, V. de 4500 hab. petite, mais intéressante. — On y trouve quelques traces d'architecture sarrasine, une ancienne chapelle des Templiers, et les ruines d'un vieux château d'origine romaine, continué ou restauré dans le style arabe. La ville, qui présente une certaine activité commerciale, est entourée de terres fertiles.

A Pombal et à Chao de Maçãs on trouve des services de voiture, combinés avec les trains, pour atteindre à l'O. *Leiria, Batalha, Alcobaça* et la charmante station de bains de mer de *Nazareth*.

Le chemin de fer rencontre et croise l'ancienne route de terre qui conduit de Lisbonne, par Leiria, à Coïmbre. La voie néglige cette direction, pour faire un grand détour vers l'O., en suivant la vallée de la *Soure*.

186 kil. *Soure*.

202 kil. *Formoselha*.

215 kil. *Taveiro*. La voie franchit le Mondego par deux ponts distincts : l'un, sur le lit principal du fleuve ; l'autre pont fait suite, de sorte que le débouché offert aux eaux du fleuve a 270 mèt. de largeur.

Aux approches du pont et sur le pont même, on jouit du charmant spectacle de la ville de Coïmbre qui se développe à dr. dans une situation des plus pittoresques, plusieurs instants avant la station.

218 kil. Coïmbra (*buffet*), V. de 18 000 hab.; la troisième du royaume; siège d'un évêché suffragant de Braga, et résidence des autorités civiles de la province. La station est à 2 kil. de la ville. La communication est faite par un chemin de fer américain dont les départs correspondent avec l'arrivée des trains; cet enbranchement est en rampe, pour atteindre la ville, à 60 mèt. au-dessus de la station.

Coïmbre est bâtie en amphithéâtre, sur une colline dont le pied touche la rive droite du Mondego, et sous un climat délicieux. C'est, de toutes les villes du Portugal, celle à laquelle se rattachent le plus grand nombre de traditions poétiques. Elle n'intéresse pas moins par ses sites pittoresques que par ses souvenirs. Sa situation est des plus agréables, son territoire abonde en vignes, en oliviers et en fruits. Les rues sont étroites et escarpées. Elle a un air d'opulence, il s'y trouve beaucoup de magasins, et un grand nombre de librairies. On y rencontre des fabriques de faïence, de poterie rouge, d'ouvrages en corne; il s'y fait un commerce considérable d'oranges excellentes. Coïmbre joue en outre un certain rôle comme entrepôt de la partie centrale du Portugal.

Il a été dit plus haut (Préface Portugal) que l'*Université*, d'abord fondée à Lisbonne, fut transférée de cette ville à Coïmbre, où le roi João III, pour y relever l'enseignement, fit appeler plusieurs savants professeurs français. L'Université occupa de vastes bâtiments désignés sous le nom de *Paços reaes das escolas*.

L'Université de Coïmbre fut de tout temps comblée de prérogatives. Le marquis de Pombal présida lui-même à sa réorganisation en 1772. Sous son impulsion, des bâtiments indispensables s'élevèrent; on bâtit un observatoire; les bibliothèques se multiplièrent; des collections d'objets d'histoire naturelle furent rassemblées. En 1850, la bibliothèque de l'Université renfermait 55 000 volumes; celle du collège de San Bento, 16 000; il y en avait 41 000 au couvent de Santa-Cruz; 14 000, à Santa Rita, et enfin 54 000, au couvent da Graça. Une partie de ces dépôts considérables de livres fut distribuée entre les bibliothèques des autres villes, et aussi, malheureusement, gaspillée.

L'Université est aujourd'hui gouvernée par un recteur nommé par le Roi. L'enseignement se partage en cinq facultés avec un personnel triple de professeurs pour chaque chaire. Ces cinq facultés comprennent la théologie, le droit, la médecine, les mathématiques et la philosophie. Il a été ajouté à ces enseignements un cours de droit administratif. Les étudiants sont admis à l'Université dès l'âge de seize ans. Le nombre des étudiants est de 8 à 900. Les cours sont de cinq ans.

Le *palais de l'Université* offre une foule de souvenirs historiques. Situé sur le plateau de la colline, il se fait remarquer par son étendue, sinon par sa magnificence. Dans une cour immense, on trouve réunis la bibliothèque, le musée, l'observatoire, les salles des séances, les salles des examens. La bibliothèque est divisée en trois salles ornées de sculptures, de dorures, de peintures du plus grand effet. Tout y est bien aménagé et d'un luxe remarquable, les tables mêmes affectées aux lecteurs sont des chefs-d'œuvre d'art. Le musée d'histoire naturelle, de chimie et de physique, est un des plus complets qui existent. On jouit, depuis les fenêtres du palais, d'une vue magnifique sur toute la ville, sur le cours du Mondego, et sur le couvent de Santa Clara de l'autre côté du fleuve.

La *cathédrale* moderne, dont l'ensemble est peu agréable, appartenait aux Jésuites. L'ancienne cathédrale (*Sé velha*) est, dit on, une construction du temps des Goths, qui fut convertie en mosquée par les Maures, et qui fut ensuite rendue au culte chrétien. Elle a un caractère byzantin très original. Les colonnes, à l'intérieur, sont revêtues de faïences dont les couleurs sont si vives, qu'on dirait des bijoux d'émail. La chapelle des douze Apôtres est très remarquable. Une autre chapelle porte le nom de Camoëns. L'édifice a l'aspect d'un château-fort. Parmi les huit paroisses, on remarque l'église de *Santa Cruz* où l'on admire les magnifiques et anciens mausolées d'Affonso et de Sancho, les deux premiers rois du Portugal.

Le couvent de *Santa Clara* attire surtout l'attention par le monument de la reine Élisabeth, sa fondatrice, monument de pierre chargé de sculptures, et entouré d'une balustrade d'argent artistement travaillée.

« L'église, dit la correspondance de Mme de Grouchy, est fort belle, et possède quelques tableaux fort curieux sculptés en bois et peints. Dans le chœur des religieuses, où le roi seul a le droit de pénétrer, se trouve une châsse en argent contenant le corps de sainte Élisabeth. Un rideau sépare le chœur de l'église.

« Entre autres sculptures remarquables, on voit une chaire en pierre d'un travail ravissant. Cette église date de 1132, et renferme des tombeaux des premiers rois de Portugal. Le cloître est fort beau; on y remarque surtout un bassin de marbre blanc admirablement sculpté. Ce cloître est carré, il s'y trouve quatre chapelles. Les pilastres qui en soutiennent les voûtes sont couverts de sculptures. On le nomme *da Manga*, parce qu'on prétend que João III en dessina le plan sur sa manche, et que tout l'édifice affecte la forme de la manche royale. Les bâtiments, qui étaient immenses, contiennent maintenant la municipalité, le service des postes et divers autres.

« Un escalier, auquel on parvient par la sacristie, conduit, au second étage, à une vaste rotonde qu'on nomme le Reliquaire. Cette salle est éclairée par le haut, et ses murailles sont couvertes de précieuses reliques rangées dans un ordre parfait, chacune dans un cadre et alternant avec des statues de saints peintes et dorées.

« L'ancien couvent de Santa-Clara était au bord du Mondego, et s'est trouvé peu à peu envahi par les sables. Le fleuve a ainsi fait disparaître un grand nombre de monuments. Ceux de l'époque romaine sont complètement engloutis. Cette invasion du sable est telle, chaque année, qu'il est impossible de conserver les chemins tracés sur les bords du Mondego. On assure que le pont actuel, dont les arches sont presque comblées, compte cinq substructions.

« Le parc de Versailles peut seul donner une idée des immenses jardins de l'ancien couvent de Santa Cruz. On y trouve autant et plus de fontaines et de statues; mais les statues sont renversées, les plus beaux bassins de marbre servent d'auges à porcs, les vieux arbres sont abattus, et les pelouses ont fait place à des champs de maïs. Ces jardins appartiennent maintenant à un négociant de Coïmbre. Une seule merveille est encore debout : c'est une pièce d'eau presque aussi grande que celle des Suisses, entourée de cèdres séculaires coupés ras, et formant une muraille de verdure impénétrable. »

Le *jardin botanique*, dans une situation charmante, le plus remarquable, non seulement du Portugal, mais de toute la péninsule Ibérique, sert en même temps de promenade publique. Les palmiers, les bananiers y viennent en pleine terre et en plein air. On y trouve des serres chaudes pour les plantes des tropiques et des serres *froides* pour les plantes du Nord. Au-dessus de ce jardin se trouve une belle promenade nommée l'*allée des regrets;* elle occupe le sommet de la colline sur les pentes de laquelle la ville s'étend. La vue est immense.

L'ancien collège des Jésuites, le pont du Mondego et le bel aqueduc qui fournit l'eau à la ville complètent la liste des curiosités que l'on rencontre à Coïmbre.

Bien des voyageurs vont voir la *quinta das Lagrimas*, qu'habitait Inez de Castro; la *fontaine des Amours*, le ruisseau dont le cours servait à porter les lettres qu'Inèz écrivait à son royal amant. Ce ruisseau traversait le jardin de dom Pedro, qui arrêtait au passage, par une grille placée en travers, ces gages de tendresse.

La chronique d'Inèz de Castro tient une grande place dans la célébrité historique de Coïmbre au XIVe s. Elle est rapportée dans l'intéressant recueil des *Chroniques chevaleresques de l'Espagne et du Portugal* de M. Ferdinand Denis.

La *quintas das Lagrimas* appartient aujourd'hui à dom Miguel Osorio Cabral de Castro, pair du royaume. Une source admirablement pure coule sur des pierres grises à veines rouges; l'une de ces pierres présente une grande tache, que la légende dit être le sang de la victime; les longs filaments des plantes aquatiques sont ses blonds cheveux. La source est ombragée par les mêmes cèdres magnifiques qui s'y trouvaient du temps d'Inèz. De chaque côté sont placés des bancs de pierre, et sur une dalle, dressée au pied de l'un des cèdres, on lit ces vers du Camoëns) chap. III, st. 135 des *Lusiades*) :

« As filhas do Mondego, a morte es-
[cura
Longo tempo chorando memoraram,
E, por memoria eterna, em fonte pura
As lagrimas choradas transfomaram.
O nome lhe puseram, que inda dura,
Dos amores de Ignez que ali passaram.
Vede que fresca fonte rega as flores ;
Que lagrimas são agoa e o nome amo-
[res. »

Les nymphes du Mondego, par une longue douleur, célébrèrent cette mort lugubre, et ces larmes versées, pour éternel souvenir, se transformèrent en une pure fontaine. Le nom qu'elles lui donnèrent et qu'elle porte encore rappelle les amours d'Inèz dont elle fut le témoin. Voyez quelle fraîche fontaine arrose ces fleurs. Ses eaux ce sont des larmes, et son nom les Amours.

On obtient facilement la permission d'entrer dans la quinta et de la visiter.

Le corps d'Inèz avait été déposé à Santa Clara. Lorsque sa mort fut vengée, don Pedro lui fit élever dans l'église d'Alcobaça. (*V.* p. 361) un magnifique monument sur lequel fut placée son image avec la couronne sur la tête. Le corps fut exhumé, revêtu d'habits somptueux, la couronne en tête, et tous les seigneurs vinrent lui baiser la main. Puis il fut placé dans une litière magnifique que portèrent les dignitaires de la couronne, parcourant lentement entre une double haie de peuple, avec des torches allumées, les dix-sept lieues qui séparent Coïmbre d'Alcobaça.

[On trouve à Coïmbre de nombreux services de voitures pour toute la contrée, à 30 et 40 kil. de rayon. — Un chemin de fer en construction reliera prochainement Coïmbre à *Arganil*, ville intéressante, à 64 kil. à l'E. entre la ville universitaire et Covilhã.]

En quittant Coïmbre, la voie parcourt un pays accidenté, coupé de profonds ravins et de cours d'eau abondants. Cette partie de la voie comprend des terrassements considérables, dans des terrains formés en grande partie par un calcaire compact. Une route, conduisant à Aveiro, accompagne le chemin de fer à dr. La culture du pays est négligée.

225 kil. *Souzellas*, 1800 hab.

232 kil. **Pampilhosa**, station d'embranchement du chemin de fer de la *Beira Alta*, venant, à g. de Figueira, et allant à dr. vers la frontière espagnole (*V.* R. 6, p. 369). *Buffet*, **changement de train** pour la province de Beira Alta, par Santa Comba et Guarda. A la frontière on trouve la ligne espagnole de Salamanca par Castel Rodrigo.

A dr. de la station de Pampilhosa, s'étend la haute montagne de *Bussaco*, sur le flanc de laquelle le chemin de fer de la Beira Alta s'élève en rampe, accompagné, pendant quelques kil., par la route royale de Porto, bordée de haies d'aloès. La célèbre *Serra de Bussaco*, forêt de cèdres centenaires, qui couvre les flancs et le sommet de la montagne, est entièrement entourée de murailles de 5700 mèt. de développement. Un couvent de Carmélites déchaussées, *O Mosteiro*, occupe le sommet, dont l'ascension demande près de 3 h. Le chemin est coupé par des ermitages et des stations de la croix, pour lesquelles on a observé, dit-on, les distances de la voie douloureuse de Jérusalem. La route de la montagne reproduit le plan de celle du Golgotha. Du sommet on découvre un immense horizon. La forêt, qui date de la fondation du couvent (1268), forme, vue de cette hauteur, une admirable nappe de verdure. Le point le plus élevé de la montagne est couronné par la *Cruz Alta*, d'où la vue s'étend sur un panorama splendide. On signale, à l'Est, la *Serra da Estrella* et les montagnes de Castel Rodrigo; au midi, les hauteurs de Minde; au nord, celles de Grijo; on compte sur les versants et sur les plaines une quantité de villes, de villages et de hameaux. A l'O. le regard se perd sur l'immense espace de l'Océan. Il existe, tout auprès de Bussaco, une très jolie petite ville, *Luso*, station de sources minérales sulfureuses et ferrugineuses très estimées et très fréquentées (*V.* p. 370). Le voisinage de la forêt historique ajoute aux charmes de la résidence sanitaire. Les baigneurs de Porto et de Coïmbra y trouvent de jolies habitations et des ressources nombreuses.

237 kil. *Mealhada*.

245 kil. *Mogofores*, voiture pour *Anadia*.

253 kil. *Oliveira do Bairro*, joli village et jolie station entourée d'eucalyptus, belle plaine bien cultivée; fermes et bouquets de pins.

(Services de voitures pour *Salveiro*, *Nerrano*, *Piedade*, *Agueda*, à 3, 4, 6 et 10 kil.]

267 kil. *Quintana.* La voie a, rapproche de l'Océan.

275 kil. Aveiro, V. de 7 000 hab. a, sur la rive g. et à l'embouchure du *Vouga*, dans l'Atlantique, un port avantageusement situé, mais dangereux pour la navigation. Son entrée se compose de différentes passes qui changent à tous moments, au gré des sables mouvants, et les navires sont exposés à y échouer fréquemment. On a construit un canal, depuis la ville d'Aveiro jusqu'à 28 kil. dans les terres, vers le N.; il sert au transport des grains et des productions du pays que l'on vient embarquer dans le port. La ville possède des marais salants, et fait la pêche des huîtres, des sardines, etc. Elle a joui d'une haute réputation durant le XVᵉ et le XVIᵉ s.; on dit même que ses habitants purent armer jusqu'à soixante bâtiments pour la pêche de Terre-Neuve. Malheureusement, cet amoncellement des sables vint fermer ce port magnifique, et l'on vit s'éteindre graduellement la prospérité, en même temps que le pays cessait d'être salubre et que la population s'amoindrissait. Après d'immenses travaux, une nouvelle passe fut ouverte en 1808, le pays s'assainit; mais sa population ne s'est pas relevée.

Aveiro, située sur une espèce de péninsule, ayant au N. de vastes lagunes sans fond, qui s'étendent jusqu'à 45 kil. parallèlement à la mer, a été quelquefois comparée à Venise. Le pays qui l'entoure était aussi désigné sous le nom de Hollande portugaise. Six établissements sont destinés à la préparation de la sardine; dans d'autres on fabrique des faïences communes. Les terres environnantes sont d'une fertilité prodigieuse; elles produisent en grande abondance des vins généreux que l'on réserve, pour la plus grande partie, à l'Amérique.

288 kil. *Estarreja*, 5 000 hab., à gauche.

[Nombreux services de voitures, en correspondance avec les trains *correios* dans un rayon de 40 à 60 kil. *Pitheiro, Vouzella, Banho, San Pedro do Sul, Viseu,* etc.]

301 kil. Ovar, V. de 12 000 hab. à 5 kil. de la mer, sur la petite rivière du même nom, qui se jette au fond de l'estuaire d'Aveiro, a un commerce très actif d'exportation. La pêche, pour une partie des habitants, est une source importante de produit.

La voie se rapproche de l'Océan, où elle rencontre

312 kil. *Esmoriz*, v. de cultivateurs et d'ouvriers. Ceux-ci vont passer la semaine à Villanova da Gaia, pour travailler aux fûts de châtaignier dans les caves des vignobles du haut Douro. Le chemin de fer en expédie 250 ou 300 chaque lundi, et les ramène le samedi.

318 kil. *Espinho*, station de bains de mer très fréquentée, maisons de pêcheurs, habitations modestes bien tenues, et peu chères. On y pêche, dit-on, la meilleure sardine du littoral ; c'est la fabrication de conserves la plus importante. On trouve à Espinho un casino, de la musique, des salons de jeu, et même de roulette. La plage est belle, protégée par un bourrelet de dunes comme celles du littoral des Flandres.

521 kil. *Granja*, station et ville à g. ; le bain de mer favori des habitants de Porto. Il reçoit le monde élégant des villes voisines, et même de Lisbonne. Habitations mondaines, chalets, villas. On joue gros jeu, comme à Espinho. Les plages sont belles ; mais il n'y a pas de promenades aux environs. La campagne à dr. est très cultivée.

528 kil. *Valladarès*. D'Esmoriz jusqu'à cette station, la ligne se tient à une petite distance de l'Océan. A Valladarès, elle se porte à dr., en coupant la pointe de sables que forme, avec la côte, la rive g. de l'embouchure du Douro, et s'élève en rampe pour atteindre le sommet des talus parallèles au cours du fleuve. La pointe de dr. est occupée par *São João da Foz* (saint Jean de l'embouchure), bourgade de bains de mer très fréquentée. De la hauteur suivie par la ligne, on passe en revue la rive dr. du Douro, et le magnifique panorama de Porto, dont les jardins, les habitations et les beaux édifices sont rangés et groupés en amphithéâtre, jusqu'au plateau supérieur, dominé par les deux clochers élancés de la basilique de *Nª Sª da Lapa* (alt. 125 m.). On aperçoit les grandes lignes d'arbres qui divergent du rond-point de *Boa Vista*; les hautes murailles de roches que couronnent les terrasses et les grands ombrages du *palais de Cristal*; l'hôpital *São Antonio*, le *Marché au poisson*, la nouvelle douane (*Alfandega*) sur la rive même ; les appontements du port aux pêcheurs (*praça da Ribeira*), le beau pont de Luis Ier; la tour monumentale *dos Clerigos*; l'hôtel de ville ; le palais du gouvernement, l'imposante cathédrale et l'évêché, au sommet de l'une des collines.

En contre-bas du chemin de fer, sur les pentes qui descendent jusqu'au fleuve, un entassement de toits en tuiles creuses, des masures, des fabriques, des usines à hautes cheminées, des magasins et des chais immenses ; les entrepôts de tous les vins du Haut Douro, qui descendent par batelage à la disposition du grand commerce étranger. On évalue à plus de 90 000 pipes la contenance de ces magasins. (La pipe comptant pour 535 litres, soit au total 47 millions de litres.)

535 kil. *Villanova da Gaïa*, V. de 15 000 hab., chef-lieu de canton dépendant du district de Porto, siège d'un tribunal ; dominée par une belle forteresse nommée *Serra do Pilar*, qui couronne une hauteur commandant le fleuve. La voie suit en décrivant une courbe, de ma-

nière à revenir à angle droit sûr le fleuve. Elle passe au-dessus des vergers et des vignes, sur un viaduc courbe en maçonnerie de granit, de 23 mèt. de hauteur maxima, puis elle s'engage, à l'E. du fort, sur le **pont célèbre de Maria Pia**. Ce pont est formé par un arc magnifique, porté, par des rotules, sur deux culées de roches et de granit. Il mesure 160 mèt. de corde, d'une culée à l'autre, sur 48 mèt. 60 de flèche. Le tablier, qui pose sur la clef de l'arc, et sur de hauts pylones avant et après l'arc, à 61 mèt. 28 au-dessus des basses mers, part de la base de la Serra de Pilar, et aboutit de l'autre côté du fleuve à la montagne *do Seminario*, mesurant 352 mèt. 37 de longueur. Cet imposant ouvrage, conçu et exécuté par la maison Eiffel, comporte un poids de 1,450,000 kilog. de métal employé. Il a coûté 1,340,000 fr.

La voie continue dans les jardins et les cultures du quartier de *Campanha* traverse deux souterrains et atteint la gare d'arrivée, gare spéciale des chemins de fer de *Minho e Douro*, point de départ des lignes du haut Douro, de Braga, de la frontière de Galice et d'autres lignes en construction.

337 kil. A la gare, omnibus des hôtels, omnibus de ville, tramways dont le rail longe la façade de la gare, voitures de place [1].

1. On ne dit pas *Oporto*, en un seul mot, pour nommer la ville, à moins

PORTO.

V. de 120 000 hab., la deuxième du Portugal ; évêché ; ancienne capitale de la province du Douro, chef-lieu de district, gouvernement civil, tribunal d'appel, quartier général de la 5ᵉ division militaire. Située sur la rive dr. du Douro, à 5 kil. de son embouchure, elle s'élève en amphithéâtre sur deux collines, qui portent les noms *da Sé* et *da Victoria*. Au delà, s'élèvent un grand nombre de villas (*quintas*) en terrasses, d'un effet charmant. Dans toutes on aperçoit d'immenses bosquets de camélias. Porto est partagé en trois quartiers.

Églises. — La plus ancienne paroisse, *Sam Martinho*, aurait été bâtie, en 559, par le roi des Suèves, Théodomir, et si rapidement, qu'on la surnomma *Citofacta* ou *Cedofeita* (la Vite Faite). C'est un monument gothique de peu d'importance, qui se recommande surtout par ses souvenirs légendaires.

La *cathédrale* ou *la Sé*, dont l'origine première est un peu moins ancienne que celle de Sam Martinho, doit, assure-t-on, sa réédification au comte dom Henrique. C'est un édifice majestueux, surmonté de deux tours qui dominent toute la ville. L'intérieur est remarquable. L'autel et le retable du

qu'on ne veuille dire Le Porto (*o Porto*). *O* est l'article masculin au nominatif. C'est ainsi que nous disons Le Havre.

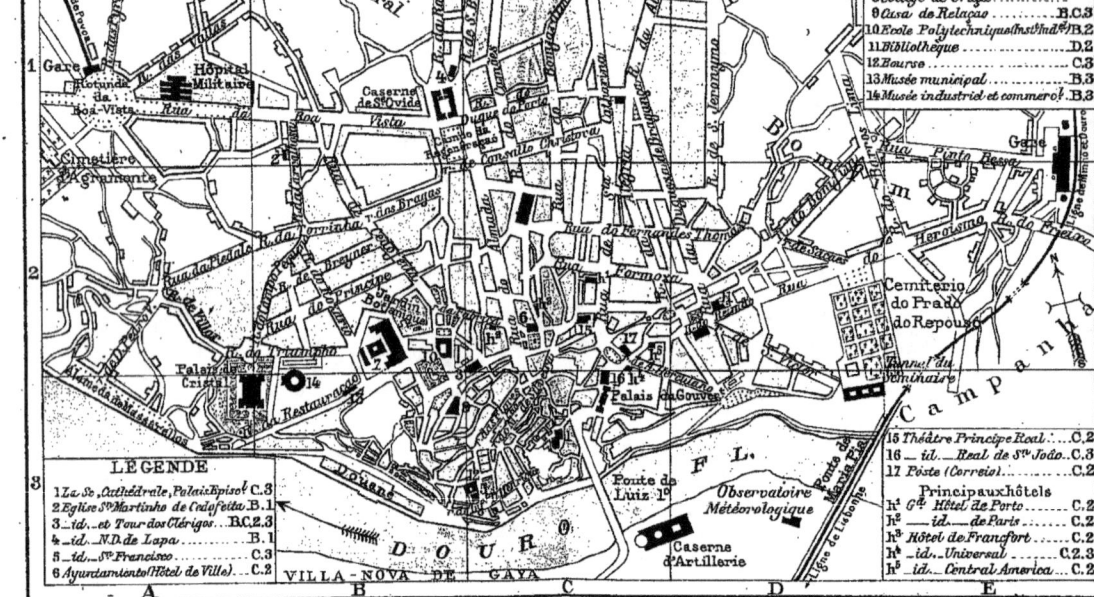

Santissimo Sacramento sont tout en argent. — L'intérieur de l'*église de San Francisco* est un ensemble de sculptures dorées, de colonnes de bois torses, enroulées de ceps de vigne avec leurs grappes, parmi lesquelles voltigent de petits anges et des oiseaux. Les retables sont couverts jusqu'en haut de statuettes peintes représentant des épisodes de l'Ancien et du Nouveau Testament. Chaque autel est une châsse renfermant le corps d'un saint. — *Nª Sª da Lapa*, avec le titre de chapelle royale, possède dans un mausolée le cœur de dom Pedro IV. — *Les Clerigos* est un modeste édifice, surtout remarquable par sa tour, très élancée, très élégante, haute de 75 mèt., la plus haute du Portugal, et que l'on aperçoit de fort loin, à l'entour de la ville. Ce monument remarquable, d'une exécution parfaite, date du milieu du xviiiᵉ s. Il est l'œuvre d'un architecte italien. — Porto renfermait naguère quatorze couvents, dont le plus ancien avait été bâti pendant la première moitié du xiiiᵉ siècle ; le collège *da Graça* sert d'asile aux orphelins ; l'hospice des *Capucins de la Corderie* a été disposé pour les enfants trouvés, dont le nombre s'élève annuellement au-dessus de 2000. Il est juste de dire, qu'il y a peu de villes dans la péninsule ou les édifices de bienfaisance publique soient aussi multipliés qu'à Porto.

Parmi les autres édifices, il faut citer : l'*hôpital royal do Santo Antonio*, qui peut être regardé comme la plus magnifique construction que l'on connaisse en ce genre dans tout le royaume. On en dit autant de l'*hôpital militaire* de dom Pedro V, rua de Boa Vista ; — l'*hospice d'Aliénés* du comte de Ferreria au N.-E. de la ville ; — l'*Asile de nuit*, fondé rua de Santa Catharina par le feu roi Dom Luis ; — la *Casa da Relação* (palais de justice) ; — un *palais royal* ; — la *Camara municipal* ou Hôtel de ville ; — trois *théâtres*, très élégants (são João, Baquet, et le Principe real) ; — la grande *caserne de Santo Ovidio*, qui peut contenir 3.000 soldats ; — le *palais épiscopal*, dont l'aspect est grandiose ; — le *palais de Cristal* qui fut construit pour une exposition internationale, et qui est demeuré exposition permanente, avec bazar, buffet et centre de réunions très suivies par la société portugaise. Il est situé au milieu d'un parc d'arbres magnifiques, d'où la vue s'étend jusqu'à l'embouchure du Douro ; — la *Bourse*, un édifice somptueux avec une salle moresque de grand style ; — la *nouvelle Douane*, construction considérable, sur le bord du fleuve, au quartier nommé *Miragaya* (en regard de Gaya) ; ce vaste établissement est relié à la gare de *Campanha*, par une voie maritime qui se détache de la grande ligne, avant le pont Maria Pia, et descend par les talus de la rive droite, au milieu des habitations, pénétrant en tunnel sous les vieilles rues de la partie commerçante, sous la praça da Ribeira, pour déboucher sur le quai, derrière la douane.

Porto possède une école polytechnique, une académie médico-chirurgicale, une académie des beaux-arts, une école de marine et de commerce. La *Bibliothèque publique* est l'œuvre du duc de Bragance : elle date du 9 juillet 1833, et compte plus de 200 000 volumes, avec 1 200 manuscrits précieux (ouverte de 10 h. du m. à 11 h. du soir).

Un *musée*, fondé par le roi dom Pedro, renferme un certain nombre de tableaux, d'un mérite contesté. — Un autre *musée*, fondé par un étranger, M. Jean Allen, et acheté par la municipalité, contient des tableaux et une assez belle collection d'histoire naturelle. — Deux galeries particulières, gracieusement ouvertes aux visiteurs, possèdent d'importantes collections scientifiques, le *musée Luso* et le *musée Braga Junior*. — Les étrangers sont admis à l'*Assemblea Portuense*, et à la *Feitoria ingleza*, cercles de premier ordre, où ils reçoivent la plus gracieuse hospitalité.

En 1789, on évaluait à 10 000 le nombre des maisons de Porto; ce chiffre s'est accru, depuis, d'une façon prodigieuse. La ville compte aujourd'hui plusieurs rues droites et spacieuses, qui font un parfait contraste avec les voies tortueuses de l'antique cité.

Quelques-unes ont un aspect très original et très attrayant. On cite comme les plus belles, celles de San João et des Anglais, la calçada dos Clerigos, les ruas de São Antonio et de Santa Catharinha, la *rua das Flores*, où les bijoutiers et les drapiers ont leurs boutiques. Beaucoup de maisons datent du xvie siècle. Porto est maintenant fort bien éclairé au gaz et à la lumière électrique, et l'on circule en toute sûreté dans la ville, aux heures les plus avancées de la nuit.

La ville a du mouvement, de la vie ; on y trouve de nombreuses et bonnes voitures de place, et un excellent service de petits tramways américains, lestement conduits par des attelages de mules, souvent nombreuses en raison des fortes rampes des rues du centre de la ville.

On compte douze grandes places, dont quelques-unes sont ornées de jolies plantations. La principale est la *place de dom Pedro IV*, au milieu de laquelle s'élève une *statue* équestre en bronze du roi libérateur, portée par un haut piédestal, orné de bas-reliefs. Le côté N. de la place est occupé par l'édifice de la Camara municipal, les autres par de beaux magasins. Le centre est entouré d'une chaussée pavée, et fermé par une grille avec des bancs nombreux; le sol est garni d'une mosaïque de cailloux noirs et blancs, formant un vaste dessin ondulé. C'est le point le plus animé et le plus recherché de la ville. — Il y a beaucoup de fontaines jaillissantes, de charmantes promenades, et de belles perspectives sur la ville, le fleuve et la campagne.

Les habitants sont industrieux, actifs, éclairés et d'un caractère indépendant. L'industrie comprend un bon nombre de distilleries d'eau-de-vie, des raffineries de sucre, d'importantes tanneries, des fabriques de chapeaux, de soieries, de cotonnades, de faïences, d'orfèvrerie, d'ébénisterie.

La communication avec les voies de terre du S. et avec Villanova, qui se faisait, récemment encore, par un pont suspendu établi vers le milieu de la ville, a lieu aujourd'hui par un pont-route en fer, à deux tabliers (route de voitures et passerelle pour les piétons) supportés par un grand arc d'un seul jet, de 155 mèt., avec 55 mèt. de hauteur libre. On le nomme *Ponte Dom Luis I^{ero}*. Le tablier inférieur s'ouvre, en double pont-levis, pour le passage des navires. Le pont du chemin de fer (*Maria Pia*) est à 500 mèt. en amont.

Quant au mouvement du haut commerce à Porto, il est attesté par les institutions nombreuses qui se sont peu à peu fondées, telles que la *Banque commerciale de Porto*, la *Banque Alliance*, la *Banque portugaise*, la *Banque nationale*, la *Banque du commerce et de l'industrie*, les *Compagnies contre les risques de la mer ou contre l'incendie*, l'*Association mercantile*, etc. Les étrangers ont à Porto des établissements intéressants.

Le mouvement de la navigation comporte, en entrées et en sorties, 5100 navires, appartenant au Portugal pour à peu près les deux tiers, et représentant 530 000 tonnes.

La récolte des vins du Douro, entreposés à Villanova da Gaïa, peut s'évaluer annuellement à 40 ou 50 000 pipes. L'Angleterre et le Brésil prennent la plus grande part dans ce commerce considérable; ainsi, sur une exportation de 35 millions de litres, qui s'est faite en 1885, la Grande-Bretagne en a 25 et le reste a été expédié au Brésil. La ville de Gaïa possède plus de deux cents maisons de commerce indigènes. L'exportation se fait aussi, sur une grande échelle, pour les huiles, les oranges, les citrons, les amandes, les noisettes, le sumac, etc.

Des pointes de rochers et des bancs de sable, le *Cabedelo*, du côté gauche de l'embouchure, rendent difficile l'entrée du fleuve. Quand la fonte des neiges commence, le Douro grossit considérablement, et charrie une grande quantité de sables que lui apportent les différents torrents descendus des montagnes. Les sables forment une barre souvent dangereuse. La largeur normale de la passe, en amont des bancs, est de 400 mèt. On l'a vue diminuer, par le progrès des sables, à 190 mèt. en août 1861, et en octobre de la même année à 110 mèt. Les eaux refoulées se sont élevées, devant la ville, à 10 mèt., inondant toute la partie basse et les magasins de Villanova.

C'est en raison de ces difficultés qu'a été conçu le projet d'un port en eau profonde, en dehors et au N. de l'embouchure du fleuve.

La pointe N. est soutenue par une ligne de perrés de granit, avec des quais pour les bateaux de pêche. Le point où le rivage prend la direction N. est occupé par les ouvrages avancés du *Castello de San João da Foz*, et par une petite plage de bains, de 100 à 150 mèt. de largeur.

Le port en eau profonde vient ensuite, à 2 kil. environ.

Ce port, dont l'exécution a été confiée à une compagnie française, est en voie d'achèvement : il se compose de deux jetées colossales, formées de blocs de béton et de granit, s'avançant dans la mer à angle droit, de la belle plage de *Leixoês*, et s'appuyant, au large, sur une ligne d'îlots. Le port de Leixoês a une surface de près de 400 hectares, et recevra des navires de fort tirant d'eau.

La promenade à la mode est la route qui conduit à San João da Foz, résidence d'environ 3000 hab., avec de nombreuses habitations de plaisance, théâtre et casino. Une ligne de tramways américains, correspondant avec le centre de Porto, part du rond point de *Boa Vista* et s'arrête à San João (3 kil.). Là on trouve une autre ligne suivant parallèlement, en haut des plages, pour aboutir à *Mathosinhos*, autre jolie résidence d'été, avec une église du xv° s. et de beaux jardins. Sur la dr. s'étend le champ de courses du *Jockey Club Portuense*. Un peu plus à dr. monte aussi vers le N. le chemin de fer à voie étroite de *Povoa* à *Famalicão* (R. 10), dont la gare de départ est au rond-point de Boa Vista.

Le cours du Douro, en amont de Porto, au pied du versant de Campanha, et à l'E. de la gare de Minho e Douro, est encaissé entre des collines toutes plantées ; et forme, au delà du pont de Maria Pia, comme un lac qu'on a comparé au lac de Garda. La perspective est admirable. Un château très original est situé au centre de cette perspective ; on le nomme *Freixo*. Ce château est d'une grande élégance. On en signale les parquets, en mosaïques de bois des îles, construits par des ouvriers de Madère.

De Porto à Barca d'Alva (haut Douro), *V.* R. 8, — à Braga et Guimarães, *V.* R. 11, — à Chaves, Bragança, *V.* R. 13 et 14, — à Povoa et Famalicão, chemin de fer du littoral, *V.* R. 10, — à Valença do Minho (frontière de Galice), *V.* R. 12.

ROUTE 8.

DE PORTO A BARCA D'ALVA

Chemin de fer du Douro. — 200 kil. Prix : 1re cl., 3790 reis; 2e cl., 2350 reis; 3e cl., 2110 reis. — Trajet en 6 h.

Le départ a lieu de la gare de Porto, dite de *Campanha*, tête de ligne des chemins de fer de la Compagnie de Minho et Douro. On suit, tout d'abord, au N. la ligne de Porto à Valença (frontière de Galice) par la petite station sans intérêt de *Rio Tinto* (5 kil.).

9 kil. **Ermezinde**.

Là s'embranche la ligne du Douro. La gare est élégante, couverte d'un vitrage; elle répond, par l'importance de son installation, au mouvement commercial dont elle est le centre.

La ligne de Porto à la frontière continue au N.; celle du Douro diverge vers l'E., et entre ces deux directions s'élève au N.-E. une route royale allant à Guimarães.

En quittant la station, la voie décrit une courbe à dr., et un détour considérable vers l'E., à 18 ou 20 kil. parallèlement au fleuve. On franchit le rio *Leça* qui descend à g., vers l'Océan. On coupe une ancienne route de Guimarães, sur le viaduc en courbe de *Cabeda*. La voie s'engage dans une tranchée longue de 1200 mèt., taillée à pic dans une crête de schiste, qui forme la ligne de partage des deux vallées du *Leça* et du *Ferreira*. Vallée charmante avec un horizon très étendu. A dr., une route allant à *Amarante*.

16 kil. *Vallango*, petite ville de 2000 hab. Il s'y trouve des boulangeries nombreuses, pour l'alimentation de Porto, et aux alentours de la ville des exploitations d'ardoise. On franchit le lit du Ferreira. La voie longe des bois de pins; des montagnes boisées s'élèvent à dr. Le niveau est inégal, alternativement en rampe et en pente.

26 kil. *Recarei*. La station est entourée d'eucalyptus. A dr., en contre-bas, s'étend la vallée du *Souza*. Les hauteurs à dr. sont garnies de bois de pins. La voie décrit une courbe à g., au-dessus du cours sinueux du Souza.

31 kil. *Cette* (st. à g.), groupes de maisons en pierres; on voit à dr. de bonnes cultures et des vignes suspendues dans les arbres. Le pays est très boisé.

35 kil. *Paredes* (st. à g.). La voie franchit le Souza, qui descend de g. à dr. dans un joli ravin. On coupe une route qui vient de *Louzado*, à g., et qui va rejoindre, au N.-O..

59 kil. **Penafiel**, 5000 hab. (st. à dr.). La ville, à 500 mèt., occupe les pentes d'une colline entre les deux rivières *Souza* et *Cavallum*. Elle est intéressante, bien tenue, avec de jolies places et une église paroissiale, *São Martinho*, de style gothique et de quelque mérite. Le pays est bien cultivé, on y signale de belles propriétés rurales.

Meinedo, halte.

47 kil. *Cahide*. On pénètre dans un tunnel (*da Tapada*) long de 1 087 mèt., sous 100 mèt. de crête (Alt. 247 mèt.). Après la sortie du souterrain, la ligne décrit une courbe en quart de cercle, de 1 kil. sur 300 mèt. de rayon, qui la ramène dans la direction N.-S.; elle descendra maintenant dans la direction de la vallée du Douro. La campagne est belle des deux côtés.

51 kil. *Villa Mea*, station à dr., à mi-côte. On se trouve dans la vallée du *rio Odrès*, ayant à dr. une colline plantée de bois de pins.

56 kil. *Livração*. La vallée est riante et fertile. On arrive à angle droit sur le rio *Tamega*, belle rivière qui descend des environs d'*Orense*, en Espagne, pour se jeter dans le Douro, à dr. du chemin de fer. Le pont sur le Tamega mesure 300 mèt., sur une hauteur de 56 mèt. On traverse deux tunnels de 253 et 217 mèt.

60 kil. *Marco Canevezes*, station à dr. On aperçoit à g., au sommet d'une colline boisée, un vaste couvent surmonté d'un clocher blanc. A la station du Marco, on coupe à niveau deux routes qui vont rejoindre le Tamega jusqu'à son confluent.

65 kil. *Juncal*, station à dr., altit., 176 mèt., tunnel des *Escambalados*, long de 1 622 mèt., et ensuite un viaduc (*las Quebradas*), de 160 mèt., à la hauteur de 42 mèt. Une belle perspective s'étend à dr.: des vallées profondes, des collines vertes, des vignes, des habitations de campagne; plus un viaduc *Palla*) de 200 mèt. sur 52 mèt. de hauteur.

On débouche sur la *vallée du Douro*. Elle est encaissée par de hauts talus. Le lit du fleuve est rocheux, semé de blocs de granit gris, rongés par les eaux, dont la hauteur est très inconstante. Les pentes supérieures, souvent abruptes, sont très cultivées, surtout en vignes, qui, en maint endroit, sont aménagées en étages et semées d'habitations. L'effet est grandiose.

Palla, halte. A g., *Palla*, et *Porto Mantes*. En avant, du même côté, on aperçoit, à quelques kil., le viaduc courbe *do Ovil*, en pierre, long de 300 mèt., sur 38 de hauteur, traversant un affluent. En face de l'autre côté du Douro, la ville de *Sinfaes*.

La voie remonte la rive dr., se tenant constamment à 50 et 60 mèt. à flanc de coteau. Les barques qui font le service de la navigation du Douro, depuis Barca d'Alva jusqu'à Porto, sont d'une forme spéciale, calculée suivant le peu de profondeur du thalweg, dans la saison chaude, et en raison des difficultés du parcours parmi les blocs de granit qui rétrécissent les passes. Ces bateaux sont très étroits, en forme de navette, en pointe aux deux extrémités, à fond plat, gouvernés par un énorme aviron. La navigation est difficile, et souvent périlleuse.

Les bateaux remontant le fleuve sont remorqués par des bœufs le long de la berge. Il y a, d'espace en espace, sur la rive g., des petits ports d'étape, où les flottilles au repos offrent un spectacle très pittoresque.

Les flancs des hauteurs, tapissés de vignes basses, présentent un beau vert uniforme, piqué des points blancs des édifices d'exploitation.

73 kil. *Mosteiro*, station à g. Peu après, le viaduc de *Laraiga*, de 131 mèt. sur 24 de hauteur.

79 kil. *Arégos*. Station d'eaux minérales sulfureuses thermales, à la haute température de 60° cent. On traverse le tunnel de *Santa Hermida*, 42 mèt., sous un contrefort de la rive.

Porto de Rei, halte. Tunnel de 402 mèt.

92 kil. *Barqueiros*, station à g. de la voie.

96 kil. *Rede*, station à dr. Pont-viaduc de *Sermenha*, de 300 mèt. à 28 mèt. de hauteur. A dr., au-dessous, passe la route royale 27, venant d'Amarante, et qui va se raccorder avec une autre route allant au N. jusqu'à Chaves.

98 kil. *Molledo*, station à dr. En contre-bas de la station, et sur la pente qui descend au fleuve, on aperçoit les toitures et les bâtiments de l'établissement hydrominéral des *Caldas de Molledo*. Les eaux sont alcalines, très appréciées et très fréquentées. Le séjour est agréable. Les collines de la rive g. sont sillonnées de ravins et de sentiers qui conduisent à de jolis villages. Les buveurs passent le fleuve en barque; le trajet est facile.

Après la station, on s'engage dans un tunnel de 100 mèt., puis dans un second, qui passe sous une partie de la ville de *Regoa* et débouche à l'E., où se trouve une belle gare couverte, avec *buffet* (Altitude, 71 mèt.).

104 kil. **Regoa*** (3000 hab.), province de Traz os Montes, centre de la région productrice des vins dits de Porto. Elle occupe une situation charmante, dans une courbe profonde du fleuve, du côté N. A dr. s'élèvent toujours les collines plantées de vignes; celles de g., très cultivées, sont étagées en deux rangs. La ville haute, *Pezo da Regoa*, est la résidence des propriétaires des vignobles et des grands commerçants; elle est composée d'habitations de bel aspect. L'*église* construite, en 1760, dans cette partie de la ville, est vaste, élégante, et bien ornée; *Regoa*, la ville basse, où se fait le mouvement commercial, possède de bons établissements publics, un quai vaste, solidement construit, et des magasins qui reçoivent annuellement quinze mille pipes de vins, d'eaux-de-vie et de vinaigre.

Le Douro, à la suite de Regoa, est traversé par un beau pont de 318 mèt. de long, à arcs supérieurs portant suspendus les tabliers métalliques; il est composé de 6 travées, dont la plus importante, qui a 78 mèt. de portée, s'étend au-dessus du lit permanent. Une coupure naturelle, entre les collines de la rive g., au confluent d'un cours d'eau venant du S., livre passage à une route venant de *Vizeu* et de *Lamego* (p. 571). Cette route traverse le fleuve vers le N.

A la sortie de la gare, on rencontre le *rio Corgo*, descendant de *Villa Pouça d'Aguiar* et de *Villa Real*, au N. Le chemin de fer franchit cette rivière, sur un viaduc métallique de 156 mèt. En vue de la voie, à g., s'alignent de nombreuses maisons blanches, roses et coquettes. Un peu plus loin, descend le rio *Varoza*, et se présente le tunnel de *Pedra Caldeira* (106 mèt.).

Bagauste, halte. Le lit du fleuve à cette hauteur est très resserré par les rochers.

113 kil. *Cavellinas*, station à g. Le v. est à 1 kil. Sur l'autre rive du Douro on aperçoit le v. de *Folgosa*, entouré de plantations d'oliviers. Au delà sur les deux rives, une suite d'habitations de campagne et des vignobles.

120 kil. *Ferrão*, station à g. Dans cette partie du cours du fleuve se trouvent deux rapides célèbres, *Cachucha* et *Olho de Cabra*. On rencontre un peu plus loin le rio de *Pinhão*, que la voie traverse sur un viaduc métallique de 156 mèt.

127 kil. *Pinhão*, station à g. Autre viaduc (85 mèt.) sur le torrent de *Roncão*.

133 kil. *Cottaz*, et au delà deux viaducs (*Loureiro* et *Tua*) celui-ci (182 mèt.) passe au-dessus de la rivière de *Tua*, venant de la frontière espagnole, au N., par *Vinhães* et *Mirandella*. (Alt. 93 mèt. sur le viaduc.)

140 kil. **Tua**, la station est à g., à l'embouchure de la rivière, et de ce point, nommé *Foz Tua*, se dirige, au N., une ligne à voie étroite, desservant la ville de *Mirandella*, chef-lieu de canton, où l'on rencontre une route royale allant à *Bragança*, sur 69 kil.

Après Tua, l'aspect général est plus accidenté, plus sauvage. On rencontre, à de petites distances, le viaduc de *Rabalonga* (57 mèt.), le tunnel de *Cachão* (900 mèt.), le pont *do Douro*, qui traverse le fleuve en biais, sur un bel appareil métallique, long de 413 mèt., à 32 mèt. de hauteur, en 7 travées. La voie remonte désormais la rive g. et n'y rencontre pas moins d'obstacles ni de sites pittoresques.

154 kil. *Vargellas*, station à dr. Le tunnel de *Vargellas*, 560 mèt., un viaduc qui porte le même nom (85 mèt.), un autre viaduc (*Aronzello*, 170 mèt.). Une suite de trois tunnels (*Pombal*, 170 mèt.) et le viaduc de *Tejá* (90 mèt.).

Vezuvio, halte, à dr. un viaduc (*Murza*, 205 mèt.).

163 kil. *Freixo*, station à g. Viaduc de *Gonçalo Joannes* (103 mèt.); tunnel de *Fon-*

tainhas (160 mèt.); viaduc du *Val de Nede* (30 mèt. de hauteur); 3 tunnels, de *Salgueiral*, de *Monte-Meão* (750 mèt.), alt. 55 mèt., et de *Verga*. En face, sur la rive dr., dans cette partie du trajet, le fleuve décrit un fer à cheval de 5 kil. de profondeur et de 2 kil. 1/2 d'ouverture, au fond duquel se trouve le confluent du rio *Sabor*, descendant des monts de Bragança. Un viaduc (*Pocinho*, 103 mèt.) traverse la gorge du fer à cheval. Tout aussitôt vient

172 kil. *Pocinho*, station à dr. Le Douro décrit à dr. une autre courbe que suit le chemin de fer en franchissant deux viaducs, *Canivães* et *Coa* (64 mèt. et 103 mèt. à 25 mèt. de h.). Celui-ci passe au-dessus du *Coa*, qui vient des environs de *Sabougal*, entre Covilhã et Guarda, non loin de la frontière espagnole.

181 kil. *Foz Coa*. Station à g. au confluent du Coa et du Douro. Plus loin, le tunnel de *Parissas*; le viaduc de *Aguiar* (121 mèt.), au-dessus de la petite rivière de ce nom.

192 kil. *Almendra*, station à dr., et, à la sortie, le tunnel de *Setteira*. Au delà le viaduc de *Gricha*, 109 mèt.

200 kil. **Barca d'Alva**, station terminus à dr., altit. 147 mèt. 57. Au delà, marquant la frontière, le pont de l'*Agueda* (225 mèt.) en 5 travées à 25 mèt. de hauteur, construit par la Société belge de Braine-le-Comte. Cette rivière forme la limite des deux pays, sur environ 60 kil., depuis Villar-Formoso, terminus de la ligne de la Beira Alta (R. 6). La station qui correspond, en Espagne, à Barca d'Alva, sur le chemin de fer venant de Salamanca, est *Fregeneda* (V. Espagne, R. 29).

ROUTE 9.

DE FOZ-TUA A MIRANDELLA

Chemin de fer à voie étroite. — 55 kil. — Prix : 1re cl., 1050 reis; 2e cl., 880 reis; 3e cl., 610 reis. — Trajet en 3 h.

Foz-Tua, station du chemin de fer du Douro, à 140 kil. de Porto (R. 8, p. 390). La ligne sur Mirandella est à voie étroite (1 mèt.,) et la plus hardie qui ait été construite en Portugal. Elle doit être continuée par une ligne sur Bragança, à 90 kil. de Mirandella.

De Foz-Tua, la voie remonte le cours du *rio Tua*, à travers une région montagneuse, où la construction a rencontré de grandes difficultés.

5 kil. *Tralharez*, v. sur la rive g. de la rivière; celle-ci est encaissée par de hauts rochers verticaux. La voie la coupe par le viaduc de *las Prezas*, s'élevant ensuite en corniche, à flancs de rocher et en rampe, sur 0,018 par mèt. Les travaux ont été de telle nature pour cette section, qu'il fallait suspendre les ingénieurs et les travailleurs

depuis le sommet, pour tracer la voie et en creuser les premiers sillons. Vient ensuite un tunnel du même nom, débouchant sur le vallon de

14 kil. *Amieiro*. Sur toute la partie de son parcours, où elle ne s'est pas tracé son chemin en encorbellement, la voie repose sur des murs de soutènement considérables. Tunnel de 50 mèt., en roche vive, d'où la voie pénètre dans la petite région des *Fraguas Amarillas*, traversant le Tua sur le pont de *Baradella*.

16 kil. *San Lourenço*, v.
18 kil. *Tralhão*, halte.
22 kil. *Brunheda*.
30 kil. *Abreiro*, v. Cette partie de la montagne se nomme *Las Fraguas de la Cegonha*.

37 kil. *Vellarinho*, v. La voie traverse deux tunnels séparés par un pont sur le Tua. Ce passage a été, de toute la ligne, le plus périlleux pour les travailleurs. L'aspect en est majestueux. La voie longe, en pente rapide, le flanc de la montagne de *Barrabas*; dominant d'un côté un abîme d'une grande profondeur. Pont métallique, sur la petite rivière *Meirilles*.

42 kil. *Cachão*, v. Plusieurs tranchées profondes.

45 kil. *Frechas*, v. Pont sur un affluent du Tua, et un tunnel d'où l'on débouche dans la riante vallée de

55 kil. *Mirandella*, terminus de cette ligne très intéressante, dont les principaux travaux, et surtout 118 murs de soutènement en pierre sèche, sur une étendue de 21 kil., sont des œuvres de Titans. Les tracés en courbe mesurent, réunis, plus de 10 000 mèt.; c'est un serpentement continuel. Le plus grand des alignements n'atteint pas 500 mèt. Toute la ligne est un modèle d'imprévu et de pittoresque.

Mirandella, dépendant du district administratif de Bragança, est une jolie ville de 2 500 hab., industrielle, commerçante, au milieu d'une belle plaine, riante, cultivée et fertile. Elle communique avec Bragança, quant à présent, par une bonne route royale. Dans la direction contraire, S.-O., cette même route atteint (100 kil.) *Villa Real*, ch.-l. du 2ᵉ district de Traz os Montes. Au N.-O., à 50 kil., se trouve *Chaves*, de la même province, place d'armes importante, à 12 kil. de la frontière de Galice.

ROUTE 10.

DE PORTO A POVOA ET FAMALICÃO

Chemin de fer à voie étroite. — 57 kil. — Prix : 1ʳᵉ cl., 1030 reis ; 2ᵉ cl., 650 reis. — Trajet en 3 h.

Cette ligne dessert toute la côte au N. de Porto, sur 28 kil., jusqu'à *Povoa*. Elle revient ensuite vers l'intérieur, sur 29 kil., pour se terminer à la rencontre de la R. 12 (Porto à Valença), à la station de *Famalicão*. Le côté du triangle, ramenant à Porto par cette route, mesure 33 kil.

La gare de départ se trouve, à Porto, au N. du rond-point de Boavista, une station centrale existe à la place *Carlo Alberto*, communiquant par carris-ferro. Le tracé, laissant à gauche San João da Foz, les travaux du port de Leixoès et Mathozinos, a pour stations :

4 kil. *Senhora da Hora* ;
6 kil. *Custoias* :
11 kil. *Pedras Rubras* ;
14 kil. *Villar do Pinheiro* ;
16 kil. *Modivas* ;
20 kil. *Mindello* ;
23 kil. *Azurara*.

Ces localités sont habitées par des pêcheurs ou des cultivateurs, et fréquentées, plus ou moins, pendant la saison chaude, par des familles et des baigneurs. Cela constitue un grand mouvement, conséquence de l'état de prospérité de la grande ville. Le rivage est en partie rocheux, ménageant, de place en place, de petites criques et des plages sablonneuses.

25 kil. *Villa do Conde*, 4500 hab., jolie ville, avec des restes d'élégance, sur la dr. de l'*Ave*, ayant eu un certain renom et quelque importance commerciale. Le port, autrefois fréquenté, est maintenant fermé par une barre de sables, qui ne laisse plus passer que les embarcations de pêche et du petit cabotage. On signale dans la ville trois édifices : l'*église paroissiale*, à trois nefs, considérée comme l'un des exemplaires les plus parfaits de l'architecture manuéline dans le N. du Portugal ; le grand couvent de religieuses de *Santa Clara*, et l'aqueduc construit pour ce couvent, l'œuvre la plus remarquable de ce genre après celui des Agoas livres de Lisbonne. L'aqueduc de Santa Clara mesure 5 kil. d'étendue ; on y compte 999 arcs en granit ; il est dirigé presque en droite ligne, depuis la montagne jusqu'au couvent.

La plage est à une grande distance hors la ville, et fort isolée. Villa do Conde est un séjour recherché.

La voie suit la plage dans la direction du N., sur 3 kil. jusqu'à

28 kil. *Povoa de Varzim*, 11 500 hab., l'une des jolies villes et des plus populeuses de la province. Ses vieilles rues sont étroites et tortueuses ; mais il s'y est construit, peu à peu, des maisons élégantes et confortables. Il y vient chaque année jusqu'à 25 000 visiteurs. Les pêcheurs constituent un quartier séparé, de plus de 4000 individus, et qui est intéressant à visiter. La pêche est abondante et lucrative.

La plage est étendue, toujours animée ; elle borde le fond d'une belle rade qui, autrefois, recevait des navires de haut bord. Les sables l'ont en partie obstruée, et ne permettent maintenant l'accès du port qu'à des embarcations de faible tonnage. On remarque une jolie église paroissiale d'architecture toscane, l'édifice de la maison municipale, et de jolies promenades.

En quittant Povoa, la ligne se dirige d'abord au N.-N.-E. par

32 kil. *Amorim* et

36 kil. *Laundos*, v. Après cette station, elle descend plus à l'E. par

42 kil. *Rates*, petite v. entourée de grandes cultures.

44 kil. *Fontainhas*, v. sur la dr. de l'*Ave*.

48 kil. *Gondiferos*, v.

52 kil. *Outiz*. Le train, traversant un pays un peu plus accidenté, va se ranger à la g. de la gare de

57 kil. **Famalicão**, station de la grande ligne, à 53 kil. de Porto, où l'on peut rentrer en 1 h. 1/2.

ROUTE 11.

DE PORTO A BRAGA

ET A GUIMARÃES.

Chemin de fer (grande ligne et voie étroite). — 54 kil. — Prix : 1ʳᵉ cl., 1030 reis ; 2ᵉ cl., 810 reis ; 3ᵉ cl., 580 reis. — Trajet en 2 h. 25.

De Porto à Ermesinde (V. R. 7), lignes du Douro.

10 kil. *San Romão*, v. Après la station d'Ermesinde, où se fait l'embranchement de la grande ligne du Douro, la voie pénètre dans une région montagneuse, plantée de chênes et de chênes-lièges.

23 kil. **Trofa**, v. Station de raccordement d'une petite ligne, à voie étroite, de 34 kil. desservant spécialement la ville historique de Guimarães.

De Trofa à Guimarães

Prix, de Trofa, 1ʳᵉ cl., 680 reis ; 2ᵉ cl., 380 reis. — Trajet en 1 h. 45 ; quatre trains par jour, aller et retour.

5. kil. *Louzado*, petite v.

9 kil. *Santo Thirso*, v.

13 kil. *Caniços*, v.

16 kil. *Négrellos*, v.

21 kil. *Lordella*, v.

29 kil. *Vizella*, très important établissement d'eaux thermales sulfureuses (*Caldas de Vizella*) que les Romains ont connu, et qui est en grande réputation dans tout le Portugal.

34 kil. **Guimarães**, V. de 8500 h., chef-lieu d'arrondissement dépendant du district de Braga, dans une jolie plaine arrosée par l'*Ave* et par le *rio Vizella*. Elle est très intéressante au point de vue historique et très étudiée par les archéologues, qui en font remonter la fondation aux Celtes. On y signale un vieux château en ruines, et une grande tour carrée qui, du haut de la colline de *Letito*, domine la vieille ville et toute la plaine d'alentour. Dans la nouvelle ville, qui date du xvᵉ siècle, on cite des monuments remarquables. La basilique de *Nossa Senhora da Oliveira* (N.-D. de

l'Olivier) aurait été érigée en souvenir d'une légende de Wamba, l'un des héros de l'époque des Goths.

Un antique couvent, voisin de Nossa Senhora da Oliviera, possède des archives riches en documents historiques.

La cité moderne est très industrielle. On y trouve des fabriques de tissus, des fonderies, des coutelleries, des fabriques de cire. Le théâtre est moderne. Les promenades publiques sont belles, les fontaines nombreuses, les rues, généralement étroites, sont bien tenues, et les campagnes environnantes délicieuses.

Guimarães communique avec Braga, au N.-O., par une belle route royale, à travers un pays magnifique. C'est une charmante promenade de 14 kil. On y rencontre, à moitié chemin, l'établissement des eaux sulfureuses calciques thermales *das Taypas*.

Une autre route, du même ordre, conduit à l'E.-N.-E., vers *Villa Pouça d'Aguiar*, jolie V., à 100 kil. de Guimarães, et aux établissements importants d'eaux minérales de *Pedras Salgadas* (carbonatées sodiques ferrugineuses), *Vidago* (carbonatées sodiques), puis à la place forte de *Chaves*. Les moyens de transport sont nombreux et faciles, en attendant un chemin de fer projeté.

A la suite de Trofa, sur la ligne de Porto-Valença, on rencontre

33 kil. *Famalicão* ou *Villa Nova de Famalicão*. La ville est à 1 kil. à dr. de la gare, d'où se détachent en étoile de jolies routes, des avenues toutes droites, bien tenues, coquettes, plantées d'arbres, bordées de cottages et de villas, traversant de vastes cultures. Ces routes conduisent : à l'O., à Povoa et à Villa do Conde (chemin de fer, R. 10); au N., à Barcellos et à Braga; au N.-E., à Guimarães; au S., à Santo Thyrso.

36 kil. *Gavião*, halte.

39 kil. **Nine**, point d'*embranchement* de la voie de 17 kil. qui conduit à Braga, à travers les plaines d'*Aventim* et de *Tandim*. Le trajet entre Porto et Braga est de 54 kil. en 2 h. 20.

Le chemin de fer parcourt, depuis Nine, une plaine richement cultivée, riante, traversée par le *rio Cavado*, et le *rio Deste*, bordés de bouquets d'arbres, de jardins et de vignes. La ville apparait à l'horizon, sur une hauteur; la cathédrale (*la Sé*) domine tout l'ensemble.

Braga* est la capitale de l'ancienne province de Minho, ch.-l. de district, siège d'un gouverneur civil, ville archiépiscopale, et compte 20 500 âmes.

Braga date des Suèves et des Romains; elle a conservé ses vieilles rues, beaucoup de ses vieilles maisons, parmi lesquelles des fabriques nombreuses, qui contribuent à un grand mouvement industriel. Ce que la ville peut avoir de plus intéressant, ce sont ses places ou *campos*, qui sont vastes, et dont les principales sont le Campo de Vinha, as Hortas, San Thiago et a Senhora a Branca.

La Sé est un monument important du xiie s., à trois grandes nefs, sept chœurs, de vastes chapelles, et une profusion de richesses artistiques et d'objets religieux de grand prix. Le palais archiépiscopal, qui date du xviie s., le séminaire, l'hôpital sont dignes d'attention. Parmi les édifices particuliers, d'époque plus moderne, on cite le palais *das Cunhas Reis*, au campo das Hortas, entouré de vastes jardins plantés d'une grande variété d'arbres européens et exotiques.

Le théâtre (*San Geraldo*) ne le cède en importance et en installation qu'à deux théâtres en Portugal, l'un de Lisbonne, l'autre de Porto. Ce qu'il y a, au reste, dans Braga, de fontaines, de sculptures, de chapelles, d'escaliers de grand style, de vestiges curieux des temps anciens, est innombrable : un cirque, des aqueducs, des colonnes avec inscriptions romaines, un arc de triomphe, la colonne corinthienne du Campo das Hortas.

Le **Bom Jésus**, la grande curiosité de Braga, occupe le sommet d'une colline qui s'élève à 2 kil. 1/2 de la ville, et à laquelle on monte par un long chemin en pente douce et en lacets faciles, bordé, depuis la base jusqu'à la cime, de plantations touffues, de chapelles, de riantes fontaines, de bassins, et de jardins soigneusement entretenus. Les chapelles sont consacrées aux diverses stations de la Passion ; les figures sculptées qui les décorent sont de grandeur naturelle.

Cette longue ascension, où le chemin cède quelquefois la place à des degrés en pierre, commence à un portique où se lit l'inscription : *O monte de Bom Jésus*. Chaque chapelle de la première partie du chemin porte une indication et représente un sujet analogue : *Le prétoire de Pilate* ; *Jésus conduit au prétoire* ; *Jésus portant sa croix au Calvaire*, etc. Sur la deuxième partie, se développent de vastes escaliers ornés de statues et de fontaines. La première de celles-ci est consacrée aux cinq sens, et se compose de vasques où des figures versent l'eau par l'un des organes du sens indiqué : les yeux, les oreilles, le nez, la bouche, les mains réunies en forme de coupe.

Puis viennent les fontaines de la *Foi* de la *Docilité*, de la *Confession*, de l'*Espérance*, de la *Confiance*, de la *Gloire*, de la *Charité*, de la *Paix*, de la *Bénignité*.

Sur un petit plateau, se dresse une statue plus grande que nature, et d'une exécution fort incorrecte; elle représente *Longuinhos*, un héros chrétien légendaire. Elle est signalée à la curiosité des visiteurs parce qu'elle a été taillée, cheval et cavalier, dans un bloc unique de granit.

Un escalier conduit à la *Cascade*. Celle-ci débouche d'une voûte, au-dessus de laquelle se trouve une statue de Moïse frappant le rocher. L'eau sort, sous la voûte, du bec d'un pélican posé au-dessus de trois vasques, et elle déborde dans un bassin qui se développe presque au niveau du sol.

Le sanctuaire couronne le sommet. (Altitude 401 mèt.). Des statues, des pyramides, sont placées en avant. Le monument est somptueux. Un beau calvaire s'élève au-dessus du maître-autel, et en arrière se développe la chapelle du Christ, ornée d'une profusion d'images précieuses, de portraits, de reliques et d'offrandes de toute nature.

L'étendue du sommet présente assez d'espace pour qu'il ait été possible d'y construire, en arrière du sanctuaire, deux hôtels éclairés à la lumière électrique, correspondant avec Braga par téléphone, et qui, pendant tout le cours de l'année, reçoivent une partie des curieux, des touristes, des malades et des pèlerins attirés par la renommée de ce saint lieu, par l'air généreux qu'on y respire, et par la magnificence du spectacle. Cette affluence est telle, qu'il existe aujourd'hui un plan incliné, contournant la colline, et que dessert, à la montée et à la descente, un élévateur mécanique.

La montagne du *Sameiro*, isolée, à 2 kil. au S., de celle du Bom Jésus, et à l'altitude de 588 mèt., est aussi, depuis de longues années, le but de pèlerinages et de visites semblables.

Des deux sommets, la vue porte sur une immense étendue d'un admirable pays, et jusqu'aux clochers de N³ S³ da Lapa, de Porto, à 28 kil.

On trouve à Braga des *carris* américains, des voitures de place, et tous les moyens de parcourir facilement tout le pays. La frontière de la Galice est à 80 kil., par Valença ou par Chaves.

ROUTE 12.

DE PORTO A VALENÇA DO MINHO

FRONTIÈRE DE GALICE.

Chemin de fer. — 130 kil. — Prix: 1ʳᵉ cl., 2470 reis; 2ᵉ cl., 1920 reis; 3ᵉ cl., 1378 reis. Trajet en 5 h. 15.

Voir pour la première partie de cette route, de Porto à Nine (39 kil), la R. 11, de Porto à Braga.

Les visiteurs de Braga peuvent rejoindre la grande ligne,

à Nine, avec le petit chemin de fer, ou bien à *Barcellos*, par une jolie route de 18 kil., bien desservie.

46 kil. Au départ de Nine, au N., *São Bento*.

A 4 kil. après cette station, on rencontre un tunnel de 263 mèt. (*São Romão*), puis on traverse, sur un pont de 134 mèt., le *rio Cavado*, qui se jette dans l'Océan, à 16 kil. sur la g., à *Espozende*. A dr. on voit le vieux pont, couvert de verdure, par lequel la route royale entre à

51 kil. *Barcellos*, V. de 5550 hab., très ancienne, très jolie, entourée d'arbres et de fleurs, et ceinte de vieilles murailles, avec deux hautes tours. Les ruines du château occupent une hauteur d'où l'on découvre un riche panorama, limité par la colline du Bom Jesus.

Barcellos possède plusieurs églises, parmi lesquelles on cite l'église paroissiale. Ses couvents, son hôpital, sa maison d'orphelins et son école publique, méritent d'être vus. Les rues sont droites et propres ; les maisons ont une certaine régularité élégante. La ville fait surtout le commerce des eaux-de-vie.

Le chemin de fer prend la direction N.-O., pour se rapprocher de l'Océan, et rencontre la station de

60 kil. *Tamel* ; tunnel de 980 mèt. ; à la suite, le viaduc de *Durães*, de 179 mèt., en granit, et un autre tunnel de 253 mèt. On aperçoit à dr., au-dessus d'une belle campagne, plantée d'arbres à fruit, le couvent de *Carvoeiro*. Au delà on traverse la rivière de *Neiva*, qui forme la limite des districts de Braga et de Vianna-do-Castello. (Province de Minho e Douro.)

69 kil. *Barrosellas*. La campagne est riche et très variée : des champs d'arbres à fruit, des vignes suspendues aux arbres, des bois de pins, des plantations de choux-cavaliers aux feuilles énormes, des jardins fleuris. On aperçoit à dr., à quelques kil., la petite église de *São Silvestre*, sur une hauteur, en précipice.

77 kil. *Darque*, dans la riche et pittoresque vallée du *Lima*.

[En remontant cette vallée, on trouve, à 20 kil., au N.-E., *Ponte de Lima*, petite ville ancienne de 1900 hab., située en amphithéâtre sur la rive g., et dont la fondation est attribuée aux Grecs.

L'église mérite une visite. La ville est dans une situation délicieuse ; ses maisons sont généralement construites avec goût. L'industrie et le commerce y sont actifs. Les habitants sont affectueux et hospitaliers ; la race, quoique petite, est belle et intelligente. Le *Lima* est un beau fleuve, d'origine espagnole, venant du S. de la province d'Orense, traversé, sous la ville, par un beau pont gothique de 24 arches. La route de Vianna, le long de la rive g. du fleuve, est une charmante avenue, bordéc de riches habitations, et le parcours en barque, avec le flux et le reflux, est une promenade délicieuse de 20 kilomètres.]

Après la station de Darque, la voie, ayant à g. la route royale, se rapproche du littoral. Elle rencontre le *rio Lima*, qui se jette dans l'Océan à 500 mèt. sur la gauche. La voie s'engage sur un viaduc de 91 mèt., porté sur des colonnes en fonte, lequel conduit à un pont monumental, l'une des grandes œuvres de la maison Eiffel. Ce pont, assis sur 10 piles ou culées en maçonnerie, distantes l'une de l'autre de 58 mèt., présente une belle construction en treillis métallique, formant deux voies superposées. La voie inférieure donne passage aux trains la voie supérieure, établie sur une plate-forme macadamisée, est affectée au pont-route, amené à cette hauteur par les talus des berges du fleuve.

Ce grand appareil métallique mesure une longueur de 523 mèt., et est suivi, sur la rive droite, d'un autre viaduc, aussi porté par des colonnes de fonte, et d'une longueur de 80 m. 50, ce qui donne à l'œuvre totale une étendue de 736 mèt. A la sortie, la voie incline à l'E., contournant la rive droite d'un large estuaire, formé par le fleuve avant son embouchure, et aux pieds de la ville.

82 kil. **Vianna-do-Castello***, belle ville de 9300 hab., ch.-l. du second district qui, avec celui de Braga, partage l'ancienne province du Minho, est résidence d'un gouverneur civil; siège d'un tribunal; ch.-l. d'une direction de douanes; port de commerce de 5ᵉ classe.

Le chemin de fer s'arrête au S.-E. de la ville. La station est un édifice remarquable, parfaitement installé.

La ville est bâtie en amphithéâtre, sur la pente d'une colline, présentant toutes ses façades au S.-O., vers l'Océan. Dans l'intérieur, on trouve des rues propres, bien pavées ou dallées, parcourant en lacets toute la colline, et dans lesquelles on remarque quelques édifices intéressants, deux belles églises paroissiales, *Santa Maria Maior* et *Nª Sª de Monserrate*; la *Camara municipal*, de l'époque du célèbre infant dom Manoel; une douane du temps de dom João V; des couvents devenus casernes, et des demeures particulières portant de vieux noms du pays. Des jardins avec de grands ombrages, entourant de jolies habitations, garnissent la rive gauche du fleuve, en face de la ville, et sous la vue de ses riantes maisons échelonnées.

Le commerce d'exportation, d'importation, de pêche, est considérable, et le port est important; il s'étend depuis l'extrémité orientale de la ville, le long d'une belle ligne de quais en pierre et de promenades plantées. L'une d'elles se prolonge jusque vers l'embouchure.

A la sortie de la station, on aperçoit un vieux fort, *O Castello*.

89 kil. *Montedor*, plage de bains. La station est modeste; l'église est jolie. A dr., le village d'*Areosa*. Au-dessus, sur la montagne, le sanctuaire de *Santa Luzia*.

Des montagnes grises ferment l'horizon. Aux premiers plans, le pays est distribué en jardins clos de murs, et en vergers où la vigne court sur de longs berceaux de treillage à piliers de granit. On nomme ces berceaux *emparrados*.

97 kil. *Ancora*, v. à g.; station de bains de mer, la plus fréquentée de la côte N. La plage est belle, très étendue, et protégée par des lignes de dunes plantées de pins clairsemés. De place en place, on signale des usines considérables avec machines à vapeur, pour la préparation des conserves de thon et de sardines.

On traverse la petite rivière d'Ancora. Un tunnel de 86 mèt. rapproche la voie du littoral, qu'elle longe à une faible distance à g. La côte est très rocheuse. A peu de distance du tunnel, on rencontre

105 kil. *Caminha*, V. forte de 2 500 hab., dans une position importante. Elle garde l'entrée d'une espèce de péninsule, formée par la pointe S. de l'embouchure du *Minho*, et par le confluent de la petite rivière *Coura*. Le chemin de fer longe les vieux remparts de la place, ayant à dr. la rivière et la vallée.

Caminha montre encore les vestiges de trois enceintes, dont la première date de l'époque romaine. Ses habitants exploitent les cultures de la campagne et les marais salants considérables du littoral. Les rues sont belles, pavées en dalles de granit. On y signale quelques édifices intéressants, une belle place (*O Terreiro*), la *Camara municipal*, la tour romaine de l'horloge, et particulièrement l'*église paroissiale*, précieux spécimen d'architecture du style de dom Manoel, avec profusion de sculptures et d'arabesques d'un goût parfait.

Le port est petit, protégé par un brise-lames, et reçoit une petite flottille de barques de pêche.

En quittant la gare, la voie franchit le Coura, et se dirige à dr. pour traverser la campagne. Le Coura, de son côté, descend vers le Minho, passant sous un long pont en pierre de 50 arches, de vieille origine. On aperçoit à g., sur un rocher, dans le fleuve, un fort, défense avancée qui porte le nom de *A Insua* (l'Ile). Le spectacle de cette vaste embouchure est magnifique. La rive espagnole est formée par les bases des riches collines de *San Campio*. On y signale deux petits forts, *Amorin* et *Gaya*; un couvent de jésuites, grande masse blanche flanquée de tours et criblée d'ouvertures; la montagne de *Santa Tecla*, dont les pentes raides, à l'aspect menaçant et inhospitalier, dominent la pointe N. Au pied de la montagne se dessine une petite ville basse, *la Guardia*, dont le port reçoit quelques embarcations de pêche. A l'O., s'étend une jolie plage de sable, fréquentée pendant la saison des bains.

La Guardia est le premier poste avancé de l'Espagne. Un chemin monte au-dessus, en corniche, vers le N., le long de la côte, pour atteindre, à 25 kil., le petit port de *Bayona* qui précède la baie de Vigo (V. ESPAGNE, R. 19, *C*).

La voie rejoint la rive g. du Minho, qu'elle remonte en rencontrant, à de courtes distances :

110 kil. *Lanhellas*, agglomération de hameaux de cultivateurs.

116 kil. *Villa Nova da Cerveira*, b. de 1200 à 1500 hab.

126 kil. *São Pedro da Torre*, v. Le fleuve, à g., est calme, transparent, et descend lentement. La ligne court en haut de la berge et traverse successivement des prairies, des bois de pins, des campagnes en pleine culture.

130 kil. **Valença do Minho***, station terminus. La gare est élégante, bien distribuée, couverte d'un haut vitrage. Le buffet est bon, bien tenu, servi à la française.

De l'une des extrémités de la gare, on peut apercevoir la ville, entourée de remparts et de fossés; l'une des mieux gardées du royaume.

Valença est ch.-l. d'arrondissement administratif, siège d'un tribunal, ville triste, silencieuse. Elle compte plus de militaires que de civils, sur les 2800 hab. qui l'occupent. La campagne est vaste et fertile.

Le voyageur quitte les voitures de la Compagnie do Minho e Douro pour prendre le train de raccordement, qui traverse le *Minho*, sur un beau pont international de 333 mèt., construit par la Société belge « de Braine-le-Comte ». Au milieu du pont passe la limite des deux pays.

De l'autre côté du fleuve, après un grand détour dans la campagne, à 3300 mèt. en amont du pont, et à 5000 mèt. de Valença, on trouve **Tuy**, tête des lignes espagnoles. Le transbordement sur le chemin de fer de Vigo à Monforte se fait à 4 kil. de Tuy, à *Guillarey* (V. ESPAGNE, R. 16).

ROUTE 13.

DE PORTO A CHAVES

Chemin de fer et route — 104 et 182 kil.

La belle et fertile vallée de Chaves appartient à la province de Traz os Montes, qui forme l'extrémité N.-E. du Portugal, et confine avec les provinces espagnoles de Leon et d'Orense. Des ruisseaux séparent les deux royaumes et, sur quelques points, les limites sont uniquement indiquées par les fils télégraphiques portugais.

2 étapes composent cette direction :

A. Par Regoa.

I. *De Porto à Regoa.*

104 kil. de Porto à Regoa ou Pezo da Regoa (*V. R. 8*; chemin de fer du Douro, p. 389).

Un chemin de fer étudié et classé entre Regoa et *Chaves*, par *Villa Real* et *Villa Pouça d'Aguiar*, au N.-E. — Dans le sens inverse, il sera dirigé au-dessous de Regoa, par le pont sur le Douro, vers *Lamego* et *Vizeu*, à 60 kil. au S.

II. *De Regoa à Chaves.*

Route ; 182 kil. Prix : 2100 et 1600 reis.

A Regoa on trouve, par le train du matin, un service de malle-poste; par le train de l'après-midi, un service de diligences, et de bonnes voitures de louage tarifées, avec relais, qui remontent au N. la vallée montagneuse du *Rio Corgo*.

22 kil. (126 de Porto). **Villa-Real**. Bien qu'ayant une importance limitée (2600 hab.) cette ville, ancienne capitale de la province de Traz os Montes, est aujourd'hui le chef-lieu de l'un des deux districts formés de cette province. Son mérite tout entier se trouve dans sa belle situation. Elle domine une magnifique campagne d'une grande fertilité, bornée par de hautes montagnes : à l'E., celles qui forment la vallée du Tua; à l'O., celles qui séparent la vallée du Corgo de la grande vallée du *Tamega*. Ces montagnes décrivent un cirque immense dont les pentes sont couvertes d'une riche végétation, et de jolis groupes habités.

De trois points de la ville on peut jouir plus particulièrement de ce vaste spectacle : l'esplanade devant le cimetière; l'entrée du jardin public, et l'ermitage de *São João da Fragoa*.

Une route de premier ordre allant de Porto à Bragança, par Villa Real et Mirandella, passe de O. à N.-E., sur le pont du Corgo.

La route venant de Regoa continue au N., en remontant la rive g. du Corgo, vers

27 kil. (153 k. de Porto) *Villa Pouça d'Aguiar*, petite ville modeste, au milieu d'une campagne couverte de charmants ombrages, et sillonnée de cours d'eau. Parmi ceux-ci est l'origine du Corgo. Villa Pouça est plus particulièrement le point d'arrivée des malades attirés par deux établissements d'eaux minérales d'un grand intérêt : *Pedras Salgadas* et *Vidago*. Les sources qui alimentent ces établissements sont d'une nature analogue, alcalines gazeuses, ferrugineuses, arsenicales et lithinées. Le premier des établissements est à 5 kil. au N.-E. de Villa Pouça, et dans un site charmant, parcouru par la jolie rivière d'*Avellames*. *Vidago*

dans les mêmes conditions, a le seul avantage d'un plus grand nombre d'années de notoriété. L'établissement est au milieu de collines boisées, dans la pittoresque vallée d'Ouro, près de la route qui conduit à Chaves, et à 18 kil. au N. de Villa Pouça d'Aguiar.

La route suit, dans la même direction que depuis Villa Real, traversant un pays admirable jusqu'à

33 kil. (182 k. de Porto). **Chaves** est une ville de 5600 hab., située au milieu d'une plaine qui porte son nom. Elle est place d'armes, avec de bonnes défenses, garnison d'infanterie et de cavalerie, quartier général de subdivision militaire. La frontière d'Espagne (province d'Orense) est à 12 kil. au N. La *rivière de Chaves* et le *Tamega*, venant du S. de la province d'Orense, traversent la ville, celui-ci sous un pont de 18 arches en pierre de taille, œuvre des Romains.

On signale, à Chaves, le tombeau du premier duc de Bragance, œuvre remarquable, dans la chapelle du couvent de São Francisco. Du château de Chaves (avec permission du commandant de la place) on peut jouir de la vue de l'immense panorama qui entoure la ville.

On visite aussi, dans l'église paroissiale, la pierre tombale de *Maria Mantella*, célèbre matrone, qui eut sept fils. La tradition populaire dit qu'ils étaient jumeaux. Ils se firent prêtres : chacun d'eux érigea une église dans le pays, et leurs corps furent successivement inhumés dans le même caveau que celui de leur mère.

B. **Par Guimarães.** —

De Porto à Guimaraes (R. 11). — Chemin de fer, par Trofa, 57 kil. (*V.* p. 394). — De Guimarães à Villa Pouça d'Aguiar, 70 kil. par route royale, diligences de poste ou voitures de louage, en 9 h. ou 11 h. — De Villa Pouça d'Aguiar à Chaves, 33 kil. (Ensemble, 160 kil.).

Cette route traverse de O. à N.-E. la province de Minho, une des plus belles et des plus cultivées du Portugal. Les aspects y sont très variés, et, sur certaines parties, offrent de magnifiques perspectives.

Fafe, à 12 kil. de Guimarães, est une petite ville industrielle très intéressante; *Basto* occupe le centre d'une belle plaine; *Arco* est à mi-côte sur le flanc d'une ligne de montagnes qui forment la vallée du Tamega. On descend vers cette rivière, pour la traverser sur un beau pont d'origine ancienne, pour redescendre dans la vallée du Corgo, et atteindre Villa Pouça d'Aguiar. *V.* ci-dessus (R. 13).

ROUTE 14.

DE PORTO A BRAGANÇA

PAR TUA ET MIRANDELLA.

Chemins de fer et route. — 255 kil

140 kil. de Porto à Tua, chemin de fer du Douro (*V.* R. 8).

55 kil. de Tua à Mirandella, chemin à voie étroite (*V. R. 9*).

On trouve à Mirandella un service de diligences et des voitures de louage; mais ces services sont mauvais et lents.

A partir de Mirandella, la route est loin de présenter des aspects pittoresques. On rencontre quelques localités de peu d'importance. *Corticos, Macedo de Cavalleiros, Quintella*.

65 kil. (255 k. de Porto). On entre à *Bragança* par un pont sur la petite rivière de *Fervença*, qui coule dans les fossés de la ville. Une autre rivière importante, le *rio Sabor*, passe à l'E. de la ville, et descend au S. pour aller se joindre au Douro, au fond de la boucle de Pocinho (page 591).

La frontière espagnole est à 12 kil. à l'E.; à 16 kil. au N.; les localités espagnoles les plus proches sont la *Puebla de Sanabria*, au N., et *Alcanices*, à l'E.

Bragança est une très petite ville, 5500 hab., avec un grand nom; chef-lieu de district administratif; place de guerre de 2º classe; direction de douanes, siège d'un tribunal et d'un évêché; on y trouve un vaste château d'origine ancienne, un lycée, un séminaire, un hôpital, des couvents, et des quartiers militaires logeant un bataillon de chasseurs à pied et un régiment de cavalerie. La promenade est une vaste esplanade (*o terreiro*). On cite la *Sé* et quelques maisons particulières. Le territoire donne de bons produits agricoles, on en exporte une partie dans les districts voisins.

Il est question de prolonger jusqu'à Bragance le chemin de fer à voie étroite de Mirandella; cela peut importer à la défense du pays et à la place de guerre.

Les hôtels laissent beaucoup à désirer.

RÉGION DU SUD

ROUTE 15.

DE LISBONNE A SÉTUBAL

PAR BARREIRO.

Chemin de fer. — 28 kil. — Prix : 1re cl., 740 reis ; 2e cl., 620 reis ; 3e cl., 450 reis. — Aller et retour, 1000 ; 850 ; 650.

Les communications, pour toute la région du S., c'est-à-dire l'*Alemtejo* et l'*Algarve*, se font en traversant le Tage en face de Lisbonne, jusqu'à la petite localité de Barreiro, servant de point d'attache pour une route de district, et de tête de ligne pour le réseau des chemins de fer du Sud et du Sud-Est.

En attendant la construction fort désirée d'un pont entre les deux rives du Tage, sur une longueur de 4 kil. 1/2 (*V.* Lisbonne, p. 552), tout ce qui intéresse le Sud se fait par cette traversée, suivant une ligne jalonnée depuis la pointe de Cacilhas, parmi des fonds sablonneux, et qu'on appelle le canal de Barreiro. Le départ a lieu d'un môle en charpente, construit à l'angle S.-O. de la *praça do Commercio*, et le service est fait, à heures déterminées, par des bateaux à vapeur appartenant à l'Etat (150 reis à l'arrière, 100 reis à l'avant ; 200 et 150, aller et retour). La traversée dure 40 à 45 min.

Barreiro. Le bateau aborde au quai même de la gare ; la voie de départ est de l'autre côté des salles d'attente. La voie passe au milieu des magasins et des ateliers de construction et de réparation du matériel. Celui-ci est bon et bien entretenu. Il est exploité par l'Etat. On parcourt une belle campagne ; aloès, eucalyptus ; carrières de sables siliceux exploitées pour les constructions de Lisbonne.

5 kil. *Lavradio*, plantations d'orangers et d'oliviers. A g., lagunes qui s'étendent vers l'une des baies intérieures du Tage, exploitations de sels, cultures maraîchères.

6 kil. *Alhos Vedros*. Station à g. Des vignes, des pins, quelques habitations blanches et roses. On aperçoit au delà, du même côté, le bourg de *Moita* (9 kil.) bordant le fleuve. La campagne est en partie couverte par une plante grasse, l'*esteva*, très vivace, que l'on brûle et dont les cendres amendent le sol.

16 kil. **Pinhal Novo**. St. à dr. *Embranchement* de la ligne particulière de Sétubal. — *Changement de train*, trajet de 30 minutes.

23 kil. *Palmella*. La st. est à dr., et 3 kil. plus loin on aperçoit la petite ville, située au pied d'une colline, en face de Lisbonne. Les ruines majestueuses du château historique de Palmella se dressent au sommet, dominant toute la contrée. Il existe, autour de Palmella, de belles plantations et des campagnes très fertiles. Jardins d'orangers et de mandariniers. On ne peut signaler dans la ville que l'église paroissiale et le vieux château occupant le sommet de la colline. Il est préférable, pour les visiter, de venir de Sétubal (6 k.), où l'on trouve des moyens de transport.

28 kil. **Sétubal***. La station est à 15 min. de la ville (voiture et omnibus). — La ville 16 000 hab., ancienne cité romaine (*Cetobriga*), est située sur la rive dr. du *Sado*, tout près de son embouchure. Elle est bien bâtie, très propre, avec un aspect de prospérité non contestable. Le port est d'une entrée difficile; ce n'en est pas moins un port magnifique. Sétubal expédie, vers tous les points du globe, les produits de son sol et de toute la province. Elle tire, des marais salants du Sado, une très grande quantité de sel, évaluée à plus de deux cent mille quintaux. Elle exporte des vins blancs d'une qualité supérieure. On exporte aussi une quantité considérable d'oranges et de mandarines. — L'*église* principale de Sétubal est d'une correction architecturale très appréciée. Elle renferme de nombreux tableaux. — Quatre places assez spacieuses, et une jolie fontaine. Les femmes de Sétubal fabriquent des dentelles, imitation de guipure et de Chantilly, qui sont fort recherchées.

A l'O. du port de Sétubal, en suivant la côte au delà de l'embouchure, on visite la chapelle de la *Arrabida*, et les montagnes de ce nom.

Plus loin, et en allant vers le cap *Espichel*, qui domine la pointe formée à angle droit, par la côte de Sétubal et la côte venant de l'embouchure du Tage, on trouve le port de *Cezimbra*, à 50 kil. au S. de Lisbonne. Cezimbra est place de guerre de 2ᵉ classe, très bien défendue.

En face de Sétubal, et sur la rive opposée de l'embouchure du *Sado*, s'étendent, sur une longueur de 5 kil., les ruines de l'ancienne Cetobriga et de *Troya*, qui furent anéanties par un raz de marée au vᵉ s. de notre ère.

On peut aller de Lisbonne à Sétubal, et revenir le même jour. On peut aussi, depuis Sétubal et par la station de Palmella, prendre le train jusqu'à *Pinhal Novo*, sans retourner à Lisbonne, et ensuite, directement, la ligne du S. (*do Sul*).

ROUTE 16.

DE LISBONNE A ESTREMOZ

Ligne du Sud-Est (Sueste).

Chemin de fer. — 169 kil. — Prix :
1re cl., 3400 reis ; 2e cl., 2690 reis ;
3e cl., 1920 reis. Trajet en 8 h.

On traverse le Tage, comme à la route précédente, pour débarquer à Barreiro, et prendre le chemin de fer *Sueste*. A la station de *Pinhal Novo* (16 kil.), on laisse à dr. l'**embranchement** de *Setubal*.

Le pays est plat, planté çà et là de bois de pins, avec quelques habitations, et des cabanes couvertes en chaume. A g. s'étendent jusqu'à l'horizon de grandes plantations d'oliviers et de vignes ; puis une grande lande poudreuse ; des bruyères, des genêts et des ronces (ou *estevas*) que l'on brûle.

31 kil. *Poceirão*, jolie station.

42 kil. *Pegoès*, station à quelque distance de ce village, — où passe la route de terre. Le pays est à peu près désert.

57 kil. *Vendas Novas*, où la ligne de fer rejoint l'ancienne route. — Le parcours est plus varié ; on rencontre des aloès, des oliviers, des chênes-liéges. Par la route, sur la dr., on trouve la jolie ville de *Montemor o Novo* (2000 hab.), sur les bords pittoresques du *Canha*. On visite à *Montemor* un vieux couvent et les ruines d'un fort arabe.

76 kil. Station de *Montemor*, à 10 kil. de cette ville.

91 kil. **Casa Branca**, point d'*entrocamento* ou embranchement de la ligne *do Sul* qui descend à dr., vers *Beja* (V. R. 17). A l'embranchement de Casa Branca, la ligne *sueste* s'élève au N.-E. pour atteindre

116 kil. **Evora***, ville forte de 13 700 hab., ch.-l. de la province et du district d'Alemtejo, quartier général d'une division militaire et siège d'un archevêché. Elle est située au milieu d'une riche campagne plantée d'orangers, d'oliviers, de figuiers, et partout cultivée.

Evora se donne le titre de seconde cité du Portugal. On y voit quelques antiquités romaines, de vieilles murailles et deux châteaux-forts en ruines. Ses rues sont étroites, tortueuses, mal bâties et mal pavées. — *Bibliothèque* qui compte 50 000 volumes et 2000 manuscrits. Le *musée* renferme des objets assez disparates, des ivoires du moyen âge, quelques tableaux, dont l'un est attribué à Van Dyck, et particulièrement un émail précieux dont l'existence a été signalée par M. Alfred Demersay. « Cet émail est un triptyque de Limoges, représentant la Passion du Christ, sur la pièce centrale comme sur les pièces latérales qui s'appliquent en volets sur la première. La monture est d'or massif, unie et sans ciselures.

On lit dans une inscription latine collée sur le couvercle de la boîte, qu'il aurait appartenu au roi François Ier ; il aurait été pris dans ses bagages à la bataille de Pavie. La tradition ne dit pas comment ce triptyque a passé des mains des Espagnols dans celles de la ville d'Evora. Il en a été offert des sommes considérables.

L'université, fondée en 1550, a été supprimée au moment de l'expulsion des jésuites. On visite la *cathédrale*, un vieil édifice gothique, en une seule nef, dont on signale le chœur, revêtu entièrement de marbres précieux, et le maître-autel, surmonté d'un tableau représentant l'*Assomption*. L'*aqueduc* construit par Sertorius, est toujours en usage : il y a 4 kil. de longueur ; le beau *temple de Diane*, ouvrage des Romains, est aujourd'hui en ruine ; la *tour de Geraldo sem pavor* (sans peur) et le palais des ducs de Cadaval.

Evora fait un commerce un peu actif de quincaillerie, de grosses étoffes de laine, de chapellerie et de tannerie.

136 kil. *Azaruja*.
141 kil. *Valle de Pereiro*.
149 kil. *Venda do Duque*.
158 kil. *Evoramonte*.
169 kil. **Estremoz**, V. forte de 7500 hab., occupant une colline, à 401 mèt. d'altitude. On y exploite des carrières de marbre. L'industrie locale consiste dans la fabrication de poteries poreuses, alcarazas, etc.

La ligne d'Evora à Estremoz sera ultérieurement prolongée jusqu'à *Elvas*, à environ 50 kil. à l'E., où elle se raccordera avec le chemin de fer de Lisbonne à Badajoz.

ROUTE 17.

DE LISBONNE A PIAS

PAR BEJA.

Chemin de fer. — 196 kil. — Prix : 1re cl., 3910 reis ; 2e cl., 3080 reis ; 3e cl., 2210 reis. — Trajet en 9 h.

Voir la R. précédente, ligne d'Evora, de Lisbonne jusqu'à l'*entrocamento* de Casa Branca (91 kil.) La station est à g. Elle est le centre d'un trafic considérable de lièges. La campagne est vaste et peu cultivée.

On laisse à g. la ligne d'Evora. La voie, qui descend au S., franchit, sur un pont de 80 mèt., la rivière des *Alcaçovas*.

103 kil. *Alcaçovas*, grandes landes et pâturages.

111 kil. *Vianna*, même aspect, plaine triste. La lande est interrompue par des rangées de roches granitiques roulées. On retrouve quelques labours aux approches de

117 kil. *Villa-Nova de Baronia*. Le bourg est à dr. La station est entourée d'eucalyptus. Les berges sont bordées d'aloès. Oliviers, chênes-lièges, vignes naines.

125 kil. *Alvito*. On aperçoit le bourg à 2 kil. à g. sur un monticule. La voie est bordée de nopals. On franchit la rivière d'*Odivelhas*, sur un pont de fer. La culture devient plus soignée, en sillons ; on remarque à g. une usine avec cheminée à vapeur.

158 kil. Cuba. Le village occupe un fond que la voie contourne; les maisons, bâties en terre, n'ont pas d'étage. Champs de vignes entourés d'aloès; cultures bien fumées. On franchit le torrent d'*Odearca*, qui coule de dr. à g. Une grande lande, limitée au loin par quelques collines. On voit à g. les restes d'un château ruiné, et en avant, sur une hauteur, se dressent les vieilles murailles de

154 kil. Bejat, ville de 3500 hab., très ancienne, située au centre d'une vaste contrée fertile. La ville est chef-lieu de district, avec gouverneur civil; siège d'un diocèse, avec séminaire; lycée national, hôpital, quartier militaire et régiment d'infanterie. On y remarque des restes considérables de monuments romains, la porte du Sud, un aqueduc et quelques fortifications délabrées. Beja occupe un vaste espace, ses rues sont larges, très aérées, les maisons sont basses, toutes blanchies à la chaux. Le commerce n'est pas considérable, hors celui des produits agricoles; l'industrie se borne à quelques fabriques de poteries.

Beja est le point de bifurcation de deux lignes de chemin de fer qui, dérivant de celle qui vient de Casa Branca, descendent l'une à l'E., vers Piaz, et vers un point encore indéterminé de la frontière d'Andalousie; l'autre vers le S.-O., où elle franchit la *Serra de Monchique*. Trois routes, classées routes royales, vont, la première au N.-O. (68 kil.), à *Alcacer*, au fond de l'estuaire de Sétubal. La deuxième à l'O. (96 kil.), jusqu'au port de *Sines*, sur l'Océan. La troisième au S. (51 kil.) à *Mertola*, petite ville d'origine mauresque, sur le Guadiana. On descend le fleuve par un service régulier de bateaux à vapeur, jusqu'à l'embouchure, gardée par la ville de Villa-Real de Santo-Antonio. A ce point se rattache une route qui suit tout le littoral Sud, jusqu'à *Villa do Bispo*, et jusqu'à la pointe de *Sagres*.

En traversant le Guadiana en barque, on peut entrer en Andalousie par *San Lucar*, ou bien en descendant le fleuve jusqu'auprès de son embouchure, par *Ayamonte* (R. 109. Espagne).

De Beja, où elle est arrivée N.-S. la ligne suit, à travers les grandes terres incinérées, la direction E. vers

167 kil. Baleicão. La voie décrit au S. une grande courbe qui la conduit aux approches de la rive dr. du *Guadiana*, remonte cette rive pendant près de 4 kil. et, par une nouvelle courbe à dr., aborde le fleuve, qu'elle traverse sur un beau pont métallique.

174 kil. Quintos.

183 kil. Serpa. Cette ville est à 5 kil. à dr. reliée à la station par la route macadamisée.

Elle est chef-lieu de canton (5720 hab.), d'origine très ancienne, avec des vestiges de fortifications importantes. Les habitants sont plus particulièrement agriculteurs ; ils récoltent du blé, des olives et des glands pour l'élève d'une quantité considérable de porcs qu'ils font transiter en Espagne. Les cultures en céréales, les plantations immenses d'oliviers, les bois de chênes verts et les yeuses donnent à ce pays un aspect très intéressant, autant qu'il est productif. On fait aussi à Serpa et à *Aldeanova*, un bourg voisin, un vin très estimé. — Ruines romaines et ustensiles de l'âge de pierre. L'industrie est à peu près nulle ; elle se borne à la production des objets plus particulièrement nécessaires à la vie commune.

196 kil. **Pias**, petite bourgade agricole, est le *terminus* provisoire de la ligne, à 25 kil. de la frontière espagnole. Celle-ci est formée par le *rio Chança*, qui descend d'Andalousie pour se joindre au Guadiana. Il n'y a, entre les deux pays, que des plaines fort tristes, traversées par de mauvais chemins, hantées surtout par des fraudeurs.

Le raccordement à venir, qui introduira une première communication rapide entre les régions extrêmes des deux pays, semble devoir se faire par *Paimogo*, la localité espagnole la plus voisine.

ROUTE 18.

DE BEJA A VILLA REAL DE SANTO ANTONIO

PAR MERTOLA.

Route et voie fluviale, 121 kil. — Prix, 2400 reis.

Une mauvaise voiture, en forme d'omnibus, qui part de Beja vers 7 h. du soir, par une bonne route, bien tenue, descendant tout droit vers le S.-E., arrive à minuit à *Mertola*. Ce petit bourg, ancienne ville maure, sans aucun vestige de son origine, sans aucune industrie, lieu de transit des marchandises venant du nord à destination de l'extrémité S.-E. du Portugal, est sur la rive g. du *Guadiana*, au point extrême où atteint la marée montante.

Un bateau à vapeur dont l'horaire est réglé d'après le moment du reflux, part, le matin, d'un petit appontement au pied des hauts talus qui encaissent le fleuve. Celui-ci coule dans un lit profond de calcaires sablonneux. Les talus, souvent abrupts, quelquefois en pente, interrompus de loin en loin par la descente de quelque cours d'eau, ne laissent pas que d'être pittoresques. Ils sont couverts d'une verdure abondante, de gazons, de plantes persistantes et d'épais fourrés. Leur hauteur constante, de 20 à 30 mètres, ne se prête à aucune perspective, c'est à peine si quelque apparence d'habitation couronne les crêtes.

A 20 kil. au S. de Mertola, le Guadiana forme avec le *Chança*, son affluent, qui descend du N.-E, un large delta occupé par des localités agricoles et des établissements miniers. A partir de ce confluent, le Guadiana devient la limite internationale. A 4 kil. à dr., se présente, dans un ravin, l'affluent de la *ribeira Vascão*, limite N.-E. de la province d'Algarve. Le long de la crête, en haut de la rive portugaise du fleuve, on voit régner la ligne du double fil télégraphique, qui fait à peu près le tour du royaume.

A 15 kil. du confluent, on aperçoit face à face, dans deux larges échancrures plantées d'orangers, de caroubiers, d'aloès et de nopals, deux petites villes coquettes à maisons blanchies, à toits plats, sans ouvertures, d'un caractère mauresque, qui semblent avoir survécu à toutes les vicissitudes historiques. *Alcoutim*, du côté du Portugal, *Sanlucar*, du côté de l'Andalousie. Les deux petites places, avec leurs châtelets crénelés et leurs canons de faible calibre, n'ont pas l'air d'être destinées à se faire jamais du mal. Un bac établit entre elles deux quelques relations commerciales, sauf dans les temps d'épidémie. Le Portugal, à cet égard, est esclave des précautions sanitaires.

Cette partie du parcours du Guadiana devient particulièrement pittoresque; les rivages s'abaissent, surtout du côté du Portugal, où la végétation est variée, magnifique et productive. La région correspondante de l'Andalousie, déserte et inculte, a tout à envier à la province de l'Algarve.

On retrouve, 30 kil. après Alcoutim et San Lucar, le même aspect parallèle. *Castro Marim* à dr. (2500 hab.), qui appartint autrefois aux chevaliers de l'ordre du Christ, et *Ayamonte* à g. Le point central de Castro Marim est un monticule fortifié, d'où la vue est charmante, et autour duquel se répandent les habitations isolées de la petite ville, entourées de jardins. Plus bas, au niveau du rivage, se dessinent les carrés de marais salants très productifs. L'aspect d'ensemble est des plus agréables. Les habitants, en grande partie, se livrent à la pêche, soit sur le fleuve, soit en mer.

A g., en Espagne, un autre monticule porte les vieilles ruines d'un château, d'où l'on pourrait encore combattre les feux de l'autre bord. Une colline s'élève ensuite, portant, de la base au sommet, les habitations groupées en amphithéâtre d'*Ayamonte*, faisant face à l'Océan. Au pied de la colline, avec un petit môle où se rangeraient dix barques, règne la ville basse, dans laquelle se trouvent quelques établissements commerciaux et l'amorce de la route d'Andalousie. (*V.* Espagne, R. 109.)

Castro Marim, Ayamonte et *Villa Real de Santo Antonio* sont les trois points d'un triangle. Villa Real, à 3 kil. plus bas qu'Ayamonte, et sur la rive opposée, commande l'embouchure et la barre. C'est une petite ville de 1800 hab., tout à fait moderne, et qui n'a pu grandir malgré la volonté de son fondateur. Elle a été construite d'après les ordres du marquis de Pombal, en 1774, sur une petite plaine sablonneuse, à 1500 mèt. de la pointe Ouest, et sur un plan trop régulier. Les rues sont droites, se coupant à angles droits, présentant leur principal alignement, à l'O., parallèlement au port, dont le fond de sable descend en pente jusqu'au thalweg du fleuve. La rue transversale du centre, E.-O., est continuée par une chaussée formant remblai au-dessus de la campagne, qu'elle traverse en ligne droite, sur 5 ou 6 kil. vers la ville de *Tavira*.

Les maisons sont basses, à rez-de-chaussée, sans étage, ou du moins l'étage est sous la toiture, sans plafond, éclairé par des jours ménagés entre les tuiles. Les rues sont sablonneuses et sales, avec des essaims de mouches. Pas une apparence de verdure dans la ville; mais au dehors, sur la droite de la route de Tavira, se développent de nombreux jardins d'orangers, de grenadiers et de figuiers, avec de jolies habitations disséminées.

La place est quadrilatère, entourée de quelques édifices administratifs, plantée d'acacias, garnie de bancs en fer, et ayant au centre une pyramide en pierre portant une inscription, et surmontée de la sphère armillaire. Le sol est formé de rayons partant du socle de la pyramide, en cailloutis blancs et noirs.

Un phare, haut de dix mètres, est à l'extrémité S. du quai; un lazaret est auprès du phare, et, à la pointe extrême de la grève, un fortin commande l'entrée, qui est étroite, et souvent obstruée par deux bancs considérables, le *banco das Almas* et le *banco do Fora*.

C'est seulement par Ayamonte et par les bateaux des deux ports que communiquent l'Espagne et le Portugal, au sud de la Péninsule, et encore ne faut-il pas qu'il y ait soupçon d'épidémie en Andalousie, car alors le gouvernement portugais interrompt nettement toute relation, ou bien soumet les transitants au régime du lazaret de Villa Real. Dans ces circonstances, les bateliers qui auraient passé des voyageurs sur le territoire espagnol, seraient obligés de faire quarantaine au retour.

On trouve à Villa Real deux hôtels supportables, des services de diligences omnibus pour Tavira et Faro, et des voitures de louage. La route, qui est belle et pittoresque, traverse le royaume jusqu'à Villa do Bispo (R. 20).

ROUTE 19.

DE LISBONNE A FARO

PAR BEJA.

Chemin de fer. — 340 kil. — Prix : 1re cl., 6640 reis ; 2e cl., 5210 reis ; 3e cl., 3750 reis. — Trajet en 19 h. 20.

De Lisbonne à Beja (154 kil.) (*V.* la R. 17). Le service des trains est organisé de manière que, partant de Lisbonne le matin ou dans l'après-midi, on peut s'arrêter à Beja, et au lieu de faire de nuit le trajet intéressant de la montagne, et de l'arrivée à Faro, on peut reprendre un train du matin, qui permet de faire ce trajet en plein jour.

En quittant Beja, dans la direction du S.-O., par la section de chemin de fer qui forme la tête de la nouvelle ligne du Sud, on traverse une belle campagne, malheureusement peu cultivée, complètement inhabitée, et plantée surtout d'oliviers sauvages. Des troupeaux de moutons à laine grossière, des porcs en grande quantité, de l'huile détestable, un peu de blé et du liège, forment la principale ressource de cette partie de la province d'Alemtéjo.

171 kil. *Outeiro*. Plaines désertes et à peu près incultes.

178 kil. *Figueirinha*.

192 kil. *Carregueiro*, point de croisement de la route de district allant d'*Aljustrel* à *Castro Verde* et *Almodovar*.

201 kil. *Cazevel*.

207 kil. *Ourique*.

A cette station se rencontrent quatre routes de district venant de *Garvão* et *São Martinho* à l'O. ; *Castro-Verde* et *Almodovar* au N.-E. et au S.-E.

220 kil. Station desservant deux localités à dr. et à g. de la voie, *Panoias* et *Garvão*. Auprès de la première coule, du S. au N., le rio *Sado* dont l'embouchure forme la baie de Setubal.

226 kil. *São Martinho das Amoreiras*. La voie se détourne vers la dr., décrivant une grande courbe au milieu de plaines voisines de l'Océan, et traversant plusieurs petits cours d'eau tributaires du *rio Mira*. Le tracé atteint en rampe le point culminant du parcours (223 mèt.), et coupe ce sommet par un tunnel de près de 750 mèt.

243 kil. *Odemira*. La station, sur le versant O. de la montagne, se trouve à quelques kil. de la petite ville de ce nom. La voie rencontre le *rio Mira*, qu'elle franchit sur un beau viaduc métallique. Le Mira, qui descend de la serra de Monchique, au S., est formé d'un grand nombre de cours d'eau, et limite à l'O. la province d'Algarve. A l'E., la limite est continuée par la rivière de *Vascão*, affluent du Guadiana. Le Mira, au-dessous d'Odemira, coule vers le N.-O., pour aller se jeter dans l'Océan auprès de *Villa Nova de Mil Fontes*. Cette ville est un petit port de pêche, en haut d'une

longue plage à peu près déserte, qui s'étend du *Cap Sines* au *cap Saint-Vincent*, sur plus de 120 kil., sans traces d'habitations ou de refuges.

Après le viaduc *da Magra*, sur le rio Mira, et celui de *Moratos* qui vient ensuite, la voie reprend en rampe, en pleine montagne et par des courbes continuelles, jusqu'à la station de

255 kil. *Saboïa*, desservant Monchique, V. de 2800 h., rivale de Cintra, à 23 kil. au S., et à 460 mèt. d'altitude, auprès de l'un des sommets de la chaîne à laquelle la ville a donné son nom.

[La *Serra de Monchique*, qui occupe une étendue de 60 kil. E.-O. sur 30 kil. N.-S., présente des aspects charmants. Le sommet le plus élevé, le *Foia*, est une énorme masse de granit qui se dresse au-dessus de superbes forêts de châtaigniers, et domine la ville à une altitude de 905 mèt. Une route royale partant de Saboïa, et montant par des rampes pittoresques, rencontre Monchique, dans un site des plus romantiques. La ville est ancienne et l'on y rencontre des vestiges intéressants de l'époque romaine.

La route descend par le versant S. de la chaîne, où se trouve, à 6 kil. plus bas, l'établissement thermal des *Caldas de Monchique*, appartenant à l'Etat. Cet établissement alimenté par des sources alcalines carbonatées sodiques, est au milieu d'une contrée admirable, fertile, fleurie, sous un climat délicieux. On dit que les oliviers de la montagne de Monchique produisent la meilleure huile de toute la province d'Algarve.

Cette même route, au milieu des sites les plus pittoresques, descend en droite ligne vers la côte S., elle y rencontre le joli port de *Villa Nova de Portimao*, et *Lagos*, où passe la route du littoral (R. 20 et 21).]

Le chemin de fer descend de Saboïa à

276 kil. *San Marcos*, station, à 18 kil. à l'E. de Monchique, sur le versant S. de la serra, auprès d'un viaduc de 50 mèt. qui traverse la rivière d'*Odelouça*. Le pays est magnifique; mais dépourvu de communications secondaires. La population n'est pas compacte; on aperçoit, très disséminées, les petites habitations qu'elle occupe au milieu des champs de maïs et de vergers plantés de caroubiers, de figuiers énormes et de vignes peu abondantes. Un peu plus bas, le spectacle devient merveilleux. Les cultures sont plantureuses; la terre donne des produits splendides. « L'Algarve, dit un voyageur, est le Minho du Sud, c'est la porte du ciel. »

290 kil. *San Bartholomeu de Messines* signale la fin de la montagne. Le village est à g. à une petite distance, abrité par un dernier repli, et rattaché à

la station par un chemin sablé comme une allée de jardin.

307 kil. *Albufeira.* La station se trouve à la rencontre d'un chemin municipal qui vient de *Paderne*, à 5 kil. à g. et qui revient à dr., pour trouver, à 8 kil., au bord de l'Océan, *Albufeira*, V. de 3000 hab., gardée par de fortes batteries, tout entourée de maisons blanches à toitures italiennes. Le port est profond, au fond d'une vaste baie où la pêche du thon est très productive.

Le chemin de fer coupe la route royale, et prend la droite, séparé de la mer par une ligne de dunes basses, et courant au milieu des plantations de figuiers. La récolte du figuier et la préparation de la figue sèche sont une grande fortune pour le pays d'Algarve.

316 kil. *Boliqueime*, est à g., à 3 kil. de la station, et à 12 kil. de la ville de *Loulé.* Pays étendu, nombreux bois de chênes.

324 kil. **Loulé**, V. de 8300 hab., l'une des plus importantes de la province. La station se trouve à un croisement du chemin de fer et de la route, et à 7 kil. de la ville. Celle-ci est bâtie sur une colline d'un aspect agréable. On y remarque un vieux château, plusieurs églises et un hôpital assez vaste. La végétation est luxuriante. Outre les bois qui se trouvent aux environs, il faut visiter, au pied de la montagne, une mine d'argent. A peu de distance de cette mine, se trouve un gisement de pyrite de cuivre. Mais les richesses minières ne sont pas beaucoup plus mises à profit que les richesses territoriales.

340 kil. **Faro.** L'arrivée dans la ville présente un spectacle très agréable. La gare est au centre même, auprès du port et de l'unique promenade, sur une vaste place où se trouvent les principaux établissements.

Faro * est ch.-l. de district, ville forte de 10 000 hab. Son port, précédé d'une bonne rade, est formé par l'embouchure de la *Valfermosa*, rivière aux rives charmantes, qui prend sa source à peu de distance, sur le versant méridional de la *Serra de Caldeirão*. Faro est aujourd'hui une ville épiscopale, résidence d'un gouverneur civil et d'un commandant militaire ; on y signale un bel hôpital et un parc d'artillerie. En général, elle est convenablement bâtie ; elle possède de belles rues droites et d'une certaine largeur. Parmi les curiosités assez nombreuses de cette ville, il faut citer en première ligne sa *cathédrale.* Après celle-ci, par ordre de mérite, vient l'église paroissiale. Enfin, le collège ainsi que le séminaire et l'hôtel des douanes, méritent une mention toute particulière. On vante avec raison l'aspect enchanteur de la campagne qui environne la ville.

Le commerce d'exportation est considérable ; il consiste en

oranges, sumac, liège, huile d'olives et fruits secs. De plus, il y a à Faro une très grande activité dans le cabotage et la pêche, ce qui donne aux habitants, qui sont presque tous marins ou pêcheurs, une aisance peu commune. Une forteresse située sur un monticule en avant de la ville et du port, nommée *Santo Antonio do Alto*, domine tout le pays et offre un magnifique spectacle. La rade, peu profonde et encombrée de bancs de sable, qui n'ont que 5 mèt. d'eau à marée haute, est néanmoins un excellent refuge pendant les mauvais temps.

En face de Faro, dans l'océan Atlantique, se trouve un groupe d'îles basses dont l'aspect est tout à fait pittoresque, et qui forment le point le plus avancé de la côte de Portugal vers le S. Elles sont le but de promenades pour les voyageurs qui ne craignent pas la mer un peu houleuse; car, dans ces parages, l'Océan a de fréquentes colères. On organise facilement ces promenades.

ROUTE 20.

DE FARO AU CAP SAINT-VINCENT ET A LA POINTE DE SAGRES

Route. — 99 kil.

La route de Faro à Lagos est belle, macadamisée, bien entretenue, parcourant un beau pays, bordée de jolies habitations, de cultures merveilleuses, avec vues tantôt sur la mer, et la côte S. à g., et tantôt, à dr., sur des collines vertes, plantées de figuiers, de caroubiers et de vignes. Ce qui manque à ce cadre magnifique, ce sont les moyens réguliers de transport. Un mauvais omnibus à huit places, fait lentement le service de la poste, avec de longues stations de relais. Il faut dire toutefois que l'on trouve des voitures de louage, des calèches propres et convenablement conduites, dans les principales villes de la route, à Faro, à Tavira, à Villa Nova de Portimão, à Lagos, à des prix modérés.

8 kil. de Faro, *San Lourenço*, jolie campagne, maisonnettes basses, cultures bien entretenues. L'église de cette petite commune a un aspect monumental, avec dôme et clochetons, style du xve s. Le cimetière, voisin de la route, présente un portail de la même époque.

Un chemin communal, à dr., conduit à *Loulé*. Après San Lourenço la route décrit une courbe vers l'O., et accompagne le chemin de fer. Entre la route et l'Océan, s'étend une zone de belles cultures, d'habitations, de fermes sans étage, à toitures presque plates, couvertes en tuiles creuses, avec des cheminées largement ouvertes au milieu des plafonds, et se terminant au dehors en forme de petits clochers carrés à lanternes pyramidales. Des ruisseaux parcourent les terrains, et des norias alimentent, par des conduites en bois, les réservoirs d'arrosage. A dr. s'élève un rang parallèle de collines un peu pelées, à sol rouge, plantées de quelques bouquets de futaie, de pins et de chênes-lièges.

25 kil. *Boliqueime.* Un peu avant, à g., un petit chemin communal coupe le chemin de fer pour aller aboutir à g., à 12 kil., à une jolie baie ouverte entre les falaises, et qui abrite le port d'*Albufeira.*

A 4 kil. de cet embranchement, la route, dirigée à l'O., coupe le chemin de fer, et celui-ci monte au N.-O. vers *São Bartholomeu de Messines* (R. précédente). La route suit son tracé à 4 et 5 kil. de la côte. Le terrain est argileux et rouge, planté de figuiers touffus, de vignes couchées sur le sol, d'oliviers énormes, et de caroubiers. — Tout passant peut manger du fruit à sa fantaisie ; mais il n'est pas permis d'en emporter.

On coupe deux autres chemins communaux, venant de *São Bartholomeu* et de *Paderne*, et qui descendent à Albufeira, mettant ainsi ce port en communication avec toute une partie de la région. La route passe entre deux jolies communes, *Pera*, avec un pont de 100 mèt. sur la *ribeira* de Pera, et *Alcantarilla*. Alcantarilla est à 36 kil. de Faro. Un chemin part au N.-O. pour aller rejoindre, à 15 kil., à dr., *Silves*, vieille et curieuse cité, de 2000 hab., ancienne capitale de l'Algarve au temps des Maures, Silves fut ensuite siège épiscopal et fut dépossédée, en 1580, en faveur de Faro.

A 10 kil. d'Alcantarilla, à l'O. et à 46 kil. de Faro, on parvient, par la route royale, à *Lagoa*, où l'on trouve un autre chemin communal montant également vers Silves. De cette ville, part une route qui longe les versants E. de la Serra de Monchique, pour gagner São Bartholomeu et Almodovar, et aboutir à Beja.

Au S. de Lagoa, s'élève, à 40 mèt. d'altitude, sur une base rocheuse, le *cap Carvoeiro.* On y parvient par un chemin de 5 kil.

La route continue dans la direction O., jusqu'à la rencontre de la rivière d'*Odelouça*, qui descend de San Marcos, et forme une espèce d'estuaire que l'on traverse sur un pont de 350 mèt., précédé par une avenue de 1000 mèt., sur la rive g., et par une autre avenue de 500 mèt. sur la rive dr. L'estuaire traversé, on se trouve à *Villa Nova de Portimão*, ville de 3500 hab., très commerçante, bien fortifiée, entourée d'une belle campagne, de grandes plantations de figuiers et d'oliviers, et de vignobles estimés. La rivière s'ouvre une brèche entre deux hautes falaises, et forme une belle rade bien abritée. Vu du large, l'aspect de Portimão, au fond de cette coupure, offre un charmant spectacle. Un groupe considérable, *Ferragudo*, couronne la falaise de droite, à 30 mèt. au-dessus de la mer.

La route monte au N., afin de franchir la *ribeira d'Arão* à 8 kil., et celle de *Odiaxere* à 10 kil., lesquelles, un peu plus bas, à g., forment un autre estuaire qui débouche dans la baie *d'Alvor*. Auprès d'Odiaxere, la route reprend la direction S. pour passer une rivière qui aboutit au fond de la baie de Lagos, et un peu avant l'entrée de cette ville.

72 kil. **Lagos***. Cette ville, très ancienne (5500 hab.), est située à 33 kil. du cap Saint-Vincent, qui forme l'extrémité S.-O. du royaume de Portugal. Lagos est bâtie sur trois collines, et sur la côte O. de la baie qui porte son nom; la mer baigne le pied de ses murailles.

Lagos est aujourd'hui dans un état florissant. Quatre cents marins, laborieux et actifs, y entretiennent la prospérité de ses nombreuses pêcheries. On y signale des fabriques de conserves de thon et de sardines en pleine activité.

Il existe un bel aqueduc qui approvisionne d'eau la ville de Lagos, et qui, malgré l'état de vétusté et de détérioration dans lequel il se trouve, attire l'attention des voyageurs. On récolte dans les environs des vins assez estimés. Le commerce consiste en vins, fruits et poissons. L'exportation des figues sèches est considérable.

En suivant la côte vers l'O., à 2 kil. de distance, ayant à dr. des collines plantées d'arbres à fruit, et à dr. des cultures et des vergers, la route rencontre, à 5 kil. de Lagos, *Espiche*, et à 3 kil. *Almadena*, v. sans grande importance, mais dont la position est des plus délicieuses. Au delà (6 kil.), *Budens*, et (2 kil.) *Povo de Figueira*, joli village à maisons basses, blanchies à la chaux, entouré de vignobles abondants. Un petit ruisseau descend vers la mer, et s'y jette dans une crique qui abrite quelques bateaux de pêche. 2 kil. plus loin, et à 500 mèt. à dr. de la route, auprès d'une métairie modeste et au milieu des champs, on peut aller visiter une ancienne chapelle, que l'on prétend avoir été une mosquée, devenue possession des Templiers, et catholicisée par eux. Elle est partagée en trois nefs par des arcs gothiques supportant une charpente primitive en châtaignier. Le chœur est fermé par une voûte pleine, un peu crevassée. La clef de voûte représente un poisson avec tête humaine tirant la langue, une étoile et deux têtes posées barbe à barbe. La chapelle, $N^a S^a da Guadelupe$, est encore consacrée au culte, et reçoit les fidèles à certains jours de l'année.

2 kil. après la chapelle de Guadeloupe, *Rapozeira*, v. sans intérêt. Les maisons sont fermées

par des volets sans vitres, et couronnées par des terrasses garnies de treillages et de plantes grimpantes.

97 kil. **Villa do Bispo**, petite ville modeste, sans mouvement, où l'on quitte la voiture pour prendre des montures et des guides. C'est la dernière localité habitée du S.-O. du Portugal, au centre d'un triangle dont les trois angles sont occupés par *Lagos*, sur la côte S., le promontoire rocheux du *Pontal*, sur la côte O., et la pointe extrême du S.-O., occupée par le *cap Saint-Vincent*. La moitié inférieure de la surface de ce triangle, au-dessous de Villa do Bispo, est un grand plateau sans chemins, sans culture, sans habitations, sauf quelques cabanes de pêcheurs. Sur ces 80 kil. carrés, végètent des plantes sauvages, et pointent des roches déchaussées par les vents du large, et s'abattent, dans les tempêtes, les sables soulevés par les coups de mer.

La route a quitté la direction O. et tourne à angle droit vers le S. Ce n'est plus une route, bien qu'elle soit indiquée sur la carte, c'est un tracé imaginaire, ou un sentier pierreux, raviné, nullement entretenu.

On traverse tout cet espace presque au hasard, en disputant ses vêtements aux ronces, aux lentisques, aux *stevas* qui distillent un vernis gluant. On rencontre quelques sources, qui ont été un peu protégées contre les intempéries par quelques travaux, et qui sont le salut du voyageur dans ce désert.

On se guide sur un vieil édifice qui occupe la pointe extrême, à gauche, et où l'on distingue une coupole et une tour en pierre de taille. C'est l'observatoire et le couvent que construisit l'infant don Henrique au xviie s. et où il installa quelques moines hiéronymites. L'époque moderne en a transformé le couronnement en y installant le lourd dôme vitré d'un phare.

Aux approches du couvent, on rencontre une citerne de 4 mèt. de profondeur, garnie d'une margelle en maçonnerie, alimentée par une source toujours limpide, et fermée par un épais couvercle en bois. Un peu à gauche, et au bord d'une haute muraille de rochers qui encaissent à pic une crique profonde, s'entassent les ruines d'un fort, construit en 1632, et dont la résistance aux armes anglaises, un siècle plus tard, eut une glorieuse célébrité. Rien n'est resté habitable dans le fort de *Belixe*; il n'y a d'à peu près clos et couvert que la chapelle, vouée à Santa Catharina, et aux murs de laquelle les pêcheurs suspendent les magnifiques poissons qu'ils surprennent dans les profondeurs de la crique. Sous la voûte d'entrée du fort, une inscription rapporte la date de sa fondation, et les circonstances où il a figuré.

Entre la citerne et le couvent s'étend une partie du steppe, qui n'est ni moins sauvage ni moins pierreuse que celle que l'on vient de parcourir. On l'appelle *la Tapada* de dom Henrique. C'est là, croit-on, que l'infant, grand maître de l'ordre d'Aviz, fils de João I*er*, frère de dom Manoel, et que l'on surnomme *le Navigateur*, s'était fait construire une demeure où il vivait entouré de mathématiciens, d'astronomes, de géographes, et de braves capitaines de mer, dans la compagnie desquels, pendant la première moitié du XV* s., il préméditait la recherche d'un passage vers les Indes, par le sud de l'Afrique. C'est en étudiant ce passage que les capitaines de dom Henrique, envoyés à l'aventure dans le Sud inconnu, y découvrirent successivement les Açores, Madère, les îles du Cap-Vert, le cap Bojador, la côte de Guinée. On connaît, de cette époque, un manuscrit précieux, signalé par M. Ferdinand Denis : *La chronica do descubrimento e conquista da Guiné*, écrit sous la direction de dom Henrique, par Gomes Eannes de Azurara, dont la statue figure parmi celles du monument de Camoens à Lisbonne.

L'infant mourut dans son habitation du cap Saint-Vincent, en 1460, et ses restes furent transportés solennellement dans le panthéon de la race d'Aviz, à Batalha (R. 3). Personne après lui n'habita cette demeure, qui disparut peu à peu sous les sévices des gros temps, et par les déprédations des rares habitants de la région. Il n'en subsiste aujourd'hui aucune trace, aucun débris. Tout a été entraîné, sauf une chaussée de 1 mèt. 1/2 de largeur et de 20 mèt. environ de longueur, formant une espèce de mosaïque de pavés un peu équarris. Cette chaussée, sur laquelle on passe, en allant de la citerne vers le couvent, a certainement fait partie d'un ensemble plus considérable.

Ce fragment de chaussée a été signalé, sous les ronces et les stévas, par l'auteur de l'*Itinéraire de l'Espagne et du Portugal*, en novembre 1886. Il faisait cette excursion en compagnie de l'agent consulaire de France, originaire de cette partie de l'Algarve, et de guides qui avaient visité plusieurs fois la pointe de Saint-Vincent sans relever cette particularité.

On pénètre dans le couvent actuel par un porche entouré d'une haute muraille défensive. Au-dessus de ce porche, la reine dona Maria II a fait sculpter, en octobre 1846, les armes de Portugal, avec une inscription commémorative. On visite une salle à manger avec quelques vestiges de fresques, une cuisine noire de fumée ; la chapelle, avec un panneau de faïences blanches à bouquets de fleurs, et un *crucifiement* avec les Saintes Femmes ; le cloître, formé de sept arcades sur chaque côté, avec un puits au milieu du patio, des logements, donnant sur les galeries et, habités par le personnel chargé de la garde du monument et de l'entretien du phare. La lanterne de celui-ci, manœuvrée par un appareil à contrepoids, et produisant des éclats alternant avec des éclipses, qui portent à 16 milles au large, est garnie de seize lampes Argant.

La pointe extrême du cap présente une masse calcaire verticale, blanche en regard du midi, noire et verdâtre sous l'action des brumes du N.-O. Elle descend à pic sous la mer, jusqu'à 25 mèt. de profondeur. De la balustrade qui entoure la lanterne, à 62 mèt. au-dessus du flot, on aperçoit, en avant de la pointe, un bloc énorme, crevassé, à peu près de la même hauteur et descendant à la même profondeur. Ce « témoin géologique », qui semble avoir été séparé de la masse par un cataclysme, a la forme d'un poing dressé, avec l'index levé. Cet espace de 20 mèt. où se joue le flot, entre les deux murs à pic, laisse passer, par les temps calmes, les bateaux de pêche et les caboteurs qui se plaisent à ranger le cap au plus près. La région du cap, où circulent des navires de haute mer, est limitée, à 2 kil. à g., par la grande mâture du sémaphore de Sagres.

Le cap de **Saint-Vincent** est situé par 37° 2' 54" de latit. N. et 11° 19' 51" de long. O.

Du cap à la **pointe de Sagres**, c'est-à-dire de l'O. au S.-E., se développe une baie bordée de murailles de 30 ou 40 mèt., décrivant un arc de 5 kil. 1/2 de corde, sur 2 kil. de flèche, festonné de petites criques où la mer des gros temps déferle bruyamment. On suit, autour de cette baie, un sentier qui se tient à 20 ou 25 mèt. du bord. Aux trois quarts à peu près de la courbe, on appuie sur la g., le long de clôtures en joncs, jusqu'à un petit groupe d'habitations constituant le village de Sagres, avec quelques cabarets et un bureau de douanes signalé par le drapeau national.

La route royale, que l'on avait quittée peu après Villa do Bispo, en tendant vers la côte S.-O., a pour terme indiqué la pointe de *Sagres*, et ne se signale guère, depuis la Villa, que par quelques alignements douteux. Elle reprend une certaine apparence devant la douane, et s'étale, abornée et macadamisée, sur 2 kil. jusqu'à l'entrée même des défenses de la pointe. Les Romains appelaient celle-ci le *promontorium sacrum*.

Il est d'usage de s'arrêter le soir au village. On y trouve des moyens passables d'alimentation, du pain, du vin, des œufs, du poisson, des fruits et un matelas pour la nuit.

Le matin, on descend parmi les rochers, à l'E., pour visiter la petite crique qui fut le port d'ancrage et de refuge des caravelles de l'infant. Elle est abritée du N.-O. par les hautes murailles de la pointe, et par un plateau cultivé que traversent deux petites routes desservant le littoral, vers Figueira et Lagos.

La pointe, au S. du plateau, a la forme d'une bourse allongée de 1000 mèt. de long et 500 mèt. de large. Elle est fermée à l'entrée par un ouvrage crénelé, au milieu duquel s'élève une porte monumentale. Auprès de cette porte est scellée dans le mur une table de marbre, portant une inscription qui rappelle les glorieux travaux du grand maître d'Aviz. On pénètre dans une grande cour, barrée au fond par une bâtisse qui occupe tout le travers. Une modeste chapelle occupe le côté O. La bâtisse était le collège de marins fondé par Pacome de Malhorca. L'infant venait y habiter pour assister à l'appareillage de ses navires. Elle sert aujourd'hui de caserne pour un petit poste d'infanterie détaché de la garnison de Lagos, et qui est relevé tous les mois.

De la caserne jusqu'à l'extrémité de la pointe, s'étend un plateau long de 1000 mèt. aussi inculte que le steppe qui précède le vieux couvent de Saint-Vincent. Il est encombré des mêmes débris de rochers, des mêmes sables, et de la même flore sauvage. Un étroit sentier le traverse dans sa longueur, et s'arrête au bas des degrés d'un édifice que surmontent un bureau télégraphique et une terrasse, où s'élève, à 60 mèt. au-dessus des basses mers, un grand mât de signaux. Ce mât porte une longue vergue et, aux cornes de celle-ci, le pavillon bleu et blanc, et les signaux du vocabulaire maritime. Tous les navires venant du N., du S., du S.-O., de l'E., saluent le drapeau portugais, et se font connaître. Il en passe, en moyenne, soixante par jour. De la terrasse, le spectateur les aperçoit au loin, sortant des brumes sans fin de l'horizon, par les portes diverses ouvertes entre les Açores, les Canaries, le cap Vert et son archipel, la côte marocaine, la côte d'Andalousie. La pensée, absorbée par ce grand spectacle, fouille cette plaine mobile, pour y chercher les traces de l'*Atlantide* de Pline, ce magnifique continent qui disparut en un jour.

Le sémaphore, qui communique par Lisbonne avec tout le réseau européen, enregistre ces navires et, au besoin, les signale par dépêche.

Le bureau télégraphique tient un registre des visiteurs de la pointe de Sagres. Il est ouvert à la correspondance privée.

On rentre avec les montures par le sentier que l'*Itinéraire officiel* du royaume veut bien appeler route royale, jusqu'à Villa do Bispo, où l'on retrouve la voiture louée à Lagos. On revient en 3 h., avec une courte halte au Povo de Figueira.

ROUTE 21.

DE FARO A VILLA REAL DE SANTO ANTONIO

FRONTIÈRE D'ESPAGNE.

Route. — 55 kil.

Ceci est la seconde partie de la route du littoral S. du Portugal, partant de Sagres, et classée route royale n° 78, dans l'*Itinéraire officiel* du ministère des travaux publics et de l'industrie. L'étendue totale, depuis Sagres jusqu'à Villa Real de Santo Antonio, est de 152 kil. Faro est à 99 kil. de Sagres, aux deux tiers du parcours.

Le même service d'omnibus, diligence et courrier, qui transporte de Lagos à Faro, prend les voyageurs dans cette ville, aujourd'hui terminus du chemin de fer *do Sul*. On trouve également des voitures de louage pour tout ou partie des 55 kil. à parcourir.

La route se tient constamment à 1 kil. de la côte. Celle-ci est bordée de dunes et de jolies cultures, des habitations entourées de jardins s'étendent, à dr., le long de la route, dont les accotements sont soutenus par des aloès et des nopals. A g., se développe une campagne un peu accidentée, offrant de charmants points de vue, avec de grandes plantations de figuiers, et des vignes.

10 kil. *Olhão*, petit port, à dr., entouré de rochers. Les grandes îles plates, qui se développent au large de Faro, forment, devant Olhão, et jusqu'à Tavira, une espèce de chenal, où pénètre la navigation de pêche et de cabotage, par deux coupures qui ne sont pas toujours accessibles. De *Frezieta* monte, vers le N., un chemin municipal, qui coupe la route et atteint, à g., *San Miguel*, à 12 kil.

30 kil. **Tavira***. Très jolie v. de 9000 hab., la plus peuplée de l'Algarve. Son port est formé par l'embouchure de l'*Asseca*, rivière torrentueuse, qui descend d'une région de hautes collines, à 28 kil. à g. L'accès de ce port est très difficile; il est barré par le grand banc qui s'étend en avant de la côte, depuis Olhão.

Tavira a fait autrefois, assure-t-on, un commerce assez considérable, soit avec l'Espagne et le Portugal, soit avec les côtes d'Afrique. L'aspect de la ville est très pittoresque. Les rues sont larges, très propres, en partie plantées d'arbres. Les maisons élégantes sont toutes couvertes de toitures à quatre pans, qui donnent à chacune un aspect isolé, sans mitoyenneté. On cite, comme un morceau capital d'architecture, un pont de sept arches sur l'Asseca.

Le tremblement de terre de 1755 a été très funeste aux antiques édifices de la ville. Il en subsiste encore assez, cependant, pour satisfaire la curiosité des amateurs. Telle est, notamment, la vieille église de *Santa Maria*; elle laisse voir de nombreuses traces de son antique origine. Outre sa *cathédrale*, cette ville renferme deux intéressantes paroisses, moins anciennes, quant à la fondation, et par conséquent, mieux conservées.

Le commerce de Tavira consiste en exportation de vins blancs, qui ont une certaine réputation, en figues et en amandes. Les vignobles s'étendent à g. de la route, sur les collines de la vallée de l'Asseca; la pêche est aussi active qu'abondante.

40 kil. *Cacella* est un joli bourg maritime tout badigeonné à la chaux, même les toitures, traversé, à dr. de la route, par la *ria do Almargens*, laquelle débouche dans une crique sans plage, formée par des roches verticales, où les barques de pêche sont à flot. La pêche de la sardine, avec de longs filets, traînés par deux barques suivant une route parallèle, y est intéressante et abondante.

Sur la côte, à quelques kil. vers l'embouchure du Guadiana, la falaise rocheuse va en s'abaissant, jusqu'à une plage de gravier où est installée la station du câble télégraphique de Mozambique et de l'Inde. Au N. de la route, vers l'origine de la petite rivière qui arrose Cacella, s'élève une haute montagne, le *monte Figo*, dont l'ascension est facile, et d'où la vue est magnifique.

A 8 kil. de Cacella, s'embranche sur la route, à g., un chemin municipal dirigé vers Castro Marim (*V.* R. 18, p. 411). La route, après cet embranchement, s'engage sur la longue chaussée en ligne droite qui s'étend jusqu'à

53 kil. **Villa Real do Santo Antonio** (*V.* R. 18, p. 412).

Les communications avec l'Espagne, depuis le terminus de Villa Real, se font uniquement par Ayamonte. On traverse le Guadiana en bateau ou en barquette, en le remontant sur 2 kil. environ (200 reis ou 1 peseta). On trouve à Ayamonte, dans la ville basse, un service quotidien de diligence-omnibus qui conduit à Huelva en 4 h. (7 pesetas). Voir pour cette route, Espagne, R. 109.

Les études sont faites pour un chemin de fer qui prendra la place de cette route, de Faro à Villa Real, en se rapprochant davantage de la côte. Il desservirait Frezieta, Tavira, Cacella et aboutirait à la rive droite du Guadiana, au-dessus de Villa Real, et à peu près en face d'Ayamonte, où paraît devoir arriver un chemin de fer venant de Huelva par Cartaya.

ROUTE 22.

MADÈRE (MADEIRA)

Il existe des communications régulières entre Lisbonne et Madère, — distance 160 l. — Des paluquets à vapeur, portugais, des lignes des Açores et de l'Afrique portugaise, font cette traversée deux fois par mois. Ces navires sont bien installés, très confortables et la nourriture est bonne. Les prix sont les suivants : 1re cl., 25 650 reis ; 2e cl., 17 100 reis ; 3e cl., 8550 reis. — A Funchal on débarque par le moyen de canots, dans lesquels on paye 300 reis pour deux places et 500 reis pour quatre places. On trouve une vingtaine d'hôtels publics, dont quelques-uns peuvent être considérés comme établissements de premier ordre. Logement, nourriture, installation confortable, bons soins, 150 à 260 fr. par mois. — *Maisons* de campagne et de plaisance (*quintas*) toutes meublées, pour 1000 fr., 1200 fr., jusqu'à 4000 fr. par mois. MM. John Payne et Carvalho et Cie sont les intermédiaires pour ces locations. — *Domestiques*, 13 à 40 fr. par mois. — Magasins de vêtements confectionnés très bien assortis. — *Monnaies* : La monnaie française ne circule qu'avec grande perte. Les monnaies anglaise, américaine, espagnole ont cours avec leur valeur nominale. Le *real* de Madère vaut moins que celui de Lisbonne (5 millièmes), par conséquent 100 reis représentant 50 c.

On sait que Madère est une résidence précieuse pour les tempéraments délicats, et surtout pour les personnes affectées de maladies pulmonaires chroniques. Le climat est renommé pour sa douceur et sa salubrité. Toute l'année la végétation y présente des fleurs et des fruits. Plus de trois cents étrangers, parmi lesquels se trouvent des souverains, des princes, des artistes, des savants, et principalement des médecins, vont chaque année y passer la saison d'octobre à mai. Le voyage doit se faire du 20 septembre au 20 octobre, pour présenter les conditions les plus favorables à la santé.

Madère est située au S.-E. des Açores, au N. des Canaries, à environ 150 lieues marines au S.-O. du littoral portugais, et à 120 l. O. du continent africain. L'île est de forme triangulaire ; c'est un volcan éteint, dont les côtes offrent partout de hautes falaises et de formidables escarpements de laves. Le point culminant, le *Pico-Ruivo*, atteint près de 1900 mèt. au-dessus du niveau de la mer. Elle a une étendue de 57 kil. sur 23, et une population de 100 000 hab. Sa capitale est **Funchal** (15 000 hab.), défendue par des forts, résidence du gouverneur et d'un évêque. Elle est située par 32° 20' de lat. N. et 19° 16' de long. O., sur la côte méridionale de l'île, au fond d'une grande baie dont les extrémités sont formées par deux caps de formation volcanique. Vue de la mer, elle offre un aspect charmant. Il s'y trouve un hospice pour les poitrinaires, et une école de médecine. Le port, défendu par quatre forts, n'est pas tenable en hiver.

« L'arrivée dans l'île de Madère, dit M. le docteur Garnier, a lieu à **Funchal**, la capitale, où les malades étrangers passent l'hiver. Une baie large, facile, sert d'entrée et permet de jeter l'ancre près du rivage. Les formalités sanitaires sont rapidement accomplies.

« L'aspect général de l'île est majestueux et imposant. Sur des montagnes dépassant six mille pieds et d'une pente parfois très rapide s'étend un immense rideau de verdure formé par de riches vignobles, des vergers de citronniers et d'orangers et d'autres plantations, où les végétaux des tropiques se confondent avec ceux d'Europe.

« La ville de Funchal est située au pied de ce gigantesque amphithéâtre, au S. et un peu à l'E., et s'élève dans un vaste hémicycle avec une apparence modeste, riante et gracieuse. Aucun monument remarquable ne s'en détache; mais les maisons blanches assises près du rivage contrastent avec les teintes rembrunies des roches basaltiques environnantes, de même que les élégantes et nombreuses villas, dispersées coquettement sur les hauteurs, se détachent admirablement de la végétation luxuriante des jardins dont elles sont entourées. Les deux coupoles de l'église de *Nossa Senh^a do Monte*, s'élevant au-dessus de la ville, produisent surtout un effet saisissant. Aussi, l'Européen, abordant en hiver pour la première fois, ne peut se défendre d'un sentiment d'enthousiasme et d'admiration. C'est la profusion et la magnificence des tropiques, au lieu de l'aspect triste, nu et désolé de la zone tempérée; un ciel azuré, un soleil brillant, des montagnes couvertes de vignes et de fruits tropicaux, l'Océan bleu et limpide, un costume pittoresque nouveau, tout l'étonne, le ravit et le transporte.

« Funchal est une retraite calme et paisible, dont la principale distraction est la promenade, à laquelle un temps pur et doux, un paysage extrêmement varié, curieux et intéressant, une mer tranquille, invitent sans cesse. Les habitants sont pacifiques et bienveillants; les vols rares; les crimes presque inconnus. L'eau circule partout en abondance. Les conditions hygiéniques en sont excellentes, l'acclimatement sans danger, et toutes les ressources pour le traitement des malades s'y rencontrent.

« En raison du sol volcanique incliné, montueux et accidenté de l'île, l'équitation est difficile et dangereuse, les chevaux sont rares et chers. Les chariots à bœufs offrent plus de sécurité, mais la locomotion en est trop lente. L'usage du palanquin et du hamac est préférable pour de courtes excursions dans l'intérieur, surtout pour les dames et les malades faibles; l'agilité et la prestesse des indigènes à gravir les pentes les plus escarpées avec ce fardeau sont très remarquables. Ces objets se louent 60 à 75 c. par jour, ou 10 à 15 fr. par mois ; les porteurs se payent 1 fr. l'heure, ou 30 à 35 fr. par mois.

« Des promenades en mer, lorsque le soleil brille, sont reconnues salutaires à la plupart des malades. Un canot à deux rameurs, propre et bien conditionné, muni de coussins, d'une tente contre l'ardeur du soleil, coûte 1 fr. 50 l'heure et 6 fr. par jour. On peut ainsi visiter tout l'extérieur de l'île avec avantage et sécurité. »

La végétation est extrêmement variée à Madère, et atteint des dimensions que l'on peut regarder comme tout à fait exceptionnelles. A côté du châtaignier croissent l'oranger et le pêcher, puis la canne à sucre et les fruits succulents des tropiques. La canne à sucre y fut introduite, de Sicile, par dom Henrique le Navigateur; elle produisit, pendant un temps, jusqu'à 20 000 quintaux par an. La récolte de blé suffit à peine au cinquième de la consommation de l'île ; ce qui tient sans doute à l'abondance des laves répandues sur le territoire. Le peuple s'y trouve, par suite de la rareté de ce premier de tous les produits, dans un profond malaise et dans un dénuement extrême. Le bétail est très chétif: mais on y voit des chevaux grands et vigoureux provenant sans doute du croisement de chevaux de race anglaise.

La principale production de Madère consiste, on le sait, dans le vin délicieux qui porte son nom, et dont on a récolté jusqu'à 2 600 000 décalitres. On distingue le *madère sec*, le *madère malvoisie*, un *madère doux*, qui tient entre les deux, et un vin rouge peu connu et d'excellente qualité. Mais les ravages de l'oïdium ont fait descendre cruellement l'importance de cette production. On revient aujourd'hui à la culture de la canne à sucre, qui produit 274 000 kil., à celle du tabac, et l'on plante des nopals pour y élever la cochenille.

Au N.-O., se trouve la petite île de *Porto-Santo*, qui renferme 4000 hab. et donne quelques produits en blé et en vins ordinaires.

FIN DE L'ITINÉRAIRE DU PORTUGAL.

INDEX ALPHABÉTIQUE

CONTENANT LES RENSEIGNEMENTS PRATIQUES.

ESPAGNE

A

AGREDA, 102.
AGUILAR DE CAMPO, 53.
AGUILAS, 241. — Voitures : — pour *Aguilar*, en 15 m., 50 cent.; — pour *Cervera*, 5 h., 2 pes. 1/2.
AINHOA, 84.
ALAGON, 94.

ALBACETE, 196. — Hôtel de *Francisquillo*. — Voitures pour *Cuenca*, sans heure fixe, à prix débattu.

ALBARRACIN, 195.
ALBUFERA, 199.
ALCALA DE GUADAIRA, 300.
ALCALA DE HENARÉS, 136. — Hôt. *Universo*.
ALCANADRE, 101.
ALCANTARA, 215. — Hôtel : *Posada nueva* ; casa de huespedes de Cesto Peña. — Voitures depuis Arroyo.
ALCANTARILLA, 253.
ALCAZAR DE SAN JUAN, 196. — Hôt. *Diez*. — Voitures pour *Quintanar* à prix débattu.
ALCEDA, 40. — Voitures : service régulier de *Renedo*, en 2 h., 4 pesetas.
ALCOY, 228. — Hôt. : *Pastor* ; *Rigal*. — Voitures : pour *Alicante*, en 7 h., 4 pesetas ; pour *Villena*, 5 h., 5 pesetas.
ALCUDIA DE CRESPINS, 198.
ALCUDIA (Majorque), 324.
ALCUNEZA, 154.
ALFARO, 102.
ALGECIRAS. 284. — Hôtels : *Fonda francesa* ; *F. Salinas*. — Bateaux pour Ceuta, Gibraltar, Cadix. — Chemin de fer pour San-Roque, Malaga, Ronda, Bobadilla.
ALGODOR, 185.
ALHAMA DE ARAGON, 153. — Voitures de la station à l'établissement pendant la saison des bains. — Service pour le monastère de *Piedra*, en 5 h., 7 pesetas 1/2.
ALHAMA DE GRENADE, 274.
ALHAMA DE MURCIE, 241.

ALICANTE, 227.

Hôtels : — *Bossio*, sur le paseo ; — *del Vapor*, porte du Môle ; — *de la Marina*, c. San Fernando, 17 et 24.
Poste : — plaza de Isabel II.
Télégraphe : — derrière la fonda del Vapor.
Voitures : — pour *Murcie*, en 10 h., 7 pes. 1/2 ; — *Alcoy*, 7 h., 4 pesetas ; — *San Vicente*, 1 h., 1 pes.; — *Jijona*, 5 h., 2 pesetas.
Bateaux à vapeur. — Les bateaux qui desservent la côte

d'Espagne font régulièrement escale à Alicante. — *Service international entre la France et l'Espagne.* V. Madrid (Table). Les billets directs pris à Madrid, Alicante et Barcelone donnent droit au transport des voyageurs et de leurs bagages dans les omnibus, voitures et bateaux établis pour le compte des compagnies du chemin de fer et des bateaux à vapeur, à Alicante, Barcelone et Marseille. Bureaux à Alicante, calle Aduana et calle de la Princesa.

ALJUCEN, 218.
ALLARIS, 68.
ALMADEN, 220.
ALMADENEJOS, 219.
ALMAGRO, 208.
ALMANDOZ, 87.
ALMANSA, 197.
ALMARAZ, 211.
ALMAZAN, 107.

ALMERIA, 242.—Hôtels : *Fonda del Vapor* ; *Fonda Magdalena.*

ALMODOVAR, 286.
ALMURADIEL, 245.
ALORA, 270.
ALPERA, 197.
ALSASUA, 7. — *Fonda*, auprès de la gare. — *Buffet* : déjeuner, 3 pes. ; dîner, 3 peset. 1/2.
ALTEA, 230.
AMPOSTA, 147.
AMURRIO, 30.
AMUSCO, 32.
ANDOAIN, 5.
ANDORRA, 135.
ANDUJAR, 246.
ANTEQUERA, 255. — Hôtels : *Fonda de la Castaña*, *Fonda de Europa.*
RACENA, 318.

ARANJUEZ, 184-186.
    Hôtels : — de *Embajadores* ; — del *Norte* ; — del *Infante* ; — de *Pastor* ; — la *Vizcaina.*
    Voitures. — Service régulier pour *Quintanar*, en 8 h., 6 pes. ; — pour *Ocaña*, en 2 h., 1 pes. 25 cent.

ARBOS, 144.
ARCHENA, 252. — Voitures : service de la station aux bains, pendant la saison, en 45 min., 1 pes. 1/2.
ARCHIDONA, 253.
ARCOS DE LA FRONTERA, 310.
ARECHAVALETA, 28. — Voitures : service régulier des *Vitoria*, pendant l'été, en 2 h. 15 min., 5 pes., et de Zumarraga, 5 pesetas.
ARENYS DE MAR, 126. — Hôtels sur le port : *La Marina* ; *El ferro-carril.* — Voitures : tartanes pour *Arenys de Munt* et les bains de Caldetas.
AREVALO, 18. — Hôtels : *Fonda del Pajarito* ; la *Vizcaina.* — Voitures : pour *Montuenga*, 1 pes. ; — *Codoniz*, 35 min., 1 pes. 1/2 ; — *Aldeanueva*, 1 h., 2 pes. ; — *Santa Maria de Nieva*, 2 h. 30, 3 pes. 75 cent. ; — *Tabladillo*, 2 h. 50, 4 pes. 1/2 ; — *Garcilan*, 3 h. 45, 6 pes. ; — *Valverde*, 4 h. 50, 7 pes. 25 c. ; — *Ségorie*, 5 h. 55, 7 pes. 1/2.
ARGAMASILLA DE ALBA, 244. — Voitures à la station pour le village, à 10 kil.
ARNEDILLO, 106.
ARNEDO, 106.
ARRIGORIAGA, 30.
ARROYO (EL), 214. — Gare, hôtel et buffet. — Voitures pour *Alcantara.* — Chemin de fer pour Cacerès.
ARTEIJO, 57. — *Fonda* de l'établissement des bains. — Voitures : deux fois par semaine de la Corogne allant au delà jusqu'à Corcubion. Autres moyens de transport à volonté, chevaux et mules. — De Santiago on remonte par la Corogne, ou bien on vient à cheval directement par la montagne.

ASTORGA, 52. — *Fondas* : Parador de *Ramon Carro*, calle del Arco ; Parador de *la Andaluza*, plaza de la Constitucion ; Posada de *Genaro Fernandez.* — Les voitures publiques, courriers et diligences, par la route de Lugo, se trouvent au terminus actuel du chemin de fer, à Ponferrada. Il n'existe pas de voitures de louage à Astorga. On y trouve de bons chevaux.

ATECA, 153.

AVILA, 10.

Hôtel : — *Fonda del Inglès* ; — *de la Victoria*.

Voitures : — pour *Bejar*, en 11 h., 17 pes. 1/2 ; — pour *Salamanca*, en 10 h., 10 pesetas.

Buffet : déjeuner, 3 pes. ; dîner, 3 pes. 1/2 : — *Omnibus* de la gare à la ville ; distance, 1200 mètres : 50 cent. par place ; 75 cent. avec une malle jusqu'à 40 kilog. ; 50 cent. pour une valise ; 5 cent. pour chaque objet plus petit.

Station de départ pour Bejar, Candelario et Piedrahita.

AYAMONTE, 317. — Voitures pour Huelva.

AZCOÏTIA, 26. — Voiture de Zumarraga (12 kil.), 2 pes. 1/2.

AZPEITIA, 25. — Hôtel *Posada nueva de Roque.* — Voiture de Zumarraga (16 kil.), 3 pesetas.

B

BADAJOZ, 223.

Omnibus : — de la gare à la ville, 50 cent. par voyageur ; 25 cent. pour les bagages.

Hôtels : — *Central* ; — *Fonda del Portugués* ; — *Las Tres Naciones* ; — *el Caballo Blanco* ; — *los Caballeros*.

BADALONA, 127.

BAEZA (station), 245. — Voitures de la station à la ville, à tous les trains, en 2 heures, 2 pes. ; — pour *Ubeda*, en 2 h. 1/2, 3 pes. 25 c. ; — pour *Linarès*, en 30 min., 1 pes. 25 c.

BAÏDES, 155.

BALÉARES (Iles), 322.

BALSICAS, 255. — Bains de mer.

BAÑEZA (La), 66. — Voiture à Veguellina, ligne de la Corogne.

BAÑOS, 14.

BAÑOS DE MONTEMAYOR, 82.

BARBASTRO, 111.

BARCA D'ALBA, 79.

BARCELONE, 116.

Hôtels : — *de las Cuatro Naciones* ; grande façade au midi sur la Rambla (bureau de la Cⁱᵉ des Wagons-lits) ; — *Fonda del Oriente*, sur la Rambla ; — *de Falcon* ; — *Fonda de España* ; — *Peninsular* — *de Cataluña* ; — *Posadas* ou *hostals* de troisième et quatrième ordre, — *Casas de Huespedes*, peu fréquentées par les étrangers.

Cafés : — *del Oriente ; de las Delicias ; de España ; Condal ; de Paris ; de Colon ; Gran Café Continental*, sur la Rambla ; — *Suizo*, sur la Rambla, etc.

Restaurants : — *de Francia* ; — *de Martin* et logements, rambla del Centro, 5 ; — *Nacional* ; — du *Café de Paris* ; — *Peninsular* ; — *Comercio*

Cercles : — l'*Ateneo Barcelonés* — le *Circulo Barcelonés* ; — el *Ateneo libre*. — Les étrangers présentés par les membres sont admis pendant un mois.

Librairies : — française de Piaget, sur la Rambla ; espagnole et rançaise de Verdaguer, sur la Rambla.

Bains : — plusieurs beaux établissements bien tenus, passage de la Paz, dans les calles de Santa Margarita, Lancaster, del Teatro, de Canuda, sur la Rambla de San José. — Bains de mer chauds et froids et bains russes à Barcelonette, et calle de Mina. — Établissement hydrothérapique avec bains russes, etc., Rambla de Estudios.

Poste aux lettres (*Correos*) : — sur la place de Catalogne, et des boîtes (*buzones*), dans les différents quartiers de la ville, hôtels, cercles, débits de tabac, etc.

Télégraphe : — place de Urquinaona et Rambla de Santa Monica.

Chemins de fer (*Ferro carriles*) : — EST (gare, *paseo frente la Aduana*), ligne de France, par l'intérieur ou par le littoral, 2 départs par jour ; — SUD (même gare), ligne de Barcelone à Valence, par Tarragone, 2 départs. — Ligne de *Valls* et *Reus* (gare sur l'avant-port). — LIGNE DE SARAGOSSE (gare au N. de la ville) : Madrid, Pampelune, Bilbao, Burgos. Un train-poste, un train mixte t. l. j. Mercredi et samedi, express de Madrid à Barcelone en 20 h. env. Lundi et jeudi express de Barcelone à Madrid. — Chemin de fer de *Sarria* (gare à l'O., en haut de la Rambla) : tous les quarts d'heure en été ; toutes les demi-heures en hiver.

Wagons-lits : — bureau à l'hôtel des Cuatro-Naciones.

Omnibus : — *des diverses gares de chemins de fer* : valise ou colis : de moins de 20 kil., 50 c. ; pour un bagage supérieur à 20 kil., 1 fr.

Voiture de famille : — du domicile ou hôtel à la station, 2 fr. 50 ; de la station au domicile ou hôtel, 4 fr.

Omnibus : — du domicile à la station, 4 fr. ; de la station au domicile, 6 fr. ; charger et décharger le bagage et le monter chez le voyageur, 50 c. ; le même office à dos ou en charrette à bras, 1 fr. 50 c.

Voitures publiques et diligences : — conduisant dans toutes les localités environnantes : — pour *la Puda* par Olesa (ligne de Saragosse) et à Barcelone, calle del Oli, 4 (d'Olesa à la Puda, 1 pes. 25 c.) ; — pour le *Monserrat*, aux deux stations de Martorell (ligne de Tarragone) et de Monistrol (ligne de Saragosse) : — pour Prats de Llusanes et Berga, trois fois par semaine ; pour Puigcerda, deux fois par semaine.

Voitures de place : — stationnant sur cinq points de la ville : place du Théâtre, place de la Constitution et place du Palais. Le tarif est affiché dans les voitures. La course dans Barcelone se paye par voiture à 1 cheval : 1 pes. le jour, 1 pes. 1/2 la nuit ; la première heure, 2 pes. le jour, 2 1/2 la nuit, et chaque quart d'heure 37 c. ou 62 c. — Pour le chemin de fer, 3 pesetas.

Commissionnaires (*Faquines ou mozos de cordel*) : — stationnant sur certains points déterminés. Ils doivent toujours porter au bras une plaque de cuivre avec un numéro d'ordre. Ils reçoivent, pour charger ou décharger le bagage des voyageurs aux chemins de fer (malle, sac de nuit et carton à chapeau), 50 cent. ; pour porter ces bagages du chemin de fer à domicile, 5 réaux.

Tramvias : — de Barcelone à Gracia et à Barcelonette ; de ceinture ; Barcelone à Sans ; Barcelone à San Martin de Provensals ; Barcelone à San Andrès de Palomar ; Barcelone à Sarria, *et autres lignes*.

Bateaux à vapeur : — de Barcelone à Cette, à Marseille et à tous les ports de la côte espagnole ; services indiqués par affiches chez les consignataires, dans les hôtels et lieux publics.— Restaurants à bord des bateaux: 2 pes. 1/2 le déjeuner; 4 pes. le dîner.

Services réguliers 2 fois par semaine pour les *Baléares*; 1 fois par mois pour Gênes et l'Italie.

Service mensuel de Barcelone, le 16 de chaque mois, à Gibraltar, Rio de Janeiro, Montevideo, Buenos-Ayres. (Société Ripol et Cie.)

BARCELONETTE, 120. — *Fonda del Cometa*. — *Café del Cometa*.—Bains et bains de mer.

BARCENA, 35.

BARCENA DE CICERO, 37.

BATUECAS, 80.

BAYONNE (France), 1.

Hôtels : — *Saint-Étienne*; — *Grand-Hôtel*; — *Saint-Martin*; — *de la Bilbaina*; — *de la Guipuzcoana*; — *du Panier fleuri*; — A Saint-Esprit : — *de la Paix*; — *de Londres*; — *Grand-Saint-Martin*, près de la gare.

Voitures : — à volonté, chez Darrigrand, rue Thiers, et pour Cambo, Hasparren et Saint-Jean Pied-de-Port.

Bateaux à vapeur : — pour les divers ports de la côte espagnole jusqu'à Vigo, entreprises *Hatans, Pedros, Garcia de Isla*. — Agence générale *Novion*.

Changeurs: — Salzedo, aux cinq cantons; Sabarros, rue Thiers, Castro, rue Victor-Hugo, 2.

Chemin de fer : — pour *Cambo*, à la gare de Saint-Esprit, Pau, Tarbes, les Pyrénées, Toulouse, à la gare de Saint-Esprit.

Chemin de fer : — spécial Anglet-Biarritz, gare aux Allées de Paulmy, toutes les heures, ou les demi-heures, selon la saison. Trajet 15 min. Un omnibus vient de la gare de Saint-Esprit, aux trains de la grande ligne.

Tramway à vapeur : — pour Biarritz, sur la place d'Armes.

BAZA, 277.

BAZAGONA, 211.

BAZTAN, 85.

BEASAIN, 6. — Voitures pour *Ormaisteguy*, 30 min., 75 cent.; — *Garirio*, 1 h., 2 pes. 1/2; — *Larcano*, 15 min., 75 cent.; — *Alaun*, 1 h., 2 pes; — *Yriazabal*, 40 min., 1 pes.; — *Segura*, 4 h. 50, 1 pes.1/2; — *Cegama*, 1 h. 15, 2 pes. 1/2. — Voiture spéciale pour les eaux minérales sulfureuses de *Gaviria*, en 1 h. 1/2, 3 pesetas.

BEJAR, 81. — Hôt. *Universal*. — Voitures : *d'Avila*, en 11 h., 17 pes. 1/2; — de *Salamanca*, en 6 h., 11 pes. 25 c.

BELALCAZAR, 220.

BELLPUIG, 114.

BELLVER (Catalogne), 134.

BELMEZ, 220.

BEMBIBRE, 53.

BENAVENTE, 66.

BENICARLO, 148.

BENIDORM, 230.

BENISA, 230.

BERMEO, 24.

BETANZOS, 56. — *Casas de huespedes*, dans les quartiers de San Roqua et de l'Alameda.

BETELU, 90.— Voit. depuis *Irursun*, corr. avec le chemin de fer. — Hôt. de *Madrid*.

BIARRITZ (France), 2. — Hôtels:— *Grand-Hôtel*; *Angleterre*; *Continental*; *des Princes*; *Victoria et de la Plage*; *de l'Europe*; *International*; *de France*; *de Paris et de Londres*; *de Bayonne*. (Voir *Biarritz-Diamant*.) — Chemin de fer pour Bayonne (V. Bayonne). — Tramway à vapeur pour Bayonne.

BIDASSOA, 86.

BILBAO, 30.

Hôtels : — d'*Angleterre*; — *Fonda Antonia*; — *Catalina*; — de la *Navarra*.

Cafés :) — *Suizo*, au rez-de-chaussée de l'hôtel d'Angleterre : — *Union*.

Librairie : — *Juan E. Delmas*.

Hydrothérapie :—calle Nueva,5.

Voitures : — pour *Santander*, 2 fois par j., 15 et 20 pes. — *Tramvias* pour *Las Arenas*, *Algorta* et *Santurce*, Portugalete ; 1/2 peseta.

Chemin de fer :—pour Durango; et jusqu'à *Zumarraga* où il rejoint la grande ligne du Nord de l'Espagne ; — A Durango, services de corresp. pour *Vitoria*, *Vergara*, *Tolosa*, *Saint-Sébastien* et la vallée de Loyola, Bermeo et Guernica.

Bateaux à vapeur :—pour Santander, Saint-Sébastien, Bayonne, Saint-Nazaire. — Pour Portugalete plusieurs fois par jour. — Services hebdomadaires pour Barcelone avec escales ; pour la France, l'Angleterre, la Belgique, l'Amérique.

BIURRUN, 92.

BLANÉS 126. — Voitures : service régulier pour *Lloret*.

BOBADILLA, 255. Chemin de fer vers Ronda, Algeciras et Gibraltar.

BONANZA, 309.

BOO, 36. — Voitures publiques : — pour *Solares*, 4 h. 1/2, 1 pes. 1/2 ; — *Liergaues*, 2 h. 1/2, 2 pes.; — *Bilbao*, 12 h., 20 pes.

BOSNOS, 310.

BRAÑUELAS, 55. — Fonda de la *estacion* ou de *Patro* ; Parador del *Manzanal*. — Excursions, le port de Manzanal. — On trouve de bons chevaux à des prix raisonnables.

BRENÉS, 288.

BRIHUEGA, 193.

BRIONES, 100.

BRIVIESCA, 10. — Omnibus de la gare en ville, 50 c. — Hôtel bien tenu. — Voitures de correspondance : — pour *Terrazos*, 50 min., 75 c. ; — *Los Barrios*, 1 h., 1 pes., — *Pino*, 2 h., 1 pes. 1/2 ; — *Oña*, 3 h. 30, 1 pes. 1/2 ; — *Trespaderne*, 4 h. 50, 2 pes. ; — *Nofuentes*, 5 h., 2 pes. 1/2 ; — *Medina*, 6 h. 30, 3 pes. 75 c. ; — *Cornudilla*, 2 h. 30 1 p. 1/2 ; — *Poza*, 2 h. 30, 2 p. 1/2.

BUÑOL, 206. — *Fonda* Valenciana.

BURGOS, 10.

Omnibus du chemin de fer : — 50c. et 50 c. par colis.

Hôtels : — de *Paris* ; — du *Nord et de Londres* ; — de *Monin*.

Cafés : — *Suizo*, paseo del Espolon ; — *Universal* ; — *Victoria* ; — *Candela*.

Casas de huespedes.

Casinos (les étrangers y sont reçus) : — au-dessus du café Suisse ; — *Salon de Recreo*, au théâtre.

Bains : — c. de la Puebla, 35 ; — Jardin de los Vadillos.

Poste : — Espolon, 58.

Télégraphe : — plaza de la Libertad.

Théâtre : — paseo del Espolon.

Taureaux : — paseo de los Vadillos.

Voitures de louage : — chez Doras et dans les hôtels.

Voitures de correspondance : — Services réguliers pour *Soria*, 15 pes. 1/2 ; — *Villadiego*, 4 pes. 1/2 ; — *Aranda*, 11 pes. 1/2.

Voitures : — pour *Madrid*, par Lerma et Aranda, quotidien. — pour *Villarcayo* et *Espinosa de los Monteros*, les jours impairs, en été.

Librairies : — *Rodriguez*, c. Laín Calvo, 12 ; — *Avila*, plaza Mayor. — *Herce*, c. Mercado, 18.

BUSDONGO, 44.

C

CABEZA DEL BUEY, 220.
CABRERA (Ile), 325.

CACÉRÈS, 214. — Hôtels : *Fonda del Comercio*; *Parador del Carmen*, près de la gare. — Huespedes : maisons *Pozo*, *Piri*, *Manuela*, au barrio nuevo.

CADIX, 306.

Hôtels : — *de Paris*, c. San Francisco ; — *de Cadiz*, plaza de San Antonio ; — *de France*, plaza de Mina, 17 ; — *America*, calle San José ; — *Cuatro naciones*, c. Isabel Catolica ; — *de Europa*, c. Columela.

Cafés : — *Apolo*, plaza de la Constitucion ; — *Suizo*, c. San José ; — *Correos*, c. Rosario, 41 ; — *Iberia*, place de la Constitucion.

Poste : — plaza de Castelar. Boîte (*buzon*) à la station.

Télégraphe : — plaza de Mina.

Théâtres : — *Principal*, c. de la Novena.

Place de taureaux : — paseo del Sur.

Bains de mer : — au môle de San Carlos, à l'Alameda et à la Caletta.

Bains d'eau douce : — c. Cereria, 21 ; — c. del Marzal, 29 ; — c. del Tinte, 1.

Casinos : — *Andaluz*, c. Junquera ; — *Gaditano*, plaza de la Constitucion ; — *Circulo mercantil* c. Duque de Tetuan, 27 ; — *Circulo Gaditano*, c. Duque de Tetuan, 10.

Académies : — philharmonique, c. Columela ; — des sciences et lettres ; — Institut provincial : — médecine chirurgie ; — beaux-arts.

Bibliothèques : — palais épiscopal, 2,000 v. — faculté de médecine, 4,000 v.; — provinciale, publique, 30,000 v.

Consulat de France, Calle Valverde.

Librairies : — *Lib. Universal de Morillas*, c. San Francisco, 36 ; Ibañès, calle de Tetuan.

Galeries de tableaux : — MM. José Casanova y Hermann, José Joaquin Rubio ; Manuel Holgado Carrero ; Adolfo de Castro.

Voitures : — en corresp. à la station de San Fernando (bureau, à Cadix, calle Duque de la Victoria) pour Chiclana, Algésiras et Gibraltar.

Voitures de louage : plaza de la Constitucion ; plaza San Francisco, plaza del Balon ; plaza de Isabel.

Bateaux à vapeur : — pour les ports de la Péninsule, calle Murguia, 35, et Aduana, 16 ; — pour les ports du Nord de l'Espagne, c. Duque de la Victoria, 4, et Murguia, 28 ; Séville, San Lucar, 2 f. p. semaine ; Puerto Santa Maria, plus. f. p. jour ; — pour Tanger, dép. t. l. j.; trajet en 5 h. ; — pour les transatlantiques, ancienne Comp. Lopez y Cª, c. Isabel Catolica, 3 ; — Ligne péninsulaire, du Havre à Porto, Lisbonne, Cadix, Malaga, partant les 10 et 25 de ch. mois, pour Algeciras et Ceuta, los Hijos de Haynes.

CALAFEL, 157.
CALAHORRA, 101. — *Posadas*, chez Espinosa et Juliana.
CALAMOCHA, 150.
CALAÑAS, 117.
CALASPARRA, 152.
CALATAYUD, 153. — Buffet : déjeuner, 3 p. ; dîner, 3 p. 50 c. — Voitures pour les bains de *Paracuellos* pendant la saison (entreprise des bains); service pour *Molina d'Aragon* et pour le monastère de *Piedra* (25 kil.).

CALDAS DE BESAYA, 35. — Hôtels : *des Bains; de l'Établissement.* Voitures pour les environs.

CALDAS D'ESTRACH, 126.

CALDAS DE MALAVELLA, 123. — Hôtel de l'établissement des bains. — Voitures. Service régulier pour San Felix de Guixols.

CALDAS DE MONBUY, 124. — Hôtels des établissements des bains. — Deux saisons : du 1er mai au 15 juillet; du 1er septembre au 15 oct.— Voitures : service régulier de Mollet à Caldas. — *Chemin de fer spécial*, 30 minutes.

CALDELAS DE TUY, 62.

CALETTA, 126.

CANAL IMPÉRIAL, 106.

CAÑAVERAL, 213.

CANDA, 67.

CANGAS DE ONIS, 51. — Voitures de *Torrelavega* (Santander) en 17 h., 18 pesetas 1/2.

CANTALAPIEDRA, 75.

CAPARROSO, 92.

CARBALLO, 57.

CARCAGENTE, 198.

CARDEDEU, 124.

CARDONA, 132.

CARIÑENA, 149.

CARLOTA, 278.

CARMONA, 301.

CARRACA (La), 305.

CARRATRACA, 279. — Hôtels : *La Constancia; Fonda del Principe; F. de Calenco;* Casas de pupilos de Camila Perez, La Parra, etc. — Salons, salles de bal, jardin. — Voitures : service régulier de la station de *Gobantès* (12 p. 1/2, 10 p. et 6 p. 25 c.) pendant la saison des eaux.

CARTAGÈNE, 253.

Hôtels : — *de France et de Paris; Universo; Francisco Ramos.*

Poste : — plaza de San Francisco.
Télégraphe : — calle de Zara.
Bateaux à vapeur : — pour tout le littoral, dont le passage est annoncé par affiches chez les consignataires et dans les cafés; — pour l'Algérie (Oran), t. l. 8 jours.

CARTAMA, 271.

CARTAYA, 316.

CASAR DE CACERÈS, 214.

CASETAS [Las], 94, 151.

CASTEJON, 93. — Hôtel à la gare et buffet. — Voitures. — Services pour *Fitero* et *Gravalos*, en correspondance avec le chemin de fer. Services pour Corella, Soria, Agreda, etc.

CASTELLON DE LA PLANA, 148.

Hôtels : — *Fonda de España; — Fonda del ferro-carril; — Parador del Leon.*

CASTILLEJO, 186.

CASTILLO DE ALMORCHON, 220.

CASTRO GONZALO, 66.

CASTRO NUÑO, 72.

CASTRO URDIALES, 38.

CASTUERA, 221.

CATLLAR, 137.

CEBRONES, 66.

CENICERO, 100.

CERBÈRE (France), 121.

CERECINOS, 65.

CERVATOS, 33.

CERVERA, 114.

CESTONA, 24. — Hôtel : *des Bains.* — Voiture de *Zumarraga*, 32 kil., 5 pes.

CETINA, 154.

CEUTA, 313.

CHESTE, 206.

CHICLANA, 311. — *Fonda* sur la place.

CHILCHES, 148.

CHINCHILLA, 197. — *Fonda del Ferro-carril.*

CHIRIVEL, 277.

CHISVERT, 148.

CIEMPOZUELOS, 186.

CIEZA, 252.

INDEX ALPHABÉTIQUE.

CINTRUENIGO, 102.
CIUDADELA (Minorque), 326.

CIUDAD REAL, 209.

Hôtels : — du *Commerce*; — *Pizarroso*; — *Fonda de Manuel Casada Miracielo*.

Voitures : — service pour les bains de *Fuen Santa*, pendant la saison, en 5 heures, train-correo, 7 pes. 1/2.

CIUDAD-RODRIGO, 79. — Hôt. *Las Corjobesas*.
COLLBATO, 128. — Hôtel : *Posada nueva de las cuevas*, où l'on trouve les clefs des grottes. — Guide, 3 p. 1/2; une torche, 2 p. 1/2; feu de Bengale, 3 p. 1/2; péage de 50 c. sur le chemin des grottes.
CONCENTAINA, 228.
CONCHAS DEL EBRO, 100.
CONIL, 311.

CORDOUE, 247.

Omnibus : — de la gare, au bureau central, et aux hôtels, 50 c.

Hôtels : — *Gran-Hôtel Suizo* (H. Suisse), calle Paraiso; — *Fonda de Oriente*, sur le paseo del Gran Capitan; — *Fonda Española*.

Cafés : — *Suizo*; — *Nuevo*; — del *Gran Capitan*.

Poste : — plazuela de Benavente, près de la cathédrale.

Télégraphe : — plazuela de San Hipolito, près du paseo del Gran Capitan.

Voitures : — à 1 ch. 1 pes. la course, 2 pes. l'h., à 2 chev. 2 pes. la course; 3 p. l'heure.

Mosquée. — Porte principale, Puerta del Perdon, sous la tour, donnant sur le Patio de los Naranjos; ouverte dès le matin.
Jardin del Alcazar, s'adresser au jardinier.

CORELLA, 102.

COROGNE (Coruña), 36.

Hôtels : — *Fonda Ferro-Carrillona*, calle Real, 100 ; — *Iberia* ;— *F. del Comercio*; — *Universo*; — *Francia*; — *Europa*.

Café : — de los *Milaneses*.

Librairie : — Vicente Abad.

Voitures : — Deux services quotidiens pour Betanzos, un pour Sada. — Quatre voitures pour Santiago et Vigo. — Deux fois par semaine pour *Corcubion*, passant aux bains d'*Arteijo* et de *Carballo*. Deu trains pour Lugo.

Vapeurs : — service de Southampton pour l'Amérique du Sud, tous les 15 jours, relâchant à la Corogne (don Martin de Carricarte). — Service du littoral, de la France, du Portugal et de l'Angleterre. Le passage des bateaux est annoncé par affiches chez les consignataires.

Bateaux pour le Ferrol.

CORTÈS, 93. — Voiture pour *Borja* corresp. avec le chemin de fer.
COVADONGA, 51.
CREVILLENTE, 238.
CUACOS, 212.

CUENCA, 204.

Hôtels : — de *Madrid*; — *Parador de diligencias*; — *posada del Sol*.

D

DAIMIEL, 203.
DAROCA, 150.
DENIA, 225.
DEVA, 22. — Hôtel : *Deva.* — Voitures : service régulier de *Zumarraga*, en 4 h., 7 pes. 1/2.
DON BENITO, 221.
DOS HERMANAS, 303.
DUEÑAS, 15.
DURANGO, 26. — Hôtels: *del Olmedal*; *de Lapico*; *del Universo.* — *Chemin de fer* pour Bilbao et pour Zumarraga.

E

ECIJA, 278. — Hôtel: *Parador de diligencias.*
ELCHE, 237.
ELDA, 226.
ELGOIBAR, 26.
ELIZONDO, 85. — *Fonda y Café de Esteban Fort.*
ELORRIO, 27.
ENCINA [La], 197.
ERMUA, 26.

ESCORIAL, 20-180.

Hôtels : — *Fonda de Miranda*, plaza de las Animas; *F. de la Rosa*, calle San Antonio; *Cuatro Naciones.* — *Omnibus* à tous les trains, 50 c. par place. — Billets d'aller et retour par le train de Madrid, et le train du soir de l'Escorial.

ESPELETTE, 84.
ESPELUY, 246. — Chemin de fer pour Jaen et Puente-Genil.
ESPIEL, 253.
ESPINOSA, 32.
ESTEPONA, 284.
EYBAR, 26.

F

FERMOSELLE, 78.
FERNAND NUÑEZ, 254.

FERROL [LE], 53.

Hôtels : — *Fonda Suiza*, calle Real, belle situation ; — *Comercio*, calle Real.
Cafés : — *Suizo* ; — *del Angel* ; — *Universal* ; — *Imperial* ; — *Español.*
Cercles : — *de Recreacion* ; — *Casino Ferrolano* ; — *Liceo de los Artesanos* ; — bibliothèque, journaux, salon de musique.
Voitures : — un seul service allant à *Santa Maria.*
Bateaux à vapeur : — quotidiens pour la *Corogne*, le *Mendez Nuñez*, et le *Pajaro.*

FIGUERAS, 122. — Hôtels : *Dessaya* ; *Fonda del Commercio.*
FINISTERRE (Cap), 57.
FITERO, 105. — Voitures : service depuis *Tudela*, en correspondance avec le chemin de fer ; — idem depuis *Castejon.*
FONTARABIE, 3.
FORMENTERA, 327.
FRAGA, 147. — Voitures : diligence depuis *Lerida*, en correspondance avec le chemin de fer.
FREGENAL DE LA SIERRA, 319.
FREGENEDA, 78. — Chemin de fer et voitures de *Salamanca*, en 7 h., 13 pes. 75 c.
FROMISTA, 32.

FUENMAYOR, 100.
FUENTE PALMERA, 278.
FUENTES DE ONORO, 80.

G

GANDIA, 225.
GAUCIN, 283.

GERONA, 122.

Hôtels : — *Fonda Italiana;* — *F. casa de postas.*

Voitures : — service régulier de Gerone à Olot et à Palamos.

GETAFÉ, 185-186.
GIBRALEON, 316.
GIBRALTAR, 285. — Hôtels : *Calpe hôtel* ; *Royal hôtel* ; *Europe hôtel.* — *Poste et télégraphe*, Waterport street. — Tramway pour San-Roque d'où chemin de fer pour Malaga par la côte ou par Ronda et Bobadilla. — Bateaux à vapeur : pour Cadix, Malaga et la côte; pour Tanger, quotidien, 10 p.; aller et retour, 15 p.; pour Algeciras 4 fois par jour. — Chevaux pour les environs. — La monnaie espagnole a cours (pesetas et centimes).
GIJON, 49. — Hôtels : *Iberia* (français); *Comercio*; *Fonda del ferrocarril.*
GINZO DE LIMIA, 68.
GUILLAREY, 62.
GOBANTÉS, 270. — Voitures : service régulier pour les eaux de *Carratraca* en 3 heures, et pour *Ronda*, en 5 heures, 6 p. 25.
GRABALOS, 105.
GRAENA, 276.

GRAJAL, 41.
GRANJA [La], 183. — Hôtels : *de Paris*; *Europeo*. — Voitures : service régulier de *Villalba* en 5 h., 15 p.
GRANJA DE SAN VICENTE (LA), 53.
GRANOLLERS, 124.
GRAO DE VALENCE, 100. — Établissement de bains de mer.
GRAVALOS, 105. — Ligne spéciale depuis *Castejon.*

GRENADE, 256.

Hôtels : — *de la Alameda*; *Victoria*; *Europa* (en ville). — *Washington, Irving*, de *Rome* (ancien *Siete Suelos*) et des logements meublés auprès de l'Alhambra. Casa de huespedes, Robledo, Puerta real.
Cafés : — *Suizo*; *de España*; *Leon*; *de la Alameda.*
Casino : — *popular*, près de l'hôtel Victoria. c. *principal*; *artistico.*
Voitures : — service régulier pour *Jaen* en 9 h., pour *Lanjaron*, *Guadiz* et *Motril*, etc.
Voitures de place : — course, 2 p. le jour ; après minuit, 2 p. 1/2; heure de jour, 3 p. ; après minuit, 5 p. 1/2 ; monter au Generalife, 2 p. 1/2 en plus.
Poste : — calle Mendez Nuñez.
Télégraphe : — calle de la Duquesa, ouvert jusqu'à minuit.
Alhambra : — ouvert du lever au coucher du soleil.
Généralife : — permission délivrée par le consul italien (casa de los Tiros).
Libraire : — *Paulino Ventura Sabatel.* c. Mesones.
Guides : — 7 pes. 50 pour la journée. — Ascension de la Veléta et de Mulahacen, chevaux pris à Grenade 7 p. 50; guide 5 pes.

GUADAJOZ, 287.

GUADALAJARA, 155.

Voitures : — service régulier pour les bains de *Trillo* pendant la saison, en 14 h., 7 p. 1/2 ; — pour *Pastrana*, 7 h., 6 p.; — pour *Cuenca*, 9 h., 15 p.; — pour les bains de *Sicedou*, 4 h., 7 pes. 1/2.

GUADALUPE, 217.
GUADARRAMA (Port), 72.
GUADIX, 276.
GUERNICA, 25.

H

HARO, 100.
HELLIN, 251.
HENDAYE (France), 2. — Buffet à la gare, au retour d'Espagne ; bateaux pour Fontarabie. — Hôtels : *de France* ; *du Commerce* ; *du Casino*.
HERNANI, 5. — Voitures : service régulier pour *Saint-Sébastien*, en 35 min., 50 c.; — *Tolosa*, 2 h. 30 min., 1 peseta.
HIJAR, 108.
HOSTALRICH, 125. — Voitures : service régulier pour *Arbucias*.

HUELVA, 514.

Hôtels : — *Colon* ; — *Ricca* ; — *Cuatro Naciones*. — Chemin de fer pour Zufra, Badajoz et le Portugal.

HUERCAL-OVERA, 242.

HUESCA, 110. — Embranchement à Tardienta. Ligne de Saragosse-Barcelone.

Hôtel, restaurant et pâtisserie de *la Union*.

Voitures : — service de diligences en correspondance avec le chemin de fer pour Jaca et Panticosa.

HUMANES, 155.
HURDÈS, 80.

I

IGUALADA, 144. — Voitures et ligne de tramway : service de Martorell, en correspondance avec le chemin de fer.
ILLESCAS, 210.
ILLORA, 256.
IRUN, 2. — Hôtels : *Fonda de Arupe* ; *F. Echenique* ; *F. San Juan* ; *F. Istueta*. — Cafés : *de la Iberia*. *Picabeau*. — Voitures : service régulier pour *Behobie* en 20 min., 50 c. ; *Fontarabie*, 20 min., 40 c. — Voitures à volonté : chez Arupe. — Buffet à la gare, au départ pour l'Espagne. — Omnibus de la gare à la ville. — Voitures pour Pampelune, par Vera et la montagne, 10 pes., 12 heures.
IRURITA, 85.
IVIÇA (Ile), 327.

J

JABUGO, 318.
JACA, 109. — Voitures depuis Huesca, en corresp. avec le chemin de fer. — De Jaca à Oloron (France) deux fois par jour, par le col de Somport, belle route.
JADRAQUE, 155.

JAEN, 251.

    Hôtels : — *de Europa;* — *de Londres.*
    Café : — *Nuevo.*
    Chemins de fer : — de Espeluy à Jaen et vice-versa.
    Voitures. — Service pour Grenade.

JARABE, 154.
JATIVA, 198.

JEREZ DE LA FRONTERA, 504.

    Hôtels : — *Fonda de Jerez*, c. de las Naranjas.
    Café : — *del Centro.*
    Circulo : — *Jerezano.*
    Poste : — calle Medina.

JEREZ DE LOS CABALLEROS, 320.
JIJONA, 229.
JIMENA DE LA FRONTERA, 284.

L

LAREDO, 58.
LEBRIJA, 303.
LEBRILLA, 240.
LEDESMA, 78. — Voitures : de *Salamanca*, pendant la saison des bains, en 2 h., 3 pes. 1/2.
LEGANÈS, 209.

LEON, 41.

    Hôtels :—*Fonda Nueva del Norte;* — *La Suiza;* — *Casa de Pupilos*, sur Santo Domingo.
    Cafés : — *Universal;* — *Casino Leones.*

LEQUEITIO, 23.

LERIDA, 113.

    Buffet : — à la gare ; déjeuner, 3 pes. ; diner. 3 pes. 1/2.
    Hôtels : — *Fonda San Luis;* — *de España;* — *del Jardin;* — *de la Barca;* — *del Segre.*
    Cafés :—*Cuatro Puertas;*—*Universo*, etc.; — *Casas de Huespedes*, calle mayor, etc.
    Voitures : — pour Fraga. Vimbodi, Borjas, Balaguer, Mollerusa, Belpnig, Aytona, etc.

LEZAMA, 29.
LINARES, 245. — Hôt. : *Cervantès Castulo.*
LLERENA, 302.
LLOBREGAT, 156.
LOECHÈS, 192.

LOGROÑO, 101.

    Hôtels : — *Fonda de la viuda de Arza;* — *del Universo;* — *del Español.*
    Cafés : — *de los Leones*, sous les Portiques ; — *Español;* — *Suizo.*
    Cercles :—*Loyroñes;*—*Riojano;* — *de la Amistad;* — *Ateneo.*
    Voitures : — pour Burgos et Soria ; pour Navarrete et Najera.

LOGROSAN, 217.
LOJA, 256. — Hôtels : *Parador de los Angeles; Posada de la Incarnacion.*
LORA DEL RIO, 287.
LORCA, 241. — Hôtel, *Fonda Roja.* — Voitures : de *Murcie* et pour *Murcie* en 7 h., 7 pes. 1/2. Tartanes pour Velez Rubio et Baza.
LORQUI, 232.
LOYOLA, 25.

LUGO, 55.

Hôtels : — *Fonda de Tomas Cobos*; — *F. de Ramon Cocina*; — *Universal*; — *Mendez-Nuñez*.

Cercle :— de Recreo et Instituto de Artesanos.

Chemin de fer : — deux trains par jour pour la Corogne.

Voitures : — pour *Mondonedo* et les ports de l'Océan.

LUMBRERAS, 242.
LUYANDO, 30.

M

MADRID, 158.

Omnibus : — *de la gare* à la *Puerta del Sol* : le jour, 50 c. par place; 25 c. par colis. La nuit, 1 pes., 50 c. et 25 c. — Omnibus conduisant *à domicile* avec 30 kilogr. de bagages : 4 pes. le jour; 8 pes la nuit.

Voitures de place : — *de la gare* à domicile : la course de jour, 1 pes. ; après minuit, 3 pes., plus les bagages.

SOMMAIRE.

Position, climat, origine, 158. — Édifices publics et ministères, 158. — Édifices particuliers, 161. — Places, 161. — Fontaines, 163. — Édifices religieux, 163. — Musées, 165. — Bibliothèques, Académies, 173. — Théâtres, 174. — Jardins, 175. — Promenades, 175. — Portes, 176. — Ponts, canaux, 177. — Commerce et industrie, 177. — Alentours, 178. — **Résidences royales**, 179.

Académies : — *des sciences*, calle de Atocha, 14; — *d'archéo-logie*, calle de Hortaleza, 41; — *espagnole*, calle Valverde, 26; — *de l'histoire*, plaza Mayor, 50; — *de jurisprudence et de la législation*, calle Montera, 22; — *de médecine et de chirurgie*, calle de Atocha, 106; — *des Trois Nobles Arts*, calle de Alcala, 19.

Ambassades et légations : — d'*Autriche*, calle del Rey Francisco, 8; — de *Belgique*, calle de la Bibliotheca, 4; — de *Brésil* calle San Quintin, 4; — d'*Italie*, calle de Don Pedro, 8; — des *États-Unis*, calle del Sauco, 13; — de *France*, calle de Olozaga (les secrétaires de l'ambassade et le chancelier reçoivent de 2 à 4 h.); — de la *Grande-Bretagne*, calle de Torija, 9; — des *Pays-Bas*, calle de Santa Teresa, 5; — de *Portugal*, calle de Fuencarral, 55; — d'*Allemagne*, plaza de Descalzas, 5; — de *Suède*, paseo de Recoletos, 11; — de *Russie*, plazuela de la Villa, 4; — *Nonciature apostolique*, calle del Nuncio, 13.

Ayuntamiento (administration municipale) : — plaza de la Villa, 3.

— **Artillerie**, comité supérieur, calle de Alcala, 55, au ministère de la guerre.

— **Athénée scientifique**, artistique et littéraire, calle del Prado.

— **Audience archiépiscopale**, calle San Justo, 2.

— **Audience territoriale** (cour royale) de Madrid, plaza de Santa Cruz.

Bains : — *Baños de Oriente* plaza de Isabel; — *San Isidro*, calle Mayor; — *Baños de Diana*, calle de Alcala, 18; — *Campos Eliseos*; — *la Estrella*, calle de Santa Clara, 1; — *Santa Barbara*, calle de Hortaleza, 142; — *Nueva*, même rue, 85; — calle de Capellanes, 1; — *Del Norte*, calle Jardines, 16. — *Baños arabes*, calle de Velazquez (par les tramvias de la Pa del Sol).

— *Bains de vapeur et bains russes*:

hydrothérapie, calle Hileras, 2 *bis*, dirigés par le Dr Arnus. 2 p. avec linge; 3, 3 50 à 4 pesetas à domicile.

Banquiers : — Bauer, calle San Bernardo, 54; — José Campo, calle del Cid, 5; — Carriquiri, plazuela de Matute, 9; — Crédito Comercial, Serrano, 84; — Heredia, Magdalena, 17; — Girona, Fuencarral, 117; — Goizueta, Espoz y Mina, 15; — Uhagon, Jovellanos, 7. — Succursale du Crédit Lyonnais, calle Espoz y Mina.

Cafés : — *Café Impérial*, au rez-de-chaussée de l'Hôtel de Paris, puerta del Sol; — *el Universo, Oriental*, puerta del Sol; — *Café Suizo*, calle de Alcala; — *de Madrid*, calle Alcala; — *de Vienne* (café-glacier), calle Alcala; — *la Perla*, carrera San Geronimo; — *Fornos*, calle d'Alcala; — *de Paris, de France*, passage Mateu, entre les rues Vitoria et Espoz y Mina, etc.—On y vend les journaux. Les jeux de billard sont généralement indépendants des cafés.

Capitainerie générale : — calle Mayor, 12.

Casas de huespedes.—Appartements meublés dans des maisons particulières, où l'on trouve un logement décent, la table et le service, à des prix bien inférieurs à ceux des hôtels (5, 6 et 7 pesetas par jour). Ces logements n'ont ni enseignes ni indications particulières; lorsqu'ils sont vacants, on les reconnaît à une feuille de papier blanc attachée à l'*un des coins* du balcon. La feuille de papier placée *au milieu* du balcon est l'indication d'un appartement complet à louer.

Cercles : — *El Ateneo*, calle del Prado; salons, journaux, bibliothèque importante, salle de conférences; — *el Casino*, carrera San Geronimo; — *el Circulo, del Comercio*, calle Mayor, 2; — *de la Union mercantil*, calle de Carretas, 14; — *Veloz Club*, 15, calle de Alcala; — *des Agents de change*, 12, calle San Mateo; — *Casino de Madrid*, calle de Alcala; — *Jockey-Club*, Fuencarral, 2.

Chambre des députés (*Congreso*), carrera San Geronimo.

Chemins de fer : — LIGNES DU NORD. Gare de départ à la puerta San Vicente; bureau central à la puerta del Sol, n° 9. — Omnibus du bureau central à la gare, partant 3/4 d'heure avant le départ du train : 50 c. par voyageur; 50 c. pour les bagages au-dessus de 30 kilogr. On paye pour les colis qu'on garde avec soi.

LIGNES DE SARAGOSSE, ANDALOUSIE, BADAJOZ, CARTAGÈNE, ALICANTE, VALENCE, CORDOUE, SÉVILLE, CADIX, TOLÈDE, CIUDAD REAL. (Gare à la puerta de Atocha.) — Bureau central, calle de Alcala, 2; omnibus du bureau central à la gare, partant 3/4 d'heure avant le départ du train, 50 cent. par voyageur, et 50 cent. pour les bagages au-dessus de 30 kilogr. On paye pour les colis qu'on garde avec soi. — LIGNE DE CACÉRÈS PORTUGAL, administrée par la Cie du Nord. LIGNE DIRECTE DE TOLÈDE, gare aux Delicias, au delà de la porte d'Atocha (Bureau et omnibus, calle de Alcala, 2, et calle de Tetuan). — LIGNES D'ANDALOUSIE. Paseo de Recolator.

(Voir pour les heures des trains et les prix, la *Guia oficial*.)

Chemins de fer (sièges sociaux) : — *Ciudad Real à Badajoz* à la station d'Atocha; — *Cordoue à Belmez*, calle de la Colegiata, 12; — *Madrid à Cacérès et Portugal*, calle Claudio Coello, 12; — *Madrid, Saragosse, Alicante, Mediodia*, station d'Atocha; — *Medina à Zamora*, calle del Almirante, 14; — *El Norte*, paseo de Recoletos, 17; — *El Noroeste*, calle de San Sebastian, 2

— *Cordoue, Malaga-Grenade*, calle de Alcala, 21; — *Sociedad española mercantil y industrial*, calle de Prado, 26.

Commissionnaires, *domestiques de place et portefaix* (*mozos de cordel*) : — Ils sont généralement originaires des Asturies et de la Galice, de formes et de manières passablement gauches et grossières; mais robustes, laborieux et d'une fidélité éprouvée. Les maisons qui les emploient leur donnent d'habitude 50 c. par jour, plus la nourriture. Les *mozos de cordel* stationnent par groupes dans les rues, sur certains points déterminés, notamment à la puerta del Sol, à l'angle de la calle de la Montera. On les paye de 50 c. à 1 pes. par commission.

Établissements publics (*jours et heures d'entrée*).

— *Armeria real*, au Buen Retiro, tous les jours et pour les écuries les lundis, de 10 h. à 3 h., avec un permis du grand écuyer (*caballerizo mayor*);

— *Asile de San Bernardino*, extra muros, t. l. j., sans billet ;

— *Bibliothèque nationale*, calle de la Biblioteca, tous les jours non fériés, de 10 h. à 4 h.; entrée publique ;

— *Musée des antiques et des médailles* de la bibliothèque, les samedis, de 10 h. à 2 h., avec billets délivrés par le concierge ;

— *Bibliothèque de San Isidro*, t. l. j. non fériés, de 9 h. à 3 h. ;

— *Cabinet d'anatomie* de la Faculté de Médecine, calle de Atocha, 106 : les dimanches, de 10 h. à 2 h., avec permis des professeurs ;

— *Cabinets de machines* du Conservatoire des Arts, à la *Trinidad*, calle Atocha, 14; entrée, pour les étrangers et les artistes, avec permis du directeur ;

— *Cabinet des mines*, de la direction des mines, plazuela del Conde de Barajas, 8; entrée tous les jours ;

— *Cabinet d'histoire naturelle*, dans l'hôtel de l'Académie de San Fernando, calle de Alcala, 11; entrée, pour les étrangers, tous les jours non fériés, de 10 h. à 3 h. ;

— *Cabinet topographique*, au Buen Retiro, les mardis et samedis, avec permission du directeur de l'artillerie ;

— *Casa de Campo*, route de Castille, le samedi avec permis de l'intendant du palais ;

— *Casa de Espositos* (Enfants trouvés), calle de Embajadores, avec permission du directeur ;

— *Casa del matadero* (abattoirs), calle de Toledo, avec permission de l'administrateur ;

— *Casa de moneda* (monnaies), paseo de Recoletos, avec permission du directeur ;

— *Casino*, calle de Embajadores (maintenant Musée archéologique) ;

— *Colléges de sourds-muets et Institut d'aveugles*, calle San Mateo, les vendredis, avec permission du directeur ;

— *Écoles d'enfants*, entrée sans permis ;

— *Écuries royales*, les lundis, avec permission du grand écuyer ;

— *Fabrique de tabacs*, calle de Embajadores, 59, avec permission du directeur ;

— *Galerie de peinture et de sculpture* de l'Académie de San Fernando, calle de Alcala ; les étrangers sont toujours admis, de 10 h. à 3 h. ;

— *Hospice*, calle de Fuencarral, avec permis du directeur ;

— *Hôpitaux* : *General*, calle de Atocha, mercredis et dimanches, de 9 h. à 11 h. ;

— *des Invalides*, hors de la porte d'Atocha, avec permis du chef; *militaire*, avec permission des inspecteurs de santé militaires ; *des Incurables* (*femmes*), calle de Amaniel, avec permis du directeur; *Incurables* (hommes), avec permis;

— *Jardin botanique et zoologique*, au Prado, ouvert au public du 30 mai au 30 septembre, de 4 h. jusqu'à la nuit, et visible avec billets du directeur le reste de l'année; de 6 h. du matin à midi;

— *Jardin réservé du Parc de Madrid*, tous les jours, moyennant un réal;

— *Musée d'artillerie*, au Buen Retiro, les mardis et samedis, de 10 h. à 3 h., sauf les jours de fêtes et les jours de pluie, avec billets à 1 peseta pour 6 personnes, pris à la librairie puerta del Sol, 6;

— *Musée archéologique*, calle de Embajadores, de 10 h. à 3 h.; billets à 1 pes. pour 6 personnes, au profit des écoles du Pardo;

— *Musée naval*, plazuela de los Ministerios, les mardis et vendredis, de 10 h. à 3 h., sauf les jours de pluie, avec billets à 1 peseta pour 6 personnes (librairie puerta del Sol, 6).

Faculté de pharmacie : — calle de la Farmacia, 11.

Gouvernement militaire : — calle de Alcala, 53. — *Gouvernement de la province*, calle Mayor, 115.

Hôtels : — *Grand hôtel de la Paix*, puerta del Sol; — *Continental*, calle Preciados et puerta del Sol; — *de Paris*, puerta del Sol; — *Hôtel de Rome*, calle caballero de Gracia; — *Hôtel Inglés*, avec restaurant, calle Etchegaray, 10; — *Fonda de Oriente*, puerta del Sol et calle del Arenal; — *Fonda de Embajadores*, calle de la Victoria, 1; — *Hôtel de Madrid*, calle Mayor, 1; — *Hôtel Peninsular*, calle de Alcala, 7; — *Fonda Española*, calle Jacometrezo, 45; — *Fonda de Europa*, calle de Tetuan, 3; — hôtel de *la Navarra*, calle Alcala, 19. — hôtel de *los Italianos*, calle del Principe, 33; — *Gran Hotel de Rusia*, carrera San Geronimo, 34; — F. del *Universo*, puerta del Sol; — hôtel *Santa Cruz*, carrera San Geronimo, 45; — hôtel *Bilbaino*, carrera San Geronimo, 16. — *Fonda de los Leones de Oro*, calle del Carmen, 30; — *Fonda de las Cuatro Naciones*, calle del Arenal, 19; — *Fonda de Barcelona*, calle de la Abada, 12; — *Fonda Suiza*, calle de Jacometrezo, 8; — *Hôt. imperial*, calle de la Montera, 14. — Guides, interprètes dans les hôtels.

Institutions de crédit : — *Banco de Castilla*, calle del Barquillo, 3; — *Banco de España*, calle de Atocha, 13; — *Crédito comercial*, calle de Claudio Coello, 5; — *Crédito mobiliario*, paseo de Recoletos, 17.

Intendance de l'armée : — calle del Barquillo, 1. — *Intervention générale militaire* (contrôle), calle de Alcala, 49.

Libraires : — Don Carlos Bailly-Baillière, plaza de Sta Ana, 10; — Fernando Fé, carrera San Geronimo; — Gutenberg, calle del Principe; — Fuentes et Copdeville, plaza Sta Ana. — Antonio de San Martin, puerta del Sol. — Gonzalès, puerta del Sol, 9.

Ministères (V. p. 159).

Monnaie : — paseo de Recoletos, — *Mont-de-Piété*, place de las Descalzas, 1.

Musée royal *de peinture et de sculpture :* — sur le Prado : public les dimanches de 10 h. en hiver et en été; ouvert dans la semaine, de 9 h. à 4 h., avec billets de 50 c. par personne pris chez le concierge: le lundi, depuis 1 h. seulement.

Observatoire astronomique : — avec permis du directeur.

Palacio real : — on peut le visiter avec un billet du *mayordomo-mayor*, lorsque LL. MM. ne sont pas à Madrid.

Poids et mesures (vérification) : — calle Imperial, 10.

Poste aux lettres (*Correos*);

— Calle de Carretas, près la puerta del Sol. Les lettres s'affranchissent au moyen de timbres-poste de 10 cent. pour l'intérieur d'une ville, 15 c. pour le royaume et le Portugal. L'affranchissement est obligatoire pour l'Espagne; les lettres non affranchies sont retenues dans les bureaux expéditeurs. — Pour la France et tous les pays compris dans l'Union postale, 25 centimes; les timbres se vendent dans les *Estancos*, bureaux de tabac. — La dernière levée pour Paris et l'étranger a lieu à la grande poste à 6 du soir et à 7 du soir, avec un supplément (*alcance*) de 5 c., à une boîte qui se trouve dans le vestibule de la poste.

Restaurants: — de l'hôtel Inglés, calle del Lobo; — *La Perla*, carrera San Geronimo, 151; — *Restaurant et Café Anglais*, calle de Sevilla, 6; — *dos Cisnes*, calle de Alcala, 17; — *Suizo*, Sevilla, 7; — *Fornos*, Alcala, 19; — *Perla*, San Geronimo; — *Hermann (fonda Suiza)*, calle Jacometrezo, 8; — *Pasquet*, calle de la Montera, 29.

Repas de commande: — Restaurant *Lhardy*, carrera San Geronimo (d'octobre à mai, à 7 h. du soir *dîner Lhardy*, 20 pes. par pers.).

Santé publique (commission municipale): — plazuela de la Villa, 1.

Sénat (Palais du): — place des Ministères, 8.

Télégraphe: — station, calle de San Ricardo, 1; bureaux au rez-de-chaussée du ministère de la Gobernacion, entrée par la calle de Correos. Pour l'intérieur de l'Espagne (cinq mots gratuits pour l'adresse et la signature). Pour la France, 20 cent. par mot. Ces prix se payent au moyen de timbres spéciaux (*sellos*) qui se vendent à un guichet spécial du bureau télégraphique.

Théâtres (V. p. 174).

Tramvias: — de la puerta del Sol, douze directions différentes (V. p. 162). Les prix, affichés dans les voitures, sont fractionnés selon les distances.

Tribunaux suprêmes:
— *de guerre et de marine*, calle Atocha, 4.
— *de justice*, plazuela de los Consejos.
— *de Rote*, calle del Nuncio, 13.

Université centrale, calle ancha de San Bernardo, 51.

Voitures de place: — voitures à un cheval et à deux places, dans la ville. *La course*: le jour, jusqu'à une heure du matin, 1 peseta; de une heure à cinq heures, 2 p. 1/2; l'*heure*, le jour, 2 pesetas; après une heure jusqu'à cinq h., 3 p. 1/2. Pour les voitures à deux chevaux et à quatre places, une peseta de plus par course et par heure. *Chaque personne en sus du nombre de places indiqué* paye 25 cent. par course et 50 cent. par heure. Les voitures non retenues portent, à l'un des angles de l'impériale, un petit pavillon avec l'inscription *se alquila*. Les principales places de voitures sont à la puerta del Sol, à la calle de Carretas, en haut de la calle Mayor, carrera San Geronimo, calle de Alcala, en haut de la calle de la Montera, etc. — Il existe un tarif spécial pour les courses hors de la ville. — On trouve aussi dans plusieurs établissements (calles de la Greda, del Baño, de Ballesta, Huertas) des voitures de luxe à 25 pes. par jour, 12.50 pour la demi-journée, 600 à 750 pesetas par mois.

Voitures des environs de Madrid: — pour *Carabanchel*, calle de Toledo, 16 (50 c. la semaine, 75 c. le dimanche); — pour *Villaviciosa*, fonda de San Isidro, Cava baja, 6, tous les jours pour *Leganés*, calle de Toledo, 40 (1 pes.); — pour *Navalcarnero*, Cava baja, 6, tous les jours, 3 h.; — pour

INDEX ALPHABÉTIQUE.

Torre-Laguna et Colmenar viejo, calle de Alcala, 15, tous les jours.

MAGACELA, 221.
MAHON, 325. — Hôt. : *Central; Vapor; Mariana.*
MAJORQUE, 322.

MALAGA, 271.

Hôtels : — de *Rome* (autrefois *Alameda*), sur l'Alameda ; — de *Londres*, sur l'Alameda ; — l'*Alameda*, plaza de Mar, — *Victoria*, sur le quai ; — *Europa*, sur le quai ; — *La Perla*; — *Universo*; — *Oriente*; — *Cuatro Naciones.*

Cafés : — de *España*; — de la *Loba*, plaza de la Constitucion.

Cercle : — sur le port ; les étrangers y sont parfaitement accueillis.

Bains : — Bains d'eau douce dits *las Delicias, Ortix.* — Bains de mer, à la plage, auprès de la Plaza de Toros.

Libraire : — *Ambrosio Rubio.*

Voitures : — pour la ville, 2 pes. l'heure ; — services pour Velez-Malaga à l'E. — de Malaga à Estepona au S.-O. de Malaga, etc.

Bateaux à vapeur : — V. les indications générales (*Introduction*).

MALGRAT, 126.
MALLORCA, 322. — *Fonda de Mallorca.*
MALPARTIDA DE PLASENCIA, 211.
MANACOR, 325.
MANRESA, 114. — Hôtels : *Español; Padilla; Peralès; Fonda del Ferro carril; F. del Llobregat.* — Voitures : diligence pour Sellent et Berga en correspondance avec le chemin de fer; 1 pes. 25 c. pour la première ville; 6, 5 et 4 pesetas pour la seconde.
MANSILLA DE LAS MULAS, 41.
MANZANARÈS, 244.
MANZANILLA, 313.
MANZANOS, 9.

MARBELLA, 283.
MARCHENA, 279.
MARCILLA, 92.
MAR MENOR, 235. — Station de *Balsicas*, bains de mer.
MARMOLEJO, 246. — Saison des bains du 15 avril au 15 juin et du 1er septembre au 31 octobre. — Hôtels : *Fonda de los Leones; Española.* — Voitures à la station correspondant avec le train courrier en 15 min., 50 c. De plus, service le matin et l'après-midi du village aux bains.
MARSA FALSET, 138.
MARTORELL, 144. — Voitures pour Esparraguerra, La Puda, Igualada, etc.
MATARO, 127.
MAYA, 84.
MEDELLIN, 222.
MEDINACELI, 154.
MEDINA DEL CAMPO, 18. — Hôtels : *Parador del Norte,* auprès de la gare ; *F. del Comercio,* en ville ; *Posada de la Cruz.* — Voitures : services de *Briviesca* en 6 h. 1/2, 3 pes.
MEDINA DE RIO SECO, 65. — Voitures : de *Valladolid,* en 5 h., 5 pes.
MEDINA SIDONIA, 311.
MENJIBAR, 246. — Voitures : en 5 h. pour *Jaen,* 4 pes. 1/2 (intérieur); — pour *Grenade,* en 9 h., 20 pes.
MERIDA, 222. — Hôtels : *Fonda del Leon;* — *F. de Baaajoz.*
MIERES, 46.
MILAGRO, 95.
MINAS DEL MONDO, 232.
MINGLANILLA, 205.
MINGORRIA, 19.
MINORQUE, 325.
MIRANDA DE EBRO, 9. — Buffet-hôtel à la gare (tenu par un Français). — Hôtel à côté de la gare ; *Fonda de Simon Guinea,* auprès de la gare.
MOGENTE, 108.
MOGUER, 314.
MOLINA DE ARAGON, 194. — Voitures de *Siguenza,* en 9 h. 1/2, 9 pes. 1/2.

MOLINS DEL REY, 144. — Voitures pour *Vallirana* et *Cantallops*.
MOMBUEY, 67.
MONCADA, 116-125.
MONDRAGON, 27. — Voitures : de *Vitoria*, pendant l'été, en 2 h. 30 min., 6 pes. ; — de *Zumarraga* (22 kil.). 4 pes. 1/2.
MONFORTE, 54.
MONGAT, 127.
MONISTROL, 115. — Voitures pour le *Montserrat*, en correspondance avec le chemin de fer. Prix pour monter, 2 pes.; pour descendre, 1 pes. 1/2.
MONOVAR, 226.
MONSENY, 124.
MONTBLANCH, 146. — Voitures pour Tarragone et Agramunt.
MONTE-ARAGON, 210.
MONTEFURADO, 54.
MONTES DE OCA, 104.
MONTIJO, 223.
MONTILLA, 254.
MONTORO, 246.
MONTSERRAT, 128. — Voitures de et pour Monistrol, en correspondance avec le chemin de fer, 4 h. en voiture ; 1 h. 30 à pied ; du couvent à San Geronimo, 2 h. et 3 h.
MONZON [Aragon], 113.
MORA, 207.
MORATA, 152.
MORON, 279.
MOTRICO, 154. — Voitures de Zumarraga (44 kil.), 8 pes.
MOTRIL, 275.
MUCHAMIEL, 229.
MUGAÏRI, 85.
MUNDACA, 24.

MURCIE, 233.
Hôtels : — de *Paris*, calle Jaboneria ; — de *la Cruz*, plaza de los Apostoles ; — de *la Flor*, calle Santa Gertrudis ; — *Cremadès*, calle del Principe Alfonso. — *Universal*, plaza san Bartolomé ; — *Ja Patron*, calle Trapería.

Poste : — plaza de Fontis.
Télégraphe : — calle Bario nuevo.
Voitures : — pour *Lorca*, en 7 h., 30 r. ; — pour les bains de Mula, pendant la saison, — pour *Alicante*, en 10 h., 7 pes. 1/2 ; — pour *Novelda*, en 9 h., 7 pes. 1/2.
Omnibus : — conduisant du chemin de fer aux hôtels.

MURVIEDRO, 149. — Diligences pour Teruel, par Segorbe.

N

NAJERA, 104.
NANCLARÈS, 9.
NAVA DEL REY, 72.
NAVALMORAL DE LA MATA, 211. — Chevaux et mulets pour *Yuste*, par *Jarandilla*.
NAVARRETE, 104.
NAVARTE, 86.
NIEBLA, 314.
NOAIN, 92.
NOVELDA, 227. — Voitures pour *Murcie*, en 9 h., 7 pes. 1/2.
NULES, 148.]

O

OLESA, 115. — Voitures pour *La Puda*, en correspondance avec le chemin de fer, en 35 min., 1 p. 25., avec 12 kil. de bagages.
OLITE, 92.
OLIVENZA, 321.
OLLONIEGO, 46.
OLMEDO, 69. — *Parador de las Vizcainas*.
ONDARROA, 25. — Voiture de *Zumarraga* (47 kil.), 9 pes.

INDEX ALPHABÉTIQUE.

ONTANEDA, 39. — Voitures de *Renedo*, en 2 h., 4 pes.
ORDUÑA, 50.

ORENSE, 60.

Hôtels : — *Fonda de Doña Luz* ; — *F. de Hermida* ; — de *Cuenda* ; — de la *Peregrina*.
Casino.
Théâtre : — calle de la Paz.
Promenade : — L'Alameda, auprès des Burgas (Les Sources).
Voitures : — pour Santiago, Pontevedra et Verin.

ORIHUELA, 259.
ORMAISTEGUY, 6. — Voitures de *Beasain*, en 30 min., 1 pes. 1/2.
OROPESA, 211-148.
OSORNO-LA-MAYOR, 32.
OSUNA, 278. — Hôt. *Ursaomense*.

OVIEDO, 47.

Hôtels : — *Manterola* ; — *Luisa*, campo de la Lana, bon restaurant ; — *Fonda de Madrid* ; — *F. de Paris* ; — *F. Estrella* ; — *Vizcaina*.
Voitures : — de *Torrelavega* (Santander), en 22 h., 30 pes.
Libraires : — *Esteban Viguri* et *Zabula*.

P

PAJARES (port de), 45.
PALAU, 124.
PALENCIA, 31. — Hôtels : *Fonda del Comercio* ; de la *Paz* ; del *Barrio nuevo*. — Voitures pour les environs.

PALMA DEL RIO, 287.
PALMA (Majorque), 322. — *Fonda de Mallorca*.
PALOS, 314.

PAMPELUNE, 88.

Hôtels : — *La Perla* ; — *Fonda de Europa* ; — *Sotil*.
Cafés : — *Suisse* ; — *Lardely*.
Poste et télégraphe : — plaza de la Constitucion.
Bains : — plaza de la Constitucion.
Libraires : — *Regino Bescanza* ; — *Velandia*.
Casino : — très bien tenu, auprès du théâtre.
Voitures : — pour *Sanguesa*, et *Lumbier*, 2 p. 1/2 ; — *Aoiz*, 2 1/2 et 3 p. ; — *Logroño*, courrier, 15 p. ; — *Tolosa*, 12 p. 1/2 ; — *Estella*, 6 p. ; — *Elizondo*, *Burgueta*, etc., 10 p. ; — *Irun*, par Santesteban et Vera, 8 p. ; — *Puente la Reyna*, *Mendigorria*, 2 p. 1/2. — Ces diverses voitures ont leurs bureaux à la place de la Constitucion. — Voitures à deux ou quatre roues pour les autres communications.
Services pour *Estella*, *Santesteban*, *Aoiz*, *Sangueza*, en correspondance avec le chemin de fer.
Bureau central du chemin de fer, plaza de la Constitucion, 46. — *Omnibus* pour la gare.

PANCORBO, 9.
PAPIOL, 144. — Voitures : service régulier pour *Rubi*.
PARACUELLOS DE LA RIBERA, 152. — Voitures pour l'établissement de bains chlorurés sodiques sulfureux, à la station de Calatayud, pendant la saison.

PARDO [El], 179.

PASS GE, 4. — *Posada* : chez Baptiste, faubourg San Juan. — Bateaux : à la station, pour traverser la baie, 50 c. par personne. Promenade de 1 h. ou 2 h., 2 p. 1/2 à 3 p.; *Baptiste*, batelier. — Aux trains express, descendre à la station de *Renteria*, avant le Passage. — Voitures : de *Saint-Sébastien* pour le *Passage*, en 25 min. (1 1/2 à 2 p.), chez Manis. — Tramway de Saint-Sébastien pour Passage et Renteria, plusieurs fois par jour.

PEDROSO, 301.
PEÑA DE OROEL, 109.
PEÑAFLOR, 287.
PEÑARANDA DE BRACAMONTE, 82.

PERPIGNAN, 121.

Hôtels : — *Grand Hôtel*; — *de France* ; — *de l'Europe* ; — *du Petit Paris*; — *d'Orient*, près de la gare.

PESQUERA, 34.
PICAMOÏXONS, 138.
PIEDRAHITA, 83.
PIZARRA, 271.

PLASENCIA (Estrémadure), 212.

Hôtels : — *Posada de las Tres Puertas* ; — *Parador Nuevo*.

PLATA [La], 74.
POBLET, 146.
POLA DE GORDON, 44.
POLA DE LENA, 46. — *Fonda de las Chicas*.
PONFERRADA, 53. — Hôtels : *Imperial*; *de Madrid*; *de Europa*; *Parador de la Vizcaina*, plaza de la Constitucion; *Parador de Cachete*, plaza de la Encina; *Fonda de los Baños*, salida de la Puebla.

PONTEVEDRA, 64. — Hôtels : *de Madrid*; *Fonda del Parador* ; *F. de la Peinadora*. — Diligences quotidiennes pour Carril, Santiago, Marin.
PORT-BOU, 121.
PORTUGALETE, 178. — *Fonda*.
POZAZAL, 33.
PREMIA, 127.
PUDA [la], 115. — Hôtel *des Bains*. Chambres de 1 pes. 1/2 à 2 1/2 par jour ; bains, 1 p. 1/2 à 2 ; table, p. 25 c. et 5 1/2. — Voitures : — service depuis *Olesa*, en correspondance avec le chemin de fer ; — même service depuis *Martorell*.
PUEBLA DE EA, 23.
PUENTE DE LOS FIERROS, 45.
PUENTE DEL GONGOSTO, 83.
PUENTE GENIL, 254.
PUENTE SAMPAYO, 64.
PUENTE VIESGO, 39. — Voitures de *Renedo*, en 1 h., 2 pesetas.
PUERTOLLANO, 219.
PUERTO REAL, 305. — Hôt. *Vistaalegre*.
PUERTO SANTA MARIA, 304.
PUIGCERDA, 134.

Q

QUINTALLINA DE LAS TORRES, 33.

R

RABIDA [La], 314.
REDONDELA, 62. — Hôtel *de Crisanto Otero*.
REINOSA, 34.
RENEDO, 36. — Voitures pour : *Viesgo*, en 1 h., 2 pes. ; — *Ontaneda*, 2 h., 4 pes. ; — *Alceda*, 2 h., 4 pesetas.
RENTERIA, 3.
REQUENA, 205.
REUNION [La], 301.

INDEX ALPHABÉTIQUE.

REUS, 138. — Hôt. de *Londres*. — Voitures : pour *Falset, Gandesa, Flix, Cenia, Cherta* et les *bords de l'Ebre.*
RICLA, 152. — Voitures pour *Almunia*, en 45 min., 75 c.
RINCON DE SOTO, 102.
RIO FRIO, 255.
RIO TINTO, 316. — Hôtel d'*Angleterre.*
RIPOLL, 132.
RIVADAVIA, 61. — *Fonda* del Miño.
RIVAFORADA, 95.
ROBLA [La], 44.
RODA (La, Cordoue), 254.
RODA DE BARA, 157-138.
RONDA, 280. — Hôtel : *Rondeño.* — Voitures, par la station de *Gobantes* : diligence en 5 h., par *Carratraca* et *Casarabonela* (service spécial de la saison des eaux). 5 pes. par cheval et par homme.
RUA, 194.
RUEDA, 152.

S

SABADELL, 116.
SACEDON, 192. — Voitures pendant la saison des bains, de *Guadalajara*, en 4 h., 8 pesetas.
SAGUNTO (voir Murviedro), 149.
SAHAGUN, 41.
SAINT-JEAN DE LUZ (France), 2. — Hôtels : d'*Angleterre* ; — *de la Plage* ; — *de l'Océan* ; — *de la Poste*, etc.

SAINT-SÉBASTIEN, 4.

Omnibus : — de la gare à la ville, 50 c.; par colis, 50 c.
Hôtels : — d'*Angleterre* (Inglés); — *Continental* ; — *de Londres* ; — *del Comercio* ; — *Ezcurra* ; — *Verdejo* ; — *Oquendo*. — Guides et interprètes dans les hôtels.
Cafés : — *Oleiza* ; — *Comercio* ; — *Suisse* ; — *Marine* ; — *Norte.*
Casino : — sur la mer et sur la promenade de l'Alameda. — Prix d'entrée : 1 fr. le jour ; 1 fr. 50 le soir ; 2 fr. pour la journée.
Cercles : — *des Étrangers* ; — de *l'Industrie* ; — de la *Concha* ; — *Colon.*
Poste : — plaza Mayor.
Etablissement *de bains de mer de la Concha*, vis-à-vis des hôtels Inglés et Continental.
Libraires : — *Benquet* (librairie française), calle Garibay; *Luis Rubinat* ; Mme *Darassen.*
Théâtre : — place de Taureaux, près de la gare, courses de juin à septembre.
Tramway : — de Saint-Sébastien à Passage et à Renteria, plusieurs fois par jour.
Voitures : — pour les environs chez Manis ; Bengochea ; Amadon et Ezcurra.
Voitures publiques : — pour *Tolosa*, en 3 h. 30 m., 1 pes. 1/2 ; — pour *Hernani*, en 35 min., 50 c. — Route du littoral, diligence t. l. j.
Bateaux : — pour promenades ; — pour le *Passage*, le long de la côte, en 2 ou 3 h., 6 à 9 pesetas.

SALAMANCA, 75.

Omnibus : — de la gare à la station centrale, à tous les trains.
Hôtels : — *Fonda de la Rosa*, plaza Mayor, bureau central du chemin de fer; — *Fonda del Comercio*, omnibus à la gare ; — *La Burgalesa.*
Voitures publiques. — Entreprise *la Salmantina* : pour *Avila*, 110 kilom., 10 pes. ; — pour *Zamora*, 70 kil., 7 p 1/2.; — pour *Bejar*, 60 kil., 11 p. ; — pour *Ciudad Rodrigo*, 80 kil., 11 p. ; — pour *Ledesma* et les *Bains*, 25 et 35 kil., 5 p. 1/2 ; — pour *Fregeneda*, 110 kil.,

15 p. 1/2 ; — pour *Alba de Tormes*, 25 kil., 2 p. 1/2.

SALAMO, 138.
SAMPER DE CALANDA, 108.
SAN ANDRÉS DE PALOMAR, 125.
SAN FERNANDO, 505.

SAN ILDEFONSO, 183. — Hôt. *Europeo*.

SAN JUAN DE LAS ABADESAS, 132.
SAN JUAN DEL PUERTO, 314.
SAN LUCAR DE BARRAMEDA, 310.
SAN LUCAR DE GUADIANA, 317.
SAN LUCAR LA MAYOR, 315.
SAN MIGUEL DEL FAY, 124.
SAN PAUL DE MAR, 126.
SAN ROQUE, 284.
SAN SARDURNI, 144.
SAN SATURNINO, 144.
SAN VICENTE DE ALCANTARA, 215.
SAN VICENTE DE MOLLET, 149. — Voitures : service régulier pour *Caldas de Monbuy*. — Chemin de fer.
SANTA AGUEDA, 27. — Hôtel des Bains. — Voitures : — service régulier de *Vitoria*, pendant l'été, en 3 h. 30, 6 pesetas.
SANTA CRUZ DE MUDELA, 245.
SANTA ELENA, 245.
SANTA FÉ, 249.
SANTA MARCA NIEVA, 69.

SANTANDER, 36.

Hôtels : — *La Viuda de Redon*, Atarazanas, 3 ; — *Gran hôtel Francisca Gomez* ; — *de Europa* ; — *Continental*.
Casa de Huespedes : — *de Francisco Lastra*, c. San Francisco, 25 ; — *Dos Amigas*, c. Bailen, 2 ; — *Europa*.

Café *Suizo*. — Au-dessus du café se trouve le *Circulo de Recreo*, où les étrangers peuvent être présentés par un sociétaire. — Club des Régates.
Tramvias : — dans la ville et pour le *Sardinero*.
Voitures de place : — auprès du café *Suisse*, plaza de Velarde.
Voitures : — pour *Bilbao*. 2 fois par j., 15 et 20 pes.; — pour *Oviedo*, par Torrelavega. — (A *Renedo*, 3ᵉ station du chemin de fer : services pendant la saison des eaux, pour *Viesgo*, *Ontaneda* et *Alceda*.)
Bateaux à vapeur : — pour *Coruña*, *Vigo*, *Montevideo*, *Buenos Ayres* (Pacific Steam navigation comp.), agent général à Santander : M. Dorigas. — Tableau de toutes les correspondances de Santander avec les ports d'Espagne et de l'étranger. (V. la *Guia oficia, de los ferro carriles*.) — Pour *Santoña*, en 3 h. ; *Castro Urdiales*, 4 h. ; *Bilbao*, 6 h. ; *Saint-Sébastien*, *Bayonne*, *Bordeaux*, *Saint-Nazaire*, *Le Havre*, *Dijon*, *la Corogne*, *Ferrol*, *Vigo*, *Lisbonne*, *Cadix*, *Malaga*, *La Havane*, *les Antilles*, etc. — (Consulter les affiches des consignataires.)
Bateau omnibus pour l'*Astillero*, au fond de la baie. — Bateaux pour le *Puntal*, de l'autre côté de la baie, où l'on trouve un chemin par les plateaux pour Santoña, 25 kil.

SAN VICENTE DE ALCANTARA, 390.

SANTIAGO (Compostela), 59.

Hôtels : — *Fonda Suiza* ; — *F. del Comercio* ; — *F. de San Miguel* ; — *F. de Rapariz* ; — *F. de la Estrella*, etc.
Cercle : — de *Recreo* et *Liceo*.
Voitures : — pour *Orense*, la Corogne, Carril, etc.

INDEX ALPHABÉTIQUE   453

SANTO DOMINGO DE LA CALZADA, 104.

SANTOÑA, 38. *V.* Route depuis Santander, par Solares, 48 kil. en chemin par le *Puntal* et les plateaux, 25 kil.

SARAGOSSE, 94.

    Hôtels : — *Cuatro Naciones et Universo*, sur le Corso ; — *Fonda de Europa*, place de la Constitucion. — *F. de Paris*, calle don Jaime ; — *San Pablo*.

    Cafés : — *Ambos mundos, Suizo*, pl. de la Independencia.

    Poste et télégraphe : — paseo de la Independencia.

    Voitures de place : — 2 pes. l'heure ; de louage, 10 pes. la demi-journée.

    Bureau central du chemin de fer à la *Fonda de Cuatro Naciones*.

SARIÑENA, 112.
SAX, 226.
SEGADAS [Las], 47.
SEGORBE, 207.

SÉGOVIE, 70.

    Hôtels : —*Posada nueva*; —*Ruiz*.
    Cafés : — *de la Plaza*.
    Voitures : —de *Villalba*, en 6 h., 6 r. ; — de *Arevalo*, en 6 h., 7 pes. 1/2. — Bureau à Madrid, calle de Alcala, 7, à la *Fonda Peninsular*, et même rue, 8. — Pour *la Granja*, tramvia.

SELGUA, 113.
SEO DE URGEL, 133.

SÉVILLE, 288.

    Hôtels : — *de Madrid* (bureau des Sleeping-Cars); — *de Paris*, plaza del Pacifico ; — *Europa*, c. de las Sierpes ; — *Suizo* ; — *El Betis*, c. Rioja ; — *San Pablo*.

    Restaurants ; — du Café *Suizo* ; — *Europa* ; — *Betis*.

    Casinos : — *Sevillano*, plaza de Duque ; — *C. de Labradores y Proprietarios*, c. de las Sierpes, 99 ; — *Artistas*, c. Rioja, 24 ; — *Militar*, c. Sierpes.

    Cafés : —*Suizo*, calle de las Sierpes ; — *Sevillano*, même rue ; — *Europeo*, même rue ; — *Arenal*, Vinuera, 52 ; — *Perla*, Granada, 69 ; — *Centro*, Rioja, 6.

    Cafés-chantants et dansants : —calle *Rosario* et calle *Amor de Dios*.

    Bains : — *Fonda de Madrid* ; — *de la Florida*, hors la porte de Carmona.

    Poste : — ouverte de 9 à 10 h. 1/2 du matin, de 11 h. 1/2 à 2 h. et de 5 à 7 h. du soir ; calle de San Acasio, et de las Sierpes ; — boîtes dans les estancos ou débits de tabac.

    Télégraphe : — calle de San Acasio.

    Consulats : — *Belgique*, calle de Oriente, 95 ; — *Pays-Bas*, c. de Morgado, 3 ; — *Allemagne*, c. San Fernando, 1 ; — *France*, c. Valverde ; — *Angleterre*, c. Guzman el Bueno, 2 ; — *Italie*, c. Cardinal, 12 ; — *Russie*, plaza Murviedro.

    Voitures de place : — à 1 cheval, course, 1 peseta ; heure, 2 pesetas ; — 2 chevaux, course, 2 pesetas ; — heure, 4 pesetas. — *Omnibus* du chemin de fer, station centrale, plaza San Fernando, départ 1/2 h. avant l'heure du train, 50 c. par voyageur, 50 c. par colis.

    Théâtres : — de *San Fernando*, calle de Tetuan ; — de *Cervantès*, c. Amor de Dios ; — *Eslava*, c. de Jerez ; — *Rioja*, plaza de Pumarejo ; — *Lope de Rueda*, c. de Amor de Dios, 23 ; — del *Duque*, plaza del Duque ; — *Escuelas de Bayles*, c. de Trajano, 10 ; c. de Tarifa, 1 c. de las Palmas, 66.

Mozos de Cordel (commissionnaires) : — colis pesant moins de 30 kil., 50 cent ; jusqu'à 50 kil., 1 peseta.

Bibliothèques : — *Provinciale* (81,800 vol.), calle de la Universidad ; — B. *Colombine*, patio de los Naranjos (20,000 vol.).

Visites : — *Museo provincial*, couvent de la Merced (1 peseta d'entrée la première fois) ; — *Fabrique de tabacs*, calle San Fernando ; — *Alcazar real*, t. l. j. exc. le dimanche ; — *Fonderie d'artillerie* ; — *Cartuja*, fabrique de faïence à Triana, — *Palais de San Telmo* (avec permission) ; — Ecole de *Sourds-Muets*, calle San Luis ; — *Casa de Pilates*, permission du régisseur , — *Société française de bienfaisance*, calle Gravina, 54 ; — Galerie *Padre Ceparo*, plaza Santa Cruz.

Librairies : — Los hijos de Fé, calle de las Sierpes ; — Roma Sans, id.

Guides Interprètes : — 7 pesetas 1/2 par jour.

Bateaux à vapeur : — de *Séville* à *Marseille*, avec escales, calle Garcia de Vinuesa, 6, et calle de San Isidoro, 9 ; — pour *Londres* et *Liverpool*, calle Guzman el Bueno, 2 ; — pour *Bilbao*, calle San José, 5 ; — pour *San Lucar*, service quotidien, au quai du Guadalquivir ; — pour la *Belgique*, la *Hollande*, la *Suède*, voir les avis et affiches, calle de Contratation, 6 ; — pour *Cadix*, au quai du Guadalquivir en 6 ou 7 h. — Annoncés tous les jours par affiches. — Restaurant à bord.

Chemins de fer : — pour *Cordoue*, place d'Armes ; — pour *Jerez* et *Cadix*, sur le champ de foire, hors la porte de San Fernando ; — pour *Huelva*, pour *Rio Tinto* et les mines, place d'Armes. — Omnibus allant aux hôtels, 50 cent. par voyageur, 50 c. par colis.

Voitures : — pour *Santi Ponce* et *Italica*, etc.

SIGUENZA, 154. — Service régulier pour *Soria*, en 9 h., 11 pes. 112 ; — pour *Molina*, en 9 h. 30, 8 pes. 25.
SIL (Rio), 60.
SILS, 123. — Voitures pour *Santa Coloma de Farnès*.
SIMANCAS, 68-17.
SITGES, 137.
SOLARES, 37. — Voitures : — de *Boo* (Santander), en 1 h. 30, 1 pes. 1/2.
SOLSONA, 133.
SORAUREN, 87.

SORIA, 103.

Voitures : — de *Siguenza* à *Soria*, en 9 h., 11 pes. 1/2 ; — de *Burgos*, en 18 h., 15 pesetas 1/2.

SUMBILLA, 86.

T

TAFALLA, 92.
TALAVERA DE LA REINA, 210. — Hôt. *La Amistad*.
TALAVERA LA REAL, 223.
TARANCON, 203.
TARDIENTA, 112.
TARIFA, 312.

TARRAGONA, 145.

Omnibus des hôtels à tous les trains.

Hôtels : — *Fonda de Paris* ; — *Europe* ; — *Cuatro Naciones* ; — *Centro* (7 pes. 50).

Cafés : — *Siete Puertas* ; *Tarazo* (sur le port) ; — *del Centro* (sur la Rambla).

Poste : — calle san Agustin.

Télégraphe : — calle san Agustin et Rambla s. Iuan.

Voitures : — pour *Vals* et *Constanti*, en correspondance avec le chemin de fer.
Librairie : — *José Solé*.

TARRASA, 115.

TARREGA, 114. — Voitures pour *Agramunt*, en correspondance avec le chemin de fer.

TERUEL, 150.

Fonda et *Café* dans la calle de los Ricos hombres.

THARSIS, 315.
TOBARRA, 251.
TOCINA, 288.

TOLÈDE, 186.

Hôtels : — *Fonda de Lino*, près du Zocodover; — *F. Ruan*; — *Hospederia imperial*, calle del Alcazar ; — *Casa de Huespedes de Rivera*.

Omnibus : — de la station au bureau central, *calle Ancha*, 50 c. et 25 c. par colis.

TOLOSA, 5. — Hôtels : *Fonda de Sistiaga*; *Fonda de Mendia* ; tables d'hôte. — Voitures pour *Saint-Sébastien*, en 6 h. 30, 1 pes. 1/2 ; — de *Hernani*, en 2 h. 30, 1 p. — Voitures à volonté, pour *Loyola*, et retour dans la journée, dans les deux hôtels, 20 et 25 pesetas; service quotidien pour Pampelune, 7 p. 1/2.

TORAL DE LOS VADOS, 54.
TORDERA, 125.
TORDESILLAS, 69. — Voitures : de *Valladolid* en 4 h., 8 réaux.
TORO, 72-53.
TORREJON DE ARDOS, 157.

TORRELAVEGA, 35. — Hôtels : *Parador de Dorotea*, plaza Mayor; *Parador de Benedi*. — Voitures : pour *Camillas*, 3 pes. ; — *Cabezon*, 2 1/2; — *Saint-Vincent*, 5 p.; — *Unquera*, 6 p.; — *La Hermida*, 9 1/2 ; — *Potes*, 12 ; — *Llanès* 12 1/2; — *Riva de Sella*, 20 ; — *Las Arriondas*, 17 1/2; — *Cangas de Onis*, 18.50 ; — *Infiesto*, 25 ; — *La Pola*, 28.50 ; — *Oviedo*, 30.

TORREVIEJA, 239.
TORRIJOS, 210.
TORTOSA, 147.
TOTANA, 241.
TRAFALGAR, 312.
TRILLO, 193. — Voitures pendant la saison : de *Guadalajara*, en 14 h., 7 pes. 1/2.; — de *Matillas*, en 5 h., 7 pes. 1/2.

TRUJILLO, 216.
TUDELA, 93. — Voitures en correspondance avec le chemin de fer, pour Tarazona par Cascante, Monteagudo et Novallas ; — pour les bains de Fitero, par Castejon, Corella et Cintruenigo.

TUY, 62. — Embranchements de *Guillarey*, sur la ligne de Monforte-Vigo, passant à Tuy (4 kil.) et traversant le Miño, pour se raccorder avec la tête de ligne portugaise à Valença (9 kil.).

Hôtels : deux bonnes fondas. — *Casino de Recreo*. — *Liceo de Artesanos*. — Théâtre moderne.

U

ULLDECONA, 147.
URDAX, 84.
USTARITZ, 84.
USURBIL, 21.
UTIEL, 205.
UTRERA, 303. — Restaurant de la station. — Hôtels : *Fonda del Santisimo* ; *de Oriente*.

V

VADOLLANO, 245.
VALDEAZAGUES, 219.
VALDEMORO, 186.
VAL DE PEÑAS, 244.
Posada del Mediodia.

VALENCE, 199.

    Buffet : — à la gare.

    Hôtels : —*Grand hôtel d'Espagne;* — *de Paris,* c. del Mar; — *Ville de Madrid,* plaza Villarasa; — *Cuatro Naciones,* plaza de las Barcas; — *Oriente,* c. de las Barcas; — H. *de Europa.* — *Universo,* camino del Gros.

    Cafés : — *Suizo ;* — *de Paris.*

    Libraires : — Ramon Ordega ; Pascual Aguilar, calle caballeros.

    Voitures publiques : — *Tartanes,* 1 pes. par course; 1 50 la première heure et 1 p. les autres. *Coupés,* 1 p. 25; à deux chevaux, 2 p. 2 p. 1/2. — bateaux pour embarquer, 1 pes., et 50 c. par colis.

    Tramvias : — place de la Glorieta, diverses directions autour de la ville et jusqu'au *Grao.*

    Chemin de fer : — pour Alicante et Madrid ; — pour Tarragone et Barcelone; — pour le *Grao,* port de Valence, neuf départs par jour, à toutes les heures, excepté au milieu de la journée. Prix : 1re cl., 75 c.; 2e cl., 50 c.; 3e cl., 25 c.

    Diligences : — à la station de Sagonte (*V. Murviedro,* kil. 29) pour Teruel, Saragosse. Pour Alcoy et Alicante, à la st. de Jativa ; bureau calle san Vicente.

    Bateaux à vapeur : — Voir ce qui a été dit à ce sujet à l'article BARCELONE. L'arrivée et le départ des bateaux sont toujours annoncés par affiches dans les lieux publics et les hôtels. — *Bateau à vapeur* de Valence à Mayorque les dimanches ; — de Valence à Barcelone, les mercredis et jeudis. — Pour Alicante et Malaga, voir les bureaux et les affiches.

VALENCIA DE ALCANTARA, 215, 402.

VALLADOLID, 15.

    Buffet à la gare : — 3 pes. et 3 pes. 1/2.

    Omnibus : — pour la ville, 50 c. par place, une malle ou 40 kil., 75 c.; pour une valise, 50 c.; pour un petit paquet, 2 c. 1/2.

    Hôtels : — *de France ;* — *el Siglo;* — *de Cuevas ;* — *de la Iberia.* — Omnibus des hôtels à la gare.

    Bains chauds : — calle de Expositos, 1 pes. 25 ; — puerta de Santa Clara, *la Salud, la Esperanza,* sur le Pisuerga.

    Bains froids de rivière, à la promenade de las Moreras.

    Libraire : — Los Hijos de Rodriguez, calle de Orates; *Indicator de Valladolid, journaux.*

    Voitures : — pour *Peñafiel,* en 5 h. 1/2, 6 pes.; — pour *Aranda,* en 11 h., 11 pes. 1/2 ; — pour *Rioseco,* deux services en 5 h., 5 pes. 75 c. et 5 pes.; — pour *Tordesillas,* en 3 h., 2 pes.

    Voitures de place : — à 4 places, 1 pes. la course, 2 pes. 1/2 la première h., 2 pes. les suivantes; à 2 places, 50 c. la course, 2 pes. la première h., 1 pes. 1/2 les suivantes.

    Casino et *Circulo de recreo.*

    Théâtres : — *Grand-Théâtre* 2,500 pl.; — *Th. de Lope,* 1,200 pl. ; — *Place des Taureaux,* 6,000 pl.

    Bibliothèques : — du Musée et de l'Université, ouvertes tous les jours de 10 h. à 2 h.; 26,000 volumes; manuscrits, cartes et médailles.

VALENCIA DE ALCANTARA, 215.
VALLS, 138.
VEGER DE LA FRONTERA, 312.
VELATE, 87.
VELEZ RUBIO, 277.
VENDRELL, 144. — Voitures pour *Vill* et *Valles*, en corresp. avec le chemin de fer.
VENTA DE BAÑOS, 14. — Buffet à la gare : déj., 3 pes.; dîn., 5 pes. 1/2 — Hôtel dans la gare.
VENTA DE CARDENAS, 245.
VENTA DE POLLOS, 72.
VERA, 56-212.
VERGARA, 27. — Hôtels : *Fonda de Hilaria*; *F. de Unzurrunzaga*; *F. de Idarreta*; *Comercio*. — Voitures de *Vitoria*, pendant l'été, en 4 h., 5 pes.; — de *Zumarraga* (12 kil.), 2 pes. 1/2.
VERIN, 68. — Hôtels : trois *fondas*, six casas de huespedes. — Omnibus pour la station d'eaux minérales de *Souzas*, à 1 kil. de Verin. 2 établiss. bien installés.
VICH, 131.
VIGO, 63. — Hôt. : d'*Europe*; *Fonda de las Cuatro Naciones*; H. *Continental*. — Cafés : *Colon*, *Mendez-Nuñes*, *Suizo*. — Poste et télégraphe : calle del Principe; câbles pour Londres, pour Lisbonne, et Caminha, p. le N. du Portugal.
VILASAR, 127.
VILCHÈS, 245. — Voitures pour *Las Nevas*, en 6 h., 4 pes. tous les trains.
VILLAFRANCA DEL VIERZO, 54. — Hôtel : *Parador de diligencias*.
VILLAJOYOSO, 230.
VILLALAR, 69.
VILLALBA, 20. — Voitures pour *La Granja*, en 5 h., 15 pes.; *Ségovie*, en 6 h., 15 pes.
VILLANUEVA DE LA SERENA, 221.
VILLANUEVA Y GELTRU, 137.
VILLANUEVA DE LAS MINAS, 301.
VILLAREAL DE ALAVA, 28.
VILLAREAL, 6.
VILLATORO, 83.
VILLAVA, 87.

VILLENA, 226. — Voitures pour *Alcoy*, 5 h., 5 pes.
VINAROZ, 148.

VITORIA, 8.

Omnibus :—des hôtels à la gare.
Hôtel : — *Pallarés*, pl. de Bilbao; — *de Quintanillas*, c. de la Estacion; — *de France*; — *Fonda Vivier*; — *Viuda de Peña*; — *Diaz*.
Voitures : — pour les environs, 20 à 25 pesetas par jour; — pour *Salinas*, 1 h. 30, 2 pes.; — *Escoriaza*, 2 h., 2 pes. 25 c.; — *Arechavaleta*, 2 h. 15, 5 pes.; — *Mondragon*, 2 h. 30, 6 p., — *Santa Agueda* 3 h. 30, 6 pes.; — *Vergara*, 4 h., 5 pes.; — pour *Durango* et les bains.
Café : — *du Théâtre*.
Casinos : — La *Sociedad Vitorina*; — le *Circulo de Recreo*.

Y

YUSTE, 212. — L'excursion se fait par *Plasencia* et, plus facilement, par *Navalmoral* (227). On trouve chevaux, mulets, guides et provisions. Fonda à *Cuacos*.

Z

ZAFRA, 302. — Hôtel *Guerra*. — Chemin de fer pour Huelva, et pour Badajoz par Merida.
ZALDIVAR, 26.

ZAMORA, 73.

Posada : — Hôt. *del Comercio*; — la *Vizcaina*.

Voitures : — pour *Salamanca*, en 7 h., 7 pes. 1/2, tous les 2 jours ; — pour *Vigo* et les bains de *Verin*, tous les jours.

Omnibus : — de la station à la ville ; sur la place Santa Lucia.

ZARAUZ, 22.
ZUASTI, 91.
ZUMARRAGA, 6. — Hôtels : — *Marcelino Ugalde* et *Fonda del Norte*. — *Chemins de fer* à voie étroite pour Durango, Bilbao, Vitoria, Guernica, Vergara. — Voitures pour toutes les directions : *Placencia*, 2 h., 3 pes. 1/2 ; — *Bilbao*, par Eibar et Durango ; — *Alzola*, 3 h., 6 pes. ; — *Deva*, 4 h., 7 pes. 1/2 ; — *Motrico*, 4 h. 30, 8 pes. 75 c. ; — *Ondarroa*, 5 h. 30, 7 pes. ; — *Lequeitio*, 6 h. 55, 10 pes. ; — *Elgoibar*, 2 h. 30, 4 pes. ; — *Ascoitia*, 1 h. 30, 2 pes ; — *Aspeitia*, 1 h. 45, 2 pes. 1/2 ; — *Ceston*, 2 h., 5 pes., — *Zumaya*, 3 h. 55, 8 pes. ; — *Oñate*, 1 h. 30, 2 pes. 1/2 ; — *Mondragon*, 2 h., 3 pes. 25 c. ; — *Arechavaleta*, 2 h. 30, 3 pes. ; — *Escoriaza*, 3 h., 5 pes. ; — *Vergara*, 1 h. 30, 2 pes. — *Elorrio*, 3 h. 45, 5 pes. 1/2.

ZUMAYA, 22. — Voitures de Saint-Sébastien et de Zumarraga et chemin de fer (33 kil.), 7 pesetas.

PORTUGAL

Service des chemins de fer et horaires, consulter le *Guia Annunciador*, dans les gares et librairies.

A

ABRANTES, 340, 367.
ALBERGARIA, 374.
ALBUFEIRA, 415.
ALCANTARA (Gare), 353.
ALCOBAÇA, 360.
ALCOUTIM, 411.
ALFARELLOS, 366, 369.
ALHANDRA, 149. — Voitures pour *Torres Vedras*, en correspondance avec le chemin de fer.
ALHOS VEDROS, 403.
ALJUBARROTA, 362.
AMIEIRA, 365.
AMIEIRO, 392.
ALMODOVAR, 415.
AMOREIRAS, 415.
ANCORA, 400.
AREGOS, 389.
AVEIRO, 380.

B

BARCA D'ALVA, 391.
BARCELLOS, 398.
BARREIRO, 361.
BATALHA, 362.
BEJA, 409. — Hôt. *Vista alegre.*
BERLINGAS (Iles), 358.
BOLIQUEIME, 417.
BRAGA, 395. — Hôtels : *Franqueira; Real; Luso-Brasileiro; dos dois Amigos; — Boa Vista; —* abbaye de Jésus, hôt. *Elevator.*
BRAGANÇA, 404. — Hôt. *Corres.*
BUARCOS, 366.
BUSSACO (Serra), 379. — Voitures depuis *Mealhada* et *Luzo*, en correspondance avec le chemin de fer.

C

CACELLA, 423.
CACEM, 354.
CALDAS DA RAINHA, 359. — Voitures depuis *Carregado*, par *Alemquer*, en correspondance avec le chemin de fer. — Hôt. *Lisbonense; Iesa; Paulo.*
CALDAS DE MOLLEDO, 389.
CAMINHA, 400. — Hôt. : *do Minho; do Luso-Brasileiro.*
CARREGADO, 341. — Voitures pour *Alemquer* et *Caldas da Rainha*, en correspondance avec le chemin de fer.
CARVOEIRO (Cap), 417.
CASA BRANCA, 407.
CASCAES, 353.
CASTELLO BRANCO, 368.
CASTELLO DE VIDE, 340.
CASTELLO RODRIGO, 360.
CASTRO MARIM, 411.
CASTRO VERDE, 415.
CELORICO, 372.
CERDEIRA, 375.
CETTE, 387.
CEZIMBRA, 406.
CHAVES, 403. — Hôt. *da Chaves.*
CINTRA, 354. — Hôtels : *Victor Sassetti; Lawrence* (ouvert l'hiver); *Nunez.* — Chemin de fer pour Lisbonne.

COIMBRA, 375. — L'embranchement du chemin de fer de la Beira-Alta, vers la frontière d'Espagne, et avec la ligne de Lisbonne-Porto, est au N. de Coimbra, au lieu dit *Pampilhosa*, avec ligne de raccordement entre Coimbra et la station. — Hôtels : *Central; do Mondego; des Chemins de fer.* — Buffet à la gare. — Bateaux à vapeur : services pour *Figueiria, Goez, Souza*, etc.

COLLARÈS, 356.
COVILHÁ, 368.

E

ELVAS, 342. — Hôt. : *Central; de Vasconcellos.*
ERMESINDE, 387.
ESMORIZ, 380.
ESPICHEL (Cap), 406.
ESPINHO, 380.
ESTRELLA (Serra), 373.
ESTREMOZ, 403.
EVORA, 407. — Hôt. *Evorense; Central.*

F

FAMALICAO, 395
FARO, 413. — Hôt.: *Central; Magdalena; Alianza.*
FIGUEIRA DA FOZ, 363. — Tête de ligne du chemin de fer de la Beira-Alta, par Pampilhosa et Guarda.
FUNCHAL (Madère), 368.

G

GRANJA, 381.
GUADALUPE (N.-S.), 418.
GUARDA, 372. — *Hôtel Central.*
GUIMARAÈS, 394. — Hôt. : *Guimaraès; Gaita.*

L

LAGOA, 417.
LAGOS, 418. — Hôt. *Central; Magdalena.*
LAMEGO, 390.
LEIRIA, 356. — Hôt. de *Francfort.*
LEIXOÈS, 386.

LISBONNE, 343.

Hôtels : — *Hôtel Central*, situé Caes de Sodré sur le bord de la baie, avec une vue magnifique et de beaux appartements ; table d'hôte bien servie à 6 h.; — *Braganza hôtel*, au centre de la ville, rua Ferrigial da Cima, auprès du théâtre de San Carlos; — *Universal*, rua d'Almeda, en face du Chiado; — *Durand*, anglais, largo do Quintella ;—*d'Europe*, rue d'Almeda ; — *Français*, Travessa dos Romulares, 46 ; — *Alliance*, au Chiado (Veuve Hardy); — *Motta*, rua do Chiado.

Cafés : — *Montanha,— Martinho,— Tavarès, — Aureo.*

Restaurants :—*Restaurant Club*, au Chiado ; — *Motta ;* — *Gibraltar*, près l'hôtel Central.

Change : — la proportion est de 180 reis pour 1 fr. ou pour 1 peseta.

Commissionnaires ou galle-

INDEX ALPHABÉTIQUE.

gos : — le prix d'une course en ville est de 200 reis.

Heure : — le méridien de Lisbonne retarde de 25 min. sur celui de Madrid; 30 min. sur Paris.

Libraires : — *Ferin*; — *Cruz et C*; — *Fereira*; — *Rodriguez*; — *Affra*.

Courses, renseignements dans Lisbonne, consulter le *Guia Annunciador* (120 reis — dans les stations, librairies, kiosques et au bureau, Rocio, Arco da Baudeira, 229).

Voitures de place : — à 2 chevaux. La station principale est sur la place do Commercio. Le prix des courses est réglé par une taxe, mais néanmoins *il est utile de le débattre* avec les cochers pris sur la voie publique. On paye généralement 300 reis pour une course et 400 pour une heure. Voitures de remise, coupés, calèches à des prix élevés : 1080 reis l'heure. Omnibus desservant certains quartiers de la ville et les environs. Tramways dans beaucoup de directions. — Service quotidien pour *Cascaës* et pour *Cintra*.

Bateaux à vapeur : — Services maritimes, voir *Coup d'œil général*, page 329. — Pour Cacilhas, Belem, la ligne de Cascaës, bateaux à vapeur du Caes do Lodre, 100 reis, aller et retour. — Pour *Barreiro*, tête de ligne du chemin de fer d'Evora, Beja et Setubal, 130 reis à l'arrière ; 100 reis à l'avant ; de *Barreiro* à *Seixal*, 50 reis à l'arrière, 30 reis à l'avant. — Pour aller en rade à bord des paquebots de France ou d'Amérique, 500 reis.

LIVRAÇAO, 388.
LOULÉ, 415.
LUSO, 370.

M

MADÈRE, 425. — Service mensuel de bateaux à vapeur à Bordeaux (allées d'Orléans). — Service de Lisbonne les 1ᵉʳ et 20. — A Funchal, hôt. : *Carmo hotel* ou *Miles's hotel*, ouvert toute l'année ; *Reid's Royal Edinburgh hotel*, *Santa Clara hotel*, ouverts en hiver seulement.
MAFRA, 356. — Hôt. *Moreira*.
MANGUALDE, 371.
MARINHA GRANDE, 364. — Voitures depuis *Pombal* en correspondance avec le chemin de fer.
MARVAO, 339. — Monnaie espagnole reçue contre 184 reis pour 1 peseta; monnaie française, 180 r. pour 1 fr.
MATTO DE MIRANDA, 341.
MERTOLA, 410.
MESSINES, 414.
MIRANDELLA, 392.
MOLLEDO, 389.
MONCHIQUE, 414.
MONDEGO (Cap), 366.
MONTEMOR O VELHO, 366.

N

NAZARETH, 360.
NINE, 395.

O

OBIDOS, 359.
ODEMIRA, 415.
OEIRAS, 353.
OLHAO, 422.
OVAR, 380.

P

PALMELLA, 406. — Embranchement.
PAMPILHOSA, 369, 379. — Embranchement de la ligne de la Beira Alta. — *Buffet.*
PEDROUZOS, 353.
PENAFIEL, 387.
PENICHE, 358.
PIAS, 410.
PINHAL NOVO, 406.
PINHAO, 390.
PINHEL, 372.
POCINHO, 391.
POMBAL, 374. — Voitures pour *Marinha-grande* en correspond. avec le chemin de fer.
PONTE DE SOR. 340.
PONTE DO LIMA, 398.
PORTALEGRE, 342.
PORTIMÃO, 414.

PORTO, 382.

    Hôtels: — *Grand Hôtel de Porto;* — *de Paris,* français; — *de Francfort;* — *Central;* — *de Braganza.*
    Cafés: — *Suiso;* — *Lisbonense.*
    Restaurants: — *du Palais de Cristal;* — *Gomez.*
    Poste (*Correio*) : — rua Santa Catharina.
    Voitures: — de place, 300 reis la course, et 500 l'heure; — tramways.
    Bateaux à vapeur: — Comp. péninsulaire, du *Havre* à *Porto, Lisbonne, Cadix, Malaga,* tous les 15 jours (10 et 25); *Bordeaux,* une fois par mois.

POVOA, 393.
PRAIA, 340.

Q

QUELUS, 354.

R

RECAREI, 387.
REGOA, 389.
RODAM, 367.
RUIVAÉS, 357.
RUNA, 357.

S

SABOÏA, 414.
SABUGO, 356.
SACAVEM, 342.
SAGRES (Cap), 414, 419.
SAINT-VINCENT (Cap), 414, 419.
SAN JULIAO, 353.
SAN LOURENÇO, 416.
SAN PEDRO DA TORRE, 401.
SANTAREM, 341. — *Buffet* au chemin de fer. — Hôt. *Das Delicias.*
SERPA, 409.
SETUBAL, 406.
SILVES, 417.
SINES (Cap), 414.

T

TANCOS, 341.
TAVIRA, 423.
THOMAR, 374.
TORRE DAS VARGENS, 340.
TORRES-VEDRAS, 357. — Hôt. *Pimenta.* — Voitures depuis *Alhendra,* en corresp. avec le chemin de fer.

TROFA, 394.
TUA, 390.

V

VALENÇA DO MINHO, 401. — Hôtel : — *Rio Minho.* — Télég. direct pour le N. du Portugal.
VALLADARIS, 381.
VALLADO, 360.
VALLANGO, 387.
VALLÉE DU DOURO, 388.
VENDAS NOVAS, 407.

VIANNA DO CASTELLO, 399. — Hôt. *Aguia d'Ouro ; Central ; Economia.*
VILLA DO CONDE, 393.
VILLA DO BISPO, 419.
VILLAFRANCA DA XIRA, 341.
VILLANOVA DA BARQUINHA, 341.
VILLANOVA DA GAIA, 381.
VILLANOVA DA PORTIMAO, 417.
VILLA POUÇA D'AGUIAR, 345, 401.
VILLAR FORMOSO, 373.
VILLA REAL, 402. — Hôt. *Vidago.*
VILLA REAL DO SANTO ANTONIO, 412, 425.
VISEU, 370. — Voitures depuis *Mealhada*, en corresp. avec le chemin de fer. — Hôt. : *Central ; Viriato ; Viana.*
VIZELLA, 394.

FIN DE L'INDEX ALPHABÉTIQUE

22951. — Imprimerie Lahure, rue de Fleurus, 9, à Paris.

PUBLICITÉ DES GUIDES JOANNE
EXERCICE 1891-1892

ADRESSES UTILES

ADMINISTRATION

des Eaux de Pougues, 22, *Chaussée d'Antin*, Paris. Eau bicarbonatée, calcique, ferrugineuse, sans rivale contre DYSPEPSIES, GRAVELLES, DIABÈTE, etc. Etabl. thermal St-Léger, 15 mai-15 octobre. — Splendid-Hôtel, propté de la Cie. 120 chambres; luxe, confort, Casino. (Voir page 99.)

AGENCES DE LOCATIONS

Agence des Étrangers, 72, r. *Basse-du-Rempart*. Appart. et hôtels privés. Loc. et vente, meublés ou non.

AMEUBLEMENT

Léger (E.) ✠, 12, r. *des Vosges*, Paris. Ébénisterie et tapisserie, décorations intérieures, escaliers de style et ordinaires. Travaux d'églises et monuments historiques. Sculptures et sièges. Meubles en pitch-pin.

Reich fils, 157, *Faubourg Saint-Antoine*, Paris. Ameublement de style. Ébénisterie, sculpture, tapisserie, menuiserie artistique, escaliers, cheminées, plafonds, lambris, portes, etc. Reproduction de meubles du Musée de Cluny. Plans, dessins. Catalogue sur demande.

APPAREILS POUR BOISSONS GAZEUSES

Gazogène Briet. (Voir p. 48.)
D. Fèvre. (Voir p. 64.)

ARMES — ARMURES

Gutperle, 12, *boul. Magenta*, Paris. Armes, armures, panoplies d'armes, reproduction des armes anciennes. Armes, armures, bijoux pour théâtres.

ARTICLES DE VOYAGE

M. deF.

A. Angerant, fabricant, 25, *rue Chapon*, Paris. Articles de voyage, trousses, sacs, valises, nécessaires; spécialité de buffets cantines pour voyage. Pièces de commande.

BANDAGISTES

Breuil-Guth. 16, *rue Mandar*, Paris. Bandage spécial pour la contention des hernies rebelles. Prix modér.

Drapier et fils, 41, *rue de Rivoli*, Paris. Maison recommandée pour la perfection de ses bandages, ceintures, bas élastiques, irrigateurs, urinaux, etc. *Catalogue franco.*

Fichot, Bté s. g. d. g., 17, *rue du Quatre-Septembre*, Paris. Fournisseur des Hôpitaux, seul expert des ministères de la guerre et marine, garantit la contention des hernies les plus difficiles. Appareils orthopédiques, ceintures, urinaux. Redresseur dorsal pour rejeter les épaules en arrière, 10 fr.

Marie frères (Voir page 112.)

BANQUES

Lyon-Alemand. (Voir p. 31.)
Crédit Lyonnais. (V. p. 26.)
Société générale (V. p. 28.)

Publicité des GUIDES JOANNE
Exercice 1891-1892.

Type **A** — 1

BIÈRE

BRASSERIE DE L'ÉTOILE. *Fournisseur des hôpitaux.* Bières de toutes espèces, en fûts et en Bouteilles. Fabr. spéciale de *bière de nourrices*. 37, *avenue des Ternes*, Paris.

BIJOUTERIE

Aubriot (Ed.) aîné, 52, *rue Réaumur*, Paris. Ⓐ Exp. univ. 1889 Paris. Joaillier-fabricant. Maison spéciale pour les montures joaillerie et les pièces de commande (br. s. g. d. g.). Brillants et pierres fines. Renseignements gratuits aux acheteurs.

Duhazé (E.), 78, *rue Vieille-du-Temple*, Paris. Bijouterie argent, bagues en tous genres [M. H.] Exp. 1878-1889.

Tranchant, 79, *r. du Temple*, Paris. Bijouterie argent en tous genres. Hochets, bracelets, chaînes, bourses.

BIBLIOTHÈQUES (articles pour)

Georges BORGEAUD, *rue des Sts-Pères*, 41 bis. SPÉCIALITÉ D'ARTICLES POUR BIBLIOTHÈQUES ET CLASSEMENTS. Boîtes à fiches et fiches en tous genres. Catalogues pour bibliothèques. Chevalet liseuse. Objets en tous genres pour favoriser les travaux intellectuels en économisant du temps. Envoi *franco* du prix courant illustré sur demande affranchie.

BRONZES D'ART

Ed. ENOT
13, *rue des Pyramides*, Paris
Fabrique de bronzes. *Spécialité de montures*. Lampes, cristaux, verreries, faïences.
Objets d'art et de fantaisie.

CAFÉS

Restaurant Grand Véfour, Café de Chartres. (Voir p. 75.)

Restaurant Bonvalet et Café Turc. (Voir page 75.)

CAFÉ DE PARIS

Restaurant
Paris, 41, *av. de l'Opéra*, Paris.
Déjeuners, dîners, Soupers.
La maison est ouverte toute la nuit.

CAOUTCHOUC DE VOYAGE

Maison Charbonnier
J. VÉCRIGNER, Succr
376, *rue Saint-Honoré*, 376
Caoutchouc manufacturé anglais, français et américain. Chaussures américaines et gants, bottes de marais.
Vêtements imperméables, toile caoutchouc. Tobs anglais ou bains portatifs, cuvettes pliantes, sacs à eau chaude, coussins et matelas à air et à eau pour malades et pour voyages. Urinaux. Bidets et bassins, etc. Atelier de réparation.

Maison Mager. P. Gillet, succr, 11, *rue d'Aboukir*, Paris. Vêtements de voyage en caoutchouc en tous genres. — Tuyaux d'arrosage.

CHAPELLERIE

Delion, *passage Jouffroy*. (Voir page 120.)

CHEMISIERS

Belloin, 40, *rue des Petits-Champs* (2 et 4, pass. Choiseul).
Chemises sur mesure.
Trousseaux pour hommes.
Fabrique de tricots Angora.

CHOCOLAT

Chocolat Menier (v. p. 119.)
Chocolat Devinck. (V. p. 47.)

CIRES — COLLES

Grange, 14, *rue Nys*. (Voir p. 51.)

CRISTAUX, FAIENCES, PORCELAINES

L. BOUTIGNY
Cristaux et verreries artistiques
SERVICES DE TABLE
Collaborateur de plusieurs fabriques
SPÉCIALITÉ D'ARTICLES DE BOHÈME
Seul dépôt à Paris
1, 3, 5, 7, 9, passage des Princes.

Haviland & Co. (Voir page 57.)
Maison Toy (Voir page 61.)

DENTIFRICES

Docteur Pierre. (V. p. 51.)
Eau de Botot. (V. p. 52, 54, 62, 66.)

DEUIL

A la Religieuse. (V. p. 51.)

A l'Église Saint-Roch. (V. Cahiers en tête des Guides Parisiens.)

Au Sarcophage. (Voir Cahiers en tête des Guides Parisiens.)

DIAMANTS

Diamants Lère-Cathelain. Imitations parfaites et inaltérables du vrai. — Boucles d'oreilles, bagues, broches, etc., montées sur or, de 20 à 100 fr. — Reproduction de parures. — Gros et détail. — Expédition contre mandat. — Demander le catalogue illustré **Lère-Cathelain**, 93, *boulevard Sébastopol* (au 2e), et 21, *boulevard Montmartre*, Paris.

EAUX MINÉRALES

Pougues (Etablis. thermal). Administration, 22, *rue Chaussée-d'Antin.* (Voir page 99.)

ÉCLAIRAGE

Nouvelle Lumière à incandescence par le gaz. (V. p. 64.)

Rousseau (Constant). Accumulateurs d'électricité. (Voir page 59.)

EMBALLAGES

Chenue et Fils, 5, *rue de la Terrasse*, près la place Malesherbes, Paris. Emballages et transports d'objets d'art et mobiliers.

ENCRES

C.-L. Roupnel. (Voir page 62.)

FLEURS NATURELLES

Bernard, 7, *rue Laffitte.*
Lion (E.). (Voir page 66.)

GYMNASES

Gymnase médical (franco-suédois), GUIMARD, 112, *boulevard Malesherbes*, Paris. Méthode rationnelle pour tous les âges. (Fabrique et vente d'appareils.) Traitements orthopédiques. Douches chaudes et froides. Massage. SALLE D'ARMES. Cours de danse. 2 méd. Exp. 1889.

GYMNASE médical et orthopédique, cours spéciaux, filles et garçons dès l'âge de 4 ans. Cours spéciaux de jeunes gens; cours spéciaux de demoiselles; escrime, hydrothérapie. J. LEFEBVRE, directeur, 30, *faubourg Saint-Honoré*, Paris.

Lelièvre (V. *Sauvetage*).

HABILLEMENTS

Maison de la Belle Jardinière. (Voir page 49.)

HORLOGERIE

Ratel ✠ (Maison fondée en 1822), 53, *rue Monsieur-le-Prince* (près l'Odéon), Paris. Horlogerie de précision. Service de la marine, de l'Etat. Fournisseur breveté de N. S. P. le Pape. Montres artistiques, chaînes, agrafes parisiennes, à ruban, etc. Médaille argent. Exp. universelle 1889. — La maison est fermée le dimanche.

HOTELS

Hôtel d'Alsace, 13, *rue des Beaux-Arts*. J. VERDIER, propriétaire. Appartements et chambres meublés depuis 2 francs. Déjeuners et dîners. Jardin. Maison recommandée aux familles par sa bonne tenue. Paris.

Gᵈ Hôtel Anglo-Américain, 113, *rue Saint-Lazare* (en face la gare). Appartements et chambres. Table d'hôte. Service à la carte. English spoken. FRIBAULT, propr.

Hôtel d'Antin, 18, *rue d'Antin*, Paris (près l'Opéra). Appartements et chambres pour familles depuis 3 fr. 50 par jour. Déjeuners et dîners à volonté. — M. A. CHRISTOPHE, propriétaire.

Appartements et chambres meublés, d'un excellent confort, 10, *boulevard des Italiens* et *passage de l'Opéra*, escalier A, Paris. — Th. THERSEN, propriétaire.

Grand Hôtel de l'Athénée
15, *rue Scribe*, Paris.
Lumière électrique
dans toutes les chambres.
Ascenseur — Salles de bain.

Hôtel Bristol et Hôtel du Rhin réunis. 3, 5, 4, 6, pl. Vendôme, Paris. MORLOCK et Paul PIERSON. sous le patronage de la famille royale d'Angleterre et résidence habituelle des grandes familles françaises et étrangères de passage à Paris.

Hôtel Britannique, Paris, 20, *Avenue Victoria* (place du Châtelet), Mlle PERRET, propr. Grands et petits appartements. Table d'hôte. Prix modérés. Envoi du tarif sur demande.

Hôtel Burgundy, 8, *r. Duphot* (Madeleine), Paris. Chambres de 2 à 10 fr. par jour; pension de 55 à 70 fr. par semaine. Writing, Drawing, Dining and Smoking Rooms. BÉCARD, p^{re}.

Hôtel du Cadran, 62, *rue St-Sauveur*, Paris, en face le passage du Saumon. Chambres et appartements depuis 2 francs. Restaurant prix fixe. Mme veuve THUROT, propriétaire.

Grand Hôtel Cailleux, 37, *rue Saint-Quentin* et *rue de Dunkerque*, 19, Paris (près les gares du Nord et de l'Est). Appartements et chambres confortables, service de restaurant à toutes les heures de jour et de nuit. Service à la carte. English spoken. Man spricht deutsh. M. COLAS, propriétaire.

Grand Hôtel Cambon, 3, *rue Cambon*, Paris (près les Tuileries, Champs-Élysées, grands boulevards). Appartements et chambres depuis 2 francs. Restaurant à la carte et prix fixe. English spoken. BONNET, propr^{re}.

Hôtel du Chariot d'or. Reconstruit en 1887, *rue Turbigo*, 39, près le boul. Sébastopol (ci-devant *rue Grenéta*, 13). Café-Restaurant. Table d'hôte. Chambres confortables depuis 2 f. 50. Ascenseur. RABOURDIN, propr.

Chambres et appartements meublés, 95, *r. Richelieu* (passage des Princes), 5 bis, *boulevard des Italiens*, et 2, *rue d'Amboise*. Chambres de 3 à 10 fr. par jour et de 45 à 200 fr. par mois. Petits appartements. Prix modérés. CUSSET, propriétaire.

Chambres et appartements meublés. Mme MALLET. (V. p. 69.)

Hôtel du Chemin-de-Fer de Lyon (le seul en face de l'arrivée), 19, *boulevard Diderot*, Paris. Grands et petits appartements, chambres, service dans les appartements, bains, poste et télégraphe. English spoken. Me Ve SOUFFLET, propr^{re}.

Hôtel de la Cité Bergère et Bernaud — Paris. 4, *Cité Bergère*, 4. Situé à proximité des boulevards et des théâtres et au centre du commerce. Table d'hôte — Prix modérés.

Hôtel Continental. (V. p. 72.)

Hôtel des Colonies, 27, *rue Paul-Lelong*, près la Bourse. Appartements et chambres confortables. Table d'hôte. English spoken.

Grand Hôtel Corneille, 5, *rue Corneille*, en face le Luxembourg et l'Odéon. Chambres depuis 2 francs; déjeuners 1 fr. 50; dîners 2 fr. English spoken. LOISEAU, pp^{re}.

Hôtel des Croisés d'Orient. (Voir page 69.)

Hôtel de l'Elysée. (Voir cahier en tête des Guides parisiens.)

Hôtel de Famille, 86, *rue Lafayette*, Paris. (Voir p. 69.)

Hôtel Folkestone, 9, *rue Castellane* (près la Madeleine), Paris. Pension et Chambres de 8 à 12 fr. par jour. Chambres de 2 à 6 fr. Table d'Hôte et Service dans les Chambres.

Hôtel Folkestone, 129 bis, *boulevard Magenta*, Paris (près la gare du Nord). Pensions de familles. English spoken.

Hôtel de France, 40, *rue de Rivoli*, Paris (près l'Hôtel de Ville). Appartements et chambres, table d'hôte, service à la carte. LONGCHAMP, propriétaire

Hôtel de France et de Suisse, 1, *rue de Strasbourg*, Paris (près gares Nord et Est). Chambres depuis 2 fr., pensions depuis 7 fr. 50. Table d'hôte, restaurant. On parle anglais et allemand. C. CHABOUDEZ, propriétaire.

Hôtel de la Gare du Nord, 31, *rue Saint-Quentin,* Paris (près la gare du Nord, au coin de la rue Lafayette). Chambres confortables, déjeuners et dîners à la carte. English spoken. Man spricht deutsch. Prix modérés.

Grand Hôtel d'Harcourt, 3, *boul. St-Michel.* Chambres confortables de 2 à 6 fr. Appartements meublés avec cuisine. Table d'hôte. Prix modér.

Hôtel Jacob, 44, *rue Jacob.* Chambres et appartements meublés depuis 2 fr., avec pension de 8 à 10 fr. par jour; au mois depuis 150 fr. Service dans les appartements. Man spricht deutsch. English spoken.

Hôtel du Jardin des Tuileries, 206, *rue de Rivoli,* en face le Jardin des Tuileries. Appartements et chambres. Grand confort. Elegantly furnished apartments and single rooms. Full south. Lift. ZIEGLER, prop.

Hôtel Jean-Bart (Maison de famille), 9, *rue Jean-Bart,* Paris. (Voir page 56.)

Hôtel Jean-Bart, 31 bis et 33, *rue de Dunkerque,* Paris (près les gares du Nord et de l'Est). Chambres très confortables. Prix modérés.
SAUTRET, propriétaire.

Gᵈ Hôtel Jules-César, 52, *av. Ledru-Rollin,* angle *rue de Lyon,* 20, Paris. Hôtel confortable, le plus près des chemins de fer Lyon et Orléans. Restaurant, bains dans l'hôtel. English spoken. Ch. DENEUX, propriétaire.

Grand Hôtel Louvois, *place Louvois,* situé sur un beau square au centre de Paris. Appartements et chambres seules. Restaurant et Table d'hôte. L. DHUIT, propriétaire.

Maison de Famille de 1ᵉʳ ordre, 18, *rue Chateaubriand* (Champs-Elysées). Table d'hôte. Mᵐᵉ DEVIES.

Hôtel Mirabeau. (V. p. 74.)

Hôtel Moderne. (V. p. 71.)

Hôtel du Musée de Cluny 18, *boulevard Saint-Michel* Centre des Ecoles et des Théâtres. Appartˢ et chambres, prix modérés. Table d'hôte. Déj. 2,25; dîners 2,50.

Hôtel National, 11, *rue Notre-Dame-des-Victoires* (près la Bourse). Appartements et chambres. Table d'hôte. Prix modérés. HECKING, ppʳᵉ.

Grand Hôtel de Nice, 36, *rue Notre Dame-des-Victoires.* (V. p. 70.)

Grand Hôtel d'Orléans, 17, *rue Richelieu* (près le Palais-Royal). Appartements et chambres confortables. Table d'hôte. Service à la carte.
BAR-SCHULZ, propriétaire.

Hôtel de Panama et des Antilles, 3, *rue de l'Odéon.* Appartements et chambres depuis 1 fr. 50. Entièrement remis à neuf. Excellent confort. Se recommande par sa bonne tenue et la tranquillité de la maison.

Grand Hôtel de Paris, 38, *Faub.-Montmartre,* près les gr. boulevards, Paris. 150 chambres et appartements très confortables. Prix modérés; déjeuner 3 fr., dîner 4 fr., vin compris. Pension depuis 10 fr. par jour. English spoken. M. RENARD, ppʳᵉ.

Hôtel du Prince Albert, 5, *rue St-Hyacinthe-St-Honoré,* Paris. Situation centrale. Chambres depuis 2 fr. 50.

Hôtel du Prince de Galles, 24, *r. d'Anjou-St-Honoré.* (V. p. 70.)

Hôtel Raynaud, 20, *rue d'Antin* (avenue de l'Opéra). Appartements et chambres meublés. Maison recommandée par sa bonne tenue et son confort. Favourite residence of English and Americans.

Hôtel de Reims, 29 et 37, *passage du Saumon.* (Voir cahier de tête des Guides parisiens.)

Grand Hôtel du Rhône, 5, *rue Jean-Jacques-Rousseau* (près le Louvre et la Bourse de commerce),
LE PLUS CENTRAL DE PARIS.
Chambres, grands et petits appartements, salons, fumoirs, jardin d'hiver. Table d'hôte, restaurant, pension. Prix modérés. English spoken. Paris.

Hôtel Richer, 60, *rue Richer,* centre de Paris, près les grands boulevards. Chambres depuis 2 fr. Repas à la carte.

Grand Hôtel de Rome, 15, *rue de Rome*, à une minute de la gare St-Lazare et à deux minutes de l'Opéra et des grands boulevards, Paris. Appartements pour familles et chambres pour voyageurs. Grand confortable. Prix modérés. Situation magnifique dans le quartier élégant, au centre des affaires et des grands théâtres. LEVACHÉ, propriétaire.

Hôtel Saint-James, 211, *rue Saint-Honoré*, Paris. (Sortie sur le Jardin des Tuileries.) Grands et petits appartements. Chambres confortables depuis 3 fr. Table d'hôte. Restaurant. Prix modérés. Ascenseur. Lumière électrique. BOLAND, propre.

Hôtel Saint-Severin, 40, *rue St-Séverin*, Paris (près la place St-Michel). Appartements et chambres. Service à volonté.

Hôtel St-Sulpice, 7, *rue Casimir-Delavigne*, Paris (quartier des Écoles). Chambres, pension. Prix modérés. Se recommande par sa tranquillité.

Hôtel de Seine, 52, *rue de Seine* (boul. Saint-Germain), Paris. Appartements et chambres confortables. Table d'hôte. Service à volonté. Prix modérés. DUJARDIN, propre.

Hôtel Turgot, 76, *rue Turbigo*, Paris. Centre des affaires. Chambres depuis 2 fr.

Hôtel Victoria, 10, *cité d'Antin, rue Lafayette* (près l'Opéra). Chambres de 2 fr. à 10 fr. Pension de 7 fr. à 15 fr. Arrangements pour famille. Téléphone. English spoken.

Hôtel Violet, passage Violet, 36, *faubourg Poissonnière*, Paris, près les grands boulevards, à 5 min. des gares de l'Est et du Nord. 170 chambres très confortables. Salon de lecture, fumoir, bains dans l'hôtel. Arrangement à volonté. Prix modérés. Ve J. CLÈME, propriétaire.

Hôtel Vouillemont, 15, *rue Boissy-d'Anglas*, Paris, entre les Champs-Élysées et les Tuileries. Grands et petits appartements pour familles, recommandés par leur confort.

Hôtel Wagram, 208, *rue de Rivoli*, Paris (en face le Jardin des Tuileries). Grands et petits appartements. Bonne cuisine. Prix modérés. Ascenseur. BOLAND et PAGNIOUD, pres.

HYDROTHÉRAPIE

Guimard, 112, *boulevard Malesherbes*, Paris. (Voir *Gymnases*.)

Institut d'hydrothérapie et de kinésithérapie médicales. Traitement par l'eau et par le mouvement physiologique. 49, *Chaussée-d'Antin*, Paris.

INSTITUT THERMO-RÉSINEUX

des docteurs **Chevandier, de la Drôme, père et fils,** ci-devant, 14, rue des Petits-Hôtels, actuellement **57, rue Pigalle,** Paris. Ouvert toute l'année. Cure des rhumatismes, goutte, névralgies, sciatiques, etc. *Succès éclatants.*

INSTITUTIONS

Daix-Borgnet, 104, *avenue de Neuilly*, NEUILLY-sur-SEINE, près le Bois de Boulogne. Études complètes, préparation aux baccalauréats. *First Class institution for young men.* Vie de famille pour les étrangers.

École préparatoire Duvignau de Lanneau. (V. p. 67.)

École Sully, E. ANGEVIN, dir., 56, *rue d'Aboukir*, Paris. Études commerciales et industrielles. Élèves étrangers. Jardin. Externat ; internat pour les élèves du Conservatoire. Vie de famille.

Institution Jauffret 97, *boulevard Saint-Michel*, Paris. Par trimestre : pension, 375 fr. ; demi-pension, 225 fr. ; externat, 90 fr. Baccalauréat. Études classiques. Enseignement spécial

Institut Rudy, 7, *rue Royale*, Paris. 31e année. Cours et leçons. Langues, lettres, sciences, musique, peinture. 150 professeurs.

Institution internationale, dirigée par S. COTTA, 51, *avenue Malakoff* (Trocadéro), Paris. Préparation aux baccalauréats et aux Écoles spéciales. La plus belle maison d'éducation. Spécialité : les langues modernes. *First Class Boarding School.*

Institution Roger-Momenheim, 2, *r. Lhomond*, Paris. (V. p. 67.)

Institution Saint-Charles, 4, *rue Oudinot*, Paris, quartier Saint-Germain, près les Invalides. — Internat et externat. — Préparation aux examens, répétitions du lycée Buffon. Vie de famille. — Nombre d'élèves très limité. — Education spéciale pour les étrangers. — Hôtel particulier.

Institution H. Segaux.
Fondée en 1868. **Aux Lilas,** ancien Bois de Romainville (Seine), *rue de l'Avenir* et *rue du Bois*. ENSEIGNEMENT PRIMAIRE SUPÉRIEUR ET COMMERCIAL. Langues étrangères. Arts d'agrément. PRÉPARATION AUX EXAMENS. Prix modérés. Cet établissement se recommande aux familles par l'heureuse exposition dont il jouit au centre d'un bois et d'un grand jardin, par le prix modéré de la pension, la bonne tenue des élèves et les soins maternels dont ils sont constamment l'objet.

Institution Springer
34-36, *rue de la Tour-d'Auvergne*, Paris. — MÉDAILLE D'ARGENT. Exposition 1889.
Etudes commerciales et industrielles. — Langues vivantes. — Préparation aux baccalauréats et aux écoles spéciales.
SERVICE DE VOITURES.
Boarding School for boys. References in Paris and in London.
Especiales cursos en vista de los estrangeros.

Martin (F.), 3, *r. Chauveau Lagarde*. Prép^{on} aux baccalauréats, Ecoles du gouvern. et Ecoles étrangères. Soins individuels. Succès constants. Internat ; demi-pension ; externat.

Nioussel, licencié ès sciences. Répétitions du Lycée Janson. Baccalauréats. Enseignement spécial, langues vivantes. Vie de famille pour les étrangers. 3, *chaussée de la Muette*, Paris.

Renack. Prix d'honneur au Concours général. 22, *avenue de Neuilly* (**Bois de Boulogne**). Préparation aux baccalauréats et aux Ecoles spéciales. Cours pour les étrangers. Vie de famille. Nombre d'élèves très limité.

Sainte-Barbe. (V. p. 67.)

INSTITUTIONS de DEMOISELLES

Chateau (Mlles), 177, *faubourg Poissonnière*, Paris. Etudes complètes. Préparation aux examens. Arts d'agrément. *Jardin* 2,700 m. On admet au cours (2 fois par semaine) demoiselles accompagnées par leur institutrice. *Boarding school for young ladies*

Cours d'Education, dirigé par Mme VAN DEN BERG, 7, *r. de Verneuil* (faub. St-Germain), avec le concours de prof^{rs} de l'Université. Cours de musique fondé par M. Le Couppey, et dirigé par M. A. Duvernoy, prof^r au Conservatoire de musiq. Préparat^{on} aux examens. Langues étrang^{res} (Pension, 1/2 pens.)

Cours complets d'Education
POUR LES JEUNES PERSONNES
36 et 38, *rue de Châteaudun*
(quartier de l'Opéra), Paris,
Dirigés par Mesdames **Feugères,** avec la collaboration des professeurs de l'Université.
PRÉPARATION AUX EXAMENS DE TOUS LES DEGRÉS.
LANGUES ÉTRANGÈRES. — ARTS D'AGRÉMENT.
Beau jardin pour les récréations.
Situation des plus hygiéniques et confortables. — L'institution reçoit des élèves externes et demi-pensionnaires, et un nombre restreint de pensionnaires étrangères.

Drappier (Mmes), 86, *rue de la Tour* (**Passy**-Paris). Education complète, arts d'agrément. Vie de famille

Institution Duchemin
64, *rue d'Assas*, Paris, *faub Saint-Germain* (près le Luxembourg).
Situation des plus hygiéniques. Maison de premier ordre. Internat, demi-pensionnat, omnibus. Etudes complètes. Préparation aux examens de tous les degrés ; arts d'agrément, langues vivantes. *First class institution for young ladies.*

Institution Getting, 11, *rue Bassano* (Champs-Elysées), Paris. — Education complète. — Préparation à tous les examens. Arts d'agrément. Classe enfantine. Grand jardin.

Lacorne (Mlles), 5, *cité Pérard* (avenue de Neuilly-s.-S.), Paris. A 5 m. du Bois de Boulogne. Education supérieure ; préparation aux examens de l'Hôtel de Ville, arts d'agrément. — *Select Ladies school first class professors for every branch; high references.*

Institution de Me Quihou, 7, *avenue Victor-Hugo*, St-Mandé (Seine), à la porte de Paris et près du Bois de Vincennes, à 3 minutes de la Gare, et sur le passage du tramway Louvre-Vincennes.
Education complète.

LITS ET SOMMIERS

Castéran (A.), 81 et 83, *Faubourg Saint-Antoine*, Paris. Grande fabrique de sommiers élastiques et literie en tous genres.

MAISONS DE SANTÉ

Dr E. Blaise, ancien interne, lauréat Fac. de Méd. Paris. Memb. correspond^t Société Médico-Psychologique. *Maladies mentales et nerveuses, paralysie.* Consultation et électricité médicale. Mardi, jeudi et samedi, de 4 h. à 6 h. 34, *avenue de l'Opéra*, Paris.

Maison de santé, 10, *rue Picpus*, Paris. Affections mentales et nerveuses des deux sexes. M. le Dr Pottier ※, lauréat de la Faculté de M. P.

Maison de santé du Dr Défaut, 34, *av. du Roule*, Neuilly-sur-Seine. Les parents des malades peuvent y séjourner. On n'admet ni aliénés, ni affections contagieuses.

MANÈGES

École modèle d'Équitation, J. Pellier, 24, *avenue du Bois-de-Boulogne*, Paris. Pension de chevaux. Vente et location. *Special lessons for ladies.* A Dieppe pendant la saison des bains.

Manège Duphot, 12, *rue Duphot*, Paris. Duchon ※ et Cie. Ecole d'équitation (fondée en 1826). Belles écuries de pension. Succursales : Paris, 51, *rue Lhomond*; Tréport, *route d'Eu*; Enghien (Seine-et-Oise).

MASQUES

Pavy frères, masques en tous genres, 144, *rue Saint-Denis*, Paris. Fabrique, 68, boulevard de Reuilly. Commission, exportation. Exposition 1878, médaille de bronze.

MODES

Compagnie Lyonnaise
Mme Mantel
37, *boul. des Capucines*, Paris.
Modes. Robes et manteaux.
Corbeilles de mariage.

Maison Camille Marchais
17, *rue de la Paix*, Paris.
Fleurs et plumes. Garnitures de robes de bal — parures de mariées — bouquets et touffes pour chapeaux — plantes d'appartements — objets pour cotillon.

OBJETS D'ART

Mme **B. Mailley**. (Voir page 63.)

OPTIQUE

Cautez-Didoz, opticien-oculiste médaillé, 354, *rue St-Honoré*, Paris. Pince-nez anti-névralgique à plaquettes électro-médico B^{tés} s. g. d. g., guérit tous les maux de tête, migraines, douleurs, névralgies, etc.; préserve les yeux de toutes affections.

Geoffroy (D^r). (Voir page 61.)

OR, ARGENT, PLATINE

Lyon-Alemand. (Voir p. 30.)

ORFÈVRERIE

Christofle. (Voir page 57.)

Favier fils, 25, *quai de l'Horloge*, Paris. Fabrique d'orfèvrerie, genre gothique et renaissance; services de table complets. Grand choix. Spécialité d'orfèvrerie religieuse.

Guerchet (anciennes maisons Roussel et Jamet), 62 et 64, *quai des Orfèvres*, Paris. Fabrique d'orfèvrerie de table. Maison recommandée pour la richesse et la pureté de style de ses modèles. — *English spoken.* Médaille à l'exposition universelle 1889.

Mériden Britannia Co. (V. p. 52)

Mérite (C) (E. SANNER, fondé de pouvoir), 3, *rue du Quatre-Septembre*, Paris. Fabrique d'orfèvrerie argent. Pièces sur commande. Spécialité de services de table. Coutellerie en tous genres.

Ravinet (L.), 83, *rue du Temple*. Services de table, coutellerie, argenture, dorure, réargenture. Téléphone.

Robert (J.), 31, *rue Bonaparte*, Paris. Fabrique de couverts et orfèvrerie. Dorure, réargenture, nickelure. Réparation de bijoux en tous genres. Achat d'or et d'argent. 12 médailles d'or, 2 diplômes d'honneur.

ORGANINA THIBOUVILLE

THIBOUVILLE-LAMY. (Voir page 63.)

ORGUES

Alexandre. (Voir page 60.)

OUTILLAGE D'AMATEURS

Tiersot. (Voir page 53.)

OUVRAGES DE DAMES

Mme Cuchet, 3, *rue d'Aboukir*, Paris. Broderies et tapisseries de style. Ouvrages de fantaisie. Spécialité de drap perforé machine et main. Expédition en province.

PARAPLUIES, CANNES

Dugas-Gérard, 82, *rue Saint-Lazare*, Paris. Fabr. de cannes, cravaches, fouets, parapluies et ombrelles. Maison de confiance. Prix modérés.

PARFUMERIE

Guerlain. (Voir page 47.)

Léopold, 14, *rue Castiglione*, Paris. Eau impériale pour fortifier les cheveux. *Imperial Hair wash for strenthing the hair.*

Parfumerie Oriza. (V. p. 58.)

L.-T. Piver. (Voir page 55.)

Eau de Botot. (Voir p. 52, 54, 62, 66.)

Docteur Pierre. (Voir p. 51.)

PATISSERIE

Boisset-Graff, 15, *r. de Beaune*, Paris. **Timbales milanaises.** Dîners complets sur commande. Expéditions France et Etranger. Téléphone.

PENSIONS DE FAMILLE

Mme Robin, Pension de Famille, 7, *rue du Colisée*. (Voir page 68.)

Pension de Famille, 7, *rue Clément-Marot*. (Voir page 68.)

Pension de Famille, 42, *route nationale*, à Saint-Cloud. (V. p. 68.)

Pension de Famille, 3, *rue Berryer*. (Voir page 69.)

Pension de Famille, 13, *rue du Cherche-Midi*. (Voir page 69.)

Mme et Mlle Busson, Pension de Famille, 27, *rue Marbeuf*. (V. p. 68.)

Mme Mallet, Maison de Famille, 28, *rue Tronchet*. (Voir page 69.)

Pension de Dames seules, 92, *rue du Cherche-Midi*. (V. p. 70.)

Pension de Famille Française, 18, *r. Clément-Marot* (V. p. 68.)

Pension de Famille, 10, *rue Chateaubriand* (Champs-Elysées), élégante et confortable, 7 à 12 francs par jour par personne. Jeux divers. — Jardin.

Pension de Famille, 78, *avenue Victor-Hugo*, Paris, près le bois de Boulogne, recommandée aux familles. Prix modérés. Family House.

Maison Pincet. E. CASPAR, suc^r. Maison de famille de 1er ordre, entre la Madeleine et les Tuileries, en face d'un grand jardin, 35, *rue Cambon*.

Pension de Famille Lapérouse, 3, *rue Lapérouse*, Paris, près de l'Arc de Triomphe. Appartements et chambres confortables. Table recommandée.

Élégante Pension de Famille, 53, *avenue d'Antin* (20, *rue de Ponthieu*), Champs-Elysées.

PHOTOGRAPHIE (Appareils de)

Gorde (A.), 4, *rue Bochard-de-Saron*, Paris. Fabrique d'*appareils instantanés à main* et autres, optique et produits de premier choix.

Type A — 1*

PHOTOGRAPHIE (Artistes)

Benque, 33, *rue Boissy-d'Anglas*. Exposition : 5, rue Royale. MINIATURES SUR ÉMAUX Photographie à la lumière électrique.

Chalot, photographe, 18, *rue Vivienne*, Paris. MÉDAILLE D'OR Expos. univer. 1889. Spécialité pour agrandissement de toute nature par le procédé inaltér. au platine. Procédé instantané pour les enfants. Portraits directs sans agrandissement, depuis la carte de visite jusqu'au format 45 sur 60 inclus.

Mulnier, Ladrey fils, succr, 25, *boulevard des Italiens*, Paris. — Portraits en tous genres.

Reutlinger 21, *boulevard Montmartre*, Paris. Ascenseur.

PIANOS
Bord. (Voir page 113.)

PLUMEAUX
J.-E. Durup, ancienne maison P. Leullier et Cie. Fabrication spéciale de plumeaux en tous genres, 13, *rue Vieille-du-Temple*, Paris. Exposition universelle 1889, médaille de bronze.

PLUMES MÉTALLIQUES
Gillott. (Voir page 54.)
Mallat. (Voir page 60.)

POMPES
Beaume. (Voir page 58.)

PRÊTS
Moutonié. (Voir page 66.)

PRODUITS PHARMACEUTIQUES
Alcool de Menthe de Ricqlès. (Voir page 53.)
Chassaing. Vin de Chassaing, Phosphatine Falières, etc. (V.p. 118.)
Extrait de Malt français Déjardin. (Voir page 56.)
Fer Bravais. (Voir page 64.)
Ferrouillat, Cigarettes. (V.p.63)

Eau des Jacobins

Ancien cordial très populaire d'une puissance merveilleuse, contre apoplexie, etc. **A. Gascard**, seul successeur des Fres Gascard, à **Bois-Guillaume**, près Rouen.

Pharmacie normale (V.p.63.)
Vin Vial. (Voir page 52.)
Weber (Ch.), pharm., 352, r. *St-Honoré*. Succurs. et dépôt gén. des remèdes électro-homœopath. du COMTE CÉSAR MATTEI, de Bologne (Italie).

RESTAURANTS
Grand Véfour. (V.p. 75.)
Bonvalet. (Voir page 75.)
Hôtel Moderne. (V.p. 71.)
Diner de Paris. (V.p. 75.)
Grand Restaurant du Bœuf à la Mode. (Voir page 74.)

Hôtel-Restaurant de la Tour d'Argent, 15, *quai de la Tournelle*, Paris, près les gares Lyon et Orléans. Maison Frédéric et ses créations spécialement recommandées.

Diner Européen, 14, *boulevard des Italiens*. Entrée, 2, rue Le Peletier. Déjeuners 3 fr., dîners 5 fr., vin compris. Recommandé pour son grand confort et sa bonne cuisine.

Diner du Rocher 16, *passage Jouffroy*, Paris (*Grands boulevards*). Jardin d'hiver. Déjeuner, 2 fr. 50 — Dîner, 3 fr. GEORGES, propriétaire.

Table d'hôte Blond, fondée en 1865. Moine (succr), 2, *boulevard Montmartre*, au 1er étage. — Déjeuner, 1 fr. 50. Dîner, 2 fr.

Maison **Vidrequin,** 40-41, *galerie Montpensier*, et 26, *rue Montpensier* (Palais-Royal). Recommandée. Déjeuner, 1 fr.; dîners, 1 fr. 25 et 1 fr. 60

ROBES et MANTEAUX

COMPAGNIE LYONNAISE
Mme **MANTEL**
37, boul. des Capucines, Paris
Modes. Robes et Manteaux
Corbeilles de mariage.

Thirion (Maison), 1, *boulevard de la Madeleine*, Paris. Jeunes filles, fillettes et enfants. Trousseaux, layettes.

SAUVETAGE (Appareils de)

Lelièvre, 98, *rue Montmartre*, Paris. CEINTURES DE SAUVETAGE, bouées, cordages, ficelles, APPAREILS DE GYMNASTIQUE.

SOURDS-MUETS

Institution pour l'éducation en famille des Sourds et Muets par la parole. Lecture sur les lèvres. M. A. HOUDIN, 37e année, 82, *rue de Longchamp*, Paris.

STATUES RELIGIEUSES

Ateliers **Froc-Robert**. (V. p. 61.)

TAILLEURS POUR DAMES

A la Magicienne. (V. p. 59.)
Monti. (Voir page 61.)

TIRS

Gastinne-Renette ✳ ✠ ▩.
Fabrique d'Armes et Tirs au Pistolet, 39, *avenue d'Antin* (Champs-Elysées), Paris.

VEILLEUSES

Veilleuses françaises. Maison **Jeunet.** (Voir page 54.)

VÉLOCIPÈDES

Clément. (V. p. 65.)
Larippe. (Voir page 59.)
Rochet. (Voir page 50.)
The Conventry Machinists' Co. (Voir page 62.)

VERNIS

Boutemy, 10, *rue Brise-Miche*, Paris. Fabrique, 1, *rue des Fillettes*, à Saint-Denis. — Vernis parisien à l'alcool, Vernis brillant, toutes nuances, Vernis émail, opaque, mat, mordoré, a tampon, pour capsules, Siccatif pour parquet. — *Spécialité pour l'exportation.*

VERRERIE

Lengelé (A.) et Cie, 31, *rue Notre-Dame-de-Nazareth*, Paris. Verrerie de fantaisie, cylindres en verre pour pendules, objets d'art, etc. Usine : 2 *bis*, route d'Aubervilliers, à Saint-Denis (Seine).

VINS

Samos naturel. (V. p. 63.)

VOITURES (Location de)

Brandin, 8, *rue de la Terrasse*, Paris. Voitures de grande remise à la journée et au mois.

Subiger, 12, *rue Bayard*, Champs-Élysées.

Chevaux
et
Voitures de luxe.
Location
Moderate price.

VOYAGES

Agence Lubin. (V. p. 31.)

JARDIN ZOOLOGIQUE D'ACCLIMATATION

Du Bois de Boulogne
OUVERT TOUS LES JOURS AU PUBLIC

PRIX D'ENTRÉE	ABONNEMENTS
En semaine...... 1 fr. «	Par personne : 25 fr. par an.
Dimanche....... » fr. 50	— 15 fr. p. semest.
Voitures......... 3 fr. »	Par Voiture : 50 fr. par an.
	— 30 fr. p semest.

COLLECTION DES ANIMAUX UTILES DE TOUS LES PAYS
Et principalement de ceux que l'on cherche à naturaliser en France.

Les éléphants, dromadaires, autruches, zèbres et poneys
Sont employés chaque jour à la promenade des Enfants.

GRAND JARDIN D'HIVER. — AQUARIUM
LABORATOIRE DE PISCICULTURE

Le Jardin d'Acclimatation vend et achète des animaux. Il vend aussi des plantes vertes provenant du Jardin d'acclimatation d'Hyères (Var). — S'adresser au bureau de l'Administration, près la porte d'entrée.

EXPOSITION permanente et vente des objets industriels utiles à l'agriculture, à l'horticulture, à l'entretien des animaux.

MATÉRIEL zoologique et horticole.

MUSÉE de la chasse et de la pêche.

MANÈGES

L'École d'équitation met à la disposition des élèves des chevaux de toutes les tailles, de telle sorte que les cavaliers ne sont pas exposés à faire usage de montures disproportionnées. Le cachet de manège donne l'entrée du jardin à l'élève et à la personne qui l'accompagne. Prix du cachet : 3 fr. 50.

Omnibus spéciaux pour les Manèges.

LIBRAIRIE

On peut se procurer, à la librairie spéciale du Jardin d'Acclimatation, les ouvrages qui traitent d'agriculture, d'horticulture, d'histoire naturelle et d'acclimatation.

LAIT

Envoyé à domicile, deux fois par jour, après les traites, en vases plombés.

BUFFET

Déjeuners et Dîners. — Rafraîchissements divers.

AVIS. — Les CATALOGUES et PROSPECTUS publiés par le Jardin d'Acclimatation sont envoyés *franco* en réponse à toute demande (Catalogue des animaux *et des œufs* mis en vente, Catalogue du Chenil, Catalogue de la Librairie, Prospectus des Manèges et de la Laiterie).

LE FIGARO

est de beaucoup le plus répandu de tous les GRANDS JOURNAUX FRANÇAIS

Il est lu dans le monde entier

On le trouve chez tous les libraires et marchands de journaux, et dans toutes les gares de chemins de fer.

ABONNEMENTS

Paris : *Trois Mois*	16 fr. »
Départements : *Trois Mois*	19 fr. 50
Union postale : *Trois Mois*	21 fr. 50

PUBLICITÉ

La publicité du *Figaro* est universellement reconnue comme **la meilleure et la plus productive** de France, parce qu'elle s'adresse à la classe la plus riche et la plus élégante.

HOTEL DU FIGARO
26, rue Drouot, PARIS

L'ÉCHO DE PARIS

16, RUE DU CROISSANT (Hôtel Colbert)
Directeur : VALENTIN SIMOND

PUBLIE
VINGT-HUIT CHRONIQUES ET CONTES INÉDITS

PAR SEMAINE DE MM.

Edmond de Goncourt, Théodore de Banville,
Guy de Maupassant, Catulle Mendès, Armand Silvestre,
Nestor, Octave Mirbeau, Colomba (ex-Colombine),
Henry Bauër, Edmond Lepelletier, Albert Dubrujeaud,
Montjoyeux, Léon Cladel, Jean Lorrain,
Paul Margueritte, Raoul Toché, Maxime Boucheron,
Violette, Restif de la Bretonne,
Edmond Deschaumes, Graindorge, Abel Peyrouton,
Gavroche, Fernand Xau, Jean Reibrach,
Paul Lordon, Jules Huret, Marcel Schwob,
Georges Courteline, de Meaulne,
Comtesse de Vénasques, Tavernier,
Auguste Germain, Jean de la Butte.

ÉCHOS ET NOUVELLES, *Le Diable Amoureux*. — LA GRANDE ACTUALITÉ, *Fernand Xau et Jules Huret*. — CRITIQUE THÉATRALE, *Henry Bauër*, — SOIRÉE PARISIENNE, *Maxime Boucheron*. — CHRONIQUE DES LIVRES, *Edmond Lepelletier*. — LE SALON, *Armand Silvestre*. — LA POLITIQUE, *Hector Depasse*. — L'EXTÉRIEUR, *A. Saissy*. — LA CAUSERIE FINANCIERE, *Jacques Profit*. — CAUSERIE PARLEMENTAIRE, *Bertol-Graivil*. — INFORMATIONS PARLEMENTAIRES, *A. Mairesse*. — L'HOTEL DE VILLE, *Perr*. — NOTES SUR L'ART, *A. Georget*. — TRIBUNAUX, *Edgard Troimaux*. — FAITS DIVERS, *Maurice Rogier*. — L'HOTEL DES VENTES, *Pierre Detouche*. — RÉCRÉATIONS INTELLECTUELLES, *Pic de Brasero*. — SECRÉTAIRE DE LA RÉDACTION, *Jules Rosati*.

LE SPORT, par JEANNOT.

L'ECHO DE PARIS publie des romans inédits de MM.

Edmond de Goncourt, Alphonse Daudet, Théodore de Banville,
Guy de Maupassant, Catulle Mendès, Armand Silvestre,
Octave Mirbeau, Henry Bauër, Huysmans, Montjoyeux,
Jean Reibrach, Alfred Capus, etc.

L'ÉCHO DE PARIS

est le seul grand Journal Parisien, Littéraire et Politique, se vendant :

10 centimes le numéro à Paris et Seine-et-Oise ;
15 centimes dans les départements.

ABONNEMENTS :

Paris......... Trois mois, **10 fr.** ; Six mois, **20 fr.** ; Un an, **40 fr.**
Départements. Trois mois, **12 fr.** ; Six mois, **23 fr.** ; Un an, **45 fr.**

Le Temps

5, Boulevard des Italiens, 5
PARIS

LE PLUS GRAND FORMAT DES JOURNAUX DE PARIS
LE PLUS FORT TIRAGE DES JOURNAUX DU SOIR

Services télégraphiques particuliers :
POLITIQUES, COMMERCIAUX ET FINANCIERS

En *France*, en *Algérie*, en *Suisse*, en *Italie*, en *Belgique*, en *Hollande*, en *Suède*, en *Norvège*, en *Danemark*, en *Portugal*, on s'abonne sans frais dans tous les bureaux de poste. Il suffit de verser le montant de l'abonnement, que le bureau de poste se charge de faire parvenir à l'Administration du journal avec toutes les indications nécessaires.

PRIX DE L'ABONNEMENT

PARIS	3 m., 14 fr.	6 m., 28 fr.	Un an, 56 fr.
DÉP^{ts} ET ALSACE-LORRAINE	— 17 fr.	— 34 fr.	— 68 fr.
UNION POSTALE	— 18 fr.	— 36 fr.	— 72 fr.
AUTRES PAYS	— 23 fr.	— 46 fr.	— 92 fr.

Les Abonnements partent des 1er et 16 de chaque mois.

Abonnements au numéro, partant de n'importe quelle date, **20** *centimes* par jour pour tous les pays.

L'ILLUSTRATION

49ᵉ ANNÉE. — LE PREMIER DES JOURNAUX ILLUSTRÉS. — 49ᵉ ANNÉE

Bureaux : 13, rue Saint-Georges, Paris.

L'ILLUSTRATION est trop connue pour qu'il soit nécessaire d'en faire l'éloge ; c'est le plus ancien, le plus grand et le plus complet des journaux illustrés. Ses nombreux suppléments et les livraisons extraordinaires qui paraissent, notamment à l'occasion du **Salon** et de la **Nouvelle Année**, sont envoyés à tous les abonnés sans exception, et représentent à eux seuls bien au-delà du prix de l'abonnement.

L'ILLUSTRATION n'est pas seulement un journal d'art et d'actualité, c'est encore une publication littéraire de premier ordre. Il suffit, pour s'en convaincre, de parcourir la liste des romans dont elle a eu la primeur dans ces dernières années et dont voici les principaux.

Numa Roumestan	par ALPHONSE DAUDET.
L'Immortel	Id.
Steeple-Chase	PAUL BOURGET.
Candidat !	JULES CLARETIE.
Zyte	HECTOR MALOT.
Mondaine	Id.
La Comtesse Sarah	GEORGES OHNET.
La Grande Marnière	Id.
Volonté	Id.
Le Docteur Rameau	Id.
L'Âme de Pierre	Id.
Tante Aurélie	ANDRÉ THEURIET.
La Bête Noire	Id.
L'Affaire Froideville	Id.
Charme dangereux	Id.
Montescourt	LÉON DE TINSEAU.
Bouche Close	Id.
Au Maroc	PIERRE LOTI.
Comme dans la vie	ALBERT DELPIT.
Toute une Jeunesse	FRANÇOIS COPPÉE.
Vicomtesse	L. BARRACAND.
Le Coq basque	PAUL PERRET.
Artiste	Mᵐᵉ JEANNE MAIRET.
Le Fond d'un cœur	MARC DE CHANPLAIX.

L'ILLUSTRATION

49ᵉ ANNÉE — Le premier des Journaux illustrés — 49ᵉ ANNÉE

Bureaux : 13, rue Saint-Georges, Paris

TARIF DES ABONNEMENTS

FRANCE, ALGÉRIE, TUNISIE	ÉTRANGER (Union postale)
Un an . . . . 36 francs	Un an . . . . . . 44 francs
Six mois . . . . 18 —	Six mois . . . . 22 —
Trois mois . . . . 9 —	Trois mois . . . . 11 —

On s'abonne dans tous les bureaux de poste.

Un numéro spécimen est adressé à toute personne qui en fait la demande par lettre affranchie.

Publicité de l'ILLUSTRATION

Le tirage de l'*Illustration* est supérieur à celui de la plupart des journaux quotidiens.

Sa clientèle, en dehors des cafés et des cercles, se compose surtout de la haute société française et étrangère.

Chaque numéro est vu, pendant huit jours consécutifs, par un grand nombre de personnes différentes, puis collectionné.

Au point de vue de sa *permanence*, la publicité de **l'Illustration** présente donc des avantages non moins considérables qu'au point de vue de la *qualité de sa clientèle* du journal et du *chiffre de son tirage*.

TARIF DE LA PUBLICITÉ

Dans l'intérieur du journal. La ligne . . 5 fr.
Dans la couverture. La ligne . . . . . . 4 fr.

24ᵉ Année. — Paris, 15 cent. le Numéro. — Dépᵗˢ et gares, 20 cent.

ARTHUR MEYER	ARTHUR MEYER
Directeur.	*Directeur.*

Le Gaulois

JOURNAL POLITIQUE ET QUOTIDIEN

2, Rue Drouot. — PARIS

Depuis le mois de juillet 1882, le Gaulois, dont M. Arthur Meyer a repris la direction, a de nouveau marqué sa place à la tête de la presse quotidienne de Paris.

Aucun journal n'est plus parisien que le Gaulois, par l'allure vive et mondaine de sa rédaction, par la variété et le piquant de ses informations. Aucun n'est plus résolument conservateur, plus fermement respectueux de tout ce qui est respectable.

Le Gaulois, le Paris Journal et le Clairon, réunis en une seule feuille, ont résolu le problème de plaire à la fois aux lecteurs sérieux et à ceux qui veulent avant tout être distraits par leur journal.

La nature de la clientèle du Gaulois, dont le nombre s'accroît chaque jour à Paris et en province, donne une valeur exceptionnelle à sa publicité.

PRIX DES ABONNEMENTS

Paris. . .	1 mois, 5 fr.;	3 mois, 13 f. 50;	6 mois, 27 fr.;	1 an, 54 fr.
Départem.	— 6 fr.;	— 16 fr.;	— 32 fr.;	— 64 fr.
Étranger.	— 7 fr.;	— 18 fr.;	— 36 fr.;	— 72 fr.

Les frais de poste en plus pour les pays ne faisant pas partie de l'Union postale.

PRIX DE LA PUBLICITÉ

Réclames dans le corps du journal	20 et 10 fr. la ligne.	
Faits divers.	9 fr.	—
Annonces et réclames de la 3ᵉ page	6 fr.	—
Annonces de la 4ᵉ page.	2 fr. 50	—

LE SOIR

JOURNAL D'INFORMATIONS

(23ᵉ ANNÉE)

SEUL JOURNAL DE PARIS

donnant à 8 heures

LES DERNIÈRES NOUVELLES

DU

MONDE ENTIER

SERVICES TÉLÉGRAPHIQUES

ET

Téléphoniques spéciaux

EXPÉDIÉ EN PROVINCE

PAR LES

DERNIERS COURRIERS

ET LES

TRAINS SPÉCIAUX DE NUIT

Arrive en même temps

QUE LES JOURNAUX DE PARIS

dits de 4 heures

Treizième année — Un Numéro : 15 centimes — Départements, 20 centimes.

RENÉ D'HUBERT Directeur Rédaction et Administration 8, rue Gluck, 8 Les manuscrits ne sont pas rendus. Publicité de 1re et 2e page 8, rue Gluck, 8	# GIL BLAS *Amuser les gens qui passent, leur plaire aujourd'hui et recommencer le lendemain.* (J. JANIN, préface de *Gil Blas*.) 8, rue Gluck, 8 PARIS	AUGUSTE DUMONT Fondateur ABONNEMENTS PARIS, 3 mois, 13 fr. 50 DÉPART. 3 mois, 16 fr. Etranger, frais de poste en plus. Annonces, Réclames Dollingen fils, Séguy et Cie, 16, r. de la Grange- Batelière et à *Gil Blas*.

Journal quotidien d'Informations, d'Actualités, Littéraire, Politique, de Sport, d'Art, de Finance, de Science.

GIL BLAS est heureux de rappeler qu'il publie chaque semaine Vingt-huit chroniques signées :

Emmanuel Arène, Paul Arène, Emile Bergerat, Paul Bourget, Cladel, Gustave Claudin, Colombine, Albert Delpit, Dubut de Laforest, Abraham Dreyfus, Georges Duruy, Georges d'Esparbès, Hector France, Paul Ginisty, Grosclaude, Clovis Hugues, L'Ingénu, Jacqueline, Camille Lemonnier, Marcel l'Heureux, Hugues Le Roux, Pierre Loti, René Maizeroy, Tancrède Martel, Oscar Méténier, Octave Mirbeau, Maurice Montégut, Georges Ohnet, Marcel Prévost, Pompon, Ricard, Santillane, Maurice Talmeyr.

Et chaque jour :

Nouvelles et Echos, par le **Diable Boiteux** ; *A travers la politique*, par **Le Sage** ; la *Chronique parlementaire*, par **Nitouche** ; la *Critique dramatique*, par **Léon-Bernard Derosne** ; la *Critique musicale*, par **Victor Wilder** ; la *Soirée parisienne*, par **Richard O'Monroy** ; les *Propos de Coulisses*, par **Gautier Garguille** ; les *Articles de grand reportage*, par **Jehan des Ruelles** ; la *Vie militaire*, par **Charles Leser** ; les *Faits du Jour*, par **Jean Pauwels** ; les *Coulisses de la finance*, par **Don Caprice** ; le *Monde judiciaire*, par **Maurice Talmeyr** ; les *Propos du Docteur*, par le **Dr E. Monin** ; le *Conseil municipal*, par **Mancellière** ; la *Causerie littéraire et la Curiosité*, par **Paul Ginisty** ; la *Vie sportive*, par le **baron de Vaux** ; le *Sport*, par **The Farmer**.

GIL BLAS publie en **feuilletons** des romans principalement écrits pour nos lectrices par Camille **Lemonnier**, Emile **Bergerat**, René **Maizeroy**, Yveling **Rambaud**, Georges **Ohnet**, Paul **Bourget**, Emile **Zola**.

PRIX DE LA PUBLICITÉ

Réclames dans le corps du journal..............	20 et 10 fr. la ligne.
Faits divers................................	10 fr. —
Annonces et Réclames de 3e page............	7 fr. —
Annonces de la 4e page......................	3 fr. —

LA FRANCE

JOURNAL INDÉPENDANT
PARAISSANT TOUS LES JOURS, A PARIS, A 3 HEURES DU SOIR
144, rue Montmartre, 144

Directeur politique : **CH. LALOU**, député du Nord.
(RÉDACTION DE 10 HEURES A 3 HEURES DU SOIR)

La France est le PREMIER JOURNAL qui paraisse avec le cours complet de la Bourse et donne toujours deux Feuilletons-Roman du plus haut intérêt. — Ce journal, qui est le plus rapidement et le plus sûrement informé des journaux du soir, ne recule devant aucun sacrifice pour bien renseigner ses lecteurs. Aussi fait-il une *édition supplémentaire* aussitôt qu'un événement important vient à se produire.

EN VENTE PARTOUT
Le Numéro : 10 centimes

Tout abonné reçoit à titre de **PRIME GRATUITE** la **République illustrée** ou le **Bon Journal** pendant toute la durée de son abonnement. — Primes **photographiques** à tous les abonnés. — **UN REVOLVER** est donné gratuitement aux abonnés d'un an, mais à l'exclusion de toute autre prime.

PRIX DE L'ABONNEMENT POUR TOUTE LA FRANCE

Un mois..........	4 fr.	Six mois..........	20 fr.
Trois mois........	10 fr.	Un an............	40 fr.

PAYS ÉTRANGER COMPRIS DANS L'UNION POSTALE
Un mois, 5 fr.; trois mois, 14 fr.; six mois, 28 fr.; un an, 56 fr.

ANNONCES & RÉCLAMES
LAGRANGE, CERF et Cie, 8, place de la Bourse, Paris
ET AU BUREAU DU JOURNAL

PROPRIÉTÉS DU JOURNAL « LA FRANCE »
LA FRANCE (édition Bordeaux et Sud-Ouest)
5 c. le N°. — *Rue Cabirol, 14*, BORDEAUX. — 5 c. le N°
LA FRANCE (édition Régionale)
5 c. le N°. — *Rue Montmartre, 144*, PARIS. — 5 c. le N°

DIRECTEUR POLITIQUE : **CH. LALOU**, DÉPUTÉ DU NORD

MILAN — F.^{lli} TREVES — MILAN
Via Palermo, 2, et Galleria Vittorio Emanuele, 51.

L'ILLUSTRAZIONE ITALIANA

Année XVIII. 1891. — Année XVIII. 1891.

Le seul grand journal illustré d'Italie, avec dessins originaux d'artistes italiens.

Paraît tous les dimanches à Milan en 16 ou 20 pages grand format en-4

Le 1 janvier 1891 le format sera agrandi

Huit pages sont vouées aux gravures éxécutées par les premiers artistes d'Italie, reproduisant les événements du jour, les fêtes, les cérémonies, les portraits d'hommes célèbres, les tableaux et les statues qui se sont signalées dans les Expositions, vues de pays, de monuments, enfin tous les sujets attirant l'attention du public.

L'ILLUSTRAZIONE ITALIANA a des correspondants dans toutes les villes d'Italie et à l'étranger.

NOUVEAUTÉS DE 1891:

Conversazioni Letterarie du Doctor Veritas.

LA BELLA GRAZIANA
Nouveau roman original écrit exprès pour notre journal par
A. G. BARRILI
illustré par l'éminent artiste OSVALDO TOFANI

Prix d'abbonnement pour l'Union Postale frs 33 par an.

PRIME: En envoyant frs 34 pour l'année 1891 de l'ILLUSTRAZIONE ITALIANA, on reçoit, à titre de prime, le numéro extraordinaire: **Natale e Capo d'anno**, qui, cette année-ci, se présente avec un luxe exceptionnel de dessins coloriés et hors texte.

On adresse les commissions et les mandats-poste à:
Milan — FRATELLI TREVES — Milan.

INDICATEURS DUCHEMIN

SPÉCIAUX

POUR LES

BAINS DE MER, VILLES D'EAUX, STATIONS D'HIVER

Les Livrets suivant sont en vente dans toutes les Gares

Indicateur des Villes d'Eaux et des Bains de mer, tous les mois, du 1er juin au 1er octobre. Prix : 50 centimes.

Indicateur des Stations d'hiver du Midi de la France, tous les mois, du 1er novembre au 1er mai. Prix : 50 centimes.

Ces indicateurs contiennent les trains directs conduisant aux stations balnéaires et hivernales, avec le *service complet* des trains desservant les environs de ces localités. *Cartes géographiques* des lignes principales et *plans de villes*.

Indicateur de la Banlieue de Paris. Paraît toute l'année le 1er de chaque mois. Prix : 25 centimes.

Cet indicateur publie les *services officiels* de tous les chemins de fer desservant la banlieue de Paris. *Carte détaillée* pour chaque réseau.

Indicateurs spéciaux pour les Villes d'Eaux et les Stations d'hiver.

AGENCE DE VOYAGES
DES INDICATEURS DUCHEMIN
VENTE DE BILLETS DE CHEMINS DE FER

Paris-Lyon-Méditerranée — Orléans — Est — Nord — Ouest — État.

L'Agence délivre dans les 24 heures les billets à itinéraires facultatifs sur tous les réseaux. Les billets peuvent être demandés par correspondance.

Excursions en France et à l'Étranger

Coupons d'hôtels pour les principaux hôtels de l'Europe

BUREAUX : 20, rue de Grammont, PARIS

AVIS IMPORTANT

MM. les Voyageurs peuvent se procurer dans les gares et les librairies les Recueils suivants, seules publications officielles des chemins de fer, paraissant depuis quarante ans, avec le concours et sous le contrôle des Compagnies :

L'INDICATEUR-CHAIX, SEUL JOURNAL OFFICIEL (41e année) contenant les services de tous les chemins de fer français et internationaux, publié avec le concours et sous le contrôle des Compagnies. *Paraissant tous les dimanches.* Prix : 75 cent.

L'EXPRESS-RAPIDE, Indicateur-Chaix spécial aux trains express, rapides et de luxe sur les chemins de fer français et internationaux, avec Plans de villes, cartes des relations internationales et des voyages aux bains de mer et aux villes d'eaux. Prix : 75 c.

LIVRET-CHAIX, CONTINENTAL (45e année). Guide officiel des Voyageurs sur tous les chemins de fer de l'Europe et les principaux paquebots, indiquant les curiosités à voir dans les principales villes. Deux volumes in-18 (format de poche). *Paraissant chaque mois.*

1er *Volume.* — CHEMINS DE FER FRANÇAIS ; services maritimes ; Guide sommaire dans les principales villes ; voyages circulaires, carte des chemins de fer de la France et de l'Algérie. — Prix : 1 fr. 50.

2e *Volume.* — CHEMINS DE FER ÉTRANGERS ; trains français desservant les frontières ; services franco-internationaux ; billets directs ; itinéraires tout faits ; services de la navigation maritime, fluviale, et sur les lacs de l'Italie et de la Suisse ; Guide sommaire dans les principales villes étrangères ; voyages circulaires ; carte coloriée de l'Europe centrale, à l'échelle de 1|2,400,000 (1 centimètre pour 24 kilomètres). Prix, 2 fr.

Pour se rendre à l'étranger des divers points de la France, le voyageur n'a pas besoin de recourir au premier volume, contenant les services français.

LIVRETS-CHAIX SPÉCIAUX DES CINQ GRANDS RÉSEAUX FRANÇAIS (format de poche), avec carte. *Paraissant le 1er de chaque mois.*
OUEST. — ORLÉANS, MIDI, ETAT. — LYON. — NORD. — EST.
Prix de chaque livret, 40 cent.
LIVRET SPÉCIAL de l'Algérie et de la Tunisie, avec carte imprimée en deux couleurs. Prix, 50 cent.

UX VOYAGEURS

LIVRET-CHAIX SPÉCIAL DES ENVIRONS DE PARIS, avec

dix plans coloriés : Chemin de fer de ceinture, Versailles, Bois de Boulogne, de Saint-Cloud, de Vincennes, Jardin d'Acclimatation, Forêts de Saint-Germain, de Compiègne et de Fontainebleau, Carte générale des environs de Paris (Format de poche). *Paraissant le 1ᵉʳ de chaque mois.* — Prix : 1 fr.
Edition *sans les plans coloriés*. — Prix : 0 fr. 25.

Nᴱᴸ ATLAS DES CHEMINS DE FER DE L'EUROPE.

Bel album relié, composé de vingt cartes coloriées. — Prix : Paris, 60 fr.; Départements, 65 fr.

CARTE DES CHEMINS DE FER DE L'EUROPE au 1/2,400,000

(1 centimètre pour 24 kilom.), en 4 feuilles, imprimées en deux couleurs. — Dimensions totales : 2 m. 15 sur 1 m. 55. Prix, avec l'annexe : les 4 feuilles, 22 fr.; sur toile, avec étui, 32 fr.; montée sur gorge et rouleau, vernie, 36 fr. Port en sus, pour la France, 1 fr. 50.

CARTE DES CHEMINS DE FER DE LA FRANCE au 1/800 000

(1 centimètre pour 8 kilom.), avec cartes de l'Algérie et des colonies, et les plans des principales villes de France, imprimée en deux couleurs sur quatre feuilles grand monde. — Dimension : 2 m. 15 sur 1 m. 55. — Indiquant toutes les stations avec un coloris spécial pour chaque réseau. Prix, les 4 feuilles, 22 fr.; sur toile, avec étui, 32 fr.; montée sur gorge et rouleau, vernie, 36 fr. Port en sus pour la France, 1 fr. 50.

Nᴸᴸᴱ CARTE DES CHEMINS DE FER DE LA FRANCE

et de la NAVIGATION à l'échelle de 1/1,200,000, imprimée en deux couleurs sur grand monde (1 m. 20 sur 0 m. 90). Cette carte, coloriée par réseaux, indique les lignes en construction, en exploitation, les lignes à voie unique et à double voie, toutes les stations, etc. Six cartouches contenant les cartes spéciales de Paris, Bordeaux, Lille, Lyon, Marseille et leurs environs, et la Corse complètent la carte. — Les cours d'eau sont imprimés en bleu. — Prix : en feuille, 6 fr.; collée sur toile dans un étui, 9 fr.; montée sur gorge et rouleau, 11 fr. Port en sus, 1 fr.

CRÉDIT LYONNAIS

FONDÉ EN 1863

SOCIÉTÉ ANONYME — CAPITAL : 200 MILLIONS

LYON, SIÈGE SOCIAL : Palais du Commerce.

PARIS : Boulevard des Italiens.

AGENCES DANS PARIS

Bourse du Commerce.

Rue Vivienne, 31 (Bourse).

Rue Turbigo, 3 (Halles).

Rue de Rivoli, 43.

Rue de Rambuteau, 14.

Faubourg Saint-Antoine, 63.

Boulevard Voltaire, 43.

Rue du Temple, 201.

Boulevard Saint-Denis, 10.

Boulevard Magenta, 81.

Avenue de Clichy, 1.

Boulevard Haussmann, 72.

Faubourg Saint-Honoré, 82.

Boulevard Saint-Germain, 1.

Boulevard Saint-Michel, 24.

Rue de Rennes, 66.

Boulevard Saint-Germain, 205.

Rue de Flandre, 30.

Place de Passy, 2.

Avenue des Ternes, 39.

Entrepôt de Bercy (Porte Gallois).

Avenue des Gobelins, 14.

CRÉDIT LYONNAIS

AGENCES EN FRANCE ET EN ALGÉRIE

Lyon.	Bourg.	Mans (Le).	Roubaix.
Paris.	Caen.	Marseille.	Rouen.
Aix-en-Provence	Calais-Saint-	Menton.	Saint-Chamond.
Aix-les-Bains.	Pierre.	Montpellier.	Saint-Étienne.
Alais.	Cannes.	Moulins.	Saint-Germain-
Alger (Algérie).	Cette.	Nancy.	en-Laye.
Amiens.	Chalon-s.-Saône.	Nantes.	Saint-Quentin.
Angers.	Chambéry.	Narbonne.	Sedan.
Angoulême.	Charleville.	Nevers.	Thizy.
Annecy.	Cognac.	Nice.	Toulon.
Annonay.	Dijon.	Nîmes.	Toulouse.
Armentières.	Dunkerque.	Oran (Algérie).	Tourcoing.
Arras.	Epinal.	Orléans.	Troyes.
Avignon.	Flers.	Périgueux.	Valence.
Bar-le-Duc.	Grasse.	Perpignan.	Valenciennes.
Beaune.	Gray.	Poitiers.	Versailles.
Belleville-sur-	Grenoble.	Reims.	Vienne (Isère).
Saône.	Havre (Le).	Rennes.	Villefranche-s.-
Besançon.	Lille.	Rive-de-Gier.	Saône.
Béziers.	Limoges.	Roanne.	Voiron.
Bordeaux.	Mâcon.	Romans.	

AGENCES A L'ÉTRANGER

Londres. — Saint-Pétersbourg. — Bruxelles. — Madrid — Constantinople. — Alexandrie (Égypte). — Barcelone. — Le Caire. — Genève. — Smyrne.

Le **Crédit Lyonnais** fait toutes les opérations d'une maison de banque : **Dépôts d'argent** remboursables à vue et à échéance; **dépôts de titres**; **encaissement de coupons**; **ordres de Bourse**; **souscriptions**; **escompte de papier de commerce** sur la France et l'étranger; **chèques et lettres de crédit** sur tous pays; **prêts sur titres** français et étrangers; **achat et vente de monnaies, matières et billets étrangers**.

Service spécial de location de coffres-forts dans des conditions présentant toute garantie contre les risques d'incendie et de vol (compartiments depuis 5 francs par mois).

SOCIÉTÉ GÉNÉRALE

Pour favoriser le développement du Commerce
et de l'Industrie en France.

Société anonyme fondée par décret du 4 mai 1864.

CAPITAL : 120 MILLIONS

Siège social : 54 et 56, rue de Provence, à PARIS

OPÉRATIONS DE LA SOCIÉTÉ :

Comptes de Chèques. — Ordres de Bourse.
Bons à échéance fixe avec Coupons semestriels.
Payement et Escompte de Coupons.
Envois de Fonds (Départements, Algérie et Étranger).
Billets de Crédit circulaires.
Encaissement des Effets de Commerce.
Avances sur Titres
Opérations sur Titres. — Garde de Titres.
Souscriptions aux Émissions.
Renseignements sur les Valeurs de Bourse, etc.

BUREAUX DE QUARTIER DANS PARIS :

A.	Rue Notre-Dame-des-Victoires, 48.	R.	Rue du Louvre, 42 (Bourse de Commerce).
B.	Boulevard Malesherbes, 37.		
C.	Rue de Turbigo, 38.	S.	Faubourg Poissonnière, 11.
D.	Rue du Bac, 13.	U.	Carrefour de la Croix-Rouge, 2.
E.	Rue Saint-Honoré, 221.	V.	Boulevard de Sébastopol, 114.
F.	Rue Ste-Cr.-de-la-Bretonnerie, 34.	W.	Rue de Flandre, 105.
G.	Boulevard Saint-Germain, 96.	Y.	Rue des Archives, 59.
H.	Boulevard Voltaire, 21.	AB.	Carrefour de Buci, 2.
I.	Boulevard Saint-Germain, 13.	AC.	Rue Lecourbe, 93.
J.	Rue du Pont-Neuf, 24.	AD.	Avenue des Ternes, 59.
K.	Rue de Passy, 56.	AE.	Avenue d'Orléans, 5.
L.	Rue de Clichy, 72.	AI.	Rue Lafayette, 94.
M.	Boulevard Magenta, 57.	AJ.	Avenue des Champs-Élysées, 91.
N.	Faubourg Saint-Honoré, 103.	AL.	Rue Monge, 93.
O.	Rue Saint-Antoine, 236.	AM.	Boulevard Haussmann, 113.
P.	Place de l'Opéra, 4.	AO.	Rue Donizetti, 4 (16ᵉ arr.).

English and American Office : place de l'Opéra, 4.

BUREAUX DANS LA BANLIEUE DE PARIS :

Boulogne-s.-Seine, boul. de Strasb, 18.	Neuilly-s.-Seine, av. de Neuilly, 52.
Charenton (Saint-Maurice), rue Saint-Mandé, 8.	Saint-Denis, rue de Paris, 70.
	Vincennes, rue de l'Hôtel-de-Ville, 5.

SOCIÉTÉ GÉNÉRALE

Pour favoriser le développement du Commerce et de l'Industrie en France

(*Suite. Voir ci-contre.*)

AGENCES DANS LES DÉPARTEMENTS.

AGEN, place du Marché-Couvert.
AIX, rue du Lycée, 1.
ALAIS, rue Sauvage, 6.
ALBI, Lices du Nord, 3.
ALENÇON, place du Cours, 49.
AMIENS, rue Porion, 17.
ANGERS, rue d'Alsace, 17.
ANGOULÊME, rue de l'Arsenal, 27.
ANNECY, rue Sommellier, 2.
ANNONAY, place des Cordeliers, 21.
APT, place des Quatre-Ormeaux, 2.
ARLES, rue de la République, 31.
ARRAS, rue des Murs-Saint-Vaast, 17.
AUCH, rue de Lorraine.
AURILLAC, pl. du Palais-de-Justice, 6.
AUXERRE, rue Française, 6.
AVIGNON, rue de la République, 23.
BAR-LE-DUC, rue Lapique, 2.
BAYONNE, rue Vainsot, 6.
BEAUVAIS, rue de l'Écu, 65.
BELFORT, Faubourg de Montbéliard. 10.
BERGERAC, rue Neuve-d'Argenson, 71.
BESANÇON, Grande-Rue, 73.
BÉZIERS, place de la Citadelle, 17.
BLOIS, rue Haute, 17.
BORDEAUX, allées de Tourny, 30.
BOULOGNE-SUR-MER, r. Faidherbe, 73.
BOURGES, rue Coursalon, 36.
BREST, rue d'Aiguillon, 22.
BRIVE, rue et boulevard du Salan.
CAEN, place du Théâtre, 7.
CAHORS, rue Fénelon, 6.
CAMBRAI, rue Vanderbuch, 3.
CARCASSONNE, Grande-Rue, 71.
CARPENTRAS, rue Sainte-Marthe, 16.
CASTRES, Grande-Rue, 18.
CETTE, Quai de Bosc, 5.
CHALON-s.-SAONE, r. Port-Villiers, 18.
CHALONS-s.-MARNE, rue de Vaux, 7.
CHARTRES, rue Sainte-Même, 15.
CHATEAUROUX, place Gambetta, 20.
CHAUMONT, rue de Buxereuilles, 30.
CHERBOURG, r. François-la-Vieille, 32.
CLERMONT-FERRAND, pl. Poids-de-Ville.
DAX, place de l'Hôtel-de-Ville.
DIEPPE, rue Toustain, 4.
DIJON, place Saint-Étienne, 6.
DOUAI, rue des Dominicains, 1.
DRAGUIGNAN, boulevard de l'Esplanade, 5.
DREUX, place du Palais-de-Justice, 3.
DUNKERQUE, rue de l'Église, 37.
EPERNAY, place Thiers, 4.
EPINAL, rue Claude-Gelée, 7.
FONTAINEBLEAU, rue de la Cloche, 22.
GAILLAC, boulevard Gambetta.
GRENOBLE, rue de la Liberté, 2.
HAVRE (LE), rue de la Bourse, 27.
HONFLEUR, rue Prémord, 21.
LA ROCHELLE, rue du Temple, 4.

LAVAL, rue de Strasbourg, 4.
LILLE, rue Esquermoise, 24.
LIMOGES, boulevard Louis-Blanc, 25.
LISIEUX, rue Olivier, 20.
LODÈVE, boulevard Saint-Fulcrand, 7.
LORIENT, cours de la Bôve, 5.
LYON, rue de la République, 6.
  — cours Morand, 13.
MACON, rue Lamartine, 17.
MANS (LE), rue des Minimes, 30.
MARMANDE, place de l'Église.
MARSEILLE, rue de Grignan, 41.
MONTAUBAN, rue Lacaze, 2.
MONTEREAU, Grande-Rue, 91.
MONTLUÇON, avenue de la Gare, 32.
MONTPELLIER, rue Saint-Guilhem, 31.
MOULINS, cours Cholsy, 1.
NANCY, rue Saint-Dizier, 18.
NANTES, rue du Calvaire, 3.
NARBONNE, rue du Tribunal, 19.
NEVERS, rue Saint-Martin, 19.
NICE, rue Gioffredo, 64.
NIMES, place de la Salamandre, 10.
NIORT, rue Yver, 11.
ORLÉANS, rue d'Escures, 14.
PAU, rue Latapie, 5.
PÉRIGUEUX, r. du Quatre-Septembre, 2.
PERPIGNAN, rue Mairuel, 2.
POITIERS, boulevard de la Préfecture.
PUY (LE), boulevard Saint-Louis, 7.
REIMS, rue de Monsieur, 18.
RENNES, rue aux Foulons, 14.
RIVE-DE-GIER, Grande-Rue Péloin, 37.
ROANNE, rue de la Sous-Préfecture, 22.
RODEZ, rue de la Barrière, 18.
ROUBAIX, rue Saint-Georges, 43.
ROUEN, rue Jeanne-d'Arc, 81.
SAINT-BRIEUC, r. du Ruisseau-Jouxt, 1.
SAINT-ÉTIENNE, pl. de l'Hôtel-de-Ville, 8.
SAINT-GERMAIN, rue de la Paroisse, 5.
SAINT-LO, rue des Prés, 13.
SAINT-MALO, rue de Toulouse, 3.
SAINT-SERVAN, rue Ville-Pépin, 27.
SAINT-QUENTIN, rue des Canonniers, 9.
SAUMUR, rue du Marché-Noir, 19.
SEDAN, place du Rivage, 10.
SENS, rue Thénard, 3.
TARBES, rue Brauhauban, 38.
THIERS, rue des Grammonts, 8.
TOULON, place d'Armes, 18.
TOULOUSE, rue des Arts, 22.
TOURS, rue Corneille, 9.
TROYES, rue des Quinze-Vingts, 6.
VALENCE, rue des Alpes, 2.
VALENCIENNES, rue Saint-Géry, 71.
VERSAILLES, rue de la Pompe, 2.
  — rue Royale, 23.
VICHY, r. Cunin-Gridaine (hôt. Guillermin).

Agence de Londres : 38, Lombard street, E. C.

COMPTOIR NATIONAL D'ESCOMPTE

CAPITAL : 80 MILLIONS

Siège social : 14, rue Bergère

PARIS

—

Comptes de Chèques.   1 0/0

BONS A ÉCHÉANCE FIXE

A 6 mois............	1 1/2 0/0
— 1 an.............	2 1/2 0/0
— 2 ans............	3 0/0
— 3 ans............	3 1/2 0/0
— 4 ans............	4 0/0

Escompte et recouvrements. — Chèques. — Traites. — Lettres de crédit. — Avances sur titres. — Ordres de Bourse. — Garde de titres. — Payement de coupons. — Envois de fonds (*Province et Étranger*). — Opérations avec l'Extrême-Orient.

COMPTOIR LYON-ALEMAND

Expos. universelle   Expos. universelle

Société anonyme au Capital de 12 Millions

r. Montmorency, 13

PARIS

Médaille d'or 1878   Médaille d'or 1889

MATIÈRES D'OR, D'ARGENT ET PLATINE

Doublé d'or sur cuivre et argent

Nitrate d'argent, Chlorures d'or et Sulfate de cuivre

Or brillant de Paris pr décoration sur Porcelaine, Faïence, etc.

OPÉRATIONS DE BANQUE, CHANGE

TRÉFILERIE

Traits et lames or et argent fin, bas titres, mi-fin et faux

Plaqué d'argent et Feuilles d'argent vierge

SUCCURSALES A BESANÇON, LYON, MARSEILLE

AGENCE LUBIN

36, boulevard Haussmann, 36, Paris

VOYAGES

En France, Algérie, Italie, Suisse, Belgique,
Hollande et Bords du Rhin,
Allemagne, Autriche, Russie, Grèce, Turquie,
Espagne, Portugal, Angleterre et Écosse,
Suède, Norvège et Danemark, Terre Sainte

BILLETS DIRECTS ET CIRCULAIRES

Des Compagnies Françaises et Étrangères

Billets circulaires facultatifs, individuels et collectifs

EXCURSIONS A FORFAIT dirigées par l'**Agence Lubin**.

COUPONS D'HOTEL

Servant au payement des dépenses dans les hôtels à des prix déterminés à l'avance avec *remboursement intégral de ceux non utilisés.*

GUIDES POUR TOUS LES PAYS

L'Écho des Touristes, journal d'excursions

Abonnement : 3 fr. par an.

S'adresser pour tous renseignements à l'Agence Lubin,
36, BOULEVARD HAUSSMANN, PARIS

SUCCURSALES : Marseille, 20, rue Haxo ; — Nice, 14, quai Masséna.

CHEMINS DE FER DE L'ÉTAT

BILLETS DE BAINS DE MER AU DÉPART DE PARIS

BILLETS D'ALLER ET RETOUR, VALABLES 33 JOURS,
non compris le jour de la délivrance,
avec prolongation facultative moyennant le payement d'une surtaxe,

Pour **Royan, La Tremblade (Ronce-les-Bains), Fouras, Marennes, Le Chapus. Le Château (Ile d'Oléron), Châtelaillon, La Rochelle, Les Sables d'Olonne, Saint-Gilles-Croix-de-Vie, Challans (Ile de Noirmoutier, Ile d'Yeu, Saint-Jean-de-Monts), Les Moutiers La Bernerie, Pornic, Saint-Père-en-Retz (Saint-Brévin-l'Océan).**

Ces billets sont délivrés du 1er Mai au 31 Octobre.

Pour **Royan, La Tremblade, Fouras, Marennes, Le Chapus, Le Château (Ile d'Oléron), Châtelaillon, La Rochelle, Les Sables d'Olonne et Saint-Gilles-Croix-de-Vie**, le trajet peut s'effectuer au choix des Voyageurs, soit par Chartres (départ par la gare de Paris-Montparnasse), soit par Tours (départ par la gare de Paris-Austerlitz, changement de réseau à Tours). Quelle que soit la voie suivie à l'aller, les coupons de retour sont valables, soit par Chartres, arrivée à Paris-Montparnasse, soit par Tours-Transit, arrivée à Paris-Austerlitz.

Pour **Challans, Les Moutiers, La Bernerie, Pornic et Saint-Père-en-Retz,** le trajet ne peut s'effectuer que par la ligne de l'Ouest entre Paris et Nantes, via Segré (départ de Paris et retour à Paris par la gare Montparnasse ou la gare Saint-Lazare, changement de réseau à la gare de Nantes-Etat).

(Pour les prix et les conditions, voir le Tarif spécial G. V. n° 16 des Chemins de fer de l'État.)

BILLETS DE BAINS DE MER
DÉLIVRÉS DANS TOUTES LES GARES DU RÉSEAU DE L'ÉTAT
AUTRES QUE PARIS

Billets d'aller et retour avec 40 0/0 de réduction, valables un mois non compris le jour de la délivrance,
avec prolongation facultative moyennant le payement d'une surtaxe.

Ces billets sont délivrés pendant la période du 1er mai au 31 octobre pour les destinations de **Royan, La Tremblade (Ronce-les-Bains), Fouras, Marennes, Le Chapus, Le Château (Ile d'Oléron), Châtelaillon, La Rochelle, Les Sables-d'Olonne, Saint-Gilles-Croix-de-Vie, Challans (Ile de Noirmoutier, Ile d'Yeu, Saint-Jean-de-Monts), Les Moutiers, La Bernerie, Pornic, Saint-Père-en-Retz (Saint-Brévin-l'Océan)** par toutes les gares, stations et haltes du réseau de l'Etat (Paris excepté).

(Pour les prix et les conditions, voir le Tarif spécial G. V. n° 12 des Chemins de fer de l'État.)

BILLETS D'ALLER ET RETOUR
DE TOUTE GARE A TOUTE GARE

Il est délivré, tous les jours, par toutes les gares, stations et haltes du réseau de l'Etat et pour tous les parcours sur ce réseau, des billets d'aller et retour à prix réduits.

La réduction est de 25 0/0 sur le double des prix des billets simples pour les relations entre toutes les gares du réseau de l'Etat et Paris, et de 40 0/0 pour toutes les autres relations.

Les coupons de retour sont valables, pour les trajets jusqu'à 100 kilomètres, pendant la journée de l'émission et les deux journées suivantes ; pour les trajets de plus de 100 kilomètres, un jour de plus par 100 kilomètres ou fraction de 100 kilomètres.

Les voyageurs ont le droit de prendre, au retour, tout train dans lequel ils peuvent monter le jour de l'expiration de la validité avant minuit, lors même que ce train ne pourrait les ramener à leur point de départ qu'après minuit.

Si le délai de validité expire un Dimanche ou un jour de Fête, ce délai est augmenté de 24 heures. Si le jour où expire le délai de validité d'un billet d'aller et retour est un Dimanche suivi d'un jour de Fête, ou un jour de Fête suivi d'un Dimanche, le délai est augmenté de 48 heures.

(Pour les autres conditions, voir le Tarif spécial G. V. n° 2 des Chemins de fer de l'État.)

CHEMINS DE FER PARIS-LYON-MÉDITERRANÉE

VOYAGES CIRCULAIRES A ITINÉRAIRES FIXES

Il est délivré pendant toute l'année, à la gare de Paris-Lyon, ainsi que dans les principales gares situées sur les itinéraires, des billets de **voyages circulaires à itinéraires fixes**, extrêmement variés, permettant de visiter, en 1re ou en 2e classe, à des prix très réduits, les contrées les plus intéressantes de la France (notamment l'*Auvergne* le *Dauphiné*, la *Savoie*, la *Provence*, les *Pyrénées* etc.), ainsi que l'*Algérie*, la *Tunisie*, l'*Espagne*, le *Portugal*, la *Suisse* et l'*Italie*.

VOYAGES CIRCULAIRES A ITINÉRAIRES FACULTATIFS

Pendant la saison des vacances, il est émis dans toutes les gares de P.-L.-M. des billets de **voyages circulaires à itinéraires** établis par les voyageurs eux-mêmes, pour effectuer sur le réseau P.-L.-M., en 1re, 2e et 3e classe, à des prix très réduits, des parcours d'au moins 300 kilomètres.

De semblables billets sont délivrés pour effectuer, sur les réseaux P.-L.-M. et Est réunis, des parcours d'au moins 500 kilomètres.

Pour les dates d'émission et les conditions de délivrance de ces billets, se reporter aux affiches et aux prospectus publiés par les Compagnies.

CARTES D'ABONNEMENT

La compagnie P.-L.-M. délivre les 1er et 15 de chaque mois des *cartes d'abonnement* de 1re, 2e et 3e *classe à prix très réduits*, de *trois mois, six mois* et *un an*, pour des parcours limités et même pour tout son réseau. Les élèves des Lycées et Institutions, ainsi que les apprentis et élèves suivant les cours de dessin municipaux, âgés de moins de 21 ans, ne payent que la moitié de ces prix réduits. Les abonnés ont le droit de prendre et de quitter le train à toutes les stations comprises dans les parcours indiqués sur leurs billets. — Il est également délivré des cartes d'abonnement, valables sur une partie ou sur la totalité des deux réseaux P.-L.-M. et Est réunis.

BILLETS D'ALLER ET RETOUR

Sur le réseau P.-L.-M., il est délivré toute l'année des *billets d'aller et retour* en 1re, 2e et 3e *classe*, comportant une *réduction de 25 0/0* sur le double du prix des billets simples, savoir : 1° de ou pour *Paris* dans un rayon de 600 *kilomètres*; 2° de ou pour les gares de *Lyon* et de *Marseille*, dans un rayon de 250 *kilomètres*; 3° de ou pour les gares des *chefs-lieux de département et villes assimilées*, dans un rayon de 150 *kilomètres*; 4° de ou pour les gares des *chefs-lieux d'arrondissement et villes assimilées*, dans un rayon de 75 *kilomètres*.

La durée de validité de ces billets d'aller et retour est fixée comme suit : jusqu'à 200 *kilomètres*, 2 *jours*; — de 201 jusqu'à 300 *kilomètres*, 3 *jours*; — de 301 jusqu'à 400 *kilomètres*, 4 *jours*; — et au-dessus de 400 *kilomètres*, 5 *jours*.

Type **A** — 2

CHEMIN DE FER DE PARIS A ORLÉANS

BAINS DE MER DE L'OCÉAN
BILLETS D'ALLER ET RETOUR
Réduits de 40 %, et de 20 %, suivant la distance
VALABLES PENDANT 33 JOURS

Du 1er Mai au 31 Octobre, il est délivré des BILLETS ALLER ET RETOUR de toutes classes pour toutes les Gares du réseau pour les stations balnéaires ci-après : St-Nazaire — Pornichet. — Escoublac-la-Baule. — Le Pouliguen. — Batz. — Le Croisic. — Guérande. — Vannes (Port-Navalo, Saint-Gildas-de-Ruiz). — Plouharnel-Carnac. — Saint-Pierre-Quiberon. — Quiberon (Belle-Isle-en-Mer). — Lorient (Port-Louis, Larmor). — Quimperlé (Pouldu). — Concarneau. — Quimper (Benodet, Fouesnant, Beg-Meil). — Pont-l'Abbé (Langoz, Loctudy). — Douarnenez. — Chateaulin (Pentrey, Crozont, Morgat).

SAISON THERMALE DE 1891
DE PARIS AU MONT-DORE ET A LA BOURBOULE
Durée du trajet : 11 h. à l'aller et au retour.

Un double service direct par train express de jour et de nuit est organisé entre PARIS et LAQUEUILLE, par Montluçon et Eygurande, pour desservir les stations thermales du MONT-DORE et de LA BOURBOULE.

Les trains comprennent des voitures de toutes classes ainsi que des places de lits-toilette au départ de Paris et de Laqueuille.

Prix des places de Paris au Mont-Dore et à la Bourboule, et réciproquement : En voiture de 1re classe, 58 fr. 15 ; 2e classe, 43 fr. 75 ; 3e classe, 31 fr. 90.

Du MONT-DORE et de LA BOURBOULE à ROYAT et CLERMONT-FERRAND et vice versâ
Billets d'Aller et Retour réduits de 25 %, valables pendant 8 jours.

EXCURSIONS DANS LE CENTRE DE LA FRANCE. LES PYRÉNÉES ET LES BORDS DU GOLFE DE GASCOGNE

1er Itinéraire : 1re cl. 225 fr. ; 2e cl. 170 fr. — Durée de validité : 45 jours.
2e, 3e et 4e Itinéraires : 1re cl. 180 fr. ; 2e cl., 135 fr. — Durée de validité : 30 jours.

VOYAGES D'EXCURSIONS
Avec itinéraire établi au gré des Voyageurs

La Compagnie du Chemin de fer d'*Orléans*, d'accord avec celles de l'*Ouest*, de *Lyon*, du *Nord*, de l'*Est*, du *Midi* et l'administration des Chemins de fer de l'*État*, délivre, toute l'année, des BILLETS D'EXCURSION de toutes classes, soit individuels, soit collectifs, avec itinéraire établi au gré des Voyageurs et pouvant emprunter les lignes de tous leurs réseaux.

Les itinéraires peuvent ne comprendre que les lignes d'un ou de plusieurs desdits réseaux. Ils peuvent former ou non circuits.

Les voyageurs ont la faculté de sortir des réseaux participants par une gare frontière et de rentrer sur ces réseaux par une autre gare frontière.

Les Billets individuels comportent une réduction variant de 20 à 60 %, suivant la longueur des parcours ; le Billet collectif délivré à deux personnes est le double d'un Billet individuel. Lorsqu'un Billet collectif s'applique à plus de deux personnes les prix sont réduits de 50 % pour la troisième personne, de 75 % pour la quatrième ainsi que pour chaque personne en plus de la quatrième.

La durée de validité des dits Billets est de 30 jours pour les parcours inférieurs à 1,500 kilomètres, de 45 jours, pour les parcours de 1,500 à 3,000 kilomètres et de 60 jours pour les parcours supérieurs à 3,000 kilomètres.

En aucun cas, le prix par personne ne peut être inférieur au double du prix d'un billet simple au tarif ordinaire entre la gare de départ et celle comprise dans l'itinéraire pour laquelle ce dernier prix est le plus élevé.

PROLONGATION DE DURÉE DE VALIDITÉ DES BILLETS

La durée de validité des billets ci-dessus peut être prolongée moyennant supplément. — Pour plus amples renseignements, s'adresser : à Paris, à la Gare de Paris (quai d'Austerlitz et dans les Bureaux-Succursales, ainsi qu'à toutes les Gares et stations du réseau.

CHEMIN DE FER DU MIDI

VOYAGE A PRIX RÉDUITS AUX PYRÉNÉES

Billets délivrés toute l'année et valables pendant 20 jours (1), non compris le jour du départ, avec facilité d'arrêt à toutes les stations du parcours.

PRIX DES BILLETS ET DÉSIGNATION DES PARCOURS :

75 fr. 1re classe. — **56 fr.** 2e classe, pour l'un des trois parcours suivants :

1er *parcours.* — Bordeaux-St-Jean — Agen — Montauban — Toulouse-Matabiau — Montréjeau — Bagnères-de-Luchon — Tarbes — Bagnères-de-Bigorre — Mont-de-Marsan — Arcachon — Bordeaux-St-Jean.

2e *parcours.* — Bordeaux-St-Jean — Agen — Montauban — Toulouse-Matabiau — Montréjeau — Bagnères-de-Luchon — Tarbes — Bagnères-de-Bigorre — Pierrefitte-Nestalas — Pau — Bayonne — Hendaye — Irun* — Dax — Arcachon — Bordeaux-St-Jean.

3e *parcours.* — Bordeaux-St-Jean — Arcachon — Mont-de-Marsan — Tarbes — Bagnères-de-Big. — Montréjeau — Luchon — Pierrefitte-Nestalas — Pau — Bayonne — Hendaye — Irun* — Dax — Bordeaux-St-Jean.

100 fr. 1re classe. — **75 fr.** 2e classe, pour l'un des quatre parcours suivants :

4e *parcours.* — Bordeaux-St-Jean — Agen — Montauban — Toulouse-Matabiau — Castelnaudary — Carcassonne — Narbonne — Béziers — Cette — Toulouse-Matabiau — Montréjeau — Bagnères-de-Luchon — Tarbes — Bagnères-de-Bigorre — Mont-de-Marsan — Arcachon — Bordeaux-St-Jean.

5e *parcours.* — Bordeaux-St-Jean — Agen — Montauban — Toulouse-Matabiau — Castelnaudary — Carcassonne — Narbonne — Béziers — Cette — Toulouse-Matabiau — Montréjeau — Bagnères-de-Luchon — Tarbes — Bagnères-de-Bigorre — Pierrefitte-Nestalas — Pau — Bayonne — Hendaye — Irun* — Dax — Arcachon — Bordeaux-St-Jean.

6e *parcours.* — Bordeaux-St-Jean — Agen — Montauban — Toulouse-Matabiau — Castelnaudary — Carcassonne — Narbonne — Perpignan — Cerbère — Port-Bou** — Toulouse-Matabiau — Montréjeau — Bagnères-de-Luchon — Tarbes — Bagnères-de-Big. — Mont-de-Marsan — Arcachon — Bordeaux-St-Jean.

7e *parcours.* — Bordeaux-St-Jean — Agen — Montauban — Toulouse-Matabiau — Castelnaudary — Carcassonne — Narbonne — Perpignan — Cerbère — Port-Bou** — Toulouse-Matabiau — Montréjeau — Bagnères-de-Luchon — Tarbes — Bagnères-de-Bigorre — Pierrefitte-Nestalas — Pau — Bayonne — Hendaye — Irun* — Dax — Arcachon — Bordeaux-St-Jean.

Les billets sont délivrés dans les stations indiquées ci-dessus ; ils peuvent être pris à l'avance et sont valables à partir du jour où ils ont été timbrés par la station de départ.

Le billet est personnel. — Le voyageur est tenu d'y apposer sa signature au moment de la délivrance, et de la reproduire toutes les fois qu'il en est requis.

Au-dessous de trois ans, les enfants sont transportés gratuitement ; de trois à sept ans, ils payent demi-place ; au-dessus de sept ans, ils payent place entière.

Le voyage peut s'effectuer sur chacun des parcours désignés ci-dessus, de l'une quelconque des stations explicitement mentionnées sur ce parcours, et le voyageur peut choisir l'une ou l'autre des directions qui peuvent être suivies à partir de la station de départ. Le voyageur peut s'arrêter à toutes les stations du réseau situées sur celui des parcours circulaires qu'il a choisi, à la seule condition de faire estampiller son billet dans chaque station d'arrêt, au moment de l'arrivée.

Le voyageur a droit au transport gratuit de 30 kilog. de bagages. Cette franchise est réduite à 20 kilog. pour les enfants transportés à moitié prix.

Des billets spéciaux d'aller et retour, en 1re et 2e classes, comportant une réduction de 25 p. 100 sur le prix du tarif, sont délivrés au départ de toutes les stations situées sur les embranchements avec les dits itinéraires. La demande de ces billets doit être faite, au moins trois jours à l'avance, au chef de la station de départ ; elle n'est admise que si le voyageur demande, en même temps, un billet de voyage circulaire. Réciproquement, les voyageurs porteurs de billets de voyages circulaires trouvent à leur passage, dans les gares de bifurcation, des billets d'aller et retour avec une réduction de 25 p. 100 pour toutes les stations des embranchements non compris dans l'itinéraire du voyage qu'ils effectuent. Chacun de ces billets spéciaux donne droit à un jour d'augmentation du délai de validité du billet circulaire dont le voyageur est porteur.

---

(1) La durée de validité des billets peut être prolongée d'une ou deux périodes de dix jours moyennant payement, pour chaque période, d'un supplément égal à 10 p. 100 de la valeur des billets et à la condition expresse que la demande de prolongation soit faite avant l'expiration de la durée primitive ou de la durée prolongée.

(*) Dans le sens du Nord au Sud, le parcours s'étend jusqu'à Irun. Dans le sens inverse, il a Hendaye comme point d'origine.

(**) Dans le sens du Nord au Sud le parcours s'étend jusqu'à Port-Bou. Dans le sens inverse, il a Cerbère comme point d'origine.

CHEMINS DE FER DU NORD
BILLETS DE BAINS DE MER, ALLER ET RETOUR

VALABLES DU VENDREDI AU MARDI

De PARIS aux garés suivantes :

GARES	DISTANCE	BILLETS D'ALLER ET RETOUR	
		1re classe	2e classe
Le Tréport-Mers.	183	33.20 (1)	23.60 (1)
Eu (Le Bourg d'Ault).	180	33.20 (1)	23.60 (1)
Saint-Valery.	195	28.60	25.20
Cayeux.	207	31.25	27.20
Le Crotoy.	197	29.65	25.75
Rue.	199	29.40	25.70
Berck (Verton).	216	33. » (2)	30.45 (2)
Etaples.	227	33.50 (1)	29.35 (1)
Boulogne.	254	37.40	32.85
Wimille-Wimereux.	261	38.60	33.65
Marquise-Rinxent (Wissant, Audresselles, Ambleteuse).	271	40. » (3)	35. » (3)
Calais.	297	44. »	38.35
Gravelines.	305	45.10	39.40
Dunkerque.	305	45.10	39.40

D'AMIENS ou de SAINT-ROCH aux gares suivantes :

GARES	DISTANCE	1re classe	2e classe
Berck (Verton).	85	18.15	14.30
Boulogne.	123	23.10	17.60
Calais.	167	30.80	24.20
Marquise (Ambleteuse, Audresselles, Wissant).	141	26.05	19.50
Rue.	69	12.75	9.55
Saint-Valery-sur-Somme.	64	11.55	8.80
Wimille-Wimereux.	130	24. »	17.95

OBSERVATIONS. — Les voyageurs à destination d'Eu et du Tréport ont la faculté de passer par Méru-Abancourt, Creil-Abancourt, Creil-Abbeville ou Longpré-Gamaches.

(1) Ce prix ne comprend que le trajet en chemin de fer.
(2) Ce prix comprend le trajet en omnibus de Verton à Berck et retour.
(3) Ce prix ne comprend que le trajet en chemin de fer jusqu'à Marquise-Rinxent.

La gare de Paris délivre, en outre en tous temps, des billets d'aller et retour de toutes classes, valables pendant deux jours, pour le Tréport, Saint-Valery et Rue, et, pendant trois jours, pour les autres destinations.

Billets d'aller et retour collectifs de famille

de 1re 2e et 3e classe, pour la saison des bains de mer (valables pendant 33 jours), délivrés du 1er mai au 31 octobre, dans toutes les gares du réseau, sous condition d'effectuer un parcours minimum de 150 kilom. aller et retour, aux familles d'au moins quatre personnes payant place entière et voyageant ensemble. — Le prix s'obtient en ajoutant au prix de six billets simples ordinaires, le prix d'un de ces billets pour chaque membre de la famille en plus de trois.

BAINS DE MER
Billets d'Aller et Retour à prix réduits
DÉLIVRÉS DU 1er MAI AU 31 OCTOBRE

1° Billets individuels valables du Vendredi (1) au Lundi
DE PARIS AUX GARES SUIVANTES

	1re classe		2e classe	
	Fr.	C.	Fr.	C.
DIEPPE. — Pourville, Puys, Berneval, Criel............	30	»	22	»
LE TRÉPORT. — Mers..	33	20	23	60
CANY. — Veulettes, les Petites-Dalles........................				
SAINT-VALÉRY-EN-CAUX. — Veules............................				
LE HAVRE. — Sainte-Adresse, Bruneval.......................				
LES IFS. — Etretat, Vaucottes-sur-Mer, Bruneval...........				
FÉCAMP. — Yport, Etretat, Vaucottes-s.-Mer, Bruneval, les Petites-Dalles, Saint-Pierre-en-Port.........	33	»	24	»
TROUVILLE-DEAUVILLE. — Villerville............................				
VILLERS-SUR-MER..				
HONFLEUR..				
CAEN..				
CABOURG. — Le Home-Varaville................................				
DIVES..	37	»	27	»
BRUZEVAL. — Houlgate..				
LUC, LION-SUR-MER, LANGRUNE. } Ces prix comprennent				
SAINT-AUBIN, BERNIÈRES........ } le parcours total				
COURSEULLES — Ver-sur-Mer.... } par chemin de fer.	38	»	28	»
BAYEUX. — Arromanches, Port-en-Bessin, St-Laurent-s.-M., Asnelles.	40	»	30	»
ISIGNY. — Grand-Camp, Sainte-Marie-du-Mont................	44	»	33	»
MONTEBOURG et VALOGNES. — Quinéville, St-Vaast-la-Hougue (parcours par le chemin départemental de MONTEBOURG et VALOGNES à BARFLEUR, non compris dans le prix du billet).........	50	»	38	»
CHERBOURG..	55	»	42	»
PORT-BAIL ET CARTERET..	60	»	46	»
COUTANCES. — Agon, Coutainville, Régneville................	57	»	44	»
GRANVILLE. — Donville, Saint-Pair, Bouillon-Jullouville, Carolles, Saint-Jean-le-Thomas.........	50	»	38	»
ST-MALO-ST-SERVAN. — Paramé. } St-Enogat, St-Lunaire, St-Briac.				
DINARD........................ }	66	»	50	»
LAMBALLE. — Pléneuf, le Val-André, Erquy, La Garde-St-Cast et Saint-Jacut-de-la-Mer par la gare de Plancoët.........	68	»	51	»
SAINT-BRIEUC. — Portrieux, Saint-Quay........................	68	»	51	»
LANNION. — Perros-Guirec......................................	79	»	59	»
MORLAIX. — Saint-Jean-du-Doigt................................	81	»	61	»
SAINT-POL-DE-LÉON..	85	»	64	»
ROSCOFF. — Ile de Batz..	85	»	64	»
BREST...	90	»	67	50
SAINT-NAZAIRE*..	66	»	50	»
Eaux) FORGES-LES-EAUX (S.-Inf.), ligne de Dieppe par Gournay.	21	45	16	05
Thermales (BAGNOLES-DE-L'ORNE, par Briouze................	45	»	34	»

DÉPART par tous les trains du Vendredi (1), du Samedi et du Dimanche.
RETOUR par tous les trains du Dimanche et du Lundi seulement (1).
(1) Toutefois ces billets sont valables le Jeudi par les trains partant de Paris dès 6 h. 30 s.
Par exception, les billets pour Saint-Malo, Dinard, Lamballe, Saint-Brieuc, Lannion, Morlaix, Saint-Pol-de-Léon, Roscoff, Brest et Saint-Nazaire sont valables au retour jusqu'au Mardi inclusivement.

2° Billets de 1re et de 2e classe valables pendant 33 jours (non compris le jour de la délivrance) pour les familles d'au moins quatre personnes payant place entière et voyageant ensemble (deux enfants de 3 à 7 ans payant demi-place comptent pour une personne). — Les billets de famille comportent une réduction de 40 0/0 sur les prix du Tarif général, sous toutefois que les prix à percevoir puissent être inférieurs aux prix pleins du Tarif général applicables à un parcours de 250 kilomètres (minima de perception : 61 fr. 60 par place de première classe, ou 46 fr. 20 par place de deuxième classe, aller et retour).

CHEMINS DE FER DE L'EST

VOYAGES CIRCULAIRES ET EXCURSIONS A PRIX RÉDUITS

A — EN FRANCE. — 1° Voyages d'excursion avec itinéraires tracés d'avance, au gré des Voyageurs. — Chemins de fer de l'Est, de l'Etat, du Midi, du Nord, d'Orléans et de l'Ouest, de Paris-Lyon-Méditerranée. — Il est délivré pendant toute l'année des billets à prix réduits de toutes classes pour les voyages d'excursion : A (Sur le réseau de l'Est; B) Sur les grands réseaux français, avec itinéraires tracés d'avance, au gré des voyageurs, pour des parcours de 300 à 7,000 kilomètres et de manière à les ramener au point de départ. Les billets d'excursion peuvent être individuels ou collectifs.

2° Voyages circulaires pour visiter les **VOSGES** et **BELFORT**, avec séjour facultatif dans toutes les villes du parcours. Durée du voyage : 20 jours. — 1re classe : 85 fr.; 2e classe : 65 fr.

a) **Au départ de PARIS.** — Itinéraire : Paris, Epernay, Nancy, Lunéville, St-Dié, Fraize, Gérardmer ou Nancy, Epinal, Gérardmer, Fraize, Remiremont, Cornimont, Saint-Maurice-Bussang, Epinal, Plombières (Vosges), Faymont, Aillevillers, Lure, Giromagny, Belfort, Port-d'Atelier-Amance ou Aillevillers, Port-d'Atelier-Amance, Langres (Marne), Chaumont, Troyes, Paris, et *vice versa*.

b) **Au départ de LAON.** — Itinéraire : Laon, Reims, Blesmes, Nancy, Lunéville, St-Dié, Fraize, Gérardmer ou Nancy, Epinal, Gérardmer, Fraize, Remiremont, Cornimont, Saint-Maurice-Bussang, Epinal, Plombières (Vosges), Faymont, Aillevillers, Lure, Giromagny, Belfort, Port-d'Atelier-Amance ou Aillevillers, Port-d'Atelier-Amance, Langres (Marne), Chaumont, Blesme, Reims, Laon et *vice versa*.

Délivrance des Billets du 15 Mai au 15 Octobre inclus

B — A L'ÉTRANGER — 1° Voyages circulaires pour visiter la Suisse Orientale, la Haute Engadine et le Sud du Grand Duché de Bade. Durée du voyage : 30 jours. — 1re classe : 126 fr. 85; 2e classe : 89 fr. 55.

Parcours : Paris, Belfort, Delle, Bâle (ou Belfort, Mulhouse, Bâle), Brugg Zurich, Waedensweil, Ziegelbrucke (ou Zurich, Uster, Rapperswyl, Ziegelbrucke), Ragatz, Landquart, Coire, Rorschach, Romanshorn, Constance, Singen-Schaffhouse, Neuhausen, Waldshut, Bâle, Delle, Belfort (ou Bâle, Mulhouse, Belfort), Paris ou *vice versa*.

Les billets donnent droit au transport par le chemin de raccordement de Bâle ou par Saint-Louis-Huningue-Leopoldshöhe.

Délivrance des Billets du 1er juin au 30 Septembre.

2° Billets d'Aller et Retour de **PARIS à BALE, LUCERNE, ZURICH**, et **VENISE**, via Belfort-Delle ou Belfort-Petit-Croix.

De Paris à Bâle et retour : 1re cl., 106 fr. 05; 2e cl., 79 fr. 35; durée de validité, 30 jours. — De Paris à Lucerne et retour : 1re cl., 124 fr. 30; 2e cl., 92 fr. 95; durée de validité, 60 jours. — De Paris à Zurich et retour : 1re cl., 123 fr 55; 2e cl., 92 fr. 30; durée de validité, 60 jours. — Paris à Venise et retour : 1re cl., 224 fr.; 2e cl., 162 fr. — De Paris à Milan : 1re cl., 174 fr.; 2e cl., 127 fr. — De Paris à Chiasso et retour : 1re cl., 162 fr. 75; 2e cl., 118 fr. 10.

PASSEPORT. — Les voyages circulaires et excursions pour l'étranger, qu'ils soient commencés par la voie de Delle ou les lignes allemandes, peuvent être effectués *sans passeport pour l'Allemagne, à la condition de ne pas séjourner en Alsace-Lorraine*.

NOTA. — Pour la délivrance des billets et tous autres renseignements, voir le Livret spécial publié par la Compagnie de l'Est pour ses voyages circulaires et Excursions à des prix réduits et délivré gratuitement dans sa gare Paris et ses Bureaux-Succursales.

CHEMINS DE FER
DU SUD DE L'AUTRICHE

Le voyageur venant de France par la Suisse ne tarde pas, après avoir traversé l'Arlberg, d'arriver à *Innsbruck*, capitale du Tyrol. C'est une des plus jolies villes des Alpes autrichiennes. Elle forme, de ce côté, tête de ligne du réseau des chemins de fer du Sud de l'Autriche.

Les lignes de cette Compagnie aboutissent, d'une part, aux grands centres de Vienne et de Pesth, et aux ports de Trieste et de Fiume, et de l'autre, aux frontières de la Bavière et de l'Italie, à Kufstein, à Ala et à Cormons. Elles traversent les contrées les plus intéressantes et les plus pittoresques de l'Autriche-Hongrie, le Tyrol, la Carinthie, la Carniole, la Styrie.

D'**Innsbruck**, la ligne conduit, par le *Brenner*, à Botzen (Gries), Méran, Trente, Mori (station pour Arco, Riva, le lac de Garde), et en Italie, et rejoint d'autre part, par le *Pusterthal*, formant ainsi trait de jonction entre les régions orientale et occidentale des Alpes, l'artère principale du réseau (ligne de Vienne à Trieste) sur laquelle elle vient se souder à Marbourg.

La Compagnie des chemins de fer du Sud a fait construire, en divers endroits, des hôtels de premier ordre, qui offrent aux voyageurs, au milieu des splendeurs des grandes Alpes, tout le confort moderne des grandes villes.

A **Toblach**, station de la ligne du Pusterthal, se trouve un excellent hôtel. On se rend de Toblach dans la ravissante vallée d'**Ampezzo** célèbre par ses Alpes dolomitiques. Cette contrée surpasse en beauté les points les plus fréquentés de la Suisse.

Qui n'a aussi entendu parler des merveilles réservées aux voyageurs qui, remontant de Marbourg vers Vienne en traversant la Styrie, dont la gracieuse ville de Gratz est la capitale, franchissent, entraînés par la vapeur, la section de **Semmering**, un des chefs-d'œuvre de l'art et de la science modernes?

L'hôtel élevé par la Compagnie du Sud au Semmering, occupe

CHEMINS DE FER DU SUD DE L'AUTRICHE (Suite)

une situation magnifique. Les environs sont splendides, et l'air qu'on y respire est délicieux, vivifiant, et tout chargé des senteurs aromatiques des mélèzes et conifères qui couvrent les versants de ces montagnes.

Les environs de Vienne, traversés par la ligne du Sud, offrent également un choix de points des plus charmants.

En descendant de Marbourg vers l'Adriatique, on traverse les contrées excessivement intéressantes de la Carinthie et de la Carniole; on passe successivement à Pragerhof (embranchement pour Budapesth), Cilli, Steinbrück, Laibach, **Adelsberg** (endroit renommé par ses grottes merveilleuses), Saint-Peter, Nabresina, pour arriver enfin à **Trieste**.

De Trieste on gagne facilement l'Italie, soit par mer (service régulier de navigation entre Trieste et Venise), soit par Nabresina, Gorice et Cormons. Pour se rendre à Fiume, il faut quitter, à Saint-Peter, la ligne de Vienne à Trieste.

Non loin de Fiume, à **Abbazia** (station de chemin de fer Mattuglie-Abbazia, de l'embranchement de Saint-Peter à Fiume), la Compagnie du Sud a créé, au bord de la mer, un grand établissement climatérique et balnéaire.

Abbazia, avec sa luxuriante végétation méridionale, est un délicieux séjour. Bain de soleil en hiver, on y trouve en été l'agrément des bains de mer. Toutes les conditions de confort désirables y sont réunies.

La Compagnie de la **Südbahn** *a organisé, de concert avec les autres compagnies de chemins de fer autrichiennes et étrangères, un grand nombre de voyages circulaires à prix réduits, qui permettent aux voyageurs de toute provenance, de visiter, dans d'excellentes conditions de bon marché, l'Autriche, le Tyrol, la Bavière, l'Italie, la Suisse et les bords du Rhin.*

Les voyageurs trouveront la nomenclature détaillée de ces voyages avec les prix, la durée du trajet et toutes les particularités qui s'y rattachent, dans les Indicateurs officiels d'Autriche, d'Allemagne, de France, de Suisse et d'Italie.

CHEMINS DE FER DU SUD DE L'AUTRICHE

ABBAZIA (GOLFE D'ISTRIE)
STATION HIVERNALE ET BALNÉAIRE

Le trajet de Vienne à Abbazia se fait en 13 heures
Deux express par jour dans chaque sens; wagons-lits.

Assise au fond de la poétique baie du Quarnero, au bord même de la mer, à quelques kilomètres du port de Fiume, abritée des vents par une ceinture de collines boisées dominées par le Monte-Maggiore, préservée en été des chaleurs excessives par les brises normales qui soufflent, le jour vers la terre, et la nuit vers la mer, Abbazia, l'heureuse rivale des stations les plus renommées du littoral méditerranéen, jouit du rare privilège d'être à la fois une station d'hiver et une plage d'été.

Le climat de ce coin de terre privilégié que baigne l'Adriatique est d'une douceur et d'une égalité tout exceptionnelles. Les variations brusques de température sont inconnues à Abbazia.

Dans un vaste et splendide parc, au milieu des chênes verts, des figuiers, des lauriers qui répandent dans l'atmosphère leur senteur bienfaisante, s'élèvent les hôtels et villas appartenant à la Compagnie des chemins de fer du Sud de l'Autriche. Bel et grand établissement pourvu de tout le confort et de tous les perfectionnements modernes désirables.

300 chambres et nombreuses villas. — Salles et salons divers. — Promenades délicieuses dans les magnifiques propriétés de l'établissement et sur les bords de la mer. — Bains chauds, douches, massage, inhalation, électricité. — Un médecin est attaché à l'établissement. — Equipages, barques, chevaux de selle et guides à disposition. — Distractions et plaisirs de toutes sortes.

Excursions variées à Ika, Loyrana, Moschenizza, Vesprinaz, au Monte-Maggiore (1,400 mètres d'altitude), à Fiume, aux îles de Veglia, Cherso, Lussin, (les anciennes îles Absyrtides des Grecs, où la tradition place le crime de Médée).

L'élite de la société se donne, aujourd'hui, rendez-vous à Abbazia, et chaque année voit augmenter le nombre d'étrangers de toutes les nations qui viennent y fixer leur résidence d'hiver, ou y cherchent, en été, l'agrément des bains de mer.

Des omnibus et voitures font le service entre l'établissement et la station de chemin de fer Mattuglie-Abbazia.

S'adresser, pour renseignements, directement à la direction des Hôtels, à Abbazia (Istrie, Autriche).

La Compagnie des chemins de fer du Sud de l'Autriche est aussi propriétaire de l'**Hôtel du Semmering**, site alpestre grandiose à 1,000 mètres d'altitude et à deux heures et demie de Vienne, en chemin de fer.

Type **A — 2***

COMPAGNIE DU CHEMIN DE FER
DU
GOTHARD

Le **Chemin de fer du Gothard**, la ligne de montagne la plus pittoresque et la plus intéressante de l'Europe, traverse la Suisse primitive chantée par les poètes et glorifiée par l'histoire. Sur le parcours on rencontre **Lucerne**, au bord du lac du même nom, le lac de Zoug, **le Rigi**, célèbre dans le monde entier par la vue incomparable dont on jouit de son sommet (**Chemin de fer entre la station d'Arth de la ligne du Gothard et la cime même**), le lac de Lowerz, Schwyrz, le lac des **Quatre-Cantons**, avec le Rütli et la Chapelle de Guillaume Tell, Brunnen, la route de l'Axen, Fluelen, Altorf, Gœschenen, station de la tête nord du tunnel, où commence l'ancienne route du Saint-Gothard et d'où l'on atteint en une demi-heure le célèbre **pont du Diable et la galerie dite du Trou d'Uri**, près d'Andermatt (tous deux d'un accès facile), Bellinzona, Locarno, **le lac Majeur** (*îles Borromées*), **Lugano**, sur le lac du même nom, **Côme** enfin et son lac. La ligne réunit ainsi des deux côtés des Alpes les bords des lacs les plus ravissants, émaillés de villas splendides.

Parmi les nombreux travaux d'art, œuvres gigantesques construites dans les flancs des Alpes et qui excitent l'étonnement du voyageur, il faut citer en première ligne **le grand tunnel du Gothard**, le plus long tunnel existant : 14,984 mètres, dont le percement a exigé neuf années de travail; viennent ensuite les tunnels hélicoïdaux, au nombre de 3 sur le côté nord et de 4 sur le côté sud, le pont du Kerstelenbach, près d'Amsteg, etc., etc.

Deux trains directs et un express font journellement, en huit à dix heures, le trajet dans chaque direction de **Lucerne à Milan**, point central pour tous les voyageurs allant en Italie. **Wagons-lits** (*sleeping-cars*), voitures directes entre **Paris** et **Milan**, éclairage au gaz, freins continus.

Prix de Milan à Lucerne : 1re classe   35 fr. 70
—   —   2e —   25 fr. »
— Paris à Milan : 1re classe   109 fr. 95
—   —   2e —   79 fr. 90

Le chemin de fer du Gothard est la voie de communication la plus courte entre **Paris** et **Milan** (viâ Belfort Bâle). A Milan, Correspondance directe de et pour **Venise, Bologne, Florence, Gênes, Rome, Turin**. A Lucerne, coïncidence directe de et pour Paris, Calais, Londres, Ostende, Bruxelles, Cologne, Francfort, Strasbourg, ainsi que de et pour toutes les gares principales de la Suisse.

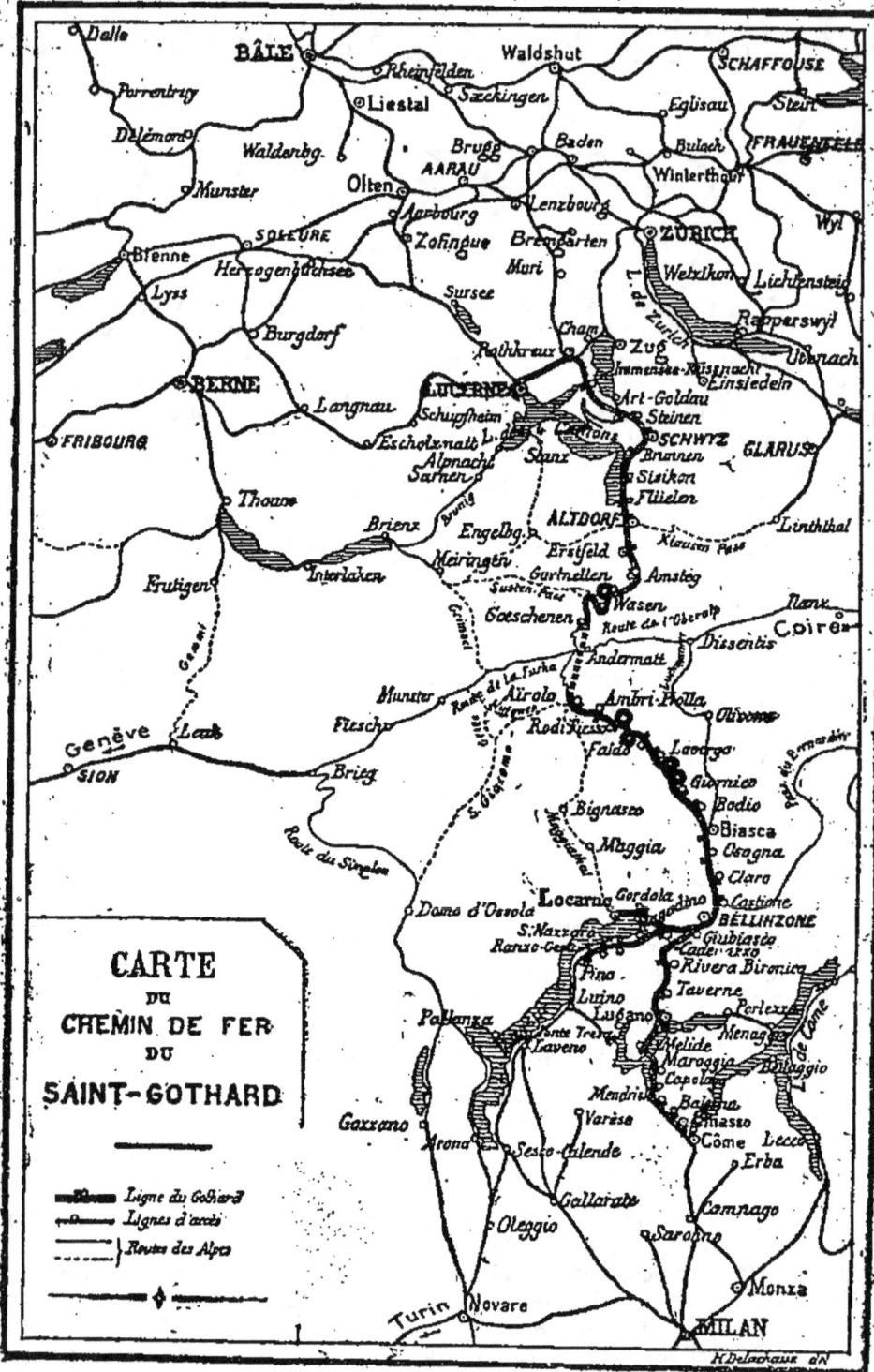

ROYAL
MAIL STEAM PACKET COMPANY
COMPAGNIE ROYALE DES PAQUEBOTS-POSTE ANGLAIS

Indes Occidentales et Océan Pacifique
Via PANAMA

Colon ou Aspinwall, Savanilla, Amérique centrale
et Océan Pacifique du Sud, San Francisco, Japon, Chine
et Colombie anglaise.

Les bateaux à vapeur Atlantiques font maintenant le trajet direct de Southampton à Colon (Aspinwall).

Le départ des bateaux de la compagnie, de Southampton, avec les malles de Sa Majesté Britannique, a lieu chaque mercredi alternatif, tant pour le transport des passagers et des paquets que pour celui des espèces et des marchandises sur connaissement à destination directe. Un bateau supplémentaire part de Londres chaque quatrième mercredi pour les Antilles, San Domingo, Savanilla, Carthagena, Colon, Limon et Greytown.

Pour plus amples informations, s'adresser au secrétaire.

M. J. M. LLOYD.

Royal Mail Steam Packet Company.
18, MoorgateStreet, Londres, E. C., et 29, Cockspur Street, S.W.

AGENTS. — PARIS, GEO. DUNLOP, 38, avenue de l'Opéra.
  HAVRE, MARCEL ET Cº.
  HAMBOURG, H. BINDER.
  ANVERS, F. HUGER.
  BRÊME, I. L. MICHAELIS.

SERVICE DES PAQUEBOTS-POSTE
Pour le Brésil et le Rio de la Plata.

Les paquebots royaux partent aussi de Southampton chaque jeudi alternatif, chargés des malles de Sa Majesté Britannique, de Passagers, de Marchandises, d'Espèces, etc., pour Vigo, Lisbonne, Saint-Vincent, Cap-Vert, Pernambuco, Bahia, Rio-de-Janeiro, Santos, Montevideo et Buenos-Ayres, et chaque quatrième jeudi pour Vigo, Leixoes (Oporto), Lisbonne, Cadiz, Las Palmas, Rio-de-Janeiro, Montevideo et Buenos-Ayres.

Pour plus amples informations, s'adresser comme ci-dessus.

COMPAGNIE DES MESSAGERIES MARITIMES

PAQUEBOTS-POSTE FRANÇAIS

Ligne de l'Australie et de la Nouvelle-Calédonie. Départ de Marseille le 1er de chaque mois pour Port-Saïd, Suez, Aden, Mahé (Seychelles), King George's Sound, Adélaïde, Melbourne, Sydney et Nouméa, avec un embranchement à Mahé pour la Réunion, Maurice et Madagascar.

Ligne de la côte orientale d'Afrique. Départ de Marseille le 12 de chaque mois pour Port-Saïd, Suez, Obock, Aden, Zanzibar, Mayotte, Nossi-Bé, Diégo-Suarez, Sainte-Marie, Tamatave, la Réunion et Maurice. Correspondance à Nossi-Bé avec la ligne de la côte ouest de Madagascar.

Lignes de l'Océan Indien. Départ de Marseille toutes les deux semaines, à partir du 22 février 1891, pour Alexandrie, Port-Saïd, Suez, Aden, Colombo, Singapore, Batavia, Saïgon (correspondance à Saïgon pour Quinhon, Tourane, Haïphong) Hong-Kong, Shangaï, Kobé et Yokohama, avec embranchement toutes les quatre semaines :
1° De Colombo sur Pondichéry, Madras et Calcutta;
2° De Saïgon sur Manille.
3° De Singapore sur Samarang.

Ligne d'Aden à Kurrachée et Bombay, en correspondance, à l'aller, avec la ligne de la côte orientale d'Afrique et, au retour, avec la ligne de l'Australie.

Service de l'Océan Atlantique. Départs de Bordeaux :
1° Le 5 de chaque mois pour Lisbonne, Dakar, Rio de Janeiro, Montevideo et Buenos-Ayres;
2° Le 20 de chaque mois pour Lisbonne, Dakar, Pernambuco, Bahia, Rio de Janeiro, Montevideo et Buenos-Ayres;
3° Le 12 et le 28 de chaque mois (passagers et marchandises), pour La Corogne, Vigo, Lisbonne, Las Palmas, Pernambuco, Bahia, Rio-Janeiro, Montevideo, Buenos-Ayres, Rosario ou Bahia-Blanca.

Lignes de la Méditerranée et de la Mer Noire, desservant les principaux ports, savoir :
1° La ligne de Marseille à Constantinople et Odessa, tous les 14 jours, le samedi, à partir du 14 février 1891;
2° Ligne de Marseille à Constantinople et Batoum, tous les 14 jours, le samedi, à partir du 21 février 1891;
3° Lignes circulaires d'Égypte et de Syrie, toutes les semaines;
4° Ligne hebdomadaire de Marseille à Londres avec escale au Havre (spéciale au transport des marchandises).

BUREAUX : PARIS, rue Vignon, 1; **MARSEILLE**, rue Cannebière, 16; **BORDEAUX**, allées d'Orléans, 20.

FRAISSINET & CIE

COMPAGNIE MARSEILLAISE DE NAVIGATION A VAPEUR
PAQUEBOTS-POSTE FRANÇAIS

4 et 6, place de la Bourse (FONDÉE EN 1832)

Services réguliers pour le Languedoc, la Corse, l'Italie, l'Espagne, le Levant, le Danube, la mer Noire et l'Archipel, le Brésil, la Plata et la Côte occidentale d'Afrique.

LIGNES DESSERVIES PAR LA COMPAGNIE

LIGNES DU LANGUEDOC. — Départs de Marseille, tous les soirs, pour Cette ou Agde.

LIGNES DE CORSE ET D'ITALIE. — Départs de Marseille tous les dimanches à 9 h. précises matin : Bastia — Livourne — Rapide (traversée la plus rapide entre le Continent et Bastia) tous les lundis à 7 heures du soir pour Nice, Bastia, Livourne.

LIGNES D'ITALIE. — Départs de Marseille, tous les dimanches, à 8 h. matin, pour Gênes. — Départs de Marseille, tous les dimanches et mercredis, à 8 h. matin, pour Naples.

LIGNE DE CANNES NICE ET GÊNES — Départs de Marseille, tous les mercredis, à 7 heures du soir, et tous les lundis et dimanches pour Nice.

LIGNES D'ESPAGNE. — Départs de Marseille, tous les dimanches, à 10 h. du matin, pour Barcelone; et tous les samedis, à 5 h. du soir, pour Valence.

LIGNES DE CONSTANTINOPLE ET DU DANUBE. — Service d'été, Constantinople. Départs de Marseille tous les mercredis, à 9 h. du matin, pour Gênes, Le Pirée, Syra, Smyrne, Salonique, Dédéagach, Dardanelles, Gallipoli (facultatif), Rodosto et Constantinople. — Danube (sans transbordement). Départs de Marseille, tous les dimanches, à 9 h. du matin, Constantinople, Sulina, Kustendjé (facultatif), Galatz et Braila. — Service d'hiver (pendant la fermeture du Danube par les glaces), Constantinople. Départs de Marseille tous les jeudis à 9 h. du matin, pour Gênes, Le Pirée, Syra, Smyrne, Salonique, Dédéagach, Dardanelles, Rodosto, Gallipoli et Constantinople.

LIGNE DU BRÉSIL ET DE LA PLATA. — Départs de Marseille le 1er de chaque mois et de Gênes le 10 de chaque mois, faisant escales à Saint-Vincent, Rio-de-Janeiro (facultativement), Montevideo, Buenos-Ayres et Rosario de Santa-Fé. — Ce service est momentanément suspendu.

Service maritime postal, subventionné par le Gouvernement français, entre MARSEILLE ET LA CÔTE OCCIDENTALE D'AFRIQUE avec escales à Oran, Las Palmas, Dakar, Conakry, Freetown, Sierra-Leone, Grand Bassa, Cap Palmas, Grand Bassam, Assinie, Cotonou, Les Popos, Lagos, Bonny, Old-Calabar, Bata, Libreville, Loango, Banane et Boma et facultativement aux autres ports de la Côte Occidentale d'Afrique.

Retour à Marseille par les ports de la Côte d'Afrique dénommés ci-dessus.

Excellents aménagements pour passagers de toutes classes.

Pour tous renseignements, s'adresser : à MM. Fraissinet et Ce, 6, place de la Bourse, à Marseille; — à M. Ach Neton, 9, rue de Rougemont, à Paris: et à MM. F. Puthet et Ce, quai Saint-Clair, 2, à Lyon; — à M. Th. Picharry, 40, quai de Bourgogne, à Bordeaux.

II. PARIS
Industries diverses.
Établissements d'instruction
Hôtels, Restaurants et Cafés

GUERLAIN

15, rue de la Paix, Paris

Parfums . IMPÉRIAL RUSSE, MARIE CHRISTINE, JICKY — EAU DE COLOGNE IMPÉRIALE, la même AMBRÉE ou RUSSE. — SAPOCETI, savon spécial breveté en 1843. — CRÈME de FRAISES, le meilleur des Cold Cream. — POUDRE de CYPRIS, rafraîchissante et inaltérable. — EXCELLENCE, quintessence de FLEURS AMBRÉES, pour la toilette et le mouchoir.

Rue Saint-Honoré 175

CHOCOLAT DEVINCK

Rue Lafayette 76

Usine . 6, Rue des Haudriettes

APPAREIL GAZOGÈNE-BRIET

SEUL APPROUVÉ
Par l'Académie de Médecine
POUR FAIRE SOI-MÊME
EAU DE SELTZ
DE VICHY, VINS MOUSSEUX, ETC.

APPAREILS BRIET		POUDRES les 100 doses	
1 bouteille	12 fr.	1 bouteille	10 fr.
2 —	15 —	2 —	15 —
3 —	18 —	3 —	20 —
4 —	25 —	4 —	30 —

MÉDAILLE D'OR
EXPOS. UNIV. PARIS 1889

MONDOLLOT ET CLIQUET
Rue du Château-d'Eau, 72, à Paris

En province et à l'étranger, chez les principaux Pharmaciens et Marchands d'articles de Paris.

 Hors concours, Membre du Jury
EXPOSITIONS UNIVERSELLES
PARIS 1878 et 1889.

1855   MAISON   1867
DE LA
BELLE JARDINIÈRE
2, rue du Pont-Neuf, 2
PARIS

HABILLEMENTS tout FAITS et sur MESURE
Pour hommes, jeunes gens et enfants
CHAPELLERIE. — CHAUSSURES. — BONNETERIE. — CHEMISERIE
VÊTEMENTS DE TRAVAIL.

EXPÉDITION EN PROVINCE

FRANCO contre remboursement au-dessus de 25 FRANCS
Succursales : LYON, MARSEILLE, NANTES, ANGERS
A Paris, au coin des rues de Clichy et d'Amsterdam.

RAYON SPÉCIAL POUR VÊTEMENTS ECCLÉSIASTIQUES.

MANUFACTURE FRANÇAISE
DE
BICYCLES, BICYCLETTES ET TRICYCLES

L. ROCHET & CIE

FABRICANT DES
CYCLES-ROCHET

BICYCLETTE L. ROCHET, MODÈLE A.

BICYCLETTES & TRICYCLES
Munis de caoutchoucs creux prêts à livrer.

Pour recevoir franco catalogue illustré s'adresser à l'usine
74, rue de la Folie-Regnault, Paris.

MAGASIN DE VENTE ET D'EXPOSITION
29, rue du Quatre-Septembre, Paris.

Agents dans toutes les principales villes de France

DEUIL
POUR AVOIR DE SUITE UN
DEUIL COMPLET
s'adresser
A LA RELIGIEUSE
2, rue Tronchet, Paris
Envoi franco. — Maison de confiance créée en 1859.
Ne pas confondre.
ARTICLES de goût EN CHAPEAUX, ROBES, MANTEAUX, COIFFURES, CHALES, LINGERIE, JUPES, JUPONS, PEIGNOIRS, MATINÉES ET CONFECTIONS POUR DAMES.

---

16 MÉDAILLES ET HORS CONCOURS

DENTIFRICES
DU
DOCTEUR PIERRE
De la Faculté de médecine de Paris.

**8, place de l'Opéra
PARIS**

39 B., Old Bond Street, Londres.
EN VENTE PARTOUT

MANUFACTURE DE CIRE A CACHETER
EN TOUS GENRES

C. C. GRANGE

Paris, 14, RUE NYS

Fournisseur des Grandes Administrations françaises
Spécialité de Colles liquides en tous genres
CARMIN SUPERFIN, COLLE A BOUCHE, ETC.

VIN DE VIAL
au QUINA, SUC DE VIANDE et PHOSPHATES DE CHAUX

Le plus énergique et le plus complet des toniques pour combattre

ANÉMIE, CHLOROSE, PHTISIE, EPUISEMENT NERVEUX

Aliment indispensable dans les croissances difficiles, tongues convalescences, et tout état de langueur caractérisé par la perte de l'appétit et des forces.

VIAL, pharm., 14, rue Bourbon (Lyon), et toutes pharmacies.

MERIDEN BRITANNIA Cº
MERIDEN (Connecticut) Etats-Unis d'Amérique

ORFÈVRERIE AMÉRICAINE

Services à Thé, à Café, Surtouts de Table
Couverts, Coutellerie, etc., etc.

SEUL DÉPOT DE VENTE DE LA

CÉLÈBRE LAMPE B & H
la meilleure au monde

26, AVENUE DE L'OPÉRA, 26
PARIS
(au coin de la rue Ventadour)

POUDRE DENTIFRICE de BOTOT

SE VEND DANS TOUTES LES BONNES MAISONS
et au Dépôt de la VÉRITABLE

EAU DE BOTOT

Seul Dentifrice approuvé par l'ACADÉMIE de MÉDECINE de PARIS

17, Rue de la Paix. *Exiger la Signature*

NE VOYAGEZ PAS
SANS VOUS MUNIR DE
L'ALCOOL DE MENTHE
DE RICQLÈS

Produit essentiellement hygiénique, découvert en 1838

Quelques gouttes dans un demi-verre d'eau ou sur un morceau de sucre dissipent à l'instant les moindres malaises. Pendant les chaleurs, aucune boisson n'est plus rafraîchissante. C'est un préservatif souverain contre les maladies épidémiques et le MAL DE MER.

Enfin il est d'un usage général pour la TOILETTE et comme DENTIFRICE.

53 récompenses dont 29 médailles d'or ont consacré sa supériorité. — Fabrique à **Lyon**, *cours d'Herbouville*, 9. — Maison à Paris, *rue Richer*, 41. — Exiger la signature de H. DE RICQLÈS sur les flacons.

OUTILLAGE POUR AMATEURS
ET POUR INDUSTRIELS

FABRIQUE DE TOURS | **SCIES-MÉCANIQUES**
DE TOUS SYSTÈMES | (Plus de 50 modèles)

DESSINS et toutes **FOURNITURES** pour le **DÉCOUPAGE**
OUTILS de toutes sortes. — **BOITES** d'outils d'amateurs
Publication de **DESSINS** pour le **Découpage**, le **Tour**
la **Sculpture**
la **Marqueterie**, etc.

LE TARIF-ALBUM
(250 pages et plus de 600 grav.)
franco contre 65 cent.

TIERSOT
r. des Gravilliers, 16
PARIS
20 médailles 1er prix
et 3 diplômes d'honneur

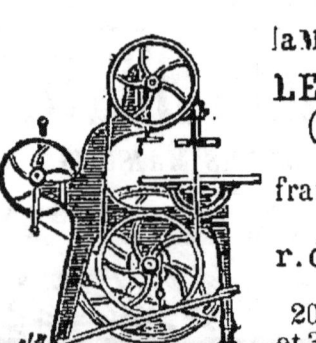

Le SUBLIME pour les CHEVEUX

Se vend dans toutes les bonnes Maisons
et au Dépôt de la **Véritable**

EAU DE BOTOT

Seul Dentifrice approuvé par l'Académie de
Médecine de Paris.

17, Rue de la Paix. Exiger la Signature

VEILLEUSES FRANÇAISES
FABRIQUE A LA GARE
DÉPÔT : RUE SAINT-MERRI, 24, A PARIS

MAISON JEUNET, fondée en 1838

JEUNET FILS
SUCCESSEUR DE SON PÈRE

SE DÉFIER

DES

CONTREFAÇONS

MARQUE DE

FABRIQUE

DÉPOSÉE

S'adresser aux Commissionnaires et dans les Magasins d'épicerie et autres tenant l'article VEILLEUSES. — Maison connue comme première marque.

Toutes nos boîtes portent en timbre sec : JEUNET, INVENTEUR

MÉDAILLE D'OR, PARIS 1878

JOSEPH GILLOTT
DE BIRMINGHAM
recommande ses excellentes

PLUMES D'ACIER
Connues du monde entier sous les numéros 303 et 404
EN VENTE CHEZ TOUS LES PAPETIERS
Dépôt chez ANGOT, ancienne maison Delihu et Angot

131, BOULEVARD SÉBASTOPOL — PARIS

PARFUMERIE SUPÉRIEURE
L. T. PIVER
PARIS, 10, boulevard de Strasbourg, 10, PARIS

LAIT D'IRIS
POUR LA FRAICHEUR, L'ÉCLAT ET LA BEAUTÉ DU TEINT

PARFUMERIE EXTRA-FINE
AU
Corylopsis du Japon

PARFUM NOUVEAU IMPORTÉ PAR L. T. PIVER, A PARIS

Savon	au Corylopsis du Japon.	Lotion végétale	au Corylopsis du Japon
Extrait	au Corylopsis du Japon.	Brillantine	au Corylopsis du Japon
Eau de toilette	au Corylopsis du Japon.	Huile	au Corylopsis du Japon
Vinaigre	au Corylopsis du Japon.	Pommade	au Corylopsis du Japon
Poudre de riz	au Corylopsis du Japon.	Cosmétique	au Corylopsis du Japon
Crème (pour le teint)	au Corylopsis du Japon.	Sachet	au Corylopsis du Japon

Véritable SAVON au SUC de LAITUE
LE MEILLEUR DES SAVONS DE TOILETTE

ESSENCES pour le Mouchoir

Essence Mystérieuse.
— Lilas blanc.
Quintessence d'Iris blanc.
Parfum Héliotrope blanc.
Essence Cyclamen.

Bouquet Fin de Siècle.
Mascotte (parfum porte-bonheur).
Baume d'Amyris.
Sublime Parfum.
Parfum des Pharaons.

GRAND PRIX EXPOSITION DE PARIS 1889

HOTEL JEAN-BART — Maison de Famille

Paris, rue Jean-Bart, 9, *près la rue de Vaugirard,*

ET A PROXIMITÉ DU JARDIN DU LUXEMBOURG ET DU PALAIS DU SÉNAT

GRANDS ET PETITS APPARTEMENTS MEUBLÉS, *Chambres confortables avec* pension. — TABLE D'HOTE. — Repas à la carte. — **Prix modérés.** — Maison recommandée aux familles et aux dames seules. — Conditions spéciales pour longs séjours. — *La maison ne laisse rien à désirer au point de vue de l'hygiène.*

Situation exceptionnellement tranquille

EXTRAIT DE MALT FRANÇAIS DÉJARDIN
(Bière de Santé Diastasée)

SEUL ADMIS DANS LES HOPITAUX DE PARIS

ANTI-DYSPEPTIQUE, DIGESTIF par excellence, le meilleur des **TONIQUES**

EXTRAIT d'un rapport judiciaire par deux de nos plus éminents chimistes :
« Au point de vue thérapeutique, l'efficacité de l'*Extrait de Malt Français Déjardin* nous paraît incontestable et confirmée par de nombreux cas dans lesquels cette préparation a été ordonnée avec succès. »

109, BOULEVARD HAUSSMANN, 109, PARIS, et toutes Pharmacies.

ORFÈVRERIE CHRISTOFLE

MANUFACTURE A PARIS, RUE DE BONDY, 56 (Succursale à Carlsruhe). — Représentants dans les principales villes de France et de l'étranger.

EXPOSITION UNIVERSELLE DE 1889

| MARQUE DE FABRIQUE | DEUX GRANDS PRIX
Classe 24, ORFÈVRERIE.
Classe 62, ELECTROCHIMIE | MÉDAILLE D'OR
Classe 41, NICKEL ET MÉTAL BLANC | MARQUE DE FABRIQUE |

COUVERTS CHRISTOFLE
ARGENTÉS SUR MÉTAL BLANC

La seule garantie pour le consommateur est de n'acheter que les produits portant la marque de fabrique ci-dessus et le nom de **CHRISTOFLE** en toutes lettres. — CHRISTOFLE et Cie.

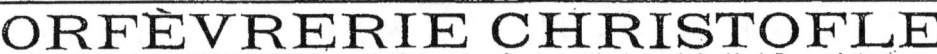

PORCELAINE
Haviland & C°
LIMOGES

Dépôt à **PARIS**, 60, faubourg Poissonnière

SPÉCIALITÉ DE SERVICES DE TABLE
Demander chez tous les Principaux marchands de la France et de l'Étranger

GRAND PRIX — Exposition 1889

PARFUMERIE-ORIZA
de L. LEGRAND
11, Place de la Madeleine, PARIS
(Ci-devant 207, rue Saint-Honoré).

CRÈME ORIZA de Ninon
POUDRE ORIZA de Ninon
ORIZA LACTÉ, pour le visage

BOUQUET LYMPIA
Essence pour le Mouchoir

PARFUMS SOLIDIFIÉS
12 Odeurs exquises

PARFUMERIE SPÉCIALE
AUX VIOLETTES DU CZAR

ENVOI FRANCO DU CATALOGUE

CHEZ TOUS LES PARFUMEURS ET COIFFEURS

Expositions universelles Paris 1878 et 1889
MÉDAILLES D'OR

L. BEAUME
Avenue de la Reine, 66, à BOULOGNE (près Paris)
MAISON FONDÉE EN 1860

Moulin à vent l'ÉCLIPSE, pour élévation d'eau, le plus apprécié pour sa désorientation automatique, le mettant à l'abri des vents impétueux.

POMPES A BRAS
Fonctionnement garanti jusqu'à 50 mètres de profondeur.

POMPES A MANÈGE
POMPES ET APPAREILS D'ARROSAGE
POMPES A VINS
POMPES ET TONNEAUX A PURIN
POMPES D'ÉPUISEMENT

BÉLIERS HYDRAULIQUES
A FONCTIONNEMENT AUTOMATIQUE

A LA MAGICIENNE
MEUNIER JEUNE
TAILLEUR POUR DAMES
PARIS, 129, RUE MONTMARTRE, PARIS

Spécialité de Confections pour Dames et Enfants
20,000 modèles à choisir

COMMANDES SUR MESURE EN 24 HEURES

Grand Diplôme d'honneur Exposit. univers.

ACCUMULATEURS D'ÉLECTRICITÉ à charge et décharge rapides.
Genre PLANTÉ, Système **POLLAK**, Breveté S. G. D. G.
Médaille d'argent à l'Exposition universelle de 1889.
Médaille de vermeil, Exposition internationale Paris 1890.

Constant ROUSSEAU, 113, boul. Sébastopol, PARIS

Usine à vapeur : 173, route de Flandre, à Aubervilliers

Accumulateur simple — Lampe de mineur et de sûreté — Accumulateur multiple

NOTA. — Nous fabriquons également une **Pile primaire** brevetée, par M. POLLAK, pour l'éclairage domestique, avec accumulateurs ; cette Pile peut charger les Accumulateurs multiples et les Lampes de mineur.

A. LARIPPE, Constructeur
Breveté S. G. D. G. en France et à l'Étranger
26, Avenue de la Grande-Armée, PARIS.

Nouvelle tension de chaîne combinée avec changement de vitesse sans augmentation de prix *(breveté)*.
Frein de sûreté à vis avec cran d'arrêt *(modèle déposé)*.

BICYCLETTES, TRICYCLES et MACHINES D'ENFANTS

Vente, Location, Échange et Réparation. — Machines d'occasion (Accessoires).
Envoi franco du Catalogue contre 15 cent. — VENTE PAR LOCATION.
Toutes nos machines sont garanties de tout vice de construction.

ORGUES D'ALEXANDRE
PÈRE ET FILS
106, RUE DE RICHELIEU, PARIS

| Médaille d'honneur | 1ʳᵉ Médaille d'or |
| 1855 | 1889 |

Orgues depuis 100 fr. jusqu'à 8,000 fr.

NOUVEAUX MODÈLES

d'Orgues à « **MAINS DOUBLÉES** »

Et d'Orgues mixtes à tuyaux et anches libres

PIANOS, vente et location.

3 ANS DE CRÉDIT

Envoi franco du Catalogue illustré sur demande.

Maison fondée à Paris, 7, rue Charlot, en 1842

FABRIQUE
DE
PLUMES MÉTALLIQUES
PLUMES D'ACIER EXTRA SUPÉRIEURES DE
J.-B. MALLAT
INVENTEUR-FABRICANT
(E. J. Revelière, successeur)

30, boulevard de Strasbourg, PARIS

PLUMES CLASSIQUES

Nᵒˢ 5, 6, 7, 17, 18 et 21, de 1 fr. 45 à 1 fr. 80 la boîte.

PLUMES EN MAILLECHORT A POINTES PLANÉES

Plumes nouvelles extra-souples, nᵒˢ 1 et 2.

PLUMES OBLIQUES EXTRA-RAPIDES

Adoptées par les administrations de France et de l'Étranger.

Porte-plumes. — Crayons divers.

Grattoirs, Canifs, Gommes à effacer — Papeterie de luxe.

Maroquinerie anglaise.

Objets fantaisie. — Fournitures générales de bureau.

MAISON TOY
6, rue Halévy, 6
PLACE DE L'OPÉRA, PARIS

DÉPOT SPÉCIAL DE MINTON

SERVICES DE TABLE

Porcelaines, Cristaux et Faïences

MAISON MONTI
THE TERMINUS AND SPORTMAN'S
TAILORS

 Pour HOMMES, DAMES et ENFANTS

63, Boulevard Haussmann, PARIS

SCULPTURES RELIGIEUSES
Médailles aux Expositions

STATUES RELIGIEUSES — MOBILIER D'ÉGLISE

Statues anciennes et Reproductions

Plâtre, carton romain, carton-pierre, terre cuite, bois, fonte de fer, zinc, bronze, marbre, pierre.

Envoi de Photographies. Renseignements sur demande.

COMMISSION — EXPORTATION

Maison fondée en 1852 — **PARIS 36 et 38, rue Bonaparte**

ATELIERS FROC-ROBERT

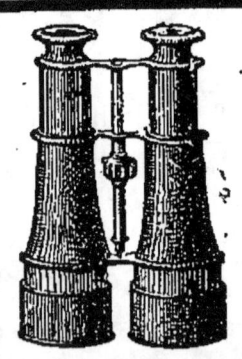

RENSEIGNEMENTS GRATUITS
Pour la Vue
D' GEOFFROY
OCULISTE-OPTICIEN BREVETÉ

44, Chaussée d'Antin, 44
PARIS

Le plus grand et le plus beau choix de
JUMELLES depuis 5 fr. 75 avec étuis.
Nouvelle Jumelle tir rapide.

44, Chaussée d'Antin, 44 (*Ne pas confondre*)

La PATE DENTIFRICE de BOTOT

Se vend dans toutes les bonnes Maisons et au Dépôt de la Véritable

EAU DE BOTOT

Seul Dentifrice approuvé par l'Académie de Médecine de Paris.

17, Rue de la Paix. — *Exiger la Signature*

THE COVENTRY MACHINISTS' Cⁱᵉ, LIMITED
Usine à COVENTRY (Angleterre)

FONDÉE EN 1859

SWIFT & CLUB — **VÉLOCIPÈDES**

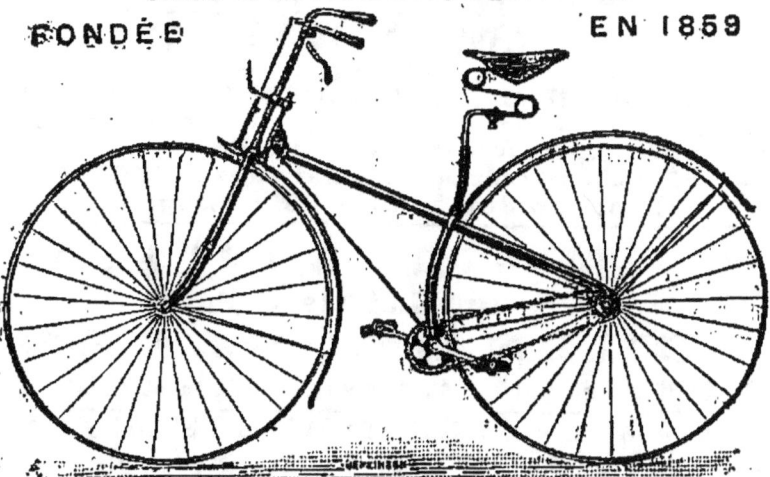

MAISON PRINCIPALE POUR LA FRANCE :
27, RUE DU QUATRE-SEPTEMBRE, PARIS.
W.-GEO WILLIAMS, Directeur.

NOUVELLE MANUFACTURE D'ENCRES

C. L. ROUPNEL
3 et 6
Passage Chausson
PARIS

MARQUE DE FABRIQUE

Encre du Congo

Communicative
et noire fixe inaltérable.
CIRES A CACHETER.
COLLES LIQUIDES, CARMINS, ETC.

PHARMACIE NORMALE

17 et 19, rue Drouot, et 15, rue de Provence, Paris

PHARMACIES DE FAMILLE ET DE VOYAGE

MÉDAILLES AUX EXPOSITIONS

Demander le catalogue illustré. Il est adressé gratuitement et franco aux personnes qui le demandent.

CIGARETTE FERROUILLAT. Régénératrice des voies respiratoires, inhaleur hygiénique et anti-épidémitique puissant au goudron de Norvège purifié. Prix de la cigarette avec étui et réserve : 5 fr.

DENTIPHILINE 2 fr.

EAU DENTIPHILIQUE 2 fr., 3 fr. 50, 10 fr. Conserve les dents, leur donne une blancheur éclatante sans nuire à l'émail, fortifie les gencives, parfume agréablement la bouche, la rafraîchit et combat avec le plus grand succès : *Mauvaise haleine, Gonflement des gencives, Aphtes, Rougeurs, Inflammation* et toute *Affection buccale*.

Dépôt : **PHARMACIE DU CHATELET**, rue de Rivoli 35, PARIS.

SAMOS NATUREL
(Dit de Malvoisie)

de la **PROPRIÉTÉ DES MISSIONNAIRES FRANÇAIS** de l'ILE. — Vin blanc muscat de liqueur, parfait pour dessert et fortifiant pour malades : 2 fr. le litre ou bouteille.

ENTREPOT GÉNÉRAL : aux Missions Africaines à **CLERMONT-FERRAND**.

Dépôt unique à Paris, 33, passage Choiseul.

Mme B. MAILLEY
Rue Laffitte, 3, Paris

CHINE ET JAPON

Objets d'Art et Curiosités anciens. — Jade et Cristaux de roche.

GRAVURES ET IMPRESSIONS EN TOUS GENRES

ALLAIN, 12, Quai du Louvre, — PARIS

Fournisseur de plusieurs administrations publiques, Banques, Sociétés de crédit, etc.

Cachets, matrices, timbres, poinçons, boutons de livrées, cartes de visite, pierres fines, clichés et gravures sur bois pour annonces de journaux, prospectus, etc.

Jouer les AIRS NATIONAUX & POPULAIRES
DE TOUS PAYS

Avec l'**ORGANINA THIBOUVILLE**

DERNIERE NOUVEAUTÉ. — Orchestrions ou orgues Orchestres pneumatiques.

Demander le Catalogue Illustré envoyé franco de

THIBOUVILLE-LAMY, 68, 70, rue Réaumur, Paris

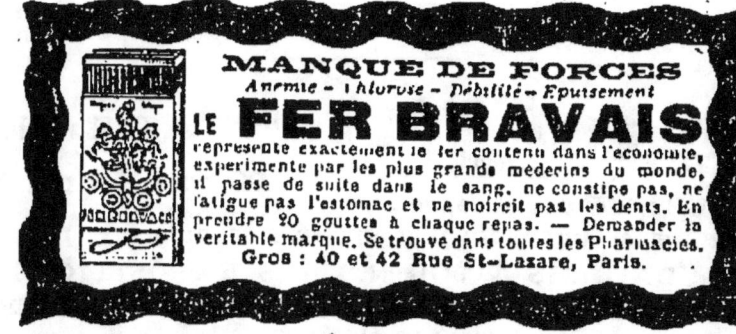

MANQUE DE FORCES
Anémie - Chlorose - Débilité - Épuisement
LE FER BRAVAIS
représente exactement le fer contenu dans l'économie, expérimenté par les plus grands médecins du monde, il passe de suite dans le sang, ne constipe pas, ne fatigue pas l'estomac et ne noircit pas les dents. En prendre 20 gouttes à chaque repas. — Demander la véritable marque. Se trouve dans toutes les Pharmacies.
Gros : 40 et 42 Rue St-Lazare, Paris.

Siège de la Compagnie :
67, rue de Richelieu, 67

NOUVELLE LUMIÈRE
A INCANDESCENCE PAR LE GAZ
Syst. AUER, *brevetés.* G. D. G.

50 % d'économie de gaz

Point de fumée ni de chaleur, par conséquent plus de plafonds noircis ni de tentures détériorées.

POUVOIR ÉCLAIRANT DOUBLE

PLUS HAUTES RÉCOMPENSES
A TOUTES LES EXPOSITIONS

Adresser toutes demandes de renseignements et commandes à
M. E. de FÉROL, Directeur de la Cie,
67, RUE DE RICHELIEU, 67
PARIS

D. FÈVRE
APPAREILS ET POUDRES
POUR
EAU DE SELTZ
MAISON FONDÉE EN 1835
398, RUE SAINT-HONORÉ
Transférée 9, rue Castex (Près la Bastille)
— PARIS —
Livraison à domicile dans Paris. — Expéditions en Province

Bicycles, Bicyclettes, Tricycles et Tandems perfectionnés

CLÉMENT & CIE
Constructeurs B^{tés} S. G. D. G.

USINE ET BUREAUX
20, rue Brunel, Paris

A. CLÉMENT, Successeur

La plus importante et la plus ancienne manufacture française.

MÉDAILLES A TOUTES LES EXPOSITIONS
EXPOSITION INTERNATIONALE PARIS 1886
DIPLOME D'HONNEUR

EXPOSITION UNIVERSELLE INTERNATIONALE PARIS 1889
HORS CONCOURS, MEMBRE DU JURY

BICYCLETTE « CLÉMENT »

TRICYCLE « CLÉMENT » N° 4

MODÈLES FOURNIS AU MINISTÈRE DE LA GUERRE

Pau à Calais, 1,100 kilomètres parcourus sur un tricycle CLÉMENT en 5 jours 10 heures.

Paris à Vienne (Autriche), 4,300 kilomètres parcourus en 7 jours 4 heures 50 minutes, sur notre tricycle CLÉMENT n° 4.

Succursale à **ALGER**, rue de Constantine, 14.

MACHINES TOUJOURS PRÊTES A LIVRER

Prospectus et Catalogue abrégé, franco, Catalogue général illustré, édition de luxe, 0 fr. 45 en timbres-poste.

Type **A — 3**

Le Vinaigre Supérieur de Toilette

Se vend dans toutes les bonnes Maisons
et au Dépôt de la **Véritable**

EAU DE BOTOT

Seul Dentifrice approuvé par l'Académie de
Médecine de Paris.

17, Rue de la Paix. *Exiger la Signature*

FLEURS NATURELES
E. LION
Boulevard de la Madeleine, 19, Paris

SALONS D'EXPOSITION DE BOUQUETS
DE MARIAGE ET DEMOISELLES D'HONNEUR

Présents pour Fiançailles. — Abonnement au mois et à l'année de Fleurs coupées et Plantes pour Décoration intérieure d'appartements. — *Corbeilles de Diners*. — Location pour Bals et Soirées. — Couronnes de style et de genre. Spécialité pour Sociétés. — Expédition en tous pays. — Téléphone.
Prix modérés.

ARGENT

10 MILLIONS disponibles, à **PRÊTER** par fractions sur hypothèques et autres garanties. Rien à payer avant solution.

MOUTONIÉ, rue de la TOUR-D'AUVERGNE, 41, Paris. Lundi, Jeudi, avant midi.

DIABETIQUES

SUCREZ sans inconvénient Boissons et Aliments avec la **SACCHARINE BIARD**.
Boîte : 3 fr. franco. — BIARD, Ph⁰⁰, Rue Réaumur, 15, PARIS.

La Saccharine Biard a toute la saveur du sucre, sans en avoir aucun des inconvénients au point de vue de l'hygiène des **diabétiques**.

SAINTE-BARBE
Place du Panthéon

1° École préparatoire à toutes les Écoles de l'État ;

2° Maison classique depuis la classe de cinquième jusques et y compris les deux baccalauréats ;

3° École spéciale au commerce, à l'industrie et à l'agriculture ;

4° Petit Collège à Fontenay-aux-Roses.

ÉCOLE CENTRALE
ÉCOLE PRÉPARATOIRE DUVIGNAU DE LANNEAU

AIMÉ BON, directeur, 157, rue de Rennes, Paris

Préparation à l'École centrale des Arts & Manufactures

1° Cours spécial pour la 1re session (juillet), commençant le 2e lundi d'octobre;
2° Cours spécial pour la 2e session (octobre) commençant le 1er avril ;
3° Cours de revision en vue de la session d'octobre commençant le 1er lundi d'août.

BACCALAURÉAT ÈS SCIENCES

1° Cours annuel pour la session de juillet :
2° Cours particulier pour la session d'avril :
3° Cours particulier pour la session de novembre : } Cours de mathématiques préparatoires.

Pension, demi-pension et externat.

INSTITUTION ROGER-MOMENHEIM
PARIS — 2, RUE LHOMOND (Panthéon) — PARIS

BACCALAUREATS

Depuis le 1er octobre 1884, 485 élèves reçus dont 95 mentions.
Envoi *franco* du prospectus et des noms et adresses des élèves reçus.

COURS SPÉCIAUX POUR CHAQUE SESSION

Classes élémentaires pour les élèves en retard.

Préparation aux ÉCOLES VÉTÉRINAIRES, d'AGRICULTURE et à l'ÉCOLE DE SAINT-CYR, aux Écoles de médecine et de pharmacie militaires.

Mme ROBIN

Paris — 7, rue du Colisée, 7 — Paris

Pension de famille de premier ordre spécialement recommandée aux familles Françaises et Étrangères, par sa belle situation (aux Champs-Élysées), son grand confort, sa bonne table et son service très soigné.

DE 7 A 12 FRANCS PAR JOUR
First class family House
Highly recommended by English and Americans.

PENSION DE FAMILLE FRANÇAISE
Mme Vve LE CHAUFF & Cie
PARIS, 18, RUE CLÉMENT-MAROT, 18, PARIS

Maison spécialement recommandée par son confort et sa belle situation près des Champs-Élysées. — Appartements avec ou sans pension. — Chambre et pension depuis 50 fr. par semaine. — Un professeur de français est attaché à la maison

PENSION DE FAMILLE
Paris, 7, RUE CLÉMENT-MAROT, 7, Paris
Quartier Marbeuf

La plus élégante maison de famille de tout Paris, spécialement recommandée par sa belle situation, près des Champs-Élysées, son confort et sa table très soignée. — Salon de conversation. — Salles de bains. — Ascenseur.

FIRST CLASS FAMILY HOUSE
Prix : Pension, 7 à 12 francs par jour.

Mme ET Mlle BUSSON
Diplôme supérieur Académie de Paris.
27, Rue Marbeuf (CHAMPS-ÉLYSÉES)

Élégante maison, tout particulièrement recommandée aux familles par sa situation, son confort et sa bonne table. — Conversation française. — Chambres et pension. — Prix modérés. — First class family House.

SAINT-CLOUD A 20 MINUTES DE PARIS
PENSION DE FAMILLE

A 3 minutes de la gare conduisant au centre de Paris, 5 minutes de la gare allant à la Chambre des députés. — Bateau et Tramway.

Maison très confortable. Beau Parc
TRÈS BONNE TABLE
depuis 10 fr. par jour
42, ROUTE NATIONALE
Mme PERCEVAL, PROPRIÉTAIRE

HOTEL DE FAMILLE
86, Rue Lafayette, 86

Maison de 1er ordre. — Appartements et chambres très confortables pour familles. — Nourriture très soignée. — Linge et service compris, 7, 8, 10 et 12 fr. par jour. — Salon de réception. — Chambres et salons depuis 4 fr. — Maison spécialement recommandée par les GUIDES JOANNE.

Veuve G. SCHOLLE, propriétaire.

PENSION DE FAMILLE
Paris, 3, RUE BERRYER, 3, Paris
Avenue Friedland. — Faubourg Saint-Honoré.

Maison spécialement recommandée par sa situation dans un des plus beaux quartiers de Paris (près les Champs-Élysées), par son confort et sa bonne table. — FIRST CLASS FAMILY HOUSE.

PENSION DE FAMILLE
13, rue du Cherche-Midi

Maison très confortable, près du Luxembourg et du Bon-Marché. On ne reçoit comme pensionnaires que des dames seules ou des familles.
Pension à partir de 7 fr. par jour.

Mme MALLET
CHAMBRES ET APPARTEMENTS MEUBLÉS. MAISON DE FAMILLE
Rue Tronchet, 28, et rue Vignon, 44, Paris
Entre la gare Saint-Lazare et la Madeleine.

HOTEL DES CROISÉS D'ORIENT
Rue Saint-Lazare, 63
Près de l'église de la Trinité et à proximité de l'Opéra
PARIS
Se recommande aux Familles par un Confortable exceptionnel

Restaurant à la Carte. Chambres de 3 à 10 fr.
E. JORRE, propriétaire.

PENSION DE DAMES SEULES

UNIQUE A PARIS
Rue du Cherche-Midi, 92
(faubourg Saint-Germain)

Les dames seules ou avec jeunes enfants; les jeunes filles qui viennent terminer leurs études, sont admises sur références ou recommandations, dans cette maison très confortable qui offre les plus sérieuses garanties de respectabilité.

HOTEL du PRINCE DE GALLES

24 et 26, rue d'Anjou,
et rue de Ville-l'Évêque, PARIS
Près le boulevard Malesherbes,
la Madeleine et les Champs-Élysées.

APPARTEMENTS — CHAMBRES

Maison spécialement recommandée aux familles françaises et étrangères pour son confort et sa bonne tenue. — Table d'hôte. — Service à volonté. — English spoken. — Man spricht deutsch. — J. FLENNER, PROPRIÉTAIRE.

GRAND HOTEL DE NICE
Place de la Bourse, à Paris

GRANDS ET PETITS APPARTEMENTS CONFORTABLES

Chambres depuis 3 fr. — Service 50 cent.

RESTAURANT A LA CARTE ET A PRIX FIXES

Déjeuner (vin compris). 3 fr. 50 } English spoken
Dîner . . id. . 4 fr. 50 }

GRAND HOTEL DES ETRANGERS
2, Rue Racine et B^{ard} St-Michel. — PARIS

APPARTEMENTS & CHAMBRES CONFORTABLES

Table d'hôte. — Service à la carte dans les Appartements.
La Maison prend des Pensionnaires.

ENGLISH SPOKEN — MAN SPRICHT DEUTSCH
J. DAVID, Propriétaire.

HOTEL MODERNE

Place de la République, PARIS
(ANCIENS MAGASINS RÉUNIS)

300 CHAMBRES DEPUIS 3 FRANCS
ÉCLAIRAGE ÉLECTRIQUE ET SERVICE COMPRIS

CHAMBRES UN LIT (UNE PERSONNE)				CHAMBRES UN GRAND LIT (DEUX PERSONNES)			CHAMBRES DEUX LITS (2 PERSONNES)		
SUR LA PLACE		sur la RUE	sur la COUR	SUR LA PLACE		Sur la RUE	SUR LA PLACE		sur la RUE
1er Étag.	7 fr.	5 fr.	4 fr.	1er Étage	10 fr.	6 fr.	1er Étage	12 fr	8 fr.
2e —	6 »	3 »	3 »	2e —	8 »	6 »	2e —	10 »	8 »
3e —	5 »		3 »	3e —	6 »	» »	3e —	8 »	
4e —	4 »		3 »						

Table d'hôte. — Restaurant à la carte.

Salons de lecture. — Vastes galeries, promenoirs. — Téléphones. — Bureaux de poste et de télégraphe. — Ascenseurs. — Éclairage électrique des appartements, Salons, Salles à manger, Couloirs, etc., etc.

Directeur : Gustave LOEPER

PARIS

HOTEL CONTINENTAL

Rue Castiglione et rue de Rivoli

En façade sur le jardin des Tuileries

Le plus vaste, le plus élégant et le plus confortable des hôtels du Continent.

600 CHAMBRES ET SALONS DEPUIS 4 FRANCS

Déjeuners à 5 francs	Table d'hôte à 7 francs
VIN COMPRIS	VIN COMPRIS

RESTAURANT A LA CARTE

Salon de lecture — Jardin d'hiver — Café — Divan

BAIN & HYDROTHÉRAPIE — POSTE & TÉLÉGRAPHE

CAVES DE L'HOTEL CONTINENTAL

Entrée des Magasins : rue Castiglione, 3

L'Administration de l'hôtel met ses immenses approvisionnements à la disposition de sa nombreuse clientèle.

VINS ET SPIRITUEUX EN BOUTEILLES & EN FUTS

Livraison immédiate dans Paris et les environs

Service spécial pour les envois en province et à l'étranger.

Prix courant adressé franco sur demande.

PARIS

HOTEL CONTINENTAL. — 500 Chambres et Salons de 5 à 35 francs.

HOTEL MIRABEAU

8, rue de la Paix, 8
PARIS

Restaurant et Hôtel de famille recommandés

ENTRÉE SOUS LA FAÇADE DE LA RUE DE LA PAIX
Vue de la Cour d'honneur.

GRAND RESTAURANT
DU

DÉJEUNERS   DINERS

A   PRIX

LA CARTE   MODÉRÉS

A LA MODE

Ancienne Maison Loisel, fondée en 1792

JAMMET, successeur, ancien chef des maisons de premier ordre de Paris.
— Spécialement recommandé pour sa bonne cuisine et son service très soigné.
— Seule maison servant demi-portion pour personne seule.

8, rue de Valois, Palais-Royal, Paris.

GRAND VÉFOUR

CAFÉ DE CHARTRES

RESTAURANT de premier ordre

Attenant au théâtre du Palais-Royal par le péristyle de Joinville

HERBOMEZ, Propriétaire

79 A 82, PALAIS-ROYAL

Entrée des Voitures : 17, Rue de Beaujolais

PARIS

Restaurant BONVALET et Café Tur
G. HERBOMEZ, Succr
BOULEVARD DU TEMPLE, 29 & 31

DÉJEUNERS ET DINERS A LA CARTE
A PRIX FIXE : Déjeuners, 2 fr. 50. — Dîners, 3

NOCES ET REPAS DE CORPS
Jardins, Salons et Cabinets.

RESTAURANT
DU DINER DE PARI

11, passage Jouffroy
12, boulevard Montmartre

Déjeuner, 3 francs, de 10 heures à 1 h. 1/2
Dîner, 3 fr. 50, de 5 heures à 8 h. 1/2
English spoken — Man spricht deutsch

III. — FRANCE, classée par ordre alphabétique de localités.

AIX-LES-BAINS

GRAND HOTEL DE L'EUROPE

OUVERT TOUTE L'ANNÉE
BERNASCON

Maison de premier ordre, admirablement située, **près de l'Établissement Thermal et des Casinos.** — 250 Chambres et 25 Salons, Chalets pour familles. — Vue splendide du Lac et des Montagnes. — Beau Jardin et Parc d'agrément. Ascenseur. — Vaste salle à manger. — Excellente Cuisine. — En un mot, cet hôtel ne laisse rien à désirer pour la satisfaction des familles. — Equipages, écuries et remises. — **Omnibus à tous les trains.**
Cette maison fut choisie en 1883 pour le séjour de S. A. R. la **princesse Béatrix**, qui y revint faire une saison, en 1885 et en 1887, avec S. M. la reine d'Angleterre.

GRAND HOTEL D'AIX

EX-HOTEL IMPÉRIAL
ASCENSEUR

Établissement de premier ordre, admirablement situé *près [des Bains, des Casinos et du Jardin public.*— 150 Chambres et Salons. — *Omnibus et voitures.*

E. GUIBERT, propriétaire.

HOTEL-PENSION DAMESIN

ET CONTINENTAL

Cet hôtel est dans une *excellente situation*, à proximité de l'*Établissement Thermal* et de la gare, en face du Jardin public. — Vue splendide. — Grand Jardin, Salon, Billard et Fumoir. — *Omnibus de l'hôtel à tous les trains.* — Ouvert toute l'année. — Pension depuis 8 francs par jour. — **A. DAMESIN**, propriétaire.

HOTEL DE LA POSTE

HELME-GUILLAND, propriétaire.

Cet hôtel, d'ancienne réputation, est recommandé pour son confortable et sa situation près de l'Établissement Thermal et les Casinos.

AIX-LES-BAINS (Suite)
HOTEL LAPLACE
Rue du Casino, en face de l'Établissement Thermal

Table d'hôte. — Restaurant. — Chambres et salons. — Service bien confortable. — Jardin et terrasse. — Omnibus à la gare.

GRAND HOTEL DES BERGUES
Avenue de la Gare
OUVERT TOUTE L'ANNÉE

Hôtel de premier ordre, le plus près et le mieux placé entre l'**Établissement** et les deux **Casinos**.

80 Chambres, 8 Salons. — Grand salon de musique et fumoir. **Ascenseur**. — Omnibus à la gare. — Voitures de remise. — DARPHIN, propriétaire.

GRAND HOTEL DE L'ARC-ROMAIN

Hôtel de famille exceptionnellement situé sur la Place des Bains, en face de l'Établissement Thermal, touchant au jardin public et à proximité des Casinos. — Salon de conversation, piano, jardin. — On parle anglais et italien. — Prix modérés. — Omnibus à tous les trains. — Table d'hôte et service particulier.

GUICHET Frères, propriétaires.

ANNECY
GRAND HOTEL D'ANGLETERRE

MAISON DE PREMIER ORDRE. — POSTE ET TÉLÉGRAPHE A L'HOTEL

Succursales : Chalet-Restaurant à l'entrée des gorges du Fier et restaurant à bord du bateau express : *le Mont Blanc*.

GORGES DU FIER

ALLEVARD-LES-BAINS
(ISÈRE)
ALPES DAUPHINOISES

Ligne de Grenoble à Chambéry. Gare de Goncelin (Omnibus de l'hôtel)

GRAND HOTEL DU LOUVRE

La plus belle situation, au centre d'un immense parc attenant à celui de l'Etablissement. — Le plus vaste et le plus confortable.

SPÉCIALITÉ POUR FAMILLES

SALVAIN PAUL, Directeur

ARCACHON

SAISON D'ÉTÉ — STATION D'HIVER

GRAND HOTEL

HILAIRE LUBCKÉ, Directeur-Concessionnaire

Chambres depuis 3 fr. — Table d'hôte et Restaurant à la carte. — Bains de mer. — *Hydrothérapie complète.* — Pension d'hiver depuis 9 fr. par jour.

AGENCE FRANCO-ANGLAISE

E. PEYROT-LANAUZE, Avenue Gambetta, 25

LOCATION DES VILLAS ET DES CHALETS

Vente et gérance d'immeubles. — Renseignements gratuits.

LOCATION des Villas de la Forêt et de la Plage

RENSEIGNEMENTS GRATUITS

A. BRANNENS, gérant du Domaine du Crédit Foncier de France.
Agence générale la plus ancienne d'Arcachon.
Boulevard de la Plage, 280 et 282, vis-à-vis le Grand-Hôtel
Vins et Spiritueux. — Caves de l'Hôtel de Paris à Monte-Carlo et de ses dépendances.

ARCACHON — HUITRES

WILLIAM CÉLERIER

Concessionnaire et propriétaire des vastes parcs à huîtres du Sès, des Hosses, du Pelardey, de Gahyguon. — Expéditions gros et détail. — Maison recommandée par les Guides Joanne.

ARCACHON — VILLE D'HIVER

VILLA RIQUET

En face le parc Pereire. — La plus belle situation de la forêt. — Maison de Famille. — La plus ancienne d'Arcachon. — Très confortable. — Excellente cuisine. — Soins attentifs. — Maison recommandée par les Guides Joanne.

LAVERGNE, Directeur.

ARRAS

HOTEL DE L'UNIVERS

Au centre de la ville.—**MINELLE**, propriétaire.—De 1er ordre, recommandé aux familles et aux voyageurs. — Grands et petits appartements. — Salons particuliers. — Omnibus à la gare. — Chevaux et voitures. — Vaste jardin.

AULUS (Ariège). ÉTABLISSEMENT THERMAL. —
J. CHABAUD, CAMPREDON et Cie, propriétaires. — Saison thermale du 1er juin au 1er octobre. Les eaux d'Aulus sont des plus dépuratives pour les maladies du sang, de la peau, eczéma, des reins, de la vessie, arthritisme, rhumatisme, goutte, gravelle, de l'estomac, des intestins, du foie, affections hémorroïdaires. — De grandes améliorations ont été apportées à l'établissement thermal, notamment l'installation de l'hydrothérapie. — Eau de table pour Anémie, Chlorose, Appauvrissement du sang.
On se rend à Aulus par Toulouse, Boussens et St-Girons.

BLOIS

GRAND HOTEL DE FRANCE
Place Victor-Hugo et rue Chemontoy
Dirigée par M. et Mme PETIT-PECNARD
OUVERTURE AVRIL 1891

Établissement de premier rang, tout le confort moderne, grandes chambres de familles richement meublées, cabinets de toilette, salon attenant aux chambres, grands et petits appartements, — **CALORIFÈRE**. — Vue superbe sur la place Victor-Hugo, ses jardins et sur la façade du château, à l'arrivée de la gare, au centre des affaires, *dans le plus beau quartier de la ville*.

Le propriétaire a l'honneur d'avertir sa nouvelle clientèle que sa table, tout en étant grandement servie et avec un menu des plus variés, se recommande par la modicité de ses prix ; la cuisine sera faite par le propriétaire de l'hôtel.

Table d'hôte, Restaurant à la carte et à prix fixe. — Service dans des salons particuliers. — SPÉCIALITÉ DE PATÉS D'ALOUETTES ; Pâtés de gibier truffés et non truffés. — Voitures appartenant à l'hôtel pour Blois, Chambord et les environs. — *Omnibus à tous les trains.* — Maison recommandée par les Guides Joanne. — **PETIT-PECNARD**, propriétaire.

GRAND HOTEL DE BLOIS
HENRY GIGNON, propriétaire.

Établissement de 1er ordre, au centre de la ville, près du Château. —Bains d'eau de Loire dans l'hôtel.—Appartements pour familles. — Vastes salons. — Table d'hôte. — *English spoken.* — Omnibus de l'hôtel à la gare. — Voitures pour Chambord, Chaumont, etc.

BAGNÈRES-DE-BIGORRE
Grande Station Thermale des Pyrénées
EAUX SALINES SULFATÉES, CALCIQUES ARSENICALES
SOURCE SULFUREUSE DE LABASSÈRE
La plus richement minéralisée des sulfureuses sodiques.
Stabilité complète.

Exportation des Eaux : 40 centimes la bouteille de 1/4 de litre, par caisse de 25 quarts en gare de Bagnères.

Lettres et Télégrammes : Directeur des Thermes, Bagnères-de-Bigorre.

BIARRITZ

HOTEL D'ANGLETERRE

Maison de premier rang. Plein midi — Vue splendide sur la mer. — Superbe jardin. — Spécialement recommandé par les guides pour sa situation exceptionnelle, son grand confortable et sa cuisine très recherchée. — Bains et Douches dans l'hôtel. — Soins très attentifs. — La cave de l'Hôtel d'Angleterre, et spécialement ses grands vins d'Espagne, jouissent d'une réputation absolument méritée. — EXPÉDITIONS et EXPORTATION.

M. CAMPAGNE, Propriétaire.

HOTEL DE BAYONNE ET DE L'OCÉAN
12 ET 14, RUE GAMBETTA

Excellente et très confortable maison. — Plein midi. — Grand Jardin. — Superbe vue de mer. — Cuisine et caves très recommandées. — Prix d'hiver. — Pension depuis 6 fr. par jour.

L. LACAPELLE, Propriétaire.

BORDEAUX

GRAND HOTEL de FRANCE et de NANTES
RÉUNIS

Seule maison de premier ordre, en plein Midi, en face le Grand-Théâtre, le Port, la Préfecture, la Bourse et la Douane.

90 *chambres depuis* 3 *francs*. — 11 francs par jour pour les voyageurs qui séjournent — Salons, Restaurant, Fumoir. — Bains — Splendide table d'hôte. Caves magnifiques sous l'hôtel contenant 80,000 bouteilles, pouvant se visiter à toute heure.

L. PETER, propriétaire et négociant en vins, cognacs et liqueurs authentiques et de confiance. Fournisseur de S. M. la reine d'Angleterre.

Expédition en barriques et en bouteilles pour tous pays.

BORDEAUX
RESTAURANT DU LOUVRE
21, COURS DE L'INTENDANCE

Déjeuner : 2 fr. 50, Médoc compris. — Dîner : 3 fr.
Éclairage à la lumière électrique.

BORDEAUX
BRASSERIE DU LION-ROUGE
Rue Guillaume-Brochon, 1 et 3, près de la Trésorerie

Bières brune et blonde. — Spécialité pour le café instantané, grand succès — Plats du jour à 60 c. — Éclairage à la lumière électrique.

BORDEAUX

VOUS SOUFFREZ DES DENTS ?
Employez comme moi
L'ÉLIXIR DENTIFRICE
Du Docteur ROUSSET
DE LA FACULTÉ DE NEW-YORK
Récompensé à l'Exposition Universelle PARIS 1889
3 grands Diplômes d'Honneur, Médailles Or et Argent.
Agents Généraux : **TAILHEFER & LABADIE**
43, rue Croix-de-Seguey, BORDEAUX
Se trouve dans toutes les bonnes Parfumeries

NOUVEAU TRAITEMENT

RHUMATISME, GOUTTE
ET
GRAVELLE
Guérison prompte et assurée
PAR
L'ÉLIXIR LAGANE
ne contenant ni colchique, ni salicylate de soude, agissant sans l'aide de frictions ou autre médication et absolument inoffensif.

Prix du Flacon. 7 fr. 50 (8 fr. 50 *franco*).
Le Litre . . . . 17 fr. (*franco*).

S'adresser pour commandes ou renseignements
PHARMACIE LAGANE
Quai Sainte-Croix, 18, BORDEAUX

BORDEAUX

HOTEL DU PÉRIGORD

Fondé en 1804
Rue Mautrec, 9 et 11, en face le Grand-Théâtre et l'église Notre-Dame
Hôtel de famille, 8 fr. par jour tout compris : déjeuner, dîner et chambre, ou à la carte. — Chambre, 2 fr. — Cave renommée. — Bains dans l'hôtel. — **COUDY**, propriétaire.

HOTEL & RESTAURANT NICOLET

Maison de Famille. — 10, 12 et 14, rue du Pont de la Mousque.
Jules CASAJUS et Félix LEFÈVRE, Successeurs
Excellente Maison, recommandée aux Touristes et aux Familles.
PRIX MODÉRÉS

BOURBONNE-LES-BAINS (HAUTE-MARNE)

GRAND HOTEL DES THERMES

SUR LA PLACE DES BAINS
En face et à moins de 10 mètres de l'Établissement thermal.
L'Établissement thermal n'a pas d'hôtel.

Premier ordre. — Salle à manger de 200 couverts. — 120 chambres et appartements. — Le plus confortable de la station. — Villas. — Cottages. — Parcs et jardins. — Gymnase. — Lawn-Tennis. — English spoken.
PRIX MODÉRÉS
Veuve BRACONNIER, propriétaire.

Médaille d'or à l'Exposition universelle de 1889
Trois Établissements Thermaux. — Hydrothérapie complète. — Saison du 25 mai au 1er octobre. — Deux Casinos. — Théâtre. — Grand Parc.
EXCURSIONS DANS LES MONTAGNES
Eau minérale naturelle chlorurée sodique arsenicale. — Anémie, maladies des voies respiratoires et de la peau. — Rhumatismes. — Diabète. — Fièvres intermittentes.
En vente chez tous les pharmaciens.

CHATEL-GUYON

DEUX ÉTABLISSEMENTS THERMAUX
Saison du 15 Mai au 15 Octobre
Parc — Casino — Concerts — Spectacles — Eau minérale naturelle, laxative, diurétique, tonique, stimulant du tube digestif.

L'EAU GUBLER CHATEL-GUYON
LA SEULE EXPORTÉE
Constipation, congestions cérébrales, engorgement du foie, de la rate, calculs biliaires, gravelle, obésité, maladies de l'utérus, etc.
Se trouve dans toutes les pharmacies et chez tous les marchands d'eaux minérales.
Administration, 5, rue Drouot, Paris. — *Expéditions directes* de l'Etablissement thermal par caisses de 30 ou 50 bouteilles. — Exiger ces mots : *Source Gubler*, sur l'étiquette et les capsules.

CANNES

CENTRAL-BRISTOL HOTEL

ÉTABLISSEMENT DE PREMIER RANG
Vaste Jardin avec plantations de Palmiers. Situation hygiénique parfaite. Hydrothérapie, Gymnase
LAWN TENNIS
Billard, Ascenseur, etc. — Cuisine très soignée et cave renommée.
C. GUILLON, propriétaire.

ROYAL-HOTEL

BOULEVARD DE LA CROISETTE
Vue splendide sur la mer et les îles de Lérins, Jardin, Ascenseur
A. DUPUY, propriétaire,
Ex-directeur du Grand Hôtel de Pau
L'été HOTEL DE LA PAIX, à Eaux-Bonnes (Basses-Pyrénées).

CHAMBÉRY

HOTEL DE FRANCE

ÉTABLISSEMENT DE PREMIER ORDRE
(A proximité de la Gare et des Promenades)
Chambres et Salons. — Appartements à service confortable.
Prix modérés. — Omnibus à tous les trains.
CHIRON, propriétaire. — **L. RAYNAUD**, Successeur.

EAUX MINÉRALES DE
CONTREXÉVILLE
SOURCE DU PAVILLON

Seule décrétée d'intérêt public. — Débit : 200,000 litres en 24 heures
(Trajet en 8 heures de Paris, et en 17 heures de Londres)
Établissement situé dans un Parc superbe, récemment agrandi

TRAITEMENT EXTERNE
BAINS, DOUCHES CHAUDES ET FROIDES A GRANDE PRESSION,
DOUCHES DE VAPEUR TÉRÉBENTHINÉES,
MASSAGE POUR HOMMES ET DAMES

PRINCIPALES MALADIES TRAITÉES A CONTREXÉVILLE

1° Toutes les gravelles urinaires : urique, oxalique, phosphatique, coliques néphrétiques, pyélite et pyélo-néphrite calculeuse ;
2° Atonie et catarrhe de vessie, prostatite subaiguë et chronique ;
3° Uréthrite chronique, rétrécissements dilatables ;
4° Dyspepsies, gravelle biliaire, coliques hépatiques, constipation ;
5° Goutte articulaire et viscérale, diabète goutteux ;
6° Maladies du foie.

SAISON DU 20 MAI AU 20 SEPTEMBRE
MUSIQUE DANS LE PARC MATIN ET SOIR

CASINO AVEC SALLE DE SPECTACLE
Salons de jeux et de conversation, Théâtre, Concerts, Bals
Représentation, Bal ou Concert tous les soirs.

JEUX DIVERS DANS LE PARC

*Télégraphie, Bureau de poste, grand Hôtel de l'Établissement
dans le parc et nombreux Hôtels et Maisons meublées.*

ADRESSER LES DEMANDES D'EAU
Soit au Directeur de l'Établissement, à Contrexéville ;
Soit au Siège de l'Administration, rue de la Chauss.-d'Antin, 6, Paris ;
Soit au Dépôt central, boulevard des Italiens, 31, à Paris.

EXPÉDITIONS DANS LE MONDE ENTIER

DIJON

GRAND HOTEL DE LA CLOCHE

OUVERT EN 1884

Place d'Arcy, DIJON, rue Devosge

Edmond GOISSET, propriétaire.

Exposition Univ. Paris **1889** Médaille d'OR

MOUTARDE GREY-POUPON

DIJON

ÉPERNAY (MARNE)

CHAMPAGNE

E. MERCIER & CIE

AU CHATEAU DE PÉKIN
PRÈS ÉPERNAY

Immenses Caves très curieuses à visiter les plus grandes de la Champagne

(15 KILOMÈTRES DE LONGUEUR

Production annuelle moyenne : 2 millions de bouteilles

DEMANDER LA MARQUE

E. MERCIER & Cie

(32 Premières Médailles. — 12 Diplômes d'honneur)
MEMBRES DU JURY DANS DIFFÉRENTES EXPOSITIONS ET A L'EXPOSITION UNIVERSELLE DE PARIS 1889

Par suite d'un traité passé avec MM. HACHETTE et Ce tout porteur du Guide des Vosges, passant Epernay, aura le droit de visiter les Caves de la Maiso MERCIER ET Ce.

UNE DES CURIOSITÉS DE LA VILLE

Vue intérieure des immenses Caves de la Maison E. MERCIER, à Épernay, visibles pour MM. les Voyageurs porteurs des GUIDES JOANNE.

ÉPERNAY
VINS DE CHAMPAGNE
GUSTAVE CALLAY
Maison de confiance. — Expéditions franco d'emballage.

GRENOBLE
GRAND-HOTEL
J. PRIMAT, propriétaire

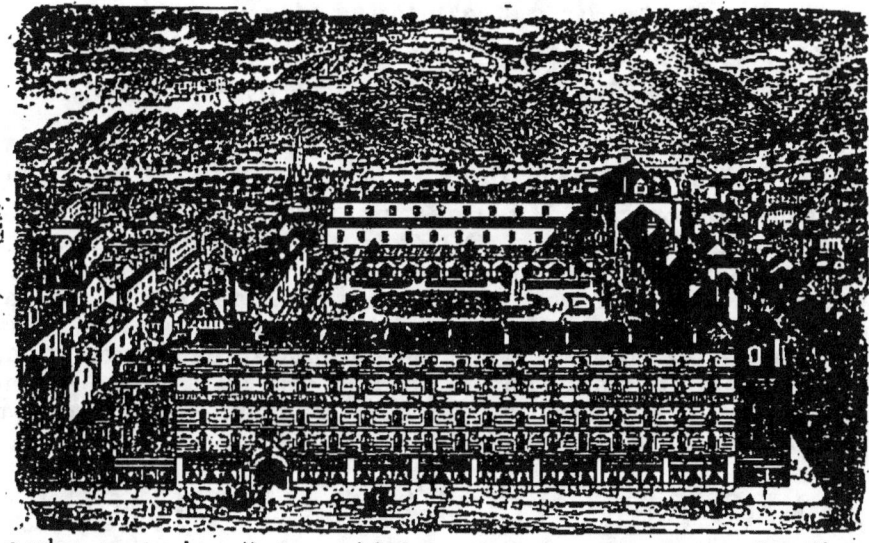

Le plus central. — Prix modérés. — Arrangements pour familles.

HYÈRES
HOTEL DES AMBASSADEURS
Etablissement de 1ᵉʳ ordre, situé en plein midi. — Recommandé à la clientèle des *Guides Joanne* pour son grand confortable. — Jardin. — Fumoir. — Billard. — FÉLIX SUZANNE, proprʳᵉ.

LE HAVRE

LE VIN NOURRY DÉPURATIF et FORTIFIANT, *réalise le moyen le plus pratique de prendre l'IODE*, et remplace huile de foie de morue, fer, quinquina, iodure de potassium, contre lymphatisme, anémie, maladies de poitrine, etc.

Une cuillerée à soupe ou à café, selon l'âge, avant le principal repas. Il excite l'appétit et *favorise la digestion.* — Prix : 3 fr. 50 *dans toutes Pharmacies.* Expédition de 3 bouteilles par colis postal contre mandat-poste de 10 fr. adressé à **M. NOURRY**, pharmacien. **LE HAVRE**.

HAVRE (LE)

GRAND HOTEL ET BAINS FRASCATI

Ouvert toute l'année. — *Seul hôtel du Havre situé au bord de la mer.* — **300 chambres et salons.** — Magnifique galerie sur la mer. — Concerts par l'orchestre Frascati et la musique militaire pendant la saison. — Soirées dansantes et bals d'enfants. — Grand jardin avec gymnase. — Arrangements pour familles. — Lumière électrique.
Table d'hôte et restaurant. — Omnibus et voitures à l'hôtel
Bains chauds à l'eau douce et à l'eau de mer
HYDROTHÉRAPIE. — BAINS A LA LAME
CERCLE FRASCATI OUVERT TOUTE L'ANNÉE

GRAND HOTEL DE NORMANDIE

De premier ordre. — **Rue de Paris, 106 et 108.** — **DESCLOS** (ancien propriétaire), **MOREAU**, Gendre et Successeur. — Au centre de la ville, dans le plus beau quartier. — Réputation universelle. — Se recommande par sa bonne tenue, ses **prix consciencieux et modérés.** — Éclairage électrique. — 90 chambres de 2 à 8 francs. — Salons de musique et de conversation. — Table d'hôte et Restaurant de premier ordre à la carte. — Omnibus de l'hôtel à la gare, à droite de la sortie. — *English spoken. Man spricht deutsch.* — Voitures et remises.

HOTEL D'ANGLETERRE

Rue de Paris, 124 et 126. — **GRELLÉ**, propriétaire

Etablissement très confortable, situé dans le quartier le plus beau et le plus central. — **Appartements pour familles.** — Salons de musique et de conversation. — Table d'hôte et restaurant à la carte. — Déjeuner, 2 fr. 75; dîner, 3 fr. 75, vin compris. — **Chambres depuis 2 fr.** — *On parle anglais, allemand et espagnol.*

LIMOGES

GRAND HOTEL DE LA PAIX

J. MOT. — Place Jourdan, en face du Palais de la Division militaire. — Etablissement de premier ordre, construit récemment, meublé avec élégance et confortable. — Situé le plus près de la gare, sur la plus belle place de la ville. — Omnibus à la gare. — **Recommandé aux familles et aux négociants.**

LYON

GRAND HOTEL DE LYON

Place de la Bourse. — Hôtel de premier ordre. — Ascenseur. — Cave et cuisine renommées. — Chambres depuis 3 fr. — Pension complète depuis 10 fr. par jour. — Arrangements avantageux pour séjour prolongé.

G^D HOTEL COLLET & CONTINENTAL

LE MEILLEUR ET LE MIEUX SITUÉ DE LA VILLE
Près la **Place Bellecour**,
le **Bureau de Poste** et le **Télégraphe**,

Ascenseur Edoux à tous les étages. — Chambres et salons depuis 3 fr. jusqu'à 20 fr. — TABLE D'HÔTE. — Restaurant à la carte à toute heure, et service particulier. — Pension depuis 10 fr. par jour, tout compris. — Cour splendide. — Salons de conversation. — Fumoir. — Bains. — Téléphone. — Interprètes. — *Omnibus de l'hôtel à l'arrivée des trains.* — Voitures à volonté.

GRAND HOTEL DU GLOBE

LOMBARD, propriétaire.
rue Gasparin, près la place Bellecour

Installation moderne, offrant aux familles de confortables appartements au rez-de-chaussée et à tous les étages. — 119 chambres pour voyageurs, à différents prix. — Cabinet de lecture et fumoir. — Salon de conversation avec piano. Table d'hôte et service particulier. — Interprètes. — Omnibus à la gare.

PRIX MODÉRÉS

GRAND HOTEL D'ANGLETERRE

PLACE PERRACHE

Établissement de premier ordre, le plus près de la gare de Perrache. — Interprètes. — Appartements pour familles. — Billets de chemin de fer à l'hôtel.
Coupons de l'Agence Gaze.

MACON

GRAND HOTEL DE L'EUROPE

A 5 minutes de la station, le mieux situé et le premier de la ville, en façade sur la Saône. — Interprètes. — Veuve BATAILLARD, propriétaire
Mâcon, station très favorisée pour les heures d'arrivée et le départ des trains, est l'arrêt le plus central des lignes de Paris pour la Suisse, l'Italie, la Méditerranée et le Bourbonnais.

MARSEILLE

GRAND HOTEL DU LOUVRE ET PAIX

JARDIN D'HIVER Calorifère. — 200 Chambres et Salons.

ASCENSEUR HYDRAULIQUE Arrangement pour séjour prolongé.

N. B. — L'Hôtel délivre des billets de chemin de fer

Le seul des grands hôtels situé en plein midi. — **Cannebière prolongée.** — Prix modérés. — **Les voitures et omnibus entrent dans la cour d'honneur.** — *Adresse télégraphique* : Louvre-Paix, Marseille.

PAUL NEUSCHWANDER et Ce, propriétaires.

HOTEL CONTINENTAL
8, RUE SUFFREN, 8

Situation exceptionnelle. — *Vue sur la mer* et le jardin de la Bourse, près le Grand-Théâtre et la Cannebière. — Excellente maison. — Chambres et appartements très confortables pour familles. — **Cuisine très soignée.** — **Très bonne cave.** — Table d'hôte et Restaurant à la carte. — *Interprète parlant les pricipales langues.* — **Omnibus à tous les trains et à l'arrivée des bateaux.** — Prix depuis 7 fr. 50 par jour, service compris.

CHARLES GIRAUD, propriétaire.

HOTEL DU COURS
28 A, COURS BELZUNCE, 28 A
CAIRE, propriétaire.

Hôtel meublé. — *On ne sert que le petit déjeuner du matin.* — Centre de la ville et des affaires. — Chambres depuis 2 fr.
Omnibus à tous les trains.

VUE GÉNÉRALE DE L'USINE PICON À MARSEILLE.

MENTON

HOTEL BELLE VUE
MAISON DE PREMIER ORDRE TRÈS RECOMMANDÉE
GRAND JARDIN — ASCENSEUR — TÉLÉPHONE
LAWN TENNIS
G. ISNARD, propriétaire.

GRAND HOTEL DE TURIN
Établissement de premier rang. — Situation hygiénique parfaite.
PLEIN MIDI. — Bains et douches dans l'hôtel.
VASTE JARDIN. — Salle de billard. — Vue de la mer, — Cuisine très recherchée. — Vins authentiques.
GRAND CONFORTABLE. — Arrangements pour familles.
Mme Ida FORNARI, propriétaire.

SOCIÉTÉ HORTICOLE ET FLORALE
Expéditions de fleurs coupées.
Bouquets et Corbeilles. — Fleurs ouvrées.
Spécialité de Palmiers, Orangers et Citronniers.
Succursale à Monte Carlo, Salon des Ascenseurs.
EXPÉDITIONS ET EXPORTATIONS.

MERS

Établissement Hydrothérapique
Du Docteur MICHELLET
Ouvert du 1er juin au 1er octobre

Établissement récemment installé et muni des appareils les plus perfectionnés. — Douches d'eau de mer. — Douches écossaises et douches simples.

MONT-DORE (Puy-de-Dôme) — CONCESSION J. CHABAUD & Cie

Saison du 1er juin au 1er octobre. — Maladies des voies respiratoires, maux de gorge, laryngites, bronchites, asthmes, emphysème pulmonaire, affections oculaires externes, rhumatismales, cutanées. — L'Eau du Mont-Dore est arsénicale. — Grand Casino dans le parc. — Etablissements d'hydrothérapie. — Représentation théâtrale tous les jours. — Deux Concerts par jour dans le parc. — Cercle. — *Trois millions doivent être dépensés* pour mettre le Mont-Dore à la hauteur des premiers établissements du même genre.

MONACO
SAISON D'HIVER ET SAISON D'ÉTÉ
30 MINUTES DE NICE, 15 MINUTES DE MENTON

Le trajet de **Paris** à **Monaco** se fait en 24 heures ;
de **Lyon**, en 15 heures ; — de **Marseille**, en 7 heures ;
de **Gênes**, en 5 heures.

Parmi les **Stations hivernales du Littoral** méditerranéen, **Monaco** occupe la première place par sa position climatérique par les distractions et les plaisirs élégants qu'il offre à ses visiteurs et qui en ont fait aujourd'hui le rendez-vous du monde aristocratique.

La température, en été comme en hiver, est toujours très tempérée, grâce à la brise de mer, qui rafraîchit constamment l'atmosphère.

Monaco possède un vaste établissement de **Bains** de mer, ouvert toute l'année, où se trouvent également des salles pour l'ydrothérapie. — Le fond de la plage est garni de sable fin. — Le **Casino** de **Monte-Carlo**, en face de **Monaco**, est remarquable par ses salles de jeux spacieuses et bien ventilées, par ses élégants salons de lecture et de correspondance.

Pendant toute la saison d'hiver, une nombreuse troupe d'artistes d'élite y joue, plusieurs fois par semaine, l'**Opéra**, l'**Opéra Comique**, la **Comédie**, le **Vaudeville**, etc.

Des **Concerts** classiques, dans lesquels se font entendre les premiers artistes d'Europe, ont également lieu pendant toute la saison. — L'orchestre du Casino, composé de 70 exécutants de premier ordre, se fait entendre deux fois par jour pendant toute l'année.

TIR AUX PIGEONS DE MONACO
Ouverture vers le 15 Décembre
CONCOURS SPÉCIAUX & TIRS D'EXERCICE
GRAND CONCOURS INTERNATIONAUX EN JANVIER ET MARS
Pendant les Courses et les Régates de Nice
Poules à volonté, Tirs à distance fixe, Handicaps

HOTEL DE PARIS
UN DES PLUS SOMPTUEUX DU LITTORAL MÉDITERRANÉEN

HOTEL DES BAINS
ATTENANT A L'ÉTABLISSEMENT DES BAINS DE MER

MONTE-CARLO

LE SEUL DANS LES JARDINS DU CASINO

HOTEL DE PARIS

(OUVERT TOUTE L'ANNÉE)

RÉPUTATION EUROPÉENNE

Rendez-vous du High-Life français et étranger

Entièrement remis à neuf par les nouveaux propriétaires :

VAN HYMBEECK & DURETESTE

INSTALLATION SANS RIVALE

Deux ascenseurs fonctionnent en permanence

Annexes de l'Hôtel de Paris

RESTAURANT DE PARIS

En communication directe avec tous les étages de l'hôtel.

TABLE D'HOTE DE 400 COUVERTS

CAFÉ DE PARIS

Rivalisant avec les premiers établissements similaires de Paris.

BAR AMÉRICAIN ET GRILL ROOM

Dirigés par Leo Engel du Critérion Bar, de Londres.

BUFFET DU CASINO

Sur les terrasses du Casino.

HOTEL DES BAINS

Communiquant intérieurement avec les cabines de l'établissement des bains de mer.

Agence de la Compagnie des Wagons-lits

Correspondant du Grand Hôtel de Paris
et de l'Hôtel Continental de Paris.

NANTES

HORS-D'OEUVRE

APÉRITIF

ET

HYGIÉNIQUE

Sardines à la Ravigote

Arsène SAUPIQUET

FABRICANT BREVETÉ

A

NANTES

Demander dans toutes les bonnes maisons d'Épicerie et Comestibles

NANTES
Gᴅ HOTEL DU COMMERCE ET DES COLONIES
Passage Pommeray et rue Santeuil, 12

Complètement remis à neuf. — Premier ordre. — Situation très centrale. — Appartements très confortables pour familles. — Cuisine très recherchée. — Table d'hôte et service à la carte. — Prix très modérés. — Maison recommandée par les Guides Joanne. — LEMOINE-GRIACHE, propriétaire.

NARBONNE
HOTEL DE LA DORADE

Maison de premier ordre. — Table d'hôte. — Restaurant. — Salons. — Fumoir. — Estaminet. — Appartements pour Familles. — Recommandé par les Guides Joanne.

R. GLEYZES

NICE
HOTEL DU LOUVRE

Boulevard Longchamp. — Situation exceptionnelle. Plein Midi.

Table d'hôte. Restaurant à la carte. Arrangements depuis 11 fr. par jour. — Salon de lecture. — Fumoir. — Bains dans l'Hôtel. — Omnibus à tous les trains. — Lift ascenseur. — L'été à Saint-GERMAIN-EN-LAYE, près Paris, Pavillon Louis XIV et Continental-Hôtel.

PENSION DE FRANCE
Villas St-Hubert et Croix-de-Marbre
31 *bis* et 33, rue de France.
A DEUX MINUTES DU NOUVEAU CASINO

Maison de premier ordre. — Plein Midi. — **Grand jardin.** — Bains, Salles de douches. — Situation parfaite au point de vue de l'hygiène. — Cuisine française très recherchée. — **Grand confortable.** — Maison nouvellement installée, spécialement recommandée pour son cachet d'élégance et de goût parisien. — Terrasses, vues de la mer et des montagnes. **Vᵛᵉ LAVOCAT**, propriétaire.

PAU
STATION D'HIVER

Excellente pour les Maladies de la gorge et de la poitrine. — Centre de Stations Thermales des Pyrénées. — High-life. — Sport. — Chasses au renard 3 fois par semaine. — Golf. — Lawn-tennis. — Jeu de paume. — Tir aux pigeons. — 15 journées de courses de chevaux. — 200,000 francs de prix. — Pistes d'entraînement. — Théâtre, Casino, Concerts. — Eglises et temples de tous les cultes. — Consuls. — Hôtels, boardings-houses, maisons, villas, appartements à prix modérés très confortables. — Renseignements GRATUITS au bureau de l'Union syndicale, 7, place Royale, **Pau**.

Type **A** — 4

PAU
MAISON COLBERT
Pension de famille de premier ordre

Très bien située. — Grand jardin. — Tennis. — Balcons au Midi. — Excellente cuisine française. — Prix modérés. — Très recommandée.

Adresse : Maison COLBERT, PAU (Basses-Pyrénées).

VILLA MIRADOR

Maison de premier ordre, située en plein Midi. — **Tennis.** — Billard. — Fumoir. — Grand confortable. — Pension depuis 7 fr. par jour. — Recommandée à la clientèle des guides.

Écrire : **VILLA MIRADOR, PAU.**

MAISON HATTERSLEY
Rue Porte-Neuve, 25 et 27

Maison de famille jouissant d'une honorable et grande réputation. — Haut confortable. — Exposition admirable au Midi. — Jardin. — Table d'hôte ou service particulier. — Prix depuis 7 fr. par jour, service compris. — Maison spécialement recommandée à la clientèle des **GUIDES JOANNE**.

PÉRIGUEUX

GRAND HOTEL DE FRANCE

House of first order Newly decorated, very confortable. — The best and most central situation. — Private rooms and apartments for families. — **Truffled pies and preserved truffle.** — *Expedition to foreign countries.* — Maison de premier ordre. — Très confortable. — Situation centrale. — Pâtés de volaille truffés du Périgord. — Truffes conservées. — Expédition à l'étranger. — *Omnibus à la gare.*

ANCIENNE MAISON F. GROJA. — C. BUIS, Successeur.

PLOMBIÈRES
SAISON DU 15 MAI AU 30 SEPTEMBRE

SIX ÉTABLISSEMENTS DE BAINS (1re, 2e et 3e classes). — Douches chaudes, froides, écossaises. — Massage sous la douche. — Etuves romaines sans rivales. — Lits de repos. — Salle de massage. — *Principales maladies traitées* : Maladies chroniques du tube digestif et intestinal. — Rhumatisme articulaire, musculaire, sciatique et viscéral. — Goutte. — Maladies des femmes (Métrite, Névralgies utérines, Troubles menstruels, Stérilité). — Affections de la peau (Prurigo, Psoriasis, Eczéma). — Affections du système nerveux (Névralgies, Névroses, Hystérie, Chorée). — Affections générales (Chlorose, Anémie, Cachexie, etc.) — Casino avec salle de spectacle. — Concert trois fois par jour. — Théâtre quatre fois par semaine.

POITIERS
GRAND HOTEL DU PALAIS
Le plus près de la Faculté et du Palais de Justice
Maison recommandée aux Familles et aux Touristes
PATÉS DE FOIE GRAS ET GIBIER TRUFFÉS
Omnibus à tous les trains.
ESTAMINET DANS L'HOTEL
Propriétaire, JACOMELLA

SAINT-LÉGER ÉTABLISSEMENT THERMAL à POUGUES (Nièvre)
DIABÈTE, DYSPEPSIES, GRAVELLES, CONVALESCENCES
Etablissement thermal 15 mai-15 octobre
SPLENDID-HOTEL
120 chambres. — Hydrothérapie. — Escrime. — Luxe. — Confort.
Pour tous renseignements, demandes d'eau, brochures, etc., s'adresser à l'Administration de la Compagnie de POUGUES, chaussée d'Antin, 22, Paris

---

ÉTABLISSEMENT THERMAL
DE LA PRESTE
(PYRÉNÉES-ORIENTALES)
Service direct gare de Céret 3 heures de trajet, ouvert toute l'année.

Eau *sulphydrique*, *alcaline*, *silicatée*, souveraine contre la *Gravelle*, *Goutte*, *Catarrhe de la Vessie*, *Rhumatismes*, *Cystites*, *Coliques*, *Néphritiques* et *Hépatiques*, maladies du *Foie*, de la *Prostate*, *Diabète*.
Eau délicieuse de table, la plus légère connue
Etablissement de 1er ordre, grand confortable
J. BOUGNY, *propriétaire*. — **Docteur BERNY**, *directeur*.

REIMS
Voulez-vous ne plus tousser?
Ne prenez que des
PASTILLES MEXICAINES
Les seules curatives et préservatives
C. VELPRY, pharmacien. — 1 fr. 50, franco par la poste.

REIMS
VINS DE CHAMPAGNE

FISSE, THIRION et Cie (Maison fondée en 1821)

Eug. PETIT et A. BÉCRET

Propriétaires de la marque et uniques successeurs

MÉDAILLES A TOUTES LES EXPOSITIONS
UNIVERSELLES
ET DE LA SOCIÉTÉ D'ENCOURAGEMENT
DE PARIS 1872

NOUVEAU BOUCHAGE

Breveté S. G. D. G. et médaillé

EN FRANCE ET A L'ÉTRANGER

Débouchage instantané par le fusil adhérent

ROUEN

MÉLANOGÈNE DICQUEMARE

CHIMISTE A ROUEN

VÉGÉTAL INOFFENSIF
POUR TEINDRE

les cheveux et la barbe en noir, brun, châtain, blond foncé, sans tacher la peau

Petit modèle, 6 fr. — Très grand modèle, 15 fr.

Dépôt à Paris, rue d'Enghien, 24, et chez les coiffeurs et parfumeurs de France et Étranger.

DESTRUCTION DES PUNAISES

Fourmis, Puces, Grillons, Criquets, Sauterelles, Cancrelats de navires
Blattes, Poux, Pucerons, Araignées, Chenilles
Vers dans les fourrures et le lainage, Charançons, Cafards
et tous autres insectes nuisibles

PAR LA

POUDRE INFAILLIBLE

De E.-V. PLACITRE Jeune, inventeur

55, RUE DES CARMES, 55, A ROUEN

PRIX : Petites boîtes, 25 c. — Moyennes, 50 c.
Plus grandes, 1, 2, 3 et 4 fr. — Poudre fine au poids, 12 fr. le kilog.
Soufflets, de 50 c. à 1 fr. pièce.

La Rochelle. — **HOTEL DES BAINS DU MAIL**

Au bord de la mer. — Appartements très confortables pour familles. — Terrasse, frais ombrages, vue splendide sur la mer, séjour charmant. — **Table d'hôte et service particulier.** — Ouvert toute l'année. — Omnibus spécial à tous les trains. — A proximité du bassin de la Palice
SENNÉ, Propriétaire.

PLAGE DE **ROYAN** (CHARENTE-INFÉRIEURE)

GRAND HOTEL DE PARIS

MAISON DE PREMIER ORDRE. Bien située, façade du Port, avec vue sur les Bains et la mer. Rendez-vous de la bonne société. — Appartements confortables pour familles. — Restaurant à la carte. — Jardin. — Table d'hôte. — Arrangements avec les familles. — Omnibus à tous les trains. — Mᵐᵉ Vᵉ JEANTY-MASSOU, propʳᵉˢ.

ROYAT
ÉTABLISSEMENT THERMAL
SAISON DU 15 MAI AU 15 OCTOBRE
CASINO, CONCERTS, SPECTACLES
Salons de Jeu et de Lecture.
Musique dans le Parc.

| Décret d'intérêt public. Approbation de l'Académie de Médecine. | | Médaille d'argent à l'Exposition Universelle de 1878 |

EAU MINÉRALE NATURELLE GAZEUSE. — Lithinée, arsenicale, ferrugineuse. — Chlorose, anémie, goutte, gravelle, rhumatisme, eczéma sec, convalescences longues, maladies des voies respiratoires
Administration, rue Drouot, 5, Paris.

SAINT-ÉTIENNE
HOTEL DE FRANCE

Place Dorian, le plus au centre de la ville.
Appartements pour familles. — Grand confort. — Salon de lecture. — Table d'hôte — Service particulier. — Ascenseur EDOUX. — Omnibus à tous les trains
JOURNEL, propriétaire.

SAINT-GERMAIN-EN-LAYE

PAVILLON LOUIS XIV ET CONTINENTAL-HOTEL

Restaurant à la carte dans un superbe jardin. — Installation moderne et du meilleur goût. STIKELMAN-LARCHER, propriétaire

---

TARBES
GRAND HOTEL DU COMMERCE ET DE LA POSTE
B. DORGANS, propriétaire

L'établissement le plus rapproché du jardin Massey. — Restauré à neuf. — Appartements de famille. Salon de réception. — Recommandé à MM. les Voyageurs.

TOULOUSE
GRAND HOTEL TIVOLLIER

Rue Alsace-Lorraine, 31 et 33, et rue Baour-Lormian, 6
Maison de premier ordre — Appartements pour familles. — Ascenseur hydraulique. — Salons. — Café-Restaurant renommé. — Spécialité de Patés de foie de canard aux truffes du Périgord ; médaille d'or, Exposit. univ. de Paris 1889; (Or), Académie nationale 1890. — Expéditions en France et à l'Etranger

TOURS

GRAND HOTEL DE L'UNIVERS

Sur le boulevard, près des Gares. — Réputation européenne. — Recommandation exceptionnelle de tous les guides français et étrangers.

E. GUILLAUME, propriétaire

GRAND HOTEL DE LA BOULE-D'OR

Rue Royale, 29. — De 1er ordre. — Recommandé par son confortable et sa situation. — Omnibus à tous les trains. — E. BONNIGAL, propriétaire. — Vouvray-mousseux E. Bonnigal. Une caisse de 12 bouteilles, 36 fr. — Il est reconnu par tous les gourmets que ces vins ont toutes les qualités des meilleurs crus de la Champagne.

VERSAILLES

GRAND HOTEL DES RÉSERVOIRS

RESTAURANT. — Attenant au Palais et au Parc. — RUE DES RÉSERVOIRS, 9, 11, 11 bis. — Maison meublée et Annexe. — Grands et petits appartements.

HOTEL VATEL
28, rue des Réservoirs, 28

A l'angle du boulevard de la Reine et de la rue des Réservoirs, 28. — Restaurant à la carte et à prix fixe. — Arrangements avec les familles. — Annexes. — Grands et petits appartements meublés. — **RIVIÈRE**, propriétaire.

EAU MINÉRALE NATURELLE DE VICHY
BASSIN
VICHY-St-YORRE

Source Tabardin — La Chaumière

La plus recommandée contre les maladies de foie, de l'estomac et des reins, le diabète, l'albuminuri la goutte, la gravelle et l'anémie. La caisse de 50 litres, 20 fr. *Administr.*, rue de Nîmes, 67. *Dépôts* : toutes Pharmacies.

Pastilles hydrominérales — Sels pr boissons et bains

POUDRE LAXATIVE TABARIN-VICHY Souveraine contre la constipation. Le flacon, 2 fr. 50.

ÉTABLISSEMENT THERMAL — PROPRIÉTÉ DE L'ÉTAT

Administration de la Compagnie concessionnaire
PARIS, 8, BOULEVARD MONTMARTRE

Lorsqu'il est fait usage de l'Eau minérale de Vichy, il n'est pas indifférent de boire de telle ou telle source. Voici quelles sont les principales applications en médecine des SOURCES de l'État à Vichy :

CÉLESTINS, gravelle, maladie de la vessie, etc.
GRANDE-GRILLE, maladies de foie et de l'appareil biliaire;
HOPITAL, maladies de l'estomac;
HAUTERIVE, affections de l'estomac et de l'appareil urinaire.

La *caisse* de 50 bout. (emballage compris) coûte à Paris, 35 fr.; à Vichy, 30 fr.

VICHY CHEZ SOI

Les personnes que la distance, leur santé ou la dépense empêchent de se rendre à l'établissement thermal, trouvent à domicile, par l'emploi simultané de l'Eau minérale en boisson et des bains préparés avec les sels extraits des Eaux minérales de VICHY, aux sources mêmes, un traitement presque semblable à celui de Vichy. — Ces sels n'altèrent pas l'étamage des baignoires.

Ces bains s'expédient en rouleaux de 250 grammes, au prix de 1 fr. 25. — Chaque rouleau pour un bain.

PASTILLES DIGESTIVES DE VICHY

Fabriquées avec les sels extraits des sources, ces pastilles sont chaque jour plus appréciées en raison de leur efficacité. Elles forment un bonbon d'un goût agréable et d'un effet certain contre les aigreurs et les digestions pénibles.

Boîtes de 500 grammes : 5 fr. — Boîtes de 1 et 2 fr.

L'ÉTABLISSEMENT THERMAL est OUVERT TOUTE L'ANNÉE

Le Casino n'est ouvert que du 15 mai au 1er octobre. Tous les jours, il y a concert matin et soir dans le parc, et tous les soirs concerts, bals et représentations théâtrales dans le Casino. Le Casino de Vichy rivalise avec les plus beaux monuments du même genre. *Trajet direct en chemin de fer.*

TOUS LES CHEMINS DE FER CONDUISENT A VICHY

(Voir l'Indicateur des Chemins de fer et le Livret-Chaix.)

ÉTABLISSEMENT THERMAL
D'URIAGE
(ISÈRE)
EAUX SULFUREUSES ET SALINES PURGATIVES
Saison du 15 Mai au 1ᵉʳ Octobre

Stations de Grenoble et de Gières-Uriage. — Service spécial de voitures, à tous les trains.

Vue de l'établissement Thermal d'Uriage.

Fortifiantes et dépuratives, ces eaux conviennent surtout aux *personnes délicates* et aux *enfants faibles*, *même scrofuleux*.

Leur efficacité est démontrée contre les *maladies cutanées*, le *rhumatisme* et la *syphilis*.

BAINS, DOUCHES, PULVÉRISATION, INHALATION, HYDROTHÉRAPIE, ETC. Hôtels confortables, — Appartements pour familles. — Villas et Chalets. — Télégraphe toute l'année. — CASINO. — Musique dans le parc.

L'eau d'Uriage est employée avec avantage à domicile, en boisson, lotions et pulvérisations.

IV. — PAYS ÉTRANGERS
GRANDE-BRETAGNE — BELGIQUE — ESPAGNE — SUISSE
ITALIE — ALGÉRIE

LONDRES

NOUVEAU PARFUM ANGLAIS

CRAB APPLE BLOSSOMS

(Fleur de pommier sauvage):

Il serait difficile d'imaginer un parfum plus délicat et plus suave que le « Crab apple Blossoms » préparé par la Crown Perfumery Company de Londres. Il renferme l'arome du printemps et on l'emploierait toute une vie sans jamais s'en lasser (New York Observer).

En flacons de 1, 2, 3 ou 4 onces.

INVIGORATING LAVENDER SALTS
SELS ANGLAIS FORTIFIANTS A LA LAVANDE

Ces nouveaux sels sont une préparation exquise appréciés partout pour ses délicieuses propriétés rafraîchissantes.

« En laissant la bouteille débouchée pendant quelques minutes, il se dégage un parfum exquis qui purifie et rafraîchit l'atmosphère de la manière la plus agréable. » (LE FOLLET.)

Se vend en flacons avec bouchon en forme de couronne. Tout autre est contrefaçon.

Seuls fabricants
THE CROWN PERFUMERY Co
177, New Bond Street, Londres. — *En vente partout.*

LONDRES

LE « GLADSTONE », LE « FOLKESTONE »

Sont le meilleur sac de voyage et la meilleure malle qu'on puisse trouver. Élégance, légèreté, solidité. — Assortiment complet du voyageur.
S. FISHER, 188, Stand, Londres. — Catalogue franco.

Type A — 4*

LONDRES (SUITE)

LIBRAIRIE HACHETTE ET CIE
18, King William Street, Charing Cross

Assortiment complet des principales publications de la maison de Paris. — Toutes les Nouveautés importantes, aussitôt leur apparition à Paris, et aux Prix français. — Reçoit les Annonces pour les Guides Joanne. Abonnements à tous les journaux.

MANCHESTER

GRAND-HOTEL

Le meilleur hôtel de Manchester
Possédant tout le confort moderne

Toutes les commodités désirables. — CUISINE ET CAVE DE PREMIER ORDRE. — Ascenseur.

On parle français, allemand, espagnol, italien, etc., etc.

ÉCOSSE
SUMMER TOURS IN SCOTLAND

GLASGOW AND THE HIGHLANDS
(Royal Route, *via* Crinan and Caledonian Canals)

The Royal  Mail Steamers

Columba, Iona, Fusilier, Grenadier, Chevalier, Gondolier, Flowerdale, Pioneer, Glengarry, Linnet, Glencoe, Inveraray, Castle, Islay, Claymore, Clydesdale, Clansman, Cavalier, Staffa, Texa, Pelican, Handa, Mabel, Fingal, Lochiel, Lochawe, Lochness, Ethel, Gladiator, Udea, Countess, Loanda.
Sail during the Season for Islay, Oban, Fort William, Inverness, Staffa, Iona, Lochawe, Glencoe, Tobermory, Portree, Strome-Ferry, Gairloch, Ullapool, Lochinver, Lochmaddy, Tarbert, Harris and Stornoway; affording Tourists an opportunity of visiting the magnificent scenery of Glencoe, the Cuchullin Hills, Loch Coruisk, Loch Maree, Loch Lomond, Loch Katrine, the Trossachs, and the famed Islands of Staffa and Iona.
Official Guide Book Illustraded 6d et 1sh. Time Bills with maps free by post on application to the owner.
DAVID MACBRAYNE, 119, Hope street, Glasgow; Scotland.

BRUXELLES
(HAUTE VILLE ET PARC)

HOTEL DE FLANDRE

Place Royale

Logement y compris service et éclairage à partir de 4 fr. par jour. — Premier déjeuner 1 fr. 50; Déjeuner à la fourchette 4 fr.; Dîner à table d'hôte 5 fr.

Pension pour séjour prolongé, comprenant : Chambre, service, éclairage, et trois repas par jour, à partir de 12 fr. 50.

Ascenseur — Billets de chemin de fer

Enregistrement des Bagages

POSTE — TÉLÉGRAPHE — TÉLÉPHONE

Agence générale des Wagons-Lits

HOTEL DE BELLE-VUE

Place Royale, *en face du Parc*

ASCENSEUR — BILLETS DE CHEMIN DE FER

Enregistrement des Bagages

POSTE — TÉLÉGRAPHE — TÉLÉPHONE

Agence générale des Wagons-Lits

BELGIQUE

BRUXELLES

GRAND-HOTEL
21, boulevard Anspach, 21

L'Hôtel vient d'être complètement restauré, — 250 chambres et salons. Table d'hôte et Restaurant. — Café, fumoir, salon de conversation. — **Ascenseur**. — Bains, Café et salle de billards. — Bureau de chemin de fer, Poste et Télégraphe, cabine téléphonique, éclairage électrique dans tous les appartements. — *Omnibus à tous les trains*. — Ed. DUBONNET, propriétaire.

SPA

GRAND HOTEL DE L'EUROPE
M. HENRARD-RICHARD, propriétaire.

Maison de tout premier ordre, dans une situation spéciale, au centre de tous les Etablissements. — Grands Salons de table d'hôte et de conversation. — Fumoir, etc.; en un mot, **le plus grand confort y règne.** — Omnibus de l'hôtel à la gare.

GRAND HOTEL DE BELLEVUE

Maison de premier ordre magnifiquement située près de l'Etablissement des Bains, avec accès direct au Parc. — Des jardins de l'hôtel on entend le Concert qui se donne dans le Parc. — Omnibus à tous les trains.

ESPAGNE

MADRID

GRAND HOTEL DE LA PAIX
Tenu par J. CAPDEVIELLE et Cº, Puerta del Sol, 11 et 13

Établissement de premier ordre, au centre de Madrid. — Cuisine française. — Cave garnie des meilleurs vins d'Espagne et de l'Étranger. — Cabinet de lecture, salons de réunion, salles de bains, voitures de luxe et interprètes. — Grands et petits appartements meublés avec luxe. — **Prix modérés.**

GRAND HOTEL DE L'ORIENT
Puerta del Sol, y calle Arenal, 4

Ce magnifique Etablissement, situé au centre de la ville, est, comme installation, à la hauteur des meilleurs hôtels. — Magnifiques appartements et chambres luxueuses pour familles. — Salons de lecture; Billard; Bains; Ascenseurs; Voitures aux gares. Prix très modérés, depuis 7 fr. 50 par jour.

GENÈVE

Tout le monde connaît Genève de nom, tout le monde devrait la connaître de fait.

Genève offre aux touristes l'attrait de son lac merveilleux, de ses environs enchanteurs, et présente tous les avantages de la grande ville sans les inconvénients inhérents aux capitales populeuses. Le **Théâtre**, les **Concerts**, les **Musées**, la **navigation de plaisance**, les **promenades-concerts** sur le lac, constituent de précieux éléments de distraction.

Les étrangers, désirant faire à *Genève* un **séjour prolongé**, trouveront les plus grandes facilités et les ressources les plus complètes pour leurs études personnelles et l'éducation de leurs enfants. Confort parfait dans les nombreux hôtels et pensions pour toutes les situations de fortune. **Villas pour familles.**

Le climat de *Genève* est réputé comme l'un des plus salubres de l'Europe. Bains confortablement aménagés sur le Lac et sur le Rhône. Traitement par l'**Eau d'Arve**, des affections nerveuses et rhumatismales, de l'anémie, de l'épilepsie, etc. **Etablissements hydrothérapiques** de premier ordre.

Genève est le point de départ des bateaux pour le tour du Lac, ainsi que des trains pour la Suisse, Evian-les-Bains, Chamonix et le mont Blanc.

Dans les environs immédiats, courses intéressantes au **Petit** et **Grand Salève**, aux châteaux de **Ferney-Voltaire** et de **Coppet**. Pour ces courses, des services spéciaux et quotidiens de breaks à 4 chevaux sont organisés sous les auspices de l'*Association des Intérêts de Genève*, qui a pour but de rendre le séjour des étrangers facile et agréable et de supprimer les abus qui lui sont signalés.

Son bureau de renseignements est situé **quai du Mont-Blanc, 5**. Ses services sont entièrement gratuits, de vive voix et par lettres.

Genève est la métropole incontestée de l'*horlogerie* et de la **bijouterie**. Elle possède, en outre, de nombreuses fabriques de **boîtes à musique**, des **tailleries de diamants**, etc., etc.

SUISSE ET LE MONT BLANC

GENÈVE — A. GOLAY-LERESCHE ET FILS
Quai des Bergues, 31, à Genève
et à Paris, rue de la Paix, 2

Fabricants d'Horlogerie, de Bijouterie et de Joaillerie. — Vaste Magasin complètement assorti en articles de goût et d'excellente fabrication.

GENÈVE — HOTEL DE LA MÉTROPOLE
Etablissement de 1er ordre

Vie de famille. — Prix de pension. — Ascenseur à tous les étages
Nouveau Propriétaire : **DAVID BURKARD**

TERRITET — GRAND-HOTEL
HOTEL DES ALPES ET HOTEL MONTFLEURY

ÉTABLISSEMENTS MODÈLES, merveilleusement installés pour la cure de toutes les saisons.
CHESSEX, propriétaire

CHAMONIX — Gd HOTEL IMPÉRIAL
Maison de premier ordre. — Vue splendide sur le Mont Blanc

CHAMONIX — HOTEL ROYAL
Avec Parc et Observatoire. Maison de 1er ordre. — Ancienne réputation.

ITALIE

TURIN

GRAND HOTEL D'EUROPE
Place du Château, vis-à-vis le Palais Royal

Maison de premier ordre, d'ancienne réputation. — Prix modérés. — Arrangements et pension pour séjour. — Appartements et Chambres. — Ascenseur. — Bains. — *Omnibus à tous les trains.* — **P. BORGO**, propriétaire.

ALGER

Gᴰ HOTEL DE LA RÉGENCE

Table d'hôte — Salons de réception. — Fumoir. — Cour intérieure. — *Omnibus à l'arrivée de tous les trains et des bateaux.*

Maison de premier ordre, située en plein Midi. — Vue magnifique sur la mer, sur la place du Gouvernement, sur la **Kasbah** et sur les collines du **Djurjura**.

Gᴰ HOTEL DE L'OASIS

Boulevard de la République

Maison de premier ordre, la plus vaste et la mieux située. — Hôtel spécialement fréquenté par les familles.

Conditions particulières pour long séjour.

Omnibus à tous les bateaux et à tous les trains.

Ernest **DELRIEU**, Propriétaire.

TUNIS

Grands Hôtels de Tunis

GRAND HOTEL
AVENUE DE FRANCE

HOTEL DE PARIS
Boulevard Bab-Djezira

Grand confortable. — Table et service de premier ordre. Appartements de famille.
Bains simples et bains sulfureux. — Bibliothèque. — Interprètes.

SUPPLÉMENT
LE HAVRE

Le VIN NOURRY DÉPURATIF et FORTIFIANT,

réalise le moyen le plus pratique de prendre l'Iode. Aussi les Médecins l'ordonnent-ils pour remplacer l'huile de foie de morue, le fer, le quinquina et l'iodure de potassium ; contre le lymphatisme, l'anémie, les maladies de poitrine, les rhumatismes, les affections de la peau, etc.

Une cuillerée à soupe ou à café, selon l'âge, avant le principal repas. Très efficace, agréable au goût, peu coûteux, toujours bien supporté en toute saison, il excite l'appétit et favorise la digestion sans jamais déterminer ni diarrhée ni constipation. — Prix : 3 fr. 50 dans toutes les Pharmacies. Expédition de 3 bouteilles par colis postal (traitement de 6 semaines pour adultes) contre mandat-poste de 10 fr. adressé à M. NOURRY, pharmacien, LE HAVRE.

AURILLAC

USINE A VAPEUR
MAISON AUG. GAFFARD, A AURILLAC

A[...] de quelques produits spéciaux ayant obtenu les plus hautes récompenses dans [tou]tes les Expositions où ils ont figuré. — Gland doux Néomoka, pseu[do]-cafés hygiéniques, remplaçant avantageusement le café des Iles. — Mélanogène, poudre pour encres noire, violette, rouge et bleue. — Muricide phosphoré pour la destruction des rats. Extraits saccharins pour l'obtention rapide des liqueurs de table. — Lustro cuivre. — Oxyde d'aluminium pour affiler les rasoirs. — Poudre vulnéraire vétérinaire. — Produits spéciaux divers. — Usine à vapeur et Maison d'expédition, enclos Gaffard, à Aurillac (Cantal). — Envoi de notices détaillées sur demande affranchie. — Conditions spéciales pour d'importantes commandes.

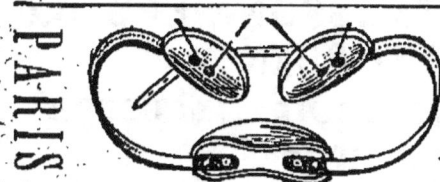

PARIS

35 ANS DE SUCCÈS
Guérison radicale des
HERNIES
p^r le BANDAGE
Electro-Médical **MARIE Frères**
Médecins-Inv., r. de l'Arbre-Sec, 46, Paris

PIANOS A. BORD*

Membre du Jury 1878 — Hors concours
Médaille d'or Exposition de Paris 1889
Médaille d'or aux Grandes Expositions

14bis BOULEVARD POISSONNIÈRE, PARIS

Spécialité de PIANOS à queue

Seule Maison en Europe fabricant 12 Pianos par jour

PIANOS à cordes droites........	depuis	650 fr.
PIANOS à cordes obliques......	—	1000 fr.
Grande spéc^{té} de PIANOS cadre en fer et à cordes croisées.		1200 fr.

ATELIERS : RUE DES POISSONNIERS, 52
USINE A SAINT-OUEN
ENVOI FRANCO DU CATALOGUE ILLUSTRÉ
Fabrication spéciale pour les Colonies

ROUEN

Mélanogène Dicquemare
Chimiste à Rouen
Végétal inoffensif
POUR TEINDRE
les cheveux et la barbe en noir, brun, châtain, blond foncé, sans tacher la peau. — Petit modèle, 6 fr. — Très grand modèle, 15 fr.
Dépôt à Paris, rue d'Enghien, 24, et chez les coiffeurs et parfumeurs de France et Étranger.

AMSTERDAM (HOLLANDE)

CURAÇAO & ANISETTE
DE LA MAISON
ERVEN LUCAS BOLS
Fabrique T. LOOTSJE, fondée en 1575, à Amsterdam.

La seule Maison d'Amsterdam ayant obtenu la plus haute récompense à l'Exposition de Vienne. Médailles or et argent à diverses Expositions. — Seul dépôt à Paris, 32, Boulevard des Italiens, et dans les principales maisons de Paris et des départements. — *Médailles d'or et d'argent à l'Exposition universelle de Paris 1878; Diplôme d'honneur: Amsterdam 1883.*

MALADIES DES FEMMES
GUÉRISON SANS REPOS NI RÉGIME
PAR
Mme LACHAPELLE
Maîtresse Sage-Femme.

Les moyens employés, aussi simples qu'infaillibles, sont le résultat de longues observations pratiques dans le traitement des affections spéciales des femmes : langueurs, palpitations, débilité, faiblesses, malaises nerveux, maigreur, etc.

STÉRILITÉ DE LA FEMME
CONSTITUTIONNELLE OU ACCIDENTELLE
COMPLÈTEMENT DÉTRUITE PAR LE TRAITEMENT DE
Mme LACHAPELLE
Maîtresse Sage-Femme.
CONSULTATIONS TOUS LES JOURS, DE 3 A 5 HEURES
RUE DU MONT-THABOR, 27, près les Tuileries.
PARIS

MANUFACTURE DE PIANOS

fondée en 1839

DIX MÉDAILLES
OR ET ARGENT

Alp^{se} BLONDEL, [NC]

16, Rue du Faubourg-Poissonnière, et Rue de l'Échiquier, 53
Fabrique rue Duperré, 15 et 17, PARIS

Depuis qu'il est de mode de recouvrir les Pianos, la qualité de sonorité diminue.

Les personnes qui désirent remédier à cet inconvénient peuvent s'adresser à la Maison **Blondel**, qui vient d'inventer un **Nouveau Pupitre** qui, par son ingénieuse disposition, permet de conserver toute la sonorité sans qu'elle soit absorbée par les garnitures ou étoffes et qui supprime l'obligation de lever le couvercle.

**Tous les Pianos de la MAISON BLONDEL
sont garantis 10 ans**

LIBRAIRIE HACHETTE & Cie
BOULEVARD SAINT-GERMAIN, 79, A PARIS

Mise en vente par Livraisons

DE

L'HABITATION HUMAINE

PAR

CHARLES GARNIER

Membre de l'Institut, architecte du nouvel Opéra,

ET

A. AMMANN

Agrégé de l'Université, professeur au lycée Louis-le-Grand.

OUVRAGE ILLUSTRÉ DE 400 GRAVURES

CONDITIONS ET MODE DE PUBLICATION

L'Habitation humaine formera un magnifique volume in-4° qui sera mis en vente en 50 livraisons à 50 centimes.

Chaque livraison sera composée de 16 pages de texte comprenant de nombreuses gravures.

Il paraît une livraison par semaine, le samedi, depuis le 28 février 1891.

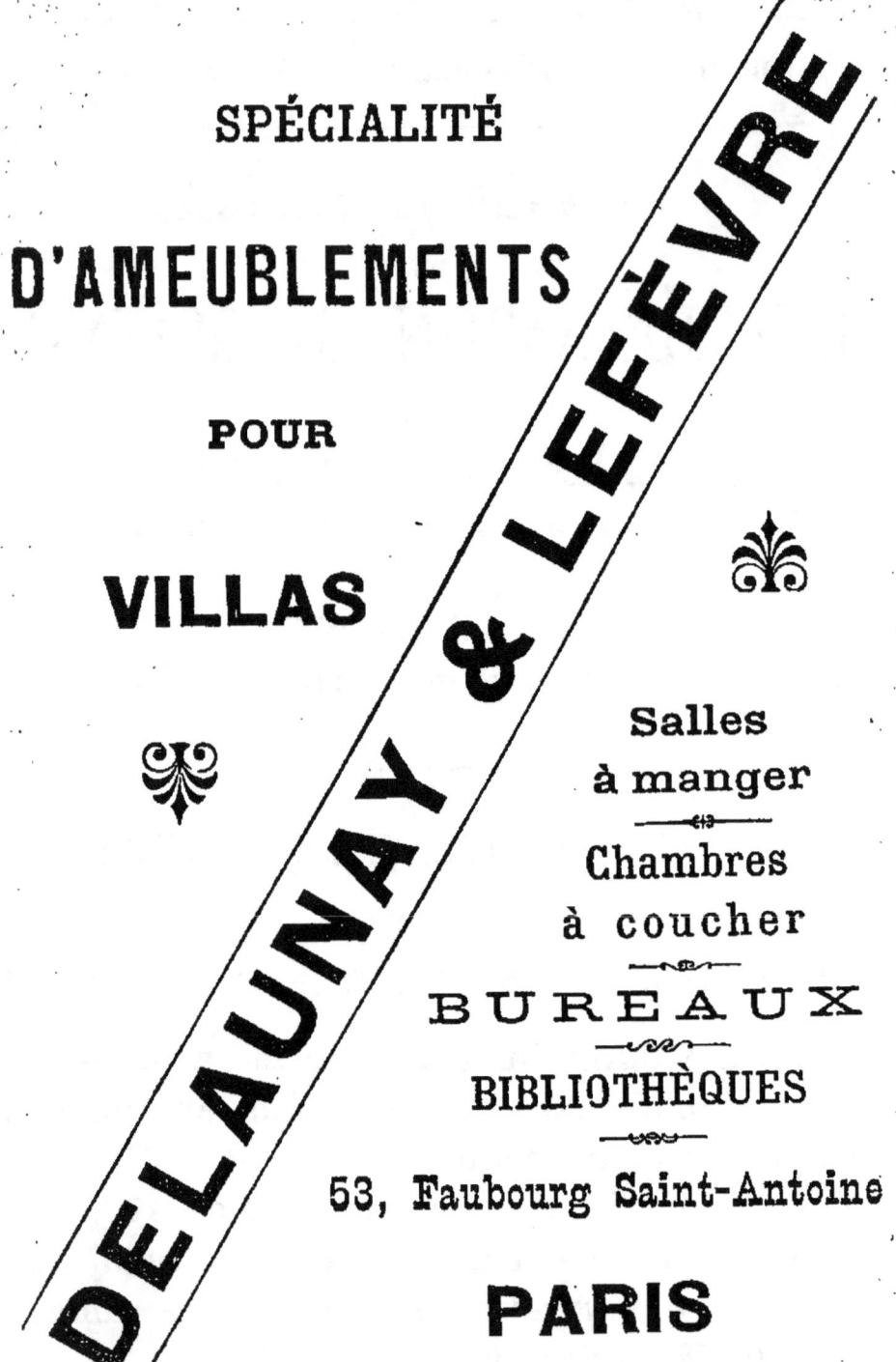

VIN
BI-DIGESTIF DE
CHASSAING
DIGESTIONS DIFFICILES — MAUX D'ESTOMAC
PERTE DE L'APPÉTIT, DES FORCES, ETC.
PARIS, 6, Avenue Victoria, et toutes Pharmacies.

Phosphatine Falières

PRIX de la BOITE 2 fr. 50

NOTICE franco

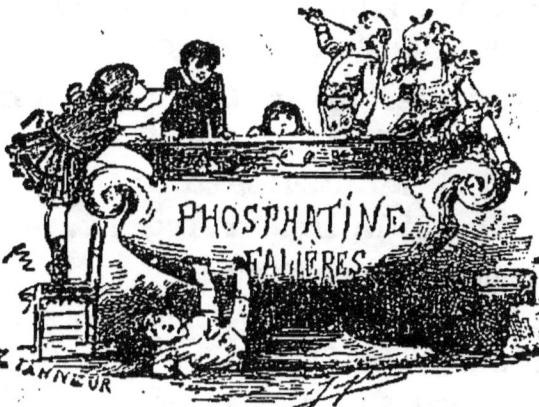

PARIS 6 Avenue Victoria et toutes pharmacies

Aliment des plus agréables. — Facilite la Dentition. — Assure la bonne formation des os. — Convient aux enfants dès l'âge de 6 à 7 mois, surtout au moment du sevrage et pendant la période de croissance.

APPROBATION de l'Académie de médec.
SIROP de FALIÈRES
Au bromure de potassium
Affections nerveuses
6, Avenue Victoria, 6
et Pharmacies.

CONSTIPATION
Guérison par la véritable
Poudre Laxative de Vichy
Laxatif sûr, agréable, facile à prendre
Le flac. de 25 doses environ 2 fr. 50
PARIS, 6, AVENUE VICTORIA ET PHIES.

LA PLUS GRANDE FABRIQUE DU MONDE

CHOCOLAT MENIER

56, rue de Châteaudun, Paris

Les Établissements MENIER ont remporté, à l'Exposition Universelle de 1889, les Récompenses suivantes :

**Croix d'Officier de la Légion d'honneur,
2 Grands Prix,
5 Médailles d'Or,
2 Médailles d'Argent.**

Ces établissements comprennent :
Plantations de Cacaos au Valle Menier (Nicaragua),
Sucreries et Culture de Betteraves à Roye (Somme),
Comptoirs et Navires pour les approvisionnements,
Usine modèle de Noisiel pour la fabrication des Chocolats,
Usine de Chocolat à Londres,
Cités ouvrières, etc., etc.

La production du CHOCOLAT MENIER atteint le chiffre de 50.000 kilos par jour.

(Le poids du Chocolat Menier fabriqué en six mois est égal au poids de la Tour Eiffel.)

Valeur de la production annuelle : 60 millions de francs.

Le Jury de l'Exposition de 1889 a décerné le seul Grand Prix au CHOCOLAT MENIER.

EXPOSITION UNIVERSELLE

1889

Delion

PASSAGE JOUFFROY — PARIS

1ʳᵉˢ Marques

DE

CHAPELLERIE

Envoi Province franco de port et d'emballage.

COMPAGNIE NOUVELLE
DES
Grands Restaurants Brébant
ET
BOUILLONS PARISIENS

Établissements de Bouillons-Restaurants
LES MIEUX INSTALLÉS DE PARIS
Où l'on trouve le plus grand confortable à des prix les plus modérés.

BOUILLONS-RESTAURANTS

CAPUCINES : Boulevard des Capucines, 35 ;
GAULOIS : Boulevard des Italiens, 9 ;
RÉGENT : Rue Saint-Lazare, 101 et 102 (près la gare de l'Ouest) ;
FRONTIN : Boulevard Poissonnière, 6 ;
MÉRIDIEN : Boulev. Denain, 1, et Boul. Magenta (Gare du Nord).

RESTAURANT BRÉBANT
MAISON DE 1er ORDRE — RÉPUTATION UNIVERSELLE
ET
CAFÉ BRÉBANT
Boulevard Poissonnière, à l'angle du Faub. Montmartre.

HOTEL BRÉBANT
32, Boulevard Poissonnière, 32
HOTEL LE PLUS CENTRAL
Chambres depuis **3 fr.** — Appartements
TABLE D'HOTE
Déjeuners, 3 francs. — Dîners, 4 francs.
TÉLÉPHONE

BANQUE D'ESCOMPTE DE PARIS

Société anonyme au Capital de 65 Millions de Francs

Siège social : place Ventadour

CONSEIL D'ADMINISTRATION :
M. le Baron de Soubeyran, O. ✻, Président.
MM. Breittmayer ; Cordier, O ✻ ; Daguin, O. ✻ ; baron Poisson, ✻.
DIRECTEURS : MM. Clerc et Sienkiewicz.

La *Banque d'Escompte* a pour objet de faire, pour elle-même ou pour compte de tiers, ou même en participation, en France et à l'étranger, toutes opérations financières, industrielles, commerciales, même immobilières, et toutes entreprises de travaux publics.

La *Banque d'Escompte* reçoit des capitaux en dépôt, fait toutes opérations d'escompte et de banque, émissions de valeurs à forfait ou à commission, achats et ventes de fonds publics ; elle reçoit gratuitement en dépôt tous titres français et étrangers ; elle en encaisse les coupons.

L'Intérêt des comptes de chèques est fixé à : 1 1/2 0/0 pour les dépôts à vue, 2 0/0 pour les dépôts à 20 jours de vue
et La *Banque d'Escompte* délivre des Bons de Caisse aux taux ci-après :

Bons à 6 mois   2 1/2 0/0   Bons à 18 mois   4 0/0
Bons à 1 an   3   0/0   Bons à 2 ans et au-delà 5 0/0

SOCIÉTÉ DES
IMMEUBLES DE FRANCE

SOCIÉTÉ AN^me AU CAPITAL DE 15 millions
30,000 actions entièrement libérées
Siège social : 9, rue Marsollier, Paris.

La société a pour objet :

L'acquisition et la location de tous terrains ou immeubles *situés en France* ; l'édification de constructions sur lesdits terrains ; leur mise en valeur, leur vente ou échange, et en général toutes opérations auxquelles peuvent donner lieu les immeubles.

OBLIGATIONS EN CIRCULATION

150.000 obligations foncières émises en 1888 à 387 fr. 50 et remboursables à 1.000 francs en 75 ans.

Quatre tirages annuels, les : 10 Janvier, 10 Avril, 10 Juillet et 10 Octobre.

Intérêt annuel : 15 francs, payables par quart les 10 Février, 10 Mai, 10 Août et 10 Novembre de chaque année.

Les fonds provenant de cette émission sont employés en achat d'immeubles.

Les obligations ont en outre pour garantie :

Le Capital social entièrement versé ;
Les réserves.

Les actions et obligations de la Société des Immeubles sont inscrites à la cote officielle au comptant et à terme.

LA FONCIÈRE

Compagnie d'Assurances **mobilières et immobilières** contre l'incendie et le chômage en résultant.

SOCIÉTÉ ANONYME A PRIMES FIXES
Siège social : Place Ventadour

Garanties { Capital social. 40.000.000
Portefeuille... 27.000.000 } 68.000.000
Réserves....... 1.000.000   } francs

Assurances contre l'Incendie, le chômage industriel, la perte des loyers. Assurance spéciale militaire.

LA FONCIÈRE

Compagnie d'Assurances sur la vie
Siège social : Place Ventadour
CAPITAL SOCIAL : 40.000.000 DE FRANCS

ASSURANCES

Vie entière : Capital payable au décès de l'Assuré, à sa veuve, à ses enfants ou à toute personne désignée.

Mixte : Capital payable à l'Assuré, s'il est vivant au jour fixe ou immédiatement en cas de décès.

Terme fixe : Capital payable au jour fixé, soit à l'Assuré, soit à ses héritiers, pour dot, la prime s'éteignant au décès.

Participation de 80 0/0 dans les Bénéfices de la Compagnie
ASSURANCES TEMPORAIRES, DE SURVIE, ETC.
Rentes viagères.

LA FONCIÈRE

Cie d'Assurances contre les risques de transports et les accidents de toute nature.
Siège social : Place Ventadour
CAPITAL SOCIAL : 25.000.000 DE FRANCS

La Compagnie traite les assurances contre les risques de transports maritimes, fluviaux et terrestres, et contre les accidents corporels de toute nature.

LE MEILLEUR MARCHÉ DU MONDE

THIÉRY Ainé & SIGRAND

81, Boulevard Sébastopol, 81

(Angle de la rue Turbigo)

PARIS

Assortiments considérables de **Vêtements** tout faits, pour Hommes, Jeunes gens et Enfants, dans tous les *genres*, dans toutes les *formes* et dans tous les *prix*.

VÊTEMENTS sur mesure en 24 heures

30 0/0 *moins cher que partout ailleurs.*

La Maison THIÉRY Ainé et SIGRAND *rembourse* ou *échange* tous vêtements, même ceux faits sur mesure, qui laisseraient quelque regret.

COSTUMES POUR VELOCEMEN

EN JERSEY FORTE-MAILLE DEPUIS 25 FRANCS

Livraison à domicile. — Expédition franco à partir de 25 fr.

Envoi franco échantillons, Catalogue et la manière de prendre mesure soi-même.

www.ingramcontent.com/pod-product-compliance
Lightning Source LLC
Chambersburg PA
CBHW050128240426
43673CB00043B/1594